NomosLehrbuch

Prof. Dr. Julian Krüper [Hrsg.]
Ruhr-Universität Bochum

Grundlagen des Rechts

4. Auflage

Prof. Dr. Susanne Augenhofer, LL.M., Universität Innsbruck | **Prof. Dr. Andreas Funke,** Universität Erlangen-Nürnberg | **Prof. Dr. Katrin Gierhake, LL.M.,** Universität Regensburg | **Prof. Dr. Albert Ingold,** Universität Mainz | **Prof. Dr. Julian Krüper,** Universität Bochum | **Prof. Dr. Michael Lindemann,** Universität Bielefeld | **Prof. Dr. Bettina Noltenius,** Universität Passau | **Prof. Dr. Mehrdad Payandeh, LL.M.,** Bucerius Law School, Hamburg | **Prof. Dr. Giesela Rühl, LL.M.,** Humboldt-Universität zu Berlin | **Dr. Sebastian Roßner, M.A.,** Düsseldorf | **Prof. Dr. Heiko Sauer,** Universität Bonn | **LRDir Dr. Stephan Schuster-Oppenheim,** Bonn | **Ass. Prof. Dr. Peter Stegmaier,** Universiteit Twente | **Prof. Dr. Dr. Markus Thiel,** Deutsche Hochschule der Polizei, Münster

Nomos

Die Deutsche Nationalbibliothek verzeichnet diese Publikation in der Deutschen Nationalbibliografie; detaillierte bibliografische Daten sind im Internet über http://dnb.d-nb.de abrufbar.

ISBN 978-3-8487-6176-0 (Print)

ISBN 978-3-7489-0295-9 (ePDF)

4. Auflage 2021

Vorwort zur 4. Auflage

Als dieses Buch 2011 erstmals erschien, deutete sich die Renaissance des Grundlagendiskurses in der Rechtswissenschaft erst an. Seither hat die Diskussion um den Stellenwert von Grundlagen in der juristischen Ausbildung eine gewisse Konjunktur erfahren, die zuletzt durch die Debatten um die stärkere Berücksichtigung des NS- und auch des DDR-Unrechts erneut befeuert worden ist, wenngleich diese auch einstweilen ergebnislos geblieben sind.

Dem Ziel einer Aufwertung der Grundlagenfächer im Jurastudium fühlt sich auch die vierte Auflage dieses Gemeinschaftswerkes verpflichtet. Neu aufgenommen in den Kanon der Grundlagenfächer wurde der Beitrag zur Verfassungstheorie, den der Kollege Albert Ingold übernommen hat, den wir herzlich im Kreis der Autorinnen und Autoren willkommen heißen. Über Anregungen, Kritik und Lob freuen sich die Kolleginnen und Kollegen und der Herausgeber gleichermaßen. All dies kann gerichtet werden an *julian.krueper@rub.de.*

Julian Krüper

Bochum, im Spätsommer 2020

Inhaltsübersicht

Inhalt

Teil 1 Für wen dieses Buch geschrieben ist, wie und warum

Julian Krüper

I. Adressatenkreis

Dieses Buch ist geschrieben für **Studierende** der Rechtswissenschaft und alle diejenigen, die ein Interesse an Grundlagen des Rechts haben. Es sind oft gerade diese Fragestellungen, die nicht nur von Studienanfängern schlechthin mit dem Recht identifiziert werden; man denke zum Beispiel an die Rechtsphilosophie und ihr Suchen nach den Anforderungen an eine „gerechte" Rechtsordnung (§ 1). Der Begriff der Grundlagen des Rechts wird dabei bewusst weit verstanden und nicht auf die klassischen Grundlagendisziplinen der Rechtsgeschichte, der Rechtsphilosophie und -theorie sowie der Rechtssoziologie begrenzt. Sicher kann man über den Grundlagenstatus einzelner Disziplinen immer streiten und zweifellos wählen die hier versammelten Beiträge je sehr unterschiedliche Perspektiven auf das Recht. Manche der Beiträge sind dem geltenden Recht dabei näher, andere ferner. Gemeinsam haben sie, dass sie in der einen oder anderen Weise Außenperspektiven auf das Recht, seine Gegenstände und seine Funktionen werfen und die im Studium dominante Perspektive der dogmatischen Fächer auf diese Weise sinnstiftend ergänzen. 1

Geschrieben sind die Beiträge dieses Buches dabei gleichermaßen für **Erstsemester**, die sich einen Überblick über Grundlagen verschaffen und sich entscheiden wollen, in welchem Bereich sie eine Grundlagenveranstaltung besuchen; für **Fortgeschrittene**, die ihren Wissensbestand im Grundlagenbereich verbreitern wollen und schließlich auch für **Examenskandidaten** in Vorbereitung auf ihre mündliche Prüfung. Schließlich werden auch Teilnehmer in der grundlagenbezogenen **Schwerpunktbereichsausbildung** hier eine Vielzahl von Anregungen und einen Einstieg in das Grundlagenstudium finden. 2

II. Wie die Beiträge geschrieben sind

Semesterabschlussklausuren, Hausarbeiten, Seminare, Zwischenprüfung, Schwerpunktbereichsarbeiten, Praktika, Examensvorbereitung, Repetitoriumsbesuch und das Examen unter Freischussdruck kennzeichnen den Alltag des Jurastudiums: Fallbezogenheit, Prüfungsorientierung und Verschulung sind die Folgen. Dadurch bleibt wenig Raum, neben der Rechtsdogmatik auch Grundlagenkompetenz zu erwerben, die juristische Allgemeinbildung zu erweitern und Urteilskraft über das Detail hinaus zu gewinnen.[1] Das bleibt nicht ohne Folgen, denn damit ist häufig ein dramatischer Verlust an Strukturwissen und Zusammenhangsverständnis verbunden: Warum sind die Dinge, wie sie sind? Wo kommen sie her, wohin entwickeln sie sich – und könnten sie nicht auch ganz anders sein? Viele Studierende spüren diese Einbuße an Strukturverständnis schon früh, andere erfahren die Folgen dieses Verständnisverlustes unangenehm etwa in mündlichen Prüfungssituationen. Nicht zufällig haben daher viele Stu- 3

---

1 Zum Stellenwert der Grundlagenfächer am Beispiel der Rechtstheorie Jestaedt, Das mag in der Theorie richtig sein..., S. 2.

dierende ein deutliches Interesse an Themen und Fragen, die über den Horizont einer Fall-Lösung hinausweisen und ein Verständnis für die Rechtsordnung als solche vermitteln. Diesem Interesse entgegenzukommen, einen Zugang zu Grundlagenfächern zu weisen und damit ein Verständnis für die Zusammenhänge der Dinge zu fördern, sind deswegen auch die vorrangigen Ziele dieses Buches.

4 Die Beiträge machen daher ein Angebot, sich Grundlagenfragen der Rechtswissenschaft erstmals zu erschließen. Die Beiträge folgen einer **einheitlichen Gliederung** auf der jeweils obersten Gliederungsebene. Nach einer Einführung in die grundlegenden Fragestellungen des vorgestellten Faches folgt im Mittelteil der Beiträge eine exemplarische Einführung in konkrete Forschungsgegenstände der jeweils vorgestellten Disziplin. Im dritten Teil werden die Erkenntnisse an konkreten Beispielen, aktuellen Problemstellungen oder grundlegenden Kritiken vertieft, um Anschaulichkeit zu gewährleisten. Alle Beiträge sind untereinander durch **Querverweise** verbunden, um die wechselseitigen Prägungen und Abhängigkeiten der Grundlagenfächer zu verdeutlichen. Dass es innerhalb der Beiträge zu unterschiedlichen Schwerpunktsetzungen zwischen den einzelnen Teilen kommt, ist angesichts der Breite der behandelten Themen unvermeidlich und den Eigengesetzlichkeiten der vorgestellten Fächer geschuldet.

Die einheitliche Gliederung ermöglicht ein **selektives und überblicksorientiertes Lesen**; so kann die Lektüre zunächst „in die Breite" gehen und die Vertiefungsabschnitte (jeweils unter C.) können zunächst ausgespart werden, um im Anschluss gezielt erarbeitet zu werden. Studierende, die bereits über Grundlagenwissen verfügen, können demgegenüber gezielt die Erläuterungs- und Vertiefungsabschnitte lesen, beispielsweise vor einer mündlichen Prüfung.

Das Buch kann auch über verschiedene **„Lesewege"** erschlossen werden, indem benachbarte Beiträge zusammen oder wiederkehrende Fragestellungen in verschiedenen Beiträgen gelesen werden: So wenden sich beispielsweise die Beiträge zur Rechtstheorie, zur Methodenlehre, zu Recht und Sprache und zur kulturwissenschaftlichen Analyse des Rechts alle – freilich aus unterschiedlichen Perspektiven – dem Zusammenhang von Sprache und Recht zu. Rechtsphilosophie, Allgemeine Staatslehre, Verfassungstheorie und Verfassungsgeschichte beschäftigen sich aus verwandten Blickwinkeln mit Grundfragen der staatlichen Ordnung. Rechtsphilosophie, Strafrechtsgeschichte und Recht und Neurowissenschaften behandeln ebenso „gemeinsame" Themen wie Methodenlehre, Rechtsvergleichung und die ökonomische Analyse des Rechts. Rechtstheorie, Rechtssoziologie und die kulturwissenschaftliche Analyse des Rechts fragen nach der Möglichkeit der Normativität des Rechts, Rechtsphilosophie, Allgemeine Staatslehre und Verfassungstheorie thematisierten Fragen der Institutionalisierung und Legitimität von Herrschaft und so fort. Diese und andere Zusammenhänge zu entdecken, bleibt den Leserinnen und Lesern überlassen.

5 Das Ziel von Buch und Beiträgen ist dabei offensichtlich nicht Vollständigkeit, sondern Überblicke und Einblicke zu geben sowie ein Grundverständnis für die wissenschaftliche Herangehensweise der einzelnen Fächer zu vermitteln. Dies lässt sich nur durch eine radikale Beschränkung (und natürlich auch durch eine Verdichtung) des dargebotenen Stoffes bewerkstelligen, der sich die Autorinnen und Autoren der Beiträge unterworfen haben. Alle Beitragenden sind bei allem schmerzhaften Zwang zur Reduktion der von ihnen behandelten Inhalte von der Überzeugung getragen, dass Studierende, die einen auch nur annähernden Überblick über die in diesem Buch verhandelten Inhalte haben, ein profundes Grundverständnis von Grundlagen des Rechts haben, das

in jeder Prüfung weit tragen kann. Das Buch versteht sich dabei als ein **Lesebuch**, das zu eigenständiger Auseinandersetzung mit den Grundlagen des Rechts ermuntern möchte. Gleichzeitig leistet es mit **Wiederholungsfragen** und **Literaturempfehlungen** allen weitergehend Interessierten und insbesondere auch **Prüflingen** konkrete Hilfestellungen. Ein Verzeichnis verwendeter Literatur (keine Bibliographie) eröffnet den Leserinnen und Lesern Zugänge zu eigener, weiterführender Lektüre.

Die Vielfalt der rechtswissenschaftlichen Grundlagenfächer ordnet dieses Buch in insgesamt drei Bereiche, die untereinander freilich nur eingeschränkt trennscharf sind. 6

Vorangestellt finden sich die **theoretischen und historischen Grundlagenfächer**, neben der Rechtsphilosophie also die Rechtstheorie sowie die (freilich auch empirisch arbeitende) Rechtssoziologie, die Rechtsgeschichte(n), die Allgemeine Staatslehre und die Verfassungstheorie.

Hinzu treten **methodisch orientierte Grundlagenfächer**, neben der Methodenlehre selbst auch Beiträge zur Rechtsvergleichung und zur ökonomischen Analyse des Rechts. 7

Zudem werden neuere Entwicklungen aus dem Bereich der rechtswissenschaftlichen Grundlagenforschung vorgestellt, um die Vielfalt und **Dynamik von Grundlagenfragen** in der Rechtswissenschaft, aber auch ihre interdisziplinäre Anschlussfähigkeit zu verdeutlichen. Der Bereich Recht und Sprache, die Herausforderungen des Rechts durch die Neurowissenschaften und schließlich Ansätze zu einer interdisziplinär sich verstehenden kulturwissenschaftlichen Analyse des Rechts zählen dazu. 8

III. Warum Grundlagenfächer sich immer mehr lohnen

Die juristische Alltagspraxis ist eine selbstgenügsame Disziplin, die das Recht strukturiert, interpretiert und Anwendungsregeln in Gestalt der Dogmatik aufstellt. Dies kann ganz technisch und ohne Grundlagenbezug geschehen. Sind die Tatsachen eines Falls gefunden, werden sie rechtlich verarbeitet und bewertet. Ein wissenschaftlicher Überbau – Theorie gar – ist da regelmäßig entbehrlich, mag sogar lästig sein. Philosophische, soziologische oder rechtstheoretische Grundlagen des Rechts, Geistes- und Rechtsgeschichte, spielen – jedenfalls scheinbar – kaum eine Rolle. Sie werden, wie *Dieter Simon* beschreibt, wahrgenommen als „das, was allem zugrunde liegt, (aber) für effektives Handeln so wenig gebraucht wird wie die Gravitationstheorie vom turmspringenden Wassersportler“.[2] 9

Nicht zufällig steht daher die ausschließlich praktisch orientierte Jurisprudenz im Ruf, keine Wissenschaft im eigentlichen Sinne, sondern eher eine Art Kunsthandwerk zu sein. Der Eindruck allerdings, eine **gute, praxistaugliche Rechtsanwendung** könne die Bezüge zu ihren eigenen Grundlagen beständig ignorieren und trotzdem auf Dauer befriedigende Lösungen für neue und unbekannte Rechtsfragen anbieten, trügt, denn „(...) there is nothing so practical as a good theory“. dieser Satz des Sozialpsychologen *Kurt Lewin* (1890–1947) verdeutlicht, welche entlastende und rationalisierende Wirkung Grundlagenkompetenz, die oft theoretische Kompetenz ist, haben kann. Naheliegende Beispiele belegen das: 10

- Wer mit (grenzüberschreitenden) Rechtsfällen im Bereich des **Zivilrechts** zu tun hat, kommt ohne ein Rechtsverständnis, das historische und rechtliche Unterschiede

2 Simon, myops 9/2010, 42, dort in Bezug auf die Rechtstheorie.

zwischen Rechtskreisen nicht kennt, nicht weit. Privatrechtsgeschichte und Rechtsvergleichung haben hier ihren Ort (§§ 8, 11).

- Kernfragen der **Europäischen Integration** rechtlich schlüssig zu beantworten, verlangt nach Kenntnissen der Verfassungsgeschichte, der Staatslehre, der Verfassungstheorie und der Rechtsphilosophie und nach rechtstheoretischem Verständnis über die Rangordnung von Rechtsnormen (§§ 1, 2, 4, 5, 7).
- **Rechtsprobleme des 21. Jahrhunderts** mit den tradierten Normen des 19. Jahrhunderts in StGB, StPO oder BGB lösen kann nur, wer methodisch versiert ist und etwas von der sprachlichen Natur des Rechts versteht. Der Rechtsanwender muss außerdem einzuordnen wissen, auf welches gesellschaftliche und ökonomische „,Sein" die Gesetze sich beziehen und welches „Sollen" der Gesetzgeber bei ihrem Erlass im Sinn gehabt hat (§§ 1, 3, 10, 12, 13).
- Wer als Gesetzgeber **gerichtliche Verfahren** rationalisiert, verknappt und verkürzt, sollte ein Verständnis davon haben, welche Funktionen Rituale wie der Prozess in einem Rechtsstaat (noch immer) haben; die strafrechtliche Irrtumslehre versteht besser, wer versteht, welches Bild vom freien Menschen unserem Strafrecht zugrunde liegt – und ob es zutrifft (§§ 14, 15).

11 Zwischenprüfungs- und Examensklausuren, Übungs- und Schwerpunkthausarbeit lassen sich, wie die Erfahrung zeigt, auch ohne Grundlagenwissen erfolgreich bewältigen. Das sagt einmal etwas über das Anforderungsprofil juristischer Prüfungen aus. Es bedeutet aber nicht, dass Grundlagenkompetenz für Jurastudierende nutzlos wäre. Denn Grundlagenwissen fördert vor allem die **Qualität der juristischen Erkenntnis** und **schärft die juristische Argumentation.** Erst mit hinreichendem Grundlagenwissen lassen sich manche Rechtsprobleme überhaupt als solche erkennen und angemessen lösen. Grundlagenwissen schafft also **juristisches Differenzierungsvermögen**, weil es die **Relativität juristischer Erkenntnis** und Argumentation zu erkennen und zu bewerten hilft.

Vor allem, und vielleicht vorrangig, hilft eine adäquate juristische Grundlagenkompetenz, die Frage nach dem ‚Warum?' von Strukturen und Sachverhalten zu verstehen und damit über das eigene juristische Tun besser orientiert zu sein. Wer etwa den Zusammenhang von Methodenlehre und Verfassungsrecht versteht, versteht die Bedeutung einer methodisch geordneten Auslegung des Rechts besser. Wer mit Fragen von Recht und Neurowissenschaften vertraut ist, versteht grundlegende Annahmen etwa der strafrechtlichen Verantwortungslehren besser. Und wer schließlich mit rechtsphilosophischen Begriffen von Recht und seiner Funktion vertraut ist, ist als Richterin oder Richter über die Legitimationsbedürftigkeit des eigenen Handelns und dessen Grenzen besser im Bilde.

12 Die Beschäftigung mit Grundlagenfragen bringt dadurch einen Qualitätsgewinn der juristischen Arbeit mit sich und damit idealerweise einen Zugewinn an **Zufriedenheit und Freude.** Jenseits der schon immer gültigen Erkenntnis, dass mehr und Grundlegenderes zu wissen meist ein Vorteil, selten ein Nachteil ist, ist der Erwerb juristischen Grundlagenwissens aber auch ein **Gebot der lernökonomischen Klugheit**. Die Ausdifferenzierung des Rechts, der immense und andauernde Stoffzuwachs, die Internationalisierung der Rechtsordnung und vieles mehr können und sollten nicht bewältigt werden durch ein Studium aller Details, durch die Anhäufung „akademischer Faustregeln und

justizieller Maximen",[3] sondern durch den Erwerb von Struktur- und Überblickswissen, wie es die Grundlagenfächer wesentlich bereitstellen.

Grundlagenfächer geben dem juristischen Studium und der Praxis also eine Basis, eben 13
eine Grundlage; sie versorgen die Juristinnen und Juristen mit Hintergrundwissen, das aus einer schlichten Subsumtion eine gelungene Rechtsanwendung macht. Ob Grundlagenwissen darüber hinaus, wie Dieter Simon berichtet, den Unterschied zwischen bloß „alert subsumierenden" und eher „angenehmen" juristischen Zeitgenossen ausmacht, bleibt allerdings eine Frage des Einzelfalls.[4]

3 Simon, myops 9/2010, 43.
4 Simon, myops 9/2010, 47.

Teil 2 Theoretische Grundlagenfächer

§ 1 Rechtsphilosophie

Katrin Gierhake

„Sapere aude!
Habe Mut, dich deines eigenen Verstandes zu bedienen!“
Immanuel Kant

A. Einführung

1 Die Rechtsphilosophie beschäftigt sich mit der „Begründbarkeit des Geltungsanspruchs des (…) faktisch geltenden (positiven) Rechts“.[1] Während Rechtshistoriker sich bemühen, die Entstehungsgeschichte von Recht zu erforschen (vgl. §§ 5–8) und Rechtssoziologen beobachten, wie das Recht in einer Gesellschaft tatsächlich ist (vgl. § 3), während Rechtswissenschaftler (i.e.S.) systemimmanent, d. h. im Rahmen des geltenden Rechts argumentieren, suchen **Rechtsphilosophen** nach den tieferen **Gründen** für die Geltung von Recht, insbesondere für seine Verbindlichkeit dem einzelnen Subjekt gegenüber, und sie suchen nach den **Kriterien „guten Rechts“**. Diese Suche ist notwendig, weil der kritisch-vernünftige Geist eines jeden einzelnen Subjekts früher oder später nach der Berechtigung der zwangsbewehrten Verbindlichkeit des Rechts fragt. Fragen wie „Warum darf die Rechtsgemeinschaft mich zu einem bestimmten Verhalten zwingen?“ oder „Warum darf sie mir bei Strafe ein bestimmtes Verhalten verbieten?“ müssen vernünftig beantwortet werden können, wenn das Recht und seine Durchsetzungsinstitutionen nicht bloß faktische **Macht**, sondern gerechte, vernünftige Regeln des Zusammenlebens darstellen sollen.

Die Rechtsphilosophie ist damit ein **Grundlagenfach** des Rechts im wortwörtlichen Sinne: Sie beschäftigt sich mit der **Grundlegung** bzw. den **Gründen** des geltenden Rechts. Dabei haben sich im Laufe der Jahrhunderte unterschiedliche Begründungsansätze entwickelt, die jeweils in einem bestimmten historischen und kulturellen Zusammenhang entstanden sind und dementsprechend vielgestaltig sind: Die Philosophie ist **„ihre Zeit in Gedanken erfasst“**, so schreibt *G. W. F. Hegel* (1770–1831) in der Vorrede zu seinen **Grundlinien der Philosophie des Rechts.**[2]

Die Suche nach den Kriterien guten Rechts für eine menschliche Gemeinschaft kann deshalb nicht unter vollkommener Abstraktion von der jeweiligen Gestalt der Gesellschaft, der in ihr üblichen Lebensformen und Grundüberzeugungen, ihrer historischen Entwicklung, ihren geographischen, kulturellen und religiösen Besonderheiten erfolgen. Insofern setzt jedes Nachdenken über die Güte des Rechts an Vorgefundenem an, und der Denkende – selbst schließlich immer „Kind seiner Zeit“ – muss eine Verbindung herstellen zwischen dem empirisch Gegebenen und dem rechtlich Gesollten.

1 Ganslandt, Enzyklopädie, Stichwort „Rechtsphilosophie“, S. 511.
2 Hegel, Grundlinien, S. 26.

Dies vor Augen, könnte zunächst der Eindruck entstehen, dass es unendliche viele, gleichermaßen gültige Rechtsphilosophien gibt, die je nach der historischen und kulturellen Ausgangssituation des Nachdenkenden zu unterschiedlichen Ergebnissen kommen. Die Folge wäre ein Meer von „relativen Wahrheiten", die gleichberechtigt nebeneinander stünden. Beispielsweise würde eine Rechtsordnung, in der die Sklavenhaltung anerkannt wird, unterschiedslos neben einer auf dem Menschenrecht der Freiheit gründenden Gesellschaft stehen. Allein der Schluss von der Empirie bzw. den geltenden Rechtsregeln auf das rechtlich Gesollte ermöglichte keine qualitative Differenzierung dieser Rechtssysteme.

Soll aber der Anspruch der Rechtsphilosophie auf **allgemeingültige Aussagen über die Güte von Recht** erfüllt werden, muss es neben der gedanklichen Aufnahme von Vorfindlichem noch etwas Anderes geben. Dieses „Andere" muss universal gültig, also gerade unabhängig von der Mannigfaltigkeit der Empirie sein, und es muss ermöglichen, das „Gesollte" in allgemeiner, gedanklich zwingender Weise auszuweisen. Auf der Suche nach diesem universalen Prinzip ist die Philosophie schon früh auf die **menschliche Vernunft** gestoßen. Allerdings ist „die Vernunft" in der Tradition der Philosophie in verschiedenen Gestalten aufgetreten (so zum Beispiel in den Grundformen der **theoretischen** und **praktischen Vernunft**) und auch der Maßstab des Vernünftigen hat sich in den großen Philosophieentwürfen stetig gewandelt.[3]

Wird nun nach **allgemeingültigen Prinzipien des Rechts** gesucht, so ist es die **praktische Vernunft**, die befragt werden muss. Denn der Begriff der „praktischen Vernunft" steht für den Anspruch des Menschen, „sein Handeln an allgemeinen Grundsätzen zu orientieren und gemäß der Weisung allgemeinverbindlicher Normen begründen und rechtfertigen zu können".[4] Die praktische Vernunft sucht nach einer Antwort auf die Frage, wie der Mensch sein Leben gestalten **soll**, was also das **gute** und das **rechtlich richtige Handeln** ausmacht.

Im Folgenden werden ausgewählte Positionen der Geschichte der praktischen Vernunft vorgestellt. Dabei zeigt sich, dass bei allen Unterschieden die **Frage nach dem richtigen Handeln und spezifisch für das Recht die Frage nach dem gerechten Handeln** im Mittelpunkt der Überlegungen stehen.[5] In einer Kurzdarstellung wie der in diesem Kapitel kann es nur darum gehen, einige dieser Grundgedanken vorzustellen, den Leser zum weiteren Nach-Denken anzuregen und sein kritisches Bewusstsein gegenüber dem geltenden Recht zu schärfen.

B. Rechtsphilosophische Grundströmungen

I. Das gute Leben in der Polis (Aristoteles, 387–322 v. Ch.)

Aristoteles beginnt seine Überlegungen in der **Nikomachischen Ethik** mit folgendem Satz: „Jedes praktische Können und jede wissenschaftliche Untersuchung, ebenso alles Handeln und Wählen strebt nach einem Gut, (...)."[6] Damit ist bereits ein wesentlicher 2

3 Vgl. Mittelstraß, Enzyklopädie, Stichwort „Vernunft", S. 519 und Gronke, Metzler Lexikon, Stichwort „Vernunft", S. 650, 651.

4 Prechtl, Metzler Lexikon, Stichwort „Vernunft, praktische", S. 652.

5 Dass es eine moderne Tendenz zur „Abwanderung der Rechtsphilosophie in gerechtigkeitsfreie Nebengebiete" gibt, hat Braun eindrucksvoll gezeigt und zu Recht kritisiert (Braun, Rechtsphilosophie, S. 13–57). Kurzer Überblick zu den Gerechtigkeitstheorien bei Seelmann/Demko, Rechtsphilosophie, §§ 7 und 8.

6 Aristoteles, Nikomachische Ethik, Buch I, 1, 1094a. Vgl. zu diesem Werk auch die Beiträge in: Höffe (Hrsg.), Aristoteles/Nikomachische Ethik.

Grundzug dieses Denkens benannt, nämlich dass **alle menschliche Praxis** nach **einem bestimmten „Gut" strebt**, sich also an ihm ausrichtet und von dieser Ausrichtung her ihre Bestimmung erfährt. Das „Gut" ist dabei das „Ziel, zu dem alles strebt", menschliches Wirken wird insofern stets als **zielgerichtet** begriffen. Auf der Suche nach der Bestimmung möglicher menschlicher Ziele differenziert Aristoteles im Folgenden nach einem „Endziel, das wir um seiner selbst willen erstreben"[7] und übrigen Zielen, die nur in Richtung auf dieses Endziel gewollt werden. Das „Endziel" stellt für ihn das **oberste Gut** dar, an dem sich die Lebensführung des Einzelnen, aber auch die der gesamten Polis-Gemeinde, ausrichtet.

3 In einem nächsten Schritt macht Aristoteles sich daran, dieses oberste Gut in seinem Wesen zu erfassen; er formuliert die Frage: „Was ist das Ziel der Staatskunst und welches das höchste von allen Gütern, die man durch Handeln erreichen kann?"[8] Die Antwort gibt er sogleich: „Das Glück" (**eudaimonia**) sei es, wonach alle strebten, darin seien sich „fast alle einig" und man setze gemeinhin gutes Leben und gutes Handeln mit Glücklichsein in eins.[9]

Allerdings sei nun wiederum fraglich, was das „Wesen des Glücks" ausmache, und er meint, dass die Antwort auf diese Frage durchaus unterschiedlich ausfallen kann, je nachdem, wer befragt werde: „Die Menge" stelle sich eher „etwas Handgreifliches und Augenfälliges darunter vor, z. B. Lust, Wohlstand, Ehre: jeder etwas anderes."[10] „Der Denker" jedoch gehe das Problem wissenschaftlich an und suche nach einer **allgemeinen Bestimmung** dessen, was das Glück ist: Sicherlich sei es jeweils anders bei jeder Handlung und jedem praktischen Können: „ein anderes in der Heilkunst, in der Feldherrnkunst, in den übrigen Künsten".[11] Aber das **eigentliche Gut eines jeden** müsse das sein, **um dessentwillen alles andere unternommen wird**; ihm gelte das gesamte Handeln des Menschen. Das Glück sei ein solches Gut, das „rein für sich erstrebenswert ist gegenüber dem, das Mittel zu einem anderen ist", und insofern sei das Glück „vollkommen schlechthin".[12]

Im Fortgang seiner Überlegungen bemüht sich Aristoteles um eine noch deutlichere Bestimmung dessen, was Glück ist. Dafür sei es hilfreich, sich zu vergegenwärtigen, welches die **dem Menschen** – im Gegensatz zu anderen Lebewesen – **eigentümliche Leistung** sei:[13] Jedenfalls nicht die bloße Funktion des Lebens, wie Ernährung und Wachstum, denn die sei auch den Pflanzen eigen; ferner sei es auch nicht das Leben als Sinnesempfindung, die wir gemeinsam haben mit „Pferd, Rind und jeglichem anderen Lebewesen". Es bleibe schließlich nur das **Leben als Wirken des rationalen Seelenteils.**[14] Dieser Seelenteil sei anzusehen „teils als Gehorsam übend gegenüber dem Rationalen, teils als das rationale Element besitzend und geistige Akte vollziehend."[15] Was er mit dem dem Menschen eigentümlichen Leben meine, sei daher das „eigenständige Tätigsein", also **das Leben als „wache Geistestätigkeit"**.[16]

7 Aristoteles, Nikomachische Ethik, Buch I, 1, 1094a.
8 Aristoteles, Nikomachische Ethik, Buch I, 2, 1095a.
9 Ebenda. Zum Glücksbegriff bei Aristoteles siehe Ackrill, Eudaimonia, S. 39ff. und Wolf, Aristoteles' ‚Nikomachische Ethik', S. 23–56.
10 Ebenda.
11 Aristoteles, Nikomachische Ethik, Buch I, 5, 1097a.
12 Aristoteles, Nikomachische Ethik, Buch I, 5, 1097a–1097b.
13 Aristoteles, Nikomachische Ethik, Buch I, 6, 1097b.
14 Aristoteles, Nikomachische Ethik, Buch I, 6, 1098a.
15 Ebenda.
16 Dirlmeier, Anmerkungen, Buch I, 14,3 (S. 279).

Aristoteles zieht daraus folgenden Schluss: „Das oberste dem Menschen erreichbare Gut stellt sich dar als ein **Tätigsein der Seele im Sinne der ihr wesenhaften Tüchtigkeit.**“[17] Diese Aristotelische Vorstellung von „Glück“ lässt sich am ehesten im Sinne eines „erfüllten Lebens“ verstehen; es geht ihm nicht um einen kurzen, vergänglichen Moment des Glücks, den es zu erhaschen gilt, und auch nicht um die Anhäufung bestimmter Güter oder Fähigkeiten. Er meint, dass der Glückselige in der „Betätigung sittlicher Trefflichkeit“ ganz „besonders tief und unablässig den Sinn seines Lebens“ erfüllt.[18] An anderer Stelle fasst er zusammen: „Jeder erreicht soviel Glück, wie er charakterliche Vorzüglichkeit und Vernunft besitzt und im Einklang damit handelt.“[19] 4

Das so umschriebene Glück ist nach Aristoteles ein „Gemeingut für viele, denn allen steht die Möglichkeit dazu offen, wenn sie nur in bestimmter Weise lernen und sich sorgfältig bemühen – (…).“[20] Aus seiner Sicht konsequent ist es deshalb, wenn das **Glück nicht nur das leitende Gut für den Einzelnen, sondern auch das für das Gemeinwesen** ist, und er zudem davon ausgeht, dass es auch nur in einem Gemeinwesen zu verwirklichen ist („denn der Mensch ist von Natur bestimmt für die Gemeinschaft“).[21],[22] Nach Aristoteles ist der Mensch also schon von Natur aus ein **politisches Wesen** und nur in der „Polis, in dem institutionalisierten Zusammenleben mit Freien und Gleichen, kommt dem Einzelnen seine in der Natur angelegte Bestimmung als Mensch zu.“[23] Er ist angewiesen auf die durch Sitte, Gesetz und übereinstimmendes Lebensziel verbundene Gemeinschaft in der Polis, um ein glückliches, vollkommenes Leben führen zu können.[24] Gedanklicher Ausgangspunkt dieser Überlegung ist die Überzeugung, dass „Menschsein und Bürgersein, rechtlich-politische Ordnung und sittliche Lebensweise in einer guten Polis ineins zusammenfallen. (…).“[25] 5

Richtmaß für eine **gute Polis-Gemeinde** ist also für Aristoteles, ob in ihr die Bedingungen für ein erfülltes Leben verwirklicht werden. Er definiert das **„gerechte Handeln“** („in einer Hinsicht“, es gibt also auch noch eine andere – Anm. der Verf.)[26] als eines, „welches den Zweck hat, das Glück sowie dessen Komponenten für das Gemeinwesen 6

17 Aristoteles, Nikomachische Ethik, Buch I, 6, 1098a. (Hervorhebung der Verf.). Vgl. zum Begriff der „Tüchtigkeit“ auch Buch I, 13, 1102b ff. und Buch II. 5, 1106b: Die sittliche Tüchtigkeit entfalte sich auf dem Gebiet der irrationalen Regungen und des Handelns, wobei das „Zuviel ein Fehler ist und das Zuwenig getadelt wird, das Mittlere aber ein Treffen des Richtigen ist und gelobt wird.“ Die sittliche Tüchtigkeit sei eine „Art von Mitte, insofern sie eben wesenhaft auf das Mittlere abzielt“. (Buch II. 5, 1106b). Vgl. ferner Buch II. 6, 1107a.

18 Vgl. Buch I, 11, 1100b. Siehe zudem Ackrill, Eudaimonia, S. 44.

19 Aristoteles, Politik, Buch VII, 1, 1323b.

20 Aristoteles, Nikomachische Ethik, Buch I, 10, 1099b.

21 Aristoteles, Nikomachische Ethik, Buch I, 5, 1097b: In diesem Halbsatz zeigt sich die für Aristoteles typische Verknüpfung von Ethik und Politik besonders deutlich.

22 Vgl. dazu Höffe, Einführung, S. 17. Aristoteles schreibt: Das „Leben, das mit charakterlicher Vorzüglichkeit geführt wird, (…) ist sowohl individuell für jeden Einzelnen als auch gemeinschaftlich für die Staaten das beste.“ Politik, Buch VII, 1, 1323b, 1324a.

23 So in Abgrenzung zu Hobbes Geismann/ Herb, Hobbes über die Freiheit, Einleitung, S. 11. Vgl. zudem Höffe, Grundaussagen, S. 13–23.

24 Vgl. Geismann/Herb, Hobbes über die Freiheit, Einleitung, S. 12. Siehe auch Welzel, Naturrecht, S. 31.

25 Bien, Gerechtigkeit, S. 135, 136.

26 Der Begriff der Gerechtigkeit wird von Aristoteles in zweierlei Weisen ausgearbeitet. Die erste betrifft die Gerechtigkeit „im allgemeinen Sinn“ (von dieser ist im vorliegenden Text die Rede), die zweite diejenige „im speziellen Sinn“. Unter die letztere fallen die beiden berühmten Gerechtigkeitsformen der ausgleichenden Gerechtigkeit (iustitia commutativa) und der Verteilungsgerechtigkeit (iustitia distributiva). Vgl. zu dieser Einteilung und näher zu den einzelnen Konzeptionen der Gerechtigkeit Wolf, Aristoteles' ‚Nikomachische Ethik', S. 93–115; siehe auch unten Fn. 44. Überblick bei Horn, Rechtswissenschaft und Rechtsphilosophie, Rn. 262 ff.

hervorzubringen und zu erhalten".[27] Der Begriff der **Gerechtigkeit** wird hier in konsequenter Anlehnung an die geschilderte ethische Grundbestimmung des Menschen, dem Streben nach Glück, eingeführt. Gerechtigkeit in diesem Sinne sei „Trefflichkeit in vollkommener Ausprägung", sie gelte als der oberste unter den Vorzügen des Charakters. Ihre Besonderheit bestehe darin, dass sie **auf den anderen** bezogen ist: Derjenige, der die Gerechtigkeit als vollkommene Trefflichkeit verwirkliche, tue dies nicht nur für sich selbst, sondern auch für den anderen.[28]

7 Bedeutsam ist dabei auch, dass Aristoteles die Gerechtigkeit[29] nur in der **staatlichen Polis-Gemeinde** verwirklicht sieht, denn „das Recht ist die Ordnung der staatlichen Gemeinschaft, Gerechtigkeit aber bestimmt die Entscheidung darüber, was rechtmäßig ist."[30]

Aristoteles hat hiermit zwei entscheidende Punkte für das Verständnis von Recht und Gerechtigkeit herausgearbeitet, die seitdem unübergehbar im rechtsphilosophischen Denken verankert sind:

- **Erstens** stellt sich das Problem **gerechten** Handelns immer nur innerhalb menschlicher Gemeinschaften und als **Problem des Umgangs der Menschen miteinander.**
- **Zweitens** ist die „Gerechtigkeit" ein Maßstab, der an das Handeln in Bezug auf die Gemeinschaftlichkeit angelegt werden kann und muss: Eine gute Rechtsgesellschaft muss sich am **Maßstab der Gerechtigkeit** messen lassen.

Für Aristoteles liegt dieser Maßstab in der Verwirklichung von Grundbedingungen, die ein „gutes Leben" (im Sinne eines dem Glück zustrebenden Lebens) für alle Bürger ermöglichen. Der Staat hat deshalb nicht nur eine den Bedürfnissen seiner Bürger entsprechende Lebensorganisation zu leisten, sondern auch besondere Anstalten dafür zu treffen, „die Bürger zu formen, d. h. sie gut zu machen und fähig zu edlem Handeln".[31] Staatskunst umfasst also nach Aristoteles auch die Erziehung und Bildung der Bürger.[32]

Auch die Aristoteles nachfolgenden Rechtsphilosophen haben ihr **Denken an der Frage nach der Gerechtigkeit in einer menschlichen Gemeinschaft ausgerichtet.** Wenn auch ihre Antworten auf die Fragen, was unter Gerechtigkeit zu verstehen ist, wie eine gute Gesellschaft auszusehen hat und wie sie herzustellen ist, nicht identisch mit denen des Aristoteles sind (dazu sogleich), so lässt sich doch sagen, dass er eine Grundlage gelegt hat, die bis heute im rechtsphilosophischen Denken präsent ist.

II. Recht aus dem Willen Gottes (Thomas von Aquin, 1224–1274)[33]

8 Thomas von Aquin hat die Philosophie des Aristoteles gründlich studiert, in jahrelanger Arbeit kommentiert[34] und ihre Grundaussagen für das Denken seiner eigenen Zeit, dem vom christlichen Glauben an die zentrale Stellung Gottes geprägten Mittelalter,

27 Aristoteles, Nikomachische Ethik, Buch V, 3, 1129b.
28 Vgl. Aristoteles, Nikomachische Ethik, Buch V, 3, 1130a.
29 Inhaltlich wird Gerechtigkeit hier als „Wahrung von Gleichheit gegenüber dem Mitmenschen" verstanden; alles Gerechte sei ein Gleiches. Vgl. dazu oben Fn. 26 und Welzel, Naturrecht, S. 34, 35.
30 Aristoteles, Politik, Buch I, 2, 1253a. In diesem Zusammenhang findet sich also schon die Unterscheidung von gerechtem und gesetztem Recht; vgl. ders., Nikomachische Ethik, Buch V, 10, 1134b.
31 Aristoteles, Nikomachische Ethik, Buch I, 10, 1099b.
32 Siehe dazu Aristoteles, Politik, Buch VIII.
33 Guter erster Überblick bei Horn, Rechtswissenschaft und Rechtsphilosophie, Rn 288–310.
34 Vgl. Forschner, Thomas von Aquin, S. 26.

weiterentwickelt. Aus der Beschäftigung mit der antiken Philosophie einerseits und der Tradition der christlichen Lehre anderseits erwuchs für ihn das Bedürfnis, das **Denken mit dem Glauben zu verknüpfen.**[35] Sein gesamtes Werk ist von dem Anliegen geprägt, „Widersprüche seiner Zeit aufzuheben (...), die etwa zwischen Evangelium und aristotelischer Philosophie, traditioneller christlicher Weisheit und natürlicher, rationaler Wissenschaft aufgebrochen waren," und „in seinem philosophischen Verständnis von Sittlichkeit und Recht eigenständige praktische Philosophie und religiöse Bindung des Handelns an göttliche Gebote sowie vom Gesetzgeber gesetztes menschliches Recht und die Gehorsamspflicht gegenüber geoffenbartem göttlichen Recht miteinander zu vermitteln und zu versöhnen."[36]

Dieses Anliegen durchzieht das Werk von Thomas von Aquin wie ein roter Faden; in 9
seinen Überlegungen zum Recht[37] zeigt sich das Problem, vor das er sich gestellt sah, in besonderer Deutlichkeit, musste er doch das **Verhältnis von göttlicher zur weltlichen Autorität** bestimmen und damit auch das **göttliche Gesetz** mit den Gesetzen in Einklang bringen, die die **Vernunft** den Menschen aufgegeben hat.

Thomas von Aquin unterscheidet drei Arten von Gesetzen:[38] 10

- Erstens, das **ewige Gesetz** *(***lex aeterna***)*, das er als Gesetz der göttlichen Weltregierung bzw. der Schöpfungsordnung Gottes begreift: Alles in der Welt habe durch Gott seinen festen Platz und seine feste Zweckbestimmung in dem großen Zweckgefüge der Welt. Die Hinneigung zur Verwirklichung des „Guten" sei den Dingen durch dieses Gesetz eingeprägt; an ihm hätten alle Geschöpfe teil und seien ihm unterworfen, der Mensch sogar in zweierlei Weise: Einerseits durch seine natürlichen Neigungen, andererseits aber auch durch das Vermögen, das seine spezifische Natur ausmache, nämlich seine Vernunft.[39]
- Zweitens, das **natürliche Gesetz**. Nach der Idee vom Naturgesetz *(***lex naturalis***)* erhält die **menschliche Vernunft** das oberste Prinzip des Handelns, nämlich: das sittlich Gute zu tun und das Böse zu lassen, von Gott eingegeben, wodurch der Mensch an der **lex aeterna** teilnimmt.[40] Die praktische Vernunft erkenne dank ihrer göttlichen Herkunft ihre Aufgabe, eine „gute Ordnung des menschlichen Lebens und Zusammenlebens einzurichten", wobei sich die Vernunft dann im individuellen und gesellschaftlichen Leben in die Praxis umsetzt und so der Mensch in seiner sittlichen Autonomie sich eine vernünftige Ordnung selbst einrichtet.[41] Die Vernunft gibt dabei laut Thomas vor, dass das Gemeinwesen auf das gemeinsame Glück bzw. auf das Gemeinwohl hingeordnet sein muss und dass das gemeinsame Ziel das durch Frieden gesicherte gute Leben aller (**communis hominum salus**) ist.[42]

---

35 Vgl. Pieper, Scholastik, S. 161 f.

36 Oeing-Hanhoff, Phil. Jahrb. 82 (1975), 10.

37 Hauptwerke: Summa Theologica (insbes. die Bände 13 und 18), Über die Herrschaft vom Fürsten.

38 Vgl. dazu Kluxen, Philosophische Ethik, S. 230–241. Thomas unterscheidet genau genommen im Gesetzestraktat vier, eigentlich sogar fünf Arten von Gesetzen: Ewiges, natürliches, menschliches und göttliches Gesetz, wobei das göttliche Gesetz in das alte Gesetz (das, was im alten Testament offenbart ist) und in das neue Gesetz (das neue Testament) aufgeteilt ist.

39 Siehe Welzel, Naturrecht, S. 58, 59.

40 Siehe dazu und zum Folgenden Oeing-Hanhoff, Phil. Jahrb. 82 (1975), 21–23; vgl. auch nochmals Welzel, Naturrecht, S. 59.

41 Oeing-Hanhoff, Phil. Jahrb. 82 (1975), 21–23.

42 Oeing-Hanhoff, Phil. Jahrb. 82 (1975), 19; die Parallele zu Aristoteles wird an dieser Stelle der Argumentation besonders deutlich.

- Drittens, das **gesetzte** (positive), **menschen-gemachte Gesetz** (**lex humana**), welches das natürliche Gesetz für die alltäglichen Rechtsfragen zu konkretisieren und zu ergänzen hat. Dieses positive Gesetz darf dem natürlichen nicht widersprechen, es muss im Gegenteil sogar aus ihm ableitbar sein, damit es Gesetzeskraft entfaltet.

Schon anhand dieser Dreiteilung wird deutlich, wie Thomas von Aquin den Zusammenhang von göttlicher und menschlicher Ordnung denkt: Die von Gott gegebene menschliche Vernunft ist das „Bindeglied" zwischen dem göttlichen Weltregierer und den Menschen. Sie ermöglicht es, dass die Menschen Gut von Böse scheiden und ihr Leben gemäß dieser Einsicht einrichten können; sie gibt ihnen die Grundprinzipien ihres Zusammenlebens vor, die die Menschen dann in eigener Verantwortung (vor Gott) in ihr Leben umzusetzen haben.

11 Der Begriff der **Gerechtigkeit** taucht bei Thomas von Aquin auf der Ebene des Naturgesetzes auf, also als eine Frage menschlicher Vernunft. Das menschen-gemachte Gesetz hat sich an ihr zu orientieren. Widerspricht es ihr jedoch, so spricht Thomas ihm sogar die Qualität als Gesetz ab, es handle sich dann bloß noch um eine „Gesetzesverkehrung" (**legis corruptio**).[43] Die Gerechtigkeit ordne den Menschen in seiner Beziehung zum anderen und richte seine Akte auf das Gemeinwohl aus.[44]

Auch Thomas von Aquin ist also der Überzeugung, dass die Gerechtigkeit dem menschlichen Gesetz als Maßstab dienen muss. Ihre Kriterien seien der menschlichen Vernunft zugänglich, welche ihrerseits göttlichen Ursprungs ist. Inhaltlich ähnelt die Gerechtigkeitsvorstellung von Thomas der des Aristoteles insofern, als beide von der Ausrichtung der Rechtsordnung am Gemeinwohl ausgehen und insofern den Maßstab guten Rechts in der Hinordnung zum Wohl der Gemeinschaft finden.

III. Recht als Mittel der Friedenssicherung (Thomas Hobbes, 1588–1679)

12 Hobbes bricht radikal mit der aristotelischen und der mittelalterlichen Tradition der Rechtsbegründung, sowohl im Hinblick auf die Methode der philosophischen Argumentation[45] als auch im Hinblick auf die inhaltliche Ausgangsthese, der Mensch sei von Natur aus auf die Gemeinschaft angelegt:[46] Er bemüht sich um eine **„streng wissenschaftliche"** (d. h. bei ihm an die Argumentationsstrukturen der Naturwissenschaften angelehnte) Begründung von Recht und Staat, und er geht im Unterschied zu seinen Vorgängern nicht davon aus, dass der Mensch schon von Natur aus ein Gemeinschaftswesen ist und zum Staat in einem natürlichen, ursprünglichen Verhältnis steht; nicht die „Polis ist für ihn das Ursprüngliche, sondern der Einzelne noch diesseits all jener spezifischen Gesellschaftsbeziehungen, in die Aristoteles den Menschen von Natur aus eingelassen sah."[47]

---

43 Vgl. Welzel, Naturrecht, S. 59 und Oeing-Hanhoff, Phil. Jahrb. 82 (1975), 20.

44 Von Aquin, Summa Theologica, Bd. 18, II., qu. 58, 5. Die Formen der ausgleichenden und austeilenden Gerechtigkeit kann Thomas im Grundsatz schon aus der Lehre des Aristoteles übernehmen (vgl. dazu schon Fn. 26); beide begreifen die ausgleichende Gerechtigkeit als diejenige, die sich zwischen Privatpersonen bei deren gegenseitigen Handlungen herzustellen hat (i. S. einer Tauschgerechtigkeit) und die austeilende als diejenige, die zwischen der Gemeinschaft und dem Einzelnen bestehen muss (als Verteilungsgerechtigkeit). Vgl. für Aristoteles: Nikomachische Ethik, Buch V, 5, 1131a und für Thomas: Summa Theologica, Band 18, II., qu. 61, 1.

45 Dazu Höffe, Wissenschaft, S. 34–39.

46 Vgl. Geismann/Herb, Hobbes über die Freiheit, Einleitung, S. 10ff.

47 Ebd., S. 12.

Ihren Ausgang nimmt die Hobbessche Rechts- und Staatsbegründung[48] im menschlichen **Streben nach Selbsterhalt.**[49] Die Natur habe die Menschen hinsichtlich ihrer körperlichen und geistigen Fähigkeiten so gleich geschaffen, „dass trotz der Tatsache, dass bisweilen der eine einen offensichtlich stärkeren Körper oder gewandteren Geist als der andere besitzt, der Unterschied zwischen den Menschen alles in allem doch nicht so beträchtlich ist, als dass der eine aufgrund dessen einen Vorteil beanspruchen könnte, den ein anderer nicht ebenso gut für sich verlangen dürfte."[50] Und wenn dann „zwei Menschen nach demselben Gegenstand streben, den sie jedoch nicht zusammen genießen können, so werden sie Feinde und sind in Verfolgung ihrer Absicht, die grundsätzlich Selbsterhaltung und bisweilen nur Genuss ist, bestrebt, sich gegenseitig zu vernichten oder zu unterwerfen."[51] Für dieses Problem kollidierender Interessen gibt es nach Hobbes in dem von ihm sogenannten **Naturzustand** keine prinzipielle Auflösung. Mit dem **Naturzustand** meint Hobbes einen Zustand der Menschen **ohne** jede institutionalisierte politische Ordnung, einen „Zustand der Menschen außerhalb der bürgerlichen Gesellschaft".[52] In diesem Zustand herrsche ein ständiger Krieg aller gegen alle und wegen der Gleichheit der Kräfte der Menschen sieht Hobbes auf Dauer keine Möglichkeit, wie sie diesen „ewigen Krieg" überleben sollen; im Naturzustand würden sie sich bis ins Unendliche gegeneinander aufreiben. Hobbes lässt sich deshalb von der Annahme leiten, dass die „Überwindung des Naturzustandes mit dem Ziel der Schaffung von Sicherheit – insbesondere für das Leben des Einzelnen – (...) das höchste Ziel der Menschen"[53] ist. 13

Dieses Ziel sieht Hobbes dadurch erreicht, dass die Menschen in einen staatlichen Zustand treten, in dem eine übergeordnete Macht – die Staatsmacht – ihre Sicherheit garantiert. Die Überwindung des Kriegszustandes könne nur dann gelingen, wenn eine „sichtbare Gewalt" die Menschen „im Zaume" hält und durch „Furcht vor Strafe" zur „Erfüllung ihrer Verträge und (zur) Beachtung der natürlichen Gesetze" nötigt.[54] 14

Diese Macht werde dadurch begründet, dass jeder Mensch mit den jeweils anderen einen Vertrag schließt, durch den er sein natürliches Recht, sich selbst zu regieren, einem einzelnen Menschen oder einer Gruppe von Menschen unter der Bedingung überträgt, dass auch jeder andere in gleicher Weise verfährt (vgl. dazu auch § 4, Rn 5).[55] Bei Hobbes soll also durch eine **radikale Unterwerfung aller Individuen unter die Staatsmacht vollständige Rechtssicherheit und Frieden** gewährleistet werden.[56] 15

Hobbes' Gedankengang ist revolutionär vor allem dadurch, dass er „das Individuum als solches als den einzig möglichen Ausgangspunkt aller denkbaren Philosophie" an- 16

48 Wichtigste Werke: Leviathan oder Stoff, Form und Gewalt eines kirchlichen und bürgerlichen Staates (1651), Vom Menschen/ Vom Bürger (1642).
49 Vgl. Höffe, Wissenschaft, S. 33.
50 Hobbes, Leviathan, 13. Kap., S. 94.
51 Hobbes, Leviathan, 13. Kap., S. 94, 95.
52 Hobbes, Vom Bürger, 1. Kap., S. 75. Vgl. auch Eggers, Naturzustandstheorie, S. 28.
53 So die Formulierung von Murmann in seiner strafrechtlichen Schrift Die Selbstverantwortung des Opfers im Strafrecht (2005), S. 23.
54 Hobbes, Leviathan, 17. Kap., S. 131.
55 Hobbes, Leviathan, 17. Kap., S. 134. Dazu auch Murmann, Die Selbstverantwortung des Opfers im Strafrecht, S. 21, 22.
56 Vgl. Fetscher, Einleitung, XXVI. Siehe ferner für eine gute Zusammenfassung der Hobbesschen Grundgedanken Braun, Rechtsphilosophie, S. 187ff.

setzte. Für das moderne Denken ist es seither unhintergehbar das einzelne Subjekt, das als Bezugspunkt für Recht und Gesetzgebung angesehen wird.[57]

17 Allerdings ist Hobbes' Begründung eines (all)mächtigen Staates zum Zwecke des Selbsterhaltes trotz ihrer Stringenz auch vielfach kritisiert worden. Entscheidender Ansatzpunkt einer **Fundamentalkritik** ist, dass das Ziel der Schaffung von Sicherheit und die bei Hobbes damit einhergehende Etablierung einer äußeren absoluten Macht die „inhaltliche Ausgestaltung (der) Rechtsordnung gegenüber deren Ordnungsfunktion in den Hintergrund treten"[58] lässt und dass sich der das rechtsphilosophische Denken bisher als Leitgedanken prägende **Aspekt der Gerechtigkeit hinter dem Aspekt der Sicherheit** verliert.[59]

Die totale Auslieferung der einzelnen Bürger an die staatliche Übermacht vermag dieser Kritik zufolge keine Lösung für das Problem dauerhafter Organisation friedlicher Koexistenz der Menschen zu bieten: Das Modell von Hobbes greife erstens schon an seiner Basis zu kurz: Nicht bloß der **Erhalt des Lebens überhaupt**, sondern der **Erhalt eines spezifisch menschlichen Lebens** müsse Ziel der Staatsgründung sein; und dieses spezifisch Menschliche liege in der Fähigkeit zur Selbstbestimmung des Einzelnen, in seiner Freiheit.[60] Außerdem sei zwar mit Hobbes' Begründung der **Notwendigkeit** des Staates im Kern Richtiges benannt, aber die **Ausgestaltung** der Staatsmacht bei Hobbes als absolute und ungeteilte Souveränität gegenüber ihren Bürgern erweise sich gegenüber „dem Ziel, der Sicherung freier Selbsterhaltung, (…) als grundsätzlich dysfunktional".[61] Denn durch die Auslieferung des Einzelnen an eine omnipotente Staatsmacht sei dessen Sicherheit zumindest dieser Macht gegenüber gerade nicht gewährleistet, sondern ihr im Gegenteil auf Gedeih und Verderb ausgesetzt.

18 Diese beiden Kernargumente gegen Hobbes – **die Selbstbestimmung des Einzelnen** als Voraussetzung und Zweck des Staates sowie eine **normative Beschränkung der Staatsmacht** gegenüber dem Einzelnen aus dessen eigenem Recht – führen beinahe zwangsläufig in die Richtung einer Hobbes zeitlich nachfolgenden Rechtsphilosophie, innerhalb derer gerade diese Anforderungen an eine „gute" Staatskonzeption berücksichtigt und zum entscheidenden Leitgedanken werden: Die Rede ist von der Rechtsphilosophie Kants.

Bevor darauf eingegangen wird, soll aber noch kurz eine an Hobbes anschließende, in der alltäglichen Rechtspraxis sehr wirkmächtige philosophische Strömung vorgestellt werden, die vor allem (aber nicht nur) im angelsächsischen Denken bis heute kaum an Bedeutung eingebüßt hat – **der Utilitarismus.**

---

57 Siehe Willms, Angst, Freiheit, Leviathan, S. 82. Vgl. auch Harzer, Naturzustand, S. 26 ff. Zur Überwindung der für „zwei Jahrtausende gültigen (platonisch-)aristotelischen Tradition durch die Hobbessche Staatskonstruktion" auch Höffe, Widersprüche, insbes. S. 114 und 121 und Geismann/Herb, Hobbes über die Freiheit, Einleitung, S. 9–16.

58 Murmann, Die Selbstverantwortung des Opfers im Strafrecht, S. 23. Dazu auch Maier, Stichwort „Hobbes", Klassiker, Bd. 1, S. 351 ff., insbes. S. 374: „Nicht aus seiner Wahrheitsfülle und Gerechtigkeit lebt dieser deus mortalis, sondern allein aus seinem ebenso unerschütterlichen wie inhaltslosen Vorhandensein; dieses legitimiert ihn; auf faktische Macht gründet sich Gesetz und Ordnung: Auctoritas non veritas facit legem." Vgl. zudem S. 364.

59 Zu weiteren Kritikpunkten siehe Mahlmann, Rechtsphilosophie und Rechtstheorie, § 3, Rn 7.f.

60 In diesem Sinne Bartuschat, Anthropologie und Politik, insbes. S. 35ff. Siehe auch Geismann, Der Staat 21 (1982), 168–172.

61 Höffe, Wissenschaft, S. 31.

IV. Nutzenmaximierung und Recht – der Utilitarismus (Jeremy Bentham, 1748-1832 und John Stuart Mill, 1806–1873)

Aus **utilitaristischer** Sicht wird die Güte einer Handlung nach der **Nützlichkeit ihrer Folgen beurteilt.** Die **anthropologische Grundlage** dafür stellt das **natürliche Streben nach Lust und Vermeidung von Unlust** dar.[62] Die **Utilitaristen** meinen, dass menschliches Handeln an der möglichst großen Erfüllung menschlicher Bedürfnisse und Interessen ausgerichtet sei und dass die größtmögliche Befriedigung dieser Bedürfnisse gleichzeitig auch das größte Glück der Menschen herbeiführe. **Gut** seien Handlungen also dann, wenn sie **die Tendenz haben, Glück zu befördern,** während sie moralisch **schlecht** seien, **wenn sie zu Leiden führen.**[63] Dabei wird unterstellt, dass sich die Bedürfnisbefriedigung hinsichtlich ihrer Lustquantität und -qualität unterscheiden und eindeutig bestimmen lässt[64] und dass im Lustgewinn tatsächlich die Beförderung des menschlichen Glücks liege: Glück sei die maximale Gesamtlustbilanz, d. h. die mit einer Handlung verbundene gesamte Lust, vermindert um die mit ihr insgesamt verknüpfte Unlust.[65] 19

Die **Utilitaristen** übertragen nun den Gedanken des Nützlichkeitsprinzips konsequent auch auf Fragen des Rechts. Eine gute Rechtsordnung zeichnet sich nach ihnen dadurch aus, dass in ihr das „größte Glück der größten Zahl ihrer Bürger" verwirklicht werde; die Aufgabe des Staates wird dementsprechend in der **Beförderung des Glücks der Gesellschaft** gesehen, nach Bentham näher beschrieben als der **„Genuss von Freuden, die Sicherheit vor Leiden."**[66] Diese Aufgabe müsse der Staat durch Bestrafung und Belohnung seiner Bürger erfüllen. Dabei bleibt Richtmaß der Sanktionen, ob mit ihnen eine Besserstellung, eine **Glücks-Maximierung für die Mehrheit der Bürger** verbunden ist, auch wenn im Einzelfall dafür das Glück einer Minderheit oder einer Einzelperson minimiert wird. Hier zeigt sich ein gewichtiger Kritikpunkt gegen die Übertragung des utilitaristischen Handlungsprinzips auf die Ebene des Rechts: Der Utilitarismus vermag es als **Rechtsprinzip** nicht, etwa die Unterdrückung einer Minderheit im Staat oder eine das fundamentale Recht des einzelnen Subjekts verletzende staatliche Maßnahme auszuschließen, wenn durch sie nur das Kollektivwohl gesteigert werden kann.[67] Das Kriterium, dem Einzelnen in einem fundamentalen Sinne **gerecht** zu werden und überhaupt die Frage, ob eine staatliche Handlung **gerecht ist,** taucht bei einer Untersuchung, die allein auf die Nützlichkeit abstellt, entweder gar nicht mehr auf oder wird jedenfalls auf den reinen Nützlichkeitsaspekt reduziert.[68] 20

---

62 Vgl. Prechtl, Metzler Lexikon, Stichwort „Utilitarismus", S. 623; ferner Bentham, Principles, Ch. I, S. 11–16 (deutsche Fassung bei Höffe, Utilitaristische Ethik/Texte, S. 35 ff.).

63 Vgl. Mill, Das Nützlichkeitsprinzip, abgedruckt in: Höffe, Utilitaristische Ethik/Texte, S. 59 ff., 60.

64 Auf das Problem der Messbarkeit von Glück hat vor allen Bentham hingewiesen und sich um einen rationalen Beurteilungsmaßstab bemüht. Als Merkmale eines möglichen Maßstabs hat er herausgearbeitet: (1) Die Intensität des aus der Handlungsfolge zu erwartenden Lustgewinns, (2) die Dauer und den Grad der Wahrscheinlichkeit, mit der der Lustgewinn zu erwarten ist, (3) die zeitliche und räumliche Nähe des Eintreffens der Folgen und (4) ob noch sekundäre Handlungsfolgen (positive oder negative) zu erwarten sind (so Prechtl, Metzler Lexikon, Stichwort „Utilitarismus"). Kritisch zum sog. hedonistischen Kalkül (Formulierung der Maßeinheiten für Lust) Höffe, Theorie des Glücks, S. 131 ff.

65 Höffe, Theorie des Glücks, S. 127, 128.

66 Bentham, Principles, Ch. VII, S. 1, 74.

67 Vgl. Höffe, Theorie des Glücks, S. 151 ff.

68 Dazu Höffe, Schwierigkeiten des Utilitarismus, S. 295 ff.

21 Der **Begriff der Gerechtigkeit** verliert also im **Utilitarismus** seine Bedeutung als Prinzip des Rechts und die **Aufrechnung von Lust und Unlust – nun bezogen auf die gesamte staatliche Gemeinschaft** – tritt an seine Stelle.

Diese Position blieb nicht lange unwidersprochen. Kant hat das Nachdenken über das Recht erneut als Frage der Gerechtigkeit begriffen und mit seiner Rechtsphilosophie die Rechtsbegründung auf ein neues Niveau gehoben; den **Utilitarismus** als Prinzip hat er sowohl in seinem Fundament als auch als Rechtsprinzip widerlegt.

V. Rechtslehre aus Freiheit (Immanuel Kant, 1724–1804)

22 Kant distanziert sich mit seiner praktischen Philosophie vom utilitaristischen Standpunkt, indem er zeigt, dass in der Nützlichkeit einer Handlung für einen vorgestellten Zweck (z. B. das persönliche oder gesellschaftliche Glück) nicht schon das entscheidende Kriterium für ihre moralische Güte liegt. Kants Denken ist an dieser Stelle revolutionär: **Nicht die Folgen einer Handlung** seien zu betrachten, um ihre moralische Wertigkeit zu bestimmen, sondern die **Handlung selbst** müsse **für sich genommen** gut sein.

23 Damit wendet sich Kant gegen das Prinzip aller ihm vorausgehenden philosophischen Grundströmungen: Die Hinordnung auf ein bestimmtes Ziel, insbesondere das Glück, aber auch irgendeine andere Vorstellung eines erstrebenswerten Guts, sei zwar ein Wesensmerkmal menschlicher Handlungen und als solches nicht zu vernachlässigen. Aber für das Kriterium einer „guten Handlung schlechthin" sei das Mittel-Zweck-Verhältnis kein hinreichender Indikator. Er schreibt zur Begründung, dass zwar alle Menschen „die mächtigste und innigste Neigung zur Glückseligkeit" haben, „weil sich gerade in dieser Idee alle Neigungen zu einer Summe vereinigen";[69] der Mensch könne sich aber von der „Summe der Befriedigung aller Neigungen unter dem Namen der Glückseligkeit keinen bestimmten und sichern Begriff machen".[70] Also handele es sich bei der Glückseligkeit um einen schwankenden Begriff, der niemals zur Bestimmung einer moralisch richtigen Handlung hinreiche.[71]

24 Das richtige Kriterium für die moralische Güte einer Handlung muss nach Kant also fundamental anders bestimmt werden als es die **Utilitaristen** tun. Kant entwickelt den Gedanken, dass, wenn nicht die **Wirkung** der Handlung maßgeblich sein kann, es zunächst auf das die Handlung leitende, **subjektive Prinzip** (die sog. „Maxime") ankom-

69 Kant, Grundlegung Metaphysik, BA 12.

70 Ebd.

71 „Allein es ist ein Unglück, dass der Begriff der Glückseligkeit ein so unbestimmter Begriff ist, dass, obgleich ein jeder Mensch zu dieser zu gelangen wünscht, er doch niemals bestimmt und mit sich selbst einstimmig sagen kann, was er eigentlich wünsche und wolle. Die Ursache davon ist: dass alle Elemente, die zum Begriff der Glückseligkeit gehören, insgesamt empirisch sind, d. i. aus der Erfahrung müssen entlehnt werden, dass gleichwohl zur Idee der Glückseligkeit ein absolutes Ganze, ein Maximum des Wohlbefindens, in meinem gegenwärtigen und jedem zukünftigen Zustande erforderlich ist. Nun ist's unmöglich, dass das einsehendste und zugleich allervermögendste, aber doch endliche Wesen sich einen bestimmten Begriff von dem mache, was er hier eigentlich wolle. Will er Reichtum, wie viel Sorge, Neid und Nachstellung könnte er sich dadurch auf den Hals ziehen. Will er viel Erkenntnis und Einsicht, vielleicht könnte das ein nur um desto schärferes Auge werden, um die Übel, die sich für ihn jetzt noch verbergen und doch nicht vermieden werden können, ihm nur um desto schrecklicher zu zeigen, oder seinen Begierden, die ihm schon genug zu schaffen machen, noch mehr Bedürfnisse aufzubürden. Will er ein langes Leben, wer steht ihm dafür, dass es nicht ein langes Elend sein würde? (...) usw. Kurz, er ist nicht vermögend, nach irgendeinem Grundsatze, mit völliger Gewissheit zu bestimmen, was ihn wahrhaft glücklich machen werde, darum, weil hiezu Allwissenheit erforderlich sein würde." Kant, Grundlegung Metaphysik, BA 46, 47. Dazu auch Lekarew, Metzler Lexikon, Stichwort: „Glück", S. 215, 216.

me, welches dann in einem weiteren Schritt (nämlich dem der Verallgemeinerung) Aufschluss über die Qualität einer Handlung geben könne. Kant stellt also auf die Vorstellung des Handelnden **bei Ausführung der Handlung** ab und sucht dann das Kriterium, an Hand dessen sich die Güte einer Handlung tatsächlich bestimmen lässt. Er fragt: „Was kann das aber wohl für ein Gesetz sein, dessen Vorstellung, auch ohne auf die daraus erwartete Wirkung Rücksicht zu nehmen, den Willen bestimmen muss, damit dieser schlechterdings und ohne Einschränkung gut heißen könne?“[72]

Er meint, es bleibe nichts anderes übrig als die allgemeine Gesetzmäßigkeit der Handlungen überhaupt, welche allein dem Willen zum Prinzip dienen soll, „d. i. ich soll niemals anders verfahren, als so, dass ich auch wollen könne, meine Maxime solle ein allgemeines Gesetz werden.“[73] Das Kriterium guten Handelns heißt also bei Kant die **Verallgemeinerbarkeit des handlungs-leitenden subjektiven Prinzips**, und das Verfahren, durch das diese Verallgemeinerbarkeit einer Handlungsmaxime festgestellt werden kann, ist der berühmte **kategorische Imperativ**. 25

Das Besondere dabei ist nicht nur die Abkehr von der utilitaristischen Grundidee. Kant meint darüber hinaus, dass sich die Fähigkeit der Bestimmung des Guten nach dem kategorischen Imperativ in jedem vernünftigen Subjekt gleichermaßen findet, und das bedeutet, dass auch jedes Subjekt in der Lage ist, gut von schlecht zu unterscheiden und sich an dieser Einsicht beim Handeln auszurichten. Er ist davon überzeugt, dass sich **jedes vernünftige Subjekt zum Richtigen selbst bestimmen kann**, und dass es selbst den Grund und den Maßstab für die moralisch-richtige Handlung in sich trägt. In dieser Fähigkeit sieht Kant gleichzeitig die **Freiheit** des Menschen begründet. Freiheit in diesem Sinne ist Autonomie als die „Möglichkeit, durch Denken zu praktischer Selbstorientierung zu gelangen“.[74] 26

Für die Einsicht in das Gute und für die Orientierung an dieser Einsicht im Einzelfall einer bevorstehenden Handlung ist nach Kant die **menschliche Vernunft** zwingende Vorbedingung. Sie ist der Grund dafür, dass der Mensch, zusätzlich zu oder sogar gegen seine Naturanlagen, reflektierte Selbstbestimmung im Handeln leisten kann. Im praktischen Handeln liegt für ihn die Möglichkeit, die vorgefundenen Bedingungen der Außenwelt selbst (mit) zu gestalten. Die **Freiheit des Subjekts** und seine Vernunftbegabtheit stehen damit in einer untrennbaren Wechselbeziehung. 27

Für das **Recht** lässt sich sagen, dass Kant es „auf den Boden der Freiheit gestellt“[75] hat. In der **Rechts**lehre setzt Kant die Freiheit als **Unabhängigkeit von Naturvorgaben** und als **Autonomie** (also als innere Selbstbestimmungsfreiheit) voraus. Im Recht erarbeitet er auf dieser Grundlage die **äußere, rechtliche** Freiheit als „Unabhängigkeit von eines anderen nötigender Willkür“.[76] Schon in dieser Formulierung wird deutlich, was sich unter dem Blickwinkel des Rechts im Verhältnis zu den vorherigen Bestimmungen des Freiheitsbegriffs ändern muss: Es geht nicht mehr nur um die Frage, „wie (der Mensch) sein **Wollen** bestimmen, welchen **inneren** Gebrauch er (...) von seiner Willkür machen, welche Zwecke er sich setzen (...) soll“, sondern es geht um den „**äußeren** Gebrauch seiner Willkür **im Verhältnis zu einem Anderen**“.[77] Wird der Freiheitsbegriff 28

72 Kant, Grundlegung Metaphysik, BA 17.
73 Kant, Grundlegung Metaphysik, BA 17.
74 So formuliert es E. A. Wolff in seiner strafrechtlichen Abhandlung „Die Abgrenzung von Kriminalunrecht zu anderen Unrechtsformen“ in Hassemer, Strafrechtspolitik, S. 137, 167.
75 Hoffmann, ARSP 87 (2001), 449, 451. Ferner Brugger, JZ 1991, 393 ff.; Zaczyk, JuS 2004, 96 ff.
76 Kant, Metaphysik, RL, Einteilung der Rechtslehre, § B, AB 45.
77 So Geismann, Jahrb. für Recht und Ethik 14 (2006), 3, 18.

als **Rechtsbegriff** relevant, so muss die Besonderheit gerade der rechtlichen Fragestellung berücksichtigt werden, und das heißt: die Tatsache, dass der Begriff des Rechts „das äußere und zwar praktische Verhältnis einer Person gegen eine andere, sofern ihre Handlungen als Facta aufeinander (...) Einfluß haben können",[78] betrifft. Notwendig wird eine Verhältnisbestimmung mehrerer freier Wesen im gemeinsamen Raum-Zeit-Zusammenhang und eine diesem Verhältnis entsprechende Begründung wechselseitiger Anerkennung fremder Freiheit:[79] „Die Achtung eigener wie fremder Freiheit erfordert also die prinzipielle Anerkennung und allgemeine Garantie eines äußeren Entfaltungsraumes der Freiheit durch das Recht."[80] Recht wird damit gedacht als das **Medium der Freiheitsverwirklichung, als die Möglichkeit der Realisierung freiheitlicher Verhältnisse.** Dies spiegelt sich wider in der Definition des Rechts, die Kant gibt: „Recht ist der Inbegriff der Bedingungen, unter denen die Willkür des einen mit der Willkür des andern nach einem allgemeinen Gesetze der Freiheit zusammen vereinigt werden kann."[81]

29 Zur Realisierung einer so fundierten freiheitlichen Rechtsordnung ist auch nach Kant ein **Staat** notwendig, denn nur in ihm lassen sich rechtliche Verhältnisse auf Dauer garantieren. Kant beginnt seine Staatsbegründung mit der Vorstellung eines Naturzustandes der Menschen, in dem die Rechtspositionen des Einzelnen ungesichert sind und niemand jemals vor Gewalttätigkeit sicher sein kann.[82] Kant stellt für seine Staatsbegründung allerdings anders als Hobbes nicht auf tatsächlich **erfahrene** Gewalttätigkeit im Naturzustand ab, sondern fordert prinzipiell – **apriorisch** – den Eintritt des im Naturzustand befindlichen Volkes in einen rechtlich verfassten Zustand: Der Übergang vom Naturzustand, in dem Rechtspositionen nur provisorisch sein können, in den staatlichen Zustand erfolgt, um zu gewährleisten, dass jedermann seines Rechts „teilhaftig" werden kann.[83] **Der Zweck des Staates ist danach Rechtsgewährleistung für alle seine Bürger.**

30 Mit der **Rechtsgewährleistung** für jedermann wird zugleich auch **Rechtssicherheit** geschaffen: Man kann sich in einem (guten) staatlichen Zustand darauf verlassen, dass sowohl die eigene als auch fremde Rechtssphären allgemein anerkannt und notfalls durch staatliche Intervention geschützt und bewahrt werden; dieses „Sich-Verlassen-Können" schafft die reale Möglichkeit, den eigenen Lebensentwurf frei zu gestalten und auszuführen. Dabei ist der einzelne Bürger Beschränkungen (in Form von zwangsbewehrten staatlichen Ge- und Verboten) nur insofern unterworfen, als sie sich aus der Notwendigkeit der Freiheitssicherung für alle ergeben. Und: Die Legitimation der Zwangs- bzw. Strafbefugnisse des Staates ist in einer Weise zu begründen, die es jedem Bürger, gerade auch dem von der staatlichen Maßnahme betroffenen, ermöglicht, sie als vernünftig einzusehen.[84]

31 Die Tatsache, dass das einzelne Subjekt frei, das heißt der Selbstbestimmung fähig ist, macht es unmöglich, ihm eine bestimmte Vorstellung von Glück oder Vollkommenheit,

78 Kant, Metaphysik, RL, Einleitung in die Rechtslehre, § B, AB 32.
79 Vgl. auch Geismann, Jahrb. für Recht und Ethik 14 (2006), 22.
80 Luf, Freiheit, S. 48.
81 Kant, Metaphysik, RL, Einleitung in die Rechtslehre, § B, AB 33. Dazu Dreier, Rechtsbegriff, S. 10 ff.
82 Vgl. Kant, Metaphysik, RL, § 44, A 163, 164, B 193, 194.
83 Kant, Metaphysik, RL, § 41, A 154, 155, B 154; dazu Bartuschat, Phil. Jahrb. 94 (1987), 24 ff.
84 Kant schreibt: „Es muss in jedem gemeinen Wesen ein Gehorsam, unter dem Mechanismus der Staatsverfassung nach Zwangsgesetzen (die aufs Ganze gehen), aber zugleich ein Geist der Freiheit sein, da jeder, in dem was allgemeine Menschenpflicht betrifft, durch Vernunft überzeugt zu sein verlangt, dass dieser Zwang rechtmäßig sei, damit er nicht mit sich selbst in Widerspruch gerate." (Gemeinspruch, A 267).

rechtlich und mit staatlicher Autorität vorzuschreiben: Seine ethische Ausrichtung muss ihm selbst überlassen bleiben, das **Recht betrifft nur die äußeren Handlungen der Rechtssubjekte.** Dort allerdings, im Bereich solcher Handlungen mit Bezug zu Anderen, ist das Recht für alle Bürger gleichermaßen verbindlich und auch mit der Befugnis verbunden, den Einzelnen zum rechtlichen Verhalten zu zwingen.[85] Kant begründet dies damit, dass mittels des Rechtszwangs rechtliche Verhältnisse, also das „Dasein der Freiheit"[86] in der Realität erhalten werden können, während Rechtsbrüche Freiheit verhindern. Der **Staat ist also gedacht als Garant der Freiheit**, der für diese Aufgabe mit den notwendigen Befugnissen ausgestattet ist; und die Legitimität seiner Handlungen bemisst sich daran, ob das sie leitende Grundprinzip verallgemeinernd gedacht mit der Freiheit von jedermann vereinbar ist.

VI. Rechtssystem als Reich der verwirklichten Freiheit (Georg Wilhelm Friedrich Hegel, 1770–1831)[87]

Hegel konnte sein eigenes Rechtssystem auf die Grundlagen stützen, die Kant in seiner Philosophie gelegt hatte. Die menschliche Freiheit als Fähigkeit zur Selbstbestimmung, als Selbstbewusstsein und Reflexionskraft ist auch für Hegel der unumstößliche Ausgangspunkt des Nachdenkens über das Recht. Für ihn ist das Recht das „Dasein des freien Willens".[88] 32

Die Grundlage für diese Aussage legt Hegel schon in den §§ 4 bis 7 seiner **Grundlinien der Philosophie des Rechts.** Hegel beschreibt hier den freien Willen, das Bewusstsein des Menschen, als unumgängliche Grundvoraussetzung jeglicher rechtlicher Überlegungen:[89] „Der Boden des Rechts ist überhaupt das **Geistige** und seine nähere Stelle und Ausgangspunkt der **Wille**, welcher **frei** ist, so daß die Freiheit seine Substanz und Bestimmung ausmacht und das Rechtssystem das Reich der verwirklichten Freiheit, die Welt des Geistes aus ihm selbst hervorgebracht als eine zweite Natur, ist." 33

Die Gesetzmäßigkeit der Freiheit, die zu erkennen und zu leben dem Menschen eigen ist, weil er ein denkendes, sich selbst reflektierendes Wesen ist, muss nach Hegel nun zwangsläufig auch freiheitliche Verhältnisse in der menschlichen Realität hervor treiben, denn der Mensch ist nicht bloß theoretisch reflektierendes Wesen, er kann sein Denken auch **praktisch** werden lassen: „Das Denken als sich übersetzend ins Dasein, als Trieb, sich Dasein zu geben"[90] macht gerade den menschlichen Willen aus. Hier zeigt sich eine Besonderheit im Hegelschen Denken, die seinen gesamten philosophischen Ansatz widerspiegelt: Hegel meint, dass sich der freie Wille – und mit ihm die Vernunft – notwendig Bahn bricht und die Wirklichkeit bestimmt; anders formuliert: Die Wirklichkeit enthält immer schon die Vernunft, die nicht dem menschlichen Denken vorbehalten, sondern auch „in der realen Welt, im Gang der Ereignisse, in der Geschichte"[91] gegenwärtig ist. So ist die Wirklichkeit nie einfach nur real vorhanden, 34

85 Kant, Metaphysik, RL, Einleitung in die Rechtslehre, § D, AB 35. Dazu Köhler, in: Fichtes Lehre vom Rechtsverhältnis.
86 Formulierung von Hegel, Grundlinien, § 30, S. 83.
87 Vgl. zunächst Hoffmann, Hegel, S. 413–438. Vgl. insgesamt zur Rechtsphilosophie Hegels die Beiträge in: Riedel (Hrsg.), Materialien, Bd. 2 und Taylor, Hegel, Kapitel XVI.
88 Hegel, Grundlinien, § 29, S. 80.
89 Siehe Klesczewski, Rolle der Strafe, S. 32 ff.
90 Vgl. Hegel, Grundlinien, § 4 (Zusatz), S. 47.
91 Braun, Rechtsphilosophie, S. 329.

sondern immer schon „realisierte Vernunft".[92] Die Entgegensetzung „Vernunft – Wirklichkeit", die uns bisher in der Geschichte der praktischen Philosophie begleitet hat, wird bei Hegel zu einer **Einheit von Vernunft und Wirklichkeit**, so dass er die Aufgabe der Rechtsphilosophie nicht darin sieht, das Vernünftige als Ideal für die Wirklichkeit zu postulieren, sondern das Vernünftige in der Welt **zu erkennen.**

35 Bei Hegel wird das **Recht mit einer Beziehung gegenseitiger Anerkennung** identifiziert.[93] Resultat dieses Rechtsverständnisses ist notwendig die Gleichbedeutsamkeit der Personen in ihrer Rechtsbeziehung. Vor diesem Hintergrund ist dann auch Hegels Rechtsgebot im § 36 der **Grundlinien** zu lesen: **Sei eine Person und respektiere die anderen als Personen.**

36 Das Recht teilt sich nach Hegel in drei verschiedene **Sphären**, die als aufeinander bezogen gedacht werden müssen: Das abstrakte Recht, die Moralität und die Sittlichkeit.[94]

- Das **abstrakte Recht** beschreibt die **fundamentalen Bedingungen äußerer personaler Rechtsverhältnisse.** Eine Person hat bei Hegel ihr Dasein, ihre Realität im Verhältnis zu anderen, im **Eigentum,**[95] wobei der Eigentumsbegriff sehr weit gefasst wird: Er umfasst überhaupt die äußere Sphäre einer Person, in der sie ihre Freiheit nach außen leben kann.[96] Im Verhältnis der Personen zueinander haben sie „als Eigentümer füreinander Dasein" und das „Übergehen des Eigentums des einen in das des anderen mit gemeinsamen Willen und Erhaltung ihres Rechts" geschieht im **Vertrag.**[97] Zur Sphäre des abstrakten Rechts gehört zudem **das Unrecht.**[98] In diesen drei Aspekten des abstrakten Rechts findet sich die **Gesamtheit der Momente des Zusammenlebens mit anderen im äußeren Verhältnis** der gemeinsamen Welt; das abstrakte Recht stellt gewissermaßen den objektiven, äußeren Teil des Rechts dar.
- Die **Sphäre der Moralität** ist die Sphäre der **subjektiven Freiheit.** Dies bedeutet eine Freiheit, die nicht gebunden ist an die äußere Seite des Daseins, sondern in der Person selbst ihren Ort hat. Die Selbstbestimmung des Einzelnen geschieht durch subjektive Reflexion, die zur Einsicht in das Gute führt. Das subjektive Bewusstsein erkennt dabei seine eigene Besonderheit durch Entgegensetzung zum Allgemeinen. Dies erlaubt es ihm, das Vorfindliche zu ordnen und auf das „Gute"[99] zu befragen.
- In der **Sphäre der Sittlichkeit** werden die **äußere Freiheit und der subjektive Wille zu einer Einheit** gebracht. Erst auf dieser Ebene werden das Moment des abstrakten Rechts und das der Moralität zugleich **wirklich.** Die Einheit äußeren Daseins mit dem inneren Bewusstsein[100] schafft die Möglichkeit eines bewussten Zusammenlebens der einzelnen Menschen in einer geordneten Sozialität. Im Sittlichen liegt so die Vollendung personaler und interpersonaler Freiheit, das „lebendige Gute".[101] Die Sphäre der Sittlichkeit hat nach Hegel wiederum drei Bestandteile: Die Familie,

92 Ebd.
93 Dazu schon Fichte, Grundlage des Naturrechts nach Principien der Wissenschaftslehre (1796), Fichtes Werke herausg. von I. H. Fichte, Bd. III (1971), § 4, 41ff.
94 Vgl. dazu Hegel, Grundlinien, § 33, S. 87 ff.
95 Hegel, Grundlinien, § 41, S. 102.
96 Hegel, Grundlinien, § 41, S. 102; dazu auch Seelmann, JuS 1979, 689.
97 Hegel, Grundlinien, § 40, S. 98.
98 Hegel, Grundlinien, § 82, S. 172.
99 Das Gute ist von Hegel beschrieben als die realisierte Freiheit, der absolute Endzweck der Welt: Grundlinien, § 129, S. 243, vgl. auch § 132 (Anm.), S. 245.
100 Die Einheit von Endlichkeit und Vernunft im Subjekt ist auch für Kant der gedankliche Ausgangspunkt seiner Rechtsphilosophie.
101 Hegel, Grundlinien, § 142, S. 292.

die bürgerliche Gesellschaft und den Staat.[102] Die **Familie** stellt den gleichsam natürlichen, originär gemeinschaftlichen Zusammenhang dar, der allerdings mit dem Prozess des Selbstbewusst-Werdens fortschreitend zu überwinden ist (das Kind wird erwachsen, es entwickelt seinen eigenen Willen, wird selbstständig und strebt aus der Familie hinaus). Die **bürgerliche Gesellschaft** bildet gewissermaßen das Bindeglied zwischen Familie und Staat: „Sie ist einerseits notwendiger Entfaltungsraum selbstständiger, aus der Familie entlassener Individuen; sie bringt es andererseits noch nicht zur wirklichen Allgemeinheit eines alle einzelnen verbindenden Zusammenhangs, wie es der substantielle Staat leistet."[103] Die bürgerliche Gemeinschaft ist also bei Hegel nicht gleichgesetzt mit dem Staat, denn ihr fehlt trotz ihrer schon geordneten freiheitlichen Struktur (Bedürfnisbefriedigung, allgemein anerkannte Gesetze und Rechtspflege, Institutionen zur Aufrechterhaltung dieser Ordnung)[104] das Ideale des **Staates.** Mit der Idee des Staates ist bei Hegel mehr gedacht, als der vereinigte Wille der Subjekte; **der Staat ist das an und für sich (objektiv) Vernünftige,** objektiver Wille.[105] Der Staat ist die Verwirklichung von Freiheit in einem absoluten Sinne.

Es zeigt sich, dass mit Hegel das Denken erneut eine Wandlung vollzogen hat: Zwar erkennt es die Freiheit des einzelnen Subjekts als Grund für das Recht an; anders aber als Kant entwickelt Hegel keine abstrakten Vernunftprinzipien als **Sollensprinzipien,** die dem einzelnen Handelnden und dem Rechtssystem als Leitfaden zu dienen bestimmt sind. Sein Anliegen ist noch anspruchsvoller, will er doch Sein und Sollen, Wirklichkeit und Vernunft, die Subjektivität des Einzelnen und die Objektivität der (Rechts-)Allgemeinheit gedanklich und praktisch **in eine Einheit bringen.** Hegel meint, dass im geschichtlichen Prozess die Vernunft „Schritt für Schritt von der Welt Besitz ergreift und ihr seine Signatur verleiht",[106] dass also die Vernunft notwendig in die Welt kommt, sie prägt und reformiert. Ein bestimmtes Stadium dieser Entwicklung ist immer schon erreicht und deshalb lässt sich das Vernünftige durch „Hinschauen" erkennen und kann nicht abstrakt – also unabhängig von der Substanz der Welt – entwickelt werden. 37

Diese Vorstellung hat ihm die Kritik eingebracht, das Vorfindliche unmittelbar mit dem Vernünftigen zu identifizieren und so der Rechtsphilosophie ihre kritische Kraft zu rauben.[107] Denn wer das Vernünftige immer schon in der Wirklichkeit realisiert sieht, kann nicht mehr angeben, an welcher Stelle sie **un**vernünftig, wo sie reformbedürftig ist. Zudem kann er keine Kriterien dafür angeben, was entgegen der tatsächlich bestehenden Ordnung als Sollensordnung zu gelten hat. 38

Gewiss ist diese Kritik in ihrer Schärfe einseitig, da Hegel wesentlich mehr anstrebt und leistet, als reine – unkritische – Beschreibung. Ganz im Gegenteil wird mit seinem Rechtssystem das **Modell einer freiheitlichen Rechtsordnung** entwickelt, und zwar in gedanklich zwingender Weise. Dabei bemüht sich Hegel einerseits um die geistige Aufnahme der realen Welt – auch des bereits bestehenden Rechts -, gleichzeitig aber auch um das **Begreifen der in dieser Welt schon vorhandenen Wahrheit:** Er will sich einen

102 Hegel, Grundlinien, § 33, S. 87 f.
103 Zaczyk, GA 1993, 383.
104 Hegel, Grundlinien, § 188, S. 346.
105 Dabei geht es Hegel nicht um die Betrachtung eines bestimmten, historisch existierenden Staates, sondern allein um den ideellen Staat.
106 Formulierung von Braun, Rechtsphilosophie, S. 329.
107 Dazu Pawlik, Der Staat 41 (2002), 183 ff. m.w.N.

Begriff machen, das Gegebene mit der Vernunft in Einklang bringen, also sich gerade nicht der Empirie ausliefern.[108] Dieses Anliegen wird in seiner Rechtsphilosophie dadurch verfolgt, dass er als Basis seiner Überlegungen die **Freiheit des Subjekts als feste Gewissheit**[109] stets mitführt. Zwar scheinen einige Stellen im Text seiner **Grundlinien** vom Gegenteil zu zeugen und die Kritik zu rechtfertigen, dass er das Subjekt der realen Welt, den gegebenen Machtverhältnissen ausliefert.[110] Aber dieser Vorwurf ist jedenfalls dann nicht gerechtfertigt, wenn man Hegels eigene Grundbestimmung des freien Subjekts mitliest und sein Bemühen würdigt, ein **Rechtssystem der Freiheit** zu entwickeln. Ob dieses Bemühen in jedem einzelnen Punkt gelungen ist, ließe sich abschließend jedenfalls nur auf dem Niveau der Argumentation beurteilen, das Hegel selbst vorgelegt hat.

VII. Moderne Theorie der Gerechtigkeit (John Rawls, 1921–2002)[111]

39 Als Abschluss des Überblicks über die gewichtigsten Positionen der Geschichte der praktischen Vernunft soll noch ein zeitgenössischer Ansatz skizziert werden, der die aktuelle Debatte über die Kriterien der Gerechtigkeit entscheidend mitprägt: die **Theorie der Gerechtigkeit** von John Rawls. Er stützt sich explizit auf die Rechtsphilosophie Kants[112] und sucht wesentliche Einsichten von ihm für die Gegenwart zu konkretisieren bzw. weiterzuentwickeln und neu zu ordnen; und wie Kant selbst wendet auch er sich mit seiner Theorie ganz bewusst gegen die rein utilitaristische Rechtslehre.[113]

40 Rawls arbeitet zu diesem Zweck „Grundkomponenten“ für ein Verfahren gesellschaftlicher Normbildung aus, welche gewährleisten sollen, dass die Gemeinschaft auf gerechten Grundstrukturen basiert.[114] Um eine gerechte Grundstruktur der Gesellschaft zu entwickeln, muss nach Rawls zunächst eine bestimmte gedankliche Perspektive (ein fiktiver Urzustand: „the original position“)[115] eingenommen werden, die es ermöglichen soll zu ermitteln, nach welchen Prinzipien die Gesellschaft geordnet wäre, wenn alle Beteiligten sie unter der Bedingung ihrer eigenen Unparteilichkeit festlegen würden. Jede Person, gedacht als frei und rational, müsste die Frage nach den Grundstrukturen der Gesellschaft unter der fiktiven Voraussetzung beantworten, nichts über ihre realen sozialen oder persönlichen Voraussetzungen zu wissen („Schleier des Nichtwissens“, „veil of ignorance“).[116] Dieser „Schleier des Nichtwissens“ führe dazu, dass persönliche Interessen, zufällige Konstellationen von Stärke und Schwäche, sowie empirisch vorhandene Ungleichheiten bei der Entscheidungsfindung ausgeklammert werden und stattdessen zu einem gemeinsamen Interesse aller gefunden werde. Dieses gemeinsame Interesse läge dann darin, dass (a) jeder Mensch seine Talente und Lebenspläne selbstständig verwirklichen kann und (b) dies unter Bedingungen sozialer Ge-

108 Vgl. dazu Hegel, Grundlinien, Vorrede, S. 14.

109 Siehe Hegel, Grundlinien, § 4 (Zusatz), S. 46.

110 Vgl. z. B. Hegel, Grundlinien, § 258, S. 399.

111 Vgl. dazu die sehr knappe, aber instruktive Darstellung bei Braun, Rechtsphilosophie, S. 250–263; ausführlicher ders., Rechtsphilosophie im 20. Jahrhundert, S. 121–180; siehe auch Höffe, Einführung und Luf, ARSP Beiheft 56 (1994), 41 ff.

112 "What I have attempted to do is generalize and carry to a higher order of abstraction is the traditional theory of the social contract as represented by Locke, Rousseau and Kant (...) The theory that results is highly Kantian in nature." (Rawls, Theory, Preface, xviii).

113 Vgl. dazu auch Höffe, Einführung, S. 14–17.

114 Vgl. Rawls, Theory, Ch. I, 2., 6.

115 Siehe dazu Rawls, Theory, Ch. I, 3., 10 et seq.

116 Ebd., 11. Vgl. dazu auch Maus, Urzustand, S. 71 ff.

rechtigkeit geschieht, die verhindern, dass Ungleichheiten im Hinblick auf die Realisierungsmöglichkeiten der persönlichen Fähigkeiten entstehen.[117]

Zwei Grundsätze der Gerechtigkeit sollen sich nach Rawls aus der Entscheidung gemäß diesem gemeinsamen Interesse und unter den Bedingungen der Unparteilichkeit zwingend ergeben:[118] 41

(1) Jedermann hat das gleiche Recht auf das umfangreichste Gesamtsystem gleicher Grundfreiheiten, das für alle möglich ist.

(2) Soziale und wirtschaftliche Ungleichheiten sind nur unter zwei Bedingungen akzeptabel: Sie müssen den am wenigsten begünstigten Angehörigen der Gesellschaft den größten Vorteil bringen[119] und sie dürfen die Chancengleichheit in Bezug auf Ämter und Positionen nicht beeinträchtigen.[120]

Der erste Grundsatz betrifft die politischen Grundrechte und Grundfreiheiten (vor allem: die demokratischen Beteiligungsrechte, die Rede- und Versammlungsfreiheit, die Gewissens- und Gedankenfreiheit, die Unverletzlichkeit der Person, das Eigentum und das Recht auf ein faires Verfahren). Der zweite Grundsatz hat das sozio-ökonomische System der Gesellschaft zum Gegenstand, also die Verteilung sozialer und ökonomischer Grundgüter.[121] Die beiden Grundsätze stehen nach Rawls nicht im Verhältnis der Gleichordnung zueinander, sondern dem ersten Prinzip sei prinzipiell der Vorrang einzuräumen; die Freiheit dürfe nicht wirtschaftlichen oder gesellschaftlichen Interessen geopfert werden.[122]

Mit Rawls ist der **Gedanke der Gerechtigkeit**, der zwischenzeitlich vor allem durch die Denkrichtung des Utilitarismus geschwächt wurde, mit Wucht erneut in die Diskussion um das richtige Konzept einer Rechtsgemeinschaft eingeführt worden. Rawls schreibt: „**Justice is the first virtue of social institutions**, (...). A theory however elegant and economical must be rejected or revised if it is untrue; likewise **laws and institutions no matter how efficient and well-arranged must be reformed or abolished if they are unjust. Each person possesses an inviolability founded on justice** that even the welfare of society as a whole cannot override."[123] 42

Rawls beruft sich dabei zu Recht auf die Leistung Kants, der die Fundamente für eine auch die aktuellen Probleme des Rechts berücksichtigende Rechtslehre auf der Basis der menschlichen Freiheit gelegt hat. Seither ist der Gedanke der **Freiheit des Individuums** – als der Befähigung zur Selbstbestimmung und dem darauf gründenden Anspruch auf Anerkennung als freie Person – unumstößlich im Recht verankert, nicht zuletzt im geltenden Verfassungsrecht der auf Freiheit gründenden Demokratien heutiger Prägung, den internationalen Menschenrechtspakten und der Charta der Vereinten Nationen.[124]

117 Darstellung hier nach Prechtl, Metzler Lexikon, Stichwort „Gerechtigkeit", 206, 207.
118 Näher zu diesen Grundsätzen Koller, Grundsätze, S. 62 ff.
119 Diese Formulierung ist für sich genommen unverständlich, wenn man nicht gleichzeitig Rawls' Herleitung kennt. Eine knappe und gut verständliche Erklärung gibt Braun, Rechtsphilosophie, S. 255.
120 Siehe Rawls, Theory, Ch. V, 46., 266.
121 Vgl. dazu Koller, Grundsätze, S. 49 ff.
122 Braun, Rechtsphilosophie, S. 256.
123 Rawls, Theory, Ch. I, 1., 3 (Hervorhebungen der Verf.).
124 Eine aktuelle Definition des Rechts, die diese Grundlegung berücksichtigt, lautet: „Das Recht ist der Inbegriff derjenigen Normen (Gesetze), die menschliches Handeln im interpersonalen Verhältnis gemäß dem Prinzip der Selbstbestimmung (Freiheit) verbindlich regeln – in den Verfassungen des Rechtsstaates und eines internationalen Bundes freier Staaten." (Köhler, Strafrecht AT, S. 9).

C. Aktuelle Fragen der Rechtsphilosophie

43 Wie dargestellt, geht es der Rechtsphilosophie um die **grundlegenden Prinzipien des geltenden Rechts**, und zwar mit einer grundsätzlich kritisch-prüfenden Intention: Es geht um die Vergewisserung, dass das geltende, den Einzelnen bindende und häufig mit Zwangs- oder sogar Strafbefugnissen ausgestattete Recht als **gerechtes, die Freiheit des einzelnen Subjekts respektierendes Recht** gesetzt und angewendet wird. Ihr kritisches Potential wird besonders deutlich, sobald konkrete Rechtsfragen auftauchen, die nicht mehr allein durch die sonst übliche Auslegung und Systematisierung vorgegebener Gesetzesmaterie gelöst werden können (und auch nicht durch Berufung auf den „Willen des Gesetzgebers", der bekanntlich auch irren kann), sondern bei denen die Notwendigkeit besteht, gegebene Gesetze oder geplante Gesetzesvorhaben auf ihre **Legitimität**, zu überprüfen. Derartige Rechtsprobleme gibt es gegenwärtig in so großer Zahl, dass hier nur beispielhaft einige wichtige genannt seien:[125]

- Die Stammzellen- und Embryonenforschung und die Forschung am lebenden Menschen;[126]
- die Berechtigung zur Folter in einer Situation des (Staats-)Notstandes;[127]
- die Frage nach der Willensfreiheit und das Problem der strafrechtlichen Schuld im Zusammenhang mit der modernen Hirnforschung (vgl. § 13);[128]
- die Frage nach der Bewältigung staatlichen Unrechts (z. B. Mauerschützenprozesse, NS-Verfahren, vgl. aus rechtstheoretischer Sicht § 2 Rn. 27ff.);[129]
- das Problem der Berechtigung zum Abschuss eines von Terroristen entführten Flugzeuges (§ 14 III Luftsicherheitsgesetz);[130]
- das Problem des Umgangs mit sog. „Gefährdern";[131]
- das Verhältnis von Europäischer Integration und staatlicher Souveränität (vgl. auch § 4, Rn 28);[132]
- die Frage nach der Universalität der Menschenrechte und der Berechtigung zur humanitären Intervention bzw. dem internationalen Strafrecht.[133]

44 Dieser Überblick zeigt, dass sich aktuelle Fragen der Rechtsphilosophie über alle Rechtsgebiete erstrecken: Es geht um das **Wesen des Menschen**, seine **Würde** und seine **Willensfreiheit**; es geht um das **Verhältnis von geschriebenem zu übergesetzlichem Recht**, um die Frage der **Befugnisse des Staates im Falle eines Notstandes** und die Ver-

125 Eine Auseinandersetzung mit ihnen muss Einzelpublikationen vorbehalten bleiben. Zum Selbststudium wird jeweils auf einzelne, ausgewählte Veröffentlichungen in der Fußnote hingewiesen.

126 Enders, Kants Recht; von Freier, Humanforschung; Köhler, Forschung am Menschen; siehe ferner die Beiträge im Jahrb. für Recht und Ethik 15 (2007).

127 Brugger, Der Staat 35 (1996), 67 ff.; Stübinger, Folter.

128 Kelker, Gesinnungsmerkmale, S. 364–375; Merkel, Willensfreiheit (kritisch dazu: Rezension von Zaczyk, GA 2009, 371 ff.); Rath, Realität der Willensfreiheit; vgl. auch die Beiträge im ARSP Beiheft 111 (2006).

129 Kaufmann, NJW 1995, 81 ff.; Köhler, Strafrecht AT, S. 106–112; Pawlik, Positives Recht; Neumann, Rechtspositivismus; Radbruch, SJZ 1946, 105 ff.

130 BVerfGE vom 15.2.2006 (1 BvR 357/05); Hartleb, NJW 2005, 1397 ff.; Köhler, Defensivnotstand; Merkel, JZ 2007, 373 ff.; Pawlik, JZ 2004, 1045 ff.

131 Gierhake, ARSP 2008, 337 ff., dies., ZIS 9/2008, 397 ff.; Jakobs, HRRS 8–9/2006, 289 ff.; ders., ZStW 117 (2005), 839 ff.; Pawlik, Terrorist (dazu: Rezension von Zabel, HRRS 7/2009, 298 ff.).

132 Vgl. das Urteil vom BVerfG vom 30.6.2009 (2 BvE 2/08); Köhler, Rechtsstaatliches Strafrecht; Schünemann, ZIS 14/2007, 528 ff.

133 Vgl. dazu zunächst die Beiträge in Beestermöller, Intervention. Zudem: Bielefeldt, Menschenrechte; Gierhake, Völkerstrafrecht; Jacob, Individuum; Klesczewski, Intervention; Mohr, Menschenrechte; Zaczyk, Selbstsein und Recht.

antwortung des Einzelnen in einer solchen Situation; es geht ferner um die Frage des **rechtlich-richtigen Umgangs mit Gegnern unserer Rechtsordnung**, um **Grundprinzipien des Staates und der Überstaatlichkeit** und um das **Verhältnis des Einzelnen zum Staat und deren beider Verhältnis zur Völkergemeinschaft.**

Sicher beurteilen lassen sich diese Probleme nur vor dem Hintergrund eines gefestigten Konzepts vom Menschen, von seinem moralisch und rechtlich richtigen Handeln und dem daraus entwickelten Verständnis von der Aufgabe des Rechts und des Staates. Die Antworten auf rechtliche Einzelfragen hängen von den Inhalten des zugrunde liegenden Konzeptes notwendig ab, denn Gültigkeit können sie nur beanspruchen, wenn sie sich aus den das Konzept tragenden Grundeinsichten schlüssig ableiten lassen.[134] Beispielhaft lässt sich dieser Zusammenhang zwischen der rechtsphilosophischen Grundlegung und der Beurteilung von strittigen Einzelfragen an den folgenden Überlegungen zeigen: 45

- Wer das Erreichen des „**größten Glücks der größten Zahl**" als Maßstab für die Rechtlichkeit (staatlicher) Maßnahmen nimmt (wie es die **Utilitaristen** tun), wird weder mit der medizinischen Humanforschung, noch mit der Folter oder der Tötung Unschuldiger im Falle eines Notstandes rechtliche Probleme haben (denn all diese Maßnahmen werden in der Regel um des Wohlergehens einer großen Anzahl von Menschen willen getätigt und das Schicksal eines Einzelnen kann diesem Nutzen nicht genügend entgegensetzen). Wer dagegen – wie es nach den Einsichten Kants allein möglich ist – die **Freiheit** und damit **den Selbstzweck und die Würde** eines jeden einzelnen Subjekts zum Maßstab des Rechts macht, kann niemals als rechtlich-richtig anerkennen, wenn ein Einzelner – und sei es um eines noch so guten Zweckes willen – zum Objekt gemacht wird – wie es etwa geschieht, wenn man an ihm (ohne sein Einverständnis oder in einem frühen Stadium seines Lebens) medizinische Experimente vornimmt, ihn präventiv auf Dauer „wegsperrt", ihn foltert oder um des Lebens anderer Willen tötet.
- Wer, wie Hobbes, die **Sicherheit in einem Staat als sein Primärziel** versteht und die Autorität dieses Staates zu diesem Zweck unbegrenzt ausgestaltet, wird im Umgang mit (terroristischen) „Gefährdern" nicht auf deren Subjektstellung Rücksicht nehmen müssen und grundsätzlich alles erlauben, was zur Ausschaltung der Gefahr führt – bis hin zum Tod; anders wiederum diejenigen, die die **Subjektqualität eines jeden Mitmenschen** als unübergehbare Grundlage des rechtlichen Umgangs miteinander in Ansatz bringen (wie Kant und Hegel): Ein „Gefährder" ist dann immer auch anzuerkennendes Vernunftwesen und muss entsprechend behandelt werden; das schließt „robuste" Verhörmaßnahmen (Folter) ebenso aus, wie eine unbeschränkte Präventivhaft oder gar die Liquidation des Betroffenen.
- Wer – mit Kant – den **Staat begreift als Garant der Freiheit** und die Legitimität seiner Handlungen prinzipiell von der Zustimmung seiner Bürger abhängig macht, wird die Übertragung von staatlicher Souveränität auf eine überstaatliche Organisation (wie z. B. der Europäischen Union) immer davon abhängig machen, dass die entstehenden Strukturen ihren letzten Grund in der freien Zustimmung der Bürger haben. Die gegenwärtige Kritik an der Europäischen Union hat ihren entscheidenden Grund gerade in diesem Mangel demokratischer Rückanbindung an die freien Rechtssubjekte der EU.

134 Dass man dies auch anders sehen kann, zeigt der Beitrag von Funke zur Rechtstheorie (§ 2).

46 So zeigt sich, dass die im vorherigen Abschnitt dargestellten rechtsphilosophischen Grundströmungen alles andere als „tote" Gedankenmaterie sind; jeder Jurist, ja jeder mündige Bürger, der sich mit rechtlichen Gegenwartsfragen auseinandersetzt, ist auf eine derartige gedankliche Fundierung angewiesen, will er nicht in argumentative Beliebigkeit abgleiten. Es geht bei dem Studium der Rechtsphilosophie also weniger darum, sich bestimmte Positionen der Geistesgeschichte anzueignen, sondern vielmehr darum, sich selbst ein Fundament zu schaffen, mit dem allein sich die Rechtswissenschaft und auch die Rechtsanwendung sinnvoll betreiben lassen.

47 Wiederholungs- und Vertiefungsfragen

1. Welchem Gegenstand widmet sich die Rechtsphilosophie und worin liegt ihr Erkenntnisinteresse?
2. Welchen wesentlichen Grundzug benennt Aristoteles als typisch menschliche Eigenschaft und welches ist nach ihm das höchste menschliche Ziel?
3. Wie verbindet er dieses höchste Ziel mit der menschlichen Gemeinschaft?
4. Welchen Begriff von „Gerechtigkeit" prägt Aristoteles?
5. Welches sind die Grundzüge der Gesetzesvorstellung von Thomas von Aquin?
6. Was bedeutet der Begriff „Naturzustand" im Sinne von Thomas Hobbes?
7. Welches sind die wesentlichen Eigenschaften seiner Staatsvorstellung und mit welchen Argumenten lässt sich diese Vorstellung kritisieren?
8. Was bedeutet „Utilitarismus"?
9. Welche wesentliche Neuerung brachte Kants Philosophie für die Vorstellung vom „guten Handeln" und nach welchem Grundsatz bestimmt er das „gute Handeln"?
10. Wie versteht Kant den Begriff des „Rechts"?
11. Was ist nach Kant die Aufgabe des Staates?
12. In welche drei Sphären teilt Hegel das Recht in seinen Grundlinien der Philosophie des Rechts ein und was verbindet er jeweils mit ihnen?
13. Welches Anliegen verfolgt John Rawls mit seiner Rechtsphilosophie?

Lektüreempfehlungen:

48 Braun, Einführung in die Rechtsphilosophie/ Der Gedanke des Rechts, 2. Aufl. 2011; ders., Rechtsphilosophie im 20 Jahrhundert/ Die Rückkehr der Gerechtigkeit, 2001; Ebbinghaus, Die Idee des Rechts in: ders., Gesammelte Schriften, hrsg. v. Geismann/Oberer, Bd 2: Philosophie der Freiheit, 1988, S. 141ff.; ders., Positivismus – Recht der Menschheit – Naturrecht – Staatsbürgerrecht, in: Maihofer (Hrsg.), Naturrecht oder Rechtspositivismus?, 1962, S. 281ff.; Höffe, Ethik und Politik/ Grundmodelle und -probleme der praktischen Philosophie, 1992; ders., Politische Gerechtigkeit/ Grundlegung einer kritischen Philosophie von Recht und Staat, 1987; Kaufmann, Rechtsphilosophie im Wandel/ Stationen eines Weges, 2. Aufl. 1984; Köhler, Strafrecht Allgemeiner Teil, 1997, S. 9–20; ders., Recht und Gerechtigkeit (2017); Welzel, Naturrecht und materiale Gerechtigkeit, 4. Aufl. 1962.
Für Studenten empfehlenswert ferner: Welsen (Hrsg.), Ethik (Originaltextauszüge zur Ethik), 1999.

Literaturverzeichnis:

Allgemeine Literatur:

49 **Lehrwerke:** Braun, Einführung in die Rechtsphilosophie/Der Gedanke des Rechts, 2. Aufl. 2011; ders., Rechtsphilosophie im 20 Jahrhundert/Die Rückkehr der Gerechtigkeit, 2001; Horn, Ein-

führung in die Rechtswissenschaft und Rechtsphilosophie, 3. Aufl. 2004; Luf, Grundfragen der Rechtsphilosophie und Rechtsethik, 2015/2016; Mahlmann, Rechtsphilosophie und Rechtstheorie, 2. Aufl. 2012; Seelmann/Demko, Rechtsphilosophie, 6. Aufl. 2014; Welzel, Naturrecht und materiale Gerechtigkeit, 4. Aufl. 1962.
Lexika und Nachschlagewerke: Prechtl/Burkard (Hrsg.), Metzler Lexikon Philosophie, 3. Aufl. 2008; Maier/Rausch/Denzer (Hrsg.), Klassiker des politischen Denkens, Bd. I-II, 1968; Mittelstraß (Hrsg.), Enzyklopädie Philosophie und Wissenschaftstheorie, Bd. I-VIII, 2. Aufl. 2005 ff.

Literatur zu einzelnen philosophischen Strömungen:

Aristoteles: Primärtexte: Aristoteles, Nikomachische Ethik, Werkausg. in deutscher Übersetzung und mit Erläuterungen von Dirlmeier, hrsg. von Grumach, Bd. VI, 1956; Politik, Werkausg. von Schütrumpf ins Deutsche übersetzt und erläutert, hrsg. von Grumach, Bd. IX, 1991–1996; **Sekundärliteratur:** Ackrill, Aristotle on Eudaimonia (I 1–3 und 5–6) und Bien, Gerechtigkeit bei Aristoteles (V), beides in: Höffe (Hrsg.), Aristoteles/Nikomachische Ethik, 1995, S. 39 ff. bzw. 135 ff.; Dirlmeier, Anmerkungen zur Nikomachischen Ethik in der von ihm übersetzten und erläuterten Werkausgabe von Aristoteles, Nikomachische Ethik, a.a.O; Gordon, Aristoteles über Gerechtigkeit/Das V. Buch der Nikomachischen Ethik, 2007; Höffe, Einführung in Aristoteles Politik, in: ders. (Hrsg.), Aristoteles, Politik, 2001, S. 5 ff.; ders., Grundaussagen über den Menschen bei Aristoteles, in: ders., Ethik und Politik/Grundmodelle und -probleme der praktischen Philosophie, 1979, S. 13 ff.; ders. (Hrsg.), Aristoteles/Politik, 2001; ders. (Hrsg.), Aristoteles/Nikomachische Ethik, 1995; Wolf, Aristoteles' Nikomachische Ethik, 2002.
Thomas von Aquin: Primärtexte: Thomas von Aquin, Summa theologica (vollständige, ungekürzte deutsch-lateinische Ausgabe der „Summa theologica", hrsg. von der Albertus-Magnus-Akademie bei Köln, Hauptschriftleiter: Heinrich M. Christmann); Schreyvogl, Über die Herrschaft des Fürsten, in: ders. (Hrsg.), Ausgewählte Schriften zur Staats- und Wirtschaftslehre des Thomas von Aquino, 1923; **Sekundärliteratur:** Forschner, Thomas von Aquin, 2006; Kluxen, Philosophische Ethik bei Thomas von Aquin, 2. Auflage 1980; Oeing-Hanhoff, Mensch und Recht nach Thomas von Aquin/Historischer Überblick und geschichtliche Perspektiven, Philosophisches Jahrbuch 82 (1975), S. 10 ff.; Pieper, Scholastik/Gestalten und Probleme der mittelalterlichen Philosophie, 2. Auflage 1986.
Thomas Hobbes: Primärtexte: Hobbes, Leviathan oder Stoff, Form und Gewalt eines kirchlichen und bürgerlichen Staates, hrsg. u. eingeleitet v. Fetscher, übersetzt v. Euchner, 1966; Vom Menschen/Vom Bürger, übersetzt und hrsg. v. Gawlick, 1951; **Sekundärliteratur:** Bartuschat, Anthropologie und Politik bei Thomas Hobbes, in: Höffe (Hrsg.), Thomas Hobbes: Anthropologie und Staatsphilosophie, 1981, S. 19 ff.; Eggers, Die Naturzustandstheorie des Thomas Hobbes, 2008; Fetscher, Einleitung, in: ders. (Hrsg.), Thomas Hobbes, Leviathan oder Stoff, Form und Gewalt eines kirchlichen und bürgerlichen Staates, 1966; Geismann, Kant als Vollender von Hobbes und Rousseau, Der Staat 21 (1982), 161 ff.; ders./Herb (Hrsg.), Hobbes über die Freiheit/Widmungsschreiben, Vorwort an die Leser und Kapitel I-III aus ‚de Cive' (lat.-deutsch), 1988; Harzer, Der Naturzustand als Denkfigur moderner praktischer Vernunft, 1994; Höffe, Wissenschaft im Dienst freier Selbsterhaltung? Zum Theorie-Praxis-Verhältnis in Thomas Hobbes' Staatsphilosophie, in: Bermbach/Kodalle (Hrsg.), Furcht und Freiheit, Leviathan – Diskussion 300 Jahre nach Thomas Hobbes, 1982, S. 30 ff.; ders., Widersprüche im Leviathan: Zum Gelingen und Versagen der Hobbesschen Staatsbegründung in: ders. (Hrsg.), Thomas Hobbes: Anthropologie und Staatsphilosophie, 1981, S. 113 ff.; Maier, Hobbes, in: ders./Rausch/Denzer (Hrsg.), Klassiker des politischen Denkens, Bd. I, 1968, S. 351 ff.; Willms, Die Angst, die Freiheit und der Leviathan/Staatsmechanismus oder politische Dialektik?, in: Bermbach/Kodalle (Hrsg.), Furcht und Freiheit (...), 1982, S. 79ff.
Utilitaristen: Primärtexte: Bentham, An Introduction to the Principles of Morals and Legislation, hrsg. v. Burns/Hart, 1982; Mill, Das Nützlichkeitsprinzip (1861), in: Gesammelte Werke, autorisierte Übersetzung unter Redaktion von Theodor Gomperz, Bd. I, Neudruck der Ausg. v. 1869; Höffe (Hrsg.), Einführung in die utilitaristische Ethik/Klassische und zeitgenössische Texte, 1975; **Sekundärliteratur:** Gähde/Schrader (Hrsg.), Der klassische Utilitarismus/Einflüsse – Entwicklun-

gen – Folgen, 1992; Höffe, Zur Theorie des Glücks im klassischen Utilitarismus, in: ders., Ethik und Politik/Grundmodelle und -probleme der praktischen Philosophie, 1979, S. 120 ff.; ders., Schwierigkeiten des Utilitarismus mit der Gerechtigkeit/Zum 5. Kapitel von Mills ‚Utilitarismus', in: Gähde/Schrader (Hrsg.), Der klassische Utilitarismus, 1992, S. 292 ff.; Rausch, J. St. Mill, in: Maier/ders./Denzer (Hrsg.), Klassiker des politischen Denkens, Bd. II, 1968, S. 240ff.; vgl. zudem die Beiträge in: ARSP Beiheft 94 (2004): Das Recht im Spannungsfeld utilitaristischer und deontologischer Ethik, Stuttgart.

Immanuel Kant: Primärtexte: Kant, Werkausgabe von Weischedel (Hrsg.) in zwölf Bänden, Suhrkamp Taschenbuch Wissenschaft, darin: Grundlegung zur Metaphysik der Sitten, Bd. VII, 14. Auflage 1998 u. ö.; Die Metaphysik der Sitten, Bd. VIII; Zum ewigen Frieden. Ein philosophischer Entwurf, Bd. XI, S. 191ff.; Über den Gemeinspruch: Das mag in der Theorie richtig sein, taugt aber nicht für die Praxis, Bd. XI, S. 125ff.; Beantwortung der Frage: Was ist Aufklärung?, Bd. XI, S. 51ff. **Sekundärliteratur:** Bartuschat, Praktische Philosophie und Rechtsphilosophie bei Kant, Philosophisches Jahrbuch 94 (1987), S. 24 ff.; Brugger, Grundlinien der Kantischen Rechtsphilosophie, JZ 1991, 893 ff.; Dreier, Rechtsbegriff und Rechtsidee/Kants Rechtsbegriff und seine Bedeutung für die gegenwärtige Diskussion, 1986; Geismann, Kant als Vollender von Hobbes und Rousseau, Der Staat 21 (1982), 161 ff.; ders., Recht und Moral in der Philosophie Kants, Jahrbuch für Recht und Ethik 14 (2006), 3 ff.; Hoffmann, Kant und das Naturrechtsdenken, ARSP 87 (2001), 449 ff.; Kersting, Wohlgeordnete Freiheit/Immanuel Kants Rechts- und Staatsphilosophie, 1993; Köhler, Zur Begründung des Rechtszwangs im Anschluß an Kant und Fichte, in: Kahlo/Wolff/Zaczyk (Hrsg.), Fichtes Lehre vom Rechtsverhältnis, 1992, S. 93 ff.; Luf, Freiheit und Gleichheit/Zur Aktualität im politischen Denken Kants, 1978; Zaczyk, Freiheit und Recht – Immanuel Kant zum 200. Todestag, JuS 2004, 96 ff.

Georg Wilhelm Friedrich Hegel: Primärtext: Hegel, Werkausgabe in zwanzig Bänden, Suhrkamp Taschenbuch Wissenschaft, darin: Grundlinien der Philosophie des Rechts oder Naturrecht und Staatswissenschaft im Grundrisse, Bd. 7, 5. Aufl. 1996 u. ö.; **Sekundärliteratur:** Hoffmann, Hegel/ Eine Propädeutik, 2004; Klesczewski, Die Rolle der Strafe in Hegels Theorie der bürgerlichen Gesellschaft, 1991; Pawlik, Hegel und die Vernünftigkeit des Wirklichen, Der Staat 41 (2002), 183 ff.; Riedel (Hrsg.), Materialien zu Hegels Rechtsphilosophie, Bd. 2, 1975; Seelmann, „Hegels Straftheorie in seinen \`Grundlinien der Philosophie des Rechts´", JuS 1979, 688 ff.; Taylor, Hegel, 1. Aufl. 1978.

John Rawls: Primärtexte: Rawls, A theory of Justice (revised edition), 1999; Justice as Fairness. A Restatement, 2001; Political Liberalism, 1993; **Sekundärliteratur:** Höffe, Einführung in Rawls' Theorie der Gerechtigkeit, in: ders. (Hrsg.), John Rawls/Eine Theorie der Gerechtigkeit, 1998, S. 3 ff.; Kersting, John Rawls zur Einführung, 2001; Koller, Die Grundsätze der Gerechtigkeit (Kapitel 2) in: Höffe (Hrsg.), John Rawls/Theorie der Gerechtigkeit, 1998, S. 45ff.; Luf, Gerechtigkeitstheorie zwischen Gemeinsinn und transzendentaler Reflexion: Überlegungen im Anschluß an Rawls' Theorie der Gerechtigkeit in: ARSP Beiheft 56 (1994), 41 ff.; Maus, Der Urzustand in: Höffe (Hrsg.), John Rawls/Theorie der Gerechtigkeit, 1998, S. 71 ff.

Literatur zu aktuellen Fragen der Rechtsphilosophie:

Beestermöller (Hrsg.), Die humanitäre Intervention – Imperativ der Menschenrechtsidee?/Rechtsethische Reflexionen am Beispiel des Kosovo-Krieges, 2003; Bielefeldt, Philosophie der Menschenrechte/Grundlagen eines weltweiten Freiheitsethos, 1998; Brugger, Darf der Staat ausnahmsweise foltern?, Der Staat 35 (1996), 67 ff.; Enders, Embryonenschutz als Statusfrage? Gesetzgebung zwischen Verfassungsvollzug und Autokratie der Moral, ZRph 2003, 126 ff.; ders., Kants Recht aus Freiheit als Wegweiser im Konflikt um den Embyonenschutz, in: Klesczewski/Müller/ Neuhaus (Hrsg.), Kants Lehre vom richtigen Recht, 2005, S. 59 ff.; von Freier, Recht und Pflicht in der medizinischen Humanforschung/Zu den rechtlichen Grenzen der kontrollierten Studie, 2009; Gierhake, Begründung des Völkerstrafrechts auf der Grundlage der Kantischen Rechtslehre, 2005; dies., Feindbehandlung im Recht? Eine Kritik des so genannten ‚Feindstrafrechts' und zugleich eine Auseinandersetzung mit der Straftheorie Günther Jakobs', ARSP 2008, 337 ff.; dies., Zur geplanten Einführung neuer Straftatbestände wegen der Vorbereitung terroristischer

Straftaten, ZIS 9/2008, 397 ff.; Hartleb, Der neue § 14 III LuftSiG und das Grundrecht auf Leben, NJW 2005, 1397 ff.; Jacob, Das Individuum im Spannungsfeld von staatlicher Souveränität und Internationalisierung, 2010; Jakobs, Feindstrafrecht? Eine Untersuchung zu den Bedingungen von Rechtlichkeit, HRRS 8–9, S. 289 ff.; ders., Terroristen als Personen im Recht?, ZStW 117 (2005), 839 ff.; Kaufmann, Die Radbruchsche Formel vom gesetzlichen Unrecht und vom übergesetzlichen Recht in der Diskussion um das im Namen der DDR begangene Unrecht, NJW 1995, 81 ff.; Kelker, Zur Legitimität von Gesinnungsmerkmalen im Strafrecht, 2007; Klesczewski, Die humanitäre Intervention – das letzte Veto der moralisch-praktischen Vernunft?, in: ders./Müller/Neuhaus (Hrsg.), Kants Lehre vom richtigen Recht, 2005, S. 143 ff.; Köhler, Strafrecht Allgemeiner Teil, 1997; ders., Rechtsstaatliches Strafrecht und Europäische Rechtsangleichung, in: Bemmann/ Spinellis (Hrsg.), Strafrecht – Freiheit – Rechtsstaat, Festschrift für G.-A. Mangakis, 1999; ders., Rechtsphilosophische Grundsätze zur Forschung am Menschen, Veröffentlichungen Joachim Jungius-Ges. Wiss. Hamburg, 93 (2002), S. 65 ff.; ders., Die objektive Zurechnung der Gefahr als Voraussetzung der Eingriffsbefugnis im Defensivnotstand, in: Hoyer, u. a. (Hrsg.), Festschrift für Friedrich-Christian Schroeder zum 70. Geburtstag, 2006, S. 257 ff.; Merkel, § 14 Abs. 3 Luftsicherheitsgesetz: Wann und warum darf der Staat töten?, JZ 2007, 373 ff.; ders., Willensfreiheit und rechtliche Schuld/Eine strafrechtsphilosophische Untersuchung, 2008; Mohr, Sind die Menschenrechte auf ein bestimmtes Menschenbild festgelegt? Plädoyer für eine Umkehr der Beweislast, in: Sandkühler (Hrsg.), Menschenrechte in die Zukunft denken/60 Jahre allgemeine Erklärung der Menschenrechte, 2009, S. 65 ff.; Neumann, Rechtspositivismus, Rechtsrealismus und Rechtsmoralismus in der Diskussion um die strafrechtliche Bewältigung politischer Systemwechsel, in: ders., Recht als Struktur und Argumentation, 2008, S. 163 ff.; Pawlik, Das positive Recht und seine Grenzen/Zur rechtstheoretischen und rechtsphilosophischen Problematik der ‚Mauerschützenprozesse', in: Seelmann (Hrsg.), Aktuelle Fragen der Rechtsphilosophie, 2000, S. 28ff.; ders., § 14 Abs. 3 des Luftsicherheitsgesetzes – ein Tabubruch?, JZ 2004, 1045 ff.; ders., Der Terrorist und sein Recht, 2008; Radbruch, Gesetzliches Unrecht und übergesetzliches Recht, SJZ 1946, 105 ff.; Rath, Aufweis der Realität der Willensfreiheit, 2009; Schünemann, Europäischer Sicherheitsstaat = europäischer Polizeistaat?, ZIS 14/2007, 528 ff.; Stübinger, Zur Diskussion um die Folter, in: Institut für Kriminalwissenschaften und Rechtsphilosophie Frankfurt a. M. (Hrsg.), Jenseits des rechtsstaatlichen Strafrechts, 2007, S. 277 ff.; Zabel, Rezension zu Pawlik, Der Terrorist und sein Recht (2008), HRRS 7/2009, 298 ff.; Zaczyk, Rezension zu Merkel, Willensfreiheit und rechtliche Schuld (2008), GA 2009, 371 ff.; ders., Selbstsein und Recht (2014).

§ 2 Rechtstheorie

Andreas Funke

A. Einleitung

1 Was Rechtstheorie ist und was sie soll, lässt sich nicht einfach sagen. Mehr als bei wohl jedem anderen Grundlagenfach der Rechtswissenschaft fällt es schwer, die Aufgabe, den Gegenstand und die Methoden dieser Disziplin zu bestimmen. Es gibt kein allgemein anerkanntes Konzept von Rechtstheorie. Ein mehr oder weniger einheitliches Forschungsgebiet stellt, wie noch zu erörtern ist, nur eine besondere Form von Rechtstheorie dar, nämlich die **analytische** Rechtstheorie. Sie untersucht, vereinfacht gesagt, den logischen Aufbau einer Rechtsordnung und die rechtlichen Grundbegriffe wie „Rechtspflicht", „subjektives Recht" oder „Rechtsverhältnis". Ihr Vorgehen ist „analytisch" jedenfalls deshalb, weil sie sich auf rechtliche Begriffe und Aussagen konzentriert und deren sprachliche Bedeutung systematisch zergliedert.

Historisch gesehen, ist die Bezeichnung „Rechtstheorie" genau mit dieser Art und Weise des Nachdenkens über das Recht verbunden. Gleichwohl lässt sich das historische Konzept der Rechtstheorie nicht unbesehen auf die Gegenwart übertragen. Es befand sich stets im Fluss. Ihre spezifische Gestalt gewann die Rechtstheorie in den verschiedenen Stadien ihrer Entwicklung aus den jeweils aktuell relevanten Abgrenzungen zu anderen Disziplinen. Auf der einen Seite steht dabei die dogmatische Rechtswissenschaft, auf der anderen Seite konkurrierende Disziplinen wie die Rechtssoziologie, insbesondere aber die Rechtsphilosophie. Deshalb ist es die Hauptaufgabe, die von der Rechtstheorie auch heute noch zu bewältigen ist, überhaupt den eigenen Stellenwert zu begründen. Rechtstheorie hat zudem immer schon die Grenzen nationaler Rechtssysteme überschritten. Sie ist ein internationales Projekt. Da sich aber in den verschiedenen Rechtskreisen (§ 11 Rn. 35) auch die Vorstellungen davon unterscheiden, welche Aufgaben die „dogmatische" Rechtswissenschaft einerseits, Disziplinen wie die Rechtsphilosophie andererseits erfüllen müssen, fiel und fällt die Bestimmung des Inhaltes der Rechtstheorie auch im internationalen Vergleich durchaus nicht gleich aus.

I. Zum Begriff der Rechtstheorie

2 Berücksichtigt man diese einschränkenden Anmerkungen, lassen sich zwei Begriffe von Rechtstheorie unterscheiden.

Der **weite Begriff** von Rechtstheorie meint jede Beschäftigung mit dem Recht, die nicht rechtsdogmatisch ausgerichtet ist und die auf eine Reflexion des Rechtsdenkens abzielt. Das Recht wird dabei regelmäßig unter bestimmten Gesichtspunkten betrachtet. Es interessieren das Verhältnis zu Politik, Wirtschaft, Gesellschaft oder Kultur, die sprachliche Verfasstheit des Rechts, die logische Struktur von Normen, das Verhältnis der Rechtswissenschaft zu anderen Wissenschaften usw. (§§ 3 u. 12–15). Diese Rechtstheorie ist deshalb eigentlich nur im Plural denkbar: als Nebeneinander von Rechtstheorien. Rechtstheorien in diesem Sinne können einem bestimmten **Thema** gewidmet sein: Es handelt sich dann um Normentheorie, Entscheidungstheorie, Wissenschaftstheorie des Rechts, Theorie der Rechtssprache, Argumentationstheorie, Gesetzgebungstheorie, Verfassungstheorie (§ 5) usw. Oder sie sind spezifische, durch individuelle Vorlieben eines Forschers geprägte rechtstheoretische **Ansätze** bzw. Richtungen: Reine Rechtslehre, Systemtheorie, marxistische Rechtstheorie, semantische Rechtstheorie, Rechtsrhetorik usw. Beides – Thema und Ansatz – steht oft nebeneinander, wenn rechtstheoretisches Denken dargestellt wird.[1] Eine einheitliche Rechtstheorie scheint es angesichts dieser Pluralität nicht zu geben. Deshalb ist es vielleicht sogar konsequent, der Rechtstheorie den Charakter einer Grundlagendisziplin der Rechtswissenschaft abzusprechen.[2] Von diesem weiten Verständnis von Rechtstheorie ist in diesem Beitrag nicht die Rede.

Der **enge Begriff** von Rechtstheorie umfasst im Wesentlichen die bereits erwähnte analytische Rechtstheorie. Sie wird auch als analytische Rechts**philosophie** bezeichnet. 3
Eine ältere Bezeichnung ist Allgemeine Rechtslehre.[3] Diese Rechtstheorie ist eine Theorie von Begriff und Geltung des Rechts, sie umfasst unter Umständen auch eine Theorie der Rechtswissenschaft. Sie ist überwiegend durch eine deskriptive Grundhaltung gekennzeichnet: Recht und Rechtswissenschaft sollen erklärt und beschrieben, nicht aber begründet und gerechtfertigt werden. Die richterliche Entscheidung bzw. allgemein die Rechtsanwendung bilden die spezifische Perspektive dieser Rechtstheorie, was einen Unterschied zur Rechtsphilosophie darstellen kann.[4] Diese Rechtstheorie steht im Mittelpunkt dieses Beitrags.

Zwischen dem engen und dem weiten Begriff von Rechtstheorie liegt ein Verständnis, 4
das unter Rechtstheorie im Prinzip nichts anderes versteht als **Rechtsphilosophie**. Rechtstheorie ist dann allenfalls eine besondere rechtsphilosophische **Richtung**, nicht ein besonderes rechtswissenschaftliches Themen- bzw. Forschungsgebiet. Historisch gesehen, hat sich Rechtstheorie allerdings gerade als ein Forschungsgebiet, das von der Rechtsphilosophie zu unterscheiden sei, zu etablieren versucht. Ob unter den heutigen Bedingungen von einer Identität der beiden Bereiche auszugehen ist, ist eine offene Frage, die am Ende dieses Beitrages noch einmal aufgegriffen wird.

Das Verhältnis der **Methodenlehre** der Rechtswissenschaft zur Rechtstheorie wird un- 5
terschiedlich beurteilt. Der Methodenlehre ist in diesem Buch ein eigener Beitrag gewidmet (§ 10), weshalb sich weitere Ausführungen zum Verhältnis der beiden Forschungsbereiche erübrigen.

II. Geschichtliche Entwicklung

Die Geschichte der Rechtstheorie ist, wie erwähnt, außerordentlich wichtig für das 6
Verständnis dessen, was eigentlich das Anliegen der Rechtstheorie ist. Mit einer großen Vereinfachung lassen sich dabei **drei Stadien** unterscheiden. In allen drei Stadien bietet es sich an, zwischen dem anglo-amerikanischen und dem deutschen Sprachraum zu unterscheiden. Erstaunlicherweise verliefen die Entwicklungen zunächst relativ unabhängig voneinander. Der dabei gewählte zeitliche Beginn – Ende des 18. Jahrhunderts für England, Ende des 19. Jahrhunderts für Deutschland – ist keineswegs zwingend. Selbstverständlich finden sich rechtstheoretische Ideen schon vorher. Bezogen auf Deutschland, können wichtige Impulse z.B. in der historischen Rechtsschule und in der

1 Vgl. etwa Broekmann, Historisches Wörterbuch der Philosophie, Sp. 342 ff.; Buckel/Christensen/Fischer-Lescano (Hrsg.), Neue Theorien des Rechts.
2 So Vesting, Rechtstheorie, § 1 Rn. 16.
3 Im englischen Sprachraum ist von Jurisprudence, Legal Theory, General Theory of Law oder auch Analytical Jurisprudence die Rede. Zur Allgemeinen Rechtslehre s. Funke, Allgemeine Rechtslehre als juristische Strukturtheorie.
4 S. Alexy/R. Dreier, Ratio Juris 3 (1990), 1, 4.

Pandektistik gefunden werden (§ 8 Rn. 32 f.). Doch bezogen sich die entsprechenden rechtstheoretischen Gehalte regelmäßig noch auf ein bestimmtes Rechtsgebiet (v. a. das Privatrecht). Den für die Rechtstheorie charakteristischen Übergang zu einer Konzeption, die die gesamte Rechtswissenschaft umspannt, hatten diese Ansätze noch nicht vollzogen.

1. Frühphase

7 Als Vertreter der frühen Rechtstheorie sind für England *Jeremy Bentham* (1748–1832) und *John Austin* (1790–1859) zu nennen. Bentham ist heute vor allem als Begründer des ethischen Utilitarismus und damit als Philosoph bekannt (§ 1 Rn. 19). Für die Rechtstheorie formulierte er maßgeblich die **Aufgabenstellung:** Nach Bentham gibt es „two characters, one or other of which every man who finds any thing to say on the subject of Law may be said to take upon him", nämlich „that of the Expositor, and that of the Censor". Der Expositor erklärt, was das Recht **ist**, während der Censor sagt, wie das Recht **sein soll.**[5] Benthams nachgelassenes Werk „Of Laws in General" schultert die Aufgabe des Expositors und enthält feinsinnige Analysen rechtlicher Grundbegriffe. Bentham hatte großen Einfluss auf Austin, der mit seinem posthum erschienenen Werk „Lectures on Jurisprudence" im anglo-amerikanischen Raum lange Zeit überhaupt als Begründer der **analytical jurisprudence** (= Rechtstheorie) galt. Erst mit der Entdeckung von Benthams „Of Laws in General" in den 1940er Jahren wurde erkannt, wie stark Austin seinerseits von Bentham beeinflusst war. Austin griff Benthams Ausgangsmaxime auf – „the existence of law is one thing; its merit or demerit is another" heißt es bei ihm.[6] Austin konzentrierte sich auf die in diesem Zitat angesprochene Existenz des Rechts und bezog die Aufgabe der Rechtstheorie genauer auf das **positive,** d. h. gesetzte Recht. Sowohl göttliches Recht als auch die Moral schloss er von der Untersuchung aus. Die besondere Eigenart der Austinschen wie der Benthamschen Rechtstheorie liegt darin, dass Rechtsregeln als eine Unterart von Befehlen beschrieben werden. Rechtsregeln sind damit Äußerungen eines Willens, der ein bestimmtes Verhalten verlangt und der für den Fall der Nichtbefolgung des Verlangens ein Übel in Aussicht stellt. Diese Auffassung wird auch als Imperativentheorie des Rechts bezeichnet.

8 Auf der deutschen Seite steht am Anfang der Rechtstheorie die sog. **Allgemeine Rechtslehre.** Ihre zentralen Vertreter sind *Adolf Merkel* (1836–1896), *Karl Bergbohm* (1849–1927), *Ernst Rudolf Bierling* (1841–1919) und *Felix Somló* (1873–1920). Der zunehmenden Ausdifferenzierung der Rechtswissenschaft, insbesondere in die klassischen drei Disziplinen Zivilrecht, Strafrecht und öffentliches Recht, wurde von Merkel die Allgemeine Rechtslehre als der „allgemeine Teil" der Rechtswissenschaft entgegengestellt.[7] Gewisse Fragestellungen sollten vor die Klammer der gesamten Rechtswissenschaft (und nicht nur eines Gesetzbuches oder eines Rechtsgebietes) gezogen werden. In der Sache wurde die „dogmatische Methode" des Zivilrechts als das wissenschaftliche Vorbild für die anderen Teildisziplinen angesehen. Das Bedürfnis nach rechtstheoretischer Forschung erwuchs also aus der Rechtswissenschaft selbst und wurde nicht gleichsam von außen – etwa aus der Richtung der Philosophie bzw. der Rechtsphiloso-

5 Bentham, A Comment on the Commentaries and A Fragment on Government, S. 397 (Zitat aus "Fragment on Government", das 1776 anonym veröffentlicht wurde).
6 Austin, The Province of Jurisprudence Determined, S. 214 (Lecture V).
7 Merkel, Über das Verhältnis der Rechtsphilosophie, S. 290, 299.

phie – an die Rechtswissenschaft herangetragen. Diese Rechtstheorie stellte nicht philosophische Fragen wie die nach guten Gründen für menschliches Handeln oder nach dem richtigen Recht. Wiederum ging es um das **positive** Recht. Dieses maßgeblich durch Merkel geprägte Forschungsprogramm wurde von den anderen Vertretern der Allgemeinen Rechtslehre übernommen. Insbesondere Bierling und Somló zielten dabei auf eine Durchdringung des „Ganzen des Rechts" in der Form einer geschlossenen Gesamtdarstellung, genannt „Juristische Prinzipienlehre" (Bierling, 5 Bände, 1894–1917) bzw „Juristische Grundlehre" (Somló, 1917). Zu einem Schlüsselkonzept wird der Begriff der Rechtsordnung, deren juristische Struktur erklärt werden soll.

2. Reife Phase

Ihren Höhepunkt erlebte die Rechtstheorie mit der **Reinen Rechtslehre** *Hans Kelsens* 9
(1881–1973). Die erste Auflage des rechtstheoretischen Hauptwerks Kelsens, das den Titel „Reine Rechtslehre" trägt, erschien 1934; die zweite, erheblich erweiterte und modifizierte Auflage, die im Prinzip ein neues Buch darstellt, erschien 1960. Die Reine Rechtslehre ist ein spezifischer, eigentümlicher Ansatz auf dem Terrain, das sich mit der eben dargestellten Allgemeinen Rechtslehre etabliert hatte. Aufgrund ihres Gedankenreichtums, ihrer polemischen Schärfe und ihrer inneren Konsequenz (wobei systematische Brüche nicht ausgeschlossen sind) wird sie oft sogar als Rechtstheorie schlechthin wahrgenommen.

Der Anspruch auf „Reinheit", den diese Rechtstheorie verfolgt, darf nicht missverstan- 10
den werden. Kelsen versuchte, eine spezifische rechtswissenschaftliche Behandlungsart des Rechts auszuweisen. Es ging ihm dabei nicht im engeren Sinne um die Methoden des Rechts, so wie sie heute üblicherweise in der Methodenlehre des Rechts dargestellt werden. Sein Ziel war es, dasjenige Kriterium herauszuarbeiten, das die Rechtswissenschaft von anderen Wissenschaften unterscheidet. Er sah dieses Kriterium in einer spezifischen normativen Methode und kritisierte an der Rechtswissenschaft seiner Zeit, dass sie sich verdeckt oder offen der Methoden anderer Disziplinen bediente – und insofern eben unrein verfuhr. Der rechtswissenschaftliche Umgang mit Tatsachen einerseits, Werten andererseits sollte methodisch kontrolliert werden. Keineswegs handelte es sich bei der Reinen Rechtslehre um eine tatsachenblinde, womöglich weltfremde Rechtstheorie. Das Postulat der Reinheit war darauf gerichtet zu zeigen, dass der Umgang mit Tatsachen keine spezifische rechtswissenschaftliche Aufgabe ist und dass die Rechtswissenschaft keine Morallehre ist. Ebenso wenig handelte es sich bei der Reinen Rechtslehre um eine Rechtstheorie, die sich aufgrund ihrer Reinheit als für alle Zeiten allgemeingültig betrachten würde und somit die eigenen Voraussetzungen und die eigene historische Bedingtheit nicht kennen würde. Die Reine Rechtslehre war – und ist – eine Theorie des positiven Rechts, so wie es die westlichen Rechtsordnungen ab dem 19. Jahrhundert hervorgebracht haben. In ihrem theoretischen Erklärungsanspruch ist sie auf diesen Kontext beschränkt. Es sprechen sogar gute Gründe dafür, die Reine Rechtslehre in der pluralistischen Demokratietheorie Kelsens zu fundieren.[8]

Ihre anglo-amerikanische Entsprechung fand die Reine Rechtslehre in der Rechtstheo- 11
rie von *Herbert Lionel Adolphus Hart* (1907–1992). Sein bahnbrechendes „The Concept of Law" (1961, deutsch 1973/2011) kann als das Hauptwerk der breiten Strömung der anglo-amerikanischen **analytical jurisprudence** gelten. Hart nimmt mehr als

8 Dazu H. Dreier, Rechtslehre, Staatssoziologie und Demokratietheorie bei Hans Kelsen.

Kelsen die Perspektive eines externen Betrachters ein, der im Wege eines „essay in descriptive sociology“[9] die Eigenarten des modernen Rechts bestimmen möchte. Das Bestreben, die rechtswissenschaftliche Forschung theoretisch zu klären, ist bei ihm hingegen nicht so deutlich ausgeprägt. Aber auch zur Rechtssoziologie hält Hart Abstand. Zwar interessiert ihn das Recht – so wie es bei der Rechtssoziologie der Fall ist – als tatsächlich befolgte Normenordnung (vgl. § 3 Rn. 5). Jedoch erkannte Hart, dass das Recht gerade nicht vollständig erklärt werden kann, wenn man bloß auf Fakten wie Wille, Befehl oder Sanktion abstellt. Dies demonstrierte er anhand einer eingehenden Kritik an Austin. Von verpflichtenden Regeln, so Hart, sprechen wir nur, wenn zu einem regelmäßigen äußeren Verhalten als „interner Aspekt“ eine reflexive, kritische Einstellung der Beteiligten hinzutritt. Zugleich hielt Hart daran fest, dass das Recht von der Moral abzugrenzen sei, worauf gleich noch näher einzugehen ist. Eine wichtige methodische Stütze bildet für Hart die Sprachphilosophie des späten *Ludwig Wittgenstein* (1889–1951), die philosophische Probleme durch eine sorgfältige Analyse der Umgangssprache präzisieren und lösen möchte.

12 In der deutschen Rechtswissenschaft lässt sich von den 1960-er Jahren an noch eine **besondere Variante** von Rechtstheorie ausmachen. Aufgrund der zeitlichen Übereinstimmung mit der reifen Phase der analytischen Rechtstheorie kann beides leicht verwechselt werden. Rechtstheorie galt einer jüngeren deutschen Juristengeneration jener Zeit als ein Ort emanzipatorischer Selbstverständigung. Insbesondere die gesellschaftlichen Funktionen des Rechts rückten in das Blickfeld. Diese Rechtstheorie bezog sich auf die Rechtsdogmatik und bemühte sich zugleich um die Integration ganz verschiedener disziplinärer Perspektiven (Soziologie, Wissenschaftstheorie, Ethik usw.).[10] Doch ist es ihr nicht gelungen, ein nachhaltiges eigenständiges Forschungsprofil zu entwickeln. Ihre Fragestellungen und Erkenntnisse sind in den allgemeinen rechtsphilosophischen sowie rechtstheoretischen Diskurs eingegangen.

3. Konsolidierung

13 Gegenwärtig dürfte sich die Rechtstheorie der hier vorgestellten Spielart in einer Phase der Konsolidierung finden. Für den anglo-amerikanischen Raum ist als ein wichtiger Vertreter etwa *Ronald Dworkin* zu nennen, der unter anderem Harts rechtspositivistische Trennung von Recht und Moral nachhaltig kritisierte (Taking Rights Seriously, 1977) und jede Rechtsfrage darauf verwiesen sieht, die einer Rechtsordnung zugrundeliegenden Werte und Ideen – immer wieder neu – zu interpretieren (Law's Empire, 1986). Eine wichtige Rolle spielt *Joseph Raz*, der einerseits den Anschluss der Rechtstheorie an die praktische Philosophie herstellt, andererseits spezifische rechtstheoretische Fragestellungen luzide bearbeitet (Practical Reasons and Norms, 1975; deutsch: Praktische Gründe und Normen, 2006). Das gleiche gilt im deutschen Sprachraum von *Robert Alexy*, der die Tradition der analytischen (Rechts-)philosophie mit der Diskurstheorie verknüpft (Begriff und Geltung des Rechts, 2. Aufl. 1994; Recht, Vernunft, Diskurs, 1995; Theorie der Grundrechte, 3. Aufl. 1996). Insgesamt scheint diese dritte Phase dadurch bestimmt zu sein, dass normative Fragen in den Vordergrund rücken.

9 Hart, The Concept of Law, S. vi.

10 Repräsentativ für diese Bestrebungen drei Sammelbände: Kaufmann (Hrsg.), Rechtstheorie. Ansätze zu einem kritischen Rechtsverständnis; Jahr/Maihofer (Hrsg.), Rechtstheorie. Beiträge zur Grundlagendiskussion; Albert/Luhmann/Maihofer/Weinberger (Hrsg.), Rechtstheorie als Grundlagenwissenschaft der Rechtswissenschaft; Bilanz bei Hilgendorf, Die Renaissance der Rechtstheorie zwischen 1965 und 1985.

Die Rechtstheorie wird, wie es gelegentlich heißt, „post-analytisch". Dies lässt sich z.B. daran festmachen, dass der Begriff der Freiheit, der in der analytischen Rechtstheorie lange keine Rolle spielte, zum Untersuchungsgegenstand wird (Raz, The Morality of Freedom, 1986). In einem zusammenhängenden Ganzen von moralischen und ethischen Werten erscheint das Recht als ein Teil der Moral (*Dworkin*, Justice for Hedgehogs, 2012; deutsch: Gerechtigkeit für Igel, 2012). Vor allem aber wird es nun ausdrücklich zum rechtstheoretischen Anliegen, den Anspruch des Rechts auf Verbindlichkeit zu begründen (*Jan Sieckmann*, Recht als normatives System, 2009). Damit tritt die früher so wichtige Abgrenzung zur Rechtsphilosophie in den Hintergrund.

B. Begriff und Geltung des Rechts als die Grundfragen der Rechtstheorie

Zentrale Lehren der Rechtstheorie sind der Begriff und die Geltung des Rechts. Wie gezeigt wurde, soll das Recht dabei als Norm bzw. Normenordnung erklärt werden. Diese Problemstellung ist zunächst etwas näher zu erläutern (unter I), sodann sind zwei repräsentative Lösungsvorschläge zu würdigen und es ist abschließend ein praktisch relevanter Testfall zu diskutieren (unter III). 14

I. Das Kernproblem der Rechtstheorie: rechtliche Normativität erklären

Das methodische Ausgangspostulat der Rechtstheorie ist die Unterscheidung von Sein und Sollen. Diese Unterscheidung hat verschiedene Facetten, die sorgfältig auseinandergehalten werden müssen. An erster Stelle steht dabei das bereits im Zusammenhang mit Bentham und Austin erläuterte Bestreben, das Recht zu beschreiben, wie es ist, nicht wie es sein soll. Anders gesagt, Rechtstheorie darf nicht externe Maßstäbe an das Recht herantragen und das Recht bewerten. Die zweite Facette der Unterscheidung von Sein und Sollen betrifft den Unterschied der Rechtstheorie zur Rechtssoziologie. Diese beschreibt ebenfalls das Recht. Die Differenz liegt gerade darin, dass Rechtsnormen von der Rechtstheorie **als Normen** erklärt werden sollen, d. h. von Tatsachen zu unterscheiden sind. Dies wurde oben im Zusammenhang mit Hart gezeigt. Der Gegenstand der Rechtswissenschaft, den die Rechtstheorie erfassen will, ist also ein Sollen. Drittens ist die Unterscheidung von Sein und Sollen eine logische Unterscheidung: Aus einem Sein kann kein Sollen abgeleitet werden, sonst beginge man einen sog. naturalistischen Fehlschluss. Aber diese drei Unterscheidungen, die für sich genommen schlüssig sind, führen in ein Dilemma, wenn das „Sollen" der Rechtsnorm erklärt werden soll. 15

Da der logische Schluss vom Sein auf ein Sollen unzulässig ist, kann aus bloßen Fakten allein nicht auf die Geltung des Rechts geschlossen werden. Wenn A mit gezogener Waffe dem B einen Befehl erteilt, mag es für B zweckmäßig sein, den Befehl zu befolgen. Ein Gebot im Sinne einer Verpflichtung folgt aus der Situation für B nicht. Woraus folgt sie?

Eine vermeintlich einfache Antwort wäre es, Rechtsnormen als moralische oder ethische Normen zu beschreiben. Dieser Weg ist der Rechtstheorie aber versperrt. Sie konzentriert sich auf das positive Recht. Recht ist gesetztes und änderbares Recht. Recht bedarf überhaupt notwendigerweise der Setzung.[11] Dies ist seine **Positivität.** Diese Ei- 16

11 Kelsen, Reine Rechtslehre, 1. Aufl., S. 64.

genschaft unterscheidet das Recht grundlegend von der Moral.[12] Es hat eine andere Natur. Legte der Gesetzgeber nicht fest, welches Einkommen in welcher Höhe der Steuerpflicht unterliegt, könnten keine Steuern erhoben werden. Legte der Strafrichter nicht fest, dass dieser konkrete Diebstahl des A mit einer Geldstrafe in Höhe von fünfzig Tagessätzen zu je 30 Euro bestraft wird, könnte A nicht bestraft werden. Moralische oder ethische Gründe mögen es rechtfertigen, dass Steuern überhaupt erhoben werden (und gezahlt werden müssen) und dass bestimmte Taten bestraft werden. Aber die notwendigen konkreten Regelungen lassen sich der Moral und der Ethik nicht entnehmen.

17 Dies wird auch deutlich, wenn noch einmal die skizzierte Befehlssituation gewürdigt wird. Darin richtet sich eine Verpflichtung des B danach, ob A **rechtlich autorisiert** ist, entsprechende Befehle zu erteilen. Diese Autorisierung wird sich auf ein Gesetz stützen, das seine Grundlage in einer Verfassung hat. Aber woraus folgt die Geltung der Verfassung? Wie gezeigt, scheidet ein Rekurs auf moralische oder ethische Normen aus. Doch ist das Recht dann überhaupt verpflichtend? Welcher Art ist die rechtliche Normativität? Diese Problemstellung kann als Kern der Rechtstheorie angesehen werden.

II. Zwei Lösungen

Zwei Lösungsvorschläge seien an dieser Stelle erörtert. Sie stammen aus der o. g. reifen Phase der Rechtstheorie, können aber immer noch als repräsentativ angesehen werden.

1. Hans Kelsen

18 Warum muss ein Strafgesetz befolgt werden? Genaugenommen hat Kelsen zwei durchaus gegenläufige Antworten auf diese Frage gegeben. Die erste Antwort setzt an einer Präzisierung der Frage an. Wer muss überhaupt das Strafgesetz befolgen? Was bedeutet es, dass ein Strafgesetz gilt und damit etwas vorschreibt? **Geltung** ist, so Kelsen, die **„spezifische Existenz"** von Rechtsnormen.[13] Der Akt, mit dem eine Norm in Geltung gesetzt wird, ist ein natürliches Geschehen und vollzieht sich in Raum und Zeit. Von der Norm selbst kann dies aber nicht behauptet werden. Kelsen hat die Existenzweise von Normen auf verschiedene Art und Weise präzisiert. Vor allem in seinem Frühwerk bestimmt er die Struktur des rechtlichen Sollens, indem er das rechtliche Sollen nicht als Befehl (z.B. „Du sollst nicht töten"), sondern als „hypothetisches Urteil" versteht.[14] Die in einem Rechtssatz angeordnete Unrechtsfolge, ein staatlicher Zwangsakt, wird der in dem Rechtssatz angegebenen Rechtsbedingung „zugerechnet". Die legistische Form der Strafrechtssätze dient dabei als Vorbild; Kelsen beansprucht für die Figur des hypothetischen Urteils, dass sie auf jede Rechtsnorm anwendbar sei. Das rechtliche Sollen hat nach Kelsen ganz allgemein ausschließlich die Bedeutung, dass überhaupt eine bestimmte menschliche Handlung mit einem Zwangsakt verknüpft ist. Als Adressaten des Rechts kann die Reine Rechtslehre folglich auch nur die Staatsorgane ansehen. Menschliches Verhalten wird für das Recht nur relevant, wenn es in einem Rechtssatz als Unrecht definiert ist. An diejenigen, deren Verhalten Unrechtstatbestände auslöst – die Menschen oder Bürger –, richtet sich das Recht somit letztlich gar

12 Eingehend zu Gemeinsamkeiten und Unterschieden von Recht und Moral Kelsen, Reine Rechtslehre, 2. Aufl. 1960, S. 60 ff.; Hart, The Concept of Law, S. 167 ff.

13 Kelsen, Reine Rechtslehre, 1. Aufl., S. 7.

14 Kelsen, Reine Rechtslehre, 1. Aufl., S. 22.

nicht. Sie müssen das Strafgesetz also genaugenommen gar nicht befolgen. Somit wäre bei konsequenter Betrachtung auch die Frage nach dem Geltungsgrund des Strafgesetzes überflüssig. Sie stellte sich allenfalls für die Staatsorgane.

Aber schon in seinem Frühwerk hat sich Kelsen mit dieser Antwort nicht zufriedengegeben. Das Strafgesetz gilt, weil es gemäß der jeweiligen Verfassung erzeugt wurde.[15] Es macht gerade den Charakter einer Verfassung aus, Regeln darüber zu enthalten, wie Gesetze und gegebenenfalls andere Rechtsvorschriften erzeugt werden. Nur solche Regeln, die gemäß der Verfassung erzeugt wurden, **gelten**. Sie sind rechtlich existent. Vor allem später hat Kelsen sich der Imperativentheorie wieder angenähert, indem er „Geltung" als Verbindlichkeit einer Rechtsnorm bestimmte: Ein Mensch soll sich so oder so verhalten.[16] Die Figur des hypothetischen Urteils tritt hingegen in den Hintergrund. Geltung scheint in diesem Zusammenhang eine Sphäre idealen, nicht realen Daseins zu sein. Der Bereich der Geltung wäre eine Art zweiter Welt neben der Welt der natürlichen Dinge, dem Sein. Ein Postulat solcher zweier Welten ist natürlich seinerseits problematisch. Denn es stellt sich die Frage, ob es solche Welten gibt und wie sie von uns Menschen erkannt werden können. 19

Eine genaue Antwort auf diese Fragen bleibt Kelsen schuldig. Präzise ist er hingegen bei der Frage, **welche** Normen gelten: Es gelten solche Rechtsnormen, die ordnungsgemäß erzeugt wurden. Dies kann auch als Begriff der juristischen Geltung, im Unterschied zum ethischen und soziologischen Geltungsbegriff, bezeichnet werden.[17] So entsteht innerhalb einer Rechtsordnung ein Geltungszusammenhang aller Rechtsnormen, die sich auf die Verfassung als oberste Rechtsnorm zurückführen lassen. Die Frage ist natürlich, warum die Verfassung gilt. Kelsens Antwort ist so legendär wie umstritten: Da die Geltung der Verfassung gemäß den eigenen Prämissen auf einer Norm beruhen muss, da aber diese letzte Norm nicht gesetzt werden kann, gilt sie nur hypothetisch oder fiktiv. Diese Norm ist die **Grundnorm.**[18] Auch diese Norm hat noch eine Art von Tatbestand. Damit Normen als Verfassung in Betracht kommen, muss es sich um Normen handeln, die im Großen und Ganzen wirksam sind, d. h. die angewendet und befolgt werden.[19] Die Grundnorm soll also auf methodisch einwandfreie Weise eine Brücke vom Sein zum Sollen schlagen. Die Wirksamkeit ist notwendige, aber nicht hinreichende Bedingung für die Geltung einer Rechtsordnung. Für Kelsen ergibt sich die Notwendigkeit, auf die Wirksamkeit des Rechts abzustellen, aus den praktischen Annahmen der Jurisprudenz. Diese behandelt nicht irgendein Recht als Verfassung, sondern eben das wirksame. Deshalb ist z.B. die Behauptung, die Weimarer Reichsverfassung gelte immer noch (wie etwa von den sog. Reichsbürgern oft angenommen wird), nicht gerechtfertigt. Denn diese Normenordnung ist nicht mehr im Großen und Ganzen wirksam.[20] 20

Der Status der Grundnorm wurde von Kelsen in den verschiedenen Phasen seines Schaffens auf unterschiedliche Art und Weise bestimmt. Diese Unterschiede können hier dahinstehen.[21] In sich ist die Konstruktion schlüssig. Unter der Voraussetzung, dass die Grundnorm gilt, gilt auch die gesamte Rechtsordnung. Man kann natürlich 21

15 Vgl. Kelsen, Reine Rechtslehre, 1. Aufl., S. 73 ff.
16 Kelsen, Reine Rechtslehre, 2. Aufl., S. 196.
17 Alexy, Begriff und Geltung des Rechts, S. 143.
18 Kelsen, Reine Rechtslehre, 1. Aufl., S. 62 ff.
19 Kelsen, Reine Rechtslehre, 1. Aufl., S. 68.
20 Ähnlich der Fall des Fürstentums Sealand, s. dazu § 4 Rn. 8.
21 Einstieg in die Diskussion z.B. bei Paulson, in: Hans Kelsen, S. 191 ff.

einwenden, dass die Annahme einer bloßen hypothetischen Norm überflüssig ist. Die Verfassung selbst wäre dann die höchste Norm. Des Weiteren bleibt einzuwenden, dass Kelsen **keine absolute** Begründung für die Geltung des Rechts liefert. Die Geltung des Rechts ist relativ. Sie beruht darauf, dass Juristen eine Rechtsordnung als Rechtsordnung behandeln. Die Juristen müssen dies aber nicht tun. Und selbst wenn sie es tun: Auch in diesem Fall erklärt Kelsen genaugenommen nur, **warum** Juristen das Recht so behandeln, **dass** es gegenüber den Adressaten gilt.[22] Die Geltung selbst wird nicht begründet.

2. H. L. A. Hart

22 Hart setzt anders an, um das Problem der rechtlichen Normativität zu lösen. Er unterscheidet zwei grundlegende Arten von Rechtsregeln und damit im Prinzip auch zwei Arten von rechtlicher Normativität.[23] Eine Rechtsordnung besteht zum einen aus Verhaltensregeln. Das sind diejenigen Vorschriften, die menschliches Verhalten regeln, d. h. Verbote oder Gebote aufstellen. Hart nennt sie primäre Regeln. Neben den primären Regeln stehen die sekundären Regeln. Sie erfüllen verschiedene Funktionen in Bezug auf die primären Regeln. Primäre Regeln begründen eine Verpflichtung, sekundäre Regeln übertragen rechtliche Kompetenz. Sekundäre Regeln sind daher Regeln über Regeln. Hart unterscheidet drei Arten solcher sekundären Regeln. Die wohl wichtigste dieser Regeln ist die Erkenntnis- oder auch Anerkennungsregel (**rule of recognition**).[24] Sie gibt darüber Auskunft, **welche** primären Regeln überhaupt für die Adressaten des Rechts verbindlich sind. Sie benennt die Merkmale, die diese Regeln erfüllen müssen. Die Erkenntnisregel hat also die gleiche Funktion wie die Grundnorm Kelsens; sie hat aber, wie gleich noch zu zeigen ist, einen ganz anderen Status. Im Übrigen hat sie in einem modernen Rechtssystem einen deutlich komplexeren Inhalt. Sie umfasst, so muss man Hart wohl verstehen, **sämtliche** Rechtserzeugungsregeln der Rechtsordnung. Für die deutsche Rechtsordnung wären also mindestens sämtliche Kompetenz- und Verfahrensvorschriften für Gesetze, Rechtsverordnungen und Satzungen – vom europäischen Unionsrecht ganz abgesehen – Teil der Erkenntnisregel. Die zweite Art von Regeln sind Änderungsregeln (**rules of change**). Sie regeln, wie sich primäre Regeln verändern. Meistens handelt es sich um Normen, die für ein Organ die rechtliche Kompetenz begründen, primäre Regeln zu setzen oder zu ändern. Die dritte Art schließlich sind die Entscheidungsregeln (**rules of adjudication**). Sie regeln die Entscheidung von Streitigkeiten über den Inhalt der primären Regeln.

23 Dieses Schema kann außerordentlich hilfreich sein, um ein Rechtssystem zu analysieren. Hart hat es noch erheblich differenzierter ausgearbeitet, als hier dargestellt werden kann. Vertiefte Aufmerksamkeit soll an dieser Stelle die Erkenntnisregel finden. An wen ist sie gerichtet? Warum gilt sie? Zwei Unterschiede zu Kelsen sind dabei wichtig. Ein konstruktiver Unterschied zu Kelsen liegt darin, dass die Erkenntnisregel nicht selbst der Geltungsgrund der primären Regeln ist. Diese gelten unabhängig davon. Die Erkenntnisregel gibt nur das Kriterium an, anhand dessen die primären Regeln ermittelt werden können. Die Frage nach einem Geltungsgrund der primären Regeln stellt Hart nicht einmal. Vielmehr versucht er zu klären, was die Aussage, dass eine Rechtsnorm gilt, **bedeutet**. Der sprachphilosophische Hintergrund Harts macht sich an dieser

22 Raz, Revue Internationale de Philosophie 35 (1981), 441, 452.
23 Hart, The Concept of Law, S. 80 f.
24 Hart, The Concept of Law, S. 94.

Stelle besonders bemerkbar. Nach seiner Auffassung bedeutet diese Aussage zum einen, dass die Rechtsnorm die Kriterien erfüllt, die in der Erkenntnisregel angegeben sind. Wird die Aussage aus der Perspektive eines **Teilnehmers** am **Rechtssystem** getätigt, d. h. von einem Richter oder einem Adressaten des Rechts, dann enthält eine solche Aussage zusätzlich eine Stellungnahme zur Erkenntnisregel, nämlich deren Akzeptanz.[25]

Hieraus ergibt sich der zweite Unterschied zu Kelsen. Die Erkenntnisregel ist keine fiktive Regel, sondern wird **tatsächlich** angewendet und befolgt. Gleichwohl ist der Status dieser Regel nicht ganz klar. Sie soll sozial anerkannt sein; ihre Existenz ist eine Tatsache.[26] Sie ist also, im Gegensatz zu Kelsens analytischer Grundnorm, eine empirische Grundnorm.[27] Dies würde aber bedeuten, dass die von der Erkenntnisregel umfassten Normen (im Falle der deutschen Rechtsordnung, wie gezeigt, eine beträchtliche Zahl), nicht selbst rechtlich gelten würden. Dieses Ergebnis ist unbefriedigend. 24

3. Fazit

Eine vorläufige Bilanz dieser beiden Konzeptionen soll zwei Punkte festhalten: Erstens lässt sich, dies ist für Kelsen wie für Hart selbstverständlich, der Charakter des modernen Rechts nicht erfassen, wenn „Recht" nur als die einzelne Rechtsnorm aufgefasst wird. „Recht" ist die Rechtsordnung. Die Rechtsordnung ist mehr als nur eine Summe von Normen. Sie ist eine Einheit von hier und jetzt in Geltung stehenden Rechtsnormen, und sie bildet eine Einheit von Prozessen der Rechtsetzung und Rechtsanwendung. 25

Zweitens sei noch einmal hervorgehoben, dass es bei Kelsen wie bei Hart nicht gute Gründe sind, die die rechtliche Verpflichtung begründen. Beide erklären die Geltung des Rechts mittels einer bestimmten theoretischen Konstruktion, die auf die eine oder andere Weise auf Fakten verweist (Grundnorm, Erkenntnisregel). Gemäß der rechtstheoretischen Leitmaxime wird eben das Recht beschrieben, wie es ist (s. o., Rn. 7, 10). Damit führen Kelsen und Hart deutlich vor Augen, was der soziologische Befund der Positivität des Rechts (Notwendigkeit des Gesetztseins, s. o., Rn. 16) **rechtlich** bedeutet: Das Recht regelt seine eigene Erzeugung.[28] Diese Erkenntnis gibt der rechtstheoretischen Forschung die Richtung vor. 26

III. Recht und Moral: Das Mauerschützenproblem

Nach dem Vorstehenden scheint es, als ob man zwingend eine rechtspositivistische Position vertreten müsse, wenn man sich auf das Anliegen der Rechtstheorie und ihre theoretischen Prämissen einlässt. In der Tat sind Hart und Kelsen klassische Vertreter des **Rechtspositivismus**. Sie behaupten, dass Recht und Moral zwei vollkommen unterschiedliche Normenordnungen darstellen, dass also beide „begrifflich" zu trennen seien. Ob aber die dargelegten theoretischen Prämissen der Rechtstheorie notwendigerweise zu einer rechtspositivistischen Position führen, wird in der Rechtstheorie der oben erläuterten 3. Phase der Rechtstheorie bestritten (Rn. 13).[29] Die einen bringen vor, dass die Trennung von Recht und Moral von vorneherein verfehlt sei. Dann wird 27

25 Hart, The Concept of Law, S. 103.
26 Hart, The Concept of Law, S. 110.
27 Alexy, Begriff und Geltung des Rechts, S. 194.
28 S. Kelsen, Reine Rechtslehre, 2. Aufl., S. 73.
29 Eingehend z.B. Alexy, Begriff und Geltung des Rechts.

ein nicht-positivistischer Rechtsbegriff vertreten. Es ist dabei nach wie vor üblich, dem Rechtspositivismus schlicht die Alternative „Naturrecht" entgegenzusetzen; diese Bezeichnung wird aber dem Begründungsprogramm moderner nicht-positivistischer Theorien nicht gerecht. Andere behaupten, dass das Recht mit der Moral zumindest verbunden sein **könne**. Diese Position wird auch als weicher oder **inklusiver Rechtspositivismus** bezeichnet, im Unterschied zum harten oder **exklusiven Positivismus**, der der Position von Hart und Kelsen (aus dem jüngeren Schrifttum wäre Raz zu nennen) entspricht.[30]

28 Dieser Punkt soll anhand der Frage, wie **staatliches Unrecht** einzuordnen ist, näher untersucht werden. Genauer stellt sich die Frage, ob es in dem kategorialen Apparat der Rechtstheorie so etwas wie staatliches Unrecht überhaupt geben kann. Praktisch sind zwei historische Fallkonstellationen zu nennen: die Bewältigung nationalsozialistischen Unrechts durch deutsche Gerichte nach dem zweiten Weltkrieg und der Umgang westdeutscher Gerichte mit den sog. Mauerschützen der DDR. Gesetze wie die sog. Nürnberger Gesetze aus dem Jahre 1935 (u. a. wurde darin zum Schutz der „Reinheit des deutschen Blutes" die Eheschließung zwischen Deutschen und Juden verboten) oder der „Schießbefehl" für die DDR-Soldaten, die die deutsch-deutsche Grenze bewachten, sind mit unseren heutigen Wertvorstellungen schlichtweg nicht vereinbar. Handelte es sich überhaupt um geltendes Recht?

29 Die Antwort, die der Rechtspositivismus – jedenfalls in der exklusiven Variante – auf diese Frage gibt, ist eindeutig: Die genannten Vorschriften waren geltendes Recht. Eine einflussreiche Gegenposition vertrat der Rechtsphilosoph *Gustav Radbruch* (1878–1949; Hauptwerk: Rechtsphilosophie, 3. Aufl. 1932). Er präzisiert die Frage zunächst und geht davon aus, dass hinter dem positiven Recht u. a. die beiden Werte der Rechtssicherheit und der Gerechtigkeit stehen, die miteinander in Konflikt treten können. Auch im Falle ungerechten Rechts habe die Rechtssicherheit Vorrang, „es sei denn, dass der Widerspruch des positiven Gesetzes zur Gerechtigkeit ein so unerträgliches Maß erreicht, dass das Gesetz als ‚unrichtiges Recht' der Gerechtigkeit zu weichen hat".[31] Mehr noch: „wo die Gleichheit, die den Kern der Gerechtigkeit ausmacht, bei der Setzung positiven Rechts bewusst verleugnet wurde, da ist das Gesetz nicht etwa nur ‚unrichtiges Recht', vielmehr entbehrt es überhaupt der Rechtsnatur". Diese markante Formulierung, die mittlerweile als **Radbruchsche Formel** kanonisiert wird und von Radbruch eher behauptet als begründet wurde, diente ihm selbst dazu, einem Großteil des nationalsozialistischen Rechts die Rechtsqualität abzusprechen. Ob die Formel überhaupt in die Radbruchsche Philosophie eingefügt werden kann, ist nach wie vor kontrovers, soll hier aber dahinstehen.[32] Die Formel wurde z.B. in den Mauerschützenprozessen vom BGH und vom BVerfG verwendet, um darzulegen, dass der Schießbefehl nicht als Rechtfertigungsgrund zum Tragen kommen könne.[33] Zu Recht?

30 Aus der breiten Diskussion um den Rechtspositivismus seien an dieser Stelle zwei Argumente näher erläutert. Nach Kelsen lässt sich wissenschaftlich bzw. rational gar nicht bestimmen, was moralisch richtig ist (Hart, der dem Utilitarismus nahestand [da-

30 S. Marmor, in: The Oxford Handbook of Jurisprudence & Philosophy of Law, S. 104 ff.; Himma, ebd., S. 125 ff. Hart hat sich allerdings in einem posthum veröffentlichten Nachwort zu „The Concept of Law" für einen weichen Rechtspositivismus ausgesprochen.

31 Radbruch, Gesetzliches Unrecht und übergesetzliches Recht, S. 216. In der Sache aufgegriffen von BVerfGE 23, 98, 106.

32 Dazu zuletzt Funke, in: Die Natur des Rechts bei Gustav Radbruch, S. 23 ff.

33 BVerfGE 95, 96, 134; BGHSt 39, 1, 16; 40, 241, 244.

zu § 1 Rn. 19], war anderer Auffassung). Dies ist die Position des **Wertrelativismus.** Dahinter steht die etwas vereinfachende Vorstellung, dass es jenseits des positiven Rechts nur noch ein Naturrecht gebe, das objektiv nicht fassbar sei. Bei Kelsen scheint die wertrelativistische Ethik zugleich ein Argument für die rechtspositivistische Position zu sein.[34] Ein entsprechender Zusammenhang muss aber nicht bestehen. Auch wenn sich moralphilosophisch bestimmte Rechtsinhalte nicht begründen lassen, würde dies an der Rechtsqualität der betroffenen Normen nichts ändern (so zumindest der exklusive Rechtspositivismus).[35] Allerdings ist es für den Fall, dass man der Radbruchschen Formel zustimmt, erforderlich, rationale Kriterien für die rechtliche Entscheidung anzugeben. Vorgeschlagen wird z.B., dass sich elementare Menschenrechte begründen ließen und dass insofern kein Einwand gegen die Radbruchsche Formel möglich sei.[36] Ein zweites Argument für den Rechtspositivismus sieht in der Trennung von Recht und Moral gerade ein Mittel dafür, die Moral gegen das Recht zu behaupten. Denn nur wenn beide normative Bereiche getrennt wären, sei es erst möglich, geltendes Recht mit **moralischen** Gründen zu kritisieren.[37] Der Sinn der rechtspositivistischen Position muss also richtig verstanden werden. Mit der Feststellung, dass eine Rechtsnorm geltendes Recht ist, ist für diese Position noch kein abschließendes Urteil darüber gefällt, dass diese Norm moralisch verpflichtet. Sie ist eben, so kann man sagen, „nur" Recht. Ein Einwand gegen die rechtspositivistische Theorie wird noch erörtert (Rn. 45); ebenso eine problematische Prämisse der ganzen Diskussion (Rn. 49).

C. Vertiefung

Neben diesen Grundfragen gibt es typische rechtstheoretische Arbeitsfelder. Drei dieser Arbeitsfelder sollen im Folgenden vorgestellt werden.

I. Theorie der Rechte

Ein erster wichtiger rechtstheoretischer Forschungsbereich ist die Theorie der subjektiven Rechtspositionen. 31 Sie hat den Zweck, die Rechtsstellung zu analysieren, die der Einzelne aufgrund einer bestimmten Norm hat. Geht man von der oben erläuterten Befehlstheorie aus, kommen als subjektive Positionen nur die Befehlsberechtigung des Herrschers und die Befehlsverpflichtung des Untergebenen in Betracht. Der komplexen Struktur einer modernen Rechtsordnung wird dies nicht gerecht. Es sind noch weitere Rechtspositionen des Einzelnen denkbar. Beispielsweise kann die Fähigkeit, neues Recht zu setzen, mit den beiden genannten Rechtspositionen nicht erklärt werden. Bis heute maßgeblich sind dabei vor allem Untersuchungen von *Wesley Newcomb Hohfeld* (1879–1918).[38] Hohfeld unterscheidet vier Arten von subjektiven Rechtspositionen: das subjektive Recht im Sinne eines Anspruchs, die Erlaubnis (privilege), die Kompetenz (power) und die Immunität (immunity). Parallel und unabhängig voneinander hatten Bentham und Bierling ähnliche Konstruktionen entwickelt, allerdings ohne eine Position, die Hohfelds Immunität entspricht. Bei Bentham sind dies right to services, liberty und power, bei Bierling Rechtsanspruch, rechtliches Dürfen und recht-

34 Kelsen, Reine Rechtslehre, 1. Aufl., S. 13 f.
35 S. Hart, Der Positivismus und die Trennung von Recht und Moral, S. 53.
36 Alexy, Begriff und Geltung des Rechts, S. 92 ff.
37 Hart, Der Positivismus und die Trennung von Recht und Moral, S. 39 ff.; ders., The Concept of Law, S. 210.
38 Hohfeld, Yale Law Journal 23 (1913/1914), 16, 28 ff. Dazu Koller, Theorie des Rechts, S. 98 ff.; Alexy, Theorie der Grundrechte, S. 159 ff., 189 ff.

liches Können.[39] Bis heute hat sich kein fester Sprachgebrauch etabliert; die hinter den Begriffen stehenden Konzepte sind aber anerkannt. Hohfeld entwirft, aufbauend auf seiner Grundunterscheidung, vier Arten von Rechtsverhältnissen (jural correlatives):

Person A		**Person B (und C, D, ...)**
subjektives Recht	↔	Pflicht
Erlaubnis	↔	kein Recht
rechtliche Kompetenz	↔	Verantwortlichkeit
Immunität	↔	Unfähigkeit

32 Bei diesen Rechtsverhältnissen handelt es sich um Beziehungen zwischen zwei (oder mehreren) Rechtssubjekten. Hohfeld ergänzt dieses Schema durch eine andere Art von Rechtsbeziehung, die rechtlichen Gegensätze (jural opposites). Sie bezeichnen kein Rechtsverhältnis zwischen Subjekten, sondern haben allein eine erläuternde Funktion. Sie dienen dazu, die Rechtsposition eines Subjekts zu definieren. Hohfeld versucht, die elementaren vier Rechtspositionen jeweils als Negation einer anderen Position zu bestimmen:

- Das subjektive Recht (auch: Anspruch) ist der Gegensatz von „kein subjektives Recht" (dieser Gegensatz ist freilich wenig aussagekräftig).
- Die Erlaubnis (auch: Freiheit) etwas zu tun ist die Negation der Pflicht, etwas zu unterlassen.
- Die rechtliche Kompetenz ist der Gegensatz von rechtlicher Unfähigkeit (dieser Gegensatz ist ebenfalls wenig aussagekräftig).
- Die Immunität ist die Negation von Verantwortlichkeit.

Für das Rechtsverhältnis von subjektivem Recht und Pflicht lässt sich z.B. sagen: Hat A ein Recht (auch: Anspruch) auf Herausgabe eines Buches gegen B, so hat B die Pflicht, das Buch herauszugeben. Ein Beispiel für das Rechtsverhältnis „Erlaubnis – kein Recht" ist: A hat die Erlaubnis, ein Buch in der Bibliothek lesen zu dürfen, B hat „kein Recht" (eine griffige Bezeichnung für diese Position bietet die Rechtssprache nicht) darauf, dass A das Buch nicht lesen darf. Zur Definition der Rechtsposition des A kann man auf den Gegensatz der Erlaubnis, die Pflicht, zurückgreifen: Die Erlaubnis, das Buch zu lesen, ist für A die Negation der Pflicht, das Lesen des Buches zu unterlassen. Oder ein Beispiel zur Immunität: B ist immun, wenn A wegen einer Geldforderung gegen B vollstrecken und hierfür ein Lehrbuch pfänden möchte, das B für das Studium benötigt. Denn das Buch ist nach § 811 Abs. 1 Nr. 5 und 10 ZPO unpfändbar. Umgekehrt ist A unfähig, in dieses Buch zu vollstrecken. Man kann auch sagen, dass ihm die rechtliche Kompetenz zur entsprechenden Vollstreckung fehlt. Die Immunität ist für A die Negation der Verantwortlichkeit, die ohne den Pfändungsschutz bestünde. Oder zur rechtlichen Kompetenz: A ist als Eigentümer des Buches berechtigt, darüber zu verfügen. Jedermann muss eine solche Verfügung gegen sich gelten lassen und ist in diesem Sinne „verantwortlich". Diese Kompetenz ist für A die Negation der Position, die ein Nichtberechtigter innehat.

33 Mit diesem Schema von rechtlichen Relationen lassen sich rechtliche Erscheinungen eingehend analysieren. Beispielsweise ist es möglich – dies war Hohfelds eigenes Bestreben –, die zivilrechtliche Unterscheidung von Rechten in personam (Rechte gegen Personen) und Rechten in rem (Rechte an Sachen) zu präzisieren. Ein anderes Beispiel

39 Bentham, Of Laws in General, S. 57, 84, 99; Bierling, Juristische Prinzipienlehre, S. 160 ff.

ist die Analyse von Grundrechten, die, aufbauend auf dem Grundbegriff der Erlaubnis, als rechtliche Freiheit konzipiert werden können.[40] Über die Fortentwicklung des Schemas lässt sich trefflich streiten. Jedenfalls dürfte deutlich geworden sein, dass die schlichte Relation von Anspruch und Pflicht für die Analyse eines Rechtssystems nicht ausreicht.

II. Der Stufenbau der Rechtsordnung

Die Theorie der Rechte betrachtet eine Rechtsordnung so, wie sie hier und jetzt in Geltung steht. Die Figur der rechtlichen Kompetenz deutet aber schon an, dass eine Rechtsordnung sich auch verändert. Die „Dynamik" des Rechts ist deshalb – neben der „Statik" – ebenfalls ein elementarer rechtstheoretischer Forschungsbereich. Dessen zentraler Teil ist die Stufenbaulehre des Rechts. Der Gedanke, dass eine Rechtsordnung nach Stufen aufgebaut ist, dass also etwa das Gesetz „höher" steht als die Rechtsverordnung, gehört zum Kernwissen des ersten Semesters im Jurastudium. Aber er ist alles andere als banal. Denn woraus folgt eigentlich diese Höherrangigkeit? Was bedeutet sie? 34

Neben *Bierling* hat sich insbesondere der Österreicher *Adolf Merkl* (1890–1970, nicht zu verwechseln mit dem unter Rn. 8 erwähnten Adolf Merkel) um die Stufenbaulehre verdient gemacht.[41] Kelsen hat Merkls Lehre in die Reine Rechtslehre integriert. Ob sie sich ohne Widersprüche einfügen lässt, ist allerdings umstritten (die bei Rn. 18 f. erläuterten zwei Ansätze für das Normativitätsproblem spiegeln dies wider). Merkl hat sich seinerseits der Reinen Rechtslehre zugerechnet. 35

Eine Rechtsordnung enthält nicht nur nahezu unendlich viele Rechtsinhalte, sondern auch bestimmte Rechtsformen. Diese beruhen ihrerseits auf bestimmten Rechtsquellen. So richtet sich die Erzeugung der Rechtsform „Gesetz" nach der Verfassung. Da ein Gesetz ohne die Regelung in der Verfassung nicht erzeugt werden kann, macht es Sinn, die Verfassung als höherrangig anzusehen. Die Rechtsverordnung beruht auf gesetzlicher Ermächtigung, also steht das Gesetz wiederum höher als die Rechtsverordnung. Der Verwaltungsakt beruht auf der Rechtsverordnung und ist mithin niederen Ranges. Gleiches gilt für das richterliche Urteil. Auf der untersten Stufe stehen schließlich Maßnahmen der Straf-, Verwaltungs- und Zwangsvollstreckung als bloße Realakte. Dieses immer noch recht einfache Bild wird von Merkl unter verschiedenen Gesichtspunkten näher analysiert. 36

Der erste Punkt betrifft das Verhältnis von Rechtserzeugung und Rechtsanwendung. Oft wurde – und wird auch heute noch – das Gesetz als Ergebnis der Rechtsetzung und das Urteil als Ergebnis einer Rechtsanwendung verstanden. Merkl ist der Auffassung, dass dies nicht zutrifft. Im Prinzip enthält jeder Rechtsakt sowohl ein rechtsetzendes wie auch ein rechtsanwendendes Moment. Merkl nennt dies das **„doppelte Rechtsantlitz"**.[42] Anders ist dies zum einen nur bei der obersten Stufe, der Verfassung, die absolute Rechtserzeugung ist. Denn sie stützt sich ihrerseits nicht mehr auf eine Norm. Auch bei den Vollstreckungsakten zeigt das Recht nur noch ein Gesicht, nämlich das der absoluten Rechtsanwendung. Denn es werden keine Normen mehr gesetzt. 37

40 Alexy, Theorie der Grundrechte, S. 195.

41 Nach Vorarbeiten zusammenfassende Darstellung in Merkl, Prolegomena einer Theorie des rechtlichen Stufenbaues.

42 Merkl, Das doppelte Rechtsantlitz, S. 234.

38 An zweiter Stelle ist der Umfang zu nennen, in dem die jeweils obere Stufe die Rechtserzeugung auf der unteren Stufe determiniert. Auch hier bestehen auf den einzelnen Stufen nur graduelle Unterschiede. Während die Gesetzgebung durch die Verfassung nur wenig inhaltlich determiniert ist, ist die richterliche Entscheidung in der Regel erheblich stärker determiniert. Der Vollstreckungsakt ist nahezu vollständig durch die zu vollstreckende Maßnahme vorgegeben (da er noch den Vollstreckungstitel mit einem konkreten Sachverhalt verknüpft, kann gegen Merkl eingewendet werden, dass der Vollstreckungsakt nicht in Rechtsanwendung aufgeht). Die meisten Rechtsakte werden damit im Zusammenwirken einer **Willensfunktion** (Erzeugung) und einer **Erkenntnisfunktion** (Anwendung) gesetzt. Das heißt aber auch, dass der Rechtswissenschaft nicht die Aufgabe zukommen kann, selbst den Inhalt von Rechtsakten vorzugeben. Denn die Rechtswissenschaft ist auf die Erkenntnisfunktion beschränkt. Auch die Kritik von richterlichen Entscheidungen ist demnach nur insoweit möglich, als diese Entscheidungen durch das Gesetz determiniert sind. Die juristische Interpretation muss sich nach Kelsen darauf beschränken, den durch eine Norm vorgegebenen Rahmen zu bestimmen.[43] Im Übrigen hat die Rechtserzeugung ein **Ermessen**. Diese asketische Interpretationslehre hat der Reinen Rechtslehre nicht zu Unrecht viel Kritik eingetragen.

39 Der dritte Punkt betrifft das Fehlschlagen der Rechtserzeugung. Werden die Voraussetzungen verfehlt, die in einer Rechtserzeugungsregel statuiert sind, so dürfte eigentlich gar keine Rechtserzeugung vorliegen. Wird etwa ein zustimmungsbedürftiges Gesetz als Einspruchsgesetz behandelt und verweigert der Bundesrat seine Zustimmung, dann müsste das Gesetz unwirksam sein. Die Rechtsordnung geht allerdings differenzierter mit solchen Geschehnissen um. Unter bestimmten Voraussetzungen ist rechtswidriges Recht eben „Recht", und sei es nur vorübergehend. Dies belegen Normen wie Art. 93, 94 Abs. 2 S. 1, Art. 100 Abs. 1 GG i.V.m. § 31 Abs. 2 S. 1 BVerfGG: Alle Normen, die als Gesetz verkündet wurden (Art. 82 Abs. 1 GG), sind geltendes Recht, solange das BVerfG sie nicht aufhebt.[44] Solche Vorschriften verleihen dem Gesetz, in Merkls Worten, Rechtskraft (er versteht diesen Begriff in einem weiten Sinne, der nicht nur Urteile erfasst). Ihren Grund haben sie in einem **Fehlerkalkül**.[45] Denn es handelt sich um Vorschriften des positiven Rechts, die das Fehlschlagen der Rechtserzeugung überhaupt erst in Rechnung stellen und in gewissen Grenzen für irrelevant erklären. Gäbe es solche Vorschriften nicht, wäre die Veränderung der Rechtsordnung praktisch kaum möglich; Fehler sind nun einmal unvermeidlich. Ein weiteres Beispiel sind die §§ 43, 44 VwVfG: Ein rechtswidriger Verwaltungsakt ist in der Regel wirksam. Nach Merkl spricht der Fehlerkalkül gegen die verbreitete Auffassung, rechtswidrige Staatsakte seien **ipso iure nichtig**; sie seien nur vernichtbar. Jedoch ist diese sog. Vernichtbarkeitslehre schon bei Gesetzen nicht geeignet, alle Fälle fehlerhafter Rechtserzeugung abzudecken. Sie beschränkt sich auf eine ex-ante-Perspektive. Denn wenn das BVerfG ein verfassungswidriges Gesetz als von Anfang nichtig erklärt, sind damit die Rechtsakte, die auf der Grundlage des Gesetzes ergangen sind, rechtswidrig, und sollte jemand gegen das Gesetz verstoßen haben, kann ihm oder ihr – rückblickend – kein Vorwurf gemacht werden.

43 Konsequent Kelsen, Reine Rechtslehre, 1. Aufl., S. 94 ff. Aus methodischer Sicht siehe zu diesem Problem § 10 Rn. 7 ff., 15 ff.

44 Lippold, Der Staat 29 (1990), 185 ff.

45 Merkl, Prolegomena einer Theorie des rechtlichen Stufenbaues, S. 491.

Eine weitere wichtige Erkenntnis der Stufenbaulehre ist, dass es nicht den **einen** Stufenbau einer Rechtsordnung geben kann. Im Vorstehenden wurde bislang nur der Stufenbau nach der **rechtlichen Bedingtheit**, d. h. der Rechtserzeugung, erläutert. Wenn man aber etwa den Fall betrachtet, dass ein Gesetz dazu ermächtigt, durch Rechtsverordnung dieses Gesetz selbst zu ändern, so sieht man, dass die rechtlich bedingte Rechtsform (in diesem Fall die Rechtsverordnung, die durch das Gesetz bedingt ist) nicht zwingend die niederrangige Rechtsform ist. Denn die fragliche Rechtsverordnung verändert das Gesetz, d. h. sie **derogiert** dem Gesetz. Derogation ist die Aufhebung oder Änderung einer Rechtsnorm.[46] Stuft man eine Rechtsordnung nach der **derogatorischen Kraft**, können sich Abweichungen vom Stufenbau nach der rechtlichen Bedingtheit ergeben. Diese beiden Arten von Stufenbau sind also zu unterscheiden.[47] Womöglich ist auch – gerade im Hinblick auf das Verhältnis von staatlichem Recht und europäischem Unionsrecht, aber auch im Hinblick auf das internationale Privatrecht – als dritte Form der Stufenbau nach dem Vorrang der **Anwendung** zu entwickeln.[48] 40

Die Stufenbaulehre ist von verschiedenen Seiten Kritik ausgesetzt.[49] Dieser Kritik kann hier nicht nachgegangen werden. Nur ein Punkt sei deutlich herausgestellt. Entgegen einem immer wieder anzutreffenden Missverständnis beabsichtigt die Stufenbaulehre keineswegs, abstrakte Stufungen gleichsam von außen an ein Rechtssystem heranzutragen. Sie stellt nur allgemeine analytische Instrumente für die Untersuchung eines Rechtssystems bereit. Sie zwingt gerade dazu, jede Stufung erst aus dem positiven Recht zu rechtfertigen. 41

III. Normentheorie: Die Unterscheidung von Regeln und Prinzipien

Ein dritter, ebenfalls elementarer Forschungsbereich der Rechtstheorie ist die Theorie der Rechtsnorm. An dieser Stelle soll nur die Unterscheidung zweier Normarten interessieren, nämlich die von Regeln und Prinzipien. 42

Eines der interessantesten Argumente gegen den harten, exklusiven Rechtspositivismus von Hart und Kelsen (s. o., Rn. 27) ist der Einwand, dass die Rechtsanwendung insbesondere in schwierigen Fällen notwendigerweise auf moralische und andere außerrechtliche Erwägungen Bezug nimmt. Psychologisch gesehen, also mit Blick auf die innere Einstellung eines Richters, wird dies kaum jemand bestreiten. Aber werden die moralischen Erwägungen auch rechtlich, d. h. **als Recht** relevant, und wenn ja, auf welche Weise? 43

Merkl, Kelsen und Hart – und natürlich viele andere Autoren – gehen mehr oder weniger stillschweigend von einer bestimmten Vorstellung von der Struktur einer Rechtsnorm aus: Diese sagt aus, ob in bestimmten Fällen etwas sein soll oder nicht, so dass die Rechtsanwendung allein zu prüfen hätte, ob ein solcher Fall vorliegt oder nicht. Gerade den schwer zu entscheidenden Fällen der Rechtsanwendung wird diese Normvorstellung aber nicht gerecht. Merkl, Kelsen und Hart bleibt nur, dem Richter Ermessen einzuräumen.[50] Unter Bezug auf Dworkin hat demgegenüber vor allem Alexy eine 44

46 Von dem lateinischen Verb „derogare", das den Dativ verlangt, der üblicherweise auch für „derogieren" verwendet wird.

47 Merkl, Prolegomena einer Theorie des rechtlichen Stufenbaues, S. 468, 480; Walter, Der Aufbau der Rechtsordnung, S. 53 ff.

48 Vgl. Jakab, ARSP 91 (2005), 333, 356.

49 Jakab, ARSP 91 (2005), 333 ff.; Öhlinger, Der Stufenbau der Rechtsordnung.

50 S. Rn. 38, sowie Hart, The Concept of Law, S. 127.

grundlegende normentheoretische Differenz aufzuzeigen versucht: Rechtsnormen seien entweder **Regeln oder Prinzipien.**[51] Regeln sind Normen, die entweder erfüllt sind oder nicht. Sie ordnen definitiv eine Rechtsfolge an. Hingegen sind Prinzipien Optimierungsgebote. Sie gebieten, so Alexy, „dass etwas in einem relativ auf die rechtlichen und tatsächlichen Möglichkeiten möglichst hohem Maße realisiert wird". Gegenläufige Regeln oder Prinzipien stecken dabei den Raum der rechtlichen Möglichkeiten ab. Prinzipien werden also, im Unterschied zur Regel, mehr oder weniger erfüllt.

45 Diese Unterscheidung wurde viel kritisiert und von Alexy sowie anderen Autoren mittlerweile erheblich fortentwickelt.[52] Sie ist vielseitig verwendbar, etwa für eine Theorie der Abwägung. Ohne Zweifel ist sie ein Instrument, das der Komplexität eines modernen Rechtssystems adäquat ist. Sie lässt sich zudem – und nur dies soll hier interessieren – für die oben bereits gestreifte Diskussion um den Rechtspositivismus fruchtbar machen. In dem von einer gesetzlichen Norm nicht determinierten Bereich wird, wie schon erwähnt, gelegentlich unvermeidlich nach außerrechtlichen Maßstäben entschieden. Das „Prinzipienargument" besagt aber, dass lediglich nicht nach rechtlichen **Regeln** entschieden wird. Hingegen kommen rechtliche Prinzipien zur Anwendung, die oft **auch** moralische Prinzipien sind. Da sie aber zugleich rechtliche Prinzipien sind, entscheidet der Richter den Fall vollständig nach einem rechtlichen Maßstab. Für die Bundesrepublik sind hierbei insbesondere die Staatsstrukturprinzipien (Demokratie, Rechtsstaat usw.) sowie die Grundrechte zu nennen. Sie können als in das Recht eingelassene moralische Forderungen angesehen werden. Als Rechtsprinzipien machen sie „die approximative Realisierung eines moralischen Ideals zur Rechtspflicht".[53] Geht man zudem davon aus, dass jeder Rechtsakt und damit jede richterliche Entscheidung zwangsläufig beansprucht, normativ richtig zu sein, dann wird bei einem Rekurs auf Prinzipien auch beansprucht, dass der Akt **moralisch richtig** ist.[54] Unter der weiteren Voraussetzung, dass elementare Menschenrechte moralisch begründbar sind, bietet das Prinzipienargument somit eine Basis für die Radbruchsche Formel (s. o., Rn. 29). Damit wäre die rechtspositivistische Position widerlegt.

IV. Rechtstheorie als Rechtsphilosophie?

46 Das rechtstheoretische Projekt ist von der Hoffnung getragen, dass das Recht keine Geheimnisse birgt und vollständig wissenschaftlich durchdrungen werden kann. Sein Ziel ist, wie Hart einmal Benthams Anliegen charakterisierte, die Demystifizierung des Rechts.[55] Rationalität und Objektivität der Rechtswissenschaft sind deshalb die beiden grundlegenden Wissenschaftsideale der Rechtstheorie. Sicherlich sind verschiedene Möglichkeiten vorstellbar, wie man diesen Idealen nahekommt. Rechtstheorie wählt den Weg, sich auf die **Struktur des Rechts** zu konzentrieren. Sie kann deshalb auch als juristische Strukturtheorie bezeichnet werden.[56] Ihr Leitmotiv ist es, „das feste Knochengerüste des Rechtes blosszulegen", d. h. „den logischen Aufbau und Zusammen-

---

51 Alexy, Theorie der Grundrechte, S. 75 ff.

52 S. Alexy, in: Grundrechte, Prinzipien und Argumentation, S. 21 ff., wo Alexy sieben Arten von Einwänden unterscheidet und im Detail diskutiert; Sieckmann, Recht als normatives System, S. 19 ff.

53 R. Dreier, Der Begriff des Rechts, NJW 1986, 890, 892.

54 Alexy, Begriff und Geltung des Rechts, S. 132. Kritik dieses wohl entscheidenden Punktes z.B. bei Bulygin, in: Grundrechte, Prinzipien und Argumentation, S. 225 ff.

55 Hart, in: Essays on Bentham, S. 21 ff.

56 Dazu Funke, Allgemeine Rechtslehre als juristische Strukturtheorie, S. 5 ff.; Weinberger, Norm und Institution, S. 85.

hang des Rechtssystems".[57] Hart bezeichnet die Kombination von primären und sekundären Regeln als das „Herz eines Rechtssystems",[58] bei Bierling bildet das Netz der Rechtsverhältnisse, das alle Rechtsubjekte ergreift, die innere Struktur eines Rechtssystems. Sieckmann sieht die Abwägung von Rechtsprinzipien als das zentrale Strukturelement von Rechtssystemen an.[59] Das Konzept der Rechtstheorie bleibt aber in sich spannungsvoll: Einerseits zielt Rechtstheorie auf eine Klärung rechtswissenschaftlicher Arbeit, andererseits sperrt sie sich als ein Ort der Reflexion und als Verbindungspunkt zu anderen Disziplinen – schließlich wurde die Rechtstheorie einmal als „Grenzpostendisziplin"[60] bezeichnet – einer unvermittelten „Anwendung" ihrer Erkenntnisse innerhalb der Rechtswissenschaft. Es bedarf einer Vermittlungs- und Konkretisierungsarbeit, die einen Transfer zur Rechtsdogmatik ermöglicht. Entscheidend kommt es dabei auf die Erklärungskraft der rechtstheoretischen Figuren an.[61] Viel ist im Übrigen schon gewonnen, wenn rechtstheoretische Überlegungen zur rechtsdogmatischen Problemdifferenzierung beitragen können.

Ist es noch angemessen, die Rechtstheorie von der Rechtsphilosophie zu unterscheiden? Rechtsphilosophie galt im 19. Jahrhundert als der Ort des Naturrechts und des Vernunftrechts. Vielen Juristen erschien beides entweder als unwichtig für die eigentliche juristische Arbeit oder als unwissenschaftlich. Sie lehnten die spekulative Vernunft ab, die hinter dieser Form von Rechtsphilosophie stand. Mittlerweile hat sich das Verständnis philosophischer Rationalität weiterentwickelt. Die moderne Rechtstheorie untersucht im Prinzip nichts anderes als eben die Natur und die Vernunft des positiven Rechts, nur nicht im Hinblick auf eine vorpositive „Natur" und nicht unter Zuhilfenahme einer intersubjektiv nicht vermittelbaren spekulativen Vernunft. Es ist also für die Rechtstheorie unvermeidlich, die Analyse des Rechts über analytische und empirische Aspekte hinaus auf normative Aspekte zu erstrecken.[62] Ob sie dann noch als deskriptive Disziplin möglich ist, was durchaus bejaht wird,[63] entscheidet mit über ihre Differenz zur Rechtsphilosophie. 47

Ein bleibender Unterschied von Rechtstheorie und jedenfalls einem bestimmten Verständnis von Rechtsphilosophie (wie oben in § 1 Rn. 44) dürfte hingegen sein, dass die Rechtstheorie nicht beansprucht, letzte Fragen zu beantworten. Sie verzichtet darauf, das Recht in eine Gesamtdeutung der Welt einzufügen. Der Unterschied der Rechtstheorie zur Rechtsphilosophie liegt, wie *Gerd Roellecke* treffend formulierte, „in der Radikalität der Aussage: Unbedingt – das ist Philosophie. Hypothetisch, bedingt, unter Vorbehalten – das ist Theorie".[64] Auf die Frage „Was soll ich tun?", sei es im Hinblick auf eine gute Lebensführung oder auf tragische Konfliktsituationen, will die Rechtstheorie nicht erschöpfend antworten. Aber genau diese Zurückhaltung ist für die Rechtstheorie ein Problem. Dieses Problem wurde im Vorstehenden spürbar, als die rechtspositivistische Idee diskutiert wurde, erst die Trennung von Recht und Moral ermögliche es, das Recht moralisch zu kritisieren (Rn. 30). Die Plausibilität des Arguments speist sich auch daraus, dass es scheinbar auf den modernen Pluralismus morali- 48

57 Thon, Rechtsnorm und subjectives Recht, S. VIII.
58 Hart, The Concept of Law, S. 98.
59 Sieckmann, Recht als normatives System, S. 16.
60 R. Dreier, in: Recht – Moral – Ideologie, S. 17, 26.
61 Vgl. Hart, The Concept of Law, S. 81.
62 Alexy/Dreier, Ratio Juris 3 (1990), 1, 9.
63 Hart, The Concept of Law, S. 240 ff. (Postscript); Jestaedt, Das mag in der Theorie richtig sein ..., S. 29.
64 Roellecke, in: Aufgeklärter Positivismus, S. 19, 22.

scher Auffassungen Rücksicht nimmt. Dieser Pluralismus darf aber nicht falsch verstanden werden. Moral ist keine rein individuelle Angelegenheit. Wer moralische Normen postuliert, beansprucht die **Universalisierbarkeit** dieser Normen. Plural sind nur die Meinungen über unsere Moral. Dem Rechtspositivismus schwebt vor, allein mittels begrifflicher Überlegungen zu Recht und Moral diesem Pluralismus Rechnung tragen zu können. Aber dies greift zu kurz, denn es ist das Recht selbst, das jedenfalls in den modernen Verfassungsstaaten über die Grundrechte auf Meinungs- und Gewissensfreiheit Pluralismus und damit auch moralische Autonomie der Einzelnen ermöglicht. Die rechtspositivistischen Theorien laufen auf eine Separierung menschlicher Lebensverhältnisse hinaus, in der das Recht als eine technische Angelegenheit der Verhaltenssteuerung erscheint. Aber das Recht ist auch ein Medium, in dem sich eine Rechtsgemeinschaft über ihre **Werte, Interessen und Prinzipien** verständigt, ja überhaupt erst klar wird. Diese Dimension des Rechts kann die Rechtstheorie nicht so recht erfassen.

49 Eine Ursache für die dargelegte Schwäche liegt vermutlich darin, dass im rechtstheoretischen Arbeitsfeld angreifbare Grundannahmen über den Charakter des Rechts gemacht werden, die bislang noch nicht zur Sprache gekommen sind: Die Rechtstheorie tendiert zum **Naturalismus** bzw. **Szientismus.** Sie orientiert sich immer wieder an naturwissenschaftlichen Denkmustern (eine ähnliche Abgrenzung nimmt die kulturwissenschaftliche Analyse des Rechts vor, siehe § 15 Rn. 2). Am deutlichsten sichtbar wird dies bei der Vorstellung Adolf Merkls, bei der Rechtsanwendung ließen sich eine Willens- und eine Erkenntnisfunktion unterscheiden. Dass Richter etwas wollen, wird niemand bestreiten, aber die rechtliche Qualität richterlicher Entscheidungen wird im Recht doch unabhängig von diesem Willen beurteilt. Seinen eigenen Willen kann ein Richter *als Richter* nicht thematisieren. Recht zu „erkennen“, würde bedeuten, dass sich der Inhalt von Rechtsbegriffen der Richterin durch genaues Hinsehen offenbart, was der Eigenart der juristischen Argumentation nicht gerecht wird. Recht kann, so ist also einzuwenden, nicht berechnet, sondern nur **verstanden** werden. Mehr noch: Das Recht ist eine Einrichtung, in der Menschen verstehend handeln. Es hat selbst einen verstehenden, interpretativen bzw. hermeneutischen Charakter.

50 Eine Reihe von Autoren hat diesen Umstand hervorgehoben. Dabei lassen sich eine konstruktive und eine skeptische Linie unterscheiden. Für die **konstruktive** Linie ist dabei an erster Stelle der bereits erwähnte Ronald Dworkin zu nennen (vor allem: Law's Empire, 1986). Dworkin hat wichtige Anregungen unter anderem aus der deutschen hermeneutischen Tradition (Hans-Georg Gadamer, Wilhelm Dilthey) und aus deren Rezeption in der pragmatischen Sprachphilosophie von Jürgen Habermas (Theorie des kommunikativen Handelns, 1981) aufgenommen. Habermas wiederum greift in seinem rechtsphilosophischen Hauptwerk (Faktizität und Geltung, 1992) Dworkins Theorie der Rechtsprechung auf und modifiziert sie mit den Mitteln der Diskurstheorie. Zu erwähnen ist auch John Finnis, der eine Rechtsphilosophie entwickelt, die inhaltlich viele Motive des Thomas von Aquin aufgreift (§ 1 Rn. 8), die aber vor allem, und darauf kommt es an dieser Stelle an, ebenfalls den erwähnten hermeneutischen Ausgangspunkt hat (Natural Law & Natural Rights 1980, 2. Aufl. 2011). Alle drei genannten Autoren betonen, dass soziale Einrichtungen nicht beschrieben werden können, ohne sie zugleich **zu bewerten**, weil jede menschliche Einrichtung von Zielen, Zwecksetzungen und Werten getragen ist. Diese Zuschreibungen müssen verstanden werden, was voraussetzt, dass die wissenschaftliche Betrachtung letztlich an der Bewertung der jeweiligen Einrichtung **teilnimmt.** Die rechtsphilosophischen Systeme der drei Denker unterscheiden sich freilich sehr stark. Dworkin möchte zeigen, dass das

Recht vom Prinzip der Integrität geleitet ist, wonach Gesetzgebung und Rechtsanwendung versuchen, kohärente moralische Entscheidungen zu treffen, die alle Mitglieder der Gemeinschaft gleich behandeln. Habermas führt insbesondere das Demokratieprinzip in die Konzeptionen von Gesetzgebung und Rechtsanwendung ein. Finnis' Theorie kreist um einen Katalog von Grundwerten – Leben, Wissen, Spiel, ästhetische Erfahrung, Freundschaft, praktische Vernunft und Religion –, die das normative Substrat von Werturteilen bilden.

Aus der **skeptischen** Linie hermeneutischer Rechtsphilosophie können schließlich post- 51
strukturalistische Ansätze genannt werden (z.B. Derrida, Gesetzeskraft, 1991), die Richtung des Neo-Pragmatismus (Fish, Doing What Comes Naturally, 1989) und neuerdings die Rechtstheorie der Ironie (Somek, Rechtstheorie, 2017). Im Vordergrund stehen dabei die Unbestimmtheit und die Pluralität von Lesarten des Rechts. Immerhin kehrt damit ein zentrales Motiv der hier vorgestellten klassischen Rechtstheorie wieder: dass die Rechtstheorie, im Unterschied zur Rechtsphilosophie, nur unter Vorbehalt spricht.

Wiederholungs- und Vertiefungsfragen 52

1. Was bezeichnet der weite, was der enge Begriff von Rechtstheorie?
2. Was ist und wie entsteht das grundlegende Problem, das sich die Rechtstheorie stellt?
3. Wie konzipiert Hans Kelsen rechtliche Normativität?
4. Wie hat Gustav Radbruch die Frage beantwortet, ob gesetzliches Unrecht Recht ist?
5. Welche vier grundlegenden subjektiven Rechtspositionen lassen sich unterscheiden? Versuchen Sie, die Positionen jeweils zu definieren.
6. Aus welchen Gründen kann eine Norm höherrangig sein als eine andere?
7. Ist ein Gesetz „Rechtsanwendung"?
8. Setzt ein Richter Recht?
9. Was unterscheidet Prinzipien von Regeln?
10. Sind Sie Rechtspositivist/in?

Lektüreempfehlungen:

Coleman/Shapiro, Handbook (s. Literaturverzeichnis); Golding/Edmundson (Hrsg.), The Black- 53
well Guide to the Philosophy of Law and Legal Theory, 2005; Hoerster, Was ist Recht? Grundfragen der Rechtsphilosophie, 2. Aufl. 2013; Kelsen, Reine Rechtslehre, 1934, Studienausgabe (s. Literaturverzeichnis); Koller, Theorie des Rechts (s. Literaturverzeichnis); Marmor (Hrsg.), The Routledge Companion to Philosophy of Law, 2012; Penner/Schiff/Nobles (Hrsg.), Jurisprudence & Legal Theory. Commentary and Materials, 2002; Potacs, Rechtstheorie, 2. Aufl. 2019; Röhl/Röhl, Allgemeine Rechtslehre. Ein Lehrbuch, 3. Aufl. 2008.

Literaturverzeichnis:

Albert/Luhmann/Maihofer/Weinberger (Hrsg.), Rechtstheorie als Grundlagenwissen- 54
schaft der Rechtswissenschaft, 1972 [Jahrbuch für Rechtssoziologie und Rechtstheorie, Band 2]; Alexy, Begriff und Geltung des Rechts, 1992; ders., Theorie der Grundrechte, 3. Aufl. 1996; ders., Ideales Sollen, in: Clérico/Sieckmann, Grundrechte, Prinzipien und Argumentation, S. 21 ff.; ders./R. Dreier, The Concept of Jurisprudence, Ratio Juris 3 (1990), 1 ff.; Austin, The Province of Jurisprudence Determined (1832), in: ders., Lectures on Jurisprudence or the Philosophy of Positive Law, 5. Aufl. 1885, S. 79 ff.; Bentham, A Comment on the Commentaries and A Fragment on Govern-

ment, hrsg. v. Burns und Hart, 1977; ders., Of Laws in General, hrsg. v. Hart, 1970; Bierling, Juristische Prinzipienlehre, Band I, 1894 [Aalen 1961]; Broekmann, Art. „Rechtstheorie", in: Ritter/Gründer (Hrsg.), Historisches Wörterbuch der Philosophie, Band VIII, 1992, Sp. 342–352; Buckel/Christensen/Fischer-Lescano (Hrsg.), Neue Theorien des Rechts, 2. Aufl. 2009; Bulygin, Robert Alexy und der Begriff des Rechts, in: Clérico/Sieckmann, Grundrechte, Prinzipien und Argumentation, S. 225 ff.; Clérico/Sieckmann (Hrsg.), Grundrechte, Prinzipien und Argumentation. Studien zur Rechtstheorie Robert Alexys, 2009; Coleman/Shapiro (Hrsg.), The Oxford Handbook of Jurisprudence & Philosophy of Law, 2002; Derrida, Gesetzeskraft. Der „mystische Grund der Autorität", 1991; H. Dreier, Rechtslehre, Staatssoziologie und Demokratietheorie bei Hans Kelsen, 2. Aufl. 1990; R. Dreier, Der Begriff des Rechts, NJW 1986, 890 ff.; ders., Was ist und wozu Allgemeine Rechtstheorie? (1975), in: ders., Recht – Moral – Ideologie. Studien zur Rechtstheorie, 1981, S. 17 ff.; Finnis, Natural Law & Natural Rights, 1980, 2. Aufl. 2011; Fish, Doing What Comes Naturally. Change, Rhetoric, and the Practice of Theory in Literary and Legal Studies, 1989; Funke, Allgemeine Rechtslehre als juristische Strukturtheorie. Entwicklung und gegenwärtige Bedeutung der Rechtstheorie um 1900, 2004; ders., in: Borowski/Paulson (Hrsg.), Die Natur des Rechts bei Gustav Radbruch, 2015, S. 23 ff.; Habermas, Theorie des kommunikativen Handelns, 2 Bände, 1981; ders., Faktizität und Geltung, Beiträge zur Diskurstheorie des Rechts und des demokratischen Rechtsstaates, 1992; Hart, The Concept of Law, 3. Aufl. 2012 [deutsch: 1973/2011]; ders., Der Positivismus und die Trennung von Recht und Moral (1958), in: ders., Recht und Moral. Drei Aufsätze, hrsg. v. Hoerster, 1971, S. 14 ff.; ders., The Demystification of the Law, in: ders., Essays on Bentham. Jurisprudence and Political Theory, 1982, S. 21 ff.; Hilgendorf, Die Renaissance der Rechtstheorie zwischen 1965 und 1985, 2005; Himma, Inclusive Legal Positivism, in: Coleman/Shapiro, Handbook, S. 125 ff.; Hohfeld, Some Fundamental Legal Conceptions as Applied in Judicial Reasoning, Yale Law Journal 23 (1913/1914), 16 ff.; 26 (1916/17), 710 ff.; Jahr/Maihofer (Hrsg.), Rechtstheorie. Beiträge zur Grundlagendiskussion, 1971; Jakab, Probleme der Stufenbaulehre. Das Scheitern des Ableitungsgedankens und die Aussichten der Reinen Rechtslehre, ARSP 91 (2005), 333 ff.; Jestaedt, Das mag in der Theorie richtig sein ... Vom Nutzen der Rechtstheorie für die Rechtspraxis, 2006; Kaufmann (Hrsg.), Rechtstheorie. Ansätze zu einem kritischen Rechtsverständnis, 1971; Kelsen, Reine Rechtslehre. Einleitung in die rechtswissenschaftliche Problematik (1934), Studienausgabe, hrsg. von Jestaedt, 2008; ders., Reine Rechtslehre. Mit einem Anhang: Das Problem der Gerechtigkeit (2. Aufl. 1960), Studienausgabe, hrsg. von Jestaedt, 2017; Koller, Theorie des Rechts. Eine Einführung, 2. Aufl. 1997; Lippold, Gilt im deutschen Recht ein Fehlerkalkül für Gesetze? Eine Untersuchung des Problems des verfassungswidrigen Gesetzes auf der Grundlage der Reinen Rechtslehre, Der Staat 29 (1990), 185 ff.; Marmor, Exclusive Legal Positivism, in: Coleman/Shapiro, Handbook, S. 104 ff.; Merkel, Über das Verhältnis der Rechtsphilosophie zur „positiven" Rechtswissenschaft und zum allgemeinen Teil derselben (1874), in: ders., Hinterlassene Fragmente und Gesammelte Abhandlungen, Band II/1, 1899, S. 290 ff.; Merkl, Das doppelte Rechtsantlitz. Eine Betrachtung aus der Erkenntnistheorie des Rechts (1918), in: ders., Gesammelte Schriften, hrsg. v. Mayer-Maly/Schambeck/Grussmann, Band I/1, 1993, S. 227 ff.; ders., Prolegomena einer Theorie des rechtlichen Stufenbaues (1931), ebd, S. 437 ff.; Öhlinger, Der Stufenbau der Rechtsordnung. Rechtstheoretische und ideologische Aspekte, 1975; Paulson, Zwei radikale Objektivierungsprogramme in der Rechtslehre Hans Kelsens, in: ders./Stolleis

(Hrsg.), Hans Kelsen. Staatsrechtslehrer und Rechtstheoretiker des 20. Jahrhunderts, 2005, S. 191 ff.; Radbruch, Gesetzliches Unrecht und übergesetzliches Recht (1946), zit. nach: ders., Rechtsphilosophie. Studienausgabe, hrsg. v. R. Dreier/Paulson, 1999, S. 211 ff.; Raz, The Purity of the Pure Theory, Revue Internationale de Philosophie 35 (1981), 441 ff.; Roellecke, Philosophie oder Sozialtheorie (1982), in: ders., Aufgeklärter Positivismus. Ausgewählte Schriften zu den Voraussetzungen des Verfassungsstaates, hrsg. v. Depenheuer, 1995, S. 19 ff.; Sieckmann, Recht als normatives System. Die Prinzipientheorie des Rechts, 2009; Somek, Rechtstheorie zur Einführung, 2017; Thon, Rechtsnorm und subjectives Recht. Untersuchungen zur allgemeinen Rechtslehre, 1878; Vesting, Rechtstheorie, 2. Aufl. 2015; Walter, Der Aufbau der Rechtsordnung. Eine rechtstheoretische Untersuchung auf Grundlage der Reinen Rechtslehre, 1964; Weinberger, Norm und Institution. Eine Einführung in die Theorie des Rechts, 1988.

§ 3 Recht und Normativität aus soziologischer Perspektive

Peter Stegmaier

A. Einführung: Der soziale Wandel des Rechts

1 Das Recht moderner Rechtsstaaten gilt vielen Beobachtern als die Welt des Normativen und der Verlässlichkeit par excellence,[1] zumal nachdem Religion und Moral als überragende, allzuständige Sinn- und Werthorizonte und Normensysteme kontingent oder zumindest diffuser geworden sind.[2] Rechtssoziologische Studien haben ergeben, dass es Sinn macht, „das Recht" als Verlaufsphänomen zu betrachten: als (über eine Zeit) zwar besonders stabiles, doch zugleich dynamisches soziales Konstrukt.[3] Recht, Gesetze und andere Normen werden in der jeweiligen Praxis sowohl stabilisiert als auch destabilisiert, um zu etwas anderem in Bezug gesetzt werden zu können und zugleich Verbindlichkeit zu gewährleisten. Recht im Sinne eines Prozessphänomens zu beschreiben, ist aus **Sicht der empirischen Rechtssoziologie** wichtig, weil in der Theorie allzu oft „das Recht" lediglich als Institution und damit als Endprodukt einer abgeschlossenen Institutionalisierung behandelt wird.

2 Recht unterliegt Veränderungen: lange etabliertes Kaufvertragsrecht bleibt durchaus, was es ist, wird aber auch auf Online-Geschäfte **übertragen**; das Schuldrecht wurde **geändert**, um Vorgaben aus EU-Richtlinien gerecht zu werden; Gesetze zur strafrechtlichen Verfolgung von Homosexualität wurden **abgeschafft** (abgesehen von Schutzregeln für Kinder und Jugendliche); staatsbürgerliche Freiheitsrechte wurden in Reaktion auf die Corona-Pandemie eingeschränkt. Verquickt mit diesem Rechtswandel ist regelmäßig ein gesellschaftlicher Wandel: man verkauft und kauft vermehrt übers Internet; Deutschland ist in ein sich entwickelndes europäisches Rechtsgefüge integriert, Homosexualität ist zunehmend weniger ein Tabu; und die Corona-Pandemie rechtfertigte in den Augen vieler, aber nicht aller, etwa die Versammlungsfreiheit und Einreisen einzuschränken und europäische Regeln zur Staatsverschuldung (fiskalische „Ausweichklausel" erstmals aktiviert) zu lockern. Rechtspraktikerinnen (neben Politik und Bürgerschaft) reagieren auf die Lebenswirklichkeit, und diese geht mit veränderlichen Spielräumen und Grenzen der Rechtsordnung einher.

3 Wer juristisch handelt, braucht einen Blick für den sozialen Gehalt und Kontext, mit dem ein Rechtsproblem entsteht und möglicherweise lösbar ist. Juristinnen sind Laiensoziologinnen, weil sie über den Tellerrand von Recht und Gesetz hinausblicken und die Lebenswirklichkeit, in die Rechtsprobleme eingelassen sind, aufsuchen und in Rechnung stellen müssen. Diesen soziologischen Blick kann man für sich selbst **professionalisieren** – durch Studium und Forschungspraxis. Institutionell ist er schon elaboriert und verfeinert worden: in Form der Rechtssoziologie. Die Rechtssoziologie hat die Funktion, Juristinnen und Nichtjuristen über jene gesellschaftlichen Umstände des

---

1 Lévy-Bruhl, Soziologische Aspekte des Rechts, S. 24.

2 Vgl. u. a. Bauman, Postmoderne Ethik; Berger/Berger/Kellner, Das Unbehagen in der Modernität; Luckmann, Die unsichtbare Religion.

3 Stegmaier, Wissen was Recht ist; Latour, La fabrique du droit; Scheffer u.a., Criminal defence and Procedure; Soeffner/Cremers, Interaktionstyp ‚Recht-Sprechen'; Scheffer, Asylgewährung; Luhmann, Legitimation durch Verfahren. – Abgesehen davon ist stets mitzubedenken, dass Recht und andere Normativitätsphänomene nicht immer in staatlichen Kontexten auftreten, nicht alle Staaten eine Verfassung haben oder demokratisch und rechtstaatlich verfasst sind. Dennoch gibt es sind dort spezifische Verständnisse von Recht, Staat, Partizipation, Gerechtigkeit und so fort zu beobachten.

normativen Handelns zu informieren, welche über die rein juristische Sicht hinausgehen. Diese Funktion ergibt sich sowohl aus dem Interesse von Juristen am Recht in seiner sozialen Gemachtheit und in den vielfältigen relevanten sozialen Kontexten, in denen Recht eine Rolle spielt – als auch aus dem Interesse von Nichtjuristinnen am Recht.

Das Interesse muss gar nicht nur akademischer Art sein, sondern es ist oft ganz praktisch orientiert: Man stellt sich die Frage, was in einem konkreten Problemzusammenhang eigentlich vor sich geht – „Was ist hier gerade los? Warum streiten sich die Parteien eigentlich? Welche Vorgeschichte muss man kennen? Worum geht es – was könnte also die rechtliche Auseinandersetzung befrieden? Wie kann man die Parteien dazu bringen, sich zu einigen? Was hindert die Gegenseite daran, mir Recht zu geben?" So zu fragen, geht weit über psychologische Erwägungen hinaus. Es stellt den Fokus auf die Möglichkeiten und Grenzen, dass Akteure **miteinander** umgehen und sich vielleicht sogar verständigen, ein. 4

Es geht um Kommunikation unter Anwesenden, um soziales Handeln mit Bezug auf Abwesende, um das Erkennen von Eigenarten sozialer Situationen und Akteursgefüge, um Institutionen und mehr oder minder vertraute Lebenswelten, denen man im Zuge der Rechtsarbeit begegnet; um Gruppendynamiken und die Art, wie Menschen (anwesende Juristen eingeschlossen) sich zueinander verhalten, wie sie sich einander verständlich machen (oder auch nicht), was ihre Motive und geteilten (oder nicht geteilten) Sinnhorizonte sind. Rechtssoziologie ist ein unausweichlich empirisches Geschäft, ein Mittel zum Verstehen und Gestalten der sozialen Welt unter Berücksichtigung ihrer „Bewohner". Versteht man den lebensweltlichen Sinn eines Problems nicht, kann man kaum Recht „anwenden" – außer im Blindflug –, denn **Recht bezieht sich auf das soziale Leben.** Die rechtssoziologische Dimension hängt regelmäßig damit zusammen, dass man wissen möchte, wie Akteurinnen etwas Rechtliches oder Rechtsbezogenes praktisch tun sowie unter welchen allgemeinen oder spezifischen sozialen Rahmenbedingungen und mit welchen Mitteln sie das tun. 5

In diesem Beitrag soll die Soziologie als eine fruchtbare **Perspektive** auf normative Phänomene und Zusammenhänge im weitesten Sinne vorgestellt und **zum Weiterdenken** vorgeschlagen werden.[4] Der Beitrag ist so aufgebaut, dass im nachfolgenden Grundlagenkapitel zunächst ein zentraler Denkansatz als eine mögliche Heuristik für die Entfaltung einer soziologischen Perspektive eingeführt wird, von da aus ein empirisch offener Begriff von Norm, Recht und Normativität entwickelt und schließlich das Verhältnis von Jurisprudenz und Soziologie vermessen wird. Im Vertiefungsteil werden einige akute Forschungsfragestellungen für die Rechtssoziologie und ein dazu passendes Verständnis von Rechtssoziologie skizziert. 6

B. Grundlagen: Recht und Normativität als Gegenstand der Soziologie

Der Gegenstand der Rechtssoziologie ist einerseits ein überaus heterogener. Es gibt unterschiedliche Rechtskulturen, Rechtspraktiken, Rechtsinstitutionen schon allein inner- 7

4 Einführungen in die Rechtssoziologie gibt es eine ganze Reihe. Sie müssen hier nicht alle wiederholt werden. Aktuell und lebensnah ist noch immer das erste Kapitel „Grundlegung" in Hesse, Einführung in die Rechtssoziologie, samt der nachfolgenden Darstellungen der Relationen von Recht und Politik, Staat, Verwaltung, Wirtschaft und Rechtsprechung. Das gleiche gilt für das noch ausführlichere Lehrbuch von Rehbinder, Rechtssoziologie; vgl. auch Röhl, Rechtssoziologie (frei auf www.ruhr-uni-bochum.de/rsozinfo); spannend auch der Blick in Welt des angelsächsischen Rechts: Travers, Understanding Law and Society.

halb des deutschen Sprachraums, ganz zu schweigen vom internationalen Vergleich. Andererseits ist die Soziologie als Disziplin in den letzten einhundert Jahren sehr breit ausdifferenziert worden. Unter dem Etikett Soziologie firmieren zahlreiche, zum Teil sehr unterschiedliche Ansätze und Traditionen. Damit erscheint der Gegenstand „Recht" jeweils unterschiedlich – je nachdem, mit welcher Theorie man auf das Recht blickt.[5] Eine Auswahl muss so getroffen werden, dass die grundlegende Leistungsfähigkeit der soziologischen Perspektive deutlich wird. Die neuere Wissenssoziologie, repräsentativ für die sogenannte **Verstehende Soziologie**, beschreitet einen Mittelweg, vermittelt zwischen der Nähe zum Gegenstand und den Grundlagen seiner Erforschung; bietet Verstehensansätze statt alles zu Ende zu erklären; verlangt nach Ergänzung, nachdem ihre Konzepte als Heuristik den Blick sensibilisiert haben.

Man kann nicht über den Gegenstand einer Wissenschaft reden, ohne zu betrachten, wie sich diese im Verhältnis zum Gegenstand definiert. Was ist also unter Soziologie zu verstehen?[6]

I. Wie Soziologie dazu ansetzt, Phänomene der sozialen Welt zu rekonstruieren

8 Akzeptabel für die Mehrzahl derer, die Soziologie betreiben, ist die klassische Definition von *Max Weber* (1864–1920): „Soziologie (im hier verstandenen Sinn dieses sehr vieldeutig gebrauchten Wortes) soll heißen: eine Wissenschaft, welche soziales Handeln deutend verstehen und dadurch in seinem Ablauf und seinen Wirkungen ursächlich erklären will. ‚Handeln' soll dabei ein menschliches Verhalten (einerlei ob äußeres oder innerliches Tun, Unterlassen oder Dulden) heißen, wenn und insofern als der oder die Handelnden mit ihm einen subjektiven Sinn verbinden. ‚Soziales' Handeln aber soll ein solches Handeln heißen, welches seinem von dem oder den Handelnden gemeinten Sinn nach auf das Verhalten anderer bezogen wird und daran in seinem Ablauf orientiert ist".[7] In einem Atemzug legt Weber somit zugleich auch den **Begriff des sozialen Handelns** fest. Darin liegt die Urannahme, was **Sozialität** überhaupt ausmacht: dass eine Akteurin sich tätig auf einen anderen bezieht. Beispiel: Sich zufällig auf dem Gerichtskorridor zu begegnen, wird erst eine soziale Handlung, wenn man beginnt, in irgendeiner Weise aufeinander zu reagieren.

9 Mit der Definition ausgesagt ist auch, dass die Soziologie an der **empirisch erfahrbaren Welt** interessiert ist, und zwar um zutreffende Aussagen über diese machen zu können (statt gleich moralische, politische oder andere normative), und dass der analytische Primat dieser Wissenschaft auf der kollektiven Dimension sozialer Phänomene liegt – dabei das sinnhaft handelnde Subjekt aber zum qualifizierenden Bestandteil von Sozialität zählt.

10 Auffällig ist das Fehlen des Begriffs „Gesellschaft" in der Definition. Das bedeutet, der Blick ist nicht auf „die Gesellschaft" oder die „sozialen Systeme" als mutmaßlich umfassende Strukturen gerichtet, sondern auf das an Situationen orientierte, sinnhafte, problemlösende Handeln, das soziale Prozesse trägt.[8] Handlungsträger sind menschli-

5 Aktuelle Alternativen: Luhmann, Das Recht der Gesellschaft; Bourdieu, Entwurf einer Theorie der Praxis; Esser, Soziologie; Joas, Die Entstehung der Werte; Berger/Luckmann, Die gesellschaftliche Konstruktion der Wirklichkeit; Jasanoff, Science at the Bar; Latour, Eine neue Soziologie für eine neue Gesellschaft.

6 Prominente Texte über die Art, wie man zu soziologischen Fragen kommt, stammen von Berger/Kellner, Für eine neue Soziologie; Bauman, Vom Nutzen der Soziologie; Bourdieu, Soziologische Fragen; Mills, Kritik der soziologischen Denkweise.

7 Weber, Wirtschaft und Gesellschaft, S. 1.

8 Esser, Soziologie, S. 4.

che Akteure, die beim Handeln Motive haben und Ziele verfolgen können – auf diese Weise etwas „meinen“ beim Handeln und Sinn damit verbinden. Was Sinn ist, haben *Alfred Schütz* (1899–1959) und *Thomas Luckmann* im Anschluss an Weber und *Edmund Husserl* (1859–1938) so beschrieben: „Sinn ist eine im Bewusstsein gestiftete Bezugsgröße, nicht eine besondere Erfahrung oder eine der Erfahrung selbst zukommende Eigenschaft. Es geht vielmehr um die Beziehung zwischen einer Erfahrung und etwas anderem“.[9] Etwas macht jemandem Sinn, wenn eine Erfahrung in einen darüber hinausgehenden Zusammenhang gesetzt und dadurch gedeutet wird.

Die Soziologie müsste sich um individuelle Sinnsetzungen jedoch nicht weiter scheren – 11
wenn sie nicht einen methodisch angebbaren Bezugspunkt beim einzelnen Akteur bräuchte, von dessen **Standpunkt** aus sein Verhalten in der Welt für ihn Sinn macht und worauf andere Akteure, die mit ihm zu tun haben, schließen müssen, um überhaupt einigermaßen koordiniert mit ihm umgehen zu können. Andere Handelnde in einer Situation reagieren darauf, indem sie **Erwartungen** damit verknüpfen, was jemand tut (antizipatorisch) oder tun sollte (normativ) und selbst wiederum „Erwartungserwartungen“, wie sie reagieren, begegnen. Persönliche Identität erwächst aus dieser Dialektik zwischen Wahrnehmung bzw. Identifizierung durch andere und Selbstidentifikation, zwischen zugewiesener und selbst angeeigneter Identität.[10] Wenn man handelt, versteht man, was man tut, aus der Verknüpfung der eigenen Sinnsetzung und der Reaktion der anderen.

In Webers Definition ist eine methodologische Position eingelassen, nach der – wann 12
immer man das Handeln von Akteurinnen betrachtet – man eine Deutung darüber anstellt, was man selbst meint, was der andere damit, was er tut, gerade meinen könnte. Billiger sind nur riskante, naive Schnellschlüsse zu haben. Man geht besser davon aus, dass die Welt von Anfang bis Ende **interpretationsbedürftig** ist und dass auch wissenschaftlich Beobachtende nicht umhin kommen, auf die Motiv- und Relevanzlage des fraglichen Handelnden zu schließen. Um dies methodisch kontrolliert tun zu können, hat Weber die Bildung von Idealtypisierungen vorgeschlagen.[11] Ein **Idealtypus** ist ein wissenschaftliches Schema, mit dessen Hilfe man den Sinn sozialen Handelns rekonstruiert, indem man die zentralen Aspekte des Handlungssinns herausfiltert und nach **gegenstandsangemessenen** Kriterien annäherungsweise systematisiert. Er wird erstellt, indem man zunächst den interessierenden Einzelfall genau ansieht und die Merkmale des Falles erkennt, die Schlüsselelemente heraussortiert und die als wichtig erachteten Teilaspekte zu einem expliziten Denkmodell verknüpft. Er beschreibt kein normatives Ideal, sondern eine empirisch fundierte Abstraktion von den Einzelfällen zu wiedererkennbaren Gemeinsamkeiten und Unterschieden eines Phänomens.

In vier allgemeinen Schritten läuft das Forschen ab – sei es an Hand von Texten, von 13
teilnehmenden Beobachtungen oder Gesprächen, Dokumenten- oder Fragebogenanalysen: (1) **Beobachten** – Daten kontrolliert erheben, sie für eine Fragestellung herstellen; (2) **Beschreiben** – die Differenz zwischen Beobachtung und Aufzeichnung kontrollieren; (3) **Verstehen** – die Daten, die diskursiv bzw. vertextet vorliegen, kontrolliert auslegen; (4) **Erklären** – die gebildeten Idealtypen mit dem konkreten Einzelfall verglei-

9 Schütz/Luckmann, Strukturen der Lebenswelt, S. 449.
10 Berger/Luckmann, Konstruktion, S. 142.
11 Eine mittlerweile stark verfeinerte Methode: Breuer, Reflexive Grounded Theory; Kelle/Kluge, Vom Einzelfall zum Typus.

chen und die darin liegende Logik angeben.[12] Forschen bedeutet nicht, von „Gesetzen" auszugehen (deduktiv-nomologisch) und lediglich a-tergo-Ursachen aufzusuchen im kolonialistischen, pseudo-objektivistischen Über-Blick über die Köpfe der Akteure hinweg, sondern im Durch-Blick durch die Perspektive der Akteure den typischen Handlungssinn zu **rekonstruieren.**[13] Die systematische Bezugnahme auf die zugrunde liegende Perspektive eines empirischen Datums oder einer wissenschaftlichen Aussage ist der Dreh- und Angelpunkt sozialwissenschaftlichen Forschens.

14 Zwei Design-Prinzipien interagieren bei jeder **Forschung:** Einerseits sollen erfahrbare Lebenssachverhalte (hypothesenbildend) theoretisch beschrieben, andererseits theoretische Aussagen (hypothesenprüfend) an realen Erfahrungen überprüft werden. Je mehr neues man lernen möchte, desto ausführlicher folgt man dem ersten Prinzip; sobald man Konzepte gebildet hat, folgt man zunehmend auch dem zweiten. Oder man prüft etwas Gegebenes nach dem zweiten Prinzip, wird durch einen überraschenden Befund irritiert und schaut nun ergebnisoffen hin.

15 So vorzugehen, ist die Antwort auf die Frage, wie man eine soziale Wirklichkeit begreifen kann, die sich nicht in Gesetzmäßigkeiten fassen lässt, sondern empirisch variiert. **Soziale Wirklichkeit** wird in der modernen sozialkonstruktivistischen, interpretativen Soziologie als etwas hoch Dynamisches angesehen, das ständig durch das Handeln der Menschen und deren darauf bezogene Interpretationen und ihr Wissen produziert und reproduziert wird. „Wirklichkeit ist demnach eine Qualität von Phänomenen, die ungeachtet unseres Wollens vorhanden sind; „Wissen" die Gewissheit, dass sie wirklich sind und bestimmbare Eigenschaften haben.[14] Eine Idee vom sozialwissenschaftlichen Forschen zu haben verhindert, allzu naiv in den Gebrauch von scheinbar selbstplausiblen, auf empirische Phänomene manchmal erstaunlich gut passenden Begriffen einzusteigen. Wenn wir die soziale Welt deuten, orientieren wir uns an Deutungsmustern, über die wir dadurch am besten Rechenschaft ablegen können, dass wir im Sinne der Typenbildung und der vier Forschungsschritte den Erkenntnisprozess kontrollierbar machen.[15]

16 Dingfrei wird übrigens – über Weber hinausgedacht – kein Forschungsfeld erfasst. So gibt es kein richterliches Handeln ohne die Akte. Ohne Bezug zu einer Akte und damit zu einem Fall wird keine Richterin tätig. Die Akte ist das zentrale Objekt richterlicher Arbeit. Die Akte ist der Fall. Weitere Dinge, die praktische Bedeutung haben, kommen hinzu: der Gesetzestext, der Gesetzeskommentar (etwa in Buchform), Entscheidungen (in Form von Urteilstexten, lose oder gebunden), die (elektronischen) Datenbank- und Verwaltungssysteme, die Sammlung von Textbausteinen aus früheren Urteilen, wissenschaftliche Literatur (in Form von Büchern, Zeitschriftenaufsätzen), Schreibgeräte und andere Büroutensilien (Hefter, Ordner, oft mit praxisrelevanten Aufschriften und Farben versehen, Post-its, Diktiergeräte u. v. m.), Möbel (etwa die „Aktenböcke" und Tische im Büro, der Richtertisch, die Einrichtungen für die anderen Akteure im Sitzungssaal), die Gerichtsarchitektur und so fort. Die wenigste rechtssoziologische Forschung

12 Vgl. Soeffner, in: Hermeneutische Wissenssoziologie. Für die mathematisch-statistische Forschung in konstruktivistischer Sicht: Rohwer/Pötter, Grundzüge der sozialwissenschaftlichen Statistik; dies., Methoden sozialwissenschaftlicher Datenkonstruktion; Stegmaier, in: Going the Distance. Impulse für die interkulturelle Qualitative Sozialforschung.

13 Soeffner, in: Auslegung des Alltags – Alltag der Auslegung; Hitzler, Welten erkunden, Soziale Welt, S. 473–482.

14 Berger/Luckmann, Konstruktion, S. 1.

15 Hitzler/Soeffner, in: Interpretative Sozialforschung.

stellt die **materiale Dimension der Rechtspraxis** systematisch in Rechnung, verharrt man doch bei der Sprachlichkeit und Diskursivität der zu erforschenden Praxis.

Wie Akteure, so sind auch die Dinge in der sozialen Welt als grundsätzlich interpretationsbedürftig, vorinterpretiert und nur aus spezifischen Perspektiven erfassbar zu begreifen. Die Herausforderung liegt darin, den empirischen Blick und die begrifflich-theoretische Reflexion an der **Koexistenz** von menschlichen Akteurinnen und Dingen in der sozialen Welt auszurichten, ohne dabei die Deutung der Dinge perspektivisch einseitig (nur vom Forschenden oder Beforschten ausgehend) zu leisten, die Interpretationsbedürftigkeit der Dinge außer Acht zu lassen oder gar die Funktion und Bedeutung der Dinge auszublenden oder überzubetonen. Dinge müssen gedeutet werden, weil sie da sind und zur sozialen Welt unablösbar dazu gehören; und weil sie ohne Deutung nichts bedeuten (schon gar nicht im Sinne methodisch-systematischen wissenschaftlicher Forschung). 17

II. Normativität und Recht

Begriffe sind Mittel, um vor dem Hintergrund des Allgemeinen das Besondere erkennen zu können. Der soziologische Begriff der „Norm“ setzt sich aus drei Bedeutungsdimensionen zusammen, die oft miteinander vermengt verwendet werden: erstens eine Gleichförmigkeit im Handeln, zweitens eine Bewertung von Handlungsakten und drittens eine verbindliche Erwartung eines bestimmten Handelns.[16] *Klaus F. Röhl* sieht den soziologischen Rechtsbegriff in der Tradition von *Theodor Geiger* (1891–1952)[17] weitgehend auf das Verständnis der Norm als sanktionsbewehrte Verhaltensforderung reduziert und dem Befehlsmodell des Rechts, dem auch das rechtstheoretische Selbstverständnis grosso modo entspricht, verpflichtet. Damit geht man entweder vom konventionellen Rechtsbegriff des Gesetzespositivismus aus und meint Gesetz und Recht, wie es Dogmatik ist und im Rahmen der juristischen Rechtsquellenlehre heute behandelt wird. Oder man wechselt über zu einem Entscheidungspositivismus, welcher das logisch-rationale Urteilsverhalten der Gerichte untersucht, etwa um die Gesetzestreue der Richter zu problematisieren. 18

Heraus kommt dann eine Definition der Rechtsnorm, die bei aller Zuwendung zur Urteilsentscheidung eine Art von „Staatsinstitutionenpositivismus“ impliziert: „Als Rechtsnormen können danach diejenigen Normen bezeichnet werden, die von einem speziellen Rechtsstab angewendet werden, der innerhalb territorialer Grenzen für sich die Kompetenz-Kompetenz in Anspruch nimmt und diese im wesentlichen auch faktisch durchsetzt“.[18] Normen in diesem Sinne werden geradezu „ihrem Wesen nach“ im Sinne eines institutionell verankerten, staatlich „verordneten“ und fixierten Rechts aufgefasst. Dieser Rahmen ist jedoch nicht primär in der situierten Rechtspraxis begründet, sondern wird umgekehrt auf das politisch-verfassungsmäßige Territorium des Staates bezogen. Der **Objektbereich der Rechtssoziologie** wird zwar auf alles hin gedehnt, „was im Licht oder Schatten dieser Rechtsnormen geschieht“; Handeln am Gericht, das „Urteilsverhalten des Rechtsstabs“ ist aber per definitionem einfach das Gesetzesrecht und wird letztlich nach dessen scheinbar „objektiven“ Maßstäben beurteilt (etwa in der Forschung zur Implementation, zur Effektivität von Gesetzen und Justizinstitutionen). 19

16 Röhl, Rechtssoziologie, S. 199 ff.
17 Geiger, Vorstudien zur Soziologie des Rechts.
18 Röhl, Rechtssoziologie, S. 222.

20 Röhl stellt fest, wie unzulänglich der enge Rechtsbegriff ist, wenn etwa auch der Geltungsbereich einer Norm, Generalklauseln, Regelungsangebote, Verfahrens- und Organisationsnormen, Aufgabennormen, Anreizprogramme, prozedurale Regelungen und Regeln über die Bereitstellung von Infrastruktur[19] berücksichtigt werden sollen. Er weist darauf hin, dass Rechtsregeln nur als „Unterfall einer allgemeineren sozialen Erscheinung" zu erachten seien.[20] Daraus die Konsequenz zu ziehen heißt: von einem normativen Normbegriff zu einem erfahrungswissenschaftlichen zu wechseln. Ein erfahrungswissenschaftlicher Normbegriff kann im Grunde dann nur einer sein, der nicht selbst wieder – diesmal soziologisch – zu einer Gesetzmäßigkeit erklärt wird. Nachhaltig empirisch sensibel für die praktischen Veränderungen und Unschärfen ist nur eine Typisierung, die in ihrer **heuristischen** Funktion maßvoll bleibt.

21 Im Sinne einer solchen Heuristik können wir von „Normen" allgemein sprechen, ohne vorherige Zuordnung zu einem definierten Institutionenbereich, im Sinne von „Regeln, die man beachtet oder nicht".[21] Rechtsnormen sind in diesem Sinne Deutungsschemata bzw. Regelungsmuster, deren bindender Anspruch mehr oder weniger anerkannt, die in rechtsinstitutionellen Kontexten mehr oder weniger kompetent zur Wirkung gebracht werden und mit denen man im Rahmen der Kontingenzen der Sozialwelt umgehen muss.[22] Dieser **flexible Begriff des Normativen** soll im Prinzip gerade nicht nur den Bereich des Legalen und Juridischen umfassen, sondern jedwede sozial konstruierte Normierung (als Praxis und Prozess) und Normiertheit (als Struktur und Bedingung), die sowohl das Richten als auch alles andere Handeln prägen. Zum Zweck einer erfahrungswissenschaftlichen Verwendung muss der Begriff des Normativen offen gehalten werden für diesseits und jenseits des Juristischen praktizierte Normierung. Die Auslegung von Normen im Rahmen **sozialer, situierter Ordnungen im Handlungsvollzug** bildet hier den empirischen Gegenstand.[23]

III. Relationen zwischen Soziologie und Jurisprudenz

22 Es ist kein Zufall, dass dieser Beitrag im Folgenden Überlegungen zur Einordnung der Rechtswissenschaft, der Soziologie und der Rechtssoziologie im Feld der Wissenschaften enthält. Man mag es Nabelschau nennen oder doch anerkennen, dass man damit auf die Voraussetzungen, die eigene Wissenschaft zu betreiben, reflektiert: Die Soziologie ist jedenfalls früh schon selbstreflexiv geworden, hat sich nicht nur von einer mutmaßlichen Naturgegebenheit des Sozialen leiten lassen, sondern in der Durchsetzung der eigenen Perspektive und des eigenen Gegenstands auch der erkenntnistheoretischen und methodologischen Grundlagen immer wieder selbst versichert. Wenn Wissenschaft als soziales Phänomen erkannt wird, kann man auch die Sozialwissenschaften soziologisch analysieren. Die **Soziologie der Wissenschaft**[24] bietet hierfür heute ebenso die Mittel zur (Fremd-) Beobachtung der universitären Jurisprudenz wie die Allgemeine

19 Röhl, Rechtssoziologie, S. 209–211.

20 Röhl, Rechtssoziologie, S. 200; vgl. auch schon Weber, in: Gesammelte Aufsätze zur Wissenschaftslehre, S. 360 ff. zum Begriff der Regel und Norm mit Plädoyer für einen empirisch-sozialwissenschaftlichen Regelbegriff.

21 Waldenfels, Ordnung im Zwielicht, S. 76; vgl. Ortmann, Regel und Ausnahme.

22 Esser, Vorverständnis und Methodenwahl in der Rechtsfindung, S. 33 ff.; vgl. Lautmann, Wert und Norm.

23 Vgl. Eberle, Sinnkonstitution in Alltag und Wissenschaft; Soeffner, Auslegung des Alltags – Alltag der Auslegung; Zimmerman, in: Materialien zur Soziologie des Alltags.

24 Siehe die Kurzeinführung hierzu von Weingart, Wissenschaftssoziologie.

Soziologie die Mittel für die Beobachtung der allgemeinen sozialen Kontexte von Recht und anderer normativer Dimensionen des gesellschaftlichen Lebens.

Der soziologische Blick wird heute in aller Regel den Gegenstand der Analyse („das Recht", „die Rechtssoziologie" und deren Facetten) nicht unvermittelt anpacken, sondern den **Standpunkt**, von dem aus die Analyse angestellt wird, mitreflektieren. „Rechtssoziologie" und das „Recht" sind – so gesehen – nicht einfach nur gegeben, sondern selbst in ihrem sozialen Kontext zu erfassen. In der Soziologie wird das Recht als Teilphänomen von Vergesellschaftung betrachtet, weshalb man davon ausgeht, dass der Soziologie die Rolle zukommt, das Recht im Zusammenhang und im Vergleich mit anderen gesellschaftlichen Phänomenen zu untersuchen. Umgekehrt ist ein „Recht der Soziologie", eine juristische Befassung mit der Soziologie, undenkbar. 23

Die Soziologie war von Anfang an nicht nur eine Art, Vergesellschaftungsformen zu untersuchen, sondern sie war und ist maßgeblich daran beteiligt, diese überhaupt zu entdecken. Am Anfang war dies unerhört, denn sie schickte sich damit an, die durch Staat und Kirche beherrschte Ordnung durch eine wissenschaftliche Sicht zu ersetzen: „die Gesellschaft" als soziologisches Konstrukt. Mittlerweile ist es selbstverständlich, dass man einen systematischen Blick auf das gesellschaftliche Zusammenleben richtet: die Sozialwissenschaften tun das, ebenso der Staat durch statistische Beobachtungen, die Massenmedien, die Literatur, Blogs – freilich mit unterschiedlichen Methoden, Zielen und Ansprüchen. Der grundlegende Verdacht für derartige Bemühungen lautet: **Die Welt könnte anders sein, als was sie zu sein scheint.** Das ist soziologische Aufklärung durch Erkenntnis im Sinne moderner westlicher wissenschaftlicher Rationalität. Inzwischen steht die Soziologie für die unprätentiöse Anerkennung von Realität und den vorfindlichen Alternativen, die soziale Realität zu sehen. Sie deckt manchmal unhaltbare Illusionen auf, inklusive der eigenen.[25] 24

Kritisch und politisch aufgeladen war das **Verhältnis zwischen Rechtswissenschaft und Soziologie** mitunter: wie zu Zeiten des Kampfes auch der kritischen Soziologie gegen die nicht entnazifizierte Juristenschaft in den 60er und 70er Jahren des letzten Jahrhunderts. Manchem galt einst die Jurisprudenz als die bessere Soziologie oder umgekehrt sollte in späteren Protestzeiten die Juristerei an der Soziologie genesen. Außer Frage steht, dass sich beide Disziplinen in den Köpfen vieler ihrer Vertreter auch völlig fremd waren und sind.[26] 25

Die gesellschaftlichen Rollen sind gegenwärtig klar verteilt: Die **Jurisprudenz** hat mit der Justiz durch die Einbindung in die Administration des Gemeinwesens und durch die alles durchwirkende Rechtsordnung, zu deren professioneller Auslegung und Aushandlung man Juristinnen braucht, einen systematischen Platz im Staatswesen. Die **Soziologie** kann durch die Bereitstellung von Wissen, das über juristisches Fachwissen weit hinaus reicht, auf allen öffentlichen Kommunikationskanälen wirken. Allerdings ist nicht jede juristische Initiative politisch erfolgreich (*Paul Kirchhofs* Konzept zur Vereinfachung des Steuerrechts u.v.a.), und nicht jede soziologische politisch irrelevant (etwa das Programm des „Dritten Wegs" des britischen Soziologen *Anthony Giddens* für die britische und europäische Sozialdemokratie). 26

25 Einschlägig dazu: Albrow, Abschied vom Nationalstaat; Beck, Risikogesellschaft; Bourdieu u.a., La misère du monde; Knorr-Cetina, Die Fabrikation von Erkenntnis; Latour, Eine neue Soziologie für eine neue Gesellschaft; Nowotny u.a., Re-Thinking Science; Schulze, Die Erlebnisgesellschaft; Waddington, Policing Citizens.

26 Vgl. Soeffner Ursachen für Kommunikationsstörungen bei Gericht, in: Recht und Sprache, S. 74. Weitere Hinweise in Gephart, Gesellschaftstheorie und Recht.

27 Auch neuere Bestrebungen fordern die soziologisch informierte Machbarkeit der Welt und fordern damit andere Disziplinen heraus, nach dem altbekannten Motto „Nicht nur ist die Welt nicht, was sie zu sein scheint, sondern sie könnte auch anders sein als sie ist".[27] *Michael Burawoy*[28] hat die Wirkungsweisen und dazugehörigen Wissensarten typisiert:

	Akademisch	Außer-akademisch
Instrumentell	**Professionelle Soziologie**	**Politische Soziologie**
Wissen:	Theoretisch/empirisch	Konkret
Wahrheit:	Korrespondenz	Pragmatisch
Legitimität:	Wiss. Normen	Effektivität
Zurechenbarkeit:	Wiss. Gemeinschaft	Klienten
Politik:	Profess. Eigeninteressen	Politische Einmischung
Schwierigkeiten:	Selbstbezüglichkeit	Dienstbarkeit
Reflexiv	**Kritische Soziologie**	**Öffentliche Soziologie**
Wissen:	Prinzipienorientiert	Kommunikativ
Wahrheit:	Normativ	Konsens
Legitimität:	Moralische Vision	Relevanz
Zurechenbarkeit:	Kritische Intellektuelle	Öffentliche Zielgruppen
Politik:	Interne Debatten	Öffentlicher Dialog
Schwierigkeiten:	Dogmatismus	Modethemen folgend

Tab. 1: Typen soziologischen Wissens nach Burawoy

Ob seine Wunschvision von einer organischen Solidarität zwischen den vier **Soziologietypen** realistisch und wünschenswert ist, wird seit Jahren debattiert. Kritiker sehen die Gefahr, dass die Soziologie sich durch eine allzu dienstbare (politische) Anwendungsorientierung korrumpierbar macht – gesetzten Themen und Blickrichtungen folgt statt ihnen auf den Grund zu gehen und damit der Sache und den Grundprinzipien des eigenen Fachs angemessene Arbeit zu verrichten. Die Lösung könnte sein, die besondere Art der soziologischen Wissensgenerierung als wertvoll zu vertreten, ohne sich die Qualitätskriterien und Vorgehensweisen von außen vorschreiben zu lassen. In diesem Sinne eine auch anwendungsbereite Orientierung zur Orientierung auf Grundlagenforschung zu ergänzen, könnte – wenn erfolgreich – sich als weiterer Professionalisierungsschritt der Soziologie erweisen. Präsenz in der Öffentlichkeit durch soziologische Intellektuelle der Gegenwart – wie *Jürgen Habermas*, *Ulrich Beck*, *Wolf Lepenies*, *Hans-Georg Soeffner*, *Wilhelm Heitmeyer*, *Jutta Allmendinger*, *Armin Nassehi*, *Andreas Reckwitz* und zahlreiche andere – hat dem Fach nicht geschadet.

28 In puncto Justiz haben es nicht Rechtssoziologen – als solche –, sondern nur einige Kriminologen geschafft, einer breiteren **Öffentlichkeit** bekannt zu werden, allen voran Hans-Dieter Schwind als niedersächsischer Landesjustizminister (1978–1982) und *Christian Pfeiffer* als Forschungsinstitutsleiter (1988–2000) und auch niedersächsischer Landesjustizminister (2000–2003). Dass einige ehemalige Verfassungsrichter unter anderem auch rechtssoziologisch denken und dachten (*Jutta Limbach*, *Wolfgang*

27 Berger/Kellner, Soziologie.
28 Burawoy, in: Public Sociology; Übersetzung Tab. 1: PS.

Hoffmann-Riem, *Winfried Hassemer*) ebenso wie die 2010 ans Bundesverfassungsgericht berufene Susanne Baer (die 2008 das Institut für interdisziplinäre Rechtsforschung – Law and Society Institute (LSI)" an der Humboldt-Universität Berlin gegründet hat), mag man bei näherem Hinsehen an den von ihnen mitverantworteten Urteilen in Spuren erkennen; aber öffentlich aufmerksam wurde man auf ihre Neigungen zur Rechtssoziologie dennoch kaum. Die kritische Soziologie – derzeit mit dem Frankfurter Institut für Sozialforschung um *Axel Honneth* [29] und mit dem Münchener Programm einer Kosmopolitischen Soziologie und Kritischen Theorie der Weltrisikogesellschaft von Ulrich Beck[30] – ist zwar relativ zahm präsent dieser Tage, doch gewiss nicht entbehrlich für die Breite des Faches. Fragen des Rechts und der Gerechtigkeit, des Staats- und Verfassungslebens gehören hier ganz selbstverständlich dazu.

Die Übersicht von Burawoy soll dazu dienen, ein **Verortungsmuster** für soziologische Studien, denen man begegnet, und für die eigenen soziologischen Interessen, denen man folgt, anzubieten. Das heißt, man muss die einzelnen Kriterien der Wissen(schaft)stypen gar nicht als bindend erachten (zumal das Modell bei Burawoy für die USA entworfen wurde und auch normativ, nicht nur beschreibend, gemeint ist). Sondern man sollte im Sinne einer Heuristik gut hinsehen, welche Typen empirisch jeweils vorliegen – vielleicht in ganz anderen Kombinationen, in interessanten Variationen, mit Lücken oder mit zusätzlichen Typen. So hat Burawoy nicht den Fall vorgesehen, dass die Soziologie im Nahverhältnis zur einer anderen Wissenschaft steht und sich so gelegentlich auf eine innerakademische Öffentlichkeit oder Dienstleistungsfunktion hin verhält. Davon ausgehend kann man übrigens auch prüfen, wie sich die Rechtswissenschaften klassifizieren lassen, wo sie etwa eine dezidiert öffentliche oder dienstleisterische Funktion erfüllen, und wo und inwieweit sie grundständig forschen oder es anstreben, die Gesellschaftspolitik reformieren. 29

Wie kann man Soziologie und Jurisprudenz wissenschaftssoziologisch unterscheiden (vgl. Tab. 2)? Man spricht von der Soziologie als einer **Erfahrungswissenschaft** und von der Rechtswissenschaft als einer **Normwissenschaft**, weil die Soziologie die empirisch erfahrbaren Phänomene der sozialen Welt in den Blick nimmt, während es in der Rechtswissenschaft um die innere Systematik des Rechts geht. Für die Soziologie ist das Recht ein Forschungsgegenstand unter vielen anderen; für die Rechtswissenschaft ist es das, worum sich alles dreht, während das Soziale nur als Zusatzinformation zählt. So jedenfalls die analytische Trennung – in der Rechtspraxis sieht man schnell, dass man soziologische Zusatzinformationen benötigt, um einen Fall überhaupt in seinem Lebenszusammenhang erfassen und lösen zu können, und zwar just dann, wenn man die juristischen Überlegungen Nichtjuristen vermitteln und den Bedingungen des Alltagslebens anpassen muss. Selten genügt eine rein rechtssystematische Betrachtungsweise. Die Soziologie wird daher, wie auch die Geschichtswissenschaft, Kriminologie oder Psychologie, als „Hilfswissenschaft" bezeichnet, was aber die Angehörigen dieser Disziplinen nicht gerne hören, sehen sie sich doch (zurecht) als eigenständige Wissenschaftler, die mehr als Zulieferdienste anzubieten haben. 30

29 Honneth, Kampf um Anerkennung. Zur moralischen Grammatik sozialer Konflikte; Honneth, Pathologien der Vernunft. Geschichte und Gegenwart der Kritischen Theorie; Honegger/Neckel/Magnin, Strukturierte Verantwortungslosigkeit; Basaure/Reemtsma/Willing, Erneuerung der Kritik.

30 Beck, Der kosmopolitische Blick.

31 Mit *Manfred Rehbinder*[31] kann man die Rechtsdogmatik als Rechtswissenschaft im engeren Sinne sehen, welche die geltenden Rechtsnormen nach Maßgabe der eigenen Systematik reflektiert und entwickelt, um sie aktuell zu gebrauchen. Hier wird im Rahmen des inneren Aufbaus des Rechts, seiner Binnenlogik, nach dem Sinn von Gesetzen und anderen Regeln gefragt und werden die Regeln der juristischen Methode verwendet. Gesetze und Alltagsmethoden werden dabei „in actu" übrigens immer wieder auch neu geschaffen. Davon kann einerseits die Rechtsphilosophie unterschieden werden, die der Suche nach den Idealen und der Begründbarkeit des Rechts dient und fragt, welche fundamentalen Wertvorstellungen, Voraussetzungen und Zielsetzungen man annehmen soll, um das „richtige" bzw. „gerechte" Recht zu erhalten. Andererseits ist die **Erkundung der gesellschaftlichen Realität des Rechts**, seiner Bedingtheit und Wirkung in gesellschaftlichen Zusammenhängen das originäre Aufgabenfeld der Rechtssoziologie. Maßstab hierfür ist nicht die normative Begründung, sondern die gesellschaftliche Konstruiertheit von Normen und der beobachtbare praktische Umgang mit ihnen durch soziale Akteure in sozialen Institutionen, Situationen, Diskursen und nicht primär sprachlichen Kontexten.

Wissenschaftstyp	Erkenntnisziele	Forschungsgegenstand	Disziplin	Kernfragen
Metawissenschaft	Denkbarkeit des Rechts	Konzipierung und Methodisierung des Rechts	Rechtstheorie, Methodenlehre	Was ist Recht? Welche Methoden und Theorien stehen dem Recht zur Verfügung? Wie kann Recht „angewandt" werden?
Wertewissenschaft	Gerechtigkeit des Rechts (und andere Grundlagen)	Idealität und Begründung des Rechts	Rechtsphilosophie	Warum soll Recht so und nicht anders sein? Was ist das „richtige"/ „gerechte" Recht?
Normwissenschaft	Geltung des Rechts	Normativität und inhärente Logik des Rechts	Rechtsdogmatik (Jurisprudenz im engeren Sinne)	Was sagt das Recht zu einem Problem? Was ist der Sinngehalt und innere Aufbau rechtlicher Regelungen? Wie ist das Recht fortzubilden?

31 Rehbinder, Rechtssoziologie, S. 1–7.

Wissenschaftstyp	Erkenntnisziele	Forschungsgegenstand	Disziplin	Kernfragen
Erfahrungswissenschaft	Rechtsleben, Rechtswirklichkeit	Gesellschaftliche Konstruiertheit und Faktizität des Rechts	Rechtssoziologie	Was gilt in einem sozialen Kontext als Recht? Wie entsteht es und verändert sich? Was ist die Praxis des Rechts und wie hängt es mit anderen sozialen Strukturen zusammen?
Einflusswissenschaft	Beschreibung und Gestaltung des gesellschaftlichen, politischen, justiziellen, juristischen Umgangs mit Kriminalität	Kriminalität und Devianz als Bestandteile der gesellschaftlichen Realität	Kriminologie	Was ist Kriminalität und Devianz? Wie stark prägt sie eine Gesellschaft? Was kann man zur Zähmung der daher rührenden Probleme tun?

Tab. 2: Typen von Wissenschaften vom Recht[32]

Während Rechtsdogmatik und Rechtssoziologie sich nahe an der Rechtspraxis bewegen (ausführend bzw. rekonstruierend), obliegt Rechtstheorie und Rechtsphilosophie zu fragen, wie sich das Recht als solches (d. h. als theoretisches Konstrukt) überhaupt konzipieren, begründen und hinterfragen lässt und wie man von da aus zu seinen „richtigen" Gebrauchsweisen kommen kann (Methodenlehre). Generell betrachtet, sind Rechtstheorie – die mitunter als Teilgebiet der Rechtsphilosophie betrieben wird und aus ihr hervorgegangen ist – und Rechtsphilosophie Metawissenschaften, indem durch sie die Bedingungen der rechtswissenschaftlichen Erkenntnis reflektiert werden. Sie zu unterscheiden macht dennoch Sinn, weil die Rechtstheorie in der Regel nicht die **normative Richtigkeit des Rechts** untersucht und zu begründen hilft, sondern für die Rechtsphilosophie die **Konzeption von Recht** entwirft (fragt, wie Recht denkbar ist – nicht, was denkbar sein soll). Bei all dem müsste man wissenschaftssoziologisch erst noch untersuchen, was es bedeutet und wie es abläuft, die in Tabelle 2 genannten Arten von Wissenschaft zu betreiben. 32

Eingebürgert hat es sich, dass die Rechtssoziologie regelmäßig keinen Bezug auf die **Kriminologie** (oder wenigstens die Kriminal- oder Strafrechtssoziologie) nimmt. Umgekehrt versucht die Kriminologie eine eigene Wissenschaft zu sein. Bei näherem Hinsehen entpuppt sie sich aber als ganz normale Sozialwissenschaft, die institutionell sogar meist von ad hoc eingelernten Juristen getragen wird, an juristischen Fakultäten angesiedelt ist, relativ staatsnahe Forschungsinstitute hervorgebracht hat (daher als „Einflusswissenschaft" etikettiert), sich aber des Methoden- und Theorieinstrumentariums der Soziologie bedient, soweit eher geforscht und nicht weniger kriminalpolitisch gearbeitet wird. Nahe Verwandtschaft kann so fern liegen. Man könnte in der Richtung weiter auch die Soziologie des Polizierens bzw. die Polizeiwissenschaften denken, die in 33

32 In Anlehnung an Rehbinder, Rechtssoziologie, S. 1.

einem inhaltlich äußerst engen Bezug zu Jurisprudenz, Soziologie und Kriminologie stehen. Zahlreiche Soziologinnen wandern indes sehr mobil zwischen rechts-, kriminal- und polizeisoziologischen Themen hin und her.

C. Vertiefung: Recht und Normativität

34 Nach den vorangegangen Verortungen von Recht, Rechtswissenschaft und Soziologie in ihrem Verhältnis zueinander kann auf dreierlei Weise die Verbindung weiter unterfüttert werden. Zum einen kann gezeigt werden, wie man sich die **Genese des Normativen** (samt dem Recht) gesellschaftstheoretisch vorstellen kann. Institutionalisierung und Legitimierung sind die Stichwörter. Zum zweiten liegt es nahe, zwei Bereiche kurz zu beleuchten, die massiven **Innovationsbewegungen** ausgesetzt sind und dabei eng mit dem Recht in Verbindung stehen – wobei die Verbindung aber durch die Innovationen auch massiven Belastungstests ausgesetzt ist: Wissenschaft und Technik sowie der Wandel des Regierens im Sinne von Governance. Drittens und abschließend kann man daraus ableiten, warum eine erfahrungswissenschaftlich besonders **neugierige Soziologie des Normativen vonnöten** scheint – nicht, um die Rechtssoziologie völlig abzuschaffen, aber um sie anzureichern.

I. Die gesellschaftliche Konstruktion von Normativität

35 Man kann sich die **kulturelle Ordnung**, die das Recht (neben anderen normativ bedeutsamen Bereichen) umschließt und den Hintergrund oder die Basis unter vielem anderen für Rechtsinstitutionen schafft, vorstellen als eine tiefere Prägung, durch die sie nicht leicht vergleichbar ist mit rechtlichen Praktiken in allen menschlichen Gemeinschaften und Gesellschaften. Als menschliches Konstrukt letztlich Manifestation subjektiver Sinnhaftigkeit, fungiert Kultur als kollektive Verbindlichkeit, als Deutungshorizont für all unsere praktischen Deutungen.[33] Kultur steckt die Konturen des Selbstverständlichen ab. Normalitätsverständnisse sind sozialen und historischen Veränderungen ausgesetzt. Einengungen und Ausweitungen etwa des Prinzips der menschlichen Zurechnungsfähigkeit sind bekannt. Vermutlich sind nicht nur „offizielle", von Herrschaftsinteressen beeinflusste Weltsichten feststellbar, die über Rechtssysteme und Religion in das Alltagsleben eingreifen, sondern auch tiefer in die alltäglich-pragmatischen Orientierungen der Menschen hineinreichende.[34]

36 Es ist keineswegs vorentschieden, welcher Art von Normen ein höherer (nach hierarchischen Ebenen betrachtet) oder umfassenderer (nach der sozialen Reichweite betrachtet) Stellenwert zukommt, je nach Situation. Vielmehr ist von Fall zu Fall für die jeweilige soziale Praxis, für den jeweiligen sozialen Bereich und für die jeweilige soziale Situation anzugeben, welche Abstufungen und Tragweiten den Normativitätsformen zukommen. Jede Handlung und Interaktion erlegt den Beteiligten und oft auch den Nachkommenden Verpflichtungen auf. Verpflichtungen sind normative „Nebenfolgen" des Handelns, mehr oder weniger intendiert. Sie wirken als Hintergrundregeln des Zusammenlebens und sind prinzipiell abrufbar, wenn sie auch nicht unbedingt immer eingehalten werden. Analytisch gesehen konstituiert sich normatives Handeln erst, wenn die allgemeinen normativen Hintergründe des Handelns fassbar werden und ent-

33 Hitzler, in: Institutionen, S. 364. Zu aktuellen Kulturkonzepten und den Grenzen kultureller Verständigung: Dreher/Stegmaier, Zur Unüberwindlichkeit kultureller Differenz.
34 Schütz/Luckmann, Strukturen, S. 453.

weder explizit formuliert oder eingeklagt werden, wenn etwas kommunikativ bewertet wird nach Kriterien, die inhaltlich einer Rangordnung folgen.[35] Wie geschieht nun dieser **Aufbau** einer soziokulturellen Ordnung, aus der auch Normativitäten, wie Moral, Recht und Gesetz, erwachsen?

Für *Emile Durkheim* (1858–1917) korrespondieren Normen und Wissen als unveränderliche Epiphänomene im Sinne einer Spiegelung mit der Sozialstruktur. Der funktionalen Differenzierung entspreche eine Art moralischen Polymorphismus.[36] Das „Kollektivbewusstsein“ besitze dabei eine normativ-integrative Funktion. Die **Bindung** an etwas, das das einzelne Gruppenmitglied transzendiere – also an die Interessen der Gruppe, der man angehört – sei der Ursprung jeglichen moralischen Handelns. Durkheim macht diesen Zusammenhang sowohl an der Genese und am Funktionieren von Berufsgruppen als auch von Familien klar. Er konstatiert, die Familie – als „verkleinerte Version der politischen Gemeinschaft“ – sei „eine Gruppe von Individuen, die innerhalb der politischen Gemeinschaft aufgrund einer besonders engen Gemeinsamkeit der Gedanken, Gefühle und Interessen zu einer Einheit zusammengefasst sind“, nicht so sehr als Gruppe von Blutsverwandten.[37] 37

Indem er sehr grundsätzlich feststellt, dass die **Gruppe**, die ein Individuum umgibt, es an die Regeln und Pflichten des Zusammenlebens erinnere, so wie jede Form des Handelns sich nur durch Wiederholung und Übung festige,[38] verknüpft er – bereits weit bevor es um das gesatzte und ausdifferenzierte formale Recht geht – das ganz „triviale“ gesellschaftliche Wissen und die gesellschaftliche Moral miteinander. Dabei sei das sozial kontextualisierte Wissen, das Wissen der Mitglieder einer sozialen Gruppe, für die moralischen Regeln grundlegend. Den Regeln komme Durkheim zufolge nämlich die Aufgabe zu, die kollektive Ordnung genauer zu definieren und sie mit Sanktionen zu versehen: sie übersetzten gemeinsame Vorstellungen und Empfindungen, die gemeinsame Bindung an ein gemeinsames Ziel, in konkrete Vorschriften.[39] Obwohl Durkheim das Recht durchaus im Lichte der Praxis sieht, bleibt seine Normativitätskonzeption eher statisch. 38

Max Weber befasst sich mit dem Ordnungsgefüge „Recht“ und begreift Recht dabei als **Rechtstätigkeit**. Er kann damit unmittelbare Konstitutions- und Prozessformen von Normativität angeben, jenseits systemstruktureller Reifizierung. Weber verfolgt, im Gegensatz zu Durkheim, dezidiert und explizit eine Rechtssoziologie. Sie ist verbunden mit seiner Herrschaftssoziologie. Er nimmt aber auch in seiner Religionssoziologie Bezug auf Fragen der Geltung von Moral und Ethik als Handlungsorientierung für Menschen. Dabei bemüht er keinen sozialstrukturellen Determinismus, führt die Eigenart von Religion, Wirtschaft und Recht nicht – wie Durkheim – auf die soziale Lage derjenigen sozialen Gruppen zurück, welche „Träger“ von entsprechenden Ideen, Weltanschauungen und Wissen sind. Webers Rechtssoziologie lenkt die Aufmerksamkeit auf den Zusammenhang zwischen politischer Herrschaftsorganisation und Verwaltung einerseits sowie auf jenen der Tätigkeiten der Rechtsschöpfung, Rechtsfindung und Vollstreckung andererseits. Ihm geht es vor allem um die Ordnung des Rechts, also um die 39

35 Vgl. Luckmann, in: Moral im Alltag, S. 33.
36 Durkheim, Physik, S. 18.
37 Durkheim, Physik, S. 41–43.
38 Durkheim, Physik, S. 24.
39 Durkheim, Physik, S. 20.

Systematisierung der das Gemeinschaftshandeln der Menschen ordnenden Rechtssätze und um die die rechtlichen Verhältnisse ordnende Tätigkeit.[40]

40 **Recht** wird aufgefasst als eine bestimmte **Art des Handelns.** Weber fragt nach den Grundlagen der erfolgreichen gesellschaftlichen Ordnungsbildung durch Regeln und benennt dafür sowohl die kollektiven Werte und die daraus abgeleitete Legitimitätsanerkennung als auch die Existenz eines Erzwingungs- und Verwaltungsstabes. Die Orientierung von Handelnden an mehreren, auch widersprüchlichen Ordnungen kennzeichnet bei Weber das Konzept des sinnhaft am Anderen und an der daraus sich ergebenden normativen Ordnung orientierten sozialen Handelns. Grundlage für diese Ordnungsorientierung seien nicht nur die an der Ordnung ausgerichteten Erwartungen, sondern die kognitive „Berechenbarkeit" des Handelns werde dadurch gesteigert, dass die jeweilige Ordnung auch normativ akzeptiert, bzw. die subjektiv sinnhaft erfasste Legitimität gegenüber der Ordnung verbindlich sei.[41]

41 Als „empirische **Rechtsordnung**" erachtet er das „‚empirische Sein' des Rechts als Maxime-bildenden ‚Wissens' konkreter Menschen... Dieses Wissen, diese ‚empirische Rechtsordnung' also, ist für den handelnden Menschen einer der Bestimmungsgründe seines Tuns, und zwar, sofern er zweckvoll handelt, teils eines der ‚Hemmnisse', dessen er, sei es durch möglichst ungefährdete Verletzungen ihrer, sei es durch ‚Anpassung' an sie, Herr zu werden trachtet, – teils ein ‚Mittel', welche er seinen ‚Zwecken' dienstbar zu machen sucht, genau im gleichen Sinn wie sein Wissen von irgendeinem andren Erfahrungssatz".[42] Den Sinn von „Regeln" führt Weber auf Erkenntnis- und Typisierungsleistungen zurück, das heißt auf lebensweltliche Erfahrung. Die Rechtsordnung ist an den Wurzeln eine **Wissensordnung.**

42 Im nächsten Schritt gilt es, die Rechtsordnung ins Verhältnis zu setzen mit der allgemeinen Sozialordnung – sich theoretisch vorzustellen, wie Normativität sich im Kontext vielfältiger sozialer Praktiken und Institutionen ergibt. Die Frage könnte mit *Peter L. Berger* und *Thomas Luckmann* auch lauten: „Wie ist es möglich, dass subjektiv gemeinter Sinn zu objektiver Faktizität wird?"[43] – auch: Rechtssinn, wenn man so will.

43 Die Ordnung des Normativen entsteht im Wechselwirkungsprozess aus Typisierung, Habitualisierung, Institutionalisierung, Legitimation und Sozialisation. Immer wieder aufs Neue werden im Vollzug der Praxis u. a. auch normative Konstrukte externalisiert, objektiviert und wiederum internalisiert. **Typisierungs**prozesse dienen dazu, in der Alltagswelt andere Akteure zu erfassen und zu „behandeln". Typen sind kognitive Schablonen: die Individualität überschreitende Abstraktionen von Einzelerscheinungen, wodurch es möglich wird, die gesellschaftliche Wirklichkeit als ein kohärentes und dynamisches Gebilde wahrzunehmen. Entstehen, Bestand und Überlieferung einer Gesellschaftsordnung wird durch **Institutionalisierung** bewerkstelligt. Jeder Institutionalisierung gehen **Habitualisierungs**prozesse voraus: Menschen handeln, interagieren. Jede Handlung, die man häufig wiederholt, verfestigt sich zu einem Modell, welches unter Einsparung von Kraft reproduziert werden kann und dabei vom Handelnden als Modell aufgefasst wird. Sobald habitualisierte Handlungen durch Typen von Handeln-

40 Weber, Wirtschaft, S. 396–397.

41 Gephart, Gesellschaftstheorie, S. 480 f.; vgl. Weber, Über einige Kategorien der verstehenden Soziologie, S. 442–446.

42 Weber, in: Gesammelte Aufsätze zur Wissenschaftslehre, S. 350 (Hrv. im Orig.).

43 Berger/Luckmann, Konstruktion, S. 20.

den reziprok typisiert werden, findet Institutionalisierung statt. Damit ist die wechselseitige Typisierung von Handlungen das Ergebnis einer gemeinsamen Geschichte.[44]

Vorgänge der Habitualisierung oder beginnenden Institutionalisierung können vor sich 44
gehen, ohne als gesellschaftliche Phänomene funktional oder logisch integriert zu sein. Die institutionale Ordnung ist als **expansiv** anzusehen, aber **nicht unumkehrbar.** Man kann also davon ausgehen, dass schon durch die bloße Tatsache ihres Vorhandenseins Institutionen menschliches Verhalten unter Kontrolle halten. Institutionen stellen Muster auf, welche das Verhalten in eine Richtung lenken, ohne „Rücksicht" auf jene Richtungen zu nehmen, die auch noch theoretisch möglich wären, und zwar noch unabhängig von Zwangsmaßnahmen. Was wechselseitig typisiert wird, kann je nach Situation verschieden sein; in jedem Fall geschieht dies aber im Rahmen der Kommunikation der Beteiligten.[45]

Die Institutionalisierung vollendet sich darin, dass die institutionalisierte Welt weiter- 45
gereicht wird. Durch Weitergabe der gemeinsam praktizierten Habitualisierungen und Typisierungen werden diese zu historischen Institutionen und gewinnen Objektivität. Institutionen sind nun etwas, das seine eigene Wirklichkeit hat – eine Wirklichkeit, die dem Menschen als äußeres, zwingendes Faktum gegenübersteht. Eine institutionale Welt wird nunmehr als objektive Wirklichkeit erlebt. Ein Paradox: Der Mensch produziert eine Welt und erlebt bzw. erfährt sie dann nicht mehr als menschliches Produkt. Dieser Umstand resultiert aus dem dialektischen Prozess von **Externalisierung** (Gesellschaft als menschliches Produkt), **Objektivation** (Gesellschaft als objektivierte, also hergestellte „objektive" Wirklichkeit) und **Internalisierung** (Mensch als gesellschaftliches Produkt).[46]

Hinzu tritt die **Legitimierung,** denn eine sich ausdehnende institutionale Ordnung 46
muss ein ihr entsprechendes Dach aus Legitimationen erhalten, das sich in Form kognitiver und normativer Interpretationen schützend über sie breitet.[47] Legitimation, so formulieren Berger und Luckmann, „erkläre" die institutionelle Ordnung dadurch, dass sie ihrem objektivierten Sinn kognitive Gültigkeit zuschreibe. Sie rechtfertige die institutionale Ordnung, indem sie ihren pragmatischen Imperativen die „Würde des Normativen" verleihe. Man kann sich das hier vertretene Verhältnis des Normativen und des Kognitiven an einem Beispiel vergegenwärtigen: Eine Verwandtschaftsstruktur werde nicht nur durch die Moral ihrer Inzesttabus legitimiert. Zuerst müsse Wissen von den Rollen vorhanden sein, die „rechtes" oder „unrechtes" Handeln im Rahmen der Gesamtstruktur bestimmen. Legitimation sage dem oder der Einzelnen nicht nur, warum er eine Handlung ausführen soll und andere nicht ausführen darf. Sie sage ihm auch, warum die Dinge sind, was sie sind. Vier Ebenen von Legitimation lassen sich unterscheiden: erstens die vortheoretische „so ist das eben"- und „das macht man so"-Rechtfertigung, in der einfache menschliche Erfahrungen sprachlich objektiviert werden; zweitens rudimentäre theoretische Rechtfertigung in Form von Sprichwörtern, Lebensweisheiten und Legenden, in der Argumentationsschemata objektiv geltende Sinngefüge und das alltägliche Tun und Leben miteinander verknüpfen; drittens explizite Legitimationstheorien, denen einen differenzierter Wissensbestand in einem weitgehend geschlossenen Bezugssystem „hauptamtlichen Legitimatoren" zur Rechtfertigung

44 Berger/Luckmann, Konstruktion, S. 31 ff. Ausführlich dazu: Lau, Interaktion und Institution.
45 Berger/Luckmann, Konstruktion, S. 56 ff.
46 Berger/Luckmann, Konstruktion, S. 56–98.
47 Berger/Luckmann, Konstruktion, S. 66, 98 ff.

dient; viertens symbolische Sinnwelten, mithilfe derer verschiedene Sinnprovinzen integriert und die institutionale Ordnung als Traditionsgesamtheit überhöht wird (symbolisch, weil auf andere als alltägliche Erfahrung verweisend).[48]

47 Bei der Legitimierung von Institutionen geht das Wissen also den Werten voraus. Dass Legitimation sowohl eine kognitive als auch eine normative Seite hat, darf folglich nicht außer Acht gelassen werden. Legitimierung ist keineswegs einfach eine Frage der **Werte** und der Bewertung, sondern setzt stets auch **Wissen** (u. a. von Werten und Normen) voraus. So gilt es jeweils **empirisch** zu untersuchen, in welchen konkreten Formen und Vermengungen Moral, Ethik, Recht und so fort als soziale Praxen vorliegt, von beginnender Legitimation über explizite Legitimationstheorien, die einen institutionalen Ausschnitt an Hand eines differenzierten Wissensbestandes rechtfertigen, bis hin zu weitreichenden symbolischen Sinnwelten als **Matrix** aller gesellschaftlich objektivierten und subjektiv wirklichen Sinnhaftigkeit.

48 **Sozialisierung** ist wiederum die Internalisierung der Wirklichkeit innerhalb einer spezifischen Gesellschaftsstruktur. **Internalisierung** bedeutet das unmittelbare Erfassen und Auslegen eines objektiven Vorgangs oder Ereignisses, das Sinn zum Ausdruck bringt. Sie ist eine „‚Offenbarung" subjektiv sinnhafter Vorgänge bei alter ego, welche auf diese Weise für ego subjektiv sinnhaft werden. Internalisierung bildet das Fundament sowohl für das Verständnis unserer Mitmenschen als auch für das Erfassen der Welt als einer sinnhaften und gesellschaftlichen Wirklichkeit. Dieses Erfassen ist keine Leistung isolierter Individuen in autonomen Sinnsetzungen, sondern von Subjekten, die eine Welt gewissermaßen „übernehmen", in der andere schon leben. Als Sprache und mittels Sprache werden die institutionell festgesetzten Begründungs- und Auslegungszusammenhänge internalisiert. Sozialisation ist so gesehen weder je total noch je zu Ende.[49]

49 Das gerichtliche Noviziat etwa, in Form des „Referendariats" vor dem Zweiten Staatsexamen und in Form der „Probezeit" von „Gerichtsassessoren", dient zur ritualisierten und institutionalisierten Übernahme der zu internalisierenden Wirklichkeit. Ausbilder und Dienstvorgesetzte nehmen gegenüber der zu sozialisierenden Person die Rolle und Funktion signifikanter Anderer ein.[50] In der Entwicklung von beruflichen bzw. professionellen Rollen und damit verbundenen Wissensbeständen differenzieren sich derartige **Sonderwissensbestände** dann in Spezialisten- und Expertenwissen (bzw. Detail- und Überblickswissen) aus.

50 Der Wandel einer normativen Ordnung muss keine totale Abkehr approbierten Rechtsdenkens und juristischer Professionalität bedeuten. Man kann sich eine Trias von Ordnungsstabilisierung, Ordnungserhaltung und Ordnungsverflüssigung vorstellen. **Ordnungsstabilisierung** meint die Erhöhung der Regelgeleitetheit von Handeln in als dynamisch geltenden Bezügen. **Ordnungserhaltung** meint die Erhöhung der Orientierung an bestehenden und als geordnet geltenden Bezügen. **Ordnungsverflüssigung** meint die Erhöhung des Spielraums zum kreativen/innovativen/modifizierenden Handeln in als über die Maßen geregelt geltenden Bezügen.[51] Was als dynamische, geordnete oder geregelte Bezüge „in situ" wahrgenommen und interaktiv definiert wird, ist keine essentialistisch zu fassende Ordnung, sondern eine, welche gerade im Zuge des

48 Berger/Luckmann, Konstruktion, S. 100 ff.
49 Berger/Luckmann, Konstruktion, S. 139 ff.
50 Berger/Luckmann, Konstruktion, S. 148 f.
51 Stegmaier u.a.

Umgangs mit der Ordnung – im Prozess des Ordnens – geschaffen wird. Es mag eine Ordnung vorhanden, d. h. tradiert sein; sobald wir jedoch darin handeln, uns buchstäblich darin »bewegen«, machen wir sie zum konkreten, fallbezogenen **Handlungsproblem**, bzw. zum problembezogenen Fall für Handeln. Man kann ein Phänomen meist gar nicht nur an Hand einer dieser drei soeben genannten Handlungsorientierungen verstehen. Eher beobachten wir eine Abfolge, mitunter ein **Nebeneinander** verschiedener Orientierungen.[52]

II. Technik/Wissenschaft, Regieren/Governance – Belastungstests fürs Recht

Zu einem **lebensweltlichen Realismus** in der Rechtspraxis gehört es, die Einbettung des Rechts in die multiplen alltagsweltlichen Bezüge mitzureflektieren. Zwei Bereiche seien zum Zweck der Illustration herausgegriffen: das Wechselwirkungsverhältnis von Technik, Wissenschaft und Recht sowie die Innovation des Regierens hin zur Governance. 51

In beiden Bereichen gerät das **Recht unter Druck**, sich Neuerungen anzupassen, Grenzen zu setzen oder Spielräume frei zu geben, die so bislang nicht vorgesehen waren, weil die gesellschaftliche (technische, wissenschaftliche, gouvernementale) Praxis dies nicht erforderte. Zugleich drängt das Recht in immer mehr Bereichen darauf, Ordnung und Orientierung zu schaffen, wo das Machbare über die Grenzen des im Rahmen der Rechtsordnung Vertretbaren und Erlaubten hinausgeht. Das ist in spektakulären Datenschutzverletzungen durch Google Streetview ebenso das Problem wie im Umgang mit Präimplementationsdiagnostik (PID), mit Big Data, automatisierten Autos und im sehr viel alltäglicheren öffentlichen Baurecht, wo auch der Bau einer großtechnischen Anlage – wie das Kohlekraftwerk in Datteln, Nordrhein-Westfalen – vom Oberverwaltungsgericht Münster zeitweilig gestoppt wurde, weil neben dem Klimaschutz als Ziel des Landesentwicklungsplans das Gefährdungspotenzial des Kraftwerks und der Schutz der Bevölkerung nach Einschätzung der Richter nicht ausreichend im Bebauungsplan berücksichtigt worden war. 52

Wenn die gesellschaftliche und kulturelle Entwicklung stark von **wissenschaftlich-technischen Veränderungen** geprägt ist, so können das Recht und die Rechtsoziologie sich nicht entziehen. Um eine typische Gemengelage zu skizzieren: Zum einen entstehen etwa im Kontext der Biomedizin und der Arbeit mit PID und embryonalen Stammzellen neue Phänomene von Rechtssubjektivität, die pränatal und postmortal zuzurechnen versucht werden. *Stefan May* hat festgestellt, dass die herkömmliche Rationalitätsannahme, wonach gesichertes Wissens positiv wirke und gegenüber Nichtwissen vorzuziehen sei, in Frage gestellt ist; auch bestehende Konzepte von Leben und Tod, Würde und Gesundheit. Wo selbst die Biomedizin sich ihrer epistemologischen Grundlagen und der Nebenfolgen ihrer Praxis nicht mehr sicher ist, muss oft das Recht entscheiden: müssen Lücken kognitiver Ungewissheit und normativer Unsicherheit durch Entscheidungen zu schließen versucht werden.[53] Hier geht es nicht nur um Schutzrechte (wie weit darf Medizin gehen?), sondern auch um Teilhaberechte (wer darf über die medizinischen Mittel und das daraus resultierende Wissen verfügen?). 53

Zum anderen „entgrenzen" bei diesem Thema das Recht und die Rechtsoziologie den Nationalstaat, weil Entscheidungen auf **transnationaler** Ebene, in internationalen Kon- 54

52 Vgl. Stegmaier, Wissen, S. 25–92.The discontinuation of socio-technical systems as governance problem, in: Governance of systems change.
53 May, in: Entgrenzung und Entscheidung.

zernen und NGOs getroffen werden und weil andernorts und auf anderen Ebenen oft andere Kriterien herrschen. Eine Indianerkultur im Amazonas und ein Staat in Afrika sehen die Rechtslage und Gerechtigkeitskalküle erfahrungsgemäß anders als wir mit unserem rechtlich und soziologisch **eurozentrierten Blick.**[54] Schließlich überlässt die Rechtssoziologie es bislang weitgehend der Wissenschaftssoziologie, Ethik und Ökonomie zu fragen, welche neuen Regime der Patentierung von natürlichen Ressourcen – wie etwa Brokkoli – geschaffen werden, um über Rechte an Pflanzen oder indirekt über Diagnosemethoden für Pflanzengenetik wirtschaftlichen Gewinn zu erzielen. Hier verschiebt sich das Verhältnis von Recht, Natur und Gesellschaft in unkonventioneller Weise.[55]

55 Gleichwohl kommen Juristinnen, wo auch immer sie arbeiten, nicht umhin, sich selbst über die Themen, Richtungen und Potentiale von wissenschaftlich-technischen Entwicklungen zu **informieren.** Dabei entdecken sie nicht nur Technik und Wissenschaft, sondern auch die Potentiale der rechtlichen Bewertung von technisch und wissenschaftlich induzierten Phänomen – nicht zuletzt auch ihr individuelles Technikverständnis[56] zwischen Affinität und Angst (etwa bei der „privaten" Bewertung von technischen Risiken wie Strahlung von Mobilfunkantennen eines Richters am Abendbrottisch im Dialog mit seiner Ehegattin, die Physiklehrerin ist).

56 Wissenschaft und Technik sind nicht nur äußere, aus der Distanz zu bewertende Phänomene für das Recht. Technik dringt die in die Arbeitsbereiche und -praxis der Jurisprudenz selbst ein. **Neue Technologien bei Gericht** und es ist interessant zu sehen, wie juristische Arbeitsweisen und neue technologische Praktiken mehr oder weniger gut in Einklang zu bringen sind. Woher auch das juristische Interesse für Technik und Wissenschaft kommen mag und worauf es jeweils abzielt – kommt es früh, antizipierend oder nachholend und reagierend? Integriert es Phänomene (um Gesamtszenarien zu begreifen oder gar zu gestalten) oder zerlegt es sie (um ein noch handhabbares Maß an Komplexitätsreduktion sicherzustellen)? Viel Arbeit für die Rechtssoziologie.

57 Um die Frage der Governance gleich anzuschließen: Man stelle sich vor, es gebe ein „Governancerecht" statt oder neben dem Staatsrecht. Staatsrecht impliziert die Steuerung eines Staats entlang vornehmlich der staatlichen Institutionen und der staatlich organisierten Öffentlichkeit (daher gibt es ein Öffentliches Recht). Ein **Recht der Governance** würde regeln, wie unterschiedliche staatliche und nichtstaatliche Akteure miteinander die Dinge des Gemeinwesens ordnen. Ein solches Recht müsste in Rechnung stellen, dass Entscheidungsprozesse nicht mehr nur in traditionellen formalen, fest installierten Institutionen wie dem Parlament und der Regierung getroffen werden, sondern auch in zahlreichen informellen, ad hoc oder befristet arrangierten Settings auf mehreren Ebenen. Das Governance-Konzept[57] – gebraucht sowohl als deskriptiver, normativer als auch praktischer Begriff – signalisiert einen Paradigmenwechsel weg von der nicht weiter aufrechtzuerhaltenden Illusion, Staat und Gesellschaft wären „steuerbar", hin zu der Idee einer Bewältigung oder eines „Managements" von Interdependenzen mit mehr oder weniger Beteiligung von Regierungshandeln. Der Begriff

54 Vgl. de Sousa Santos (Hrsg.), Another Knowledge is Possible.
55 Vgl. Jasanoff, Designs on Nature.
56 Vgl. Morlok, Selbstverständnis als Rechtskriterium; Stegmaier, Wissen, S. 335–336.
57 Mayntz, in: Governance-Forschung, S. 11–20; Hoppe, The Governance of Problems.

fasst Regierung, Planung, Implementation, marktförmige Verfahren, hierarchische und Netzwerk-Ordnung und Partizipation zusammen.[58]

Wie reagiert das Recht darauf? Formiert sich eine neue juridische Idee von **Governance-Ordnung?** Wie werden konventionelle Rechtsbestände fruchtbar gemacht? Welche Widerstände und Machtkämpfe um die Dominanz des Regierungs- oder Justizhandelns, wie man es gewohnt war, sind zu beobachten? Public-Private-Partnerships und behördenübergreifende Kriminalprävention fallen eher unter den Governance-Modus als unter Regieren und Judizieren nach dem linearen Modell. 58

So vielfältig und komplex die Problemlagen sind und so plural die Konstellationen der sich beteiligenden Akteure, so dynamisch würden auch die **Verfahrensweisen** ausfallen, die einerseits einen etablierten Kern zur Wahrung der Rechtssicherheit besäßen, andererseits aber auch situations- und gegenstandsbedingte Spielräume eröffnen würden. Dies ist ein Gebiet, auf dem sich Soziologie des Politischen, Politik- und Rechtswissenschaft samt angelsächsischer Governance-, Wissenschafts- und Innovationsforschung tummeln. Es wäre die Aufgabe der Rechtssoziologie, die neuen Dimensionen von Staatlichkeit und „policy-making", von Demokratie und Partizipation, Aushandlung und Arbeitsteilung auf ihre Normativitätspotentiale und -probleme hin zu untersuchen. Mit einher gehen würde sinnvollerweise die Analyse der Auswirkungen des „New Public Management" auf die Rechtsordnung.[59] Was wird aus der Gemeinwohlorientierung in der Praxis, was aus Individualinteressen, was aus Bürgerinitiativen, wenn sich staatliche Verwaltung und Unternehmen zusammentun? Welche Selbstorganisations- und Regelungsmodi werden entwickelt, wo tradierte und festgelegte Prozeduren nicht weiterhelfen? 59

Der oben angesprochene Aspekt des Gebens von **Orientierung** ist nicht zu unterschätzen. Die Innovation von Governance und Technik/Wissenschaft lässt sich am Beispiel der Wissenschaftsgovernance gut zusammenführen. In einigen Ländern wie den USA, Großbritannien, den Niederlanden werden rund 5 Prozent des Budgets für Genforschung in sozial- und humanwissenschaftliche Begleitforschung bereitgestellt, intermediäre Einrichtungen zur Erkundung und Vermittlung von technowissenschaftlichen Innovationen, Foren für öffentliche Debatten und Treffen von Interessenvertretern geschaffen. Institute für Technology Assessment (TA), Ethikkommissionen und Netzwerke zur Bearbeitung der „Ethical, Legal, and Social Implications" (ELSI) stellen neben zahlreichen ständigen Ratseinrichtungen und sporadischen Expertenrunden ein bereits dicht besiedeltes Feld zur Technikfolgenabschätzung dar. Das Recht gehört in den Kreis der dort bearbeiteten Themen, aber die Rechtswissenschaften sind dabei eher marginalisiert, ebenso die Rechtssoziologie. Neuere Forschung hebt auch darauf ab, wie Recht und Politik oftmals mit vorläufigen Regel- und Rahmensetzungen auf die große Unsicherheit reagieren, die neue Technologien oder neuartige Krisen (Finanzen und Banken, Brexit, Corona-Pandemie) mit sich bringen. Dies wird als „tentative governance"[60] behandelt. 60

Dabei könnte die Rechtswissenschaft und Rechtssoziologie eine **Vermittlungsrolle** zwischen alten und neuen Umgangsweisen mit Technik und Wissenschaft spielen; vermitteln zwischen Regierungs-/Governance-Handeln, wissenschaftlich-technischer Praxis, zivilgesellschaftlichen und wirtschaftlichen Lobbyinteressen, Gesetzes- und Wertesyste- 61

58 Benz u.a., Handbuch Governance.

59 Instruktiv dazu schon: Rehbinder, Rechtssoziologie, S. 226 ff.; aber kaum je empirisch angefasst.

60 Kuhlmann, The tentative governance of emerging science and technology, in: Reserch Policy, 2019.

men als relativ interessenneutrale Instanz. Wo Spielräume zur kollektiven Gestaltung eröffnet werden, kommt das Recht in die Rolle, weniger zu steuern als Rahmen zu setzen, innerhalb derer gestaltet werden kann. Im Ethikrat des Deutschen Bundestags sind längst nicht mehr die Juristinnen für normative Fragen zuständig – schon der Name des Rates impliziert dies. Um sich dort auf gemeinsame Problem- und Lösungsansätze verständigen zu können, müssen Rechts- und Sozialwissenschaftlerinnen auf ihre gemeinsamen Anknüpfungspunkte rekurrieren und eine Sprache und Denke für die Aushandlung mit all den anderen Disziplinen und Professionen schaffen.[61] Die Rechtssoziologie könnte darüber hinaus die Mitwirkung der Jurisprudenz näher in Augenschein nehmen, die Arbeitsteilung oder Konkurrenz zwischen Ethik und Recht, die Weiterentwicklung des Rechts auf neue Phänomene hin. Müsste nicht auch die normative Macht der Ethiker untersucht werden – warum nicht durch die Rechtssoziologie?

62 Mit Technik, Wissenschaft und Governance wurden drei Bereiche angesprochen, in denen die Mainstream-Soziologie noch ebenso erheblichen **Nachholbedarf** hat wie beim Blick aufs Recht. Rechtsvergessenheit kann man der deutschsprachigen Rechtssoziologie nicht attestieren, allenfalls dass die Breite des Spektrum an realen Normativitäten ignoriert wird. Technik- und Wissenschaftsvergessenheit indes schon, das Spektrum technowissenschaftlicher Normativitäten, das es aufzuarbeiten gilt, ist immens. Einer eingehenden Erforschung der „Governance"-Verhältnisse steht allzu oft noch eine Skepsis oder gar Polemik gegenüber dem „Governance"-Begriff im Weg – statt systematisch nachzusehen, was sich hinter dem Konzept verbirgt, damit gemacht und nicht gemacht wird.[62]

III. Für eine neugierige Soziologie des Normativen

63 Theodor Geiger[63] stellte in den 1940-er Jahren die Diagnose des Funktionsverlustes der Moral, wonach moderne, hochdifferenzierte Gesellschaften gerade das Auseinandertreten divergierender Gruppen- und Sondermoralen verkraften müssen. Dieser Anforderung sei eine streng eindimensionale „Generalmoral" eher abträglich, so *Jörg Bergmann* und Luckmann.[64] An die Stelle der Moral trete das Recht im Zuge einer zunehmenden Verrechtlichung der normativen Ordnung und die Verstaatlichung der Versorgungsleistungen. *Niklas Luhmann* (1927–1998) konstatiert die **Temporalisierung der Normgeltung** angesichts von beschleunigtem Wertewandel und gesellschaftlicher Dynamik allgemein, inmitten deren Normen und ihre Geltungen nunmehr als Zeitprojektionen erlebt und behandelt würden.[65]

64 Doch droht dem Recht nun dasselbe, wie der Moral und der Religion: durch hochgradige gesellschaftliche Differenzierung mit einem Recht ohne festgelegte Zukunft[66] und Entgrenzung[67]? **Verliert auch das Recht in der späten, globalisierten Moderne seinen Charakter als homogenes, allgemein verbindliches und mit Sanktionen durchsetztes**

61 Stegmaier, The rock'n'roll of knowledge co-production, in: EMBO reports, 2009.

62 Was der Soziologe und Jurist Alfons Bora am Bielefelder Institut für Wissenschafts- und Technikforschung (IWT) hierzu geleistet hat, legt allerdings wichtige Grundlagen. Abschlussfähig an Rechtssoziologie sind u. a. auch viele Arbeiten von Karl-Heinz Ladeur, wie ders., Das Umweltrecht der Wissengesellschaft, und von Hans-Heinrich Trute, vgl. u. a. ders./Nowotny/Pestre/Schmidt-Aßmann/Schulze-Fielitz, The Public Nature of Science under Assault.

63 Geiger, Soziologie.

64 Bergmann/Luckmann, Kommunikative Konstruktion von Moral, Bd. 1, S. 33.

65 Luhmann, Recht, S. 557.

66 Luhmann, Recht, S. 557 ff.

67 Beck/Lau, Entgrenzung und Entscheidung; Joas, Morality in the Age of Contigency.

System Gültigkeit in der Gesellschaft?[68] Stellen sich Privatisierungstendenzen ein?[69] Was bedeuten für die Rechtspraxis die Tendenzen zur Vereinheitlichung, Sozialisierung, Vermehrung, Spezialisierung, Bürokratisierung, Verwissenschaftlichung des Rechts[70]? Was passiert mit Recht im Zuge von Tendenzen zur Entstaatlichung und Transnationalisierung?[71] In welche allseits akzeptablen normativen Begriffe lassen sich die Verschiebungen dessen fassen, was zunehmend als andere Gründe für Asyl herangetragen wird (Klimawandel, Kriegsflucht, Hunger, sexuelle Verfolgung), aber nicht mehr unter die eingeführten Kategorien von Verfolgungsgründen passt? Der „Wandel in den soziostrukturellen und soziokulturellen Bedingungen moderner Gesellschaften, die auch eine Veränderung der empirischen Randbedingungen für moralisches Handeln und der gesellschaftlichen Anforderungen an Moral implizieren" bewirke Veränderungen, welche „die Bedeutung des Kontexts für das moralische Urteilen" erhöhten und die „Kontextualisierung der moralischen Urteilsbildung zunehmend unerlässlicher"[72] erscheinen lasse, konstatieren Nunner-Winkler und Edelstein; und weiter: Im Zuge von Individualisierung „erlaubt die gegenwärtige Situation einer Person keine sicheren Rückschlüsse mehr auf ihre Herkunft oder ihren zukünftigen Weg"; es gebe „kein vorgängig gesichertes Wissen darüber, welche Wertorientierungen eine Person in ihrer Präferenzbildung bezüglich unterschiedlicher Handlungsmöglichkeiten zur Geltung bringen wird".[73] Wird sich die Entwicklung der Moral auch auf das Recht auswirken? Wie hängen beide in der Praxis zusammen?

Die Strategie, um dies alles herauszufinden oder zumindest auf dem Radar zu behalten, könnte lauten: den Wandel von Ordnung wieder und wieder und in seiner Breite (so etwa Normativität weit über die Jurisprudenz hinaus) empirisch aufsuchen. Das **Erkenntnisinteresse** läge dabei in den Fragen, wie Menschen überhaupt etwas über die Welt und über Regeln und Regelwidrigkeiten des menschlichen Zusammenlebens in der Welt wissen; wie sie sich mit und unter anderen Menschen und in mehr oder weniger institutionalisierten Ordnungen des Zusammenlebens zurechtfinden; welche Probleme und welche Optionen sie unter welchen Bedingungen im institutionell mehr oder weniger vorgeordneten Zusammenleben haben und wie sie ihre Probleme lösen und ihre Optionen wahrnehmen (oder auch nicht).[74] 65

Das würde voraussetzen, die gerade zuvor beschriebene Perspektive, diese unersättliche **Heuristik der Ordnung** mit einer zweiten zu verflechten, mit einer ebenso unersättlichen **Heuristik der Bewegung.** *Hans-Georg Soeffner* hat präzis benannt, worum es *Anselm Strauss*, auf den hiermit angespielt wird, in seinem soziologischen Denken ging: Es ziele ab auf „eine ‚Theorie der Bewegung' in zweifachem Sinn: (1) Zum einen auf eine Theorie **von** der Bewegung, von den Prozessen menschlichen Handelns und menschlicher Sinngebung; (2) zum anderen auf eine Theorie **in** Bewegung, deren Prinzip es ist, das ‚Zuende-Denken' letztlich soweit zu treiben, dass es nie zuende kommen kann. Eine soziale Welt in Bewegung […] kann nur durch eine Theorie der Bewegung einigermaßen erfasst werden. Und die Theorie ihrerseits bleibt nur dann in Bewegung, wenn der ohnehin für jede Theorie notwendige methodische Zweifel überhöht wird 66

68 Luckmann, in: Moral im Alltag, S. 30; vgl. Teubner, Des Königs viele Leiber, in: Soziale Systems, 1996.
69 Sack u.a., Privatisierung sozialer Kontrolle.
70 Rehbinder, Rechtssoziologie, S. 101–126.
71 Grimm, Zukunft der Verfassung; Teubner, Verfassungsfragmente.
72 Nunner-Winkler/Edelstein, in: Moral im sozialen Kontext, S. 7 f.
73 Nunner-Winkler/Edelstein, in: Moral im sozialen Kontext, S. 9.
74 Zu dieser Perspektive: Hitzler, in: Hermeneutische Wissenssoziologie, S. 296.

durch den hermeneutischen Zweifel: durch das Wissen darum, dass nicht nur die Welten der sozialen Phänomene, sondern auch die der Auslegungsmöglichkeiten unerschöpflich sind".[75]

67 Für eine Soziologie des Normativen wäre es geradezu konstitutiv, einen Blick darauf zu richten, wie wenig linear (rechtliche) Akteure ihrem Handlungspfad folgen und wie wenig systemisch festgefügt die sinnhafte Ordnung ist, wie multipel die Bezugnahmen und Verortungen der Handelnden und ihrer Handlungsresultate in den sozialen Welten meist ist. Dabei kommt es gerade darauf an, nicht gleich das Kind mit dem Bade auszuschütten und in postmodernistische Wagheiten zu verfallen. Ziel ist doch gerade, das Handeln in seinem Austarieren von divergierenden Werthaltungen im Kontakt mit den **multiplen Realitäten**, Sinn- und Sozialwelten, in denen sich Akteure wie in Arenen bewegen, zum grundlegenden Erkenntnisgegenstand zu machen.

68 Was sollte der **Nutzen einer Rechtssoziologie** sein, die sich nur zuständig sieht für Normatives, auf dem ausdrücklich „Recht" und „Gesetz" steht, und dann immer schon weiß, was „Recht und Gesetz" ist? So viele Übergänge und Mischphänomene gehen selbst einer erfahrungswissenschaftlich ausgerichteten Rechtssoziologie verloren, wenn sie aus dem Blick hinausdefiniert werden, bevor ihre Bedeutung für Akteure und deren Situationen geklärt ist. Wenn von „Rechtswirklichkeit" die Rede ist, sollte man indes nicht vergessen, dass es sich nicht um eine rechtlich konstruierte Wirklichkeit handelt, sondern um eine Wirklichkeit, die ihre Grundlagen und Verwirklichungsbedingungen nicht zum Wenigsten in vielen weiteren Bereichen des Sozialen und Kulturellen findet.

69 Wie viele Typen normativer Kommunikation mag es geben, die nicht im unmittelbaren Umkreis der Justiz praktiziert werden und dennoch von der Sache und Tragweite her eine **Rechtssoziologie mit weitem Horizont** etwas angehen? Auf Grundlage dieser Einsicht sollte man zum Beispiel Webers und Luhmanns Rechtssoziologien und Durkheims Moralsoziologie für heutige Verhältnisse angemessen weiterentwickeln statt sie dogmatisch zu „verwalten". Die vielen „Anschlussstellen" hinüber zu Kriminologie und Polizeiwissenschaften sollten undogmatisch berücksichtigt werden. Es geht um eine empirische Rechtsforschung, welche Skepsis gegenüber Rechtsessentialismen mit Neugier gegenüber multiplen, veränderlichen und im globalen Kontext kulturdifferenten Rechtswirklichkeiten vereint. Allgemein gesprochen, wäre dies das Arbeitsfeld einer empirisch breit, ohne Scheuklappen und selbstverordnete Blindheit, blickenden **Soziologie des Normativen**.[76]

70 WIEDERHOLUNGS- UND VERTIEFUNGSFRAGEN

1. Wie lässt sich die Perspektive der Verstehenden (Rechts-) Soziologie charakterisieren?
2. Was gewährleistet die prozessuale Perspektive normativer Phänomene?
3. Welche Beispiele von Rechtswandel kennen Sie?
4. In welchem Verhältnis stehen Rechtssoziologie und die Rechtswissenschaften, wenn man verschiedene Arten der Praxis des Austauschs in der Rechts- und Wissenschaftswirklichkeit aufsucht?
5. Was bewirkt die Pluralisierung von Formen des Wissens, der Normativität, Governance und Rechtspraktiken mit der Rechtspraxis (in verschiedenen Kontexten)?

75 Soeffner, BIOS 1991, S. 1–2; Fettsetzungen i. O. kursiv.
76 Stegmaier, Wissen was Recht ist.

6. Überlegen Sie an Hand von neuesten sozialwissenschaftlichen Studien oder einschlägigen Zeitungsartikeln über Hintergründe von Fluchtbewegungen (oder: Maßnahmen zur Corona-Pandemie), welchen der sich wandelnden politischen Realität angepassten Asylbegriff (oder: des „Pandemie-Rechts", wenn Sie so wollen) Sie (rechts-) soziologisch herleiten und entwerfen könnten.

Lektüreempfehlungen:

71 Abels, Einführung in die Soziologie. 2 Bd., 2009; Berger/Luckmann, Die gesellschaftliche Konstruktion der Wirklichkeit – Eine Theorie der Wissenssoziologie, 2007; Berndt, Richterbilder – Dimensionen richterlicher Selbsttypisierungen, 2010; Christensen/Kudlich, Theorie richterlichen Begründens, 2001; Hesse, Einführung in die Rechtssoziologie, 2004; Jasanoff, Making Order: Law and Science in Action, 2008, in: Hackett u.a. (Hrsg.), The Handbook of Science and Technology Studies, S. 761 ff.; Joas (Hrsg.), Lehrbuch der Soziologie, 2007; Latour, La fabrique du droit – Une ethnographie du Conseil d'État, 2002; Ortmann, Regel und Ausnahme. Paradoxien sozialer Ordnung 2003; Rehbinder, Rechtssoziologie, 2003; Röhl, Rechtssoziologie, 1987; Schimank, Handeln und Strukturen – Einführung in die akteurstheoretische Soziologie, 2000; Scheffer u.a., Criminal Defence Procedure, 2010; Stegmaier, Wissen, was Recht ist – Richterliche Rechtspraxis aus wissenssoziologisch-ethnografischer Sicht, 2009.

Literaturverzeichnis:

72 Abels, Einführung in die Soziologie. 2 Bd., 2009; Albrow, Abschied vom Nationalstaat, 1998; Basaure/Reemtsma/Willing, Erneuerung der Kritik. Axel Honneth im Gespräch, 2009; Bauman, Vom Nutzen der Soziologie, 2000; ders., Postmoderne Ethik, 1995; Beck, Der kosmopolitische Blick, 2004; ders., Risikogesellschaft, 1996; Benz u.a., Handbuch Governance, 2007; Berger/Kellner, Für eine neue Soziologie, 1984; Berger/Berger/Kellner, Das Unbehagen in der Modernität, 1987; Berger/Luckmann, Die gesellschaftliche Konstruktion der Wirklichkeit, 2007; Bergmann/Luckmann, Kommunikative Konstruktion von Moral, Bd. 1, 1993; Bourdieu, Soziologische Fragen, 1993; ders., Entwurf einer Theorie der Praxis, 1979; Bourdieu u.a., La misère du monde, 1993; BR-Drs. 42/10, Entwurf zur Einführung von Kammern für internationale Handelssachen (KfiHG); Breuer, Reflexive Grounded Theory, 2009; Burawoy, For Public Sociology, in: Clawson u.a. (Hrsg.), Public Sociology, 2007, S. 23 ff.; Durkheim, Physik der Sitten und des Rechts, 1991; Eberle, Sinnkonstitution in Alltag und Wissenschaft, 1984; Esser, Vorverständnis und Methodenwahl in der Rechtsfindung, 1970; Esser, Soziologie: allgemeine Grundlagen, 1993; Geiger, Vorstudien zur Soziologie des Rechts, 1947; Gephart, Gesellschaftstheorie und Recht, 1993; Grimm, Die Zukunft der Verfassung II, 2012; Hitzler, Weltverhältnisse, in: Fischer/Joas (Hrsg.), Kunst, Macht und Institutionen, 2003, S. 364 ff.; ders., Konsequenzen der Situationsdefinition, in: Hitzler/Reichertz/Schröer (Hrsg.), Hermeneutische Wissenssoziologie, 1999; ders., Welten erkunden, Soziale Welt, 1999; Hitzler/Soeffner, Hermeneutik als Haltung und Handlung, in: Schröer (Hrsg.), Interpretative Sozialforschung, 1994, S. 28 ff.; Honegger/Neckel/Magnin, Strukturierte Verantwortungslosigkeit, 2010; Honneth, Pathologien der Vernunft – Geschichte und Gegenwart der Kritischen Theorie, 2007; ders., Kampf um Anerkennung – Zur moralischen Grammatik sozialer Konflikte, 1992; Hoppe, The Governance of Problems, 2010; Jasanoff, Designs on Nature, 2005; dies., Science at the Bar: Science and Technology in American Law, 1995; Joas, Morality in the Age of Contigency, Acta Sociologica 2004, 392 ff.; ders., Die Entstehung der Werte, 1997; Kelle/Kluge, Vom Einzelfall zum Typus, 2010; Knorr-Cetina, Die Fabrikation von Erkenntnis, 1991; Kuhlmann/Stegmaier/Konrad, The tentative governance of emerging science and technology – a conceptual introduction, Research Policy, 2019, S. 1091–1097; Ladeur, Das Umweltrecht der Wissengesellschaft, 1995; Latour, Eine neue Soziologie für eine neue Gesellschaft, 2007; ders., La fabrique du droit – Une ethnographie du Conseil d'État, 2002; Lautmann, Wert und Norm, 1969; Lévy-Bruhl, Soziologische Aspekte des Rechts, 1970; Luckmann, Gesellschaftliche Bedingungen geistiger Orientierung, in: ders. (Hrsg.), Moral im Alltag, 1998, S. 19 ff.; ders., Die unsichtbare Religion, 1991; Luhmann, Das Recht der Gesellschaft, 1993; ders., Legitimation durch Verfahren, 1983; Mills, Kritik der soziologischen Denkweise, 1963; May, Rechtspolitische Ne-

benfolgen und Entscheidungskonflikte der Biomedizin, in: Beck/Lau (Hrsg.), Entgrenzung und Entscheidung, 2004, S. 193 ff.; Mayntz, Governance Theory als fortentwickelte Steuerungstheorie, in: Schuppert (Hrsg.), Governance-Forschung, 2005, S. 11; Morlok, Selbstverständnis als Rechtskriterium, 1993; Nowotny u.a., Re-Thinking Science, 2001; Nunner-Winkler/Edelstein, Moral im sozialen Kontext – Einleitung, in: dies. (Hrsg.), Moral im sozialen Kontext, 2000, S. 7 ff.; Ortmann, Regel und Ausnahme. Paradoxien sozialer Ordnung 2003; Rehbinder, Rechtssoziologie, 2003; Röhl, Rechtssoziologie, 1987; Rohwer/Pötter, Methoden sozialwissenschaftlicher Datenkonstruktion, 2002; dies., Grundzüge der sozialwissenschaftlichen Statistik, 2001; Sack u.a., Privatisierung sozialer Kontrolle, 1995; Scheffer, Asylgewährung, 2001; Scheffer/Hanneken-Illjes/Kozin, Criminal defence and Procedure, 2010; Schimank, Handeln und Strukturen, 2000; Schulze, Die Erlebnisgesellschaft, 1993; Schütz/Luckmann, Strukturen der Lebenswelt, 2003; Soeffner, Auslegung des Alltags – Alltag der Auslegung, 2004; ders., Gesellschaft ohne Baldachin, 2000; ders., Verstehende Soziologie und sozialwissenschaftliche Hermeneutik, in: Hitzler/Reichertz/Schröer (Hrsg.), Hermeneutische Wissenssoziologie, 1999; ders., „Trajectory" – das geplante Fragment, BIOS 1991, S. 1 f.; Soeffner/Cremers, Interaktionstyp ‚Recht-Sprechen', 1988; Soeffner, Ursachen für Kommunikationsstörungen bei Gericht, in: Wassermann/Petersen (Hrsg.), Recht und Sprache, 1983, S. 73 ff.; de Sousa Santos (Hrsg.), Another Knoweldge is Possible. Beyond Northern Epistemologies, 2007; Stegmaier, Die hermeneutische Interpretation multisprachlicher Daten in transnationalen Forschungskontexten, in: Bethmann/Roslon (Hrsg.), Going the Distance. Impulse für die interkulturelle Qualitative Sozialforschung, 2013, S. 231–253; Stegmaier/Kuhlmann/Visser, The discontinuation of socio-technical systems as governance problem, in: Borrás/Edler (Hrsg.), Governance of systems change, 2014, S. 111 ff.; Stegmaier, Wissen, was Recht ist, 2009; ders., The Rock 'n' Roll of Knowledge Co-Production, in: ders./H. Breithaupt, Science & Society Series on Convergence Research. EMBO reports, 2009, S. 114 ff.; Teubner, Verfassungsfragmente, 2012; Teubner, Des Königs viele Leiber. Die Selbstdekonstruktion der Hierarchie des Rechts, Soziale Systeme, 1996, S. 229 ff.; Travers, Understanding Law and Society, 2009; Trute/Nowotny/Pestre/Schmidt-Aßmann/Schulze-Fielitz, The Public Nature of Science under Assault, 2005; Waddington, Policing Citizens, 1999; Waldenfels, Ordnung im Zwielicht, 1987; Weber, Wirtschaft und Gesellschaft, 1982; ders., R. Stammler „Überwindung" der materialistischen Geschichtsauffassung; Nachtrag zu dem Aufsatz über R. Stammlers „Überwindung" der materialistischen Geschichtsauffassung, in: Winckelmann (Hrsg.), Gesammelte Aufsätze zur Wissenschaftslehre, 1982, S. 291; ders., Über einige Kategorien der verstehenden Soziologie, 1982; Weingart, Wissenschaftssoziologie, 2003; Zimmerman, Normen im Alltag, in: Hammerich/Klein (Hrsg.), Materialien zur Soziologie des Alltags, 1978, S. 86 ff.

Teil 3 Geistesgeschichtlich-historische Grundlagenfächer

§ 4 Allgemeine Staatslehre

*Mehrdad Payandeh**

„Die Epoche der Staatlichkeit geht jetzt zu Ende. Darüber ist kein Wort mehr zu verlieren“

Carl Schmitt

„Rumors of my death are greatly exaggerated”

Mark Twain

A. Einleitung: Was heißt und zu welchem Ende studiert man Allgemeine Staatslehre?

I. Das Phänomen der Staatlichkeit

Der Staat ist für uns eine Selbstverständlichkeit. Wir erleben ihn alltäglich, bei der Abfassung der Steuererklärung, in Verkehrskontrollen oder beim Bezug von Sozialleistungen. Auch für den Juristen bildet der Staat den ebenso natürlichen wie unverzichtbaren Handlungsrahmen. Recht wird vom staatlichen Gesetzgeber gesetzt, von staatlichen Behörden und Gerichten angewendet und durchgesetzt. Im Privat- und Strafrecht wird der Staat schlicht vorausgesetzt, und auch im öffentlichen Recht beschäftigt man sich weniger mit dem Staat als solchem als vielmehr mit spezifischen Ausprägungen der Staatlichkeit: mit der Organisation eines bestimmten Staates (etwa mit den Verfassungsorganen der Bundesrepublik Deutschland), mit seinen materiellen Gehalten (etwa den Staatsstrukturprinzipien und den Grundrechten des Grundgesetzes) oder den konkreten Handlungen einzelner staatlicher Akteure (etwa einem Gesetz oder Verwaltungsakt). Recht ohne Staat ist für uns nur schwer vorstellbar – und dennoch erfolgt eine nähere Befassung mit dem Phänomen der Staatlichkeit in den juristischen „Kernfächern“ regelmäßig nicht. 1

II. Allgemeine Staatslehre als rechtswissenschaftliche Disziplin

An dieser Stelle setzt die Allgemeine Staatslehre an. Sie betrachtet – in grundsätzlicher Weise – den Staat als Organisation menschlichen Zusammenlebens sowie als politische Herrschaftsform. Das Adjektiv „allgemein“ bringt dabei zum Ausdruck, dass es nicht um die Befassung mit einem bestimmten Staat geht.[1] Die Allgemeine Staatslehre beschäftigt sich nicht oder allenfalls exemplarisch mit dem Aufbau eines konkreten Staates. Im Zentrum der Betrachtung stehen vielmehr die Eigenschaften und Besonderhei- 2

* Für ihre wertvollen Anmerkungen und Anregungen danke ich Prof. Dr. Andreas Funke, Prof. Dr. Julian Krüper und Prof. Dr. Dr. Markus Thiel.

1 Morlok, Verfassungstheorie, S. 24 f.; Pernthaler, Staatslehre, S. 23.

ten des Staates als solchem, regelmäßig mit einem starken Fokus auf dem demokratischen Verfassungsstaat.[2] In seinem grundlegenden Werk „Allgemeine Staatslehre" führt *Georg Jellinek* (1851–1911) aus:

> „Die allgemeine Staatslehre sucht das Fundament der gesamten Staatslehre zu legen, indem sie die Erscheinung des Staates überhaupt sowie die Grundbestimmungen, die er darbietet, wissenschaftlicher Forschung unterzieht. Ihre Resultate werden nicht durch Untersuchung einer staatlichen Einzelindividualität, sondern vielmehr der gesamten geschichtlich-sozialen Erscheinungsformen des Staates gewonnen."[3]

Dadurch unterscheidet sich die Allgemeine Staatslehre von anderen rechtswissenschaftlichen Disziplinen, wie insbesondere dem **Staats- bzw. Verfassungsrecht**, das sich dogmatisch mit einzelnen verbindlichen Rechtssätzen innerhalb eines bestimmten Staates befasst. Abzugrenzen ist die Allgemeine Staatslehre zudem vom **Völkerrecht**, das vorrangig die Rechtsbeziehungen zwischen einzelnen Staaten regelt.[4] Auch die **Rechtsvergleichung** (§ 11), die in vergleichender Gegenüberstellung Gemeinsamkeiten und Unterschiede innerhalb nationaler Rechtsordnungen analysiert, identifiziert allgemeine Strukturen von Staatlichkeit. Gleichwohl unterscheidet sich die Allgemeine Staatslehre von der Rechtsvergleichung dadurch, dass sie sich nicht auf die Analyse des geltenden Rechts beschränkt. Allgemeine Staatslehre ist **methodenpluralistisch**, sie nähert sich dem Untersuchungsgegenstand „Staat" nicht nur juristisch, sondern betrachtet ihn unter Einbeziehung der historischen, soziologischen und philosophischen Perspektive.[5]

Dieser interdisziplinäre Ansatz wirft die Frage auf, wie die Allgemeine Staatslehre von der **Soziologie** und der **Politologie** abzugrenzen ist. Von diesen gesellschaftswissenschaftlichen Disziplinen, die ebenfalls den Staat zum Gegenstand wissenschaftlicher Befassung haben, unterscheidet sich die Allgemeine Staatslehre maßgeblich durch ihre Methode sowie die Perspektive:[6] Die soziologischen Wissenschaften arbeiten vornehmlich **empirisch**, sie beschreiben und untersuchen das „Sein", wollen soziale Vorgänge erklären und wenn möglich prognostizieren. Die Allgemeine Staatslehre als rechtswissenschaftliche Disziplin hingegen arbeitet verstärkt **normativ.**[7] Ihr Augenmerk gilt in erster Linie der Ebene des „Sollens", also der rechtlichen Ausgestaltung des Staatswesens. Der Zugang zum Verständnis des Staates wird von der Allgemeinen Staatslehre vorrangig über das Verständnis der staatlichen Rechtsordnung gesucht, der politische, „außerrechtliche" Kontext findet dabei zwar Beachtung, steht jedoch regelmäßig nicht im Zentrum der Untersuchung.

Schon diese kurzen Ausführungen zeigen, dass es schwer fällt, die Allgemeine Staatslehre präzise zwischen den dogmatisch arbeitenden rechtswissenschaftlichen Disziplinen und den Gesellschaftswissenschaften zu verorten. Ihre Sonderstellung als zwischen den beiden Disziplinen „oszillierende Wissenschaft"[8] lässt sich vorrangig historisch erklären. Mit dem Durchbruch des Positivismus (§ 2 Rn. 6 ff., § 9 Rn. 26 ff.) in der

---

2 Siehe Thiele, Staatslehre, S. 13 f.; Vesting, Staatstheorie, Rn. 44 ff.

3 Jellinek, Staatslehre, S. 9 f.

4 Doehring, Staatslehre, Rn. 12 f.

5 Möllers, in: Evangelisches Staatslexikon, Sp. 2318 f.; Gamper, Staat, S. 26; Stern, Staatsrecht, S. 48 f.; Thiele, Staatslehre, S. 7 ff. und S. 29 ff. zu den damit verbundenen Herausforderungen; Vesting, Staatstheorie, Rn. 16 ff. zum disziplingeschichtlichen Hintergrund.

6 Doehring, Staatslehre, Rn. 8.

7 Pernthaler, Staatslehre, S. 23; Thiele, Staatslehre, S. 5 f.; zur Bedeutung der empirischen Arbeitsweise in der allgemeinen Staatslehre aber auch Schöbener/Knauff, Staatslehre, Rn. 11.

8 Gamper, Staat, S. 7.

Rechtswissenschaft und insbesondere im öffentlichen Recht verbunden war das Bestreben, außerrechtliche Erkenntnisse – seien sie historischer, philosophischer, soziologischer oder politischer Art – einerseits aus der dogmatischen Rechtsanwendung herauszuhalten, sie aber andererseits als Befassungsgegenstand der Rechtswissenschaft zu bewahren. Diese Stellung zwischen den Wissenschaften führt teilweise dazu, dass der Allgemeinen Staatslehre die Existenzberechtigung als eigenständige Teildisziplin der Rechtswissenschaft abgesprochen wird.[9] Ihre Bedeutung gegenüber den Gesellschaftswissenschaften liegt jedoch darin, dass sie das Phänomen der Staatlichkeit aus einer spezifisch juristischen Perspektive untersucht und die Rechtsordnung in das Zentrum der Betrachtung stellt. Für die Rechtswissenschaft und für den rechtswissenschaftlichen Lehrbetrieb liegt ihre Bedeutung darin, dass sie Raum für die Berücksichtigung der Erkenntnisse der Nachbardisziplinen eröffnet.

III. Das Erkenntnisinteresse der Allgemeinen Staatslehre

Damit ist die Frage aufgeworfen, warum man sich als Juristin oder Jurist mit Allgemeiner Staatslehre beschäftigen sollte. Reicht es nicht aus, sich den einzelnen staatsrechtlichen Institutionen rechtsdogmatisch zu nähern? Und steht für den „Blick über den Tellerrand“ nicht die Rechtsvergleichung zur Verfügung? Die Befassung mit dem Phänomen der Staatlichkeit aus einer grundsätzlichen Perspektive hat jedoch einen darüber hinaus gehenden Sinn. Sie soll vertieftes Verständnis für das öffentliche Recht und seine einzelnen Erscheinungsformen vermitteln, indem sie den Blick erweitert auf die Grundlagen von Staat und Verfassung. Auf diese Weise will die Allgemeine Staatslehre „Orientierungswissen“[10] vermitteln im Dickicht einzelner öffentlich-rechtlicher Fragestellungen. Erst die Vertrautheit mit dem Phänomen des Staates, mit seinem geschichtlichen Kontext und seinen spezifischen Problemen ermöglicht ein vertieftes Verständnis für das geltende öffentliche Recht.[11] 3

Vor diesem Hintergrund lassen sich die Hauptfragen der Allgemeinen Staatslehre – ohne Anspruch auf Vollständigkeit und ohne Absicht, den Befassungsgegenstand der Allgemeinen Staatslehre auf diese Fragen zu beschränken – wie folgt formulieren:

- Wie und vor welchem historischen Hintergrund ist der moderne Staat entstanden?
- Was ist ein Staat und was zeichnet ihn gegenüber anderen Gemeinschaften aus?
- Was sind Zweck und Rechtfertigung des Staates?
- Wie sind Staaten in ihrem Inneren ausgestaltet und wie lassen sich verschiedene Staatstypen unterscheiden?

Diese grundsätzlichen Fragen der Allgemeinen Staatslehre, die im Zentrum des folgenden Hauptteils (B) stehen, werden ergänzt durch eine Vielzahl aktueller Problemstellungen, von denen im Rahmen der Vertiefung (C) exemplarisch auf die Frage nach dem Wandel (oder dem Ende?) von Staatlichkeit im Zeitalter von Europäisierung und Internationalisierung eingegangen wird.

9 Möllers, Staat, S. 418 ff.; Lepsius, EuGRZ 2004, 370, 375 f.; dagegen Voßkuhle, JuS 2004, 2 ff.
10 Zippelius, Staatslehre, S. V; Pernthaler, Staatslehre, S. 23.
11 Kriele, Staatslehre, S. 1; Voßkuhle, JuS 2004, 2, 3 f.

B. Hauptteil: Grundfragen der Allgemeinen Staatslehre

4 Bevor Begriff und Besonderheiten des Staates dargestellt werden, erscheint ein Blick auf die historischen Hintergründe der Entstehung und des Wandels des modernen Staates erforderlich.

I. Entstehung und Entwicklung des modernen Staates

Die Anfänge des Staates im weitesten Sinne – verstanden als von Menschen gebildete dauerhafte Gemeinschaft mit zentralisierter Herrschaft und Institutionen – lassen sich bis in die **Antike** zurückverfolgen.[12] Schon in den griechischen Stadtstaaten (Polis) Athen und Sparta sowie im Römischen Reich lassen sich Elemente von Staatlichkeit ausmachen, die teilweise – insbesondere in der Lehre von den Staats- und Regierungsformen – bis in die Moderne überdauert haben.[13] Das **Mittelalter** hingegen ist geprägt von einer Zersplitterung der Herrschaftsgewalt in der Gesellschaftsform des feudalen Lehnswesens. Der „Staat" des Mittelalters kennt keine allumfassende, einheitliche Staatsgewalt, sondern konkurriert mit dem Herrschaftsanspruch der Kirche, die ihren Einfluss aus ihrem Selbstverständnis als Spitze der christlichen Gemeinschaft ableitet, mit dem Reich, das den Einzelstaaten nur die Bedeutung von Provinzen zukommen lassen will, sowie im Inneren mit den Machtansprüchen der Stände und Zünfte.

5 Ob man diese Herrschaftsformen der Antike und des Mittelalters als „Staaten" bezeichnet oder den Begriff auf den Staat der Moderne beschränkt, ist im Wesentlichen eine terminologische Frage. Der moderne Staat hat sich jedenfalls erst in der **Neuzeit** entwickelt, vor dem politischen Hintergrund des Kampfes der Könige nach außen gegen Papst und Kaiser und nach innen gegen die ständisch organisierten Feudalgewalten.[14] Der Staat beanspruchte Unabhängigkeit vom Reich und bestritt den Autoritätsanspruch der Kirche in weltlichen Fragen. Im Inneren des Staates verdrängte eine zentralisierte Staatsgewalt schrittweise das Feudalwesen. Diese Vereinigung der Staatsgewalt in der Person eines absoluten Herrschers findet ihren ideengeschichtlichen Niederschlag im Werk „Il Principe" von *Niccolò Machiavelli* (1469–1527). Und es ist insbesondere *Jean Bodin* (1529–1596), der in seinem 1576 erschienenen Werk „Les six livres de la République" mit der **Souveränität** einen Kernbegriff in die moderne Staatslehre einführt. Vor dem Hintergrund der konfessionellen Konflikte und Bürgerkriege ist für Bodin allein ein starker Monarch dazu in der Lage, den Frieden in der Gesellschaft und die Einheit des Staates zu gewährleisten. Souveränität, verstanden als absolute und dauerhafte Staatsgewalt, kommt dem Fürsten zu (**Fürstensouveränität**), der an keine weltlichen Gesetze (lex), sondern nur an die göttlichen Gebote (jus) gebunden ist. Ihre staatstheoretische Ergänzung findet diese Lehre bei *Thomas Hobbes* (1588–1679), der vor dem Hintergrund des englischen Bürgerkrieges zu der Überzeugung gelangt, dass Frieden und Sicherheit nur durch einen starken und absolutistischen Herrscher zu gewährleisten seien.[15] Die Menschen befänden sich im „Krieg aller gegen alle" (bellum omnium contra omnes), in dem der „Mensch dem Menschen Wolf" sei (homo homini lupus est). Die einzige Möglichkeit, diesen Naturzustand zu verlassen, liege darin, dass alle Menschen durch einen **Gesellschaftsvertrag** ihre Macht auf einen Einzelnen über-

12 Zu Erscheinungsformen von Staatlichkeit in der Vor- und Frühgeschichte Herzog, Staaten der Frühzeit.
13 Gamper, Staat, S. 29.
14 Randelzhofer, in: HStR II, § 17 Rn. 13 ff.; Vesting, Staatstheorie, Rn. 111 ff.
15 Hobbes, Leviathan; zur Rechtsphilosophie von Hobbes siehe § 1 Rn. 12 ff.

tragen. Den dergestalt errichteten und mit dem Gewaltmonopol ausgestatteten Staat nennt Hobbes – in Anlehnung an ein biblisches Seeungeheuer – den **Leviathan.**

6 Das insoweit ideengeschichtlich geborene Konzept des modernen souveränen Staates setzte sich in der Folgezeit weiter durch. Vielfach wird der Westfälische Friede von 1648 als Geburtsstunde des souveränen Staates bezeichnet, da die in Münster und Osnabrück geschlossenen Friedensverträge ein neues politisches System in Europa etablierten, das auf dem Grundsatz der souveränen Gleichheit nach außen unabhängiger, nach innen allzuständiger Territorialstaaten basierte.[16] Gleichwohl darf nicht verkannt werden, dass die Festigung des Souveränitätsanspruchs sowie des damit verbundenen Gewaltmonopols des Staates noch Gegenstand längerer Entwicklung war.[17]

7 Prägend für die weitere Entwicklung des modernen Staates war das Zeitalter der **Aufklärung** und ihrer Vordenker. In Abkehr von der absolutistischen Vorstellung eines allmächtigen Herrschers geht es nunmehr verstärkt um die innere Ordnung und Einschränkung staatlicher Macht. So begründet und legitimiert *John Locke* (1632–1704) die Herrschaft des Staates mit einem Gesellschaftsvertrag, den die Bürger aufgrund einer freien Entscheidung schließen.[18] Sie übertragen ihre natürlichen Rechte allerdings nicht vollständig auf die politische Gemeinschaft, sondern nur in dem Maße, wie es für das Gemeinwohl erforderlich ist. Locke stellt damit den treuhänderischen Charakter der Hoheitsgewalt in den Vordergrund und sieht trotz Übertragungsakt das Volk als Souverän an. Auch bei *Jean-Jacques Rousseau* (1712–1778) ist das Volk der Träger der Souveränität, der Herrscher selbst ist nicht souverän, seine Herrschaft legitimiert sich allein auf der Grundlage der ihm vom Volk übertragenen Herrschaftsgewalt (**Volkssouveränität**).[19] Insbesondere bei *Montesquieu* (1689–1755) findet sich schließlich das Konzept der **Gewaltenteilung**, der Aufgliederung staatlicher Gewalt auf die Legislative, Exekutive und Judikative.[20] Mit den Prinzipien der Volkssouveränität, der Gewaltenteilung sowie der Beschränktheit staatlicher Gewalt, die insbesondere in der Anerkennung unveräußerlicher Grundrechte zum Ausdruck gelangt, bilden sich somit in der Zeit der Aufklärung wesentliche Merkmale des modernen Verfassungsstaates heraus.

II. Begriff und Wesen des Staates

1. Die Erforderlichkeit einer Definition des Staates

8 Vor dem Hintergrund der historischen Herausbildung des modernen Staates stellt sich die Frage, was ein Staat ist.[21] Da die Staaten dieser Welt höchst unterschiedlich verfasst sind, erweist sich eine allgemeingültige Definition des Staates als äußerst schwierig. Eine einheitliche Definition kann es auch deshalb nicht geben, weil der Staat den Befassungsgegenstand verschiedener wissenschaftlicher Disziplinen darstellt, die sich dem Staat mit unterschiedlichem Erkenntnisinteresse und unterschiedlichen Methoden nähern.[22] Im Zentrum einer **soziologischen** Definition steht der Versuch, das Wesen

16 Oeter, Souveränität – ein überholtes Konzept?, in: FS-Steinberger, S. 259, 264.
17 Möllers, S. 223.
18 Locke, Two Treatises of Government.
19 Rousseau, Du Contrat Social.
20 Montesquieu, De l'esprit des lois.
21 Zur Begriffsgeschichte Vesting, Staatstheorie, Rn. 5 ff.
22 Zusammenstellung verschiedener Staatsbegriffe bzw. Perspektiven auf den Staat bei Thiele, Staatslehre, S. 40 ff.

des Staates zu erfassen und möglichst präzise zu beschreiben.[23] Ein spezifisch **juristischer** Staatsbegriff dient hingegen anderen Zwecken. Denn sowohl das Völkerrecht als auch das nationale Recht knüpfen verschiedene Rechtsfolgen daran, ob eine bestimmte Wirkungseinheit einen Staat darstellt oder nicht. Die Völkerrechtsordnung erkennt grundsätzlich nur Staaten als vollumfängliche Rechtssubjekte an. Nur Staaten können Mitglieder der Vereinten Nationen werden (Art. 4 Abs. 1 UN-Charta), vor dem Internationalen Gerichtshof klagen und verklagt werden (Art. 34 Abs. 1 IGH-Statut) und sind in umfassender Weise an das allgemeine Völkerrecht gebunden.

▶ Dass sich auch im innerstaatlichen Recht das Erfordernis stellen kann, den Staat zu definieren, belegt beispielhaft der Fall „Sealand", den das Verwaltungsgericht Köln im Jahr 1978 zu entscheiden hatte:[24] Den Hintergrund des Verfahrens bildete das sog. „Fürstentum Sealand", eine ehemalige englische Flakstellung, die etwa acht Seemeilen vor der Südküste Großbritanniens liegt. Diese nach dem Zweiten Weltkrieg von den Briten aufgegebene Flakstellung wurde im Jahr 1967 von einem britischen Major besetzt, der dort das Fürstentum Sealand ausrief. Die Flakstellung hat eine Größe von etwa 1.300 m² und ist durch Pfeiler mit dem Meeresboden verbunden. Zum Zeitpunkt der Entscheidung besaßen 106 Personen die „Staatsangehörigkeit" des Fürstentums Sealand, unter anderem der Kläger, ein deutscher Staatsangehöriger, der – nicht zuletzt aus steuerlichen Gründen – vor dem VG Köln die Feststellung begehrte, dass er durch den Erwerb der Staatsangehörigkeit des Fürstentums Sealand die deutsche Staatsangehörigkeit verloren habe. Da § 25 Abs. 1 des damals geltenden Reichs- und Staatsangehörigkeitsgesetzes (RuStAG) vorsah, dass ein deutscher Staatsangehöriger, der auf seinen Antrag eine ausländische Staatsangehörigkeit erhält, die deutsche Staatsangehörigkeit verliert, sah sich das VG mit der Frage konfrontiert, ob der Kläger mit der Aushändigung der Urkunde über die Verleihung der Staatsangehörigkeit des Fürstentums Sealand die Staatsangehörigkeit eines ausländischen Staates erhalten hatte. Dies setzte voraus, dass es sich bei dem Fürstentum Sealand um einen Staat handelt. ◀

Dieses Fallbeispiel verdeutlicht, dass es ungeachtet der Schwierigkeit einer präzisen Begriffsbestimmung einer der Subsumtion zugänglichen juristischen Definition des Staates bedarf.

2. Die Drei-Elemente-Lehre

9 Zu diesem Zweck hat sich – sowohl im Völkerrecht als auch im nationalen Recht – die von Georg Jellinek entwickelte **Drei-Elemente-Lehre**[25] durchgesetzt. Danach ist der Staat ein menschlicher Verband, der sich zu einem Staatsvolk zusammengeschlossen hat, sich über ein bestimmtes Staatsgebiet erstreckt und über die Staatsgewalt verfügt. Gegen diese Begriffsbestimmung ist vielfach eingewendet worden, dass sie zu grob sei und daher das Wesen des Staates nicht zutreffend erfassen könne. Gleichwohl erscheint sie gerade wegen ihrer Allgemeinheit und Wertneutralität als geeignet, da der Begriff des Staates insbesondere im Völkerrecht Staaten unterschiedlicher Größe, politischer Verfasstheit und ideologischer Ausrichtung unter sich vereinen muss. Nichtsdestotrotz bedürfen die drei Elemente einer näheren Konkretisierung.

a) Das Staatsvolk

10 Der Begriff des Staatsvolkes ist schwierig zu definieren. Im soziologischen Sinne setzt sich ein Volk aus einer Gesamtheit von Menschen zusammen, die sich durch ein natio-

23 Kriele, Staatslehre, S. 57.
24 VG Köln, Urt. v. 3.5.1978, 9 K 2565/77 = DVBl. 1978, 510.
25 Jellinek, Staatslehre, S. 394 ff.

nales Zusammengehörigkeitsgefühl verbunden wissen. Dieses Zusammengehörigkeitsgefühl kann auf unterschiedlichen Faktoren beruhen: Stammesverwandtschaft, gemeinsamer Geschichte, Kultur, Sprache oder Religion.[26] In juristischer Hinsicht stellt das Volk die Gesamtheit aller Staatsangehörigen dar.[27] Diese formale Definition gewährleistet zwar eine klare Abgrenzung der Angehörigen verschiedener Staaten.[28] Für die Bestimmung, ob ein Staat im Sinne der Drei-Elemente-Lehre vorliegt, erweist sie sich jedoch bei näherer Betrachtung als zirkulär: Das Bestehen eines Staates setzt ein Staatsvolk voraus, das sich wiederum aus den Angehörigen des Staates zusammensetzt. Daher lässt sich das Staatsvolk nicht völlig ohne Rückgriff auf die soziologischen Merkmale eines Volkes bestimmen.

▶ Dies zeigt sich in der Sealand-Entscheidung, in der das VG Köln die Staatsqualität des Fürstentums unter anderem aufgrund des fehlenden Staatsvolkes ablehnte. Die sog. Staatsangehörigen hätten sich nicht zur Bildung einer Gemeinschaft zusammengeschlossen, sondern nur aufgrund ihrer gleichlaufenden wirtschaftlichen Interessen. Dies stelle nur einen kleinen Teilbereich ihres Lebens dar und reiche nicht aus, um sie als Staatsvolk anzuerkennen. Das Fürstentum Sealand weise zudem nicht die Voraussetzungen für die Erfüllung lebensnotwendiger Bedürfnisse auf und biete seinen Staatsangehörigen keinen hinreichenden Lebensraum. ◀

b) Das Staatsgebiet

Jeder Staat setzt ein territorial begrenztes Gebiet voraus, in dem das Staatsvolk lebt 11
und auf das sich die Staatsgewalt bezieht. Durch das Staatsgebiet unterscheidet sich der moderne Staat von frühen Herrschaftsverbänden, die stärker durch personale Beziehungen und Gefolgschaft geprägt waren.[29] Der moderne Staat ist Territorialstaat. Das Staatsgebiet ist damit Definitionsmerkmal des Staates und grenzt in räumlicher Hinsicht den Herrschaftsbereich des Staates zu anderen Staaten ab. Im Rahmen der staatlichen Grenzen umfasst das Staatsgebiet die Erdoberfläche, die Luftsäule über dem Staatsgebiet sowie das Erdinnere. Die Begrenzung des Staatsgebietes wird durch das Völkerrecht geregelt.

▶ Der Flakstellung, die das Fürstentum Sealand bilden sollte, hat das VG Köln die Qualität eines Staatsgebietes abgesprochen. Sie sei zwar durch Pfeiler fest mit dem Meeresboden verbunden, stelle jedoch keinen Teil der Erdoberfläche dar. Nur auf natürliche Weise gewachsene Flächen könnten Staatsgebiet darstellen. ◀

c) Die Staatsgewalt

Der Begriff der Staatsgewalt bezeichnet die Herrschaftsmacht des Staates über sein 12
Staatsgebiet sowie sein Staatsvolk. Dass Staatsgewalt eine Voraussetzung für Staatlichkeit ist, erklärt sich vor dem Hintergrund der grundlegenden Funktion des Staates, für ein geordnetes Zusammenleben innerhalb der staatlichen Gemeinschaft Sorge zu tragen. Der Begriff der Staatsgewalt umfasst daher den gesamten Bereich der Ausübung staatlicher Gewalt: die Setzung von Recht und die Durchsetzung des Rechts durch die Exekutive sowie die Rechtsprechung. Diese Herrschaftsgewalt ist im Staat zentralisiert, dem das **Gewaltmonopol** zukommt:[30] Legitime physische Gewalt kann nur durch den

26 Zippelius, Staatslehre, S. 68 ff.
27 Jellinek, Staatslehre, S. 406; Kriele, Staatslehre, S. 70.
28 Doehring, Staatslehre, Rn. 52.
29 Reineck, Staatslehre, Rn. 35; Kriele, Staatslehre, S. 66 f.
30 Zippelius, Staatslehre, S. 48 ff.; Vesting, Staatstheorie, Rn. 111 ff.

Staat oder mit Billigung des Staates ausgeübt werden. Diese Zentralisierung von Hoheitsgewalt schließt nicht aus, dass die Ausübung von Hoheitsgewalt auf außerhalb des Staates stehende Verbände übertragen wird. Es ist gerade ein Zeichen von Staatsgewalt, dass der Staat die Ausübung von Hoheitsgewalt delegieren bzw. die autonome Ausübung von Hoheitsgewalt etwa durch Gemeinden oder Religionsgemeinschaften anerkennen und akzeptieren kann.[31]

Wie genau die Hoheitsgewalt innerhalb des Staates ausgeübt wird und ausgestaltet ist, ist für den Staatsbegriff zunächst unerheblich. Fragen der **Legitimität** spielen für das Kriterium der Staatlichkeit keine Rolle. Auch ein undemokratischer Staat oder ein Staat, der grundrechtlichen und rechtsstaatlichen Anforderungen nicht genügt, ist ein Staat. Aus der Sicht der Allgemeinen Staatslehre sowie des Völkerrechts allein entscheidend ist, dass die Staatsgewalt **effektiv** ausgeübt wird.[32] Allerdings lässt sich im Völkerrecht die Tendenz ausmachen, in Konstellationen zweifelhafter Staatsgewalt zunehmend auch Gesichtspunkte der Legitimität zu berücksichtigen.[33]

▶ Ob im Hinblick auf das Fürstentum Sealand von einer effektiven Ausübung der Staatsgewalt gesprochen werden kann, ist schwer zu sagen. Das VG Köln hat sich mit dieser Frage nicht beschäftigt, da es bereits das Vorliegen von Staatsvolk und Staatsgebiet verneint hat. Da Sealand sich eine eigene Verfassung gegeben hat und legislative, exekutive und judikative Strukturen aufweist, wäre die Voraussetzung von Staatsgewalt – mangels entgegenstehender Anhaltspunkte – wohl zu bejahen gewesen. ◀

d) Insbesondere: Staatsgewalt und Souveränität

13 Eng verbunden mit dem Begriff der Staatsgewalt ist der Begriff der Souveränität, ein Kernkonzept der Allgemeinen Staatslehre. Nach heutigem Verständnis ist Souveränität nicht mit der Staatsgewalt gleichzusetzen, sondern stellt vielmehr eine Eigenschaft der Staatsgewalt dar.[34] Staatliche Souveränität wird überwiegend als höchste Gewalt nach innen und Unabhängigkeit nach außen definiert. Es wird unterschieden zwischen innerer (staatsrechtlicher) und äußerer (völkerrechtlicher) Souveränität. Innere Souveränität bedeutet, dass der Staat für seine Angehörigen (Personalhoheit) und auf seinem Gebiet (Gebietshoheit) der höchste Herrschaftsverband ist und letztverbindliche Entscheidungen treffen kann. Der Grundsatz der äußeren Souveränität beinhaltet, dass die Staaten untereinander keiner überstaatlichen Macht, sondern bloß dem vom zwischenstaatlichen Konsens getragenen Völkerrecht unterworfen sind. Das Völkerrecht erkennt an, dass dem souveränen Staat auf seinem Staatsgebiet die alleinige Herrschaftsgewalt zukommt. Dieses „Zuhöchstsein" wird durch die Attribute der Einzigkeit und Einseitigkeit konkretisiert.[35] Einzigkeit bedeutet, dass es neben der souveränen Staatsgewalt keine gleiche andere Gewalt im Staat geben kann. Einseitigkeit bedeutet, dass die Ausübung von Staatsgewalt nicht der Zustimmung oder Mitwirkung der Betroffenen bedarf.

Souveränität darf jedoch nicht als von allen Bindungen losgelöste Macht verstanden werden. Schon bei Bodin ist der staatliche Herrscher zumindest an das göttliche Recht, das Naturrecht sowie das Völkerrecht gebunden. Im modernen Verfassungsstaat unter-

31 Kriele, Staatslehre, S. 61 ff.
32 Doehring, Staatslehre, Rn. 83.
33 Siehe von Arnauld, Völkerrecht, Rn. 73 und Rn. 93.
34 Randelzhofer, in: HStR II, § 17 Rn. 3.
35 Krüger, Staatslehre, S. 847 ff.

liegt die Ausübung souveräner Hoheitsgewalt nach innen den Grenzen der Verfassung und nach außen den Bindungen des Völkerrechts. Man spricht insoweit von **relativer Souveränität.**

Von der Frage der Souveränität des Staates (**Staatssouveränität**) zu unterscheiden ist die Frage, wer innerhalb des Staates Träger der Souveränität ist.[36] Im modernen Verfassungsstaat liegt die Souveränität nicht bei einem absolutistischen Herrscher, sondern kommt dem Volk zu (**Volkssouveränität**). Staatssouveränität und Volkssouveränität sind nach diesem Verständnis keine sich ausschließenden Konzepte.

3. Theorien vom Staat – am Beispiel des Richtungsstreits der Weimarer Staatslehre

Die Feststellung, dass sich die Drei-Elemente-Lehre von Jellinek im Wesentlichen als maßgebliche Definition des Staates durchgesetzt hat, darf nicht darüber hinwegtäuschen, dass Begriff und Wesen des Staates Gegenstand kontroverser Auseinandersetzungen innerhalb der Allgemeinen Staatslehre waren und sind. Exemplarisch wird im Folgenden der sog. Methoden- und Richtungsstreit der Weimarer Staatslehre dargestellt, der die Abhängigkeit juristischer Theorie vom historischen Kontext belegt und vor dem Hintergrund des Endes des Ersten Weltkrieges sowie des Wandels von der Monarchie des Kaiserreichs zur parlamentarisch-demokratischen Republik zu sehen ist, als Ausdruck einer wissenschaftlichen Orientierungssuche im Umgang mit der noch jungen Republik.[37] Zudem steht die Frage des Verhältnisses von Sein und Sollen und damit verbunden die Frage nach der richtigen Methode der Staatslehre im Zentrum der Auseinandersetzung, eine Frage, die von besonderer Bedeutung für die Standortbestimmung der Allgemeinen Staatslehre als wissenschaftliche Disziplin ist. 14

In expliziter Auseinandersetzung mit Jellinek entwickelt der Positivist *Hans Kelsen* (1881–1973) eine Staatslehre, in deren Zentrum ein rein normativer Staatsbegriff steht. Kelsen greift die von Jellinek geprägte Unterscheidung zwischen soziologischer und normativer Betrachtung des Staates auf, verzichtet jedoch vollständig auf die soziologische Perspektive. Diese sei nicht nur aus der Staatsrechtslehre herauszuhalten, sondern auch aus der Allgemeinen Staatslehre, die als Rechtswissenschaft eine normative Wissenschaft sei.[38] Auf der Grundlage dieser rein normativen Betrachtung des Staates kommt Kelsen zu der Identifikation von Staat und Recht: Aus einer rechtswissenschaftlichen Perspektive sei der Staat nichts anderes als die Rechtsordnung.[39] 15

Dieser rein normativen Betrachtung des Staates diametral entgegen steht die Staatslehre von *Carl Schmitt* (1888–1985), einem scharfen Kritiker des Positivismus und der Weimarer Republik. Schmitt stellt sich als strenger Etatist dar, der den Staat als faktische Machtorganisation begreift und in das Zentrum seiner juristischen Theorie stellt. Der Staat steht bei ihm im strikten Gegensatz zur Gesellschaft. Gegenüber dem gesellschaftlichen Pluralismus betont Schmitt die Einheit des Staates und den Staat als politische Einheit des Volkes.[40] Diese Einheitsbildung setze Homogenität voraus. Das Heterogene müsse ausgeschieden werden und nicht etwa durch die Vermittlung von Interessen durch das Parlament in den Staat integriert werden. Die in der Weimarer Republik zunehmende Einwirkung gesellschaftlicher Kräfte auf den Staat über Parlament, Par- 16

36 Randelzhofer, in: HStR II, § 17 Rn. 4.
37 Friedrich, AöR 102 (1977), 161, 168; Geis, JuS 1989, 91, 95.
38 Kelsen, Staatsbegriff, S. 106; Kelsen, Staatslehre, S. 14.
39 Kelsen, Staatslehre, S. 17.
40 Schmitt, Verfassungslehre, S. 3.

teien und Verbände sieht Schmitt daher als Bedrohung. Er betont das Erfordernis eines starken Staates, der zur Dezision – d.h. zur rechtlich ungebundenen politischen Entscheidung im Ausnahmefall – berufen sei und daraus seine Legitimation ableite: „Souverän ist, wer über den Ausnahmezustand entscheidet.[41]"

17 Die Integrationslehre von *Rudolf Smend* (1882–1975) ist in Abgrenzung zur Reduktion der Rechtswissenschaft auf eine rein juristische Methodik durch den Positivismus und damit insbesondere zu Kelsen zu sehen. Smend will den Staat in seiner „Wirklichkeit" erfassen, unter Einbeziehung politischer, soziologischer und philosophischer Gehalte. Smend bildet den scharfen Gegenpol zum Etatismus von Schmitt, indem er nicht den Staat, sondern die Gesellschaft in den Mittelpunkt der Betrachtung rückt. Er verwirft den von Schmitt postulierten Gegensatz von Staat und Gesellschaft. Der Staat ist für ihn keine natürliche Realität, sondern geistige Wirklichkeit.[42] Der Staat sei kein überindividuelles oder gar körperlich zu denkendes Gebilde, sondern konstituiere sich durch die Integration des Einzelnen in den Staat. Integration bedeutet in diesem Sinne die Herstellung einer Einheit aus einzelnen Teilen, die durch die Integration mehr als die bloße Summe der einzelnen Teile bilden.[43] Erst die Integration mache den Staat aus; der Staat existiere, weil und sofern er sich dauernd integriere. Er sei ein sich im persönlichen, funktionalen und sachlichen Bereich vollziehender Integrationsprozess.[44] In der Konsequenz – und diametral entgegengesetzt zu Schmitt – betont Smend die Bedeutung der Beteiligung des Individuums am politischen Prozess.

18 Auch *Hermann Heller* (1891–1933) wendet sich gegen eine positivistische Betrachtung des Staates und richtet das Hauptaugenmerk seiner Staatslehre in besonderer Weise auf den Staat als „in der gesellschaftlichen Wirklichkeit tätige Einheit". Eine Trennung von Staatslehre und Politik sei unmöglich.[45] Anders als Smend identifiziert Heller den Staat jedoch nicht mit der Gesellschaft, sondern sieht ihn als organisierte Entscheidungs- und Wirkungseinheit an.[46] Zur Wirklichkeit des Staates gehöre die Ausübung von Herrschaftsgewalt durch Staatsorgane, ebenso wie die kontrollierende und gestaltende Kraft gesellschaftlicher Gruppen. Der Staat sei keine Normordnung – wie Kelsen dies meint –, sondern sei als Teil menschlicher Kultur soziologisch zu erfassen.[47] Durch seine stark „wirklichkeitsorientierte" und von politischen Bezügen geprägte Staatslehre gilt Heller als einer der Wegbereiter der modernen Politikwissenschaft.

Begriff und Wesen des Staates wurden in der Weimarer Zeit kontrovers diskutiert, ohne dass sich eine Ansicht hätte durchsetzen können.[48] Der Streit zeigt anschaulich, was für unterschiedliche Konzeptionen vom Staat bestehen können. Insbesondere der Gegensatz von Schmitt und Smend hat die Staats(rechts)lehre der Nachkriegszeit entschieden geprägt und in zwei Lager gespalten. Staatsrechtslehrerinnen und Staatsrechtslehrer, die eher in der Tradition von Schmitt stehen, stellen weiterhin den Staat in das Zentrum der Wissenschaft vom öffentlichen Recht, wohingegen Schülerinnen und Schüler von Smend die gesellschaftliche Funktion des Staates betonen und sich in

41 Schmitt, Politische Theologie, S. 11.
42 Smend, in: Staatsrechtliche Abhandlungen, S. 131.
43 Bickenbach, JuS 2005, 588, 589.
44 Smend, in: Staatsrechtliche Abhandlungen, S. 136 ff.
45 Heller, Staatslehre, S. 51 ff.
46 Heller, Staatslehre, S. 228 ff.
47 Hierzu Stolleis, Geschichte des öffentlichen Rechts, S. 182 f.
48 Friedrich, AöR 102 (1977), 161, 198 f.

ihrem wissenschaftlichen Schaffen vermehrt vom Staat ab- und der Verfassung zuwenden.[49]

III. Rechtfertigung des Staates und Staatszwecke

1. Modelle der Rechtfertigung des Staates

Selbst wenn man die Existenz des Staates als selbstverständlich ansieht, stellt sich die Frage, woraus sich staatliche Herrschaft rechtfertigt. Warum ist es einer kleinen Gruppe von Menschen gestattet, Vorschriften zu erlassen, an die sich alle Bürgerinnen und Bürger halten müssen? Warum können solche Vorschriften notfalls mit physischer Gewalt von staatlichen Organen durchgesetzt werden? Die Staatsphilosophie hat unterschiedliche Erklärungsversuche für staatliche Herrschaft hervorgebracht, in denen einige Kerngedanken immer wieder auftauchen. Schon bei *Platon* (etwa 428–348 v. Chr.) findet sich der Gedanke, dass der Staat das Zusammenleben der Menschen zu organisieren und Tugend und Gerechtigkeit zu fördern habe. *Aristoteles* (384–322 v. Chr.) betont, dass der Mensch als geselliges Wesen (zoon politikon) zu seiner Entfaltung einer wohlgeordneten politischen Gemeinschaft bedürfe (§ 1 Rn. 2 ff.). 19

Später lassen sich insbesondere **religiöse** Begründungen des Staates ausmachen, denen zufolge der Staat von Gott geschaffen sei und dazu diene, die göttlichen Gebote durchzusetzen. Nach dieser insbesondere in der christlichen Lehre vertretenen Konzeption, die sich etwa bei *Augustinus* (345–430) oder bei *Thomas von Aquin* (etwa 1225–1274) findet,[50] rechtfertigt sich der Staat nur, wenn er sich in den Dienst Gottes stellt. Dass diese Begründung spätestens seit der mit der Aufklärung einhergehenden Säkularisierung nur noch wenig Überzeugungskraft hat, bedarf keiner näheren Erläuterung. Auch eine bloße **Machttheorie**, die allein darauf abstellt, dass staatliche Herrschaft auf der Herrschaft der Stärkeren über die Schwächeren beruht, kann keine überzeugende Begründung leisten. Zum einen kann ein friedliches und stabiles Gemeinwesen auf Dauer nicht allein auf Zwang basieren, zum anderen kann die Berufung auf das Recht des Stärkeren staatliche Herrschaft allenfalls erklären, nicht jedoch legitimieren. 20

Eine stärker entstehungsgeschichtlich ausgeprägte Rechtfertigungslehre bieten die bereits erwähnten **Vertragstheorien**, nach denen die Legitimation staatlicher Herrschaft auf einem – zumeist als Gedankenexperiment verstandenen – Gesellschaftsvertrag beruht. Inhaltlich unterscheiden sich die Vertragstheorien immens. Während bei Hobbes die Übertragung der Macht auf einen starken Leviathan im Vordergrund steht, geht es bei Locke um den Schutz des Lebens und des Eigentums des Individuums, der nicht durch einen absoluten Staat, sondern vielmehr durch Abbau und Beschränkung staatlicher Macht zu gewährleisten sei. Bei Rousseau steht die Funktion des Staates, die Freiheit und freie Entfaltung des Einzelnen zu gewähren, im Vordergrund. Zu diesem Zweck müsse der Einzelne seinen eigenen Willen dem Gemeinwillen unterordnen, der auf das Wohl des ganzen Volkes ausgerichtet sei. Bei *Immanuel Kant* (1724–1804) beruht die Staatserrichtung nicht auf dem Willen des Einzelnen, sondern erscheint als moralisches Gebot, als Forderung der praktischen Vernunft (§ 1 Rn. 22 ff.) Und in der viel beachteten Gerechtigkeitstheorie von *John Rawls* (1921–2002) dient der Gesellschaftsvertrag als Grundlage eines an den Prinzipien der Freiheit und Gleichheit ausgerichteten politischen Gemeinwesens (§ 1 Rn. 39 ff.). 21

49 Günther, Denken, S. 318; Möllers, Leviathan, S. 32 ff.
50 Siehe hierzu Zippelius, Geschichte, S. 60 sowie S. 67.

Schon dieser selektive Überblick zeigt, dass es eine allgemein-gültige Antwort auf die Frage nach der Rechtfertigung des Staates kaum geben kann. In neuerer Zeit wird die grundsätzliche Frage nach dem „Warum“ staatlicher Herrschaft daher kaum mehr gestellt. Mehr oder weniger unausgesprochen wird vielmehr davon ausgegangen, dass staatliche Herrschaft sich **funktional** rechtfertigt, über die Zwecke und Aufgaben, die der Staat zu erfüllen hat.[51]

2. Zwecke und Aufgaben des Staates

22 Fragt man, welche Zwecke und Aufgaben der Staat zu erfüllen hat, so finden sich zunächst **absolute Theorien**, die von einem für alle Staaten gleich gültigen und fest stehenden Staatszweck ausgehen. So postulieren beispielsweise religiös fundierte Ansätze die Verwirklichung eines göttlichen Willens als Staatszweck. In einer säkularisierten und pluralistischen Gesellschaft ist eine derartige apriorische Festlegung bestimmter Staatsaufgaben indes nicht möglich. Der Staatszweck bestimmt sich vielmehr **relativ** nach den jeweiligen Bedürfnissen des Staates und der Staatsangehörigen, in Abhängigkeit von der konkreten Ausgestaltung des Staatswesens sowie den politischen, sozialen und wirtschaftlichen Rahmenbedingungen. Als oberster Staatszweck wird dabei regelmäßig die Verwirklichung des **Gemeinwohls** genannt.[52] Damit ist allerdings noch nichts über dessen Inhalt gesagt und auch nichts darüber, wie sich das Gemeinwohl zu den Interessen Einzelner verhält.[53] Im demokratischen Verfassungsstaat wird das Gemeinwohl in einem offenen und transparenten Prozess kollektiver Selbstbestimmung von der Mehrheit festgelegt, deren Befugnisse durch die individueller Selbstbestimmung dienenden Grundrechte beschränkt werden.

Im Rahmen einer empirischen Bestandsaufnahme lassen sich folgende Kernaufgaben des modernen Verfassungsstaates festhalten:[54] die Gewährung von Frieden und Sicherheit sowohl im Inneren des Staates als auch im Verhältnis zu anderen Staaten, die Gestaltung der Wirtschafts- und Sozialordnung – wobei Umfang und Inhalt staatlicher Tätigkeit sehr unterschiedliches Ausmaß annehmen können (vom sog. „Nachtwächterstaat“ bis zum Wohlfahrtsstaat)[55] – die Förderung von Kultur, Bildung und technischem Fortschritt sowie der Schutz der Umwelt.

IV. Staatsformen und Regierungsformen

23 Auch wenn die Staaten dieser Welt in ihrer Gestalt und internen Verfasstheit sehr unterschiedlich sind, lassen sich gemeinsame Merkmale feststellen, die eine Kategorisierung von Staatsformen und Regierungsformen erlauben. Diese Staats- und Regierungsformen stellen idealtypische Konzeptionen dar, die in der Realität in unterschiedlichen Ausprägungen und Mischformen vorkommen.

Bereits in der Antike finden sich entsprechende Einteilungen. Aristoteles unterscheidet als idealtypische Staatsformen die Herrschaft des Einzelnen, die Herrschaft von einigen und die Herrschaft aller. Jede dieser Herrschaftsformen trete in einer positiven Form in Erscheinung, in der die Herrschaft zum Wohle aller ausgeübt werde, und in einer korrumpierten, entarteten Form, in der die Herrschaft nur zum Wohle der Herrschenden

51 Siehe nur Koja, Staatslehre, S. 47.
52 Bull, NVwZ 1989, 801, 805 f.; Gamper, Staat, S. 152 ff.; von Arnim, Staatslehre, S. 124 ff.
53 Dazu etwa Anderheiden, Gemeinwohl in Republik und Union.
54 Pernthaler, Staatslehre, S. 116 ff.; Koja, Staatslehre, S. 47; Reineck, Staatslehre, S. 17 f.
55 Zu Entwicklung und Diskussion Vesting, Staatstheorie, Rn. 229 ff.

erfolge. Die positive Form der Herrschaft des Einzelnen nennt Aristoteles Monarchie und stellt ihr die Tyrannis entgegen. Aristokratie ist die Herrschaft von einigen zum Wohle aller, Oligarchie ihre Entartung. Die positive Form der Herrschaft aller zum Wohle aller bezeichnet Aristoteles als Politie. Demokratie ist bei ihm negativ besetzt, sie ist die entartete Form der Herrschaft aller, die nur zum Vorteil der Herrschenden erfolgt. Eine dem modernen Sprachgebrauch eher entsprechende Differenzierung führt *Polybios* (um 200 v. Chr.) ein. Er unterscheidet zwischen der Demokratie als positiver Herrschaftsform und stellt ihr die Ochlokratie als „Pöbelherrschaft" gegenüber.

Heute ist es üblich, zwischen den beiden Staatsformen[56] der Monarchie und der Repu- 24
blik zu unterscheiden sowie zwischen verschiedenen Regierungsformen. Unter **Monarchie** wurde lange Zeit Alleinherrschaft (Monokratie) verstanden. Dies ist historisch gesehen verständlich, trifft aber heutzutage nicht mehr unbedingt zu. Eine monarchische Staatsform schließt nicht aus, dass die Staatsgewalt zwischen dem Monarchen und anderen staatlichen Organen geteilt ist, wie das Beispiel des Vereinigten Königreichs zeigt. Die Abgrenzung der Staatsformen Monarchie und Republik erfolgt nach der Art des Staatsoberhaupts. Während der Monarch regelmäßig durch Erbfolge eingesetzt wird – eine gewisse Abgrenzungsproblematik ergibt sich durch den seltenen Fall der Wahlmonarchie – und sein Amt regelmäßig bis zum Lebensende ausübt, wird das Staatsoberhaupt in einer **Republik** durch Wahl bestimmt und hat eine nur begrenzte Amtsdauer. Neben dieser Minimaldefinition finden sich zudem Ansätze, die den Begriff der Republik – abstammend von **res publica**, der öffentlichen Sache – mit materiellen Gehalten wie etwa demokratischen Elementen oder einer Gemeinwohlorientierung des Staates anreichern wollen.[57]

Monarchien treten in unterschiedlichen Regierungsformen auf. Die **absolute Monarchie** zeichnet sich dadurch aus, dass die gesamte Staatsgewalt beim Monarchen liegt. Der Monarch vereint alle Staatsfunktionen in seiner Person, ist niemandem verantwortlich und nicht an das Recht gebunden. Paradigmatisch ist der Ausspruch „L'état c'est moi" von *Ludwig XIV* (1638–1715). Die absolute Monarchie stellt eine monokratische Regierungsform dar. Sie ist ein Relikt aus dem Zeitalter des Absolutismus und findet heute kaum noch eine Entsprechung in der Staatenwelt.[58] Monarchien treten heute regelmäßig in der Form der **konstitutionellen Monarchie** auf, in der die Ausübung von Herrschaftsgewalt durch den Monarchen materiellen Vorgaben der Verfassung, wie beispielsweise der Rechtsstaatlichkeit und den Grundrechten, unterliegt. Eine noch weitergehende Relativierung findet die Monarchie in der Form der **parlamentarischen Monarchie**, in der der monarchische Herrscher nur sehr beschränkte Hoheitsrechte hat und die Hoheitsgewalt im Wesentlichen vom Parlament ausgeübt wird. Der Monarch nimmt dann hauptsächlich Aufgaben repräsentativer und zeremonieller Natur wahr.

Auch innerhalb **republikanischer Staatsformen**, in denen das Staatsoberhaupt gewählt 25
wird und in seiner Amtsdauer beschränkt ist, sind verschiedene Regierungsformen möglich. In einer **demokratischen Republik** ist das Staatsoberhaupt, das regelmäßig Präsident heißt, durch Wahlen durch das Volk oder durch ein repräsentatives Organ legitimiert. Dabei lassen sich zwei Idealtypen unterscheiden: In **präsidialen** Regierungs-

56 Zum problematischen Begriff der Staatsform Koja, Staatslehre, S. 76 f.

57 Siehe einerseits Gamper, Staat, S. 139, andererseits Doehring, Staatslehre, Rn. 317 ff.; Gröschner, in: HStR II, § 23.

58 Eine Ausnahme stellt der Sonderfall des Staates Vatikanstadt dar.

systemen wie den Vereinigten Staaten oder Frankreich kommt dem Präsidenten eine starke Machtfülle zu. In den USA ist der Präsident vom Volk in indirekter Wahl über ein Gremium von Wahlmännern gewählt, steht an der Spitze der Regierung und ist in seiner Amtsführung vom Parlament unabhängig. **Parlamentarische** Regierungssysteme hingegen unterscheiden zwischen Regierungschef und Staatsoberhaupt, wobei dem Staatsoberhaupt deutlich weniger Befugnisse zukommen. Die Regierung ist vom Parlament bzw. von der Parlamentsmehrheit abhängig. Eine parlamentarische Demokratie stellt beispielsweise die Bundesrepublik Deutschland dar. Der Bundespräsident als Staatsoberhaupt ist nicht vom Volk gewählt, sondern von der Bundesversammlung (Art. 54 Abs. 1 GG) und hat nur wenige Befugnisse. Der Bundeskanzler steht der Regierung vor, ist vom Parlament, dem Bundestag, gewählt (Art. 63 Abs. 1 GG) und diesem gegenüber verantwortlich.

26 Die Teilhabe des Volkes an der Staatsgewalt kann in demokratischen Regierungssystemen unterschiedliche Formen annehmen. In einer **direkten Demokratie** hat das Volk unmittelbar Teilhabe an der Ausübung der Staatsgewalt, insbesondere durch Volksabstimmungen. In Reinform tritt die direkte Demokratie heutzutage nicht in Erscheinung, weitgehende direktdemokratische Elemente finden sich aber beispielsweise in der Schweiz. Die deutsche Verfassungsordnung enthält nur rudimentäre und punktuelle Ausprägungen der direkten Demokratie, wie etwa in Art. 29 Abs. 2 GG, wonach die Neugliederung des Bundesgebietes durch ein Bundesgesetz erfolgt, das der Bestätigung durch Volksentscheid bedarf. Die Beteiligung des Volkes an der Staatsgewalt erfolgt regelmäßig in der Form der **repräsentativen Demokratie.** Das Volk ist zwar Träger der Staatsgewalt (Art. 20 Abs. 2 Satz 1 GG), überträgt die Ausübung der Staatsgewalt jedoch auf besondere Staatsorgane, die das Volk repräsentieren. Nur im Wahlakt nach Art. 20 Abs. 2 Satz 2 GG übt das Volk unmittelbar seine Staatsgewalt aus.

C. Ausblick: Staatslehre im Zeitalter der Europäisierung und Globalisierung

27 Zu Beginn des 21. Jahrhunderts wird das traditionelle Konzept der Staatlichkeit von mehreren Seiten herausgefordert und strapaziert: im Inneren durch die zunehmende Privatisierung von Staatsaufgaben und den Bedeutungszuwachs zivilgesellschaftlicher und privatwirtschaftlicher Akteure, im Außenverhältnis durch die zunehmende Einbindung des Staates in internationale und regionale Zusammenschlüsse und Integrationsprozesse, die dem traditionellen Abgesang auf den Staat zu neuer Aktualität verhelfen.

I. Internationalisierung und Europäisierung

28 Auf der internationalen Ebene wird die herausgehobene Stellung des Staates durch zahlreiche Entwicklungen in Frage gestellt. Internationale Organisationen – wie insbesondere die Vereinten Nationen – treten als bedeutsame politische Akteure auf internationalenr Ebene in Erscheinung, und auch dem Individuum selbst kommen auf völkerrechtlicher Ebene Rechte (Menschenrechte) und Pflichten (Völkerstrafrecht) zu. Daneben gewinnen Nichtregierungsorganisationen (NGOs) und transnational tätige Unternehmen zunehmend an Bedeutung. Der Staat ist zwar immer noch die bedeutsamste Handlungseinheit auf internationaler Ebene, jedoch nicht mehr die einzige. Die Völkerrechtsordnung hat zudem einen qualitativen Wandel erfahren und entfaltet ein kontinuierlich dichter werdendes Netz rechtlicher Verpflichtungen, die nicht nur die Rechtsverhältnisse des Staates zu anderen Staaten regeln, sondern auch die Ausgestaltung der innerstaatlichen Rechtsordnung berühren.

Im Rahmen der Europäischen Union haben die Mitgliedstaaten in weitem Umfang Hoheitsrechte auf die überstaatliche Ebene übertragen und eine supranationale Rechtsordnung geschaffen, die sich durch ein ausdifferenziertes System der Sekundärrechtsetzung auszeichnet, in dem Entscheidungen zunehmend nach dem Mehrheitsprinzip gefällt werden können. Das Unionsrecht entfaltet zum Teil unmittelbare Wirkung innerhalb der nationalen Rechtsordnung, d.h. es kann Rechte und Pflichten der Bürgerinnen und Bürger der Mitgliedstaaten begründen, ohne dass es eines mitgliedstaatlichen Zustimmungs- oder Umsetzungsaktes bedarf. Zudem kommt ihm ein Anwendungsvorrang vor dem innerstaatlichen Recht zu.

Diese internationalen und europäischen Entwicklungen lassen weder die innerstaatliche Rechtsordnung noch die Rechtswissenschaft unberührt. Zahlreiche Gesetzesänderungen im Zivilrecht beruhen auf europarechtlichen Vorgaben, das Völkerstrafrecht tritt neben das nationale Strafrecht, das zudem von europäischen Harmonisierungsbestrebungen sowie europäischen Kooperationsverpflichtungen geprägt wird, und die Europäisierung und Internationalisierung des Verfassungs- und Verwaltungsrechts beschäftigen seit längerem die Wissenschaft vom Öffentlichen Recht.

II. Übertragung staatstheoretischer Konzepte auf die überstaatliche Ebene?

Für die Staatslehre stellt sich die Frage, inwiefern staatstheoretische Konzepte dazu geeignet sind, diesen Wandel auf der überstaatlichen Ebene zu erfassen. So wird der mit dem Staat assoziierte Begriff der Verfassung von den Vertretern der sog. Konstitutionalisierungsthese herangezogen, um den Entwicklungsprozess des Völkerrechts zu beschreiben.[59] Und im Rahmen des europäischen Einigungsprozesses wurde mit dem Europäischen Verfassungsvertrag der Versuch unternommen, eine neue Evolutionsstufe der Integration zum Ausdruck zu bringen – ein Versuch, der wohl auch wegen der Ablehnung der verwendeten Staatssymbolik gescheitert ist. Nichtsdestotrotz wird weiterhin diskutiert, inwiefern die geltende Unionsrechtsordnung als Staaten- und Verfassungsverbund charakterisiert werden kann.[60] Der Staatslehre entliehen sind ferner Konzepte demokratischer Legitimation von Hoheitsgewalt, deren Übertragung auf die europäische und die internationale Ebene – etwa im Hinblick auf die Frage der Legitimation der UN-Generalversammlung oder der Welthandelsorganisation (WTO) – diskutiert wird. Schließlich wird sogar der Staatsbegriff als solcher transponiert, wenn im Rahmen des europäischen Einigungsprozesses die Frage gestellt wird, ob die Europäische Union einen europäischen Bundesstaat darstellt[61] – eine Auffassung, der das Bundesverfassungsgericht in der Maastricht-Entscheidung[62] und im Lissabon-Urteil[63] eine klare Absage erteilt hat. 29

III. Auswirkungen auf das Konzept der Staatlichkeit

Auf der anderen Seite stellt sich die Frage, inwiefern die aufgezeigten europäischen und internationalen Entwicklungen Auswirkungen auf den Staat und das Konzept der 30

59 Dazu Kadelbach/Kleinlein, AVR 44 (2006), 235 ff.
60 Dazu im Überblick und instruktiv Calliess, Die neue Europäische Union nach dem Vertrag von Lissabon, S. 47 ff.
61 Siehe nur Broß, JZ 2008, 227 ff.
62 BVerfGE 89, 155.
63 BVerfGE 123, 267, 370 ff.

Staatlichkeit haben. Diese Entwicklungen berühren alle drei Elemente der Staatlichkeit:[64]

- Das Konzept des Staatsvolkes wird insofern herausgefordert, als der Einzelne nicht mehr nur Rechtssubjekt der staatlichen Rechtsordnung ist, sondern zunehmend auf völkerrechtlicher Ebene mit Rechten und Pflichten ausgestattet wird. Diese Entwicklung hat auf unionsrechtlicher Ebene eine besondere Qualität erreicht, indem über das Institut der Unionsbürgerschaft eine besondere personelle Verbundenheit des Bürgers zur Europäischen Union zum Ausdruck gebracht wird.
- Auch das Staatsgebiet öffnet sich – am deutlichsten wahrnehmbar im internationalen Handel – zunehmend gegenüber internationalen Beziehungen. An den europäischen Binnengrenzen wird dieser Wandel durch den grundsätzlichen Wegfall der Personen- und Zollkontrollen für jede Bürgerin und jeden Bürger sichtbar.
- Bei der Ausübung von Staatsgewalt ist der Staat in ein zunehmend dichter werdendes Netz völker- und europarechtlicher Bindungen eingespannt. Die deutlichste Relativierung erfährt das Konzept der Staatlichkeit im Rahmen der Europäischen Union, da das supranationale Unionsrecht „neben“ dem staatlichen Recht steht. Die Einzigkeit der souveränen Staatsgewalt wird dadurch in Frage gestellt.

Diese Entwicklungen führen indes nicht zu einer Aufgabe des Konzepts der Staatlichkeit. Der Staat behält auch im 21. Jahrhundert seine Bedeutung und herausragende Rolle im Rahmen überstaatlicher Prozesse. Er ist das primäre Rechtssubjekt der Völkerrechtsordnung, und im Europarecht bleiben die Mitgliedstaaten grundsätzlich die „Herren der Verträge“.[65] Im Zeitalter der Globalisierung sieht sich der Staat jedoch Herausforderungen ausgesetzt, die er alleine nicht bewältigen kann. Daher überträgt er Entscheidungsbefugnisse auf internationale und regionale Zusammenschlüsse und schränkt seinen eigenen Herrschaftsanspruch ein. Gleichzeitig gewinnt er Einflussmöglichkeiten im Rahmen überstaatlicher Entscheidungsprozesse, kann seine Interessen einbringen und internationale und regionale Entwicklungen aktiv mitgestalten. Die Einschränkung souveräner Staatsgewalt geht somit einher mit einem Gewinn an Einfluss- und Steuerungsmöglichkeiten.[66] Herrschaft wird nicht mehr nur durch den Staat ausgeübt.[67]

Der moderne Verfassungsstaat öffnet sich internationalen und europäischen Einflüssen. Die Staatslehre versucht, diesen Wandel staatstheoretisch zu erfassen, indem sie vom kooperativen oder offenen Verfassungsstaat spricht.[68] Auch wird versucht, traditionelle Konzepte der Staatslehre, wie beispielsweise die Souveränität, an die veränderten Gegebenheiten anzupassen.[69] Das Zeitalter der Globalisierung bedingt daher keinen Abschied von der Staatlichkeit, macht es aber erforderlich, das Konzept der Staatlichkeit den veränderten Rahmenbedingungen anzupassen. Auch im 21. Jahrhundert bildet der Staat damit einen lohnenswerten Gegenstand wissenschaftlicher Befassung.[70]

64 Dazu Hobe, Verfassungsstaat, S. 183 ff.; zu den drei Elementen im Rahmen der Europäischen Union Calliess, Die neue Europäische Union nach dem Vertrag von Lissabon, S. 70 ff.
65 Überdeutlich betont von BVerfGE 123, 267, 349.
66 Dazu Kotzur, JöR 52 (2004), 197 ff.
67 Di Fabio, Herrschaft und Gesellschaft, 2018, S. 1 ff.
68 Häberle, in: FS Schelsky, S. 141 ff.; Hobe, Verfassungsstaat; Di Fabio, Das Recht offener Staaten.
69 Siehe etwa Schliesky, Souveränität, S. 507 ff.
70 In diesem Sinne auch Thiele, Staatslehre, S. 19 ff.

Wiederholungs- und Vertiefungsfragen 31

1. Was ist der Gegenstand der Allgemeinen Staatslehre und wie grenzt sie sich von anderen juristischen und außerjuristischen Disziplinen ab?
2. Was sind die Hauptstationen der historischen und ideengeschichtlichen Entwicklung des Staates?
3. Warum bedarf es einer Definition des Staates?
4. Was besagt die Drei-Elemente-Lehre?
5. Wer waren die Hauptprotagonisten des Weimarer Methoden- und Richtungsstreits und wie lassen sich ihre Positionen charakterisieren?
6. Welche Hauptpositionen lassen sich im Hinblick auf die Frage der Rechtfertigung des Staates ausmachen?
7. Welchen Zwecken dient der Staat?
8. Welche Staatsformen gibt es?
9. Welche Regierungsformen gibt es?
10. Welchen Herausforderungen sieht sich die Staatslehre im Zeitalter der Globalisierung und Europäisierung ausgesetzt?

Lektüreempfehlungen:

Koja, Allgemeine Staatslehre, 1993; Kriele, Einführung in die Staatslehre, 6. Aufl. 2003; Möllers, Der vermisste Leviathan, 2008; Schöbener/Knauff, Allgemeine Staatslehre, 4. Aufl. 2019; Thiele, Allgemeine Staatslehre, 2020; Voßkuhle, Die Renaissance der „Allgemeinen Staatslehre“ im Zeitalter der Europäisierung und Internationalisierung, JuS 2004, S. 2. 32

Literaturverzeichnis:

Anderheiden, Gemeinwohl in Republik und Union, 2006; von Arnim, Staatslehre der Bundesrepublik Deutschland, 1984; von Arnauld, Völkerrecht, 4. Aufl. 2019; Bickenbach, Rudolf Smend (15.1.1882 bis 5.7.1975) – Grundzüge der Integrationslehre, JuS 2005, 588 ff.; Broß, Überlegungen zur europäischen Staatswerdung, JZ 2008, 227 ff.; Bull, Staatszwecke im Verfassungsrecht, NVwZ 1989, 801 ff.; Calliess, Die neue Europäische Union nach dem Vertrag von Lissabon, 2010; Di Fabio, Das Recht offener Staaten, 1998; ders., Herrschaft und Gesellschaft, 2018; Doehring, Allgemeine Staatslehre, 3. Aufl. 2004; Friedrich, Der Methoden- und Richtungsstreit, AöR 102 (1977), 161 ff.; Gamper, Staat und Verfassung, 2007; Geis, Der Methoden- und Richtungsstreit in der Weimarer Staatslehre, JuS 1989, 91 ff.; Gröschner, Die Republik, in: Isensee/Kirchhof (Hrsg.), Handbuch des Staatsrechts der Bundesrepublik Deutschland, Bd. II, 3. Aufl. 2004, § 23; Günther, Denken vom Staat her, 2004; Häberle, Der kooperative Verfassungsstaat, in: Kaulbach/Krawietz (Hrsg.), Recht und Gesellschaft, Festschrift für Helmut Schelsky, 1978, S. 141; Heller, Staatslehre, 1934; Herzog, Staaten der Frühzeit, 2. Aufl. 1998; Hobbes, Leviathan, 1651; Hobe, Der offene Verfassungsstaat zwischen Souveränität und Interdependenz, 1998; Jellinek, Allgemeine Staatslehre, 3. Aufl. 1929; Kadelbach/Kleinlein, Überstaatliches Verfassungsrecht, AVR 44 (2006), 235 ff.; Kelsen, Allgemeine Staatslehre, 1925; ders., Der soziologische und der juristische Staatsbegriff, 1922; Koja, Allgemeine Staatslehre, 1993; Kotzur, Souveränitätsperspektiven – entwicklungsgeschichtlich, verfassungsstaatlich, staatenübergreifend betrachtet, JöR 52 (2004), S. 197; Kriele, Einführung in die Staatslehre, 6. Aufl. 2003; Krüger, Allgemeine Staatslehre, 2. Aufl. 1966; Lepsius, Braucht das Verfassungsrecht eine Theorie des Staates?, EuGRZ 2004, S. 370; Locke, Two Treatises of Government, 1690; Möllers, Allgemeine Staatslehre, in: Heun u.a. (Hrsg.), Evangelisches Staatslexikon, 2006, Sp. 2318; ders., Der vermisste Leviathan, 2008; ders., Staat als Argument, 2. Aufl. 2011; Montesquieu, De l'esprit des lois, 1748; Morlok, Was heißt und zu welchem Ende studiert man Verfassungstheorie?, 1988; Oeter, Souveränität – ein überholtes Konzept?, in: FS-Steinberger, 2002, S. 259; Pernthaler, Allgemeine Staatslehre und 33

Verfassungslehre, 2. Aufl. 1996; Randelzhofer, in: Isensee/Kirchhof (Hrsg.), Handbuch des Staatsrechts der Bundesrepublik Deutschland, Bd. II, 3. Aufl. 2004, § 17; Rawls, A Theory of Justice, 1971; Reineck, Allgemeine Staatslehre und Deutsches Staatsrecht, 15. Aufl. 2007; Rousseau, Du Contrat Social; ou Principes du Droit Politique, 1762; Schliesky, Souveränität und Legitimität von Herrschaftsgewalt, 2004; Schmitt, Politische Theologie, 1922; ders., Verfassungslehre, 9. Aufl. 1993; Smend, Verfassung und Verfassungsrecht, in: Staatsrechtliche Abhandlungen, 3. Aufl. 1994; Stern, Das Staatsrecht der Bundesrepublik Deutschland, Bd. 1, 2. Aufl. 1984; Stolleis, Geschichte des öffentlichen Rechts in Deutschland, Bd. 3, 1999; Vesting, Staatstheorie, 2018; Voßkuhle, Die Renaissance der „Allgemeinen Staatslehre" im Zeitalter der Europäisierung und Internationalisierung, JuS 2004, 2 ff.; Zippelius, Allgemeine Staatslehre, 17. Aufl. 2017; ders., Geschichte der Staatsideen, 10. Aufl. 2003.

§ 5 Verfassungstheorie

Albert Ingold

A. Einleitung: Vom Suchen und Finden der Verfassungstheorie als Grundlagenfach

Verfassungstheorie ist weder titelgebend für Vorlesungen im rechtswissenschaftlichen Ausbildungskanon noch ist sie als solche ein spezieller Gegenstand derselben. Auch ist Verfassungstheorie kein klassisches Lehrbuchformat, selbst wenn sich Kolloquien, Seminare und auch Lehrstuhldenominationen ihr durchaus verschreiben. In der rechtswissenschaftlichen Literatur findet sich bislang überhaupt nur ein aus dem Jahr 2010 datierender Sammelband mit dem puren Titel „Verfassungstheorie"[1] – allerdings lassen sich seit den 1980er-Jahren einige verfassungstheoretische Titelreferenzen in Monographien nachweisen.[2] Ungemein geläufiger ist dennoch das Format einer „Verfassungslehre"[3]. 1

Der disziplinäre Status der Verfassungstheorie als **eigenständiges Grundlagenfach** des Rechts ist deshalb begründungsbedürftig: Zum einen gilt es, die Verfassungstheorie präzise innerhalb der Verfassungsrechtswissenschaft zu verorten. Zum anderen bedarf es einer Betrachtung des Verhältnisses der Verfassungstheorie zu anderen Grundlagenfächern. 2

I. Theorieverständnis: Verfassungstheorie als Beobachtungen

Das hervorstechendste Begriffsmerkmal der Verfassungs*theorie* ist – gerade im Kontrast zu verbreiteten Begriffsverwendungen wie dem Verfassungs*recht* – ihr Theoriebezug. Maßgebend für das Verständnis von Verfassungstheorie ist deshalb zunächst der zugrunde liegende Theoriebegriff. 3

Schon der griechische Wortursprung betont primär den Beobachtungs- und Betrachtungscharakter: eine Person, die ein Schauspiel sieht, zuschaut.[4] Kennzeichnend für Theorie ist also die Einnahme einer **Beobachtungsposition.** Entsprechend wird die ebenfalls durch eine Theoriereferenz charakterisierte „Rechtstheorie im engeren Sinne" als analytisch wahrgenommen, mit einer deskriptiven Grundhaltung (vgl. § 2 Rn. 3). Anders als eine Teilnahmeposition, die in einem Diskurs darüber bezogen wird, was in einem Rechtssystem rechtmäßig oder rechtswidrig ist, zielt eine solche Beobachtungsposition nicht auf die Bestimmung der Rechtmäßigkeit eines zu beurteilenden Handelns, sondern analysiert, wie in einem Rechtssystem tatsächlich entschieden wird und was diese Entscheidungen prägt (s.u. A. II.).[5] In diesem Lichte ist die Verfassungstheorie auf die Einnahme einer Beobachtungsposition gegenüber der Verfassung ausgelegt. 4

1 Depenheuer/Grabenwarter, Verfassungstheorie.

2 Vgl. exemplarisch Häberle, Verfassung des Pluralismus; ders., Verfassung als öffentlicher Prozeß; Jestaedt, Verfassung hinter der Verfassung; Morlok, Verfassungstheorie; Schaefer, Grundlegung; Schulze-Fielitz, Der informale Verfassungsstaat. Ferner die im Untertitel als „Elemente einer Verfassungstheorie" I–VIII ausgewiesenen Monografien von Müller.

3 Haverkate, Verfassungslehre; Hermens, Verfassungslehre; Loewenstein, Verfassungslehre; Mastronardi, Verfassungslehre; Schmitt, Verfassungslehre; Volkmann, Verfassungslehre. Außerdem Häberle, Europäische Verfassungslehre.

4 Roellecke, in: Verfassungstheorie, Rn. 7.

5 Ähnlich Alexy, Begriff und Geltung des Rechts, S. 47.

Dabei ist sie allerdings in ihren Erkenntnisinteressen nicht festgelegt. Inhaltlich können unterschiedlichste Beobachtungsinteressen verfolgt werden: Die Frage nach der deskriptiven Analyse von Handlungsmustern ist ebenso Theoriearbeit wie diejenige nach der Legitimität und Effizienz einer Praxis; ebenso ist Raum für Alternativkonzeptionen normativer Verfassungsmodelle. Beispielsweise kann also verfassungstheoretisch untersucht werden, inwieweit föderale Gliederungen oder parteipolitische Einflussnahmen auf den Umgang mit verfassungsrechtlichen Entscheidungsspielräumen durch Bundesorgane einwirken. Genauso ist aber auch eine Bewertung des Beitrags der grundgesetzlichen Kommunikationsfreiheiten für den öffentlichen Meinungsbildungsprozess verfassungstheoretisch.

5 Verfassungstheorie liefert deshalb keine „Premium-Dogmatik"[6], sie ist auch nicht durch eine besondere Erhabenheit oder eine Position „von höherer Warte aus"[7] gekennzeichnet. Sie bietet vielmehr eine Basis, um verfassungsbezogene Praktiken wissenschaftlich **jenseits des Rechtmäßigkeitsparadigmas** zu thematisieren und zu reflektieren. Es geht in ihr also um alles jenseits von Legalitätsaussagen.[8] Dieser offene Beobachtungsansatz der Verfassungstheorie erschließt eine wissenschaftliche Plattform, auf der gleichermaßen Raum für die Herausarbeitung von Vorverständnissen als Funktionsbedingungen gelebter Verfassungspraxis[9], zugespitzte Interpretationen von Verfassungsgehalten als Konzeptarbeit[10] oder die Formulierung von Sinn- und Rechtfertigungsfragen an das positive Recht[11] eröffnet ist.

6 Als Disziplin bezeichnet Verfassungstheorie also eine Form wissenschaftlichen Arbeitens mit Verfassungs-, nicht aber mit Rechtmäßigkeitsbezug. Da eine solche wissenschaftliche Praxis Beschreibungs- bzw. Deutungsangebote formuliert, kreiert sie notwendigerweise ihren Gegenstand und schreibt diesen fort.[12] Es muss also differenziert werden zwischen der **disziplinären Verfassungstheorie**, welche die wissenschaftliche Herangehensweise kennzeichnet, und den dabei jeweils zu gewinnenden Erkenntnissen, die als Theorieprodukte dann **materiale Verfassungstheorie** sind. Aus dieser Ableitung kann jedoch nicht gefolgert werden, die disziplinäre Verfassungstheorie sei auf eine dienend-instrumentelle Funktion gegenüber ihrem Gegenstand, der materialen Verfassungstheorie, verwiesen.[13] Vielmehr sollte sich auch insoweit die Erkenntnis Bahn brechen, dass wissenschaftliche Gegenstände erst durch das Beobachtungssubjekt und die jeweilige disziplinär-wissenschaftliche Methode entstehen, weshalb die Behauptung eines methodenunabhängigen Verfassungssubstrats ebenso wie die eines Primats des „wahren" oder „wirklichen" Gegenstands über die Methode fehlgeht. Deshalb ist umgekehrt zu betonen, dass unterschiedliche Vorverständnisse und Interpretationen im Umgang mit Verfassungen – also die Gestalt, der Bestand, das Materiale – erst im Wege verfassungstheoretischer Betrachtung als solche deutlich werden, womit zugleich zur Bestimmung des disziplinären Beobachtungsobjekts übergeleitet ist.

6 Roellecke, in: Verfassungstheorie, Rn. 7.
7 Volkmann, Der Staat 54 (2015), 35 (36).
8 Ähnlich Möllers, in: Das entgrenzte Gericht, S. 281 (354).
9 Volkmann, Verfassungslehre, S. 2 ff.
10 Kersten, Zuspitzung, S. 38 u. 48 ff.
11 Jestaedt, in: Verfassungstheorie, Rn. 27.
12 Volkmann, Der Staat 54 (2015), 35 (36).
13 So aber Volkmann, Der Staat 54 (2015), 35 (37).

II. Beobachtungsobjekt: Verfassung der Verfassungstheorie

In dem Maße, in welchem Theoriearbeit als Beobachtung charakterisiert ist, kommt der Bestimmung des Beobachtungsobjekts prägende Bedeutung zu. Es ist mit anderen Worten zu klären, auf was Verfassungstheorie in ihrem Verfassungsbezug eigentlich abzielt. 7

Verfassungsrecht und der beobachtende Umgang mit selbigem ist genereller Gegenstand der Verfassungsrechtswissenschaft. In diesem Sinne lässt sich insbesondere auch die Verfassungsrechtsdogmatik als Beobachtung von Verfassungsrecht und dessen Anwendung qualifizieren: **Verfassungsrechtsdogmatik** zielt teilnahmeorientiert auf eine Abbildung und Aufbereitung des positiven Rechts in systematisierender und standardisierender Form, um Auslegungs- und Anwendungsroutinen für die Praxis zu generieren.[14] Beispielsweise sollte eine Kommentierung zu Art. 79 Abs. 3 GG idealerweise eine dogmatische Einschätzung dazu leisten, welche konkreten Verfassungsrechtssätze keiner Verfassungsänderung zugänglich sind. Damit ist verfassungsrechtsdogmatische Arbeit aber notwendigerweise auf eine Beobachtung des positiven Rechts und seiner Anwendung verwiesen, um eine anwendungsorientierte Aufbereitung zur Beurteilung von Rechtmäßigkeit liefern zu können. 8

Es stellt sich dann die Frage, ob die Verfassungstheorie dasselbe oder ein anderes Beobachtungsobjekt aufweist. Dazu ist es hilfreich, die verfassungstheoretische Herangehensweise als **Beobachtung zweiter Ordnung** zu verstehen.[15] Bei dieser handelt es sich um „Beobachtung von Beobachtungen"[16] bzw. um „Beobachtung des Beobachtens"[17]. Die Besonderheit des verfassungstheoretischen Beobachtungsobjekts besteht also darin, dass sowohl die Verfassung nebst ihrer Verfassungspraxis als auch die verfassungsdogmatische Verarbeitung zwar nicht unmittelbar, aber jeweils vermittelt über Beobachtungen in den Blick genommen werden können. Anders als die teilnehmende Beobachtung erster Ordnung – also die Beobachtung der Praxis mit dem Ziel der rechtsinternen Bewertung der Rechtmäßigkeit – geht es der Beobachtung zweiter Ordnung damit um eine wissenschaftliche Fremdbeschreibung rechtlicher Vorgänge.[18] Eine Fremdbeschreibung ist die Beobachtung zweiter Ordnung, weil sie eben nicht auf die Unterscheidung „rechtmäßig vs. rechtswidrig" innerhalb des Rechtssystems abzielt, sondern ihre Beobachtung des Verfassungsrechts rechtssystemextern, nämlich wissenschaftlich codiert. Das Beobachtungssubstrat ist damit dann allerdings denkbar weit gefasst und umfasst insbesondere die Beobachtungsobjekte der Verfassungsrechtsdogmatik vollständig. 9

Dennoch ist eine Unterscheidung von Verfassungstheorie und Verfassungsrechtsdogmatik möglich, indem der Anwendungsbezug betont wird. Ein Verständnis von Verfassungstheorie ergibt sich mit anderen Worten besonders gut aus dem Vergleich zur Verfassungsrechtsdogmatik. Zwar lässt sich keine zweipolige **Komplementarität** von Verfassungstheorie auf der einen und Verfassungsrechtsdogmatik auf der anderen Seite 10

14 Generell zur Rechtsdogmatik Bumke, JZ 2014, 641 ff.; Jestaedt, JZ 2014, 1 ff.; Lepsius, in: Was weiß Dogmatik?, S. 39 ff.; Waldhoff, ebd., S. 17 ff.

15 Zur Anleihe an system- und differenztheoretische Begrifflichkeiten Vesting, Rechtstheorie, Rn. 11 f., m. w. N. Ähnlich Roellecke, in: Verfassungstheorie, Rn. 6 f., mit der Unterscheidung von betroffenen und außenstehenden Beobachtern.

16 Luhmann, Die Wissenschaft der Gesellschaft, S. 85.

17 Luhmann, Das Recht der Gesellschaft, S. 144.

18 Vgl. Habermas, Faktizität und Geltung, S. 468, der allerdings die Rechtstheorie noch als Teilnehmerperspektive kennzeichnet und nur den historischen Zugriff als Beobachterperspektive anerkennt.

statuieren, in welcher Verfassungstheorie allein als „Grundlagendisziplin der Verfassungsdogmatik“[19] in Gestalt einer „Reflexions- und Hintergrunddisziplin“[20] fungierte. Eine so gefasste „Komplementaritätsthese“[21] verengte den wissenschaftlichen Horizont der Verfassungstheorie über Gebühr, indem zum einen die Beobachtung der Verfassungspraxis als gemeinsame Aufgabe verdeckt und zum anderen vereinheitlichend eine Fixierung allein auf die Rechtsordnung eintreten würde.[22] Und selbst Konzeptionierungen, denen eine dreipolige Relationierung im Spannungsfeld von Verfassungspraxis, Verfassungsdogmatik und Verfassungstheorie vorschwebt,[23] laufen Gefahr, eine Blickverengung auf Rechtsanwendungen zu begünstigen. Stattdessen ist zu betonen, dass Verfassungstheorie auch nicht-rechtliche Beobachtungen von Verfassungen umfassen kann und insoweit nicht exklusiv als Teil der Verfassungs*rechts*wissenschaft konzipiert sein muss. Auch politikwissenschaftliche Governance-Analysen oder kulturwissenschaftliche Interpretationen sind im Fall eines Verfassungsbezugs Teil der Verfassungstheorie. Deshalb umfassen verfassungstheoretische Beobachtungen als solche zweiter Ordnung im Ausgangspunkt aufgrund der Vielfalt an Verfassungsbeobachtungen rechtlicher wie nicht-rechtlicher Art ein mit Blick auf das Beobachtungsobjekt kaum weiter einzugrenzendes Spektrum.

11 Weil aber die Abkehr vom Rechtmäßigkeitsbezug für die Verfassungstheorie gerade prägend ist, vermag sie – ohne auf diese rechtswissenschaftliche Funktion limitiert zu sein – auf einer nicht-komplementären Ebene eine besondere Bedeutung für die Verfassungsrechtswissenschaft zu entfalten. Sie sensibilisiert nämlich für **blinde Flecken** der Verfassungsrechtsdogmatik aufgrund deren Festlegung auf Rechtmäßigkeitsbeurteilungen, indem sie es erlaubt, „Fragen aufzugreifen, die zu stellen die Verfassungsdogmatik abschneidet“, und dabei ein Reflexions- und Kritikpotential zu erschließen, um „(Selbst-)Sicherheit durch Komplexität zu irritieren“.[24] Die Verfassungstheorie als wissenschaftliche Disziplin erlaubt also, Fragen zur und an die Verfassung zu stellen, die nichts mit der Frage verfassungsmäßigen Handelns der staatlichen Organe zu tun hat, wie sie typischerweise Gegenstand des juristischen Studiums ist.

12 Die einzige gegenständliche Begrenzung erfährt die Verfassungstheorie entsprechend durch Verfassungsbezüge der Beobachtungen, also dadurch, dass ihren Beobachtungen eine Auseinandersetzung mit Verfassungen zugrunde liegt. Sie ist deshalb beispielsweise keine Staatstheorie, da ihr Beobachtungsobjekt eben nicht staats-, sondern verfassungsbezogen ist.[25] Dabei ist der Verfassungsbezug der Verfassungstheorie nicht allein auf rechtliche Verfassungsrechtssätze begrenzt, sondern kann auch die lebensweltliche Verfasstheit, den tatsächlichen Zustand eines politischen Gemeinwesens in den Blick nehmen. Denn auch die gelebte Verfassungspraxis wird als durch Normen der Verfassung beeinflusstes Handeln gegenständlich umfasst. Ebenso beinhaltet die disziplinäre Verortung von Verfassungstheorie gleichermaßen die Auseinandersetzung mit einer konkreten Verfassung – beispielsweise der Verfassung des Bundeslandes Nordrhein-Westfalen – wie die vergleichende Zusammenschau von Verfassungen – beispielsweise

19 Jestaedt, in: Verfassungstheorie, Rn. 12.
20 Jestaedt, in: Verfassungstheorie, Rn. 77.
21 Jestaedt, in: Verfassungstheorie, Rn. 11 f.
22 Ähnlich Kersten, Zuspitzung, S. 26 ff. u. 32 ff.
23 Volkmann, Verfassungslehre, S. 4; Kersten, Zuspitzung, S. 26 ff.
24 Jestaedt, in: Verfassungstheorie, Rn. 26.
25 Zu i.Ü. vergleichbaren Herausforderungen bei der Disziplinbestimmung Vesting, Staatstheorie, Rn. 32 ff.

einen Verfassungsvergleich innerhalb der Europäischen Union – als auch das abstrakte Räsonieren über eine Idealverfassung.

Zusammenfassend sind die Beobachtungsobjekte der Verfassungstheorie also dadurch gekennzeichnet, dass jenseits der Orientierung am verfassungsrechtsdogmatischen Rechtmäßigkeitsparadigma alle denkbaren Verfassungsbezüge Gegenstand der Beobachtungen sein können, wobei die Frage von Verfassungscharakteristika ihrerseits eines der klassischen Themen der Verfassungstheorie darstellt (dazu unter B. I.). 13

III. Beobachtungsperspektive: Verfassungstheorie als Metatheorie

Auch die Beobachtungsperspektive der Verfassungstheorie trägt wesentlich zu deren Konturen als Grundlagenfach bei. Insoweit wurde schon herausgestellt, dass Verfassungstheorie infolge der disziplinären Irrelevanz des Rechtmäßigkeitsparadigmas im Ausgangspunkt auch nicht-rechtswissenschaftliche Beobachtungen ermöglicht und damit auch **transdisziplinäre Theoriearbeit** zulässt. Anschaulich zeigt sich dies mit Blick auf solche Verfassungslehren, für deren Qualifikation mitunter Bezüge zu den Politikwissenschaften als prägender empfunden werden als normative Perspektiven der Rechtswissenschaft.[26] Verfassungstheorie ist in diesem Sinne mehr als Verfassungs*rechts*theorie. Sie eröffnet ein gemeinsames Forum für alle Wissenschaften, die ihre Methodik und Erkenntnisinteressen mit verfassungsbezogenen Beobachtungen realisieren.[27] 14

Der Fokus in diesem Beitrag stellt Verfassungstheorie indes disziplinär in einen bestimmten Kontext, sie wird nämlich als **Grundlagenfach** der Rechtswissenschaft behandelt. Dies führt dazu, dass die Funktion der Verfassungstheorie spezifisch für die Rechtswissenschaft hervorgehoben und damit die rechtsordnungsimmanente Ausrichtung von Verfassungstheorie bewusst überbetont wird. Nur in diesem Ausschnitt, also bei einer konsequenten Ausrichtung der Verfassungstheorie als Grundlagenfach der Rechtswissenschaft, lässt sich überzeugend formulieren, dass die Verfassungstheorie als „Schnittstellen- und Relaisdisziplin“[28] der Verfassungsrechtswissenschaft fungiere. Damit ist gemeint, dass durch die Abkehr vom Rechtmäßigkeitsparadigma für die Rechtswissenschaft ein verfassungsbezogenes Format zur Verfügung steht, um horizonterweiternd interdisziplinäre Erkenntnisse zu reflektieren und transdisziplinär in Austausch zu treten. 15

Gerade in Anbetracht dieser offenen Funktionsbestimmung fällt die **Abgrenzung** der Verfassungstheorie zu den anderen rechtswissenschaftlichen Grundlagenfächern **schwer**, denn sie erlaubt die Auseinandersetzung mit jeglichen Erkenntnissen, soweit diese nur einen Verfassungsbezug aufweisen: So weist die Verfassungstheorie nicht selten enge Bezüge zur funktionalen Rechtsvergleichung (§ 11 Rn. 17) auf und lässt deren Erkenntnisse in ihre eigene Theoriebildung einfließen. Ebenso öffnen sich verfassungstheoretische Herangehensweisen, um verfassungsgeschichtliche oder rechtssoziologische Erkenntnisse zu berücksichtigen. Oder die Verfassungstheorie bereichert die Staatslehre im Hinblick auf die Wahrnehmung deren Erkenntnisgegenstands, beispielsweise mit Tiefenschärfe bei der Auseinandersetzung um einen juristischen Staatsbegriff und das Verhältnis von Staatlichkeit und Verfassung (§ 4 Rn. 14 ff.). 16

26 Jestaedt, in: Verfassungstheorie, Rn. 3: „im Gravitationsfeld der Politischen Theorie“.
27 Ähnlich Kersten, Zuspitzung, S. 26 f.
28 Jestaedt, in: Verfassungstheorie, Rn. 48.

17 Zusammenfassend lässt sich also festhalten, dass die Abgrenzung der disziplinären Verfassungstheorie zu anderen Disziplinen und insbesondere zu den Grundlagenfächern nicht trennscharf möglich ist, sondern Verfassungstheorie – rechtswissenschaftlich betrachtet – gerade ein Forum bereitstellt, um verfassungsbezogene Erkenntnisse anderer Grundlagenfächer zu verarbeiten und miteinander zu verknüpfen. Aus der hier gewählten, spezifisch rechtswissenschaftlichen Perspektive ist es also durchaus zutreffend, Verfassungstheorie als „**Metatheorie**"[29] für Verfassungsbezüge zu verstehen.

IV. Beobachtungsergebnisse: Verfasstheit der Verfassungstheorie

18 Ein letztes Charakteristikum erhält die Verfassungstheorie als Grundlagenfach durch die Gestalt ihrer typischen Erträge. In Anbetracht vielfältiger Beobachtungsansätze, -objekte und -perspektiven lassen sich typische Ergebnisse der Theorieproduktion gegenüberstellen.

19 So wird verbreitet **Verfassungstheorie als Verfassungsrechtstheorie** betrieben. Dabei geht es um ein „Begründen und Bewerten der Verfassung"[30]: Verfassungsrechtsnormen und ihre Anwendungen werden nicht auf ihren Inhalt befragt, sondern in Abgrenzung zur Verfassungsrechtsdogmatik auf der disziplinären Metaebene behandelt. Der Ertrag einer solchen Theorie des Verfassungsrechts liegt dann beispielsweise in einer Verwissenschaftlichung der Vorverständnisse von Normkomplexen[31] oder in einer wissenschaftlichen Kreationshilfe für die Verfassungsrechtspolitik[32]: So kann beispielsweise über Reformen des Wahlrechts mit dem Ziel einer Steigerung von Diversität im Parlament informierter entschieden werden, wenn allgemeine Grundlagen von Repräsentationsmodellen und -erwartungen verfassungstheoretisch herausgestellt werden. Kennzeichen einer so betriebenen Verfassungsrechtstheorie ist ihr wissenschaftlicher Ausgangspunkt, der abstrakt gefasst ist und als solcher methodisch den Zugriff auf jegliche Verfassungsordnung mit Blick auf unterschiedlichste rechtliche Verfassungswirkungen erlaubt.

20 Demgegenüber können in einem anderen Ergebnisformat auch übergreifende Beschreibungs- und Deutungsangebote mit Blick auf konkrete Verfassungsordnungen formuliert werden. Typischerweise werden auf diesem Weg auch nicht nur rechtliche, sondern ebenso gesellschaftliche oder politische Wirkungen von Verfassungen reflektiert. Ein solcher Ansatz produziert dann **Verfassungstheorie als Verfassungslehre**. Eine solche Verfassungstheorie ist einerseits offener ausgelegt, da sie breitere Funktionszusammenhänge zu rekonstruieren beabsichtigt und häufig auf generelle Deutungsangebote von Verfassungsordnungen hinausläuft.[33] Sie ist aber andererseits auch enger gefasst, weil sie eindeutiger auf die Charakterisierung von Verfassung(en) in ihrer Gesamterscheinung („Lesart der Verfassung"[34]) abzielt. Insoweit verfolgt Verfassungstheorie

29 Morlok, Verfassungstheorie, S. 52, der allerdings den Unterschied von Dogmatik und Theorie für maßgeblich erachtet.
30 Jestaedt, in: Verfassungstheorie, Rn. 28.
31 Jestaedt, in: Verfassungstheorie, Rn. 63 f.
32 Jestaedt, in: Verfassungstheorie, Rn. 64.
33 Volkmann, Verfassungslehre, S. 3.
34 Volkmann, Verfassungslehre, S. 5.

dann einen normativen Anspruch[35] und liefert insbesondere interpretative „Zuspitzungen“[36] als Kontingenzfaktoren.

Neben diese Typen der Theorieproduktion treten als drittes Format **gegenständliche (Teil-)Verfassungstheorien.** Diese sind Ergebnis einer Spezialisierung auf einzelne Facetten oder Verfassungskonzepte. Anschaulich lässt sich beobachten, dass „eine Theorie der Verfassung in aller Regel zu einer Theorie der von ihr verwendeten erklärungsbedürftigen Begriffe wie Bundesstaat, Demokratie, Freiheit, Rechtsstaat oder Sozialstaat“[37] wird. In diesem Sinne hat sich als spezielles Feld vor allem die Grundrechtstheorie – nicht nur in Anbetracht besonders greifbarer, zugleich aber hochkomplexer Mehrebenen-Verflechtungen – etabliert.[38] Auch organisationstheoretische Spezialisierungen sind denkbar, insbesondere beispielsweise in Gestalt von Föderalismustheorie.[39] Ebenso lässt sich ein weites Spektrum für Verfahrenstheorie erschließen.[40] Und selbst eine Gesellschaftstheorie der Verfassung wäre ein lohnenswertes Unterfangen.[41] 21

Unabhängig davon, welches Ergebnis von Verfassungstheorieproduktion man bevorzugt, wird jedenfalls deutlich: Die disziplinär noch im Singular begreifbare Verfassungstheorie produziert eine **Pluralität von Verfassungstheorien.** 22

B. Grundlagen: Themen der Verfassungstheorie

Zwar ist es nicht erfolgversprechend, einen abschließenden Kanon verfassungstheoretischer Themenkreise formulieren zu wollen. Möglich ist es jedoch, zumindest vier Themen herauszugreifen, die besonders häufig in verfassungstheoretischen Kontexten verhandelt werden, um so einen plastischen Einblick in die Bandbreite der Disziplin zu erhalten. 23

I. Verfassungscharakteristika

Das in diesem Sinne erste klassische Thema der Verfassungstheorie betrifft unmittelbar ihren Gegenstand, es stellt sich nämlich die Frage: Was macht Verfassungen aus? 24

Es geht bei **Verfassungsbegriffen** im verfassungstheoretischen Sinne stets um herrschaftsbezogene Bündelungen von Regeln, Verfahren und Garantien.[42] Ihre qualitativ-inhaltlichen Konturen ebenso wie ihr Herrschaftsbezug werden indes vielgestaltig und kontrovers diskutiert.[43] 25

Deutlich wird dies bereits anhand der Gegenüberstellung von **tatsächlicher und rechtlicher Verfassung.** Erstere bezeichnet die deskriptiv-soziologische Erfassung des politischen (Gesamt-)Zustands eines Gemeinwesens – z.B. Wer hat die Macht? Wie wird sie ausgeübt? – und wird mittlerweile verbreitet als „Verfassungswirklichkeit“ thematisiert, während rechtliche Verfassungsbegriffe auf einen normativen Ordnungsanspruch 26

35 Volkmann, Verfassungslehre, S. 4 f.; ders., Der Staat 51 (2012), 601 (605), Fn. 20; Morlok, Verfassungstheorie, S. 54 ff.; Hufen, AöR 100 (1975), 193 (211 ff.).
36 Kersten, Zuspitzung, S. 38.
37 Möllers, Staat als Argument, XVIII.
38 Überblick bei Augsberg/Unger, Basistexte: Grundrechtstheorie.
39 Vgl. Friedrich, PVS 5 (1964), 154 ff.; Benz/Lehmbruch, Föderalismus; Kleinlein, Grundrechtsföderalismus, S. 180 ff., m.w.N.
40 Grundlegend Reimer, Verfahrenstheorie, insbes. S. 128 ff.
41 Grundanlage bspw. bei Ladeur, Der Staat gegen die Gesellschaft.
42 Volkmann, Verfassungslehre, S. 7.
43 Prägnante Gegenüberstellungen durch Volkmann, Verfassungslehre, S. 9 ff.

in Gestalt eines Ensembles von Rechtsnormen als Bezugspunkt abstellen.[44] Die Kontrastierung von tatsächlicher gegen rechtliche Verfassung – beispielsweise der prognostizierte Tod der rechtlichen Verfassung angesichts divergierender realer Machtverhältnisse durch *Ferdinand Lassalle* im preußischen Verfassungsstreit (1862)[45] – wird dabei in ihrem Gestus der „Entlarvung“ von rechtlicher Machtlosigkeit als verlässlicher Krisenindikator interpretiert.[46]

27 Eine andere Differenzierung will zwischen **formeller und materieller Verfassung** unterschieden wissen. Beide Begriffe zielen auf eine Begründung für den besonderen Status der Verfassung im Vergleich zu sonstigen Rechtsnormen. Den eindeutigsten Ausgangspunkt für formelle Abgrenzungsansätze bildet die textliche Fixierung in einer Verfassungsurkunde. Ebenso lässt sich jedoch formalisiert der gegenüber anderen Rechtsnormen höhere Rang betonen, das formelle Merkmal also „in ihrer erhöhten formellen Gesetzeskraft“[47] bzw. dem Vorrang der Verfassung[48] verorten. Demgegenüber müssen materielle Verfassungsbegriffe deren besonderen Status durch inhaltliche Wesensmerkmale zu begründen versuchen. Das Wesen einer materiellen Verfassung kann dann generell in der Verrechtlichung politischer Herrschaft verortet werden oder in der Betonung ihrer Qualität, „die Erzeugung der generellen Rechtsnormen“[49] zu regeln. Ebenso kann das Wesen einer Verfassung aber auch in materiellen Mindestgehalten ausgemacht werden, beispielsweise in der Formulierung durch Art. 16 der französischen Menschenrechtserklärung (1789), nach der keine Verfassung vorliege, wenn die individuellen Rechte nicht gesichert seien und keine Gewaltenteilung herrsche. Die alleinige Fixierung auf formelle Merkmale läuft Gefahr, wichtige Eigenheiten von Verfassungen zu vernachlässigen.[50] Auf der anderen Seite spricht gegen die Betonung materieller Merkmale, dass mit diesen eine Geringschätzung der formellen Verfassung einhergehen kann und dies dann zu stark an die dezisionistische Unterscheidung von Verfassung und Verfassungsgesetz erinnert – einem zentralen Ansatz im Werk von *Carl Schmitt*. Letzterer führte in der „Verfassungslehre“ von 1928 grundlegend aus, dass die Unterscheidung zwischen Verfassung und bloßen Verfassungsgesetzen geboten sei, da „das Wesen der Verfassung nicht in einem Gesetz oder einer Norm enthalten“[51] sein könne, sondern als „grundlegende politische Entscheidung des Trägers der verfassungsgebenden Gewalt“[52] jeder Normierung vorausgehe. In der Konsequenz sei die Verfassung unantastbar, die Verfassungsgesetze könnten demgegenüber während des Ausnahmezustands suspendiert und durchbrochen werden.[53] Betrachtet man daran anknüpfend die Weiterentwicklung dieses Ansatzes in der Gegenüberstellung von Legalität und Legitimität, welche auf eine Unterstützung exekutiv-kommissarischer Diktatur jenseits positiv-parlamentarischen Rechts zuläuft[54] und in der Folge dann als eine argumentative Grundlage für sein nationalsozialistisches Engagement und „konkretes Ordnungs- und Gestaltungsdenken“[55] diente, so dürften die Gefahren einer dezisionis-

44 Volkmann, Verfassungslehre, S. 9 f.
45 Lassalle, Verfassungswesen, insbes. S. 18 u. 29.
46 Haverkate, Verfassungslehre, S. 9, m.w.N.
47 Jellinek, Allgemeine Staatslehre, S. 534.
48 Grimm, Zukunft, S. 14.
49 Kelsen, Reine Rechtslehre, S. 228.
50 Ähnlich Volkmann, Verfassungslehre, S. 14.
51 Schmitt, Verfassungslehre, S. 23.
52 Schmitt, Verfassungslehre, S. 23.
53 Schmitt, Verfassungslehre, S. 26.
54 Schmitt, Legalität und Legitimität, S. 66 ff.; ders., Hüter, S. 24 f. u. S. 116 ff.
55 Schmitt, Arten, S. 48.

tischen Auflösung der geschriebenen Verfassung[56] im Namen der materiellen Verfassung offenkundig hervortreten. Die Unterscheidung ist als solche deshalb riskant und sollte entsprechend strikt auf ihren wissenschaftlichen Beschreibungswert unter Verzicht auf praktische Gestaltungsansprüche beschränkt verwendet werden.

28 Eine weitere Gegenüberstellung betont den Unterschied von **herrschaftsbegründenden und herrschaftslimitierenden Verfassungen.**[57] Die herrschaftsbegründende Charakterisierung von Verfassungen stellt den revolutionär-souveränen Akt der Verfassungsgebung und damit die Diskontinuität und Neubegründung von Herrschaft durch die Verfassung in den Vordergrund. Dem steht eine herrschaftslimitierende Charakterisierung gegenüber, die von kontinuierlich bestehenden Herrschaftsverhältnissen ausgeht und durch die jeweilige Verfassung nur eine Beschränkung und Einhegung ursprünglicher Herrschaftsgewalt realisiert wissen will. Insoweit lässt sich ein souveränitätsbetonendes Verständnis der „Verfassung als Politisierung des Rechts" von einem limitierenden Verständnis der „Verfassung als Verrechtlichung der Politik" unterscheiden.[58] Beide Lesarten können historische Referenzen für sich verbuchen und beide erklären gewichtige Funktionen, indem sie einerseits herrschaftslimitierend auf die Sicherung individueller und andererseits herrschaftsbegründend auf diejenige kollektiver Selbstbestimmung abzielen. Gerade darum fließen diese beiden Selbstbestimmungsperspektiven für demokratische Verfassungen allerdings zusehends ineinander: Freiheitliche Demokratien zielen gleichermaßen auf individuelle und kollektive Selbstbestimmung, sie streben sogar eine wechselseitige Ermöglichung an. Die Fusion von herrschaftslimitierenden und herrschaftsermöglichenden Zielrichtungen von Verfassungen kann insoweit als eine weitere Facette der „Metamorphose des Freiheitsgedankens"[59] gedacht werden.

29 Die in den letzten Jahrzehnten indes am kontroversesten eingeschätzte Charakteristik von Verfassungen besteht in der Frage nach ihrem **Bezugsobjekt.** Konkret geht es darum, ob der Verfassungsbegriff nur staatsbezogen Anwendung finden soll. Nach orthodoxer Lesart sind Verfassungen nicht nur in ihrer historischen Genese, sondern auch konzeptionell staatsfixiert, indem ihre Funktion als **Staatsverfassung** primär darin verortet wird, dass sie staatliche Herrschaft umfassend entweder begründen oder einhegen.[60] Diesem Rekurs stehen Begriffsverwendungen gegenüber, die Verfassungsbezüge auch in überstaatlichen Zusammenhängen fruchtbar machen wollen: Am anschaulichsten zeigt sich dies in Interpretationen, dass eine **Verfassung auf EU-Ebene** möglich und ggf. bereits gegeben sei.[61] Doch auch für den völkerrechtlichen Diskurs kommt der **Konstitutionalisierungsthese** für das internationale Recht in Bezug sowohl auf Teilregime (wie beispielsweise die EMRK) als auch auf die generell zunehmende Individualisierung und Verrechtlichungsdichte des Völkerrechts eine große Bedeutung zu.[62] Und in einer dritten Bezugslinie wird der Verfassungsbegriff sogar fragmentiert auf jegliche gesellschaftliche Sozialsysteme ausgeweitet, die in doppelter Reflexivität durch Recht eine kommunikativ-mediale (Selbst-)Konstitutionalisierung („**gesellschaftlicher Konstitutionalismus**") erfahren,[63] was insbesondere an den Beispielen der als

56 Grimm, Zukunft, S. 148 ff., m.w.N.
57 Volkmann, Verfassungslehre, S. 15 ff.
58 Möllers, in: Europäisches Verfassungsrecht, S. 227 (230 ff.).
59 Kelsen, Demokratie, S. 8 u. 14.
60 Exemplarisch Grimm, Zukunft II, S. 12 ff. u. 54 ff.
61 Vgl. stellvertretend Pernice, VVDStRL 60 (2011), 148 (155 ff.); Peters, Elemente, S. 93 ff.
62 Kleinlein, Konstitutionalisierung; Ley, ZaöRV 69 (2009), 317 (326 ff.); jew. m.w.N.
63 Exemplarisch Teubner, Verfassungsfragmente, S. 159 ff.

„lex mercatoria" verstandenen Handelsregeln transnational agierender Konzerne sowie der Internet-Governance („lex informatica") plausibilisiert wird. Die Staatsbezogenheit des Verfassungsbegriffs gerät also wissenschaftlich zusehends in die Defensive, weshalb in Anbetracht weiter gezogener Bezugsobjekte eine Auszehrung des Begriffs zu einem „Allerweltsbegriff" befürchtet wird.[64] Diese Kritik sollte jedenfalls ab dem Punkt zunehmend verstummen, an dem der Diskurs über „weitere" Verfassungen in wissenschaftlichen Kategorien der Verfassungstheorie durch innovative Beobachtungen und inspirierende Erkenntnisse selbst weitreichende Paradigmenwechsel rechtfertigt.

30 Die aufgezeigten Begriffsmerkmale liefern verfassungstheoretisch nicht nur wertvolle Erkenntnisse über zentrale Charakteristika von Verfassungen und skizzieren damit den erkenntnisleitenden Gegenstand der Verfassungstheorie als Disziplin. Zusätzlich erlangen sie besondere wissenschaftliche Bedeutung auch durch den Umstand, dass die auf diesem Weg gewonnenen Charakteristika zugleich als Orientierungspunkte für die **vergleichende Verfassungslehre** dienen können.

II. Verfassungsteleologien

31 Ein zweites großes Thema der Verfassungstheorie bilden wissenschaftliche Erörterungen zur Frage nach Verfassungsteleologien. Es geht also darum, ob die jeweils beobachteten Verfassungsordnungen durch eine übergeordnete Finalität oder ein übergreifendes Ordnungsmuster geprägt sind.

32 Vielfach liefern Verfassungstheorien in diesem Sinne **umfassende Deutungsangebote.** Sie formulieren – begünstigt durch die konzeptionelle Entwurfstradition der deutschen Staatsrechtslehre[65] – mit anderen Worten jeweils ein Großkonzept als „eines normativen Gesamtentwurfs jenseits des Verfassungstexts"[66]. Es geht ihnen um die „Rekonstruktion der Gesamtverfassung aus einem umfassenden Gedanken"[67]. Dies bringt es allerdings mit sich, dass gerade solche holistischen Theorieangebote, die also auf ganzheitlich-harmonische Verfassungsteleologien abzielen, dann auf der Diskursebene aufgrund des Nebeneinanders unterschiedlicher Deutungsangebote konträr zu ihren Einzelanliegen eine besondere Pluralität unterschiedlicher Verfassungsverständnisse produzieren.

33 Im Hinblick auf die **Weimarer Republik** konkurrierten in diesem Sinne insbesondere vier verfassungstheoretische Großkonzepte: die Interpretation der Verfassung als souverän-existenzielle Entscheidung von *Carl Schmitt*,[68] das Verständnis der Verfassung als dynamischer Integrationsprozess durch *Rudolf Smend*,[69] eine insbesondere mit *Hans Kelsen* verbundene, nüchterne Reduktion der Verfassung auf positivrechtliche Rechtsnormen, die auf demokratische Rechtserzeugung zielen,[70] sowie die Betonung sozialer Rechtsstaatlichkeit durch *Hermann Heller*[71].

64 Volkmann, Verfassungslehre, S. 36, m.w.N.
65 Dazu Schönberger, German Approach, S. 20 ff.
66 Möllers, Der Staat 43 (2004), 399 (413).
67 Volkmann, Der Staat 54 (2015), 35 (40).
68 Schmitt, Verfassungslehre.
69 Smend, Staatsrechtliche Abhandlungen, S. 119 ff.
70 Kelsen, Staatslehre, S. 249 ff.
71 Heller, Rechtsstaat oder Diktatur?, insbes. S. 7 f. u. 21 ff.

Die verfassungstheoretischen Großkonzepte zum **Grundgesetz** knüpfen verbreitet an diese Theorieangebote in unterschiedlichem Maße an bzw. setzen sich mit diesen auseinander: 34

Ein einflussreiches Deutungsangebot versteht die grundgesetzliche Verfassung als eine **Rahmenordnung.** Kennzeichnend für ein solches Verständnis ist die Betonung von strikten Grenzziehungen in Form verfassungsrechtlicher Grundentscheidungen als äußerer Rahmen auf der einen und von innerhalb des Rahmens eröffneter Gestaltungsspielräume mit geringer verfassungsrechtlicher Prägung auf der anderen Seite.[72] Damit wendet sich dieses reduzierte Verfassungsverständnis gegen die Vorstellung einer umfassenden verfassungsrechtlichen Durchdringung des Zusammenlebens einer Gesellschaft.[73] Insbesondere in der grundrechtstheoretischen Präferenz für reine Abwehrrechts-Modelle kommt eine grundsätzliche Ablehnung von materiellen Wertordnungsorientierungen im Verfassungsrecht zum Ausdruck.[74] Entsprechend liegen Rahmenordnungskonzepten eine Präferenz für statische Verfassungskonzepte und deutlich sichtbare Anleihen an das Verfassungsverständnis von *Carl Schmitt* zugrunde.[75] 35

Dem stehen Deutungsangebote gegenüber, die ausgreifendere Strukturierungsansprüche des Grundgesetzes betonen: Die **Sozialordnung** und die Zielvorstellung von ausgreifender Sozialstaatlichkeit im Interesse der Verwirklichung materieller Gleichheit bilden insoweit den Mittelpunkt einiger Theorieangebote.[76] Der deutlich abstraktere Ansatz von *Görg Haverkate* entfaltet ein übergreifendes Sinnkonzept der Verfassung aus ihrem Verständnis als **Gegenseitigkeitsordnung**, die in Rechtsform für Staat und Gesellschaft umfassend Verständigungs- bzw. Einigungsorientierungen, Vertragstheorien und arbeitsteilige Rechtssetzungsprozesse vermittelt.[77] Noch stärker der gesellschaftlichen Sphäre verschreibt sich *Peter Häberles* Ansatz, die Verfassung als **öffentlichen Prozess** und demokratische Verfassungskultur, insbesondere im Hinblick auf die „offene Gesellschaft der Verfassungsinterpreten“[78], zu denken.[79] Und in einer jüngeren Gesamtdeutung versteht *Uwe Volkmann* die Verfassung als **Gerechtigkeitsordnung** dergestalt, dass sie als Inbegriff einer guten und gerechten Ordnung des Gemeinwesens angesehen und deshalb zur Projektionsfläche gesellschaftlicher Ordnungs- und Gerechtigkeitsvorstellungen werde, was dann wiederum dynamisierend Anpassungen im Rechtssystem ermögliche und auf alle konkreten Anwendungen zurückwirke.[80] 36

Es steht aber auch generell in Frage, ob eine auf solche Gesamtteleologien abzielende Arbeit an Großkonzepten überhaupt einen sinnvollen Anspruch formuliert. So lässt sich kritisch die **Unmöglichkeit** jedes Theorieprojekts behaupten, das eine einheitliche Gesamtaussage über Verfassungen zu treffen versucht, da sich jene in der Gesamtschau ihrer Einzelelemente eher als gemischte Verfassungsensembles darstellten[81]. Gerade solche Schwierigkeiten, einen gesamtheitlichen Anspruch zu formulieren und ihm verbreitete Anerkennung zu verschaffen, können aber auch als Ausgangspunkt genommen werden, um das intellektuelle Potenzial der Verfassungstheorie kreativ zu erweitern. 37

72 Exemplarisch Böckenförde, NJW 1976, 2089 (2098 f.).
73 Volkmann, Der Staat 54 (2015), 35 (42 f.).
74 Volkmann, Der Staat 54 (2015), 35 (44).
75 Volkmann, Verfassungslehre, S. 27 f.
76 Abendroth, Das Grundgesetz, S. 63 ff., 74 ff. u. 103 f.; Ridder, Die soziale Ordnung des Grundgesetzes, S. 35 ff.
77 Haverkate, Verfassungslehre, insbes. S. 39 u. 144 ff.
78 Häberle, Verfassung als öffentlicher Prozess, S. 155 ff.
79 Häberle, Verfassung als öffentlicher Prozess; ders., Verfassungslehre als Kulturwissenschaft.
80 Volkmann, Verfassungslehre, S. 3 f. u. 41 ff.
81 Peters, Elemente, S. 761; Möstl, in: Verfassungstheorie, Rn 2.

Insoweit lässt sich die konzeptionelle Entwurfstradition mit Blick auf Modelle, Funktionstypen und Typologien neu beleben.[82] Angesichts einer Pluralität von Verfassungstheorien und des fragmentarischen Charakters der zahlreichen Verfassungsgehalte plädiert deshalb *Jens Kersten* für ein postmodernes Theoriekonzept der **Verfassungsassemblage.**[83] Danach soll insbesondere der unabgeschlossene, heterogene und fragmentarische Charakter von Verfassungen als Aufforderung verstanden werden, verfassungstheoretische Deutungsangebote in Form von zugespitzten Interpretationen und engagierten Parteinahmen immer wieder neu und mit dem Anspruch zu formulieren, das Spannungsverhältnis von Text, Norm und Wirklichkeit zu beleben. Gerade weil Verfassungen in ihren Einzelgewährleistungen zahlreiche Widersprüche, Ungereimtheiten und mitunter anachronistisch anmutende Kompromisslinien enthalten, gerade weil sich die Textstruktur durch Verfassungsänderungen ändert und ändern lässt, erschließt sich ein Möglichkeitsraum, um Elemente der Verfassung immer wieder neu zueinander in Beziehung zu setzen und zu arrangieren. Es können deshalb jeweils andere Aspekte interpretationsleitend betont und neue Perspektiven auf die Verfassung angeboten werden. Solche Interpretationen erheben dann nicht den Anspruch, überzeitliche oder erschöpfende Aussagen zu treffen, sondern streben vornehmlich an, den Blick auf denkbare Alternativen zu lenken. Ein solches Theorieverständnis enthält deshalb aktivierend die Aufforderung, die Verfassung immer wieder neu zu denken und eingefahrene Interpretationen gegen den Strich zu bürsten, indem bewusste Überzeichnungen und Zuspitzungen formuliert werden. Ein derartiges Denken in Zu- und auch Überspitzungen garantiert Irritationen als Grundlage für wissenschaftliche Innovation und verspricht eine Vitalität der verfassungstheoretischen Diskurse, indem sie die Relationalität, Diversität und Emergenz von Verfassungselementen verfassungstheoretisch in Stellung zu bringen und zu entfalten verlangt. Paradigmenwechsel im Repräsentationsverständnis bis hin zu Verfassungsutopien einer ökologischen „Verfassung der Natur" könnten so theoretisch vorbereitet, aber auch in diesem Diskursformat abgelehnt werden.

III. Verfassungsfunktionen

38 Ein dritter Themenkreis der Verfassungstheorie widmet sich der Analyse und Typisierung von Verfassungsfunktionen. Die disziplinäre Breite eröffnet dafür zwei grundlegend zu unterscheidende Ansätze.[84]

39 Zum einen können als Verfassungsfunktionen diejenigen Leistungen in den Blick genommen werden, die Verfassungen im Verhältnis zu Gesellschaft, Staat und transnationalen Organisationen oder zum Rechtssystem erbringen. Solche Beschäftigungen mit Verfassungsfunktionen sind auf **empirische** Methoden angewiesen, um ihre Wirklichkeitsbeschreibungen in Gestalt von Funktionsanalysen leisten zu können. Beispielsweise ließe sich in diesem Sinne verfassungstheoretisch untersuchen, inwieweit verfassungsrechtliche Rechtsschutzgarantien zur Verbesserung der Qualität staatlicher Entscheidungen beitragen oder ob grundrechtliche Freiheitsgarantien die Akzeptanz nonkonformistischer Lebensmodelle in der Gesellschaft fördern.

82 Schönberger, German Approach, S. 50 ff., dessen Zweifel bei Verfassungsbezogenheit nicht die offene Verfassungstheorie im hier zugrunde gelegten Verständnis erfassen dürften.

83 Hierzu und zum Folgenden Kersten, Zuspitzung, S. 38 ff.

84 Hierzu prägnant Volkmann, Verfassungslehre, S. 39 f.

Zum anderen wird der Funktionsbegriff **normativ** gewendet. Es geht dann um die Kennzeichnung von Leistungserwartungen, die an die Verfassung gestellt werden. Synonym lässt sich auch von den Aufgaben einer Verfassung sprechen.[85] Rechtswissenschaftliche Beiträge zur Verfassungstheorie fokussieren sich regelmäßig auf diese normative Kategorie. Beispielsweise benennt *Andreas Voßkuhle* sechs Verfassungsfunktionen[86]: Zunächst die Aufgabe der Verfassung, die Bildung und Erhaltung staatlicher Einheit durch Zustimmung und Identifikation zu bewirken (1), sodann ihre Ordnungs- und Organisationsfunktion in Bezug auf eindeutige rechtliche Handlungsgrundsätze (2), weiter ihre Stabilisierungsfunktion in Anbetracht des dynamischen gesellschaftlichen Wandels und politischen Aktionismus (3), ferner eine Leitbildfunktion durch Orientierung an Wertungen in Staatsstrukturprinzipien und Grundrechten (4), gefolgt von einer Kontroll- und Rationalisierungsfunktion mit Blick auf die Ausübung von Staatsgewalt (5) sowie zuletzt eine Schutzfunktion für die Freiheit und Selbstbestimmung der Individuen (6). Solche Funktionsanalysen dienen verbreitet dem Vergleich von Verfassungsordnungen oder sollen funktionale Betrachtungen rechtspolitischer Präferenzen erlauben, auch wenn der Beschreibungswert gängiger Funktionsdarstellungen ohne systematische Binnenrelationierung als gering erachtet wird.[87] Wenig reflektiert sieht sich zudem die Frage nach der präzisen Bestimmung der Quelle von Normativität für die einzelnen Funktionszuschreibungen. 40

IV. Verfassungsstrukturen

Ein weiterer Themenkreis, der eine große verfassungstheoretische Faszinationskraft entfaltet, widmet sich der verfassungstheoretischen Kategorie der Verfassungsstrukturen. Strukturorientierte Betrachtungsansätze erlauben es allgemein, Wirkungszusammenhänge sowie Substitutions- und Ergänzungsverhältnisse zwischen Handlungsmaßstäben, Handelnden und Instrumenten zu thematisieren, indem der Blick auf die Regelungsinstanzen, Maßstäbe, Formen und Instrumente gelenkt wird.[88] Verfassungsstrukturen sind dann solche Regelungsstrukturen, die aus Verfassungsbezügen abstrahiert werden und verfassungstheoretisch die Systemelemente sowie ihre kontextbildenden Wirkrelationen als Funktionskonstanten beschreiben.[89] Im Kontext von Verfassungsstrukturen geht es also – in den Worten *Matthias Jestaedts* – um die **„Lehre von den Bewegungsgesetzen der Verfassung“**[90]. 41

In einer ersten Kategorie lassen sich als Ergebnis der verfassungstheoretischen Beobachtung solche Verfassungsstrukturen ausmachen, die als normative Gebote verstanden werden können. Ihr eindeutigster Fall sind **Verfassungspflichten**, also Strukturen, die ein bestimmtes Ergebnis normativ erzwingen. Gegenläufig zur Selbstverständlichkeit der abstrakten Beschreibung dieser Struktur sind oftmals die konkreten, über einzelne Rechtsnormen hinausreichenden Annahmen von verfassungsteleologischen Pflichtigkeiten Gegenstand ausgreifender wissenschaftlicher Kontroversen. Dies dürfte am anschaulichsten für die Figur der Grundpflichten – beispielsweise der Annahme einer generellen Friedenspflicht aller Bürgerinnen und Bürger – gelten, welche mitunter 42

85 Hesse, Grundzüge, Rn. 5 ff.
86 Voßkuhle, AöR 119 (1994), 35 (45 ff.).
87 Möllers, in: Europäisches Verfassungsrecht, S. 227 (245).
88 Vgl. Trute/Kühlers/Pilniok, in: Handbuch Governance, S. 240 (245).
89 Ingold, Oppositionen, S. 585.
90 Jestaedt, in: Verfassungstheorie, Rn. 33.

verfassungstheoretisch als Gegenpart zu Grundrechten ins Spiel gebracht wird.[91] Aber auch Auseinandersetzungen um ein generelles staatliches Neutralitätsgebot verweisen deutlich auf Fragen verfassungstheoretischer **Verfassungsgebote**.[92] Daneben lassen sich auch **Verfassungsaufträge** und **Verfassungsaufgaben** als verfassungstheoretische Strukturkategorie ausmachen, wobei die Pflichtigkeit dieser Verfassungsstrukturen graduell geringer als bei den erstgenannten ausfällt und eher eine Handlungsinitiative, aber keine unbedingte Bewirkungspflicht statuiert.

43 Eine zweite Strukturkategorie zielt auf die Qualifikation von **Verfassungsbedingungen**. Damit sind im Interesse trennscharfer Abgrenzung nur solche Faktoren zu bezeichnen, von denen unmittelbar-normativ der Bestand einer Verfassung im Sinne einer Geltungsbedingung abhängt. Insoweit besteht eine Parallele zu vielen – unter B. I. bereits dargestellten – Verfassungscharakteristika, die u.U. als Kriterien darüber entscheiden, ob normativ eine Verfassung vorliegt. Besonders im Mittelpunkt steht in diesem Zusammenhang die Diskussion über Staatlichkeit als Bedingung von Verfassung, welche indes häufig im Lichte der nachfolgend vorzustellenden Strukturkategorie geführt wird.[93]

44 Als dritte Strukturkategorie erfahren **Verfassungsvoraussetzungen** besondere Aufmerksamkeit. Darunter versteht man nicht-rechtliche Umweltabhängigkeiten der Verfassung, ohne die deren Normen keine effektive Geltung erlangen könnten.[94] Die Qualifikation von Verfassungsvoraussetzungen wird deshalb als „eine Kurzformel für die nicht-rechtlichen Dependenzen des Verfassungsrechts“[95] verstanden. Sie wirkten für das Verfassungsrecht vergleichbar der Geschäftsgrundlage im Zivilrecht.[96] Es geht um Faktoren, „von denen die Möglichkeit praktischer Wahrnehmung verfassungsrechtlicher Rechtspositionen abhängt, ohne dass sie zum Gewährleistungsbereich oder zu den Schranken dieser Verfassungsrechtsposition gerechnet werden dürfen“[97]. Beispielsweise werden zum Kreis der Verfassungsvoraussetzungen gezählt: der tatsächliche Verfassungskonsens, das Menschenbild des Grundgesetzes, die marktwirtschaftliche Wirtschaftsverfassung und die Einheitlichkeit der Lebensverhältnisse.[98] Neben der häufig umstrittenen Anerkennung von konkreten Verfassungsvoraussetzungen im Einzelnen sieht sich aber sogar die generelle Qualifikation beachtlicher Kritik ausgesetzt: So wird darauf hingewiesen, dass ein Fortfall der Funktionsvoraussetzungen mangels Maßstabs und gradueller Abstufungen nicht bestimmbar sein dürfte und zudem die Statuierung einer Voraussetzung methodisch wie autoritär zweifelhaft sei sowie quer zum Normensystem stehe.[99] Insoweit liegt in der „Pointe“[100] des meta-rechtlichen Funktionsbezugs von Verfassungsvoraussetzungen auch die wissenschaftliche Gefahr eines freigiebigen Umgangs mit dieser Strukturkategorie.

45 Abschließend ist die Strukturkategorie der **Verfassungserwartung** zu benennen. Es geht bei diesen nicht um Erwartungen, die an die Verfassung gestellt werden – diese gehen

91 Vgl. exemplarisch Hofmann, VVDStRL 41 (1983), 42 ff.; Gusy, JZ 1982, 657 ff.; Schmidt, Grundpflichten.
92 Vgl. zur Debatte um Neutralitätsgebote exemplarisch Schlaich, Neutralität, S. 43 f. u. 226 ff.; Huster, Neutralität, S. 31 ff.; Payandeh, Der Staat 55 (2016), 519 (524 ff.).
93 Vgl. Möllers, Staat als Argument, S. 257 ff., m.w.N.
94 Ruffert, Vorrang, S. 57.
95 Möllers, Staat als Argument, S. 271.
96 Krüger, in: FS Scheuner, S. 285 (286 f.).
97 Jestaedt, Die Verfassung hinter der Verfassung, S. 61.
98 Ingold, Oppositionen, S. 586, m.w.N.
99 Möllers, Staat als Argument, S. 258.
100 Möllers, Staat als Argument, S. 259.

in Verfassungsfunktionen auf.[101] Vielmehr werden umgekehrt Erwartungshaltungen von Verfassungsbestimmungen in den Blick genommen: Es geht um die Analyse von impliziten Verhaltenserwartungen, die den jeweiligen Regelungszwecken am nächsten stehen und als nicht sanktioniertes Leitbild den gemeinwohlkonformen Gebrauch von Verfassungsfreiheiten prägen.[102] „Die Erwartung blickt von der Idee des Gemeinwohls auf den Gebrauch der Freiheit."[103] Sie zielten auf die normexterne Vervollständigung eines notwendigerweise und bewusst unvollständigen Regelungskomplexes von Verfassungen, die „einkalkulierten Variablen"[104] bzw. „unsichtbare Hand"[105] der Verfassung. Beispielsweise wird die tatsächliche Betätigung politischer Parteien oder der Privatautonomie, die sozialpflichtige Wahrnehmung des Eigentums oder die Gemeinwohlorientierung des Handelns von Amtswaltern als Verfassungserwartung gekennzeichnet.[106] Vor allem aber wird generell die tatsächliche Wahrnehmung demokratischer Mitwirkungsrechte als „vorrechtliche Verantwortung" in Gestalt einer Erwartung jenseits einer Rechtspflicht gekennzeichnet.[107] Anschaulich lässt sich neben dem Wahlrecht dann insbesondere politische Opposition als Verfassungserwartung qualifizieren, da politische Opposition zwar nicht als konkrete Handlung verfassungsrechtlich erzwungen, aber doch als Legitimationsfaktor erwartet wird.[108]

C. Ausblick: Methodische und thematische Herausforderungen

Es ist deutlich geworden, dass Verfassungstheorie als Disziplin eine offene Plattform 46
für verfassungsbezogene wissenschaftliche Beobachtungen bereithält. Es kann deshalb nicht darum gehen, in einem Ausblick weitere Themen zu skizzieren. Vielmehr sollen stattdessen zwei „Baustellen" aufgezeigt werden, die für die Festigung verfassungstheoretischer Grundlagen von gesteigerter Relevanz sein dürften.

I. Methodik: Verfassungstheoretische Unschärferelation

Dies betrifft zunächst methodisch das Verhältnis von Verfassungstheorie zur Verfas- 47
sungspraxis und zur Verfassungsrechtsdogmatik. Im Ausgangspunkt wurzelt dieses – wie in der Einleitung dargelegt – in einer sehr weiten Beobachtungsperspektive, die als „Metatheorie" für Verfassungsbezüge beschrieben werden kann. Es stellt sich allerdings die Frage, ob und wodurch verfassungstheoretische Beobachtungen auch Einfluss auf Verfassungspraxis oder Verfassungsdogmatik gewinnen können.

Allgemein werden Auswirkungen von Verfassungstheorie bejaht: Sei es als komplexi- 48
tätserweiternde Irritation[109], sei es praxisvermittelt kraft experimenteller Zuspitzung[110], sei es zur Aufdeckung rechtsinterner Widersprüchlichkeiten[111], sei es infolge

101 Dazu Stern, Rechtstheorie 21 (1990), 1 (15 u. 20), sowie unter B. III.
102 Ruffert, Vorrang, S. 58; Jestaedt, in: Verfassungstheorie, Rn. 37.
103 Isensee, in: HStR, Rn. 209.
104 Krüger, in: FS Scheuner, S. 285 (302).
105 Ruffert, Vorrang, S. 58.
106 Ingold, Oppositionen, S. 588, m.w.N.
107 Vgl. BVerfGE 102, 370 (397 f.); Isensee, in: HStR, Rn. 204.
108 Ingold, Oppositionen, S. 589 f.
109 Jestaedt, in: Verfassungstheorie, Rn. 26.
110 Kersten, Zuspitzung, S. 48 ff.
111 Möllers, in: Das entgrenzte Gericht, S. 281 (354).

des normativen Anspruchs der Verfassungstheorie[112]. Die eigentlichen Kopplungsmechanismen bleiben aber bislang vergleichsweise vage.

49 Eine **begriffliche Kopplung**, welche durch identische Wortverwendungen in Theorie, Dogmatik und Rechtsanwendungspraxis entstehen könnte („Homonyme"), wird wegen Verwechselungsgefahren („Äquivokationsbedingte Konfusionen") kritisiert,[113] auch wenn gerade der reflektierte Umgang mit begrifflich-symbolischen Transferleistungen ein erhebliches Erkenntnispotential mit sich bringen dürfte. Dies zeigt sich zum Beispiel mit Blick auf den allgemeinen Gleichheitssatz (Art. 3 Abs. 1 GG): Dessen verfassungsrechtsdogmatische Begrifflichkeit legt schon aus Gründen der Praktikabilität ein abstrahiert-universelles und damit formales Gleichheitsverständnis nahe, während verfassungstheoretische Gleichheitsbegriffe umfassendere und materielle Gleichheits- und Gerechtigkeitsvorstellungen zu artikulieren erlauben, die dann aufgrund der geteilten Begrifflichkeit dogmatische Infragestellungen erlauben und regelmäßig Begriffsvergewisserungen erfordern sowie in letzter Konsequenz ggf. Anpassungen im Begriffsverständnis anstoßen können.

50 Als weiterer Einwirkungskanal wird die **Rationalisierungsleistung** der Theorieergebnisse hervorgehoben. Danach trage insbesondere das Herausarbeiten von Vorverständnissen der Rechtsanwendungen normativ zu einer Veränderung von Praxis und Dogmatik bei, indem sie den Umgang mit Verfassung rationalisiere und unter Umständen dadurch auch instruiere.[114] Der konkrete Wirkungsmechanismus für Rationalisierungsleistungen dürfte dabei allerdings vor allem diskursiv zu verstehen sein; er bedarf also – wenn auch nicht notwendig formalisierter – praktizierter Diskursformate, die eine Vermittlung von Erkenntnissen ermöglichen. Nicht zufällig wird beispielsweise die Möglichkeit einer verfassungspolitischen Herstellungshilfe durch Verfassungstheorie betont.[115]

51 Zu erwägen ist allerdings, ob nicht auch grundlegender ein Wirkungspotential ausgemacht werden kann, welches sich originär aus der verfassungstheoretischen Theorieproduktion ergibt. Ein diesbezüglicher Ansatzpunkt könnte aus der Beobachtungsstruktur der Verfassungstheorie gewonnen werden: Vergleichbar der vielfach rezipierten Grundlegung des Bundesverfassungsgerichts, wonach bereits das Bewusstsein von Beobachtungs- bzw. Überwachungsmöglichkeiten zu potenziellen Verhaltensänderungen führen kann,[116] lässt sich methodisch auch für den Prozess der verfassungsrechtlich bzw. verfassungsrechtsdogmatisch gesteuerten Rechtsanwendung nicht ausschließen, dass diese allein durch die verfassungstheoretische Beobachtung bzw. das Bewusstsein derselben verändernde Impulse empfängt. Es könnte also eine verfassungstheoretische **Unschärferelation** dergestalt bestehen, dass die Beobachtung in den Verfahren bzw. Methoden ihrer Sichtbarmachung bereits mit einer potenziellen Beeinflussung einhergeht.[117]

112 Morlok, Verfassungstheorie, S. 54 ff.; Hufen, AöR 100 (1975), 193 (211 ff.); Volkmann, Verfassungslehre, S. 4 f.
113 Jestaedt, in: Verfassungstheorie, Rn. 54 f.
114 Volkmann, Verfassungslehre, S. 4.
115 Jestaedt, in: Verfassungstheorie, Rn. 65 f.
116 Grundlegend BVerfGE 65, 1 (43).
117 Ingold, Oppositionen, S. 544 f.

II. Reflexion: Staatsrechtslehre im Lichte verfassungstheoretischer Kontroversen

Eine weitere offene Flanke der Verfassungstheorie betrifft das Nachdenken über diejenigen, die sie betreiben, also die Theoriesubjekte, ihre **Wissenschaft.** Die Verfassungstheorie im Sinne eines rechtswissenschaftlichen Grundlagenfachs ist vornehmlich ein Format der Staatsrechtslehre. Für diese stellt sich die generelle Frage, inwieweit rechtswissenschaftliche Forschungen und Debatten durch Verfassungstheorie geprägt werden. 52

Das Anliegen besteht also nicht in einer Kenntlichmachung von Beiträgen der Staatsrechtslehre zur Verfassungstheorie. Es geht auch weniger um eine Analyse der Eigenheiten deutscher Staatsrechtslehre und ebenso nicht um eine soziologische oder biographische Selbstvermessung. Stattdessen wäre die Beobachtung umgekehrt darauf auszurichten, ob und wie wissenschaftliche Leistungen der Staatsrechtslehre durch verfassungstheoretische Positionierungen oder Methoden beeinflusst sind. 53

Gegenständlich bietet es sich dazu an, besonders prominente Kontroversen zu analysieren: So hat *Verena Frick* beispielsweise die Debatten der Staatsrechtslehre über Staat und Verfassung seit 1979 untersucht und dabei einen Generationskonflikt ausgemacht, dessen Angelpunkt wesentlich in der Erweiterung rechtswissenschaftlicher Dogmatikfixierung um dezidiert verfassungstheoretische Perspektiven bestehen soll.[118] Denkbar sind jedoch auch engere Themenanalysen, beispielsweise hinsichtlich der Dependenzen bei der Anerkennung von Verfassungswandel sowie unterschiedlicher Präferenzen zur Handhabe desselben.[119] Und auch Diskursanalysen können aufschlussreich sein, wie zum Beispiel eine Aufarbeitung der Debattenverläufe zum Anspruch einer von *Ernst-Wolfgang Böckenförde* propagierten, verbindlichen, weil „verfassungsgemäßen" Verfassungs- bzw. Grundrechtstheorie.[120] 54

Auf der Basis solcher Analysen und dem Bewusstsein, wie Verfassungstheorie die Verfassungswissenschaft beeinflusst, kann dann wahrscheinlich in einem zweiten Schritt informierter eine Reflexion darüber erfolgen, ob dieser Umgang mit Verfassungstheorie adäquat erscheint oder welcher Umgang mit Verfassungstheorie für die Wissenschaft ggf. vorzugswürdiger wäre. 55

Ein Desiderat der Verfassungstheorie ist also ein Zweig von Theoriearbeit, der sich als **Verfassungswissenschaftstheorie** – verstanden als Beobachtung der verfassungsbezogenen Wissenschaft bzw. ihrer Diskurse im Hinblick auf ihre verfassungstheoretische Positionierung – darstellen könnte. 56

WIEDERHOLUNGSFRAGEN

1. Was kennzeichnet Verfassungstheorie als Disziplin und als Grundlagenfach? Worin besteht der Unterschied?
2. Was macht den Theoriegehalt von Verfassungstheorie aus?
3. Wie ist das Verhältnis von Verfassungstheorie zur Verfassungsrechtsdogmatik zu charakterisieren?
4. Worin besteht der Verfassungsbezug der Verfassungstheorie und was bewirkt er?

118 Frick, Staatsrechtslehre, S. 202.
119 Kersten, Zuspitzung, S. 48.; Volkmann, Der Staat 51 (2012), 601 (613): „Prüfstein".
120 Böckenförde, NJW 1976, 2089 (2098); ders., Staat, Gesellschaft, Freiheit, S. 242 ff.; Jestaedt, in: Verfassungstheorie, Rn. 67, m.w.N.

5. Wie verhält sich Verfassungstheorie zu anderen Grundlagenfächern?
6. Welche Ergebnisformate produziert Verfassungstheorie?
7. Was macht die Verfassungsbegriffe der Verfassungstheorie aus?
8. Welche Großkonzepte als umfassende Deutungsangebote werden vertreten und ergibt solche Konzeptarbeit überhaupt Sinn?
9. Worauf zielen die unterschiedlichen Blickrichtungen auf Verfassungsfunktionen?
10. Was kennzeichnet Verfassungsstrukturen und welche Strukturkategorien werden gängigerweise ausgemacht?

Lektüreempfehlungen

57 Jestaedt, Verfassungstheorie als Disziplin, in: Depenheuer/Grabenwarter (Hrsg.), Verfassungstheorie, 2010, § 1; Kersten, Die Notwendigkeit der Zuspitzung, 2020; Morlok, Was heißt und zu welchem Ende studiert man Verfassungstheorie?, 1988; Roellecke, Beobachtung der Verfassungstheorie, in: Depenheuer/Grabenwarter (Hrsg.), Verfassungstheorie, 2010, § 2; Volkmann, Grundzüge einer Verfassungslehre, 2013.

Literaturverzeichnis

58 Abendroth, Das Grundgesetz, 5. Aufl. 1975; Alexy, Begriff und Geltung des Rechts, 3. Aufl. 2011; Augsberg/Unger (Hrsg.), Basistexte: Grundrechtstheorie, 2012; Benz/Lehmbruch (Hrsg.), Föderalismus, 2002; Böckenförde, Methoden der Verfassungsinterpretation – Bestandsaufnahme und Kritik, NJW 1976, 2089 ff.; ders., Staat, Gesellschaft, Freiheit, 2. Aufl. 2016; Bumke, Rechtsdogmatik, JZ 2014, 641 ff.; Friedrich, Nationaler und internationaler Föderalismus in Theorie und Praxis, PVS 5 (1964), 154 ff.; Grimm, Die Zukunft der Verfassung, 1991; ders., Die Zukunft der Verfassung II, 2012; Gusy, Grundpflichten und Grundgesetz, JZ 1982, 657 ff.; Habermas, Faktizität und Geltung, 1998; Häberle, Die Verfassung des Pluralismus. Studien zur Verfassungstheorie der offenen Gesellschaft, 1980; ders., Europäische Verfassungslehre, 6. Aufl. 2009; ders., Verfassung als öffentlicher Prozeß, 3. Aufl. 1998; ders., Verfassungslehre als Kulturwissenschaft, 2. Aufl. 1998; Haverkate, Verfassungslehre, 1992; Heller, Rechtsstaat oder Diktatur?, 1930; Hermens, Verfassungslehre, 2. Aufl. 1968; Hesse, Grundzüge des Verfassungsrechts der Bundesrepublik Deutschland, 20. Aufl. 1999; Hofmann, Grundpflichten als verfassungsrechtliche Dimension, VVDStRL 41 (1983), 42 ff.; Hufen, Verfassungstheorie und Systemtheorie, AöR 100 (1975), 193 ff.; Huster, Die ethische Neutralität des Staates, 2. Aufl. 2017; Ingold, Das Recht der Oppositionen, 2015; Isensee, Grundrechtsvoraussetzungen und Verfassungserwartungen an die Grundrechtsausübung, in: ders./Kirchhof (Hrsg.), Handbuch des Staatsrechts, Bd. IX, 3. Aufl. 2011, § 190, Rn. 207; Jellinek, Allgemeine Staatslehre, 3. Aufl. 1914; Jestaedt, Das mag in der Theorie richtig sein…, 2006; ders., Die Verfassung hinter der Verfassung, 2009; ders., Verfassungstheorie als Disziplin, in: Depenheuer/Grabenwarter (Hrsg.), Verfassungstheorie, 2010, § 1; ders., Wissenschaft im Recht, JZ 2014, 1 ff.; Kelsen, Allgemeine Staatslehre, 1925; ders., Reine Rechtslehre, 2. Aufl. 1960; ders., Vom Wesen und Wert der Demokratie, 2. Aufl. 1929; Kleinlein, Grundrechtsföderalismus, 2020; ders., Konstitutionalisierung im Völkerrecht, 2012; Kersten, Die Notwendigkeit der Zuspitzung, 2020; Ladeur, Der Staat gegen die Gesellschaft, 2006; Lassalle, Ueber Verfassungswesen, 1868; Lepsius, Kritik der Dogmatik, in: Kirchhof/Magen/Schneider (Hrsg.), Was weiß Dogmatik?, 2012, S. 39 ff.; Ley, Kant versus Locke: Europarechtlicher und völkerrechtlicher Konstitutionalismus im Vergleich, ZaöRV 69 (2009), 317 ff.; Loewenstein, Verfassungslehre, 2. Aufl. 1969; Luhmann, Das Recht der Gesellschaft, 1993; ders., Die Wissenschaft der Gesellschaft, 1990; Mastronardi, Verfassungslehre: Allgemeines Staatsrecht als Lehre vom guten und gerechten Staat, 2007; Möllers, Der Methodenstreit als politischer Generationenkonflikt, Der Staat 43 (2004), 399 ff.; ders., Legalität, Legitimität und Legitimation des Bundesverfassungsgerichts, in: Jestaedt/Lepsius/ders./Schönberger (Hrsg.), Das entgrenzte Gericht, 2011, S. 281 ff.; ders., Staat als Argument, 2. Aufl. 2011; ders., Verfassungsgebende Gewalt – Verfassung – Konstitutionalisierung, in: von Bogdandy/Bast (Hrsg.), Europäisches Verfassungsrecht, 2. Aufl. 2009, S. 227 ff.; Möstl, Regelungsfelder der Verfassung, in: Depenheuer/Grabenwarter (Hrsg.), Verfas-

sungstheorie, 2010, § 17; Morlok, Was heißt und zu welchem Ende studiert man Verfassungstheorie?, 1988; Müller, Demokratie in der Defensive. Funktionelle Abnutzung – soziale Exklusion – Globalisierung. Elemente einer Verfassungstheorie VII, 2001; ders., Demokratie zwischen Staatsrecht und Weltrecht: Nationale, staatlose und globale Formen menschenrechtsgestützter Demokratisierung. Elemente einer Verfassungstheorie VIII, 2003; ders., Die Einheit der Verfassung – Kritik des juristischen Holismus. Elemente einer Verfassungstheorie III, 2. Aufl. 2007; ders., Fragment (über) Verfassunggebende Gewalt des Volkes. Elemente einer Verfassungstheorie V, 1995; ders., Juristische Methodik und Politisches System. Elemente einer Verfassungstheorie II, 1976; ders., Recht – Sprache – Gewalt. Elemente einer Verfassungstheorie I, 2. Aufl. 2008; ders., „Richterrecht". Elemente einer Verfassungstheorie IV, 1986; ders., Wer ist das Volk? Die Grundfrage der Demokratie – Elemente einer Verfassungstheorie VI, 1997; Payandeh, Die Neutralitätspflicht staatlicher Amtsträger im öffentlichen Meinungskampf, Der Staat 55 (2016), 519 ff.; Pernice, Europäisches und nationales Verfassungsrecht, VVDStRL 60 (2011), 148 ff.; Peters, Elemente einer Theorie der Verfassung Europas, 2001; Reimer, Verfahrenstheorie, 2015; Ridder, Die soziale Ordnung des Grundgesetzes, 1975; Roellecke, Beobachtung der Verfassungstheorie, in: Depenheuer/Grabenwarter (Hrsg.), Verfassungstheorie, 2010, § 2; Ruffert, Vorrang der Verfassung und Eigenständigkeit des Privatrechts, 2001; Schaefer, Grundlegung einer ordoliberalen Verfassungstheorie, 2007; Schmidt, Grundpflichten, 1999; Schmitt, Der Hüter der Verfassung, 4. Aufl. 1996; ders., Legalität und Legitimität, 8. Aufl. 2012; ders., Verfassungslehre, 9. Aufl. 2003; ders., Über die drei Arten rechtswissenschaftlichen Denkens, 3. Aufl. 2006; Schönberger, Der „German Approach", 2015; Schulze-Fielitz, Der informale Verfassungsstaat. Aktuelle Beobachtungen des Verfassungslebens der Bundesrepublik Deutschland im Lichte der Verfassungstheorie, 1984; Smend, Verfassung und Verfassungsrecht, in: ders., Staatsrechtliche Abhandlungen und andere Aufsätze, 3. Aufl. 1994, S. 119 ff.; Stern, Das Grundgesetz im fünften Jahrzehnt seiner Geltung, Rechtstheorie 21 (1990), 1 ff.; Teubner, Verfassungsfragmente, 2012; Trute/Kühlers/Pilniok, Rechtswissenschaftliche Perspektiven, in: Benz/Lütz/Schimank/u.a. (Hrsg.), Handbuch Governance, 2007, S. 240 ff.; Vesting, Rechtstheorie, 2. Aufl. 2015; ders., Staatstheorie, 2018; Volkmann, Grundzüge einer Verfassungslehre, 2013; ders., Zur heutigen Situation einer Verfassungstheorie, Der Staat 51 (2012), 601 ff.; ders., Rechts-Produktion oder: Wie die Theorie der Verfassung ihren Inhalt bestimmt, Der Staat 54 (2015), 35 ff.; Voßkuhle, Verfassungsstil und Verfassungsfunktion, AöR 119 (1994), 35 ff.; Waldhoff, Kritik und Lob der Dogmatik, in: Kirchhof/Magen/Schneider (Hrsg.), Was weiß Dogmatik?, 2012, S. 17 ff.

§ 6 Annäherung an die Rechtsgeschichte

Bettina Noltenius, Sebastian Roßner, Stephan Schuster-Oppenheim

A. Rechtsgeschichte als Bestandteil des Studiums der Rechtswissenschaft

1 Für viele Studierende beschränkt sich der Kontakt mit der Rechtsgeschichte auf den Besuch einer Grundlagenvorlesung im ersten Semester. Die Beschäftigung mit den Wurzeln des geltenden Rechts ist, so scheint es, in den Zeiten von Zwischenprüfungen, Freischuss und wachsender Stofffülle zum überflüssigen Luxus geworden. Gleichwohl zählen zumindest Grundzüge der Rechtsgeschichte in den meisten Bundesländern zum Prüfungskanon der ersten juristischen Staatsprüfung. Vor allem aber: Begreift man das Studium der Rechtswissenschaft nicht als bloße Anhäufung von Wissen oder als monotones Erlernen von Falllösungs- und Subsumtionstechniken, so bietet die Rechtsgeschichte eine Möglichkeit, das Recht in seinen politischen, kulturellen, gesellschaftlichen und wirtschaftlichen Zusammenhängen zu erkennen. Die Kenntnis der historischen Ursprünge sowie der historischen Entwicklungen erleichtert es, die Komplexität des Rechts zu verstehen und die Rechtswirklichkeit zu erfassen. Darüber hinaus unterstreicht die Rechtsgeschichte die politischen Dimensionen des Rechts, indem sie die Entstehung neuer Normen als Ergebnis gesellschaftlicher und nicht zuletzt auch politischer Konflikte erkennbar macht: Rechtsetzung und Rechtsprechung sind seit jeher entscheidende Instrumente der Herrschaftskonsolidierung bzw. -ausübung.

B. Aufgabe und Methode der Rechtsgeschichte

2 Aufgabe der Rechtsgeschichte ist es, die historische Entwicklung des Rechts zu beschreiben und die verschiedenen Ursachen dieser Entwicklung aufzuzeigen. Ihr kommt insofern eine besondere Stellung zu, als sie sowohl Teildisziplin der Rechtswissenschaft als auch Nachbardisziplin der Geschichtswissenschaft ist. Zugleich ist die Rechtsgeschichte in ihrer Methode gegenüber beiden unabhängig. Sie geht davon aus, dass das geltende Recht niemals abstrakt – gleichsam im wissenschaftlichen Vakuum – entsteht, sondern stets Ausfluss politischer Absichten, geistiger und wissenschaftlicher Anstöße, religiöser Antriebe und nicht zuletzt wirtschaftlicher Kräfte ist (Laufs, Rechtsentwicklungen in Deutschland, S. XI). Zudem ist die rechtsgeschichtliche Forschung selbst in der Entwicklung begriffen. So hat beispielsweise das Bild vom germanischen Recht immer wieder Änderungen erfahren, was nicht zuletzt mit der Vielfalt und Gewichtung der Rechtsquellen zusammenhängt. Die Quellenanalyse der Rechtsgeschichte kann nicht auf die unmittelbaren Quellen der Rechtsetzung und der Selbstaussagen des Rechts reduziert werden. Sie bedarf zugleich der Interpretation unterschiedlichster, eben auch bloß mittelbarer Rechtsquellen, wie beispielsweise archäologischer Bodenfunde, Flurkarten, Denkmäler usw. Aber selbst diese liefern – in Verbindung mit den unmittelbaren Rechtsquellen – nicht immer eindeutige Aussagen: So können beispielsweise die Moorleichenfunde in Dänemark und Norddeutschland einerseits auf hingerichtete Verbrecher (dies legen die Angaben in der „Germania" des römischen Militärschriftstellers *Publius Cornelius Tacitus* (ca. 58–120 n. Chr.) nahe[1]), andererseits aber auch auf Menschenopfer hinweisen. Beides wird inzwischen für möglich gehalten.

1 Vgl. De origine et situ Germanorum, 12,1.

Hinzu kommt, dass einerseits der Gegenstand der historischen Forschung – das Recht selbst – nicht für sich isoliert steht, sondern es von und für Menschen gesetzt ist. Bereits aus diesem Grunde kann es nicht ausschließlich objektiv betrachtet werden. Andererseits ist der Betrachter der Rechtsgeschichte und ihrer Quellen selbst immer Subjekt, so dass auch der vorhandene rechtshistorische Stoff in seiner Einteilung (Periodisierung) und Interpretation stets, zumindest in gewissem Umfang, subjektiv bedingt ist. Dies gilt auch für die folgenden Beiträge zur Rechtsgeschichte. 3

Der Beitrag „Verfassungsgeschichte" von *Sebastian Roßner* hat die europäische und deutsche Verfassungsgeschichte zum Thema. Die moderne Vorstellung von „Verfassung" ist, als Ergebnis eines geschichtlichen Entwicklungsprozesses, vielschichtig. Der Beitrag soll die Entwicklung wesentlicher Elemente dieses reichen Verfassungsbegriffs zeigen, die im Hochmittelalter einsetzt, sich dann – zunächst vor allem in England, dann vermehrt auch in Frankreich und den Vereinigten Staaten – während des 17. und 18. Jhdts. beschleunigt und zentrale Bestandteile einer modernen Verfassungsvorstellung hervorbringt. Der Beitrag beginnt so in einer internationalen Perspektive und konzentriert sich dann auf die Entwicklungen in Deutschland während des 19. und 20. Jhdts. Zuletzt wird auf die Möglichkeiten einer Erweiterung des Verfassungsbegriffs in Hinsicht auf die Europäische Union eingegangen. Prägend für die Verfassungsgeschichte ist durchgängig die enge Verknüpfung von Politik und Verfassungsrecht: Neue Entwicklungen im Verfassungsrecht treten fast stets als Resultat politischer Auseinandersetzungen ein. Verfassungsrecht ist also in gesteigerter Weise politisches Recht, insofern es Resultat vergangener, wie auch Rahmen zukünftiger Politik ist. Der Beitrag möchte daher die verfassungsgeschichtlichen Entwicklungen in den Rahmen der allgemeinen Ereignisgeschichte einfügen und dabei die Verbindung zu bestimmten Entwicklungen der politischen Ideengeschichte zeigen. 4

Der Beitrag „Privatrechtsgeschichte" von *Stephan Schuster-Oppenheim* verdeutlicht die historischen Wurzeln des geltenden deutschen Privatrechts. Er ist insbesondere dem geschichtlichen Phänomen der Übernahme des römisch-kanonischen Rechts als gemeines Reichsrecht (**Ius commune**) gewidmet, die das deutsche Privatrecht bis heute prägt. Dass viele Vertragstypen, Rechtsinstitute und Rechtsregeln letztlich auf die Blütezeit der römischen Jurisprudenz (1.-3. Jhdt.) zurückzuführen sind, mag in einer Zeit, die allgemein zur Geschichtsvergessenheit neigt, nicht wenige Studierende überraschen. Auch die hohe Bedeutung, die dem Recht der römischen Kirche im Prozess der historischen Entwicklung des deutschen Privatrechts zukommt, wird erst begreiflich, wenn man um die Gründe für die Überlegenheit des mittelalterlichen kanonischen Rechts weiß. Der im 18. Jhdt. von der Naturrechtsschule unternommene Versuch, das römisch-kanonische Recht überflüssig zu machen, scheiterte nicht zuletzt an den politischen Gegebenheiten. Im 19. Jhdt. erlebte das klassische römische Privatrecht in der deutschen Rechtswissenschaft eine beispiellose Renaissance, die nicht nur auf die überragende Persönlichkeit Friedrich Carl von Savignys, sondern wohl auch darauf zurückzuführen ist, dass es an dem politischen Willen fehlte, dem 1815 gegründeten Deutschen Bund eine einheitliche Privatrechtskodifikation zu geben. Das römische Recht, das in Deutschland durch das BGB ins 21. Jhdt. getragen worden ist (*Ulrich Manthe*), spielt auch bei der Ende der 1990er Jahre in Politik und Rechtswissenschaft einsetzenden Diskussion über die Schaffung eines Europäischen Zivilgesetzbuchs eine Rolle. Schon deshalb lohnt der Blick in die Vergangenheit. 5

6 Im Zentrum des Beitrags „Deutsche Strafrechtsgeschichte" von *Bettina Noltenius* steht die Zeit der Aufklärung im Zusammenhang mit ihren geistesgeschichtlichen und philosophischen Hintergründen, da in dieser Zeit für das Strafrecht bedeutende Weichen gestellt wurden, die auch für das heutige Strafrechtsverständnis von Bedeutung sind. Der von Eberhardt Schmidt 1964 in seiner Einleitung zu lesende Satz kann insoweit heute noch Geltung beanspruchen: „Erst die beginnende Aufklärung bringt im Bereiche der Strafrechtspflege etwas wirklich ganz Neues und Eigenartiges: im 18. Jhdt. entwickelt sich die moderne Kriminalpolitik, und damit beginnt in der Strafrechtspflege die vorläufig letzte Epoche, der wir selbst noch angehören" (Einführung in die Geschichte der Strafrechtspflege, S. 18). Ausgangspunkt und Ziel des Rechts ist nicht mehr wie noch im Mittelalter ein außer dem Menschen liegender göttlicher Wille oder der machthabende Fürst, sondern das freie Subjekt selbst ist Grund und Ziel des Rechts und damit auch des Strafrechts. Anknüpfend an diese notwendige Einsicht stellt auch der Beitrag zur „Deutschen Strafrechtsgeschichte" die Frage in den Vordergrund, welche Stellung und Bedeutung dem Einzelnen im Verhältnis zu anderen, zur Gemeinschaft und zum Staat, also im Recht überhaupt zukam. Denn erst wenn das Rechtsverhältnis „positiv" bestimmt ist, kann in einem nächsten Schritt die Bedeutung und der Sinn von Strafe und ihrer Durchsetzung in der jeweiligen Epoche geklärt werden.

C. Rechtsgeschichte im europäischen Kontext

7 Die Geschichte des Rechts in Deutschland ist nicht nur Teil der eigenen, nationalen Geschichte, sondern auch Teil der europäischen Rechtsgeschichte. Bis zum Beginn des 19. Jhdts., als die Forderung, dass jede Nation in einem Staat vereint sein solle, langsam aber stetig lauter wurde, kannte die Rechtswissenschaft auf dem europäischen Kontinent im Grunde keine Grenzen.[2] Das auf Rezeption und behutsamer Umgestaltung des römischen bzw. des kanonischen Rechts beruhende **Ius commune** genoss – von den sich allmählich verfestigenden Staatsgrenzen unbeeinflusst – in weiten Teilen des Kontinents gleichermaßen Gültigkeit wie Ansehen. Auch ist die Diskussion um die Reform des Strafrechts und des Strafprozessrechts, die für das 18. und das 19. Jhdt. zu beobachten ist, im europäischen Kontext zu sehen. Darüber hinaus lassen sich gemeinsame europäische Traditionen des Verfassungsrechts, insbesondere der Grundrechte, nachzeichnen, deren Grundlagen sich einerseits im **Ius publicum** als Bestandteil der europäischen Geschichte, andererseits in der gemeineuropäischen Entwicklung des politischen Denkens finden.[3] Noch nicht einmal als im 19. Jhdt. in der Rechtswissenschaft die Beschäftigung mit dem eigenen, vermeintlich „nationalen" Recht herrschend wurde, ging die gemeinsame europäische Wissenschaftstradition verloren. Einzelstaatliche Gesetzgebung vollzog sich auch in der zweiten Hälfte des 19. Jhdts. nicht ohne Orientierung am Recht der Nachbarn. Das gleiche gilt für nahezu alle Zweige der Rechtswissenschaft, die sich auch weiterhin über die nationalen Grenzen hinweg gegenseitig befruchteten.

8 Seit der Gründung der Europäischen Gemeinschaft ist das Interesse an der gemeinsamen europäischen Rechtskultur stetig gewachsen. Das Bewusstsein gemeinsamer europäischer Verfassungstraditionen hat seitdem beständig an Intensität gewonnen. Sinnbildhafter Ausdruck dieser Rückbesinnung ist die Berufung auf die „gemeinsamen Ver-

2 Schuster, JJZG 2008/2009, 30–47.
3 Schulze, in: Europäische Rechts- und Verfassungsgeschichte, S. 3, 15.

fassungsüberlieferungen der Mitgliedstaaten“ im Vertrag über die Europäische Union aus denen sich die Grundrechte ergeben (Art. 6 Abs. 3 EUV). Auch auf dem Gebiet des Privatrechts hat das Wissen um die gemeinsame europäische Rechtskultur an Bedeutung gewonnen: Zwar orientieren sich Rechtswissenschaft und -praxis in den Mitgliedstaaten noch ganz überwiegend an den nationalen Kodifikationen. Außerdem hat die Diskussion um die Einführung eines europäischen Zivilgesetzbuchs in den krisenhaften 2010er Jahren merklich an Fahrt verloren. Doch an der Erkenntnis, dass die von der Europäischen Union verfolgte Politik der Rechtsangleichung bzw. -vereinheitlichung immer stärker in den juristischen Alltag hineingreift, führt nicht erst seit der Umsetzung der Richtlinie 1999/44/EG des Europäischen Parlaments und des Rates vom 25.5.1999 („Verbrauchsgüterkauf-Richtlinie“) in die nationalen Rechtsordnungen der Mitgliedstaaten kein Weg vorbei. Auch das Strafrecht, welches aufgrund der Intensität von Freiheitseingriffen lange als Ausfluss nationaler Souveränität galt, wird vermehrt durch europäische Einflüsse bestimmt, was sich nicht zuletzt in der Etablierung einer Europäischen Staatsanwaltschaft zeigt, die voraussichtlich Ende 2020 ihre Arbeit aufnehmen soll.

Alle drei Beiträge zur Rechtsgeschichte widmen sich daher am Ende auch dem Recht im Kontext der Europäischen Union.

Literaturempfehlungen:

Gmür/Roth, Grundriss der deutschen Rechtsgeschichte, 15. Aufl. 2019; Hähnchen, Rechtsgeschichte. Von der römischen Antike bis zur Neuzeit, 5. Aufl., 2016; Hattenhauer, Die geistesgeschichtlichen Grundlagen des deutschen Rechts, 4. Aufl. 1996; ders., Europäische Rechtsgeschichte, 4. Aufl. 2004; Kleinheyer/Schröder (Hrsg.), Deutsche und europäische Juristen aus neun Jahrhunderten. Eine biographische Einführung in die Geschichte der Rechtswissenschaft, 6. Aufl. 2017; Köbler, Deutsche Rechtsgeschichte, 6. Aufl. 2005; Kroeschell, Deutsche Rechtsgeschichte, Band 1: Bis 1250, 13. Aufl. 2008; ders./Cordes/Nehlsen-von Stryk, Deutsche Rechtsgeschichte, Bd. 2: 1250–1650, 9. Aufl. 2008; Kroeschell, Deutsche Rechtsgeschichte, Bd. 3: Seit 1650, 5. Aufl. 2008; Laufs, Rechtsentwicklungen in Deutschland, 6. Aufl. 2006; Meder, Rechtsgeschichte, 6. Aufl. 2017; Mitteis/Lieberich, Deutsche Rechtsgeschichte. Ein Studienbuch, 19. Aufl. 1992; Schmoeckel, Auf der Suche nach der verlorenen Ordnung, 2000 Jahre Recht in Europa – Ein Überblick, 2005; ders./Stolte (Hrsg.), Examinatorium Rechtsgeschichte, 2008; Schuster, Le retours vers l'Europe: Von der „Nationalisierung“ des Rechts im 19. Jahrhundert zur (Re-) Europäisierung des Rechts nach 1945, JJZG 2008/2009, 30–49; Stolleis (Hrsg.), Juristen. Ein biographisches Lexikon, Von der Antike bis zum 20. Jahrhundert, 2001; ders., Zur kritischen Funktion der Rechtsgeschichte, HFR 2012, S. 7 ff.; Wesel, Rechtsgeschichte der Bundesrepublik Deutschland, 2019. 9

§ 7 Verfassungsgeschichte

Sebastian Roßner

A. Verfassungsgeschichte als Thema

1 Der Begriff der Verfassung ist vielschichtig. Er bedeutet zunächst rechtliche Grundordnung[1] eines Staates. Historisch-soziologisch betrachtet, steht die Verfassung für die gewachsenen, faktischen Machtverhältnisse. Aus Sicht der Verfassungslehre[2] stellt sie den rechtlichen Inbegriff eines Wertgefüges dar, das der Staat, aber auch die Bürger, verwirklichen und schützen soll[3]. Mit Verfassung ist dabei nicht unbedingt eine Kodifikation in Gestalt eines umfassenden und abschließenden Gesetzestextes gemeint, auch wenn sich diese Form in den letzten zwei Jahrhunderten durchgesetzt hat gegenüber dem früher vorherrschenden Gefüge von Einzelregelungen, wie er immer noch die Verfassungsordnung Großbritanniens bestimmt. Die Geschichte der Grundlagen der modernen Verfassungen, wie sie sich in Europa und Nordamerika entwickelt haben, bildet den Kern dieses Beitrags.[4]

2 Was aber gehört zu einer Verfassung? Art. 16 der französischen Erklärung der Menschen- und Bürgerrechte von 1789 formuliert prägnant, eine Gesellschaft, in der der Schutz der Individualrechte nicht gesichert oder die Gewaltenteilung nicht vorgeschrieben sei, habe gar keine Verfassung. Grundrechte, Rechtsstaatlichkeit und Gewaltenteilung sind demnach für eine Verfassung unverzichtbar. Ebenso wichtig sind Besitz der staatlichen Herrschaft und Modus ihrer Ausübung. Das Grundgesetz steht in dieser Tradition und schützt daher in Art. 79 Abs. 3 GG Menschenwürde, Demokratie und Volkssouveränität, Rechtsstaat und Gewaltenteilung als Grundlagen des deutschen Verfassungsstaates. Politische Herrschaft, ihre Legitimation und Ausübung (B. II.) sowie Begrenzungen der Herrschaft (B. III.) bilden daher je einen der Abschnitte im Mittelteil dieses Beitrags.

Zunächst tritt aber der zentrale Bezugspunkt von Verfassung ins Zentrum, nämlich der moderne Staat. Zwar hat die Verfassung eine ordnende Funktion für die gesamte Gesellschaft und ist nicht notwendig an den Staat gebunden (Rn. 75). In erster Linie aber betrifft „Verfassung", historisch wie gegenwärtig, den Staat. Ein Staat[5], der fähig ist, eine Verfassung mit den skizzierten Inhalten zu haben, musste zunächst entstehen. Diese Entwicklung steht daher am Anfang des Mittelteils (B. I.).

3 Der inhaltliche Schwerpunkt auf den genannten Zentralelementen einer Verfassung bringt es mit sich, gerade in Teil B. viel von historischen Entwicklungen in Großbritannien, Frankreich und den Vereinigten Staaten zu sprechen: Demokratie, Parlamentarismus und Menschenrechte sind Felder, auf denen die deutschen Staaten Nachzügler waren. Es geht zunächst also nicht um eine deutsche Verfassungsgeschichte,[6] sondern um die Geschichte der Grundlagen, auf denen eine moderne Verfassung ruht.

1 Eher technisch Hesse, Grundzüge, Rn. 17: „rechtliche Grundordnung des Gemeinwesens".
2 Hesse, in: Handbuch des Verfassungsrechts, § 1 Rn. 10.
3 Smend, Verfassung und Verfassungsrecht, Staatsrechtliche Abhandlungen, S. 119, S. 263 ff. So auch das BVerfG seit der Lüth-Entscheidung, BVerfGE 7, 198 (205).
4 Zu verschiedenen Perspektiven der Verfassungsgeschichte siehe Krüper, ZJS 2012, 9 ff.
5 Zu der Diskussion, unter welchen Bedingungen von einem „Staat" gesprochen werden könne, vgl. Eisenhardt, Rechtsgeschichte, Rn. 1 ff; vgl. auch § 4 Rn. 9 ff.
6 Eine deutsche Verfassungsgeschichte bietet etwa Willoweit, Verfassungsgeschichte.

Die Entwicklung in Deutschland ab dem 19. Jahrhundert bis zum Grundgesetz wird dann in Abschnitt C.I. und II. behandelt. Schließlich sollen am Beispiel der EU mögliche Linien zukünftiger Verfassungsgeschichte ins Zentrum gesetzt werden (C.III.).

B. Überblick der Verfassungsgeschichte in Europa und Nordamerika

I. Entstehung des verfassungsfähigen Staates: Säkularität und Souveränität

Bei der Entwicklung des verfassungsfähigen Staates geht es zunächst um die Ausdiffe- 4
renzierung der geistlichen Aufgaben aus dem Bereich der Sorge für das Allgemeinwohl, also um die Trennung von Staat und Kirche.[7] Die mittelalterliche Ordnungsvorstellung einer Einheit von weltlicher und geistlicher Ordnung zerbrach spätestens mit der Reformation sowie den großen Glaubenskriegen des 16. und 17. Jahrhunderts und machte Platz für eine neue und **säkulare Form der politischen Herrschaft.**

Mit der Beschränkung des Staates auf den Bereich des Weltlichen und seiner Trennung 5
von der Kirche hängt die Idee von der **Souveränität**[8] eng zusammen, die den Staat als Sitz der höchsten, wenngleich rechtlich gebundenen Gewalt begreift[9]. Der Staat löst sich in diesem Prozess von den Menschen, die ihn tragen und wird zum eigenen Rechtssubjekt[10]. Die Verfassung als Gesetz, das spezialisiert ist auf die Normierung politischer Herrschaft,[11] hatte vor dieser Ausdifferenzierung des Staates[12] keinen Regelungsgegenstand. Vielmehr waren die Aufgaben der Herrschaft zuvor auf verschiedene, funktional und räumlich getrennte Träger wie Fürsten, freie Städte oder Bischöfe verteilt. Herrschaftsbefugnisse waren regelmäßig Attribute der Mitgliedschaft in einem bestimmten Stande oder der Eigenschaft als Grundeigentümer, so dass die heute geläufige Unterscheidung zwischen öffentlichem und privatem Recht, zwischen Staat und Privat, noch nicht getroffen werden konnte. Die Ausübung von Herrschaft war zwar rechtlich geregelt, aber diese rechtlichen Bindungen gewannen ihre Geltungskraft aus Vertrag, Tradition oder sogar göttlichem Ursprung und sperrten sich daher gegen ihre Änderung.[13]

Der folgende Abschnitt skizziert diese Entwicklung zu einem Staat, der in seinem Bestand und seinen rechtlichen Kompetenzen von keiner anderen Instanz mehr abhängt (Souveränität), im Gegenzug aber keine Kompetenz für Fragen der Transzendenz mehr beansprucht (Säkularität).

1. Investiturstreit

Das Amt des Papstes war im Mittelalter nicht nur ein geistliches, sondern zugleich 6
auch ein politisches Amt,[14] was sich etwa an der Befugnis des Papstes zeigte, die Kai-

7 Dazu überblicksweise Morlok/Roßner, in: Evangelisches Staatslexikon, Sp. 1144–1157.

8 In die Welt gesetzt hat diese Idee in ihren Grundzügen Jean Bodin in seinen 1576 erschienen „Six livres de la république".

9 Klassisch die von Louis Le Fur 1896 in „Etat fédéral et confédération d'états" auf S. 443 gegebene Definition der Souveränität: „La souveraineté est la qualité de l'Etat de n'être obligé ou déterminé que par sa propre volonté, dans les limites du principe supérieur du droit, et conformément au but collectif qu'il est appelé à réaliser.".

10 Lesenswert zu diesem Prozess nach wie vor Kantorowicz, The King's Two Bodies.

11 Grimm, in: HStR, § 1 Rn. 3.

12 Vgl. Luhmann, Politik, S. 69 ff., der statt vom Staat in einem erweiterten Sinn vom „politischen System" spricht.

13 Vgl. Stolleis, Geschichte, S. 63 ff.

14 Einen knappen Überblick bietet Denzler, Das Papsttum, S. 31 ff.

serkrönung vorzunehmen. Umgekehrt griff der Kaiser durch das ottonisch-salische Reichskirchensystem[15] tief in die Kirche ein. Dieses sah die Übertragung von Hoheitsrechten und Territorialbesitz durch den König an hohe Geistliche vor, die wegen des Zölibats keine legitimen Erben hinterlassen konnten, so dass der Entstehung dynastischer Ambitionen vorgebeugt wurde. Das System beruhte auf dem Instrument der Laieninvestitur, das die konstitutive Mitwirkung des Königs bei der Einsetzung in das geistliche Amt vorsah. Es sicherte so dem König eine Kontrolle bei der Auswahl des hohen geistlichen Personals, das er so für Verwaltungsaufgaben einspannen konnte. Dieser Kontrolle der Kirche durch den König widersetzte sich beginnend mit dem 11. Jahrhundert eine Reformbewegung innerhalb der Kirche, was zum langwierigen **Investiturstreit** zwischen Kaiser- und Papsttum führte.

7 Dieser wurde erst im **Wormser Konkordat**[16] 1122 beigelegt. Das alte Königsrecht der Investitur wurde zurückgedrängt und die kanonische, also rein kirchliche Wahl und Weihe von Bischöfen und Reichsäbten vorgeschrieben. Für den weltlichen Bereich blieb dagegen die Investitur durch den König erhalten: Er belehnte nach der kanonischen Wahl die geistlichen Fürsten mit den weltlichen Hoheitsrechten, die nach dem Tod der Belehnten wieder an das Reich zurückfielen. Das Wormser Konkordat entzog die Reichskirche weitgehend dem Zugriff des Königs, dessen sakrale Autorität geschwächt wurde.

2. Reformation

8 Eine wichtige Wegmarke auf dem Weg zum säkularen Staat markierte dann die **Reformation.**[17] Eines ihrer wesentlichen Ergebnisse war das Ende der durch das Amt des Papstes repräsentierten und durch einen gemeinsamen rechtlichen Rahmen gefassten Einheit der westlichen Kirche.[18]

Die Reformation war dabei von Beginn an auch ein politischer Machtkampf. Es ging neben der Frage nach dem wahren Glauben ebenso um die damit verbundene sehr weltliche und institutionelle Frage nach der wahren christlichen Kirche. Denn nur dieser stand die große Eigentumsmasse der bisher einheitlich katholischen Kirche zu. Vor allem hätte eine zwangsweise Wiederherstellung der Glaubenseinheit durch den Kaiser eine Stärkung der Zentralgewalt im Reich und eine Zunahme von dessen Gewicht im europäischen Rahmen bedeutet. Um die zu verhindern, griffen schließlich ausländische Mächte ein, was zur Europäisierung des Konflikts im Dreißigjährigen Krieg (Rn. 13) führte.

9 Die erste Phase der Konflikte schloss für das Deutsche Reich 1555 der **Augsburger Religionsfrieden** ab:[19] Die im engeren Sinn theologischen Fragen wurden ausgeklammert, im übrigen die lutherische Konfession als gleichberechtigt mit der katholischen anerkannt. Damit wurde das Ende der religiösen Einheit innerhalb des Reichs rechtlich anerkannt. Die heikle Frage des Kirchengutes löste man durch die Festschreibung des Besitzstandes, so wie er 1552 bestand.

15 Siehe Schieffer, in: Lexikon des Mittelalters, Sp. 627–628.

16 Vgl. Struve, in: Lexikon des Mittelalters, Sp. 336 f.

17 Heun, in: Evangelisches Staatslexikon, Sp.1964 – 1969; sowie Kaufmann, in: Evangelisches Staatslexikon, Sp.1948 – 1964; für einen gesamteuropäischen Überblick weiterhin MacCulloch, Reformation 1490–1700.

18 Von der sich die orthodoxe Kirche bereits 1054 getrennt hatte.

19 Gotthard, Augsburger Religionsfrieden, 2004 passim; kurze Übersicht bei Schneider, in: Evangelisches Staatslexikon, Sp.140 – 143. Religionskriege im Gefolge der Reformation waren kein deutsches Phänomen, in Frankreich etwa beendete erst 1598 das Edikt von Nantes die Religionskriege.

3. Eine neue Idee vom Staat: Das Souveränitätsdenken

Eine erste theoretische Antwort auf die in diesen konfessionellen Auseinandersetzun- 10
gen sichtbar werdenden Probleme kam wenig später aus Frankreich: *Jean Bodin* (1530–1596) entwickelte in seinen **„Six Livres de la République"**[20] das Konzept der **Souveränität.**[21] Er weist dabei dem Staat die höchste rechtliche Gewalt und die Befugnis zu, seinem Rechtsbefehl gegebenenfalls mit Machtmitteln zur Geltung zu verhelfen (Rn. 5).

Die Implikationen dieser Idee sind weitreichend: Zunächst wird aus der auf eine Viel- 11
zahl von Trägern verteilten weltlichen Macht die einheitliche Staatsgewalt, deren legitimierende Quelle der Inhaber der Souveränität[22] ist. In Bodins Vorstellung ist dies der durch den König verkörperte und symbolisierte Staat. Partikulare weltliche Machthaber wie auch die Kirche können damit nicht länger weltliche Gewalt aus eigenem Recht beanspruchen[23]. Der funktionalen Differenzierung von Staat und Kirche bereitet Bodin so den theoretischen Boden. Als praktische Konsequenz der Souveränität tritt der Staat seinen Untertanen nun mit umfassender rechtlicher Befehlsgewalt gegenüber. Zentrale staatliche Handlungsform wird so der rechtliche Befehl, der die Vereinbarung unter Gleichen verdrängt.

In diesem Konzept liegt ein großes Rationalisierungspotential: Eine zentral gestaltete 12
und in Zukunft weiter anpassbare Rechtsordnung kann an die Stelle des unübersichtlichen Bündels persönlicher Rechtsbeziehungen treten, welches zuvor die Struktur des Staates prägte. Seine volle Wirkung entfaltete das Konzept der Souveränität allerdings erst mit dem Zeitalter des Absolutismus ab dem späten 17. Jahrhundert und dann in der Epoche des „revolutionären Atlantik"[24] ab 1776, als verfassungsrechtliche Normen aufhörten, als Ergebnis vertraglicher Verhandlungen zustande zu kommen, sondern begannen, in Form von Gesetzen aus der staatlichen Souveränitat zu fließen.

4. Westfälischer Frieden

In der Praxis war der Weg dahin noch weit. Einen bedeutenden Schritt stellte 1648 der 13
Westfälische Frieden[25] dar, der den Dreißigjährigen Krieg[26] beendete. Von den Inhalten ist zunächst wichtig, dass eine Überstimmung einer konfessionellen Minorität in Religionssachen im Reichstag ausgeschlossen und der Staat durch diese faktische Beschlussunfähigkeit in streitigen Religionsfragen auf Reichsebene weiter säkularisiert wurde. Die auf dem Prinzip der gleichen Souveränität aller Staaten basierenden Verhandlungen über den Frieden stellten zudem eine endgültige Absage an mittelalterliche, um Kaiser und Papst kreisende Universalitätsvorstellungen dar und machten so einem Europa rechtlich gleichgestellter Nationalstaaten den Weg frei.

---

20 Zuerst 1576 veröffentlicht.

21 Dieses wird in Deutschland ab dem 17. Jhdt. zunehmend anerkannt und wirksam, vgl. Stolleis, Geschichte, S. 174 ff.

22 Vgl. Quaritsch, Souveränität, S. 266 ff.

23 Grotius, De imperio, S. 2 f. argumentiert, die unteilbare maiestas des Herrschers umfasse auch die Hoheit über die Kirchen.

24 Osterhammel, Die Verwandlung der Welt, S. 747 ff.

25 Vgl. Link, JZ 1998, 1 ff.

26 Insb. auch zu rechtlichen Aspekten s. Barudio, Der teutsche Krieg, passim. Mit knapper, sozialgeschichtlich interessierter Gesamtdarstellung Arndt, Der Dreißigjährige Krieg, passim.

5. Die Großen Revolutionen

14 Unter den monarchischen Regimen Europas entstanden bis zum 19. Jahrhundert rechtliche Grundordnungen des Staates nur Schritt für Schritt und lediglich bruchstückhaft als Zugeständnisse der Fürsten. In systematischer und umfassender Weise wurden Verfassungen erst mit der nordamerikanischen und der französischen Revolution geschaffen.

Mit der Verfassungsgebung war bezeichnenderweise ein Wechsel des Souveräns verbunden: Das Volk löste den Monarchen als Inhaber der höchsten Gewalt ab (Rn. 26, 29 ff.).

a) Amerikanische Revolution

15 Nach dem von den beiden Hauptgegnern England und Frankreich weltweit geführten Siebenjährigen Krieg (1756–63) sollten auch die Bewohner der 13 nordamerikanischen Kolonien Englands an den hohen Kosten des Sieges beteiligt werden. Die vom Parlament in London ohne Beteiligung der Kolonien beschlossenen Abgaben wurden 1765 auf dem in New York einberufenen Stamp Act Congress (Rn. 28) zurückgewiesen. Auf die administrativen Maßnahmen der Krone reagierten die Kolonisten bald mit offenem Aufruhr und bildeten mit dem Ersten und Zweiten Kontinentalkongress (Rn. 29) Gremien, die den wirtschaftlichen, politischen und ab 1775 auch militärischen Widerstand gegen die britische Krone organisierten.

Bereits drei Wochen vor der **Unabhängigkeitserklärung** vom 4.7.1776 (Rn. 30) beauftragte der Zweite Kontinentalkongress einen Ausschuss mit dem Entwurf einer Verfassung für den Zusammenschluss der dreizehn Kolonien, der als Articles of Confederation im November des Jahres vom Kongress angenommen wurde und ihm ab da als rechtlich-politische Grundlage seines Handelns diente. Die neue Föderation sollte den Namen „United States of America" tragen.

16 Praktische Unzulänglichkeiten, vor allem die finanzielle Abhängigkeit der Konföderation von den Einzelstaaten und die Schwerfälligkeit des Gesetzgebungsverfahrens, führten Mai 1787 zur Einberufung einer Delegiertenversammlung durch den Kongress. Diese Constitutional Convention sollte einen Entwurf für eine Revision der „Articles" erarbeiten. Am 17. 9. 1787 verabschiedete die Versammlung ihren Entwurf. In ihm wurden die gesetzgeberischen Kompetenzen der Union deutlich erweitert[27] und das heute so wichtige Amt des Präsidenten eingerichtet.[28] Der Gedanke der Souveränität findet seinen prägnantesten Ausdruck in der Präambel: Die **Constitution** wird durch die bloße Willenserklärung des Souveräns – hier bereits des Volkes – geschaffen.[29] Die 1791 in Kraft getretene Ergänzung der Verfassung um die ersten zehn Zusatzartikel (Rn. 45), schreibt schließlich, im Ersten Zusatzartikel, die Säkularität des Staates fest.

b) Französische Revolution

17 Die Französische Revolution wurde von der in der zweiten Hälfte des 18. Jahrhunderts wachsenden Unfähigkeit der absolutistischen Monarchie ausgelöst, die politischen Ziele Frankreichs mit den wirtschaftlichen Möglichkeiten des Staates in Einklang zu brin-

27 Art. 1 Abschnitt 8.
28 Art. 2 Abschnitt 1.
29 Präambel: „We the People of the United States ... do ordain and establish this Constitution for the United States of America.".

gen. Vor allem auch die Belastungen des Siebenjährigen Krieges, der 1763 für Frankreich ein ungünstiges Ende nahm, wirkten fort (zu den tieferliegenden ideengeschichtlichen Ursachen Rn. 25 f.).

Ludwig XVI. unternahm zwar einige Versuche, die Staatsfinanzen zu reformieren. Aber die Monarchie schonte dabei weiterhin die Vorrechte des Adels und der Geistlichkeit. Das Bürgertum, der „Dritte Stand“, fühlte sich durch die ungleiche Verteilung der Lasten benachteiligt und drängte auf weitergehende politische Reformen. Die soziale Unruhe wuchs.

In dieser angespannten Situation führte die schwere Finanzkrise des Jahres 1788 zum Zusammenbruch des absolutistischen Systems. Der König war gezwungen, zum ersten Mal seit 1614 die Generalstände einzuberufen, um den Staatsbankrott abzuwenden, denn die zentrale Kompetenz der Generalstände, die sich aus Vertretern von Klerus, Adel und Drittem Stand zusammensetzte, war es, Steuererhebungen zu bewilligen. Bereits die Einberufung der Generalstände war im Absolutismus eine kleine Revolution;[30] *Ludwig XVI.* (1754–1793) entglitten die Zügel einer Politik, die er nicht länger ohne eine politische Beteiligung des Dritten Standes finanzieren konnte.

Die am 5. 5. 1789 zusammengetretenen Generalstände wandelten rasch ihren Charakter. 18 Statt neue Steuern zu genehmigen, beschloss man, eine neue Verfassung zu schaffen und sich zu diesem Zweck in eine verfassunggebende Nationalversammlung (Assemblée Nationale Constituante) umzuwandeln (Rn. 31). Die **Constituante** schleifte in rascher Folge die Bastionen des Feudalismus[31] und errichtete am 3. 9. 1791 auf diesem frisch planierten Grund das neue Gebäude einer Verfassung. Diese Verfassung bezeichnet sich selbst als die Quelle der individuellen Rechte wie auch der politischen Herrschaft.[32] Souveränität und religiöse Neutralität des Staates sind schon selbstverständlich. Zudem weist der Text bereits auf die neueren Prinzipien der Gesetzes- und Verfassungsbindung des Staates wie des Schutzes der persönlichen Freiheitsrechte hin (Rn. 34 ff.).

II. Volkssouveränität, Demokratie und Parlament

Parallel zur Entwicklung des neuzeitlichen Staates, der nur noch weltliche Aufgaben 19 verfolgt, dafür aber mit umfassender rechtlicher Herrschaftsbefugnis ausgestattet ist, stellte sich die Frage neu, wer staatliche Herrschaft ausüben und in welcher Weise dies geschehen darf.

Eine Verfassung muss darauf Antwort geben. Sie soll staatliche Herrschaft in Bezug auf ihre Inhaber, Inhalte und Verfahren der Ausübung regulieren und legitimieren. Sie bindet so die Staatsgewalt rechtlich. Wer die Entscheidung über die Verfassung treffen kann, hat demnach die höchste rechtliche Gewalt, die **Souveränität** (Rn. 10 ff.) inne.[33] So liegt nach heutigem Verständnis die Souveränität beim Volk, das sich dafür auf na-

30 So Frotscher/Pieroth, Verfassungsgeschichte, Rn. 55.
31 Z.B. wurden die Standesrechte und der geistliche Zehnt beseitigt (am 4./5.8.1789).
32 Vgl. Titel 1 FrzVerf 1791: „La Constitution garantit, comme droits naturels et civils:…“; Titel 3 Abschnitt 1 Art. 3 S. 1: „Il n'y a point en France d'autorité supérieure à celle de la loi.“.
33 Dazu grundlegend *Abbé Sieyès* (1748–1736) in „Qu'est-ce que le tiers état?“, mit der Unterscheidung zwischen **pouvoir constituant** (verfassungsgebende Gewalt) und **pouvoir constitué** (verfassungsgebundene Staatsgewalt).

turgegebene Rechte[34] beruft oder seine Legitimation schlicht voraussetzt.[35] Es darf sich dieser Kompetenz zur kollektiven Selbstbestimmung nicht entäußern, sondern muss sie in demokratischer Weise ausüben.[36]

Die verfassungsrechtliche Entwicklung hin zu Volkssouveränität und Demokratie ging von England aus, wobei das Parlament eine herausgehobene Rolle spielte. Zunächst nur Sachwalter privilegierter Gruppen der Bevölkerung, wuchs es mehr und mehr in die Rolle einer Vertretung des gesamten Volkes hinein und wurde so zum Herz des Widerstandes gegen königliche Gewalt wie zum Motor der Demokratisierung von Politik.

1. Evolution der politischen Praxis: Das Parlament in England

20 Treibstoff für die Entwicklung in England war der letztlich erst im 19. Jahrhundert gelöste, jahrhundertealte Konflikt zwischen König und Parlament um die politische Vorherrschaft, bei dem der Monarch zunehmend in die Defensive geriet.

a) Magna Charta

21 Den Auftakt zu diesem Prozess machte am 15.6.1215 die Magna Carta Libertatum. Als sie mit dem Siegel König *Johanns* (1167–1216) wirksam wurde, befanden sich England und Europa noch im Mittelalter. Die Magna Charta stellt einen Vertrag zwischen dem finanziell klammen König und Vertretern des Adels dar, der in 63 Kapiteln eine bunte Vielfalt von Regelungen aufweist, die heute meist nur noch von historischem Interesse sind. Gleichwohl reichen die Wirkungen jenes Tages im Frühjahr 1215 weit in die Geschichte der modernen Verfassungsstaatlichkeit, denn zwei Bestimmungen der Charta weisen über ihre Zeit hinaus: Neben einer Garantie der persönlichen Freiheit (Rn. 37) ist dies das Recht der Stände – noch lange nicht einer Vertretung des gesamten Volkes – auf die Bewilligung von Abgaben.[37] An dieser Befugnis, die später zum vollen Budgetrecht erstarkte,[38] hielt das englische Parlament während aller Kämpfe mit dem Königtum hindurch eisern fest. Das Budgetrecht, dessen Entstehung zugleich auch die Geburtsstunde des Parlaments markierte, hat sich von den verschiedenen Mitteln der parlamentarischen Kontrolle einer Regierung als eines der wirksamsten erwiesen.

b) Bill of Rights

22 Mit der Magna Charta war die grundlegende Entwicklungsdynamik der englischen Verfassungsgeschichte vorgezeichnet: Während der König für die Bewahrung seiner Vorrechte kämpfte, trat das sich entwickelnde Parlament für Veränderung, nämlich für die Ausweitung der eigenen Kompetenzen ein. Das Parlament, nunmehr gegliedert in das House of Commons und das House of Lords, bahnte während des 17. Jahrhunderts dem modernen Parlamentarismus den Weg. Diese Entwicklung unterscheidet sich grundlegend von derjenigen der meisten Staaten Kontinentaleuropas[39] – mit der wich-

34 Vgl. Amerikanische Unabhängigkeitserklärung: „We hold these truths to be self-evident:... That... Governments are instituted among Men, deriving their just powers from the consent of the governed,...".
35 So Präambel S. 1 GG: „... hat sich das Deutsche Volk kraft seiner verfassungsgebenden Gewalt dieses Grundgesetz gegeben.".
36 Vgl. Art. 20 Abs. 1 und Abs. 2 GG.
37 Titel 12 Magna Charta.
38 Vgl. Art. 110 GG.
39 Vgl. Hattenhauer, Europäische Rechtsgeschichte, Rn. 1343.

tigen Ausnahme der Niederlande –, in denen entweder die königliche Zentralgewalt sich zu absolutistischer Herrschaft aufschwingen konnte oder der Gesamtstaat weitgehend in eine Vielzahl von ihrerseits absolutistisch agierenden Teilherrschaften zerfiel, wie dies im Heiligen Römischen Reich Deutscher Nation geschah.

Eine Vorentscheidung im englischen Verfassungskonflikt markiert dann im 17. Jahrhundert die Bill of Rights. Sie steht am Beginn der Entwicklung zur parlamentarischen Monarchie und zur Ausübung der Souveränitätsrechte durch die Volksvertretung. Sie gehört bis heute zu den wichtigen verfassungsrechtlichen Urkunden Großbritanniens.

Ihre Entstehung verdankt die Bill of Rights einer Schwächephase der Monarchie: Nachdem *Jakob II.* (1633–1701) in der Glorious Revolution 1689 gestürzt war, wurden Jakobs Tochter *Maria* (1662–1694) und ihr Mann *Wilhelm von Oranien* (1650–1702) unter der Bedingung gekrönt, die vom Parlament formulierte Declaration of Rights zu billigen. Im Oktober 1689 verabschiedete das Parlament die Declaration dann als Bill of Rights in Gesetzesform.

In staatsorganisationsrechtlicher Hinsicht stärkt die Bill of Rights die Befugnisse des 23
Parlaments gegenüber König und Regierung (zu den individualrechtlichen Teilen der Bill of Rights Rn. 39) auf verschiedene Weise: Gesetze können danach nur mit Zustimmung des Parlaments aufgehoben werden. Die Erhebung von Steuern und die Aufstellung von Streitkräften bedürfen der Zustimmung des Parlaments. Gegen königliche Wahlbeeinflussungen schützt sich das Parlament, indem die Freiheit der Wahl garantiert wird. Zugleich sichert es seine ungestörte Tätigkeit durch die parlamentarische Indemnität.[40] Schließlich regelt die „Bill" Bedingungen der Thronfolge.

Wichtig sind auch die Umstände ihrer Entstehung, denn die Bill of Rights ist mehr als 24
ein vertraglicher Verzicht des Königs auf einige Souveränitätsrechte: Sie stellt auch ein implizites Anerkenntnis des Vorrangs des Parlaments vor dem König dar, dessen Thronbesteigung ja faktisch vom Willen des Parlaments abhing. In England wurde das Königtum so, gleichzeitig mit der Entfaltung des Absolutismus in Frankreich, vom Herrn der Verfassung zu einem Verfassungsorgan.[41]

2. Eine revolutionäre Lösung des Legitimationsproblems: Die Idee der Volkssouveränität

Die geschilderten Entwicklungen in England waren vor allem Ergebnis politischer 25
Kämpfe, die man meist pragmatisch durch Kompromisse löste, und weniger das Resultat theoretischer Überlegungen. Zeitlich überlappten sich die Entwicklungen in England jedoch mit dem Beginn der Epoche der „**Aufklärung**", die im Zeichen der Vernunft stand, die zum Leitstern menschlichen Denkens und Handelns erhoben wurde. Die Aufklärung stellte sich auch die Frage nach einer vernunftgemäßen neuen Legitimation von Herrschaft, die nicht mehr auf Tradition oder Glauben gestützt werden konnte, und wirkte so massiv auf die revolutionären Umwälzungen zum Ende des 18. Jahrhundert ein.

Große Sprengkraft entwickelte vor allem die Lehre von der Volkssouveränität, deren 26
politisch wirksamster und radikalster Verfechter *Jean-Jacques Rousseau* (1712–1778) war. In seinem Hauptwerk „Du contrat social ou Principes du droit politique", entwickelte er 1762 die Idee eines Gemeinwesens, in dem die individuelle Freiheit mit ver-

40 Vgl. Art. 46 Abs. 1 GG.
41 Vgl. Hattenhauer, Rechtsgeschichte, Rn. 1357.

bindlichen Entscheidungen durch die Gemeinschaft vereinbar ist: Auf das durch freie Übereinkunft aller („**contrat social**") gegründete[42] Gemeinwesen gehen die natürlichen Rechte der Mitglieder über, die dafür von der Gemeinschaft garantierte gesellschaftliche Rechte zurückerhalten. Die durch den contrat geschaffene Gemeinschaft der Bürger bildet als unteilbares[43] kollektives Wesen[44] den Souverän.[45] Dabei besteht die Souveränität darin, die auf das **Gemeinwohl** gerichtete **volonté générale** auszuüben.[46] Diesem gemeinschaftlichen Willen ist alles innerhalb der Gemeinschaft unterworfen,[47] er kann aber auch nur durch die Gemeinschaft gefunden werden.[48] Das Legitimationsproblem politischer Herrschaft wird in dieser Konzeption gelöst, indem die Herrschaft von den Beherrschten gemeinsam zum Wohle aller ausgeübt wird. Rousseau ordnet so dem Volk die Souveränität zu und macht den Begriff des Volkes zu einem politischen Begriff. Seine Theorie stellt insgesamt einen scharfen und folgenreichen Angriff auf die Legitimationsgrundlagen der Monarchie dar.

3. Amerikanische Revolution

27 Als erste der großen politischen Umwälzungen des 18. Jahrhunderts war die amerikanische Revolution (Rn. 15 f., 42 ff.) geprägt von den Gedanken der Aufklärung.

a) Stamp Act Congress

28 Auslöser war ein Streit ums Geld: Das Parlament in London beschloss nach dem Siebenjährigen Krieg Gesetze, um auch die amerikanischen Kolonien an den Kriegskosten zu beteiligen (Rn. 15). Die 1765 auf dem Stamp Act Congress formulierte Reaktion der Kolonisten gipfelte in der berühmten, vom Legitimationsdenken der Aufklärung beeinflussten und schlagwortartig zugespitzten Forderung „**No taxation without representation**". Abstrahiert man von dem konkreten historischen Anlass der Steuererhebung, geht es um die Forderung nach Identität der Rechtsunterworfenen mit den an der Gesetzgebung Beteiligten. Der darin liegende Zündstoff war – und ist -immens: Auf dem Stamp Act Congress wurde die demokratische Kernforderung nach allgemeiner politischer Partizipation formuliert, die bis heute kaum vollständig verwirklicht ist.[49]

b) Unabhängigkeitserklärung

29 Zwangsmaßnahmen des britischen Parlaments führten in der Folge zur Einberufung des Ersten Kontinentalkongresses, in dem am 5. 9 1774 Vertreter fast aller Kolonien in Philadelphia zusammenkamen. Neben einer Petition an König *Georg III.* (1738–1820) beschloss der Kongress einen Handelsboykott gegen das Mutterland und vertagte sich. Da der König auf die Petition nicht reagierte, trat am 10. 5. 1775 der Zweite Kontinentalkongress zusammen und übernahm Regierungsfunktionen, die bislang beim eng-

42 Contrat social, 1. Buch, 1. Kapitel.
43 Contrat social, 2. Buch, 2. Kapitel.
44 Contrat social, 2. Buch, 1. Kapitel.
45 Contrat social, 1. Buch, 6. Kapitel.
46 Contrat social, 2. Buch, 1. Kapitel.
47 Contrat social, 1. Buch, 6. Kapitel.
48 Contrat social, 2. Buch, 3. Kapitel.
49 Vgl. etwa die Differenz zwischen der Steuerunterworfenheit und dem Kreis der Staatsbürger nach Art. 116 GG. Siehe aber auch Art. 4 FrzVerf. 1793: Wahlrecht für alle seit einem Jahr in Frankreich ansässigen Männer ab 21 Jahren, vgl. Rn. 33.

lischen König lagen: *George Washington* (1732–1799) wurde beauftragt, eine Armee aufzustellen; man verhandelte mit ausländischen Mächten über Beistand für die Kolonien und führte eigenes Papiergeld ein. Nach zunächst erheblichem Widerstand im Kongress gegen eine endgültige Loslösung von Großbritannien setzten sich die radikaleren Abgeordneten durch. Der Kongress verabschiedete am 4. 7. 1776 die Unabhängigkeitserklärung.

Diese „**Declaration of Independence**" setzt mit einer naturrechtlichen Begründung des Anspruchs der Völker auf Gleichberechtigung und Selbstständigkeit ein, woraus ein Recht und sogar die Pflicht der Völker abgeleitet wird, despotische Herrschaft zu stürzen und durch andere Formen der Regierung zu ersetzen. Im letzten Abschnitt der Unabhängigkeitserklärung lösen die Kolonien, die sich jetzt als „**United States of America**" bezeichnen, dementsprechend alle politischen Bindungen zwischen den Vereinigten Staaten und Großbritannien; der neue Staat übernimmt die vollen Hoheitsrechte. 30

Obwohl in der gesamten Unabhängigkeitserklärung immer wieder auf die gemeinsame Kultur, Sprache und Abstammung mit den Briten Bezug genommen wird, begreifen sich die Amerikaner nun als eigenes Volk, das von seiner Souveränität Gebrauch macht. Souveränität und Volk prägen sich in diesem Verständnis wechselseitig: Wer „Volk" ist, besitzt Souveränität, anhand der Souveränität unterscheidet sich aber das „Volk" von anderen Gruppen von Menschen. Wir stehen vor einem modernen, d.h. politisch à la Rousseau, nicht aber kulturell, sprachlich oder gar „völkisch" geprägten Volksbegriff.[50] In der Präambel der Verfassung von 1787 tritt dann bereits ganz selbstverständlich das Volk als Verfassungsgeber und damit als Inhaber der Souveränität auf: „**We the People of the United States ... establish this Constitution ...**".[51]

4. Französische Revolution

Nachdem König Ludwig XVI. 1789 die französischen Generalstände einberufen musste (Rn. 17 f.), wurde die Frage zentral, wie in der Versammlung abgestimmt werden sollte. Traditionell geschah dies nach Ständen getrennt: Klerus und Adel, die beiden ersten Stände, wären so gegenüber den Bürgern, Handwerkern und Bauern, dem Dritten Stand, stets in der Mehrheit gewesen, obgleich sie in der Bevölkerung bei weitem die Minderheit darstellten. Die Abgeordneten des Dritten Standes setzten sich jedoch mit ihrer Forderung nach einer Abstimmung nach Köpfen durch: Am 17. 6. 1789 erklärte sich die Mehrheit der Delegierten auf Vorschlag des *Abbé Sieyès* (1748–1836) zur Nationalversammlung (Assemblée nationale) und wurde so zu einem modernen, d.h. nicht nach Ständen gegliederten Parlament. Am 20. 6. fasste die Nationalversammlung im „Ballhausschwur" den Beschluss, eine Verfassung zu schaffen und erklärte sich am 6. 7. zur verfassunggebenden Nationalversammlung (Assemblée nationale constituante). Damit lag eine „Auswechselung des Legitimationsprinzips von Herrschaft"[52] vor, denn die Gestaltung der politischen Grundordnung ging vom König auf die Volksvertretung über. 31

Die am 26. 8. 1789 von der Nationalversammlung als erster Schritt auf dem Weg zu einer Verfassung verabschiedete, epochale Erklärung der Menschen- und Bürgerrechte („**Déclaration des droits de l'homme et du citoyen**") legt zunächst, in Anlehnung an 32

50 Dazu immer noch grundlegend Renan, in: Oeuvres complètes de Ernest Renan.
51 Vgl. zum weitreichenden Einfluss dieses Textes auch Präambel S. 1 GG.
52 Grimm, Verfassungsgeschichte, S. 24.

Rousseau, als staatsorganisatorische Grundsätze die unteilbare Souveränität des Volkes (Art. 3), die Identität von Gesetz und **volonté générale** (Art. 6; Rn. 26) sowie in Art. 14 das Budgetrecht des Volkes bzw. seiner Vertretung fest.

Die Verfassung des Jahres 1791 stellt dann in der Präambel die Errichtung der Verfassung durch die Nationalversammlung fest. Die unteilbare Souveränität wird der Nation zugeordnet (Titel III, Art. 1). Dabei beherrscht der Gedanke der Repräsentation des Volkes durch die Abgeordneten und – systematisch bereits ein Fremdkörper – durch den König die Verfassung von 1791.

33 In Konzepten der Volkssouveränität ist es stets eine zentrale Frage, wer zum „Volk" gehört. Die Antwort der französischen Verfassung von 1791 darauf ist zeitgebunden, insofern nur Männern Bürgerrechte zukommen und im übrigen konventionell, was die Bindung der Staatsbürgerschaft an Abkunft von französischen Eltern und Aufenthalt in Frankreich betrifft.[53] Die später, nach Abschaffung der Monarchie und Hinrichtung des Königs geschaffene Verfassung von 1793 war im zweiten Punkt auch für heutige Verhältnisse fortschrittlich und gewährte allen Männern ab 21 Jahren das Bürgerrecht, die seit mindestens einem Jahr in Frankreich wohnten[54].

III. Persönliche Freiheit, Rechtsstaatlichkeit und Gewaltenteilung

34 Mit der kollektiven Selbstbestimmung eng verknüpft ist die Selbstbestimmung des Individuums. Rechtlich gefasst werden kann sie durch **Rechte der persönlichen Freiheit.** Diese wurden in der Philosophie zunächst als naturgegebene Menschenrechte gedacht, die vom Herrscher zu achten seien.[55] Die Frage, was zu geschehen habe, wenn dieser die Menschenrechte dennoch verletzt, wurde zunächst mit dem unbefriedigenden Verweis auf ein Auswanderungsrecht des betroffenen Bürgers beantwortet.[56] Erst die Positivierung der Menschenrechte als Katalog von gesetzlich gefassten Grundrechten schuf eine Grundlage für eine rechtliche, d.h. praktische Handhabung solcher Konfliktsituationen.

Grundrechte sind aber nicht nur Widerpart der kollektiven Selbstbestimmung,[57] sondern ergänzen diese zunehmend. Je komplexer die Gesellschaft wird, desto weniger wird der Staat zentral und im Vorhinein das Gemeinwohl (Rn. 26) bestimmen und herstellen können. Es wird vielmehr zunehmend in gesellschaftlicher Selbststeuerung erzeugt, die Freiheitsräume benötigt, welche von den Grundrechten garantiert werden.[58]

35 Grundrechte brauchen Gerichte und Regeln eines effektiven Rechtsschutzes, um praktisch wirksam zu werden. Gegenüber dem absolutistischen Staat mit seiner Machtkonzentration in einer Hand schienen aber bloß rechtsstaatliche Sicherungen ungenügend, um die Freiheit zu bewahren. Es entstand so der Gedanke der Gewaltenteilung, der auf eine Zerlegung der Staatsgewalt in einander wechselseitig kontrollierende Teile zielte (Rn. 40 f.).

Grundrechte, effektiver Rechtsschutz und Gewaltenteilung schaffen so in ihrer Kombination prozedural und institutionell abgesicherte individuelle Freiräume.

53 Titel II Art. 2 FrzVerf 1791.
54 Art. 4 FrzVerf 1793, vgl. Rn. 28.
55 So etwa von Hugo Grotius (1583–1645) in seinem 1625 erschienen Hauptwerk De iure belli ac pacis. Zu Menschenrechten bei Grotius Brett, Historical Journal 2002, 31 ff.
56 So etwa bei dem bedeutenden Frühaufklärer Samuel Pufendorf in „De iure naturae et gentium" von 1672.
57 Vgl. dazu Häberle, in: HStR, § 22, S. 317 ff.
58 Siehe Grimm, in: HStR, § 1 Rn. 22 ff.

1. Die Entwicklung in England

36 Schon früh wurde in der englischen Geschichte die Bedeutung der persönlichen Freiheit für den praktischen Gehalt politischer Mitbestimmungsrechte deutlich: Wahlrecht zur Volksvertretung und parlamentarisches Budgetrecht bedeuten wenig, wenn Bürger und Abgeordnete Repressalien gegen ihre Person zu fürchten haben.

a) Magna Charta

37 Bereits in der 1215 in Kraft getretenen Magna Charta (Rn. 21) wurde im 39. Titel eine Garantie persönlicher Freiheit gegeben, wonach niemandem ohne gerichtliches Urteil Leben, Freiheit oder Eigentum genommen werden darf. Die Kontrolle dieser Freiheitsrechte wurde den Gerichten des Königs entzogen und dem Court of Common Pleas übertragen, dessen Verfahren nach strengen Vorschriften[59] durchgeführt wurden: Niemand durfte ohne Beweise nur aufgrund eines bloßen Verdachts verurteilt werden. Die Magna Charta kann damit für sich reklamieren, Budgetrecht (Rn. 21), persönliche Freiheit und eine unabhängige Gerichtsbarkeit in die Verfassungsgeschichte eingeführt zu haben.

b) Habeas Corpus Akte

38 Für eine weitere Präzisierung des Freiheitsschutzes der Bürger gaben 1679 erneut königliche Geldsorgen Anlass: Zur Aufbesserung seiner Kasse ließ König *Karl II.* (1630–1685) wohlhabende Bürger willkürlich verhaften, die dann gegen Geldzahlungen wieder freigelassen wurden. Diesem Missstand trat das Parlament mit dem Habeas Corpus Amendment Act entgegen, der eine richterliche Überprüfung von Festnahmen innerhalb von drei Tagen vorsah sowie ein Verbot, den Verhafteten außer Landes zu bringen. Obwohl immer wieder umkämpft,[60] sind die Inhalte der Habeas Corpus Akte zu einem international gültigen Kennzeichen rechtsstaatlicher Ordnung geworden.[61]

c) Bill of Rights

39 Eine erneute Schwächeperiode des Königtums nutzte das englische Parlament, um 1689 in der Bill of Rights eine Reihe von Beschränkungen der königlichen Macht zu erringen (Rn. 22 ff.). Die individualrechtliche Seite betrifft dabei den Bereich der Justizgrundrechte: Es wurden Garantien für eine ordnungsgemäße Besetzung der Strafgerichte gegeben, übermäßige Kautionen oder Geldstrafen untersagt und **„cruel or unusual punishments“** verboten. Diese Gewährleistungen haben ebenso wie das Petitionsrecht später Eingang in die amerikanische Bill of Rights (Rn. 45) gefunden.

2. Sicherheit durch Binnendifferenzierung des Staates: Gewaltenteilung

40 Gegenüber der Übermacht des Staates schien es aus theoretischer Sicht weiterhin nötig, Sicherungen der persönlichen Freiheit in die Struktur des Staates selbst zu integrieren. In diesem Sinne sind Gesetzesbindung des Staates und Gewaltenteilung[62] die beiden großen verfassungsrechtlichen Themen bei *Montesquieu* (1689–1755), die er in seinem

59 Zur Bedeutung des Strafprozessrechts siehe § 7, Rn. 10, 25.
60 Vgl. Hattenhauer, Rechtsgeschichte, Rn. 1516 ff. mit Beispielen.
61 Siehe etwa Art. 104 GG.
62 Vgl. Weber-Fas, JuS 2005, 882 ff.

Hauptwerk „De l'esprit des lois“[63] entwickelt hat: Wesentlich sei, dass die Ausübung der Herrschaft an Gesetze gebunden ist, ansonsten verkomme sie zur Despotie, Freiheit finde sich dagegen nur im Rahmen der Gesetze.[64]

Um aber dem Hang zum Missbrauch der Macht vorzubeugen und so die freiheitsstiftende Wirkung der Gesetze zu erhalten, sei es zusätzlich nötig, ein Arrangement der Institutionen zu finden, in dem eine Gewalt die andere kontrolliere.[65] Als „Gewalten“ in diesem Sinne entdeckte Montesquieu bei der Untersuchung des politischen Systems Englands die gesetzgebende, die ausführende und die richterliche Gewalt.[66] Um die Freiheit der Bürger zu bewahren, müsse die Vereinigung von zwei oder drei der (Teil-)Gewalten in einer Hand verhindert werden.[67]

41 Montesquieu verwirft mit seiner Befürwortung von Gesetzesbindung der Staatsgewalt und Gewaltentrennung die Grundlagen des auf Gewaltenkonzentration beruhenden, in Frankreich und in weiten Teilen Europas vorherrschenden Absolutismus. Der Einfluss seines Denkens auf die „Founding Fathers“ der US-Verfassung ist bedeutend[68] und zeigt sich besonders im Konzept der „**Checks and Balances**“.[69] Er reicht aber weiter bis zur französischen Verfassung von 1791.

3. Amerikanische Revolution

42 Zu den Themen der Grundrechte und ihrer Sicherung entstanden im Verlauf des Kampfes der nordamerikanischen Kolonien um ihre Unabhängigkeit klassisch gewordene Rechtstexte. Dabei wurden englische Vorbilder, vor allem die **Bill of Rights** (Rn. 39), fortentwickelt.

a) Virginia Declaration of Rights

43 Bereits am 15. 5. 1776 erklärte sich die Kolonie Virginia für unabhängig von Großbritannien. Zügig wurde eine „Declaration of Rights“ erarbeitet, die am 12. 6. angenommen und später Bestandteil der neu geschaffenen Verfassung von Virginia wurde. Art. 1 begründet naturrechtlich die Freiheit und Gleichheit aller Menschen. Art. 12 und 16 sichern die Presse- und Religionsfreiheit, Art. 4 betrifft den gleichen Zugang der Bürger zu allen staatlichen Ämtern und Art. 8 bis 10 gewährleisten nach dem Modell der Bill of Rights (Rn. 39) die Justizgrundrechte. Die Declaration diente ihrerseits in vielen Punkten als Vorbild für die Unabhängigkeitserklärung (dazu sogleich) und die Amerikanische Bill of Rights (Rn. 45).

b) Unabhängigkeitserklärung

44 Die Unabhängigkeitserklärung der Vereinigten Staaten (Rn. 29 f.) macht in ihrem zweiten Absatz deutliche Anleihen bei der **Virginia Declaration of Rights** und begründet

63 Zuerst erschienen 1762. Zu den hier vor allem interessierenden Inhalten siehe Riklin, PVS 1989, 420–442 und die umfangreiche Einleitung zu Richter/Montesquieu, The Political Theory of Montesquieu.

64 De l'esprit des lois, 11. Buch, 3. Kapitel.

65 De l'esprit des lois, 11. Buch, 4. Kapitel a.E.: „Pour qu'on ne puisse abuser du pouvoir, il faut que, par la disposition des choses, le pouvoir arrête le pouvoir.“.

66 De l'esprit des lois, 11. Buch, 6. Kapitel.

67 De l'esprit des lois, 11. Buch, 6. Kapitel; vgl. Hereth, Montesquieu, S. 89 ff.

68 Vgl. Bryce, Commonwealth, S. 29.

69 Soweit ersichtlich zuerst bei Alexander Hamilton im neunten Federalist Paper als „balances and checks“. Zum Begriff Marshall, Constitutional Theory, S. 101 f.

Gleichheit und Freiheit der Menschen naturrechtlich. Besonders herausgehoben wird unter den Freiheiten die berühmte Trias von „**Life, Liberty and the Pursuit of Happiness**“. Erkennbar bedurfte aber das Thema der Grundrechte noch einer weiteren Präzisierung auf der Ebene der Union.

c) Bill of Rights (USA)

Am 15. 12. 1791 traten daher die ersten zehn Zusatzartikel (**amendments**) zur Verfassung der USA in Kraft. 45

Zu den bereits bekannten Freiheiten und Justizgrundrechten kommen im ersten Zusatzartikel vor allem die Meinungs- und die Versammlungsfreiheit hinzu. Die persönliche Freiheit wird in der „Bill“ für alle Bürger der Vereinigten Staaten garantiert. Unrühmliche Ausnahme bleibt die Sklaverei, die erst 1865 nach dem Ende des Amerikanischen Bürgerkrieges mit dem 13. Zusatzartikel aufgehoben wurde.

4. Französische Revolution

Die Entwicklung der individualrechtlichen Verfassungsgewährleistungen während der Französischen Revolution ging von dem in den USA kurz zuvor erreichten Stand aus, erweiterte jedoch den Katalog der verbürgten Rechte um wesentliche Elemente. 46

a) Erklärung der Menschen- und Bürgerrechte 1789

Die „Déclaration des droits de l'homme et du citoyen“ von 1789 (Rn. 32) nimmt die meisten Gewährleistungen der amerikanischen Bill of Rights auf und hat einen **universellen**, nicht auf Frankreich begrenzten **Geltungsanspruch**. An Freiheitsgewährleistungen wird die Eigentumsgarantie stärker herausgestellt (Art. 2). Es treten die allgemeine Handlungsfreiheit (Art. 4 und 5), der allgemeine Gleichheitssatz (Art. 1) und die Gewaltenteilung in Art. 16 hinzu. Parlamentsvorbehalt und Verhältnismäßigkeitsgrundsatz werden am Beispiel erlaubter Eingriffe in das Eigentum in Grundzügen formuliert.[70] Die Verfassung von 1791 stellte dann die „Déclaration“ voran und fügte in ihrem ersten Titel die Versammlungsfreiheit, die Freizügigkeit und das Petitionsrecht hinzu. 47

Insgesamt geht so die „Déclaration“ als eine Art Blaupause des Grundrechtsteils moderner Verfassungen von ihrem Geltungsanspruch und Ziel über die als Grundlage dienenden englischen und amerikanischen „Bills“ hinaus.[71]

b) Erklärung der Menschen- und Bürgerrechte 1793

Konflikte zwischen Parlament und König während des für Frankreich zunächst erfolglosen Krieges gegen Österreich und Preußen führten bereits 1792 zu einer Verfassungskrise, in deren Verlauf der neu gewählte Nationalkonvent am 21. 9. 1792 die Monarchie abschaffte. In schweren politischen Auseinandersetzungen gewannen schließlich die radikalen Kräfte innerhalb des Konvents die Oberhand und verabschiedeten am 24. 6. 1793 eine neue Verfassung, der eine neue Fassung der Déclaration des droits de l'homme et du citoyen vorangestellt wurde. Diese enthielt in Art. 17 erstmals eine Gewährleistung der Berufsfreiheit. Noch bedeutender aber war die erstmalige Schaffung 48

70 Siehe Frotscher/Pieroth, Verfassungsgeschichte, Rn. 60 ff.

71 Zu Bedeutung und Geschichte der Déclaration siehe Gauchet, La révolution, passim.

sozialer **Menschenrechte**: Art. 21 enthält ein Recht der Bedürftigen auf öffentliche Unterstützung, Art. 22 normiert eine Pflicht der Gesellschaft, für die Möglichkeit allgemeiner Bildung zu sorgen. Die Déclaration von 1793 wurde zwar nie in Kraft gesetzt, bleibt aber ein beeindruckender und zukunftsweisender Entwurf.

C. Der Weg in die verfassungsgeschichtliche Gegenwart

I. Entwicklung in Deutschland bis 1949

49 Mit Abschluss der Französischen Revolution waren die wesentlichen Elemente der modernen Verfassung entwickelt und fanden nach und nach auch in Deutschland Eingang in die Verfassungstexte.

1. Reaktion und Frühkonstitutionalismus: Eine verfassungsgeschichtliche Übergangszeit

50 Die Zeit zwischen dem napoleonischen Empire und der europäischen Revolution von 1848 war in Deutschland eine Zeit des Übergangs, in der Elemente der vorangegangenen Zeit des Absolutismus fortwirkten, aber die Kräfte des Umbruchs bereits spürbar wurden.

Am Beginn dieses Zeitraums steht das Ende des Heiligen Römischen Reiches Deutscher Nation, das mit dem Reichsdeputationshauptschluss am 25. 2. 1803 und der Niederlegung der Kaiserkrone durch *Franz II.* (1768–1835) am 6. 8. 1806 eintrat.[72] An seine Stelle trat 1815 als Staatenbund der **Deutsche Bund**. Die eigentliche Verfassungsentwicklung fand aber innerhalb der Mitgliedstaaten statt und verlief recht unterschiedlich.[73]

51 Kennzeichnend für die deutschen Verfassungen dieser Epoche war allgemein die weiterhin starke Stellung des Monarchen, der die Exekutive lenkte und von dem die Regierung abhängig war. Die Parlamente wurden zwar in freien, aber noch nicht allgemeinen, gleichen, unmittelbaren und geheimen Wahlen bestimmt. Die Volksvertretungen besaßen regelmäßig das Budgetrecht und wirkten an der Gesetzgebung mit. Bisweilen enthielten die Verfassungen bereits auch Grundrechtskataloge.

2. Verfassung des Deutschen Reichs von 1849

52 Die Ausrufung der Republik in Frankreich am 24. 2. 1848 sandte dann ihre Schockwellen durch Europa und brachte die alte Ordnung ins Wanken. Am 31. 3. trafen sich in Frankfurt Vertreter der deutschen Landtage und weitere Personen des öffentlichen Lebens, das sogenannte „Vorparlament". Das Gremium beschloss, Wahlen zu einer Nationalversammlung durchzuführen, die dann über eine nationale Verfassung beraten sollte. Diese Wahlen wurden am 1. 5. 1848 in den Staaten des Deutschen Bundes abgehalten.

53 Im Juli begann die daraus hervorgegangene Nationalversammlung mit den Beratungen über den Grundrechtsteil der neuen Verfassung, den späteren Abschnitt VI mit den §§ 130 bis 189. Der Bestand an Freiheitsrechten entsprach bereits etwa demjenigen des Grundgesetzes und nahm viele erst später wirksam gewordene Rechtsinstitute und Re-

72 Vgl. Frotscher/Pieroth, Verfassungsgeschichte, Rn. 160 ff.
73 Vgl. Willoweit, Verfassungsgeschichte, S. 238 ff.

gelungen vorweg (Einführung der Zivilehe, Abschaffung von Staatskirche und Todesstrafe). Hervorzuheben ist die von § 130 angeordnete unmittelbare Geltung der Grundrechte und die Möglichkeit ihrer Verteidigung mittels der Verfassungsbeschwerde zum Reichsgericht gem. § 126 lit. g). Erst 1951 wurde mit der Einführung der Verfassungsbeschwerde in der Bundesrepublik ein solches Instrument in Deutschland wieder eingeführt.

Das neugeschaffene Deutsche Reich sollte das Gebiet des Deutschen Bundes umfassen, 54
bundesstaatlich organisiert sein und einen Kaiser als Reichsoberhaupt erhalten (§ 70). Geltungskraft gewann die Verfassung jedoch laut Präambel allein durch Beschluss der vom Volk gewählten Nationalversammlung. Die Befugnisse des Kaisers leiteten sich dementsprechend ausschließlich aus der Verfassung ab (§ 73 S. 2). Der aus zwei Kammern bestehende Reichstag, von denen die zweite nach dem allgemeinen, gleichen, direkten und geheimen Männerwahlrecht gewählt wird, besaß die zeittypischen Befugnisse. Sie umfassten vor allem das Budgetrecht und die Mitwirkung an der Gesetzgebung. Die Regierung war jedoch rechtlich nicht vom parlamentarischen Vertrauen abhängig.[74]

Unmittelbar wirksam wurde die Verfassung von 1849 nicht mehr, da die Revolution 55
politisch scheiterte[75]. Einige Fortschritte wie die Konstitutionalisierung der deutschen Staaten[76] und die Abschaffung feudaler Überbleibsel in der Rechtsordnung blieben aber erhalten. Insgesamt imponiert die Verfassung des Deutschen Reiches von 1849 vor allem durch ihren stark ausgebauten Grundrechtsteil mit der Möglichkeit der Verfassungsbeschwerde. Sie stellte in dieser Hinsicht noch für die Verfasser des Grundgesetzes einen Maßstab dar.

3. Entwicklung bis Weimar

Nach dem Sieg der Fürsten über die Revolution drängte Preußen im Krieg von 1866 56
die alte Vormacht Österreich aus Deutschland hinaus und vereinigte über den Zwischenschritt des Norddeutschen Bundes die übrigen deutschen Staaten 1871 zu einem neuen **Deutschen Reich.**

Die **Verfassung des Deutschen Reiches** vom 16. 4. 1871 stellte gegenüber ihrer Vorläu- 57
ferin von 1849 inhaltlich einen Rückschritt dar: Sie sah zunächst keine Grundrechte – die allerdings in einer Vielzahl von Landesverfassungen gewährleistet wurden – und auch kein Verfassungsgericht vor, womit es sich „um nicht viel mehr als ein Organisationsstatut“[77] handelte. Auch in Hinblick auf die Entwicklung demokratischer Elemente gibt es, von der wichtigen Ausnahme des allgemeinen, direkten und geheimen Männerwahlrechts zum Reichstag gem. Art. 20 Abs. 1 abgesehen, nichts Neues zu berichten. Vor allem war die Regierung nach wie vor dem Monarchen, nicht dem Parlament verantwortlich.

Immerhin bot die Verfassung einen rechtlichen Rahmen, um die Rechtseinheit in Deutschland herzustellen.[78] Wichtige Entwicklungen der Zeit wie die Einführung sozialer Sicherungssysteme oder die Entstehung von politischen Parteien im heutigen

---

74 Vgl. Willoweit, Verfassungsgeschichte, S. 260 f., der jedoch von einer von der Nationalversammlung intendierten politischen Abhängigkeit der Regierung vom parlamentarischen Vertrauen ausgeht.
75 Siehe Frotscher/Pieroth, Verfassungsgeschichte, Rn. 345 ff.
76 Vor allem Preußens, das am 5.12.1848 unter revolutionärem Druck eine Verfassung erhielt.
77 Eisenhardt, Rechtsgeschichte, Rn. 672, unter Verweis auf Nipperdey, Deutsche Geschichte, Bd. 2 S. 85.
78 Darauf weist Eisenhardt, Rechtsgeschichte, Rn. 673 hin.

Sinn auf nationaler Ebene wurden so ermöglicht, auch wenn sie erst später Niederschlag in Verfassungstexten gefunden haben.

4. Weimarer Reichsverfassung

58 Das 1871 gegründete Kaiserreich ging im Ersten Weltkrieg unter; am 9. 11. 1918 rief der Sozialdemokrat *Scheidemann* (1865–1939) die Republik aus. Nach schweren politischen Auseinandersetzungen setzten sich die Gegner einer sozialistischen Räterepublik durch und es wurde eine verfassungsgebende Nationalversammlung gewählt. Mit dem Wahlsieg von SPD, DDP und Zentrum am 19. 1. 1919 war die Einführung der parlamentarischen Demokratie beschlossene Sache. Am 31. 7. nahm die Nationalversammlung die Weimarer Reichsverfassung an, welche am 11. 8. verkündet wurde.

59 Gem. Art. 1 der WRV wurde das Deutsche Reich zu einer Republik, in der die Staatsgewalt vom Volke ausgeht. Sie war repräsentativ angelegt, ihr zentrales Organ der Reichstag, der die Gesetzgebung bestimmte und von dessen Vertrauen die Regierung abhängig war (Art. 54 WRV, ausgestaltet als destruktives Misstrauensvotum). Der Reichstag wurde gemäß Art. 22 S. 1 WRV in allgemeiner, gleicher, unmittelbarer und geheimer Verhältniswahl von Männern und Frauen gewählt. Die Konsequenz aus dem parlamentarischen Regierungssystem, nämlich den politischen Parteien als unverzichtbarem Element der politischen Willensbildung des Volkes eine eigene verfassungsrechtliche Stellung zu verleihen, zog die Weimarer Reichsverfassung jedoch noch nicht. Daneben waren mit Volksbegehren und Volksentscheid (Art. 73–76 WRV) auch Elemente direkter Demokratie vorgesehen.

60 Der Reichspräsident, direkt vom Volk gewählt, verfügte über zwei wesentliche politische Kompetenzen: Er konnte den Reichstag auflösen (Art. 25 Abs. 1 WRV) und besaß das sogenannte „Notverordnungsrecht“ nach Art. 48 Abs. 2, welches ihn befugte, bei erheblichen Gefährdungen der öffentlichen Sicherheit und Ordnung im Reich die nötigen Maßnahmen zu treffen. Allerdings – dies wird in der Diskussion zur Rolle des Reichspräsidenten beim Scheitern der Weimarer Republik manchmal übersehen – waren die Notmaßnahmen auf Verlangen des Reichstages wieder außer Kraft zu setzen (Art. 48 Abs. 3 WRV). Es handelte sich beim Notverordnungsrecht demnach nur um ein Reserverecht.

61 In ihrem zweiten Teil (Art. 109–165) enthielt die Verfassung umfangreiche Grundrechtsgewährleistungen, als Novum aber auch Grundpflichten (z.B. Art. 120, 132, 133, 163 Abs. 1). Den liberalen Gewährleistungen von persönlichen Freiheiten und Rechten wurden sozialstaatliche Elemente hinzugefügt (z.B. Art. 119 Abs. 2 u. 3, 121, 143 Abs. 1, 161 WRV). Noch ehrgeiziger war das Ziel, durch die Verfassung die Grundlagen einer sozialen Wirtschaftsordnung zu sichern (Art. 151, 155, 163 Abs. 2, 165 WRV), dies sogar in internationaler Perspektive (Art. 162 WRV). Insgesamt beeindruckt der umfassende Regelungsansatz; die Überforderung der rechtlichen Gestaltungsmöglichkeiten ist allerdings nicht zu übersehen. In der zeitgenössischen Rechtsprechung und Lehre führte dies dazu, zahlreiche Bestimmungen des zweiten Teils der WRV als bloße Programmsätze anzusehen.

62 Die Diskussion über die Gründe für den Niedergang der Weimarer Republik, der in den Nationalsozialismus mündete, ist so kontrovers wie unüberschaubar.[79] Hier kann nur versucht werden, mögliche Schwächen der Verfassungskonstruktion zu zeigen.

79 Vgl. Büttner, Weimar, S. 397 ff.; Winkler, Weimar, S. 375 ff.

Auffallend ist zunächst die hohe Fluktuation von 20 Regierungen in den 14 Jahren der Weimarer Republik. Dazu hat vermutlich die Möglichkeit des destruktiven Misstrauensvotums nach Art. 54 WRV beigetragen, wonach der Reichskanzler oder ein Reichsminister zurückzutreten hatte, sobald ihm der Reichstag sein Vertrauen entzog, ohne dass zugleich ein neuer Amtsträger gewählt werden musste. Eine weitere Ursache mag im reinen Verhältniswahlrecht ohne Sperrklausel nach Art. 22 S. 1 WRV liegen, welches zu einer relativ großen Zahl von im Reichstag vertretenen Parteien führte. Zuletzt konnte der Reichspräsident die Kombination aus starker Legitimation durch direkte Wahl, Kompetenz zur Auflösung des Reichstags gem. Art. 25 Abs. 1 WRV und Notverordnungsrecht nach Art. 48 Abs. 2 WRV dazu nutzen, mit Reichskanzler und Reichstag machtpolitisch zu konkurrieren, falls im Parlament keine stabilen Mehrheiten zustande kamen.

5. Nationalsozialismus

Eine Verfassungsgeschichte des Nationalsozialismus ist im Kern Anti-Verfassungsgeschichte, eine Geschichte nämlich der Zerstörung dessen, was den Wert einer modernen Verfassung ausmacht: demokratische Verfahren der kollektiven Selbstbestimmung, Rechte der individuellen Selbstbestimmung, Rechtsstaatlichkeit und Gewaltenteilung. Sie ist weiterhin eine Geschichte schwerster Verstöße gegen die Menschenrechte. Diese Vorgänge können hier nur skizziert werden.[80] 63

Nach der Ernennung *Adolf Hitlers* (1889–1945) zum Reichskanzler am 30. 1. 1933 wurden zunächst mittels der „Reichstagsbrandverordnung“ zentrale Grundrechte außer Kraft gesetzt. Durch den Ausschluss der Abgeordneten der KPD und teilweise auch der SPD gelang es, am 24. 3. 1933 das sogenannte „Ermächtigungsgesetz“ durch den Reichstag zu bringen. Die Reichsregierung konnte danach selbst die Verfassung durchbrechende Gesetze beschließen. Damit waren die Gewaltenteilung (Rn. 40 f.) wie die Bindung an die Verfassung aufgehoben. In der Folge wurden die Gewerkschaften und die politischen Parteien mit Ausnahme der NSDAP abgeschafft, die Medien gleichgeschaltet und die Länder aufgelöst. 64

Zu einer weiteren Machtkonzentration führte die Vereinigung der Ämter des Reichspräsidenten und des Reichskanzlers in der Person Hitlers im August 1934. Dass seine Herrschaft nicht mehr an Gesetze gebunden und damit eine **Despotie** im Sinne Montesquieus (Rn. 40) war, zeigte sich bereits kurz zuvor an den von Hitler befohlenen Morden im Rahmen des „Röhm-Putschs“, die als legaler Akt des Staates hingestellt wurden.[81]

Die so errungene Machtballung wurde dazu genutzt, politische Gegner ebenso wie homosexuelle Männer, Sinti und Roma oder Angehörige der Zeugen Jehovas zu verfolgen und zu ermorden sowie behinderte Menschen zwangsweise zu sterilisieren und zu töten. Die jüdische Bevölkerung wurde zunächst sozial ausgegrenzt, dann rechtlich diskriminiert, schließlich im Holocaust massenhaft von Organen des deutschen Staates ermordet. Der Weg Deutschlands führte in den Zweiten Weltkrieg, in den „totalen Krieg“, der im Mai 1945 mit der totalen Niederlage endete. 65

80 Eine Gesamtdarstellung bei Thamer, Verführung und Gewalt.
81 So prononciert von Schmitt, Deutsche Juristenzeitung 1934, 945 ff.

6. Nachkriegszeit: Entstehen neuer Ordnungen

66 Um nach der bedingungslosen Kapitulation Deutschlands die Kosten des alliierten Besatzungsregimes zu mindern und die Demokratisierung Deutschlands zu fördern, wurden zunächst die Gemeinden wiederbelebt, dann in allen vier Besatzungszonen 1945/46 politische Parteien zugelassen und die ersten Kommunalwahlen durchgeführt. Noch 1946 wurde auch begonnen, die Länder zu errichten, von denen die meisten 1947/48 ihre Verfassungen erhielten.[82] Die Erfahrung des Scheiterns der Weimarer Republik führte in den Länderverfassungen der Westzonen[83] zu Vorkehrungen wie dem konstruktiven Misstrauensvotum, einer Stärkung der Verfassungsgerichtsbarkeit und weiterhin zu einem Wahlrecht mit Sperrklausel. Ziel war, ein stabiles Funktionieren des Staates zu sichern. Diese Regelungen weisen bereits auf das Grundgesetz voraus.

67 Eine gemeinsame gesamtdeutsche Politik der Alliierten hingegen scheiterte an den zunehmenden weltpolitischen Divergenzen zwischen den Westalliierten und der Sowjetunion. Bereits Anfang 1947 wurden die amerikanische und die britische Besatzungszone zur Bizone mit gemeinsamer Verwaltungsstruktur unter deutscher Leitung zusammengeschlossen. Der Mitte 1947 verkündete Marshallplan sah den Wiederaufbau des zerstörten Europa mit amerikanischer Hilfe vor. Während die Westländer von den amerikanischen Dollars profitierten, wurde den Ländern der sowjetischen Zone eine Teilnahme am Marshallplan von Moskau untersagt. Die Durchführung der Währungsreform mit Einführung der Deutschen Mark in den Westzonen verfestigte die wirtschaftliche Spaltung Deutschlands, die zuvor bereits durch die sozialistische Umgestaltung der Wirtschaft in der sowjetischen Zone eingeleitet worden war.[84]

68 Die Entwicklung trieb so auf die Bildung zweier deutscher Staaten zu.[85] Auf Beschluss der westalliierten Militärregierungen sollte eine neue westdeutsche Verfassung erarbeitet werden. Vorgaben betrafen die demokratische und föderale Natur des neuen Staates sowie die Garantie von Grundrechten. Die Ministerpräsidenten der Westländer beharrten auf der Vorläufigkeit der neuen Verfassung, die nicht die Teilung Deutschlands besiegeln sollte. Als **Parlamentarischer Rat**[86] traten daher – nach Vorberatungen eines Verfassungsausschusses auf Herrenchiemsee[87] – Delegationen der Länderparlamente, nicht aber eine aus westdeutschen Wahlen hervorgegangene Versammlung, zusammen, um eine Verfassung für einen westdeutschen Staat zu beraten. Deren Billigung durch die Landtage trat an die Stelle eines Referendums der westdeutschen Bevölkerung. Das Grundgesetz entstand so von den Ländern her, um dem (gesamt-)deutschen Volk nicht das letzte Wort zu nehmen.

69 Gleichzeitig wurde auch in der sowjetischen Besatzungszone die Staatsbildung vorangetrieben:[88] Am 19. 3. 1949 nahm der Volksrat die Verfassung der **Deutschen Demokratischen Republik** an, die am 7. 10. in Kraft gesetzt wurde. Die Verfassungsgeschich-

82 Anders jedoch Hamburg, Niedersachsen und Nordrhein-Westfalen.

83 Die Landesverfassungen in der sowjetischen Zone zeichneten sich eher durch eine Ballung der parlamentarischen Befugnisse aus, um den Staatsapparat politisch durchdringen zu können. Vgl. Willoweit, Verfassungsgeschichte, S. 364 f.

84 Dazu Weber, Geschichte der DDR, S. 88 ff.

85 Vgl. Mußgnug, in: HStR, § 8 Rn. 12 ff.

86 Zu dessen Beratungen Mußgnug, in: HStR, § 8 Rn. 45 ff.

87 Dazu Säcker, DÖV 1998, 784 ff.

88 Zum folgenden Willoweit, Verfassungsgeschichte, S. 374 ff., 411 ff.; Brunner, in: HStR, § 11 Rn. 1 ff.; mit Konzentration auf die SED Malycha/Winters, SED, S. 53 ff., 72 ff., 126 ff.

te der DDR kann hier nicht näher geschildert werden.[89] Kennzeichnend war jedoch die führende Rolle der SED, die nach herrschender Doktrin als einzige marxistisch-leninistische Partei allein fähig war, die gesellschaftliche Entwicklung hin auf die Entwicklung des Sozialismus zu steuern. Diese führende Rolle wurde abgesichert durch einen Zugriff der Partei auf die staatlichen Machtmittel, die im Zuge der weitgehenden Verstaatlichung der Wirtschaft und der staatlichen Kontrolle von Presse und Kultur tief in das Leben der Menschen reichten.

II. Das Grundgesetz

Am 23. 5. 1949 wurde für die westlichen Besatzungszonen das Grundgesetz verkündet. Das Scheitern der Weimarer Republik und die nationalsozialistische Diktatur sollten sich nicht wiederholen können. Zu diesem Zweck wurden die individuelle Freiheit und stabile demokratische Verfahren der kollektiven Selbstbestimmung besonders gesichert. Die Menschenwürdegarantie in Art. 1 Abs. 1 S. 1 und die Staatsstrukturprinzipien in Art. 20 Abs. 1–3 sind daher die durch Art. 79 Abs. 3 geschützten Eckpfeiler des Grundgesetzes. Institutionell abgesichert wird die Verfassungsordnung durch eine verfahrensrechtlich stark ausgebaute Verfassungsgerichtsbarkeit (Art. 93 GG). 70

Die in der Menschenwürde wurzelnden **Grundrechte** eröffnen das Grundgesetz, erst dann folgen Aufbau und Funktion des Staates. Wie Art. 1 Abs. 3 GG verdeutlicht, bestimmen die Grundrechte alles staatliche Verhalten. Sie haben, in Abkehr von Weimar, immer normativen Gehalt und sind nie bloße Programmsätze (Rn. 61). Dementsprechend ist der Grundrechtsteil deutlich gestrafft, der nicht mehr versucht, umfassend eine Gesellschaftsordnung zu entwerfen, sondern sich auf juristisch durchsetzungskräftige Freiheits- und Gleichheitsrechte beschränkt. Insbesondere finden sich keine sozialen Grundrechte. Diese Materie wird dem durch das Sozialstaatsprinzip aus Art. 20 Abs. 1 GG angeleiteten einfachen Recht überlassen. Dem konzentrierten Bestand an Grundrechten wird durch die Verfassungsbeschwerde[90] ein Heer von Hütern zur Seite gestellt, denn „jedermann“ (Art. 93 Abs. 1 Nr. 4a GG) kann die Verletzung seiner Grundrechte rügen. Durch die resultierende Fülle an Verfahren sind die Grundrechte zum dynamischsten Bestandteil der deutschen Verfassung geworden. 71

Staatsorganisatorisch sticht die starke Stellung des Bundeskanzlers ins Auge, der im Bundespräsidenten keinen machtpolitischen Konkurrenten mehr hat. Vom Bundestag kann er nur im Wege eines konstruktiven Misstrauensvotums abgelöst werden (Rn. 59 zur Lage unter der WRV). Das Grundgesetz folgt einer deutlich repräsentativen Demokratievorstellung; direktdemokratische Verfahren für Sachentscheidungen enthält es nicht. Sie sind allerdings von Art. 20 Abs. 2 S. 2 GG auch auf Bundesebene grundsätzlich zugelassen. 72

Eine Besonderheit des Grundgesetzes ist die verfassungsrechtliche Garantie der Freiheit der politischen Parteien in Art. 21 GG, die den Bestand eines Mehrparteiensystems sichert. Verbunden damit ist die Verpflichtung auf innerparteiliche Demokratie, die dem Entstehen von „Führer-“ oder „Kaderparteien“ vorbeugen soll. Das Grundgesetz zieht so die Konsequenz aus der Bedeutung von Parteien für eine parlamentarische Demokratie. Weiter sei auf Art. 24 GG hingewiesen, der als echte Neuerung in der Verfas- 73

89 Zu dieser Fenske, Verfassungsgeschichte, Kap. 10–12.
90 Seit 1951 in §§ 90 ff. BVerfGG, seit 1969 in Art. 93 Abs. 1 Nr. 4a GG geregelt.

sungsgeschichte eine Integration Deutschlands auf internationaler Ebene ermöglicht und dafür die Übertragung von Hoheitsrechten ausdrücklich vorsieht.[91]

74 Mit dem Sieg der Bürgerbewegung in der DDR, der Anerkennung der Oder-Neiße-Grenze durch die beiden deutschen Staaten, dem Ende der besonderen Rechte der Siegermächte des Zweiten Weltkrieges und schließlich dem Beitritt der DDR zur Bundesrepublik am 3.10.1990 wurde die Einheit Deutschlands in einer neuen Gestalt wiederhergestellt.

III. Verfassung für Europa

75 Zuletzt einige Bemerkungen zur möglichen Zukunft der Verfassung. Ökologische, ökonomische und sicherheitspolitische Aufgaben scheinen zunehmend die Problemlösungsfähigkeiten der europäischen Nationalstaaten zu übersteigen.[92] Darauf muss das Recht reagieren, eine Verlagerung auf größere Organisationseinheiten scheint daher sachlich geboten und findet auch statt, insbesondere innerhalb der Europäischen Union. Die Römischen Verträge vom 25. 3. 1957 stellten so den Startschuss für eine fortschreitende **europäische Integration** dar. Die Übertragung von immer mehr staatlichen Befugnissen auf die europäischen Institutionen bewirkt eine Einschränkung des Kompetenzbereichs der nationalen Verfassungen[93] und lässt die Frage nach der Existenz bzw. der Möglichkeit der Schaffung einer europäischen Verfassung aufkommen.[94]

Für diese Diskussion ist wichtig, dass der Verfassungsbegriff nicht notwendig staatsbezogen ist. Verfassung will vielmehr generell politische Herrschaft regulieren und legitimieren (Rn. 2). Obwohl die Europäische Union wohl tatsächlich noch kein Staat ist,[95] kann sie insofern eine Verfassung haben. Diese könnte im Primärrecht der Union bestehen, das einen rechtlichen Rahmen zur Regulierung europäischer Hoheitsakte bietet.

76 Allerdings bedeutet „Verfassung" im modernen Sinne auch, dass das rechtliche Herrschaftsgefüge von der Souveränität des Volkes abgeleitet und die Herrschaft in demokratischen Verfahren durch das Volk oder seine Vertreter ausgeübt wird (Rn. 19). In diesem Sinne hat die EU keine Verfassung:[96] Die EU und ihr Primärrecht sind durch völkerrechtliche Verträge zwischen den Mitgliedstaaten ins Leben gerufen worden, eine Änderung der Rechtsgrundlagen erfordert erneute Vertragsänderungen. Souverän sind so innerhalb der EU die Staaten, die die Herrschaftsordnung bestimmen, nicht ein „Unionsvolk". Auch wird die Herrschaftsausübung in der Union immer noch von den exekutivischen Organen Rat und Kommission bestimmt; das Parlament ist im Wesentlichen auf Vetorechte beschränkt.

77 Durch Vertragsänderung könnten aber die Grundordnung der Union der Souveränität der Gemeinschaft der Unionsbürger unterstellt und die Verfahren der Ausübung europäischer Hoheitsrechte weiter parlamentarisiert und demokratisiert werden. Die Frage ist, ob für solche rechtlichen Veränderungen angesichts der wirtschaftlichen, gesellschaftlichen und kulturellen, insbesondere auch sprachlichen Differenzen innerhalb der

91 Wobei mittlerweile der 1992 neugefasste Art. 23 GG die europäische Integration regelt.
92 Mit ähnlicher Einschätzung statt vieler Boldt, Verfassungsgeschichte, S. 335 f.
93 Vgl. Peters, Elemente, S. 163 ff.
94 Dazu Peters, Elemente, passim; Grimm, in: HStR, § 1 Rn. 94 ff.
95 Vgl. BVerfGE 123, 267, 348 f., 371 – Lissabon-Entscheidung.
96 Grimm, in: Die Verfassung und die Politik, S. 215, 235 f.

Union die Voraussetzungen gegeben sind.[97] Man mag dies für die Gegenwart verneinen, zumal mit dem Vertrag über eine Verfassung für Europa bereits ein Versuch einer umfassenden Reform der EU 2005 am negativen Ausgang von Referenden in Frankreich und den Niederlanden scheiterte. Aber gesellschaftliche Verhältnisse wandeln sich. Der Druck von Sachproblemen und der Sog bereits bestehender Kompetenzen der Union führen tendenziell zu einer weiteren Europäisierung von Politik. Dies kann den politischen Wunsch nach tieferer Legitimation und Demokratisierung der Union wachsen lassen, ohne dass daraus ein Staat nach herkömmlichem Muster entstehen müsste. Auch darf man den Prozesscharakter solcher Vorgänge und ihre mögliche unterschiedliche Geschwindigkeit in verschiedenen Teilen Europas nicht aus dem Auge verlieren. Kommt es zu einer europäischen Verfassung, wird dies wahrscheinlich nicht als völliger Neuentwurf auf einer rechtlichen tabula rasa, sondern als Evolution bestehender Formen geschehen.

Wiederholungs- und Vertiefungsfragen 78

1. Welche Funktionen erfüllt eine „Verfassung"?
2. Worauf bezieht sich „Verfassung"?
3. Wo in Europa tauchten zuerst Ansätze einer Verfassung auf?
4. Welche Entwicklungsschritte des Staates waren für die Entstehung von Verfassungen wesentliche Voraussetzungen?
5. Weshalb war die Epoche der Aufklärung für die Entwicklung des modernen Verfassungsstaates so bedeutsam?
6. Nennen Sie jeweils einen für die rechtliche Sicherung individueller Freiheitsrechte wichtigen Rechtstext aus der englischen, französischen und nordamerikanischen Verfassungsgeschichte.
7. Warum hat die Verfassung des Deutschen Reiches von 1849 trotz dem Scheitern der Revolution eine erhebliche Bedeutung für die deutsche Verfassungsgeschichte?
8. Arbeiten Sie vier wesentliche Unterschiede zwischen der Weimarer Reichsverfassung und dem Grundgesetz heraus.
9. Überlegen Sie sich einige Argumente, die für und andere, die gegen die Entwicklung hin zu einer europäischen Verfassung sprechen.

Lektüreempfehlungen:

Boldt, Deutsche Verfassungsgeschichte, Band II: Von 1806 bis zur Gegenwart, 2. Aufl. 1993; 79
ders., Reich und Länder. Texte zur deutschen Verfassungsgeschichte im 19. und 20. Jhdt; Eisenhardt, Deutsche Rechtsgeschichte, 6. Aufl. 2013; Frotscher/Pieroth, Verfassungsgeschichte, 13. Aufl. 2014; Grimm, Ursprung und Wandel der Verfassung, in: Isensee/Kirchhof (Hrsg.), HStR, Bd. I, 3. Aufl. 2003, § 1; Hattenhauer, Europäische Rechtsgeschichte, 4. Aufl. 2004; Stolleis, Geschichte des öffentlichen Rechts, Bd. I-IV, 1992–2012; Willoweit, Deutsche Verfassungsgeschichte. Vom Frankenreich bis zur Wiedervereinigung Deutschlands, 7. Aufl. 2013.

Literaturverzeichnis:

Arndt, Der Dreißigjährige Krieg 1618–1648, 2009; Barudio, Der teutsche Krieg: 1618–1648, 80
1998; Boldt, Deutsche Verfassungsgeschichte, Band II: Von 1806 bis zur Gegenwart, 2. Aufl. 1993; Brunner, Das Staatsrecht der Deutschen Demokratischen Republik, in: Isensee/Kirchhof

97 Skeptisch BVerfGE 123, 267, 359 und Grimm, Verfassung, S. 239 ff.; optimistischer Boldt, Verfassungsgeschichte, S. 336 f.

(Hrsg.), HStR, Band I, 3. Aufl. 2003, § 11; Brunner, Land und Herrschaft, 7. Aufl. 1973; Bryce, The American Commonwealth, 3. Aufl. 1896; Büttner, Weimar. Die überforderte Republik 1918–1933. Leistung und Versagen in Staat, Gesellschaft, Wirtschaft und Kultur, 2008; Denzler, Das Papsttum, 2. Aufl. 2004; Eisenhardt, Deutsche Rechtsgeschichte, 6. Aufl. 2013; Fenske, Deutsche Verfassungsgeschichte. Vom Norddeutschen Bund bis heute, 4. Aufl. 2006; Frotscher/Pieroth, Verfassungsgeschichte, 13. Aufl. 2014; Gauchet, La révolution des droits de l'homme, 1989; Gotthard, Der Augsburger Religionsfrieden, 2004; Grimm, Ursprung und Wandel der Verfassung, in: Isensee/Kirchhof (Hrsg.), HStR, Band I, 3. Aufl. 2003, § 1; ders., Braucht Europa eine Verfassung? Die Verfassung und die Politik. Einsprüche in Störfällen, 2001 (Original 1995), S. 215 ff.; ders.: Deutsche Verfassungsgeschichte 1776–1866. Vom Beginn des modernen Verfassungsstaates bis zur Auflösung des Deutschen Bundes, 1988; Häberle, Die Menschenwürde als Grundlage der staatlichen Gemeinschaft, in: Isensee/Kirchhof (Hrsg.), HStR, Band II, 3. Aufl. 2004, § 22; Hattenhauer, Europäische Rechtsgeschichte, 4. Aufl. 2004; Hesse, Grundzüge des Verfassungsrechts der Bundesrepublik Deutschland, 20. Aufl. 1995; ders., Verfassung und Verfassungsrecht, in: Benda/Maihofer/Vogel (Hrsg.): Handbuch des Verfassungsrechts, 2. Aufl. 1994, S. 3 ff.; Heun, Reformation (juristisch), in: ders./Honecker/Morlok/Wieland (Hrsg.), Evangelisches Staatslexikon, 2006 (Sp.1964 – 1969); Kaufmann, Reformation (theologisch), in: Heun/Honecker/Morlok/Wieland (Hrsg.), Evangelisches Staatslexikon, 2006 (Sp.1948 – 1964); Krüper, Vier Wege zur Verfassungsgeschichte, ZJS 2012, 9 ff.; Link, Die Bedeutung des Westfälischen Friedens in der deutschen Verfassungsentwicklung, JZ 1998, 1 ff.; Luhmann, Die Politik der Gesellschaft, 2002; MacCulloch, Die Reformation 1490–1700, 2008; Malycha/Winters, Die SED. Geschichte einer deutschen Partei, 2009; Marshall, Constitutional Theory, 1971; Morlok/Roßner, Kirche und Staat (juristisch), in: Heun/Honecker/Morlok/Wieland (Hrsg.), Evangelisches Staatslexikon, 2006 (Sp.1144 – 1157); Mußgnug, Zustandekommen des Grundgesetzes und Entstehen der Bundesrepublik Deutschland, in: Isensee/Kirchhof (Hrsg.), HStR, Band I, 3. Aufl. 2003, § 8; Peters, Elemente einer Theorie der Verfassung Europas, 2001; Quaritsch, Staat und Souveränität, 1970; Renan, Qu'est-ce qu'une nation? in: Psichari (Hrsg), Oeuvres complètes de Ernest Renan, Band I, 1947, erstmals 1882; Richter, The Political Theory of Montesquieu, 1977; Riklin, Montesquieus freiheitliches Staatsmodell, PVS 1989, 420 ff.; Säcker, Verfassungskonvent 1948, DÖV 1998, 784 ff.; Schieffer, Ottonisch-salische Reichskirche, in: Lexikon des Mittelalters, Band VII, 2002 (Sp. 627–628); Schmitt, Der Führer schützt das Recht, Deutsche Juristenzeitung 1934, 945 ff.; Schneider, Augsburger Religionsfriede, in: Heun/Honecker/Morlok/Wieland (Hrsg.), Evangelisches Staatslexikon, 2006 (Sp.140 – 143); Stolleis, Geschichte des öffentlichen Rechts. Band I, Reichspublizistik und Policeywissenschaft, 1988; Struve, Wormser Konkordat, Lexikon des Mittelalters, Band IX, 2002 (Sp. 336–337); Thamer, Verführung und Gewalt. Deutschland 1933–1945, 3. Aufl. 1992; Weber-Fas, Freiheit durch Gewaltenteilung – Montesquieu und der moderne Verfassungsstaat, JuS 2005, 882 ff.; Willoweit, Deutsche Verfassungsgeschichte. Vom Frankenreich bis zur Wiedervereinigung Deutschlands, 7. Aufl. 2013; Winkler, Weimar 1918–1933. Die Geschichte der ersten deutschen Demokratie, 1993.

§ 8 Privatrechtsgeschichte

Stephan Schuster-Oppenheim

„The vain titles of the victories of Justinian
are crumbled into dust;
but the name of the legislator
*is inscribed on a fair and everlasting monument"**
Edward Gibbon

A. Einleitung

1 Ende der 1990er Jahre lautete die Aufgabenstellung in einer Zivilrechtsklausur im Ersten Staatsexamen in Bayern: „Schildern Sie die Bedeutung Justinians I., der von 527 bis 565 n.Chr. oströmischer Kaiser war, für das geltende deutsche Privatrecht!" Zur mustergültigen Lösung hätten die Bearbeiterinnen und Bearbeiter zunächst wissen müssen, dass *Kaiser Justinian I.* unmittelbar nach seinem Regierungsantritt die Kompilation[1] des römischen Rechts befahl. Sein Gesetzeswerk, für das sich im 16. Jhdt. die Bezeichnung **Corpus Iuris Civilis** durchsetzte[2], besteht aus vier Teilen: Im Jahr 529 wurde der **Codex Iustinianus** veröffentlicht, eine übersichtliche Zusammenstellung der geltenden Kaisergesetze. 533 folgten die **Digesten** (griech. Pandekten), eine fünfzig Bücher umfassende Sammlung ausgesuchter Schriften (v.a. Rechtsgutachten und -auskünfte) der bedeutendsten klassischen römischen Juristen. Diese, mitunter durch Textänderungen („Interpolationen") dem im 6. Jhdt. geltenden Recht angepasst, wurden mit Gesetzeskraft versehen. Die **Institutionen**, eine Art Elementarlehrbuch des römischen Privatrechts, wurden im selben Jahr ebenfalls mit Gesetzeskraft versehen. Den Abschluss der Gesetzgebungstätigkeit bildeten die **Novellen**, die Sammlung der nach dem Erscheinen des Codex erlassenen kaiserlichen Verordnungen.[3] Die justinianischen Gesetzestexte blieben im oströmischen Reich bis zum Fall Konstantinopels (1453) geltendes Recht. In Italien, dessen Eroberung Justinians Feldherren im Jahre 553 abgeschlossen hatten, gerieten insbesondere die Digesten schon bald in Vergessenheit, nachdem Italien bereits 568 an die Langobarden gefallen war. In den germanischen Gebieten (v.a. in Norditalien, Spanien und Frankreich) überdauerten lediglich Fragmente eines stark vulgarisierten römischen Rechts in den germanischen Stammesrechten des frühen Mittelalters.

2 Und dennoch (auch dies hätten die Bearbeiterinnen und Bearbeiter der eingangs erwähnten Klausur wissen sollen): Die Wissenschafts-, Dogmen- und Institutionengeschichte unseres Privatrechts, also desjenigen Rechts, das die Beziehungen zwischen rechtlich gleichgestellten Rechtssubjekten (=natürliche und juristische Personen) unter-

* „Die eitlen Inschriften auf die Siege Justinians sind in Staub zerfallen; aber der Name des Gesetzgebers steht auf einem schönen und ewig dauernden Denkmale." (Übersetzung: Gustav Hugo).

1 „Kompilation" bezeichnet eine Zusammenstellung vorhandenen Rechtsmaterials, das nur eine neue Anordnung findet, ohne dass dem ein echter Systemgedanke zu Grunde liegt.

2 Die Bezeichnung „Corpus Iuris Civilis" taucht, in Abgrenzung zu der „Corpus Iuris Canonici" genannten Sammlung des Kirchenrechts, bereits im 13. Jhdt. auf; allgemein gebräuchlich wurde sie, als der französische Humanist *Dionysius Gothofredus* (1549–1622) seiner 1583 erschienenen Gesamtausgabe der justinianischen Gesetzestexte diesen Titel gab.

3 Vgl. hierzu im Einzelnen Manthe, Geschichte, S. 112 ff.

einander regelt, ist untrennbar mit dem römischen Recht verbunden. Nach Jahrhunderten der Dunkelheit wurden die Digesten im ausgehenden 11. Jhdt. in Oberitalien wiederentdeckt (Teile des Codex, die Institutionen sowie die Novellen waren zumindest in Italien nie verschollen). Die nun einsetzende wissenschaftliche Auseinandersetzung mit dem römischen Recht, seine Wechselwirkung mit dem kanonischen Recht und schließlich seine Übernahme als geltendes Reichsrecht (Rezeption) prägen das deutsche Privatrecht bis in die Gegenwart.

Dieser Beitrag ist in erster Linie der Wissenschaftsgeschichte des Privatrechts gewidmet. Dogmen- und institutionengeschichtliche Aspekte, wie zum Beispiel die Entwicklung einzelner Vertragstypen, Rechtsinstitute und Rechtsregeln, können hier nur vereinzelt und zum Zwecke der Veranschaulichung behandelt werden; insoweit wird auf die im Literaturverzeichnis aufgeführten monographischen Darstellungen der Privatrechtsgeschichte verwiesen. Eine weitere Einschränkung ist geboten: Obgleich die Privatrechtsgeschichte der europäischen Nationen zahlreiche Parallelen aufweist, müssen die Ausführungen hier aus Platzgründen weitgehend auf diejenigen rechtshistorischen Aspekte beschränkt bleiben, die in direktem Zusammenhang mit dem geltenden deutschen Privatrecht stehen.[4]

B. Die historischen Wurzeln des deutschen Privatrechts

I. Das älteste Privatrecht der Germanen

3 Über das älteste Recht der Germanen ist nur wenig bekannt, da es mündlich überliefert wurde (ungeschriebene Rechtsordnung). Lediglich aus den Exkursen, die *C. Julius Caesar* (100–44 v.Chr.) in seinem Werk über den gallischen Krieg (**De bello gallico**) den Germanen widmet (Buch VI, Kapitel 21–28), vor allem aber aus der **Germania** des Militärschriftstellers *Publius Cornelius Tacitus* (etwa 58–120 n.Chr.) lässt sich ein vager Eindruck davon gewinnen. Hierbei ist allerdings zu berücksichtigen, dass Tacitus bei seinem römischen Publikum durchaus einen erzieherischen Effekt erzielen wollte, indem er seinen Zeitgenossen, die er für dekadent hielt, das Idealbild einer tugendhaften Gesellschaft aufzeigte. Die Rückschlüsse, die sich aus der Germania ziehen lassen, sind daher mit Vorsicht zu behandeln.

4 Nur soviel lässt sich mit einer gewissen Sicherheit sagen: Das Rechtsleben der alten Germanen war von einem archaischen Rechtsverständnis geprägt. Ihr Recht war als Gewohnheitsrecht der Ausfluss gemeinsamer Werte, Traditionen und Moralvorstellungen (**Volksrecht**), nicht aber das Werk eines göttlichen oder menschlichen Gesetzgebers. Nach Tacitus galt die Ehe als hohes Gut, dementsprechend streng scheinen die Ehesitten gewesen zu sein.[5] Das Erbrecht stand ausschließlich den eigenen, vermutlich nur den männlichen Kindern zu; die gewillkürte Erbfolge (Testament) war den Germanen unbekannt.[6] Das Kaufrecht spielte kaum eine Rolle, da sich der Handel ganz überwiegend als Tauschhandel gestaltete (der Geldkauf erlangte erst im Kontakt mit den Römern zusehends Bedeutung); Darlehensverträge und Zinsen waren den Germanen unbekannt.[7] Auch über das Gerichtswesen der Germanen ist nur wenig bekannt. Anders als in Rom, wo es ein hoch entwickeltes Gerichtswesen gab, finden sich in den

4 Einen dezidiert europäischen Ansatz wählt Schlosser, Grundzüge.
5 Tacitus, De origine et situ Germanorum liber, Kap. 18,1.
6 Ebd., Kap. 20,3.
7 Ebd., Kap. 5,3; 26,1.

Quellen keinerlei Spuren eines Berufsrichterstandes; Organe der Rechtspflege waren die Volksversammlung (Thing) bzw. die Gaugerichte.[8] Alles in allem scheint die gewaltsame Selbsthilfe eine bedeutende Rolle bei der Durchsetzung des Rechts gespielt zu haben.[9]

II. Die germanischen Stammesrechte des Frühen Mittelalters (5.–9. Jhdt.)

Nach dem Untergang des Weströmischen Reiches (476 n.Chr.) befand sich der gesamte Westteil des **Imperium Romanum** unter der Kontrolle germanischer Heerkönige. Da die germanischen Stämme nicht über ein geschriebenes Recht verfügten, blieb das römische Recht bei den romanischen Bevölkerungsteilen in Italien, Spanien und Südfrankreich zunächst weiter in Gebrauch. Allerdings handelte es sich dabei nicht um das klassische römische Recht, d.h. das von den römischen Juristen auf höchstem Niveau gepflegte Recht des 1.–3. Jhdts.; vielmehr hatte sich in den Zeiten des Niedergangs ein nachklassisches Recht herausgebildet, das von einer stark vereinfachten Begrifflichkeit und Regelungsmechanik geprägt ist. 5

Obgleich die römischen und die germanischen Rechtsvorstellungen in vielerlei Hinsicht unvereinbar waren, kam es seit dem 5. Jhdt. zu einer gewissen Symbiose, die durchaus von Dauer war. So blieb z.B. die im Jahre 506 von *Alarich II.* (Kg. v. 484–507) für den galloromanischen Bevölkerungsteil im Reich der Westgoten erlassene **Lex Romana Visigothorum** in Südfrankreich bis zum Beginn der Rezeption des justinianischen Rechts im 12./13. Jhdt. die wichtigste Rechtsquelle. Die dort enthaltenen Sätze des Privatrechts betreffen vor allem das Ehe- und das Erbrecht sowie den Abschluss von Verträgen (z.B. Kauf, Schenkung, Leihe). Darüber hinaus wird der Zugang zu Gericht geregelt. Auch die anderen germanischen Stämme, wie z.B. die in Nordfrankreich siedelnden Salfranken (**Lex Salica**, entstanden zwischen 507 und 511), orientierten sich in ihrer Gesetzgebung mehr oder weniger stark am nachklassischen römischen Recht. Hinter diesem bleiben die in lateinischer Sprache verfassten germanischen Stammesrechte (**Leges Barbarorum**) allerdings deutlich zurück, was sich an einfachen, einprägsamen Rechtssätzen, kaum vorhandener Systematik und z.T. erheblichen sprachlichen Mängeln zeigt.[10] 6

Einen deutlichen Fortschritt markiert die von *Karl dem Großen* (Kg. v. 768–814) nach seiner Krönung zum römischen Kaiser (Weihnachten 800) befohlene Harmonisierung des fränkischen Rechts (neben der Lex Salica war dies u.a. die **Lex Ribuaria**, das um 613 zusammengestellte Stammesrecht der in der Gegend um Köln siedelnden ribuarischen Franken).[11] Nun entstanden sprachlich korrekte, inhaltlich abgestimmte und um königliche Erlasse und Anordnungen (Kapitularien) ergänzte Fassungen. Diese verloren allerdings schon bald nach dem Ende der Karolingerzeit an Bedeutung, denn zum einen waren die karolingischen Gesetzeswerke nur bedingt praxistauglich, zum anderen lässt sich für das 9. Jhdt. ein erstaunlicher Rückfall in fast ausschließlich mündliche Kommunikationsformen beobachten. An die Stelle des geschriebenen Rechts traten unter den Ottonen (10. Jhdt.) erneut ungeschriebene Rechtsgewohnheiten, die auf allgemeiner Übung und lokalem Gerichtsgebrauch basierten. Die Schriftlichkeit sollte erst 7

8 Ebd., Kap. 12; zum Rechtsgang in germanischer Zeit Mitteis, Rechtsgeschichte, S. 44 ff.
9 Vgl. Tacitus, De origine et situ Germanorum liber, Kap. 12, 21.
10 Meder, Rechtsgeschichte, S. 128 ff.
11 Vgl. Einhard, Vita Caroli Magni, S. 28.

zu Beginn des 13. Jhdts. wieder zum charakteristischen Merkmal des Rechts schlechthin werden. Eine Ausnahme bildet insoweit lediglich das Recht der römischen Kirche.

III. Das universelle Recht der römischen Kirche

8 Mit der Entstehung der römischen Kirche im 4. Jhdt. begann der Prozess ihrer Verrechtlichung. Das kanonische Recht (**Ius canonicum**), wie das Recht der römischen Kirche in Anlehnung an die Bezeichnung für kirchliche Normvorschriften (**canones**) genannt wird, ist eine universelle Rechtsordnung, die keine regionalen Grenzen kennt. Es umfasst neben dem unveränderbaren, Heil bringenden göttlichen (biblischen) Recht das von der Kirche gesetzte, auf die Welt bezogene, veränderbare Recht.[12] Kennzeichnend ist seine Schriftlichkeit: Die Sätze der Kirchenväter, die Konzilsbeschlüsse und die verbindlichen brieflichen Äußerungen der Päpste zu Fragen des Rechts (Dekretalen) wurden schon früh in einer Vielzahl von – in Auswahl und Thematik allerdings unvollständigen – Sammlungen zusammengestellt. Hinzu kam das von der Kirche übernommene weltliche Recht. Dabei handelt es sich vor allem um römisches Recht, denn bereits im frühen 7. Jhdt. heißt es in der Lex Riburia (vgl.o. Rn. 7): **ecclesia vivit lege Romana** („Die Kirche lebt nach römischem Recht").

9 Diese rechtserheblichen Texte sichtete in der ersten Hälfte des 12. Jhdts. der an der **Rechtsschule von Bologna** tätige Mönch *Gratian* (gest. um 1155). Er ordnete den Stoff nach der scholastischen Methode, löste Widersprüche auf und publizierte schließlich um 1140 eine umfangreiche, lehrbuchartig systematisierte Privatsammlung kirchlicher Rechtstexte, das sog. **Decretum Gratiani**[13]. Das Decretum fand europaweite Verbreitung und Anerkennung. Auf seiner Grundlage entwickelte sich eine eigene Kirchenrechtswissenschaft (Kanonistik), deren Leistungen auch die weltliche Rechtswissenschaft maßgeblich beeinflusste. Die päpstliche Dekretalengesetzgebung erlebte seit dem frühen 13. Jhdt. eine fast 200 Jahre währende Blütezeit, die durch eine immer stärkere Abstrahierung und Rationalisierung geprägt war. Die Einzelfallentscheidungen der Päpste wurden – ergänzt um zahlreiche allgemeine Regeln des römischen Rechts – bis 1325 in verschiedenen Kompilationen zusammengestellt[14] und schließlich 1582 gemeinsam mit dem Decretum Gratiani als **Corpus Iuris Canonici** publiziert.[15]

10 Der Grund für den großen Einfluss des kanonischen Rechts auf die weltliche Rechtswissenschaft und -praxis liegt zunächst in der weit reichenden Zuständigkeit der Kirchengerichte für privatrechtliche Materien: Die kirchliche Gerichtsbarkeit war sachlich zuständig für die Ehe-, die sonstigen Familiensachen und die Angelegenheiten des testamentarischen Erbrechts. Im Übrigen war sie nicht nur für die Geistlichkeit, sondern auch für Arme, Witwen, Waisen und Pilger zuständig. Hinzu kam ihre Zuständigkeit für Wucher und eidlich bekräftigte Verträge. Dem Eid kam im Mittelalter eine hohe Bedeutung zu. Schon deshalb war die Bekräftigung von Verträgen durch einen Eid eine von Privat- und Geschäftsleuten gerne gewählte Möglichkeit, sich der Kirchengerichtsbarkeit zu unterwerfen. Denn im Unterschied zu der nur wenig effizienten und schwach ausgebildeten weltlichen Gerichtsbarkeit, die über kein einheitliches Recht

---

12 Zu den Ursprüngen des Kirchenrechts Link, Rechtsgeschichte, S. 13 f.

13 Dazu Landau, in: FS Schmitz (1994), S. 691 ff.

14 Es handelt sich hierbei um den „liber extra" (1234), den „liber sextus" (1298), die „Constitutiones Clementis V." (1317) und die „Extravagantes" (1325); ausführlich zu den Bestandteilen des „Corpus Iuris Canonici" Link, Rechtsgeschichte, S. 37 ff.

15 Das „Corpus Iuris Canonici" galt bis zur Einführung des „Codex Iuris Canonici" im Jahre 1918.

verfügte, war die kirchliche Gerichtsbarkeit durch die akademische Ausbildung ihrer Richter, eine frühe Zentralisierung sowie eine effektive Hierarchisierung gekennzeichnet. Ihre Rechtsprechung wurde im 12./13. Jhdt. allgemein als vorbildlich empfunden. Hinzu kam, dass die Urteile der Kirchengerichte im gesamten christlichen Abendland vollstreckbar waren – schließlich beanspruchte die Kirche universelle Geltung für ihr Recht. Die Urteile der weltlichen Gerichte konnten dagegen nur im jeweiligen Gerichtsbezirk vollstreckt werden.

Darüber hinaus war das mittelalterliche kanonische Recht deutlich fortschrittlicher als das weltliche. Die dogmatischen Leistungen der Kanonisten waren wegweisend. Ausgehend von dem Gedanken, dass Gott das Herz sieht, kommt dem inneren (subjektiven) Tatbestand im kanonischen Recht – anders als im germanischen oder römischen Recht, wo die Rechtsfolgen zumeist nur an äußeres, förmliches Handeln geknüpft sind – eine hohe Bedeutung zu. Dieser Ansatz hat sich nachhaltig auf unser Privatrecht ausgewirkt. So gilt z.B. die Regel des kanonischen Eherechts, wonach es zur Gültigkeit der Ehe einer Willensübereinstimmung bedarf (**consensus facit nuptias**), bis heute (§ 1310 Abs. 1 S. 1 BGB).[16] Auch sind die das Schuldrecht prägende, auf dem wechselseitigen Vertragsversprechen beruhende **Vertragsfreiheit** (§ 311 BGB), die **Formfreiheit** (Klagbarkeit auch formloser Verträge) und allgemein der Grundsatz **pacta sunt servanda**[17] Ausfluss kanonistischen Rechtsdenkens (Lehre von der **bona fides**). Das Gleiche gilt für die **Vertragsethik**, die in den Generalklauseln (§§ 138, 242, 826 BGB) ihren Ausdruck gefunden hat. Im Sachenrecht stammen z.B. der **Besitzschutz** (§§ 858 Abs. 2 S. 2, 861 Abs. 2 BGB) und die Vorschriften über die **Ersitzung** aus dem kanonischen Recht (wenn § 937 Abs. 2 BGB statuiert, dass auch die nachträgliche Bösgläubigkeit die Ersitzung ausschließt, so knüpft dies an die von den Kanonisten – in Abkehr vom römischen Recht – angenommene generelle Sündhaftigkeit des bösen Glaubens an). Neben dem Kampf gegen die Sünde bestimmt der Schutz des Schwächeren das kanonische Recht: So wurden in Fortbildung der antiken Lehre vom gerechten Preis (**iustum pretium**) das kanonische Zinsverbot, die kirchliche Wucherlehre oder das Verbot der Verkürzung über die Hälfte im Kaufrecht (**laesio enormis**)[18], das bis heute in der Rechtsprechung des BGH zu § 138 Abs. 1 BGB eine Rolle spielt[19], entwickelt. Das materielle Äquivalenzprinzip trat nun an die Stelle der freien Vereinbarkeit des Kaufpreises, wie sie das klassische römische Recht kennt. 11

IV. Die Wiederbelebung des römischen Rechts (12./13. Jhdt.)

1. Die Wiederentdeckung der Digesten

Seit der Mitte des 11. Jhdts. kam es in Europa zu einem wirtschaftlichen und kulturellen Aufschwung, der schon bald auch das Rechtsleben erfasste. Die Rechtswissenschaft erfuhr einen gewaltigen Schub, als am Ende des Jahrhunderts in Bologna eine Abschrift der Digesten entdeckt wurde. Damit stand plötzlich – gleichermaßen aus dem Nichts – ein systematisch geordneter, spezifisch zivilrechtlicher Erfahrungsschatz zur 12

16 Die Gleichberechtigung von Mann und Frau in der Ehe, die das kanonische Recht schon im Mittelalter anstrebte, ist in Deutschland erst seit 1958 schrittweise verwirklicht worden.

17 Lesenswert Landau, in: FS Nörr (2003), S. 457 ff., Meder, Rechtsgeschichte, S. 161 ff., Schlinker/Ludyga/Bergmann, Privatrechtsgeschichte, S. 25 ff.

18 Erstmals taucht das Verbot der laesio enormis in zwei Konstitutionen Kaiser Diokletians aus den Jahren 285 und 293 (C. 4.44.2 und C. 4.44.8) auf; Einzelheiten bei Becker, Die Lehre von der laesio enormis, 1993.

19 Finkenauer, in: FS Westermann (2008), S. 183 ff.

Verfügung, der in der Geschichte des Rechts bis heute ohne Beispiel ist. Die in den Digesten zusammengestellten Fallbeispiele, Rechtsauskünfte, -meinungen und -gutachten zu allen Bereichen des Privatrechts zeugen von dem herausragenden Niveau, das die römische Jurisprudenz in ihrer Blütezeit erreicht hat. Der Schlüssel für den Erfolg, den das römische Recht seit seiner Wiederentdeckung in weiten Teilen Europas erfahren sollte, ist sein hoher Abstraktionsgrad, denn dieser macht die Anwendung auf jede beliebige Gesellschafts- und Wirtschaftsform möglich.[20]

2. Die wissenschaftliche Durchdringung des römisch-kanonischen Rechts

13 Bereits um 1100 gründete der Rechtsgelehrte *Irnerius* (gest. 1130) die **Rechtsschule von Bologna**, an der das römische Recht nach den justinianischen Gesetzestexten gelehrt wurde.[21] Später diente auch das **Decretum Gratiani** (Rn. 9) als Grundlage für den Rechtsunterricht. Die Rechtsschule von Bologna sollte zum Vorbild aller künftigen juristischen Fakultäten werden und zog schon bald Studenten aus ganz Europa an. Gleichzeitig begann die wissenschaftliche Beschäftigung mit dem römischen Recht (Legistik, von lat. **lex** = Gesetz): Irnerius und seine Nachfolger versahen die vier Teile des **Corpus Iuris Civilis** mit fortlaufend an die Ränder geschriebenen Anmerkungen (Glosse, von altgr. glóssa = Sprache, Zunge); daher werden Irnerius und seine Nachfolger als **Glossatoren** bezeichnet). Dabei wurde der überlieferte Quellentext kritiklos als Verkündung einer unumstößlichen Wahrheit (**ratio scripta**) akzeptiert – dies entspricht der aus Philosophie und Theologie bekannten Methode der Scholastik. Dass die Texte schon bei ihrer Zusammenstellung im 6. Jhdt. zum Teil recht willkürlich angepasst und zusammengestellt worden waren, blieb unberücksichtigt. Mit größter Akribie suchte man die Gedanken des justinianischen Rechts streng rational und wissenschaftlich zu durchdringen, die Texte auszulegen und Widersprüche aufzulösen[22], wobei die jüngeren Glossatoren[23] die Glossen ihrer Vorgänger übernahmen und diesen neue hinzufügten. Um 1235 vollendete *Accursius* (etwa 1185–1263) das Werk der Glossatoren, indem er knapp 97.000 Glossen auswertete und in einer Textausgabe des Corpus Iuris Civilis, der sog. **Glossa magna**, zusammenfasste. Diese fand rasch europaweite Verbreitung (daher schon seit der Mitte des 13. Jhdts. die Bezeichnung **Glossa ordinaria**). Später kam ihr sogar Gesetzes ähnliche Bedeutung zu, denn noch im 17. Jhdt. galt in Deutschland: Was die Glosse nicht anerkennt, gilt auch vor Gericht nicht (**„quidquid non adgnoscit glossa, non adgnoscit curia"**).

14 Bei den Nachfolgern der Glossatoren, den sog. **Kommentatoren**, stand nicht mehr die wissenschaftliche Durchdringung der Rechtstexte im Mittelpunkt, sondern ihre Anpassung an die mittelalterliche Praxis. Diese verlangte immer stärker nach Lösungen für Fragen des Rechtsalltags, für die das justinianische Recht keine unmittelbar anwendbaren Antworten bereithielt. Hierbei verwendeten die Kommentatoren – die berühm-

---

20 Manthe, Geschichte, S. 8.

21 Zum Rechtsunterricht in Bologna vgl. Lange, Römisches Recht, S. 35–46; allgemein zu den mittelalterlichen Rechtsfakultäten Coing, in: Handbuch der Quellen und Literatur der neueren europäischen Privatrechtsgeschichte, S. 39–128.

22 Vgl. Gribaldus Mopha, De methodo ac ratione studendi libri tres, abgedruckt bei Hattenhauer/Buschmann, Textbuch zur Privatrechtsgeschichte der Neuzeit, S. 32 f. (Übersetzung): „Ich mache die Vorbemerkung, zergliedere den Text, fasse den wesentlichen Inhalt kurz zusammen, bilde Beispielsfälle, lese kritisch den Text, begründe, mache allgemeine Anmerkungen und kläre Streitfragen."

23 Die berühmtesten Nachfolger des Irnerius waren die „vier Doktoren" *Martinus Gosia*, *Bulgarus*, *Hugo de Porta Ravennate* und *Jacobus de Porta Ravennate*, die zwischen 1130 und 1178 in Bologna lehrten, sowie *Azo* (gest. um 1220) und *Accursius* (etwa 1185–1263).

testen unter ihnen waren *Bartolus de Sassoferrato* (etwa 1313–1357) und sein Schüler *Baldus de Ubaldis* (1327–1400) – eine den Rechtstext fortlaufend kommentierende systematische Form der Darstellung der einzelnen Rechtsgebiete. Hinzu kamen Abhandlungen zu einzelnen Rechtsinstituten und -gutachten für die Praxis, in denen das justinianische Recht in eine symbiotische Verbindung mit dem kanonischen Recht gebracht wurde.

Die wissenschaftliche Durchdringung des justinianischen und diejenige des kanonischen Rechts gingen Hand in Hand: Mit dem Wiederaufleben der wissenschaftlichen Pflege des römischen Rechts im 12. Jhdt. kam es – ebenfalls zunächst in Bologna – auch zur wissenschaftlichen Erfassung des kanonischen Rechts. Immer wieder finden sich in den Glossen und Kommentierungen Allegationen aus dem **Corpus Iuris Civilis** wie auch aus dem **Corpus Iuris Canonici.** Allgemeine Grundsätze des kanonischen Rechts, wie etwa der Vorrang der speziellen Norm vor der allgemeinen Norm oder der zeitlich jüngeren Norm gegenüber der zeitlich älteren Norm, fanden nun Eingang in die weltliche Rechtspraxis.[24] Auf diese Weise entstand ein wissenschaftlich durchdrungenes, praxistaugliches Privatrecht, das später als gemeines Recht (**Ius commune**) in ganz Europa Verbreitung fand. Die als **mos Italicus** (italienische Weise der Rechtswissenschaft) bezeichnete Methode der Glossatoren und Kommentatoren sollte in Deutschland bis zum Beginn des 17. Jhdts. maßgeblich für die Rechtswissenschaft bleiben.[25] 15

3. Die dogmatischen Leistungen der Glossatoren und Kommentatoren

Die dogmatischen Leistungen der Glossatoren und Kommentatoren prägen das deutsche Privatrecht bis zur Gegenwart.[26] So geht z.B. das Recht der gewillkürten Stellvertretung (§§ 164 ff. BGB) auf die wissenschaftliche Tätigkeit der Glossatoren und Kommentatoren zurück (das römische Privatrecht kannte die unmittelbare Stellvertretung nicht, es galt das Dogma **„alteri stipulari nemo potest"**; allerdings konnte ein Sklave seinen Herrn mit unmittelbarer Wirkung verpflichten[27]). Auch die Verbindlichkeit eines Vertrages zugunsten Dritter fand nun Eingang in Rechtswissenschaft und -praxis. Ebenfalls an den Erfordernissen der Praxis orientieren sich die **Lehre von der Geschäftsgrundlage**, die **Anerkennung des formlosen Vertrages** und die Fortentwicklung der aus dem kanonischen Recht übernommenen Idee der **Vertragsfreiheit**, die bis heute von grundlegender Bedeutung für das deutsche Privatrecht ist. 16

Auf dem Gebiet des Sachenrechts spielte die **Besitzlehre** eine große Rolle (erstmals wird zwischen mittelbarem und unmittelbarem Besitz unterschieden). Auch die **Eigentumslehre** erhielt wichtige Impulse durch die Glossatoren und Kommentatoren. Während das römische Recht nur ein einheitliches, absolutes Eigentum kennt, wird an der Rechtsschule von Bologna die Lehre vom Ober- und Untereigentum entwickelt. Bartolus selbst bestätigte die bereits in der zweiten Hälfte des 12. Jhdts. von dem Bologneser Rechtslehrer *Placentinus* (gest. 1192) aus dem **Codex Iustinianus** (C. 4.18.2, 4.19.12) entwickelte Eigentumsvermutung, die heute in § 1006 BGB geregelt ist. Einen weiteren 17

24 Laufs, Rechtsentwicklungen, S. 58.

25 Zum „mos Italicus" vgl. Coing, in: Handbuch der Quellen und Literatur der neueren europäischen Privatrechtsgeschichte, S. 72 ff.

26 Ausführlich Wesenberg/Wesener, Privatrechtsgeschichte, S. 40 ff.

27 Schließt der Sklave ein Rechtsgeschäft, so wird der Gewalthaber Vertragspartei, denn der vermögensunfähige Sklave kann keine Rechte erwerben, vgl. Ulp. D. 45.1.38.17; Kaser/Knütel, Römisches Privatrecht, § 11 Rn. 1 ff.

Schwerpunkt der wissenschaftlichen Arbeit der Glossatoren und Kommentatoren bildete das Schadensersatzrecht und hier insbesondere die **Lehre vom Interesse**, die bis heute nachwirkt. So hat z.B. der Satz **„interesse est damnum emergens et lucrum cessans“** (das Interesse umfasst sowohl den erlittenen Verlust als auch den entgangenen Gewinn) aus der Glosse **Possibile est** zu C. 7.47.1 pr. seinen Niederschlag im BGB gefunden: Der entstandene Schaden wird von §§ 249–251 BGB erfasst, der entgangene Gewinn ist in § 252 BGB geregelt.

Das Eherecht und auch das übrige Familienrecht war dagegen allenfalls beiläufig Gegenstand der wissenschaftlichen Beschäftigung. Hier erhob die Kirche Anspruch auf alleinige Zuständigkeit sowohl für die Rechtsetzung wie auch die Rechtsprechung, weshalb die Glossatoren und Kommentatoren insoweit kaum Impulse zu geben vermochten.

V. Die Aufzeichnung des germanisch-deutschen Gewohnheitsrechts im Mittelalter

18 In der ersten Hälfte des 13. Jhdts. erfasste der von Italien ausgehende, den gesamten europäischen Kontinent überziehende **Rechtsdokumentationswille** auch Deutschland. Die ungeschriebenen Rechtsgewohnheiten wurden nun in sog. **Rechtsbüchern** zusammengestellt, die von ihren Verfassern zumeist „Spiegel“ oder „Kaiserrecht“ genannt wurden (da es sich hierbei um private Rechtssammlungen handelt, sollte durch die Berufung auf die Autorität des Kaisers die Legitimation der Sammlung zum Ausdruck gebracht werden[28]).[29] Das berühmteste und bedeutendste deutsche Rechtsbuch des Mittelalters, der zwischen 1220 und 1235 von *Eike von Repgow* (etwa 1180–1233) verfasste **Sachsenspiegel**, bildet das in der Praxis der sächsischen Gerichtsbarkeit angewendete Gewohnheitsrecht ab (v.a. Verfassungsrecht, Lehnrecht, Straf- und Strafverfahrensrecht, Erb- und Familienrecht, Dorf- und Nachbarrecht). Er genoss höchstes Ansehen und wurde schon bald wie ein Gesetzbuch behandelt. In einigen Teilen Deutschlands blieb er bis zum Inkrafttreten des BGB (1.1.1900) als partikulares Recht in Kraft.[30] Auch im geltenden deutschen Privatrecht hat er seine Spuren hinterlassen: So lassen sich z.B. verschiedene Bestimmungen des Nachbarrechts (§§ 906, 910, 911 BGB), das Prinzip der gleichzeitigen Anwesenheit bei der Einigung über den Kauf eines Grundstücks (§ 925 BGB; auch der Begriff der Auflassung geht auf den Sachsenspiegel zurück, wo von **uph lâten** die Rede ist, vgl. I 9 § 5), der Dreißigste (§ 1969 BGB) oder die für die Vereinsgründung erforderliche Zahl von sieben Mitgliedern (§ 56 BGB) auf den Sachsenspiegel zurückführen.[31]

19 Ab dem 13. Jhdt. entstanden darüber hinaus zahlreiche **Stadt- und Landrechte**[32]. Einige davon, wie z.B. das **Lübische Recht** oder das **Magdeburger Recht**, erlangten weit über die jeweilige Mutterstadt hinaus Geltung.[33] Auch sie enthalten Bestimmungen des Privatrechts (v.a. Erbrecht und eheliches Güterrecht). Insgesamt lässt sich feststellen, dass das mittelalterliche deutsche Recht eine wesentliche Schwäche gegenüber dem rö-

28 Schlosser, Grundzüge, S. 16.

29 Zu den deutschen Rechtsquellen im Mittelalter Mitteis/Lieberich, Rechtsgeschichte, S. 293 ff.

30 In Preußen galt der Sachsenspiegel bis zur Einführung des Allgemeinen Landrechts für die Preußischen Staaten (1794), in Sachsen bis zur Einführung des Sächsischen BGB (1863), in Anhalt und Thüringen sogar bis zur Einführung des BGB am 1.1.1900.

31 Einzelheiten bei Lück, Sachsenspiegel, S. 84 ff.

32 Zu den Stadtrechten Dilcher, in: HRG IV, 1990, Sp. 1863 ff; zu den mittelalterlichen Landrechtsbüchern Lück, in: HRG III (Lieferung 19), Sp. 559 ff. m.w.N.

33 Vgl. nur Lück, in: Der sassen speyghel, Bd. 2, S. 37 ff.

misch-kanonischen Recht aufweist, die sich letztlich auf seine Wirkmacht auswirken sollte: Ihm fehlt es an allgemeinen Rechtsbegriffen und einer systemähnlichen Geschlossenheit.[34]

VI. Die Rezeption des römisch-kanonischen Rechts in Deutschland (14.–16. Jhdt.)

Spätestens seit dem 14. Jhdt. wurde das germanisch-deutsche Recht in der Praxis nach und nach vom gemeinen Recht (**Ius commune**), d.h. dem römisch-kanonischen Recht in der Form, die es durch die Bearbeitung der Glossatoren und Kommentatoren gefunden hatte, verdrängt. Zwar kam es in allen Ländern Europas zu Berührungen mit dem Ius commune, aber in Deutschland entfaltete sein hoch entwickeltes einheitliches System eine besondere Strahlkraft: Die territoriale Zersplitterung des Heiligen Römischen Reiches Deutscher Nation, das Fehlen eines einheitlichen Rechtssystems, die mangelnde wissenschaftliche Pflege der partikularen einheimischen Rechte, die Rückständigkeit des Gerichtswesens und nicht zuletzt die **Gründung von Universitäten**, an denen das römische Recht gelehrt wurde (Prag 1347, Wien 1365, Heidelberg 1386, Köln 1388 usw.), begünstigten den Prozess der Übernahme des fremden Rechts. Dieser als **Rezeption** (von lat. recipere = aufnehmen) bezeichnete Vorgang, der sich als ein fortlaufender, über mehrere Jahrhunderte währender Prozess der steten Infiltration und Verwissenschaftlichung des Rechtsdenkens wie auch der Urkunden-, Verwaltungs- und Rechtsprechungspraxis darstellt, ist einzigartig in der Geschichte.[35] 20

Begünstigt wurde die Rezeption des römisch-kanonischen Rechts durch die **politische Romidee:** Das Heilige Römische Reich galt als Fortsetzung des antiken Imperium Romanum, die Kaiser sahen sich in der Nachfolge Justinians. *Friedrich I. Barbarossa* (Kg. v. 1152–1190, ab 1155 Kaiser) war der erste, der sich zum römischen Recht als dem Recht der Kaiser bekannte.[36] Diese sog. **Frührezeption** geschah vor allem aus machtpolitischen Erwägungen, sollte aber die spätere **Vollrezeption** begünstigen: Im Machtkampf mit der römischen Kirche, die schon früh über ein einheitliches, universales Recht verfügte (vgl.o. Rn. 8, 9), wollte Kaiser Friedrich I. den Päpsten das römische Recht als kaiserliches Weltrecht entgegensetzen und so die Ebenbürtigkeit von Kaisertum und Papsttum unterstreichen. Entscheidend aber war, dass sich das Ius Commune nach und nach in der Praxis durchsetzen konnte. Zwischen 1200 und 1550 studierten etwa 11.000 deutsche Studenten an der Rechtsschule von Bologna. Nach ihrer Rückkehr aus Italien traten sie zumeist in den Dienst der Obrigkeit und suchten das soeben erlernte Recht in der Verwaltungspraxis anzuwenden. 21

Bereits im späten 13. Jhdt. finden sich erste Spuren der **Alltagsrezeption** in der Literatur.[37] Anwendung fanden die kirchen- und römischrechtlichen Sätze zunächst vor allem in der Praxis der kirchlichen Gerichte, deren Zuständigkeit im Mittelalter weit gefächert war (vgl.o. Rn. 10). Spätestens mit der Gründung der ersten deutschen Univer- 22

34 Schlosser, Grundzüge, S. 19.

35 So blieb die Rezeption z.B. in Frankreich angesichts der Rspr. des Parlaments von Paris bzw. der besonderen Fürsorge der Könige für das lokale Gewohnheitsrecht auf den Süden des Landes beschränkt (hier war das römische Recht wegen der Lex Romana Visigothorum (Rn. 6) ohnehin nie in Vergessenheit geraten). In England erklärte das Parlament von Merton 1236: „Nolumus leges Angliae mutare" („Wir wollen die Gesetze Englands nicht verändern"); erst später bildete sich über dem kasuistischen Common Law ein Überbau allgemeiner, dem römischen Recht entlehnter Grundsätze (Civil Law).

36 Dazu Laufs, Rechtsentwicklungen, S. 57 f.

37 So enthält z.B. das von *Hugo v. Trimberg* (etwa 1230–1313) gegen Ende des 13. Jhdts. verfasste Lehrgedicht „Der Renner" (satirische) Anklänge des römischen Rechts.

sitäten, an denen neben dem kanonischen Recht schon bald auch die Schriften der Glossatoren und Kommentatoren gelehrt wurden, griff das römische Recht zunehmend Raum in den Köpfen der Juristen und erfreute sich schon bald allgemeiner Beliebtheit. Immer stärker wandelte sich nun auch die deutsche Gerichtsbarkeit: Bereits im ausgehenden 14. Jhdt. lag die Rechtsprechung zusehends in den Händen akademisch gebildeter Juristen. Auch begründeten Rechtssuchende – beraten von studierten Juristen – ihr Begehr vermehrt mit den Regeln des gelehrten Rechts, so dass die verbliebenen Laienrichter ihrerseits Rechtsrat bei akademisch gebildeten Juristen einholen mussten. Seit der Mitte des 15. Jhdts. führte schließlich in der Rechtspraxis kaum noch ein Weg am Ius Commune vorbei.

23 Den Abschluss der Vollrezeption des römischen Rechts markiert die 1495 von *Kaiser Maximilian I.* (Kg. v. 1486–1519, ab 1508 Kaiser) erlassene **Reichskammergerichtsordnung** (RKGO). Dort heißt es unter § 3: „Item die alle söllen zuvor Unser Koniglicher oder Kaiserlicher Majestät geloben und zu den Hailigen swern: Unserm Koniglichen oder Kaiserlichen Camergericht getrewlich und mit Vleis ob sein und nach des Reichs gemainen Rechten, auch nach redlichen, erbern und leidlichen Ordnungen, Statuten und Gewonhaiten der Fürstenthumb, Herrschaften und Gericht, die für sy pracht werden, dem Hohen und dem Nidern nach seinem besten Verstentnus gleich zu richten (...)".[38] Damit war das römisch-kanonische Recht endgültig zum Recht des Heiligen Römischen Reiches geworden.[39] Wenngleich ihm nur subsidiäre Bedeutung zukam (**„Stadtrecht bricht Landrecht, Landrecht bricht gemeines Recht"**), war das auf seiner unangreifbaren Autorität beruhende faktische Übergewicht so groß, dass es in der frühen Neuzeit das partikulare deutsche Recht in der Rechtspraxis sehr weitgehend und in der Rechtswissenschaft beinahe vollständig verdrängen konnte. Da Ordnungen, Statuten, und Gewohnheiten vorgetragen und bewiesen werden mussten (**„für sy pracht"**), die Anwendung des gemeinen Rechts dagegen von Amts wegen erfolgte (**iura novit curia**), verkehrte sich die Vorbringensklausel des § 3 RKGO schon bald in das Gegenteil. Schließlich setzte sich der Grundsatz **„statuta stricte sunt interpretanda"** durch, wonach die deutschen Partikularrechte restriktiv anzuwenden waren. Für das Ius Commune aber galt: **„Qui ius romanum allegat, habet fundatam intentionem"**, d.h. wer sich – nicht nur vor dem Reichskammergericht, sondern auch vor den Gerichten in den Territorien und Städten – darauf berief, für den galt die Vermutung der Richtigkeit.[40]

VII. Nach der Rezeption: Das Privatrecht in der frühen Neuzeit (16.–18. Jhdt.)

1. Die Verwissenschaftlichung des Privatrechts und der Rechtspflege im 16. Jhdt.

24 Die **faktische Übermacht des Ius commune** erfasste schon bald auch die Stadt- und Landrechte, die ab etwa 1500 zunehmend unter seinen Einfluss gerieten. So stellt z.B. das 1520 von dem herausragenden Humanisten *Ulrich Zäsy* (1461–1535) reformierte

38 Text nach Zeumer, Quellensammlung zur Geschichte der deutschen Reichsverfassung, 2. Aufl. 1913, Neudruck 1987, S. 284.

39 Allerdings galt an den oberitalienischen Universitäten der Grundsatz „Graeca non leguntur" (Griechisches wird nicht gelesen), weshalb z.B. das sämtlich in griechischer Sprache verfasste Vormundschaftsrecht nicht von den Glossatoren und Kommentatoren bearbeitet und somit auch nicht rezipiert wurde.

40 Einzelheiten bei Wiegand, in: FS Krause (1975), S. 126 ff.

Freiburger Stadtrecht nichts anderes dar als römisch-kanonisches Recht in deutscher Form.[41]

25 Die Rezeption führte zu einer starken **Verwissenschaftlichung der Rechtspflege**, die nun auf einen professionellen Juristenstand überging.[42] Zum einen erforderte die vorwiegend am römisch-kanonischen Recht orientierte Rechtsfindung studierte Richter. Zum anderen wurden die Gerichtsakten nun immer öfter zur Begutachtung an juristische Fakultäten (sog. **Spruchfakultäten**) versandt.[43] Damit konnte zwar eine gewisse Einheitlichkeit und Berechenbarkeit der Rechtsprechung erreicht werden, allerdings zeigte sich schon bald, dass das Ius Commune keineswegs für alle Rechtsfragen des 16. Jhdts. eine Antwort enthielt. Außerdem kam es insbesondere dort, wo es keine schriftlich fixierten Partikularrechte in deutscher Sprache (wie z.B. den Sachsenspiegel, vgl.o. Rn. 18) gab, zu einer vollständigen Entfremdung des einfachen Volkes, das seit Jahrhunderten nach denselben Rechtsgewohnheiten gelebt hatte, von Recht und Rechtsprechung. Das römisch-kanonische Recht blieb weiten Teilen der Bevölkerung schon deshalb ein Rätsel, weil die Rechtstexte in lateinischer Sprache verfasst waren. Die Stellung der juristischen Sachwalter vor Gericht (Advokaten und Prokuratoren[44]) wurde nun übermächtig; ihre in den Gerichtsverfahren ausgetragenen Meinungsstreitigkeiten galten bis weit in das 18. Jhdt. als allgemeines Ärgernis.[45]

26 Bereits im 16. Jhdt. versuchte die humanistische Jurisprudenz in Frankreich das römisch-kanonische Recht anhand der antiken Literatur besser verständlich zu machen, auf die justinianischen Kompilatoren zurückzuführende Textstörungen („Interpolationen") zu beseitigen und Widersprüche aufzulösen. Der von ihr entwickelte **mos Gallicus**[46] (französische Weise der Jurisprudenz) fand allerdings in Deutschland, wo die Wissenschaft bis weit in das 17. Jhdt. dem **mos Italicus** (vgl.o. Rn. 15) verhaftet blieb, nur wenig Beachtung.

2. Der „Usus modernus pandectarum" (17./18. Jhdt.)

27 Erst seit der Mitte des 17. Jhdts. wandten sich Rechtswissenschaft und -praxis in Deutschland neuen Wegen zu, um das gemeine Recht an die geänderten Lebensverhältnisse anzupassen. Das römisch-kanonische Recht galt nun nicht mehr als „sakrosankt", und das partikulare deutsche Gewohnheitsrecht (**Ius patrium**) gewann wieder an Bedeutung. Ausgangspunkt dieser als **Usus modernus pandectarum** („moderner Gebrauch der Pandekten") bezeichneten wissenschaftlichen Methode war die Entlarvung der im 16. Jhdt. aufgekommenen „lotharischen Legende" – danach soll *Kaiser Lothar III.* (Kg. v. 1125–1137, ab 1133 Kaiser) im Jahre 1135 per Gesetz die Gültigkeit des **Corpus Iuris** für das Heilige Römische Reich erklärt haben – als Fälschung durch den Helmstedter Universalgelehrten *Hermann Conring* (1606–1681) im Jahre 1643.[47]

41 Manthe, Geschichte, S. 121; zum Freiburger Stadtrecht vgl. Deutsch, in: HRG I, Sp. 1724–1727.

42 Schlosser, Grundzüge, S. 60; zu den Anfängen des deutschen Juristenstandes Laufs, Rechtsentwicklungen, S. 64 ff. m.w.N.

43 Zur Spruchpraxis der Juristenfakultäten vgl. Kroeschell, Rechtsgeschichte, S. 50 ff.

44 Während die Advokaten als gelehrte Schriftsatzverfasser im Hintergrund wirkten, traten die juristisch i.d.R. weniger gebildeten Prokuratoren vor Gericht auf; vgl. Baumann, ZRG Germ 117 (2000), 550 ff.

45 Laufs, Rechtsentwicklungen, S. 72 ff.

46 Schlosser, Grundzüge, S. 68 ff.; eine kompakte Darstellung des Juristischen Humanismus bei Meder, Rechtsgeschichte, S. 209 ff. m.w.N.

47 In seinem Werk „De origine iuris germanici" (1643) weist Conring nach, dass das römische Recht schrittweise, keineswegs vollständig und mit zahlreichen Umbildungen in den deutschen Gerichtsgebrauch eingedrungen ist bzw. gewohnheitsrechtliche Geltung erlangt hat.

Das Bestreben, die Partikularrechte mit dem **Ius Commune** in Einklang zu bringen, führte dazu, dass das römisch-kanonische Recht seine alles beherrschende Vormachtstellung einbüßte: Wissenschaft und Praxis anerkannten nun, dass einzelne Sätze des gemeinen Rechts sogar dann durch das Gewohnheitsrecht verdrängt werden können, wenn dieses nicht in schriftlicher Überlieferung vorlag. Insbesondere das Recht des Sachsenspiegels, das sich während der Rezeption gut gegen das gemeine Recht behauptet hatte, gelangte nun zu neuer Bedeutung. Vor allem der seit 1694 an der Universität Halle tätige Rechtsgelehrte *Samuel Stryck* (1640–1710) bediente sich in seinem Werk über den modernen Gebrauch der Pandekten, das der Epoche ihren Namen gab, häufig der im Sachsenspiegel enthaltenen Rechtssätze, um praxistaugliche, pragmatische Lösungen zu erreichen. So erklärte er z.B. bei der Erbteilung – in Abweichung vom Ius Commune – die Sachsenspiegel-Regel, dass der Ältere teilt oder die Erbteile zusammenstellt und der Jüngere wählt, für anwendbar.[48]

Auch wenn die Bedürfnisse der Rechtspraxis im Mittelpunkt des Usus modernus standen, so ist seine Bedeutung für das geltende Privatrecht gering.[49] Dies liegt zum einen daran, dass die wissenschaftlichen Leistungen des Usus modernus im 19. Jhdt., als das BGB entstand, kaum Beachtung fanden. Zum anderen besteht die Schwäche des Usus modernus darin, dass es ihm an innerer Harmonie fehlt, denn es gelang den Juristen dieser Epoche nicht, die unterschiedlichen Rechtstraditionen in einer geschlossenen Systematik zu vereinen.

3. Eine neue Zeit: Vernunftrecht und erste Kodifikationen (17./18. Jhdt.)

a) Vom Naturrecht zum Vernunftrecht

28 Mit dem Usus modernus überschneidet sich zeitlich und sachlich die Epoche der philosophisch inspirierten **Naturrechtsschule.** Im 17./18. Jhdt. formten bedeutende Juristen wie *Hugo Grotius* (1583–1645), *Samuel von Pufendorf* (1632–1694), *Gottfried Wilhelm Leibniz* (1646–1716) oder die an der preußischen Universität Halle tätigen Professoren *Christian Thomasius* (1655–1728) und *Christian Wolff* (1679–1754) aus dem bereits von der Stoa entwickelten, von mittelalterlicher christlich-theologischer Tradition geprägten Ansatz, dass sich die Regeln für das menschliche Zusammenleben aus der Natur des Menschen begründen lässt (sog. Naturrechtsgedanke), das Vernunftrecht. Dies führte in der zweiten Hälfte des 18. Jhdts. zu einer neuen **Blüte der Rechtswissenschaft.** Die Vernunftrechtslehrer reflektierten die philosophischen und systematischen Grundlagen des Rechts. Es gelang ihnen, dem Recht eine geschlossene, streng rationale und vor allem durchsichtige Systematik zu geben. Ihre dogmatischen Leistungen wirken bis heute vor allem im Allgemeinen Teil des BGB nach: So geht z.B. das in §§ 145 ff. BGB verankerte, das gesamte Vertragsrecht prägende **Konsensualprinzip** auf Grotius zurück.[50] Als weiteres Beispiel ist das **Rücktrittsrecht wegen Nichterfüllung** (§§ 323, 326 Abs. 5 BGB) zu nennen. Auch findet sich der **Gedanke des Verschuldens bei Vertragsverhandlungen** (§ 311 Abs. 2 BGB), der allgemein als Erfindung *Rudolf v. Jherings* (1818–1892) gilt, bereits in der Vernunftrechtslehre.

29 Im Zeitalter des Absolutismus ging die Vorstellung von der Allmacht des Herrschers einher mit dem fürsorglichen Wunsch des Monarchen, eine umfassende Rechtssicher-

48 Vgl. Stryk, Specimen usus moderni pandectarum, 1690–1692, Buch 10, Tit. 2 (Erbteilung), § 1 Abs. 2.

49 Allenfalls die Herausbildung des allgemeinen Vertragsbegriffs verdient insoweit Erwähnung; dazu Nanz, Die Entstehung des allgemeinen Vertragsbegriffs im 16. bis 18. Jahrhundert, 1985.

50 Vgl. Grotius, De iure belli ac pacis, 1625, II 1, 14–16.

heit und Rechtsgleichheit für die Untertanen zu gewährleisten. Die Vorstellung der Einheit von Recht und Nation wurde zur politischen Maxime des absolutistischen Staates und die Kodifikation, d.h. die erschöpfende und systematische Neuordnung eines Rechtsgebiets im Sinne einer abschließenden Gesetzgebung[51], zum Ideal der Rechtsetzung. Sowohl in Preußen als auch in Bayern entstanden unter dem Einfluss des Naturrechts bereits in der Mitte des 18. Jhdts. Gesetzeswerke, die allerdings inhaltlich noch sehr stark vom Ius commune in der Gestalt des Usus modernus geprägt waren – und daher letztlich Kompilationen (vgl.o. Fn. 1) und keine Kodifikationen darstellen: Das von *Samuel von Cocceji* (1679–1755) verfasste, nur teilweise in Kraft getretene **„Project eines Corporis Iuris Fridericiani“** (1749) und der von *Wiguläus Xaver Aloys Freiherr von Kreittmayr* (1705–1790) redigierte **„Codex Maximilianeus Bavaricus Civilis“** (1756), der bis zur Einführung des BGB in Kraft blieb.

b) Die Vernunftrechtskodifikationen

30 Erst um die Wende vom 18. zum 19. Jhdt. entstanden auf der Basis des naturrechtlichen Systemgedankens Kodifikationen im eigentlichen Sinne, die nicht zuletzt den Anspruch erhoben, das römisch-kanonische Recht überflüssig zu machen. Den Auftakt bildete das **Allgemeine Landrecht für die Preußischen Staaten** (ALR), das am 1.6.1794 in Kraft trat und in Preußen bis zur Einführung des BGB galt.[52] Die auf Geheiß *Friedrichs des Großen* (Kg. v. 1740–1786) unter der Leitung von *Johann Heinrich Casimir Graf von Carmer* (1720–1801), *Carl Gottlieb Suarez* (1746–1798) und *Ernst Ferdinand Klein* (1744–1810) erarbeitete Kodifikation umfasst nahezu 20.000 Paragrafen (Privatrecht, Strafrecht, Staatsrecht, Lehnrecht usw.). Das ALR ist geprägt von dem Willen, alle Lebensbereiche detailliert zu regeln und den Richtern eindeutige Entscheidungsgrundlagen für alle denkbaren Rechtsfälle an die Hand zu geben, um die Bürgerinnen und Bürger vor richterlicher Willkür und vor den Meinungsstreitigkeiten der Advokaten zu bewahren.[53] Auf diese Weise sollte nicht nur das Wohl der Untertanen, sondern auch dasjenige des Staates befördert werden. Die Redaktoren des ALR glaubten dem vernunftrechtlichen Anspruch nach Vollständigkeit und vollendeter Systematik Genüge getan zu haben, weshalb in der Einleitung zum ALR (I § 46) ein Analogieverbot angeordnet wird. Auch war es dem Richter untersagt, in Zweifelsfällen den Sinn des Gesetzes im Wege der Auslegung zu ermitteln; stattdessen musste er die Gesetzeskommission anrufen (I § 47).[54] Damit war die Weiterbildung des Rechts durch die Rechtsprechung ausgeschlossen. Auch für die Berücksichtigung von Gelehrtenmeinungen blieb in den Urteilen kein Raum, weshalb das ALR in der zeitgenössischen Rechtswissenschaft nur geringe Beachtung fand.

---

51 Der Begriff der „Kodifikation“ geht auf den englischen Juristen und Rechtstheoretiker *Jeremy Bentham* (1748–1832) zurück; Bentham, in: The works of Jeremy Bentham, Bd. III, S. 157–210. Davon abzugrenzen ist die Kompilation (s. Fn. 1).

52 Weitere Naturrechtskodifikationen sind der französische Code Civil (Code Napoléon) von 1804 sowie das österreichische Allgemeine Bürgerliche Gesetzbuch von 1811, als dessen Schöpfer *Franz von Zeiler* (1751–1828) gilt; beide Gesetze sind nach wie vor in Kraft.

53 Vgl. nur ALR II 2 § 66. Körperliche Pflege und Wartung, so lange die Kinder deren bedürfen, muss die Mutter selbst, oder unter ihrer Aufsicht besorgen. § 67. Eine gesunde Mutter ist ihr Kind selbst zu säugen verpflichtet. § 68. Wie lange sie aber dem Kinde die Brust reichen solle, hängt von der Bestimmung des Vaters ab. § 69. Doch muss dieser, wenn die Gesundheit der Mutter oder des Kindes unter seiner Bestimmung leiden würde, dem Gutachten der Sachverständigen sich unterwerfen.

54 Dem Richter fällt also lediglich die Rolle einer „bouche de la loi“ (Mund des Gesetzes) zu, die ihm bereits *Montesquieu* (1689–1755) in seinem 1748 erschienenen epochalen Werk „De l’Esprit des Lois“ zugedacht hatte.

C. Entstehung, historische Entwicklung und Zukunft des bürgerlichen Privatrechts

I. Die Entstehung des bürgerlichen Privatrechts (19. Jhdt.)

1. Der Kodifikationsstreit

31 Nach dem Sieg über Napoleon und der Wiederherstellung der alten Ordnung in Europa (1814/15) blieb die in den Befreiungskriegen gewachsene Hoffnung der Deutschen nach einem geeinten Nationalstaat zunächst unerfüllt. Das gleiche galt für den **Wunsch vieler deutscher Juristen nach einer einheitlichen Zivilrechtskodifikation**. Bereits 1814 hatte der Heidelberger Rechtsprofessor *Justus Friedrich Thibaut* (1772–1840) die rasche Einführung einer leicht verständlichen Kodifikation des bürgerlichen Rechts gefordert, mit der er die Praxis der „Geheimwissenschaft der römisch-rechtlich gebildeten Juristen" – das Ius Commune galt in weiten Teilen Deutschlands noch immer als subsidiäres Recht – beenden wollte.[55] Doch im sog. „Kodifikationsstreit" vermochte er sich nicht gegen den bereits zu dieser Zeit hoch angesehenen, an der 1810 gegründeten heutigen Humboldt-Universität zu Berlin lehrenden Zivilrechtler *Friedrich Carl von Savigny* (1779–1861) durchzusetzen. Er erwiderte auf Thibaut, dass die Zeit für eine Kodifikation des Privatrechts noch nicht reif sei. Vielmehr bedürfe es zunächst der gründlichen Durchdringung des gesamten, aus der Überzeugung des Volkes (**„Volksgeist"**) organisch erwachsenen Rechts.[56] Von der Rechtswissenschaft verlangte er, sich vor allem mit dem klassischen römischen Recht zu befassen. Dieses sei mit der Jahrhunderte währenden Verinnerlichung durch den Juristenstand Teil der nationalen Gesamtkultur geworden und müsse zunächst – in seiner ursprünglichen Reinheit wiederhergestellt – historisch und systematisch durchdrungen werden, bevor man überhaupt an eine Kodifikation des Privatrechts denken könne.[57] Die juristische Einheit Deutschlands wollte Savigny nicht durch ein einheitliches Gesetzbuch, sondern durch eine einheitliche Denkweise der Juristen erreichen.[58]

2. Historische Rechtsschule und Pandektenwissenschaft

32 Im 19. Jhdt. waren viele Wissenschaftszweige durch eine starke Betonung der geschichtlichen Bedingtheit geprägt. Auch für die Jurisprudenz lässt sich dieses als „Historismus" bezeichnete wissenschaftsgeschichtliche Phänomen beobachten.[59] Die naturrechtliche Vorstellung von zeitlosen, absolut gültigen Wahrheiten und deren Übereinstimmung mit der überall herrschenden vernünftigen Ordnung trat nun in den Hintergrund. Savigny und *Karl Friedrich Eichhorn* (1781–1854) begründeten die **Historische Rechtsschule**, welche die deutsche Rechtswissenschaft des 19. Jhdts. stark prägen sollte. Die Anhänger dieser Schule gingen – in bewusster Abkehr von der „ungeschichtlichen" Naturrechtslehre – davon aus, dass das Recht mit der Geschichte wachse und sich, gespeist von irrationalen Kräften, als Teilbereich der Gesamtkultur aus dem „Innersten eines Volkes", aus seiner Geschichte, seiner geistigen Haltung und Rechtsüberzeugung, eben dem „Volksgeist", wie Savigny es später nannte, entwickele.[60] Das von

55 Thibaut, Über die Notwendigkeit eines allgemeinen bürgerlichen Rechts für Deutschland, 1814, S. 12, 16.
56 Savigny, Vom Beruf unserer Zeit für Gesetzgebung und Rechtswissenschaft, 1814, S. 11.
57 Ebd., S. 12, 48.
58 Ebd., S. 101.
59 Schuster, JJZG 2008/2009, 30, 37 ff.
60 Savigny, Vom Beruf unserer Zeit für Gesetzgebung und Rechtswissenschaft, 1814, S. 8 ff.

den „Romanisten“, die die Historische Rechtsschule dominierten, verfolgte Ziel war die Erneuerung des geltenden Rechts durch die historisch-empirische Durchdringung des römischen Rechts, das es zunächst von den Entstellungen der Glossatoren, Kommentatoren und vor allem des Usus modernus (vgl.o. Rn. 27) zu befreien galt.[61]

Aus der Historischen Rechtsschule entwickelte sich mit der **Pandektenwissenschaft** ein neuer Wissenschaftsstil, der bis zum Inkrafttreten des BGB die deutsche Rechtswissenschaft dominierte. Herausragende Pandektenwissenschaftler wie z.B. *Georg Friedrich Puchta* (1798–1846), *Bernhard Windscheid* (1817–1892) oder *Rudolf v. Jhering* (1818–1892) verfolgten das Ziel, durch die Interpretation der justinianischen Pandekten (Digesten) ein dogmatisch widerspruchsfreies, den Bedürfnissen der liberalen Gesellschafts- und Wirtschaftsordnung des 19. Jhdts. genügendes System eines allgemeinen Privatrechts zu erschaffen.[62] Die Gliederung ihrer Werke folgte stets demselben Schema: Auf einen allgemeinen Teil folgt das Schuldrecht, sodann das Sachenrecht, das Familienrecht und das Erbrecht (sog. **Pandektensystem**). Indem man das römische Recht nach den Regeln der formalen Logik zu ordnen suchte, kristallisierte sich eine neue begriffs- und konstruktionsjuristische Methode heraus, die sog. **„Begriffsjurisprudenz“**. Deren Ziel war die Erfassung des gesamten Rechtsstoffs durch allgemeine Rechtsbegriffe und Unterbegriffe, die dem klassischen römischen Recht oder dem Naturrecht entnommen oder aber neu entwickelt wurden (z.B. Rechtsinstitut, Rechtsverhältnis, Rechtsgeschäft, absolutes Recht, subjektives Recht usw.). Das Ergebnis war ein **hoher Grad an Abstraktion und Systematik**, der das deutsche Recht bis heute prägt. Die Pandektenwissenschaft fand weltweit Anerkennung und Nachahmung; die deutsche Privatrechtswissenschaft erlangte in dieser Zeit höchstes Ansehen. Diese „zweite Rezeption des römischen Rechts“[63] sollte nach der Reichsgründung (1871) die Grundlage für die Kodifikation eines einheitlichen Privatrechts in Deutschland liefern. 33

3. Die Kodifikation des Privatrechts in Deutschland

Nachdem das Reich 1873 die Kompetenz zur Vereinheitlichung des bürgerlichen Rechts erhalten hatte, arbeiteten seit 1874 mehrere Kommissionen über 20 Jahre lang mit äußerster Gründlichkeit und hoher wissenschaftlicher Präzision insgesamt drei Entwürfe aus. Am 24.8.1896 wurde schließlich das **Bürgerliche Gesetzbuch** für das Deutsche Reich verkündet. Es trat am 1.1.1900 in Kraft. Das von klarer Systematik, kasuistischer Gründlichkeit und dogmatischer Regelungsperfektion geprägte BGB ist vor allem die „Frucht einer Jahrhunderte währenden wissenschaftlichen und praktischen Beschäftigung mit dem römischen Recht und einer hierdurch gestalteten Rechtskultur“ (*Ulrich Manthe*). Seine Gliederung in fünf Bücher geht auf die Pandektenwissenschaft zurück. Da die Mitglieder der Kommissionen, die mit der Ausarbeitung betraut waren, ganz überwiegend Pandektenwissenschaftler waren, steht die Ideenwelt des BGB größtenteils in der Tradition des klassischen römischen Rechts. So sind z.B. das Bereicherungsrecht, das Deliktsrecht, die Irrtumslehre aber auch die Ausgestaltung zahlreicher Regelungen des Vertragsrechts[64] zum Teil vollständig dem römischen Recht entnommen. 34

61 Die weniger wirkmächtigen „Germanisten“, als deren berühmtester Vertreter *Otto von Gierke* (1841–1921) gilt, widmeten sich der systematischen Darstellung des mittelalterlichen deutschen Rechts aus der Zeit vor der Rezeption, in dem sie den (wahren) deutschen Volksgeist verkörpert sahen.

62 Schlosser, Grundzüge, S. 152.

63 Schlosser, Grundzüge, S. 153.

64 So z.B. die unregelmäßige Verwahrung (§ 700 BGB), vgl. Schuster, JuS 2008, 245 ff.

II. Die Bewährungsprobe des bürgerlichen Privatrechts (20. Jhdt.)

1. Der Praxistest

35 Im Verlauf des 20. Jhdts. hatte das deutsche Privatrecht gleich mehrere Bewährungsproben zu bestehen. Zunächst musste das neue BGB seine Praxistauglichkeit unter Beweis stellen. Außerdem mussten Rechtsprechung, Rechtswissenschaft und Rechtslehre ihren Standort neu bestimmen, nachdem das Pandektenrecht als Basiswissenschaft endgültig seine gesetzliche Normativität verloren hatte.[65] Für die Fortbildung durch Rechtsprechung und Rechtswissenschaft offen, wurde das BGB rasch zum Gegenstand intensiver wissenschaftlicher Bearbeitung. Schon bald genoss es weltweit hohes Ansehen und diente in zahlreichen Ländern als Vorbild für die Kodifikation des Privatrechts.

2. Das Privatrecht in der Zeit des Nationalsozialismus

36 Eine besonders harte Bewährungsprobe für das BGB und die ihm zugrundeliegende Rechts*kultur* war die nationalsozialistische Diktatur (1933–1945). Das erklärte Ziel der Nazis war ein „Ersatz für das der materialistischen Weltordnung dienende römische Recht durch ein deutsches Gemeinrecht“.[66] Zwar scheiterten die an der „Akademie für Deutsches Recht“ bis Mitte 1942 unter der Leitung des Berliner Rechtsprofessors *Justus Wilhelm Hedemann* (1878–1963) betriebenen Vorarbeiten für ein nationalsozialistisches „Volksgesetzbuch“ kläglich. Aber einzelne Bereiche des Privatrechts, insbesondere das Ehe- und Familienrecht, wurden im Sinne des NS-Rassenwahns grundlegend umgestaltet. Auch erlebte die Volksgeistlehre (vgl.o. Rn. 31 f.) – in grob vereinfachter Form – eine wenig ruhmreiche Wiederbelebung: Die Rechtsprechung griff schon bald nach der Ernennung von *Adolf Hitler* (1889–1945) zum Reichskanzler (30.1.1933) den von der NS-Ideologie propagierten unbestimmten Rechtsbegriff des „gesunden Volksempfindens“[67] auf, so dass der nationalsozialistischen Willkür auch in der Rechtsprechung Tür und Tor geöffnet waren.

3. Die Zeit nach 1945

37 Nach 1945 vom nationalsozialistischen Gedankengut befreit, wurde das BGB in der Bundesrepublik seit den 1950er Jahren nach und nach an die geänderten Lebensverhältnisse, den wirtschaftlichen und technischen Fortschritt und nicht zuletzt an das Grundgesetz und die Rechtsprechung des BVerfG angepasst.[68] So wurde z.B. das Gleichberechtigungsgebot (Art. 3 Abs. 2 GG) – beginnend mit dem **Gleichberechtigungsgesetz**[69], das am 1.7.1958 in Kraft trat – im Eherecht sukzessive umgesetzt; der in Art. 6 Abs. 5 GG statuierte Grundsatz der Gleichbehandlung von ehelichen und nichtehelichen Kindern konnte mit dem Inkrafttreten des **Kindschaftsreformgesetzes**[70]

65 Dazu Schlosser, Grundzüge, S. 191 ff.

66 Parteiprogramm der NSDAP v. 25.2.1920, Punkt 19.

67 Vgl. nur RGZ 145, 1 ff. (Urteil v. 12.7.1934): Auslegung des § 1333 BGB im Lichte der NS-Ideologie bei der Frage der Anfechtung von sog. Mischehen; dazu Hetzel, Die Anfechtung der Rassenmischehe in den Jahren 1933–1939, 1997, S. 113 ff.

68 In der DDR wurde das BGB zum 1.1.1976 durch das an der marxistisch-leninistischen Rechtstheorie orientierte Zivilgesetzbuch der DDR ersetzt.

69 Gesetz über die Gleichberechtigung von Mann und Frau auf dem Gebiet des bürgerlichen Rechts v. 18.6.1957, BGBl. I, S. 609.

70 Gesetz zur Reform des Kindschaftsrechts v. 16.12.1997, BGBl. I S. 2942.

am 1.7.1998 vollständig realisiert werden. Zahlreiche **Gesetze zum Schutz des wirtschaftlich Schwächeren**, die seit Mitte der 1970er Jahre verabschiedet worden waren (z.B. Gesetz über die Allgemeinen Geschäftsbedingungen, Haustürwiderrufsgesetz, Produkthaftungsgesetz, Verbraucherkreditgesetz), wurden mit Inkrafttreten des Schuldrechtsmodernisierungsgesetzes (1.1.2002) in das BGB inkorporiert. Im Rahmen dieser großen **Schuldrechtsreform**, deren Ausgangspunkt drei Richtlinien der Europäischen Union (EU) bilden[71], ist die seit 1984 verfolgte Neuregelung wesentlicher Teile des Allgemeinen und des Besonderen Schuldrechts wie auch des Verjährungsrechts erfolgt.[72] Darüber hinaus wurden verschiedene im Laufe des 20. Jhdts. von der Rechtsprechung entwickelte und in Rechtspraxis und Rechtsprechung als Gewohnheitsrecht anerkannte Rechtsinstitute, wie z.B. der Rechtsgedanke der positiven Vertragsverletzung (§ 280 BGB), der Wegfall der Geschäftsgrundlage (§ 313 BGB) oder das Verschulden bei Vertragsverhandlung (§ 311 Abs. 2 BGB), kodifiziert. Spätere Änderungen des BGB dienten unter anderem der **Verbesserung des Verbraucherschutzes** nach den Vorgaben der EU[73], der Verbesserung der Rechtsstellung von Patientinnen und Patienten[74], der **Anpassung an das Digitale Zeitalter** (u.a. Neufassung des § 126b BGB[75] – Möglichkeit, die gesetzlich vorgeschriebene schriftliche Form durch die elektronische Form zu ersetzen), der Mietrechtsnovellierung aus politisch-sozialen Erwägungen (Stichwort: „Mietpreisbremse“)[76], zunächst der weitgehenden rechtlichen Angleichung von Lebenspartnerschaft und Ehe im Jahr 2015[77] und sodann der Einführung der **„Ehe für alle“** im Jahr 2017[78], der Einführung der aus dem anglo-amerikanischen Rechtsraum bekannten **Musterfeststellungsklage** (2018)[79] oder der Anpassung des Ad-

71 Richtlinie 1999/44/EG v. 25.5.1999 („Verbrauchsgüterkauf-Richtlinie“), Richtlinie 2000/31/EG v. 8.6.2000 („E-Commerce-Richtlinie“), 2000/35/EG v. 29.6.2000 („Zahlungsverzug-Richtlinie“).

72 Zum Inhalt der Schuldrechtsreform Schlosser, Grundzüge, S. 203 f. m.w.N.; vgl. auch Lorenz, NJW 2005, 1889 ff.

73 So wurde z.B. § 312g BGB (nunmehr: § 312i BGB) durch das Gesetz zur Änderung des Bürgerlichen Gesetzbuchs zum besseren Schutz der Verbraucherinnen und Verbraucher vor Kostenfallen im elektronischen Geschäftsverkehr v. 10.5.2012 (BGBl. I S. 1084) geändert (Umsetzung der Richtlinie 2011/83/EU v. 25.10.2011 – „Verbraucherrechterichtlinie“): Seitdem besteht im elektronischen Geschäftsverkehr eine Verpflichtung zur klaren und verständlichen Information über den Gesamtpreis unmittelbar vor Abgabe der Bestellung; ein Vertrag kommt nur bei ausdrücklicher Bestätigung der Zahlungspflicht zustande („Button-Lösung“); weitere Änderungen des BGB in Umsetzung der Verbraucherrechterichtlinie zum 14.6.2014 durch das Gesetz zur Umsetzung der Verbraucherrechterichtlinie und zur Änderung des Gesetzes zur Regelung der Wohnungsvermittlung v. 20.9.2013 (BGBl. I S. 3642).

74 §§ 630a-h BGB eingefügt durch das Gesetz zur Verbesserung der Rechte von Patientinnen und Patienten v. 20.2.2013 (BGBl. I 2013 S. 277).

75 Gesetz zur Umsetzung der Verbraucherrechterichtlinie und zur Änderung des Gesetzes zur Regelung der Wohnungsvermittlung v. 20.9.2013 (BGBl. I S. 3642).

76 Vgl. nur Mietrechtsnovellierungsgesetz v. 21.4.2015 (BGBl. I S. 610), Mietrechtsanpassungsgesetz v. 18.12.2018 (BGBl. I S. 2648), Gesetz zur Verlängerung und Verbesserung der Regelungen über die zulässige Miethöhe bei Mietbeginn v. 19.3.2020 (BGBl. I S. 540).

77 §§ 563, 1297, 1385, 1387, 1447 f., 1469, 1479, 149 f., 1509, 1599, 1617c, 1624, 1629 und 2350 geändert durch das Gesetz zur Bereinigung des Rechts der Lebenspartner v. 20.11.2015 (BGBl. I S. 2010).

78 § 1353 Abs. 1 S. 1 BGB, geändert durch das Gesetz zur Einführung des Rechts auf Eheschließung für Personen gleichen Geschlechts v. 20.7.2017 (BGBl. I S. 2787), definiert nunmehr: „Die Ehe wird von zwei Personen verschiedenen oder gleichen Geschlechts auf Lebenszeit geschlossen.“ Das Gesetz zur Umsetzung des Gesetzes zur Einführung des Rechts auf Eheschließung für Personen gleichen Geschlechts vom 18.12.2018 (BGBl. I S. 2639) regelt weitere Anpassungen des BGB.

79 § 204 BGB geändert durch das Gesetz zur Einführung einer zivilprozessualen Musterfeststellungsklage v. 12.7.2018 (BGBl. I S. 1151).

optionsrechts für nichteheliche Familien (2019)[80]. Insgesamt ist das BGB damit moderner geworden. Es hat den Sprung ins 21. Jhdt. geschafft, auch wenn es an mancher Stelle nicht mehr ganz den Vorstellungen von klarer Systematik, kasuistischer Gründlichkeit und dogmatischer Regelungsperfektion entsprechen mag, die an seinem Anfang standen (vgl.o. C.I.3).

III. Die Zukunft des Privatrechts im europäischen Kontext (21. Jhdt.)

38 Spätestens seit den 1990er Jahren wirkt sich die von der EU verfolgte **Politik der Rechtsangleichung bzw. -vereinheitlichung** immer stärker auf den Rechtsalltag in den Mitgliedstaaten aus. Auf dem Gebiet des Privatrechts hat vor allem die Umsetzung der Richtlinie 1999/44/EG („Verbrauchsgüterkauf-Richtlinie") in die nationalen Rechtsordnungen zu erheblichen Anpassungen geführt.[81] Die auf Rechtsangleichung zielenden Richtlinien und Verordnungen des Europäischen Parlaments und des Rates[82] sowie die Rechtsprechung des EuGH haben einen Prozess in Gang gesetzt, der lange Zeit kaum umkehrbar zu sein schien. Allerdings haben die vergangenen Jahre einmal mehr gezeigt, dass sich (rechts-) historische Entwicklungen kaum mit Sicherheit vorhersagen lassen. Allzu auffällig ist der derzeitige – unheilvolle – Trend zurück zur Überbetonung nationaler Interessen, der sich auch in Europa beobachten lässt. Es ist wohl kein Zufall, dass die „Brexiteers" das Einwirken der EU auf den (Rechts-)Alltag als besonders empfindliche Beschränkung ihrer Freiheit geißelten. Für die verbliebenen 27 Mitgliedstaaten gilt indes unverändert, dass die Angleichung der Privatrechtsordnungen der Mitgliedstaaten eine wichtige Voraussetzung für die Optimierung des Binnenmarktes darstellt.[83] Allerdings waren die Bestrebungen zur Rechtsvereinheitlichung im zurückliegenden Jahrzehnt durchaus von Rückschlägen geprägt waren: Der am 11.10.2011 von der Kommission vorgelegte **Vorschlag für eine Verordnung des Europäischen Parlaments und des Rates über ein Gemeinsames Europäisches Kaufrecht** (Common European Sales Law, kurz: **CESL**)[84] begann mit der zutreffenden Feststellung, dass „für grenzübergreifende Wirtschaftstätigkeiten (...) immer noch erhebliche Engpässe (bestehen), die verhindern, dass der Binnenmarkt sein ganzes Potenzial für Wachstum und Schaffung von Arbeitsplätzen entfaltet." Der Entwurf enthielt kaufrechtliche Vorschriften, die auf grenzüberschreitende Warenkaufverträge bei entsprechender Vereinbarung durch die Vertragsparteien Anwendung finden sollten (sog. „opt-in-Regelung"). Darüber hinaus sollte es den Mitgliedstaaten freigestellt sein, ob das CESL auch auf inländische Verträge Anwendung findet. Seit der Vorlage des Entwurfs wurde

80 § 1746 Abs. 1 S. 4 aufgehoben, § 1766a neu eingefügt durch das Gesetz zur Umsetzung der Entscheidung des Bundesverfassungsgerichts vom 26.3.2019 zum Ausschluss der Stiefkindadoption in nichtehelichen Familien v. 19.3.2020 (BGBl. I S. 541).

81 Einen guten Überblick über die Bemühungen zur Vereinheitlichung des Europäischen Privatrechts liefert Blüm, Gemeinsames Kaufrecht, 37 ff.; vgl.a. Martens, Ein Europa, ein Privatrecht – Die Bestrebungen zur Vereinheitlichung des Europäischen Privatrechts, EuZW 2010, 527 ff.

82 Eine umfassende Darstellung der Maßnahmen der Gemeinschaft auf dem Gebiet des Zivilrechts bei Schlosser, Grundzüge, S. 199 ff. Aus jüngerer Zeit ist z.B. die Zweite Zahlungsdiensterichtlinie (EU) 2015/2366 zur Regulierung von Zahlungsdiensten und Zahlungsdienstleistern zu nennen, deren Ziel es u.a. ist, die Sicherheit im Zahlungsverkehr zu erhöhen, den Verbraucherschutz zu stärken, Innovationen zu fördern und den Wettbewerb im Markt zu steigern; die Umsetzung in nationales Recht (u.a. Einfügung eines neuen § 270a BGB) erfolgte mit dem Gesetz zur Umsetzung der Zweiten Zahlungsdiensterichtlinie v. 17.7.2017 (BGBl. I S. 2446).

83 Leible, Wege zu einem Europäischen Privatrecht, S. 430 ff.; Blüm, Gemeinsames Kaufrecht, S. 74 ff.

84 KOM (2011) 635; vgl. dazu Tamm, VuR 2012, 1 ff., Eidenmüller/Jansen/Kieninger/Wagner/Zimmermann, JZ 2012, 269 ff.

dieser in Politik und Rechtswissenschaft kontrovers diskutiert.[85] Ende 2014 hat die Kommission ihren Vorschlag zurückgezogen und stattdessen im Dezember 2015 zwei Richtlinienvorschläge und eine begleitende Mitteilung zu vertragsrechtlichen Regelungen für den Bereich des Onlinehandels mit Waren und digitalen Inhalten vorgestellt.[86] Auch mit der Richtlinie über bestimmte vertragsrechtliche Aspekte des Warenhandels, KOM (2017) 637, die das Europäische Parlament am 26.3.2019 beschlossen hat, wird u.a. das Ziel eines einheitlichen Gewährleistungsregimes im digitalen Binnenmarkt verfolgt.

Ebenfalls ins Stocken geraten ist das Projekt eines Europäischen Zivilgesetzbuchs. Ein 39
Meilenstein auf dem langen Weg der (Re-)Europäisierung des Privatrechts schienen geraume Zeit die zwischen 1995 und 2003 veröffentlichten **Principles of European Contract Law** („Lando-Prinzipien") zu sein. Mit Entschließung vom 15.11.2001 hatte das Europäische Parlament den Zeitplan für die Verwirklichung eines Europäischen Zivilgesetzbuchs bis zum Jahr 2010 aufgestellt.[87] Aber dieser ambitionierte Zeitplan ist längst Vergangenheit. In Politik und Wissenschaft ist die Skepsis gegenüber dem Kodifikationsvorhaben in den vergangenen Jahren spürbar gewachsen. Auch lässt sich der Eindruck gewinnen, dass in den Zeiten der Eurokrise, anhaltender Flüchtlingsströme, des Brexits, der Diskussion um den Klimawandel und der bei weitem noch nicht absehbaren Folgen der Corona-Pandemie andere Aufgaben wichtiger geworden sind.

Ob und gegebenenfalls wann die Arbeiten zur Verwirklichung eines Europäischen Zi- 40
vilgesetzbuchs tatsächlich beginnen werden, lässt sich derzeit nicht abschätzen.[88] Der (politische und wissenschaftliche) Optimismus der 2000er Jahre ist einer gewissen Ernüchterung gewichen. Deshalb ist auch eine Prognose dazu, ob am Ende ein einheitliches Europäisches Zivilgesetzbuch stehen wird, oder ob es sich – wenn überhaupt – lediglich um eine Zusammenfassung des **acquis communautaire**, also des gegenwärtigen Bestands der Privatrechtsordnungen, in einem gemeinsamen Referenzrahmen (**common frame of reference**)[89] handeln wird, nicht möglich. Fraglich erscheint tatsächlich, inwieweit partikulare, tief in nationalen oder gar regionalen Eigentümlichkeiten begründete familien-, erb- oder sachenrechtliche Rechtsregeln überhaupt vereinheitlichungsfähig sind.[90] Unabhängig davon, ob es zu Beginn der 2020er Jahre politisch klug ist, eine derart weitreichende Vereinheitlichung anzustreben, stellt sich die Frage, ob dies wünschenswert ist. Vielleicht ist es ohnehin sinnvoller, insofern die Einheit in

85 Eine Übersicht über den Stand der politischen und wissenschaftlichen Diskussion, die seit einigen Jahren deutlich abgeebbt ist, bei Konecny, Verordnungsentwurf, S. 136 ff.

86 „Vorschlag für eine Richtlinie über bestimmte vertragsrechtliche Aspekte der Bereitstellung digitaler Inhalte", KOM (2015) 634; „Vorschlag für eine Richtlinie über bestimmte vertragsrechtliche Aspekte des Online-Warenhandels und andere Formen des Fernabsatzes von Waren", KOM (2015) 635; Begleitende Mitteilung „Ein modernes Vertragsrecht für Europa – Das Potenzial des elektronischen Handels freisetzen", KOM (2015) 633.

87 Entschließung des Europäischen Parlaments zur Annäherung des Zivil- und Handelsrechts der Mitgliedstaaten v. 15.11.2001, KOM (2001) 398 – C5–0471/2001; bereits mit Entschließung v. 26.5.1989 und nochmals mit Entschließung v. 25.7.1994, ABl. EG 1994 C 205/518, hatte das Parlament gefordert, die Vorarbeiten für eine Gesamtkodifikation des europäischen Privatrechts aufzunehmen, vgl. ABl. EG 1989 C 158/400.

88 Akademischen und politischen Gegenwind gab es schon früh, vgl. nur Jansen/Zimmermann, JZ 2007, 1113, 1114 m.w.N.; hinzu kommt nun ein politischer Wandel, wie er noch bei Erscheinen der Erstauflage dieses Buches kaum vorstellbar schien.

89 Einen solchen autorativen Referenztext strebt die Kommission seit 2003 an, vgl. Mitteilung der Europäischen Kommission v. 12.2.2003, KOM (2003) 68.

90 Verneinend bereits Schwintowski, JZ 2002, 205, 210; ebenfalls sehr zurückhaltend Schlechtriem, JURIDICA INTERNATIONAL, IX/2004, 24, 30 f.

Vielfalt zu suchen. Auch nach der Rezeption des Ius commune blieben schließlich überall in Europa die Partikularrechte weiterhin anwendbar.

41 **Wiederholungs- und Vertiefungsfragen**

1. Warum ist es schwierig, Aussagen über das älteste germanische Recht zu treffen?
2. Was kennzeichnet die frühmittelalterlichen germanischen Stammesrechte?
3. Nennen Sie den Grund für die besondere Strahlkraft des Kirchenrechts im Mittelalter!
4. Schildern Sie den Gang der Rezeption von der Wiederentdeckung des römischen Rechts im 11. Jhdt. bis zum Erlass der RKGO im Jahre 1495!
5. Welchen Anspruch erhoben die Redaktoren der Vernunftrechtskodifikationen?
6. Schildern Sie die Geschichte der Kodifikation des bürgerlichen Rechts vom sog. Kodifikationsstreit bis zum Inkrafttreten des BGB am 1.1.1900!
7. Welche Entwicklungstendenzen lassen sich für das BGB seit seinem Inkrafttreten beobachten?
8. Wie wirkt sich die von der EU verfolgte Politik der Rechtsangleichung bzw. Rechtsvereinheitlichung auf den Rechtsalltag in den Mitgliedstaaten und konkret in Deutschland aus?
9. Skizzieren Sie den Stand der Überlegungen bzw. Bestrebungen hinsichtlich einer (Re-)Europäisierung des Privatrechts mittels eines Europäischen Zivilgesetzbuchs!

Literatur:

1. Literaturhinweise zu den einzelnen Abschnitten

42 **Zu B. I:** Dilcher, Germanisches Recht, in: Handwörterbuch zur deutschen Rechtsgeschichte, Bd. I, 2. Aufl. 2009, Sp. 241–252; Kannowski, Germanisches Recht heute, JZ 2012, 321 ff.; Kroeschell, Germanisches Recht als Forschungsproblem, in: ders. (Hrsg.), Studien zum frühen und mittelalterlichen deutschen Recht, 1995, S. 65 ff.; Mitteis/Lieberich, Deutsche Rechtsgeschichte, 19. Aufl. 1992, S. 19 ff.; **zu B. II:** Kroeschell, Deutsche Rechtsgeschichte, Bd. I, 13. Aufl. 2008, S. 19 ff.; Liebs, Konflikte zwischen römischen und germanischen Rechtsvorstellungen in der Spätantike, in: FS Nehlsen, 2008, S. 99 ff.; Meder, Rechtsgeschichte, 6. Aufl. 2017, S. 128 ff.; Schumann, Fränkisches Recht, in: HRG, Bd. I, 2. Aufl. 2008, Sp. 1671–1672; **zu B. III:** Landau, Der Einfluß des kanonischen Rechts auf die europäische Rechtskultur, in: Schulze (Hrsg.), Europäische Rechts- und Verfassungsgeschichte, 1991, S. 39 ff.; Link, Kirchliche Rechtsgeschichte: Kirche, Staat und Recht in der europäischen Geschichte von den Anfängen bis ins 21. Jahrhundert, 3. Aufl. 2017; Meder, Rechtsgeschichte, 6. Aufl. 2017, S. 147 ff.; Nörr, Die Entwicklung des Corpus Iuris Canonici, in: Coing (Hrsg.), Handbuch der Quellen und Literatur der neueren europäischen Privatrechtsgeschichte, Bd. I, 1973, S. 835 ff.; **zu B. IV:** Genzmer, Die justinianische Kodifikation und die Glossatoren, in: Schrage (Hrsg.), Das römische Recht im Mittelalter, 1987, S. 5 ff.; Lange, Römisches Recht im Mittelalter, Bd. I: Die Glossatoren, 1997; ders./Kriechbaum, Römisches Recht im Mittelalter, Bd. II: Die Kommentatoren, 2007; **zu B. V:** Kroeschell, Rechtsaufzeichnung und Rechtswirklichkeit. Das Beispiel des Sachsenspiegels, in: ders. (Hrsg.), Studien zum frühen und mittelalterlichen deutschen Recht, 1995, S. 419 ff.; Laufs, Rechtsentwicklungen in Deutschland, 6. Aufl. 2006, S. 1 ff.; Lück, Über den Sachsenspiegel. Entstehung, Inhalt und Wirkung des Rechtsbuches, 3. Aufl. 2013; Richter, Rechtsbücher: Sachsenspiegel und Schwabenspiegel, in: Wolff (Hrsg.), Kultur- und rechtshistorische Wurzeln Europas, 2005, S. 119 ff.; **zu B. VI:** Kiefner, Rezeption (privatrechtlich), in: Handwörterbuch zur deutschen Rechtsgeschichte, Bd. IV, 1990, Sp. 970–984; Ranieri, Recht und Gesellschaft im Zeitalter der Rezeption. Eine rechts- und sozialgeschichtliche Analyse der Tätigkeit des Reichskammergerichts im 16. Jahrhundert, 1986; Schildt, Die Rezeption des römischen Rechts, Jura 2003, 450 ff.; Schlinker/Ludyga/Bergmann,

Privatrechtsgeschichte, S. 9 ff.; **zu B. VII. 1:** Burmeister, Das Studium der Rechte im Zeitalter des Humanismus im deutschen Rechtsbereich, 1974, S. 251 ff; **zu B. VII. 2:** Haferkamp/Repgen (Hrsg.), Usus modernus pandectarum. Römisches Recht, Deutsches Recht und Naturrecht, 2007; Luig, Conring, das deutsche Recht und die Rechtsgeschichte, in: Stolleis (Hrsg.), Hermann Conring (1606–1681). Beiträge zu Leben und Werk, 1983, S. 355 ff.; ders., Samuel Stryk (1640–1710) und der „Usus modernus Pandectarum", in: FS Gagnér, 1991, S. 219 ff.; **zu B. VII. 3:** Dilcher, Gesetzgebungswissenschaft und Naturrecht, JZ 1969, 1 ff.; Luig, Natürliches Privatrecht. Die Rolle des Privatrechts in den Gesellschaftsentwürfen des 17. und 18. Jahrhunderts, in: Schulze (Hrsg.), Europäische Rechts- und Verfassungsgeschichte, 1991, S. 103 ff.; ders., Das Privatrecht im „Allgemeinen Landrecht für die preußischen Staaten" von 1794, AcP 194 (1994), 521 ff.; Schröder, Recht als Wissenschaft. Geschichte der Juristischen Methode vom Humanismus bis zur historischen Schule (1500–1850), 2001, S. 168 ff.; Schwennicke, Zwischen Tradition und Fortschritt. Zum 200. Geburtstag des Preußischen Allgemeinen Landrechts von 1794, JuS 1994, 456 ff.; Zimmermann/Carey-Miller, Generis humani iuris consultus: Hugo Grotius (1583–1645), Jura 1984, 1 ff.; **zu C. I:** Benöhr, Politik und Rechtstheorie: Die Kontroverse Thibaut – Savigny vor 160 Jahren, JuS 1974, 681 ff.; Hattenhauer (Hrsg.), Thibaut und Savigny: ihre programmatischen Schriften, 2. Aufl. 2002; Rückert, Die Historische Rechtsschule nach 200 Jahren – Mythos. Legende. Botschaft, JZ 2010, 1 ff.; Kaser, Der römische Anteil am deutschen bürgerlichen Recht, JuS 1967, 337 ff.; Schulte-Nölke, Die Schwere Geburt des Bürgerlichen Gesetzbuchs, NJW 1996, 1705 ff.; Willoweit, Historische Grundlagen des Privatrechts, JuS 1977, 292 ff.; 429 ff.; 573 ff.; **zu C. II.1:** Damm, Das BGB im Kaiserreich, in: Diederichsen/Sellert (Hrsg.), Das BGB im Wandel der Epochen 2002, S. 9 ff.; Wagner, 100 Jahre Bürgerliches Gesetzbuch – Ein Überblick zur Entstehung, Grundlagen und Entwicklung des BGB, Jura 1999, 505 ff.; **zu C. II. 2:** Hattenhauer, Die Akademie für Deutsches Recht, JuS 1986, 680 ff.; Otte, Die zivilrechtliche Gesetzgebung im „Dritten Reich", NJW 1988, 2836 ff.; Rückert, Das „gesunde Volksempfinden" – eine Erbschaft Savignys?, ZRG Germ 103 (1986), 199 ff.; **zu C. II. 3:** Laufs, Ein Jahrhundert wird besichtigt – Rechtsentwicklungen in Deutschland: 1900 bis 1999, JuS 2000, 1 ff.; Neuner, Das BGB unter dem Grundgesetz, in: Diederichsen/Sellert (Hrsg.), Das BGB im Wandel der Epochen, 2002, S. 131 ff.; **zu C. III:** Basedow, Art. 114 AEUV als Rechtsgrundlage eines optionalen EU-Kaufrechts: Eine List der Kommission?, EuZW 2012, 1 f.; Blüm, Das Gemeinsame Europäische Kaufrecht als wesentlicher Zwischenschritt zu einem kodifizierten Europäischen Vertragsrecht?, 2015; Heiderhoff, Europäisches Privatrecht, 5. Aufl. 2020; Konecny, Der Verordnungsentwurf über ein Gemeinsames Europäisches Kaufrecht – Meilenstein der europäischen Integration oder Irrlicht der europäischen Politik?, 2014; Leible, Wege zu einem Europäischen Privatrecht, 2003; Möllers, Die Rolle des Rechts im Rahmen der europäischen Integration, 1999; Martens, Ein Europa, ein Privatrecht – Die Bestrebungen zur Vereinheitlichung des Europäischen Privatrechts, EuZW 2010, 527 ff.; Remien (Hrsg.), Schuldrechtsmodernisierung und Europäisches Vertragsrecht, 2008; ders./Herrler/Limmer (Hrsg.), Gemeinsames Europäisches Kaufrecht für die EU? Analyse des Vorschlags der Europäischen Kommission für ein optionales Europäisches Vertragsrecht vom 11. Oktober 2011, 2012; Schlechtriem, Europäisierung des Privatrechts – vom Beruf unserer Zeit für ein Europäisches Privatrecht, JURIDICA INTERNATIONAL IX/2004, 24 ff.; Schulte-Nölke, Der Entwurf für ein optionales europäisches Kaufrecht, 2012; Schuster, Le retours vers l'Europe: Von der „Nationalisierung" des Rechts im 19. Jahrhundert zur (Re-)Europäisierung des Rechts nach 1945, JJZG 2008/2009, 30 ff.; Tamm, Das Gemeinsame Europäische Kaufrecht als optionales Instrument – eine kritische Analyse, VuR 2012. 1 ff.; Zimmermann, Das römisch-kanonische ius commune als Grundlage europäischer Rechtseinheit, JZ 1992, 8 ff.; ders., Die Principles of European Contract Law als Ausdruck und Gegenstand europäischer Rechtswissenschaft, 2003.

2. Monographische Darstellungen der Privatrechtsgeschichte

Schlinker/Ludyga/Bergmann, Privatrechtsgeschichte, 2019; Schlosser, Grundzüge der Neueren Privatrechtsgeschichte. Rechtsentwicklungen im europäischen Kontext, 10. Aufl. 2005; Wesenberg/Wesener, Neuere deutsche Privatrechtsgeschichte im Rahmen der europäischen Rechtsentwicklung, 4. Aufl. 1985; Wieacker, Privatrechtsgeschichte der Neuzeit, 2. Aufl. 1967.

3. Sonstiges

Brauneder, Europäische Privatrechtsgeschichte, 2014; Buschmann, Mit Brief und Siegel. Kleine Kulturgeschichte des Privatrechts, 2014; Coing, Europäisches Privatrecht (1500–1800). Bd. I: Das ältere gemeine Recht, 1985, Bd. II: 19. Jahrhundert, 1989; Hattenhauer/Buschmann, Textbuch zur Privatrechtsgeschichte der Neuzeit, 2. Aufl. 2008; Manthe, Geschichte des römischen Rechts, 6. Aufl. 2019; Zimmermann, The Law of Obligations – Roman Foundations of the Civilian Tradition, 1990.

§ 9 Deutsche Strafrechtsgeschichte

Bettina Noltenius

„(E)s ist (...) das Verlangen nach vernünftiger Einsicht, nach Erkenntnis, nicht bloß nach einer Sammlung von Kenntnissen, was als subjektives Bedürfnis beim Studium der Wissenschaften vorausgesetzt werden müßte"

Georg Wilhelm Friedrich Hegel

A. Einleitung

1 Der folgende Beitrag soll nicht der reinen Wissensvermittlung von vergangenen Ereignissen dienen, sondern er soll dem Leser einen Eindruck verschaffen, inwieweit gerade das Strafrecht von den politischen und gesellschaftlichen Verhältnissen sowie von (geistes-) wissenschaftlichen Haltungen abhängig ist. Die Begriffe Verbrechen und Strafe sind keine abstrakten, erst unseren Gesetzen zu verdankende Begriffe, sondern reale Gegebenheiten. Auch das sie beurteilende und ihnen damit zugrunde liegende Recht bedarf daher in seiner historischen Betrachtung einer tiefergehenden Untersuchung als derjenigen der positiven Normen. Diese sind Teil einer kulturellen Entwicklung und damit immer abhängig von den sie prägenden Personen. Subjekt der rechtsgeschichtlichen Forschung ist der Mensch selbst, sein Verhältnis zu anderen Menschen, zur Gesellschaft und zum Staat. Gerade im Strafrecht werden nun diese Verhältnisse in grundlegender Weise berührt. Einerseits stellt ein Verbrechen eine besonders intensive Verletzung einer anderen Person, der Gesellschaft oder des Staates dar, andererseits ist die Reaktion der Strafe die schärfste Sanktion des Staates und greift damit in die Freiheit des Einzelnen besonders tief ein. Im Strafrecht zeigt sich, wie der Staat mit dem freien einzelnen Bürger umgeht und welche Bedeutung ihm in der Gesellschaft und im Recht zukommt. Insofern muss auch die historische Betrachtung der Strafe ihren Ausgang vom einzelnen Individuum nehmen und der Frage, wie dieses in der jeweiligen Epoche in der Gesellschaft und im Staat (an)erkannt wurde. Es wird sich zeigen, dass es einen Unterschied für die Bestimmung der Strafe macht, ob der freie Einzelne Grund des Rechts, oder ob er bloß Teil einer ihm vorgegebenen Gemeinschaft ist, der er sich unterzuordnen hat.

2 Das Strafrecht – oder deutlicher – die **Rechtsstrafe** ist ferner abzugrenzen von anderen Formen der Reaktion auf begangene Verletzungen, wie **Rache** und **Fehde**. Letztere unterscheiden sich nicht bloß sprachlich von dem Begriff „Strafe", sondern es besteht auch eine inhaltliche Differenz. So war in der germanischen/fränkischen Zeit die Reaktion auf begangenes Unrecht vor allem eine Angelegenheit zwischen Missetäter und Verletztem. Auch ist nicht von Un**recht**, sondern von **„Missethat"** die Rede. Erst mit der Errichtung einer dem Einzelnen und seinen Familien übergeordneten Obrigkeit wird die Strafe im Laufe der Zeit immer mehr zu einer öffentlichen Angelegenheit. Der Begriff der Strafe wird im vorliegenden Beitrag daher eng verstanden. Denn von Rechtsstrafe im eigentlichen Sinn kann erst die Rede sein, wenn nicht der Verletzte selbst, sondern eine dem Einzelnen übergeordnete (öffentliche) gefestigte Allgemeinheit

besteht, die für die Bestimmung und Verhängung der Strafe zuständig ist.[1] Aufgrund dieser Einengung des Strafbegriffs wird die Zeit des frühen Mittelalters bis zur Rezeption hier äußerst knapp behandelt, während der Zeit danach und dabei vor allem der Zeit der Aufklärung besondere Aufmerksamkeit zukommen soll.

3 Nicht näher eingegangen werden kann auf die Rolle der **kirchlichen Lehre** für das weltliche Strafrecht, obwohl dieser bei der Entwicklung der Strafe eine herausragende Bedeutung zukam. Der folgende Beitrag kann jedoch nicht eine vollständige Beschreibung der Entstehung der Strafe sein, sondern muss sich darauf beschränken, einzelne Akzente der Strafrechtsgeschichte herauszugreifen, die den heutigen Umgang mit Unrechtstaten prägen. Die vorliegende Einteilung in die unterschiedlichen Epochen (unter B.) ist daher nur als eine grobe Linie zu verstehen, die lediglich einzelne Aspekte strafrechtlicher Entwicklungen aufweisen kann. Eine (vollständige) chronologische Abhandlung kann die Darstellung demgegenüber nicht leisten.

4 Schließlich geht es im vorliegenden Beitrag **vornehmlich** um die **deutsche** Strafrechtsgeschichte. Obwohl auch das römische Recht eine bedeutende Rolle gespielt hat, erfolgt vorliegend eine Begrenzung auf die Geschichte vom frühen Mittelalter bis zur Gegenwart. Dabei ist jedoch nicht zu verkennen, dass auch die deutsche Rechtsgeschichte immer geprägt war von europäischen Einflüssen und es heute noch ist. In der Rezeptionszeit bspw. wurde das deutsche Recht besonders durch die italienische Rechtswissenschaft beeinflusst, in der Zeit der Aufklärung bekam das Strafrecht durch das französische Recht viele Anregungen und schließlich zeigt die heutige Entwicklung, dass mit dem Zusammenwachsen der europäischen Staaten auch das Strafrecht immer mehr in den Fokus von Vereinheitlichungsbestrebungen rückt (unter C.). Das deutsche Strafrecht kann damit nicht völlig isoliert betrachtet werden, sondern hängt mit der Situation in anderen (europäischen) Staaten zusammen.

B. Überblick über die Entwicklungen der Strafrechtspflege und ihrer Wissenschaft in Deutschland

5 Die Einteilung in verschiedene Epochen suggeriert, dass hier eindeutige Zeiteinschnitte zu verzeichnen sind. Die Strafrechtsgeschichte stellt jedoch, wie die Geschichte überhaupt, keine objektiven Naturgesetzen folgende Entwicklung dar. Sie verläuft nicht nach einem ihr vorgegebenen Plan, sondern ist immer geprägt von den einzelnen Menschen, die sich in unterschiedlichsten politischen, geistigen und kulturellen Zusammenhängen befinden. „Da die Menschen in ihren Bestrebungen nicht bloß instinktmäßig, wie Tiere, und doch auch nicht, wie vernünftige Weltbürger, nach einem verabredeten Plane, im ganzen verfahren: so scheint auch keine planmäßige Geschichte (…) von ihnen möglich zu sein“.[2]

Ein stringenter, monokausaler Verlauf der historischen Ereignisse ist somit kaum auszumachen. Beispielsweise war das Mittelalter geprägt von vielen zeitlich parallel verlaufenden Strömungen. So sind gerade in dieser Zeit verschiedene Lebensbereiche zu trennen, in denen unterschiedlich mit Verletzungen umgegangen wurde (unter I.).

Neben der genannten Schwierigkeit, überhaupt eindeutige Aussagen über die historischen Abläufe auszumachen, kommt hinzu, dass eine Reflektion über das Recht zu

1 Vgl. zur Frage der Bestimmung des Strafbegriffs im Mittelalter Weitzel, Hoheitliches Strafen; vgl. auch Achter, Geburt; vgl. zur Entstehung des öffentlichen Strafrechts die Beiträge in Willoweit, Entstehung.
2 Kant, Allgemeine Geschichte, A 387.

strafen im Mittelalter zunächst nicht stattfand, sondern sich eine wissenschaftliche Auseinandersetzung erst mit der **Rezeption** allmählich in Deutschland entwickelte (unter II.). Ihren Höhepunkt erreichte die Wissenschaft in der Zeit der **Aufklärung** (unter III.). Hier wurde der freie, autonome Einzelne als Ausgangspunkt und Ziel des Rechts überhaupt genommen. Der Geist der Aufklärung fand nicht nur Eingang in die theoretische Wissenschaft, sondern hatte bedeutende Auswirkungen auf das gesellschaftliche und politische Leben sowie (wenn auch zeitverzögert) auf das Straf- und Strafprozessrecht. Die Strafrechtswissenschaft in der zweiten Hälfte des 19. Jhd., insbesondere nach der Einführung des Reichsstrafgesetzbuches (RStGB) 1871, und zu Beginn des 20. Jhds. war demgegenüber z.T. geprägt von einer Ablehnung jedweder Form des Metaphysischen und einer Hinwendung zu einem positivistischen Denken (unter IV.).

In dem vorliegenden Überblick ist schließlich – wenn auch kurz – auf das spezifische Strafrecht in der Zeit des Nationalsozialismus (unter V.) und das politische Strafrecht der Deutschen Demokratischen Republik (unter VI.) einzugehen. Abzuschließen ist der Überblick über die Entwicklung der Strafrechtspflege mit einem Abriss über die Reformen des Straf- und Strafprozessrechts in der Bundesrepublik Deutschland (unter VII.).

I. Frühes Mittelalter bis zur Rezeption

1. Insbesondere in der **germanischen** und **fränkischen** Zeit (3.-9. Jhd.) war der Einzelne vor allem eingegliedert in überpersönliche Verbände, die ihm seine Existenz als Person gewährleisteten. Die **Familie** war die grundlegende rechtliche, soziale Einheit sowie die aus ihr hervorgehende **Sippe**, die mehrere, verwandtschaftlich verbundene Familien zu einer größeren Einheit verband. Die Reaktion auf eine „Missethat" als „rechtswidrige Zufügung eines Übels"[3] war daher auch nicht Rechtsstrafe im Sinne einer öffentlichen Reaktion, sondern zunächst eine Angelegenheit zwischen dem Täter, dem Verletzten und seiner Sippe. **Rache** und **Fehde**[4] sollten die Missethat vergelten und damit eine Genugtuung für das Opfer sein. Der zur Rache Berufene hatte dabei nicht nur das Recht, diese zu üben, sondern war nach der Sippenordnung sogar dazu verpflichtet, denn er konnte sonst als „feige" und „treulos" gelten und aus dem Rechtsverband ausgeschlossen werden.[5] Es bestand aber auch die Möglichkeit, dem Gegner Sühneleistungen aufzuerlegen, die auf der Grundlage von **Sühneverträgen** dem Verletzten und seiner Sippe vorgelegt werden konnten. Sie umfassten die Leistung von hohen Vermögenswerten, wie Waffen, Pferden, Vieh usw.[6] In fränkischer Zeit wurden durch die Obrigkeit und die Kirchen Fehde und Rache immer mehr durch **Sühnezwang** verdrängt. Es wurden für alle Arten von Rechtsverletzungen Bußgeldsysteme aufgestellt, die zur Versöhnung und Entschädigung des realisierten Unrechts dienen sollten (**Kompositionenwesen**). Dabei bemaß sich der jeweilige Bußsatz nach dem gesellschaftlichen und wirtschaftlichen Status des Opfers (sog. **Wergeld**).[7] 6

Maßgeblich für die Schwere der Tat war ihr schädlicher **Erfolg** und nicht die Tat**handlung.** Es war daher nicht von Bedeutung, ob die Tat absichtlich oder fahrlässig begangen wurde, da von der bewirkten Verletzung auf den verbrecherischen Willen geschlos-

3 Brunner, Rechtsgeschichte, S. 537.
4 Vgl. zu den Unterschieden von Rache und Fehde Bader, Zum Unrechtsausgleich und zur Strafe im Frühmittelalter, ZRG (GA 112), 12.
5 Bader, ZRG (GA 112), 10 ff.
6 Schmidt, Einführung, § 6.
7 Schmoeckel, Suche, S. 63.

sen wurde.[8] Damit konnte selbst derjenige einer Missethat schuldig sein, der weder absichtlich noch fahrlässig gehandelt hatte, solange er nur den Erfolg verursacht hatte.

7 2. Sobald der Einzelne in obrigkeitliche Zusammenhänge eingebettet war, zeigen sich Ansätze eines **„peinlichen Strafrechts“**. So sind bereits im frühen Mittelalter Anfänge einer hoheitlichen-königlichen Verbrechensverfolgung feststellbar. Beispielsweise verfügte *Karl der Große* (768–814) im Jahre 789 n. Chr., dass Tötungsverbrechen vor Gericht zu bringen seien, jedoch fehlte es an strukturellen Voraussetzungen für eine weitere Institutionalisierung. Nach den Teilungen des fränkischen Reichs nahmen die Anstöße zur Errichtung einer öffentlichen Verbrechensverfolgung wieder ab. In der Zeit vom ausgehenden 9. Jhd. bis ins 11. Jhd. ließen die Anstalten zu einer peinlichen Strafrechtspflege nach und es gewannen interpersonale Konfliktaustragungen wie Fehde und Buße wieder an Bedeutung und mit ihnen die Sühneverträge, in denen die verletzte Partei versicherte, dass ihr auch eine von Verletzerseite zu erbringende Buße ausreicht.[9]

Fehde (in Form der ritterlichen Fehde)[10] und Rache (v.a. die Blutrache)[11] existierten vor allem auf dem Land sogar bis ins 16. Jhd. hinein, ebenso wie das Bußensystem und das gerichtliche Brüchewesen[12] für kleinere Delikte.[13]

Jedoch wurden diese Formen der Reaktion auf begangenes Unrecht besonders in den Städten im 11./12. Jhd. immer mehr zurückgedrängt. Das rührt daher, dass dem Einzelnen in dieser Zeit, wenn auch keine moderne Form von Staatsgewalt, so doch insbesondere zwei obrigkeitliche Gewalten gegenüber standen: die Kirche und das Königtum.[14] Im 12. Jhd. setzte die kirchliche Friedensbewegung ein, an die sich der Landfrieden bzw. Reichsfrieden allmählich anschlossen. Sie brachten für das Strafrecht eine entscheidende Wende.[15] Die Kirche stellte dem Unfrieden in der Welt ihre Idee des geheiligten Friedens gegenüber. Die Unrechtstat wurde nicht mehr nur als ein Eingriff in das Recht eines anderen gesehen, das mit Buße zu sühnen war, sondern als ein **Friedensbruch**, der mit einer peinlichen Strafe zu vergelten war.[16] Dabei waren die Friedenssatzungen jeweils räumlich und zeitlich begrenzt, so dass es kein dauerhaft geltendes peinliches Strafrecht gab.[17]

8 3. Das Strafverfahren war zunächst vor allem abhängig von der privaten Initiative des Opfers einer Straftat (bzw. seiner Angehörigen). Die Verfolgung strafwürdiger Verhaltensweisen durch die Gerichtsbarkeit wurde durch eine „Klage“ des Verletzten ausgelöst. Das **Akkusationsverfahren** war wie ein streitiger Prozess angelegt, bei dem der Richter als unparteiischer Vermittler auftrat. So musste der Kläger selbst den Beweis für die geschehene Unrechtstat erbringen. Konnte er keine ausreichenden Beweise vorlegen, war der Angeklagte frei zu sprechen. Hatte der Verletzte demgegenüber Beweise erbracht, musste sich wiederum der Angeklagte durch Gegenbeweise entlasten.[18]

8 Bader, ZRG (GA 112), 8; Brunner, Rechtsgeschichte, S. 537.
9 Rüping/Jerouschek, Grundriss, S. 13 f.
10 Vgl. hierzu näher Schmidt, Einführung, §§ 35 ff.
11 Schmidt, Einführung, §§ 38 ff.
12 Dabei handelte es sich um eine Reaktion auf das Unrecht, die den Charakter einer reinen Geld„strafe“ aufwies.
13 Kroeschell, Rechtsgeschichte, S. 211.
14 Schmidt, Einführung, § 33.
15 Vgl. zur Eindämmung der Fehde durch die mittelalterliche Friedensbewegung Wadle, Delegitimierung, S. 9 ff.
16 Kroeschell, Rechtsgeschichte, S. 211.
17 Vgl. zum germanisch-deutschen Gewohnheitsrecht im Mittelalter und zum Sachsenspiegel (§ 7 Rn. 18).
18 Schlosser, Von der Klage zur Anklage, 242 ff., Schmoeckel, Humanität und Staatsraison, S. 242 f.

Mit dem Aufkommen des Bedürfnisses einer öffentlichen Strafverfolgung gewann das **Inquisitionsverfahren** im 13. Jhd. immer mehr an Bedeutung.[19] Das Gericht konnte eigenständig tätig werden, wenn das Gerücht eines Verbrechens bestand. Es erfolgte eine Untersuchung von Amts wegen (Offizialmaxime), wobei die amtlichen Organe die Pflicht hatten, die notwendigen Beweise zu erbringen (Instruktionsmaxime).[20] Primäres Ziel des Verfahrens war es, den vergangenen Sachverhalt zu erforschen und den Nachweis für die Schuld des Angeklagten zu erbringen. Um dies zu erreichen, waren insbesondere die Erklärungen und Aussagen des Beschuldigten von Bedeutung, die häufig unter Folter erzwungen wurden.[21] Dabei entwickelte sich der Inquisitionsprozess aus der täglichen Praxis, insbesondere der städtischen Gerichtsbarkeit und den hierbei gemachten Erfahrungen. Feste gesetzliche Regelungen von einzelnen Abläufen des Prozesses gab es in der Regel nicht. Sie wurden z.T. erst im Nachhinein gefasst. Die Verurteilung zu einer peinlichen Strafe war damit oft willkürlich.[22]

Im späten 15. Jhd. kam es zu zahlreichen und dringenden Klagen über die willkürliche und uneinheitliche Rechtsverfolgung sowie Justizmorde seitens der Obrigkeit im Reich. Sie wurden vom 1495 eingerichteten Reichskammergericht[23] ernst genommen und gaben den Anstoß zu einer Reform der Strafrechtspflege im Reich.[24]

II. Die Rezeption und das gemeine Recht

Insbesondere unter dem Einfluss der italienischen Rechtswissenschaft wurden das Strafrecht und das Strafprozessrecht systematisiert und in klare Begrifflichkeiten gefasst. Ziel war es, ein gerechtes, zweckmäßiges und gemeinnütziges Strafrecht zu schaffen. Es wurden Regelungen festgesetzt, die der Wahrheit und Gerechtigkeit im Strafprozess dienen sollten. Die Normen sollten die obrigkeitliche Gewalt binden und das richterliche Ermessen steuern.[25] 9

1. „Constitutio Criminalis Bambergensis" und die „Constitutio Criminalis Carolina"

Die Reformation des Strafrechts beruhte im Wesentlichen auf der politischen Arbeit des Freiherrn *Johann von Schwarzenberg und Hohenlandsberg* (1463/1465?–1528). Dieser war zwar selbst kein gelehrter Jurist, aber er erkannte durch seine langjährige richterliche Tätigkeit die entscheidenden Mängel des geltenden Rechts. Das Studium des römischen Rechts gab ihm zudem wichtige Anregungen für eine Reform. 10

Die Strafe hatte für v. Schwarzenberg unterschiedliche Zwecke, die ausschließlich staatlich-sozialen Gesichtspunkten folgten: Sie war einerseits Rechtsbewährung und diente andererseits auch der Abschreckung und teilweise auch der Unschädlichmachung des Täters. Von besonderer Bedeutung war, dass sich die Strafe nun nach dem begangenen Unrecht bestimmen, gerecht und gleich sein sollte, um so jede Willkür (vor allem das „Richten nach Gnade") auszuschließen.[26] In den Gesetzeswerken der „Con-

19 Vgl. zur näheren Entstehung des Inquisitionsprozesses Trusen, Der Inquisitionsprozeß, S. 81 ff.; Vgl. zum „Denunziationsverfahren", auf das im Folgenden nicht eingegangen werden kann, Schmoeckel, Humanität, S. 242.
20 Schmoeckel, Humanität, S. 246.
21 Vgl. näher zur Folter Schmoeckel, Humanität, S. 237 ff.
22 Vgl. aber auch zur Drucksituation, unter der die Richter standen, Schmoeckel, Humanität, S. 247 f.
23 Vgl. zur Reichskammergerichtsordnung § 7 Rn. 23.
24 Rüping/Jerouschek, S. 49 ff.; Schmidt, Einführung, § 85.
25 Schmidt, Einführung, § 108.
26 Näher zu der Reformation von v. Schwarzenberg Schütz, Jura 1998, 516, 521 ff.

stitutio Criminalis Bambergensis“ (CCB) von 1507 und der „Constitutio Criminalis Carolina“ (CCC) *Kaiser Karls V.* (1500–1558) von 1532 wurden diese Ideen positiviert. Dabei gingen sie von der Verantwortlichkeit des Einzelnen aus, so dass nicht mehr allein der Erfolg den Grund für die Strafe bildete, sondern gerade auch der Wille des Täters hinsichtlich des Erfolges zu berücksichtigen war. Der Täter sollte nach seiner persönlichen Schuld bestraft werden. Es wurde zwischen Vorsatz, Fahrlässigkeit und Zufall unterschieden.[27]

CCB und CCC beinhalteten auch strafverfahrensrechtliche Regelungen, die die obrigkeitlichen Gewalten im Prozess binden sollten. Zwar wurde die Folter nicht abgeschafft, sie wurde aber in engere Grenzen gesetzt; so durfte sie z.B. nur bei Vorliegen eines Verbrechens, welches eine Leib- oder Lebensstrafe vorsah und nur unter der Voraussetzung gewichtiger Indizien, die für die Schuld des Angeklagten sprachen, eingesetzt werden.[28]

2. Strafrecht im Absolutismus

11 Im Laufe des 16. Jhd. trat ein kultureller und politischer Wandel ein. Der Obrigkeitsstaat entwickelte sich stärker und mit ihm die sozialen Unterschiede. Die politische Führung und die Verantwortung in allen Bereichen des öffentlichen Lebens gingen immer mehr auf eine schmale Herrschaftsschicht (die Höfe und an sie gegliederte adlige und bürgerliche Gesellschaftsgruppen) über. Das „Volk“ wurde zum bloßen „Regierungsobjekt“, wobei das Strafrecht der landesherrschaftlichen Obrigkeit dazu diente, ihre absolutistischen Ansprüche und Methoden durchzusetzen. Die Territorialstaaten wurden als Einheit begriffen, der sich der Einzelne und ebenso die einzelnen Städte unterzuordnen hatten. Entscheidend waren die Auffassungen und Ziele der Fürsten, die einerseits für die Sicherheit des Landes Sorge zu tragen hatten, andererseits aber auch das besondere Interesse hatten, ihre Autorität zu erhalten.[29] Im Inquisitionsprozess wurden die als Schutzmechanismen für den Verdächtigen eingeführten Formalisierungen immer weiter zurückgedrängt. Das Strafverfahren war zunehmend auf bloße Effizienz und Zweckmäßigkeit ausgerichtet.

Hinzu kam die Herrschaft der Theologie, die auch die Autorität der Fürsten stärkte. Die Macht der Kirche führte zu den Hexenprozessen des 16.–18. Jhds. Die grausame Verfolgung und Bestrafung der Zauberer und Hexen stellte das wirksamste Mittel gegen (vermeintliche) Ketzer dar. Diese sollten in der Volksmeinung gezielt als unheimliche und gefährliche Feinde angesehen und so moralisch ausgegrenzt werden. Die Inquisition sollte ihre physische Vernichtung bewirken.[30]

3. Carpzov als „Begründer einer deutschen Rechtswissenschaft“

12 *Benedikt Carpzov* (1595–1666) begann die deutsche Strafrechtswissenschaft gegenüber den Lehren der ausländischen Jurisprudenz zu verselbstständigen. Er gilt daher als „Begründer einer deutschen Rechtswissenschaft“.[31] Auf der Grundlage der CCC und unter Berücksichtigung des kursächsischen Rechts sowie des damaligen Gerichts-

27 Schmidt, Einführung, §§ 95 f.; Schütz, Jura 1998, 516, 521.
28 Ignor, Geschichte, S. 60 ff.; Bechtel, ZJS 2018, 20 (25 f.); Schütz, Jura 1998, 516, 522 ff.
29 Schmidt, Einführung, § 169.
30 Schmidt, Einführung, § 202; vgl. näher zu den Zusammenhängen von Theologie und weltlicher Herrschaft v. Bar, Geschichte, S. 130 ff., 214 ff.; zu den Hexenprozessen vgl. Jerouschek, Die Hexen, 1992.
31 Schmidt, Einführung, § 140.

gebrauchs arbeitete er ein deutsches Straf- und Strafprozessrecht heraus.[32] Was die Rechts- und Strafrechtsauffassung betraf, war er jedoch noch Kind seiner Zeit. Der Staat und die Obrigkeit beruhten nach seiner Vorstellung allein auf der Anordnung und dem Willen Gottes. Auch das Verbrechen stellte, neben der Verletzung der staatlichen Gesetze, eine Sünde gegen Gott dar. Die Notwendigkeit der Strafe ergab sich für ihn daher aus dem Willen Gottes. Sinn der Strafe war nach Carpzov vor allem die Unschädlichmachung des Täters und die Abschreckung anderer.[33]

III. Die Aufklärung

Im 16. und 17. Jhd. lösten sich zunächst allmählich die Naturwissenschaften und die Philosophie von der Theologie ab. Nicht mehr Gott oder die weltlichen Herrscher standen im Mittelpunkt der Betrachtung, sondern der einzelne Mensch selbst. Es war die Entdeckung seiner Vernunft. Die Frage, wie man Wahrheit erkennen kann, war nicht mehr mit der göttlichen Offenbarung zu beantworten, sondern in der Vernunft des Einzelnen selbst zu suchen.[34] Das Denken des Menschen wurde zum Leitprinzip. Naturereignisse wurden nicht mehr als nicht einsehbare Offenbarungen eines göttlichen Schöpferwillens gesehen, sondern der Mensch selbst war es, der das Wesen der Natur durch Beobachtung und abstraktes Denken erkennen konnte.[35] Deutlich wird das Anliegen der Aufklärung in *Immanuel Kants* (1724–1804) Antwort auf die Frage „Was ist Aufklärung?“: **„Aufklärung ist der Ausgang des Menschen aus seiner selbst verschuldeten Unmündigkeit.(...)** Sapere aude! Habe Mut, dich deines **eigenen** Verstandes zu bedienen! ist also der Wahlspruch der Aufklärung.“[36] 13

1. Die Bedeutung des Natur- und Vernunftrechtdenkens für die Bestimmung des Strafrechts

Auch in der wissenschaftlichen Diskussion um das Recht zu strafen kam es zu einer Rationalisierung und Säkularisierung seiner Inhalte. Die Strafe fand ihre Rechtfertigung nicht mehr im göttlichen Willen, sondern sie ergab sich aus der menschlichen Natur selbst als empirisches und vernunftbegabtes Wesen. 14

Es sollen im Folgenden **zwei Strömungen** der Aufklärung in Bezug auf ihren Ausgangspunkt getrennt behandelt werden. Dabei wird sich zeigen, dass diese verschiedenen Ansätze auch Folgen für die unterschiedlichen Rechts- und Strafbestimmung haben werden.

a) Die (auch zeitlich) **erste Strömung** ist geprägt von der Auffassung, dass sich das Recht im Wesentlichen aus den natürlichen (empirischen) menschlichen Gegebenheiten ergibt (**Naturrecht**). Ausgangspunkt ist zunächst die bestehende Rechtswirklichkeit selbst, die analysiert und strukturiert werden kann, weil sie nicht mehr als bloße göttliche Offenbarung verstanden wird, sondern die Vernunft des Menschen selbst die Quelle ist, das Recht einzusehen. Für diese Strömung sollen hier im Folgenden die Lehren *Hugo Grotius* (1583–1645) und *Samuel Pufendorfs* (1632–1694) kurz vorgestellt werden. 15

32 Vgl. den Titel von Carpzovs Werk von 1635: „Practica nova Imperialis Saxonica rerum criminalium in partes III“ und sein Vorwort; s. a. Schmidt, Einführung, § 139.
33 Vgl. hierzu auch Schmidt, Einführung, § 151.
34 Hattenhauer, Grundlagen, Rn. 45.
35 Vgl. auch Rüping/Jerouschek, S. 77; Hattenhauer, Grundlagen, Rn. 45.
36 Kant, Aufklärung, A 481; vgl. zur (Rechts-)Philosophie Kants § 1 Rn. 22 ff.

16 Grotius legte 1625 in seinen Schriften „De iure belli ac pacis libri tres" die Grundlagen des Natur- und Völkerrechts. Er entwickelte seine Strafrechtstheorie aus der Natur des Menschen und der auf ihr aufgebauten Gemeinschaft. Das Recht, begangenes Unrecht zu bestrafen, ergebe sich aus dem Delikt selbst („malum actionis"). Der Täter willige mit seiner Unrechtstat in die Bestrafung ein. Entscheidend ist für Grotius, dass die Strafe auf einen „**Nutzen**" gerichtet ist. Sie müsse einen Nutzen für den **Täter** (die Unannehmlichkeit der Strafe muss die Annehmlichkeit, die der Täter durch die Tat erreicht, überwiegen), für den **Verletzten** (Genugtuung) und für die **Allgemeinheit** (Abschreckung) bringen.[37] Die beiden letzten Zwecke erforderten Schutz gegen Wiederholung durch den Täter oder Dritte. Als Mittel zur Erreichung dieser Zwecke sollte die Vernichtung des Täters oder die Vernichtung seiner Fähigkeit, neue Delikte zu begehen, oder seine Besserung in Betracht kommen.[38]

17 Für Pufendorf ist entscheidend, dass die Strafe **einen Nutzen für die Allgemeinheit** bringt. Ist ein solcher nicht zu erzielen, hat sie zu unterbleiben.[39] Der Nutzen bestehe vor allem in der Verhütung künftiger Verbrechen; danach sei sowohl die notwendige Strafandrohung im Gesetz als auch der Vollzug der Strafe auszurichten.[40] Hinsichtlich der Strafzwecke stimmt Pufendorf im Wesentlichen mit Grotius überein.[41]

18 b) Die **zweite Strömung** sucht allein in der Vernunft, unabhängig von jeder empirischen Rechtsordnung, im Denken selbst das Recht zu finden (**Vernunftrecht**). Grund des Rechts und zugleich sein Ziel ist die Freiheit des Menschen (§ 1 Rn. 28ff.). Dabei meint Freiheit nicht bloß eine Unabhängigkeit von den natürlichen Gegebenheiten, sondern wird positiv als Fähigkeit eines jeden begriffen, sich zum Richtigen bestimmen zu können. Es ist dann auch die Leistung des reflexiv handelnden Einzelnen und nicht einer höheren Macht (sei es der Kirche oder einer weltlichen Obrigkeit), Rechtsverhältnisse zu schaffen, in denen sich die Freiheit eines jeden Einzelnen realisieren kann. „Ein **Staat** (**civitas**) ist die Vereinigung einer Menge von Menschen unter Rechtsgesetzen".[42] Letztere sind aber nicht von außen oktroyierte, sondern von den Bürgern selbst gesetzte. Für diese Strömung sollen die Strafrechtslehren von *Immanuel Kant* (1724–1804) (§ 1 Rn. 22ff.) und *Georg Wilhelm Friedrich Hegel* (1770–1831) (§ 1 Rn. 32 ff.) vorgestellt werden.

Sie wenden sich dagegen, die Strafe mit Nützlichkeitserwägungen zu verbinden. Die Strafe soll vielmehr ihren Grund allein in der geschehenen Tat selbst finden. „**Richterliche Strafe** (poena forensis) (…) kann niemals bloß als Mittel, ein anderes Gute zu befördern, für den Verbrecher selbst, oder für die bürgerliche Gemeinschaft, sondern muß jederzeit nur darum wider ihn verhängt werden, **weil er verbrochen** hat; denn der Mensch kann nie bloß als Mittel zu den Absichten eines anderen gehandhabt und unter die Gegenstände des Sachenrechts gemengt werden, wowider ihn seine angeborne Persönlichkeit schützt (…)."[43] Der Grund der Strafe ist nach Kant und Hegel allein in der geschehenen Tat zu finden, die dem Täter (als freies vernünftiges Subjekt) als die seinige zuzurechnen ist. Demgegenüber seien Zweckmäßigkeits- und Nutzenerwägun-

37 Grotius, De iure, 2. Buch, 20. Kap., VI.-IX. (S. 330 ff.).
38 Grotius, De iure, 2. Buch, 20. Kap., VIII.-IX. (S. 332 ff.); s. a. die Darstellung v. Hippels, Deutsches Strafrecht, S. 258.
39 Pufendorf, Pflicht, Kap. 20, § 6.
40 Pufendorf, Pflicht, Kap. 20, § 7.
41 Pufendorf, Pflicht, Kap. 20, §§ 8 ff.
42 Kant, Metaphysik, § 45.
43 Kant, Metaphysik, A196/B 226.

gen, wie sie den Theorien der Generalprävention und der Spezialprävention zugrunde liegen, nicht in der Lage, eine Begründung für die Strafe zu liefern, sondern setzten sie als staatliches Zwangsmittel bereits voraus. Sie seien zudem mit der Freiheit und Gleichheit der Person nicht zu vereinbaren, sondern degradierten sie zum bloßen Objekt.

Kant und Hegel lösen daher Unrechtstat und Strafe von außer ihnen liegenden Zweckerwägungen: Die begangene **Unrechtstat** muss mit der **Strafe notwendig verbunden sein**. Die Unrechtstat sei dabei nicht bloß ein empirisches zufälliges Geschehen, sondern ein von einem vernünftigen, freien Menschen beherrschtes.[44] Ebenso wenig sei daher die Verletzung des Gegenübers durch diese Tat bloß als äußeres Ereignis zu verstehen. Der Täter mache mit seiner Unrechtstat vielmehr deutlich, dass er den anderen nicht mehr als gleiche, freie Person anerkenne, sondern ihn zu seinem Objekt degradiere. Der Verletzte selbst sei aber nicht in der Lage, dieses Verhältnis wieder in ein Gleichheitsverhältnis zurückzuführen. Dies stelle vielmehr eine Form emotionaler **Rache** dar.[45] Es bedürfe aber eines **rechtlichen** Ausgleichs. Dieser könne nur durch einen unbeteiligten Dritten, dem sowohl Verletzer als auch Verletzter vor der Tat ihre Zustimmung gegeben haben, erfolgen. Insofern ist für Kant und Hegel der Staat Bindeglied zwischen begangener Rechtsverletzung und Strafe. Der Staat tritt jedoch bei ihnen nicht erst mit der Unrechtstat in Erscheinung, sondern ist gerade derjenige, der die interpersonalen Freiheitsverhältnisse ordnen und realisieren soll (§ 1 Rn. 29 ff.; 36). Damit bekommt auch das Unrecht eine zusätzliche Komponente: Es ist nicht mehr nur eine Angelegenheit zwischen Täter und Opfer, sondern auch die Negation des allgemein als Recht Anerkannten. Die Strafe ist die auf die Unrechtstat folgende „Negation der Negation".[46] 19

c) *Paul Johann Anselm von Feuerbach* (1775–1833) knüpfte an die freiheitsphilosophischen Einsichten Kants an, versuchte aber, diese mit den damals herrschenden polizeilichstaatlichen Strukturen zu verbinden und zog daher für die Strafrechtsbegründung geradezu entgegengesetzte Schlussfolgerungen.[47] Er gilt als „Begründer des modernen Strafrechts" und prägte die damalige Doktrin und Gesetzgebung in Deutschland entscheidend mit.[48] So beherrschte er mit seinem „Lehrbuch des peinlichen Rechts" von 1801 die deutsche Strafrechtswissenschaft in der ersten Hälfte des 19. Jhds. und war Autor des ersten modernen Bayrischen StGB von 1813. 20

Ebenso wie für Kant ist auch für Feuerbach die Staatskonstitution vernunftnotwendig. Denn der Mensch „muss im ungestörten Genuss seiner Rechte sein, wenn er als vernünftiges Wesen existieren soll". Der Zweck des Staates liege in der Begründung des „rechtlichen Zustands" selbst.[49] Freiheitsverletzungen bzw. Rechtsverletzungen wider-

44 Hegel, Grundlinien, § 100.

45 Hegel, Grundlinien, § 102 Zusatz.

46 Hegel, Grundlinien, § 97 Zusatz; vgl. zum Begriff der „strafenden Gerechtigkeit" auch Hegel, Grundlinien, § 103. Zutreffend wird an der Strafrechtstheorie Kants kritisiert, dass dieser die Strafe als Wiedervergeltung (Talion) ansehe und die Todesstrafe rechtfertige. Die Kritik ist jedoch insofern einseitig, als man seine (Straf-) Rechtslehre darauf reduziert. Wendet man den Rechts- und Freiheitsbegriff Kants konsequent auf das Strafrecht an, fügt sich die Rechtfertigung der Talion und auch der Todesstrafe gerade nicht in sein Verständnis ein. Vgl. hierzu eingehend Zaczyk, Kant, S. 241 ff.

47 Instruktiv Naucke, Kant und die psychologische Zwangstheorie Feuerbachs.

48 Vgl. z.B. v. Hippel, Strafrecht, S. 294.

49 Feuerbach, Lehrbuch, § 10.

sprächen diesem Staatszweck. Der Staat sei daher berechtigt und verpflichtet, Vorsorge zu treffen, damit Rechtsverletzungen unmöglich gemacht werden.[50]

Die Notwendigkeit der Strafe leitet Feuerbach aus der **psychischen Natur** des Menschen ab. Alle Rechtsverletzungen „haben einen psychologischen Entstehungsgrund, in der Sinnlichkeit, in wiefern das Begehrungsvermögen des Menschen durch die Lust an der Handlung zur Begehung derselben angetrieben wird. Dieser sinnliche Antrieb muss, wenn die That unterbleiben soll, durch einen entgegengesetzten sinnlichen Antrieb aufgehoben werden. Solch ein entgegengesetzter sinnlicher Antrieb ist **Unlust (Schmerz, Übel)**, als Folge der begangenen Tat".[51] Die bürgerliche Strafe stelle ein solches Übel dar. Für Feuerbach ist daher gerade die Androhung der Strafe im Gesetz von besonderer Bedeutung, während mit ihrer Vollziehung deutlich gemacht werden soll, dass es nicht bloß bei der Androhung bleibt: „I. Der Zweck der **Androhung** der **Strafe** im Gesetz ist Abschreckung aller Bürger (...) von Rechtsverletzungen. II. Der Zweck der **Zufügung** derselben, die Begründung der Wirksamkeit der gesetzlichen Drohung, in wiefern ohne sie diese Drohung eine leere (wirkungslose) Drohung sein würde."[52]

2. Entwicklungen des Strafrechts in Preußen bis zum Reichsstrafgesetzbuch von 1871

21 *Friedrich der Große* (1712–1786) versuchte die vorgestellten freiheitlichen Ausgangsbestimmungen der Aufklärung in Preußen zum Teil umzusetzen. Auch wenn das 18. Jhd. kein „aufgeklärte(s) Zeitalter" war, war es doch „das Zeitalter der Aufklärung, oder das Jahrhundert Friedrichs".[53] Insbesondere im Strafrecht bewirkte der Monarch bedeutende Reformen des gemeinen Rechts. Schon drei Tage nach seinem Regierungsantritt (am 31.5.1740) begann er, die Folter im Rahmen des Inquisitionsprozesses zurückzudrängen. Wenn sie auch nicht vollends beseitigt wurde, wurde sie doch grundsätzlich außer Vollzug gesetzt.[54] Zudem schränkte er die Leibes- und Lebensstrafen stark ein, die Freiheitsstrafe wurde herrschend. Von den Gerichten forderte er genaue Gesetzesanwendung.[55]

22 Auch das am 1.6.1794 in Kraft getretene **Allgemeine Landrecht für die preußischen Staaten** (ALR) (§ 7 Rn. 30) enthielt im zweiten Teil ein umfassendes Strafgesetzbuch, in dem der Grundsatz „nulla poena sine lege" bereits ausdrücklich anerkannt wurde (vgl. II. 20. § 9 ALR),[56] um den Einzelnen gegen staatliche und richterliche Allmacht und Willkür zu schützen. Die Strafgesetze waren klar und verständlich, aber auch sehr ausführlich gefasst. Das Gesetz sollte für jeden Fall zweifelsfreie Lösungen bieten. Nicht nur die Richter, sondern ebenso die Wissenschaft war an den Wortlaut des Gesetzes gebunden.[57]

Das Wesen des Verbrechens wurde nicht mehr als Sünde begriffen, sondern als Schadenszufügung bzw. als Rechtsverletzung (vgl. II. 20. § 7 ALR). Die Strafe stand unter den Gesichtspunkten der Zweckmäßigkeit und Nützlichkeit für den Staat. Verbrechen

50 Feuerbach, Lehrbuch, § 11.
51 Feuerbach, Lehrbuch, § 17.
52 Feuerbach, Lehrbuch, § 20.
53 Kant, Aufklärung, A 491.
54 Vgl. näher zur Frage der Abschaffung der Folter in Preußen Schmoeckel, Humanität, S. 19 ff.
55 V. Hippel, Strafrecht, S. 271ff.
56 „Handlungen und Unterlassungen, welche nicht in den Gesetzen verboten sind, können als eigentliche Verbrechen nicht angesehen werden.".
57 V. Hippel, Strafrecht, S. 276.

und Strafmaß sollten in einem angemessenen Verhältnis zueinander stehen, was durch die Vorgabe eines gesetzlichen Rahmens geschah.[58]

Im ALR drückte sich jedoch auch der Polizeistaat des aufgeklärten Absolutismus aus. Es wurde als besonders wichtig angesehen, dass Verbrechen erst gar nicht begangen wurden, so dass sich zahlreiche präventive Polizeivorschriften ins Strafrecht mengten, die tief in die Persönlichkeitsrechte der Betroffenen eingriffen.[59]

Der im ALR angelegte Geist des Polizeistaates manifestierte sich auch im Umgang der Regierungsorgane mit den wachsenden politischen Unruhen. Aus Furcht vor Revolution und Demagogen wurden immer mehr Verordnungen mit scharfen Sanktionen und Verfolgungsvorschriften erlassen und durchgesetzt. Diese Normen und das ALR entsprachen nicht dem Zeitgeist des 19. Jhds., der eine Wende vom Polizeistaat zum konstitutionellen, liberalen Rechtsstaat vollzog. Schon zu Beginn des 19. Jhds. kam die Forderung auf, ein neues Strafgesetzbuch zu verfassen.[60] Die Aufnahme der Arbeit einer Revision des Strafrechts erfolgte jedoch erst 1826 und dauerte (mit Unterbrechungen) bis 1851 an. Das am 14.4.1851 in kraft getretene **Preußische Strafgesetzbuch (PrStGB)** stand zwar teilweise unter dem Einfluss des **Code pénal von 1810** (in Kraft seit dem 1.1.1811), stellte aber eine eigenständige deutsche Ausarbeitung dar. Anders als das französische Strafrecht bevorzugte es keine der unterschiedlichen Strafrechtstheorien.[61] Allerdings stand die Abschreckungswirkung durch Strafandrohung im Vordergrund, während spezialpräventive Gesichtspunkte demgegenüber wesentlich weniger Berücksichtigung fanden. 23

Das PrStGB bildete die Grundlage für das RStGB von 1871: In umgearbeiteter Form wurde es zum StGB des Norddeutschen Bundes von 1870, dessen Geltung auf die süddeutschen Staaten ausgedehnt wurde, die durch die Novemberverträge von 1870 dem Bund beitraten. Das RStGB wurde im Laufe der Zeit zwar immer wieder erneuert, ergänzt und an die politischen und rechtlichen Bedingungen seiner Zeit angepasst, gilt aber auch heute noch in weiten Bereichen unseres Strafgesetzbuches. 24

3. Entwicklungen im Strafprozessrecht

Der politische Liberalismus des 19. Jhds. führte auch zu einer **Reform des Strafprozesses.**[62] Durch den Inquisitionsprozess stand weiterhin die amtliche Verbrechensverfolgung und die Wahrheitsermittlung im Vordergrund, was zum einen zur Untergrabung der richterlichen Objektivität führte und zum anderen dem Angeklagten seinen erforderlichen Rechtsschutz verwehrte. Er war immer noch bloßes Verfahrensobjekt. Die Reformbestrebungen des Prozessrechts und des Gerichtsverfassungsrechts in den einzelnen deutschen Staaten zielten daher vor allem auf folgende Änderungen: **Erstens** sollte der Inquisitionsprozess durch ein Verfahren ersetzt werden, in dem das Gericht nur auf der Grundlage einer öffentlichen, mündlichen Verhandlung entscheiden konnte. Es sollte eine Zweiteilung des Verfahrens stattfinden: in ein inquisitorisches Vorverfahren und ein akkusatorisches Hauptverfahren. Dabei war das Vorverfahren nicht auf die Überführung des Beschuldigten gerichtet, sondern zielte allein auf den für die An- 25

58 V. Hippel, Strafrecht, S. 287.
59 V. Hippel, Strafrecht, S. 276 f.
60 V. Hippel, Strafrecht, S. 314.
61 Goltdammer, Materialien I, 78f.
62 Vgl. hierzu insgesamt näher Ignor, Geschichte, S. 147 ff., 179 ff., 211 ff.

klageerhebung notwendigen Tatverdacht ab.[63] **Zweitens** sollte eine Staatsanwaltschaft eingeführt werden.[64] **Drittens** sollte eine Laienbeteiligung an der Strafrechtspflege stattfinden. Schließlich sollte **viertens** eine Trennung von Justiz und Verwaltung, verbunden mit der Unabhängigkeit der Richter und der Aufhebung der Kabinettsjustiz, erfolgen.[65] In den meisten deutschen Staaten wurden neue Prozessordnungen nach diesen Grundsätzen geschaffen. Sie bildeten die Grundlage für die deutsche Reichsstrafprozessordnung vom 1.2.1877, die die Einheit auf dem Gebiet des Strafprozesses herstellte.[66]

IV. Der Positivismus

26 Während die Gesetzlichkeitsbestrebungen gerade im Strafrecht und die damit verbundene strikte Orientierung am positiven Recht in der Zeit der Aufklärung vor allem bedingt waren durch die Ablehnung willkürlichen Staatshandelns und die Gewährleistung von Rechtssicherheit für den einzelnen Bürger, erfolgte ab der 2. Hälfte des 19. Jhds. zum Teil eine bewusste Abkehr von dem Versuch, das (bestehende) Recht philosophisch zu begründen. Nach der Einführung des RStGB von 1871 beherrschte ein extrem positivistisches Denken die **Strafrechtswissenschaft.** Dieses Denken stand in einem engen Zusammenhang mit den damaligen sozialen und politischen Verhältnissen, mit der Entwicklung der allgemeinen Staatslehre und dem Staatsrecht[67] sowie dem Aufschwung des rein naturwissenschaftlichen Denkens verbunden mit der Ablehnung jedweder Form des Metaphysischen. Dieses wurde als ein Bereich betrachtet, der die menschliche Anschauung übersteigt und daher nicht in der Lage ist, sichere Erkenntnisse zu vermitteln.[68]

Zwei Formen des Positivismus sind zu unterscheiden und waren Gegenstand des sog. Schulenstreits: der **„normlogische Positivismus"** (unter 1.) einerseits und der **„naturalistische Positivismus"** (unter 2.) andererseits.[69] Während ersterer versuchte, aus dem positiven Recht allgemeine juristische Begriffe zu entwickeln, war es Ziel des letzteren, das Strafrecht auf der Grundlage rein naturwissenschaftlich betriebener Sozialwissenschaften zu erklären.

27 1. *Karl Binding* (1841–1920) vertrat im Strafrecht einen **normlogischen Positivismus.** Er ist insofern **Positivist,** als seine Lehre vom geschriebenen Recht ihren Ausgang nimmt und damit das Verbrechen rein formal bestimmt. Es stelle einen „Bruch des Gesetzes" dar. Gebrochen werde jedoch nicht das Strafgesetz, sondern eine ihm notwendig vorausgehende Verhaltensnorm: „Kein Verbrechen der Welt verstösst wider das Strafgesetz, nach dem es gestraft wird: jedes verletzt einen Rechtssatz, der von dem Strafgesetze fundamental verschieden ist, und der (...) als ‚Norm' bezeichnet wird."[70] Normen sind nach Binding „Verbote oder Gebote von Handlungen".[71] Das Strafgesetz selbst begründe den staatlichen Strafanspruch und die Pflicht des Verbrechers, die Stra-

63 Schmidt, Einführung, § 288.
64 S.a. Schmidt, Einführung, § 289.
65 Schmidt, Einführung, § 287. Vgl. zum Zusammenhang der Entwicklung des Strafprozessrechts mit den politischen Ereignissen des Jahres 1848, v. Hippel, Strafrecht, S. 313.
66 V. Hippel, Strafrecht, S. 313 m.w.N.
67 Vgl. zur Auseinandersetzung mit dem Positivismus in der allgemeinen Staatslehre § 4 Rn. 2ff.; vgl. für das Staatsrecht Stolleis, Geschichte, S. 438.
68 V. Liszt, ZStW 3 (1883), 8; Binding, Handbuch, S. 6.
69 Näher hierzu Koch, Binding vs. v. Liszt – Klassische und moderne Strafrechtsschule, S. 127 ff.
70 Binding, Handbuch, S. 155.
71 Binding, Handbuch, S. 156.

fe zu dulden. „Strafe ist das Recht des Staates, einem Delinquenten (...) Rechte und Rechtsgüter zu nehmen."[72] Jedoch kommt es für Binding nicht allein auf den Wortlaut des geschriebenen Rechts, sondern auf den **objektiven Sinngehalt des Gesetzes**, auf die **Normlogik** an. **„Das Gesetz denkt und will, was der vernünftig auslegende Volksgeist aus ihm entnimmt."**[73]

2. Bedeutender Vertreter des sogenannten **naturalistischen Positivismus** war *Franz von Liszt* (1851–1919). Während Basis des normlogischen Positivismus das geschriebene Recht war, ist für den naturalistischen Positivismus die äußere, soziale Realität, also die Gesellschaft Ausgangspunkt. Auch Verbrechen und Strafe sind daher für v. Liszt nicht bloß formaljuristische Abstraktionsbegriffe eines strafrechtswissenschaftlichen Systems, sondern als Teile der sozialen Wirklichkeit zu erforschen. Aufgabe der „positiven" Wissenschaft solle es sein, äußere Erscheinungen in ihren Gesetzmäßigkeiten zu erforschen, um Geschehnisse voraussehen und damit auch beherrschen zu können. Der Mensch sei als ein Wesen zu begreifen, das allein der Naturkausalität unterworfen sei.[74] Die Erforschung des sozialen Lebens diene dazu, (Natur-) Gesetzmäßigkeiten festzustellen. Aufgabe der Strafrechtswissenschaft sei es, Verbrechen und Strafe „kausal" zu erklären.[75] Die (neu entstandene Disziplin der) **Kriminalsoziologie** solle durch systematische Einzel- und Massenbeobachtung das Phänomen „Verbrechen" als das Ergebnis gesellschaftlichen Lebens in seiner sozialen Gestaltung und seiner sozialen Bedingtheit erforschen. Im Mittelpunkt der Betrachtung stehe die **Persönlichkeit des Täters.** Denn nach dieser solle sich auch die Ausrichtung des Strafvollzuges richten, der neben der Androhung der Strafe im Gesetz im Vordergrund von v. Liszts Anliegen steht. Die wesentlichen Wirkungen der Strafe und die damit möglichen Formen des Rechtsgüterschutzes durch Strafe sind für v. Liszt nach seinem **„Marburger Programm"** von 1882 Besserung, Abschreckung und Unschädlichmachung. Diesen drei Zwecken stellt er drei Kategorien von Verbrechern gegenüber.[76] Die Besserungsfähigen und besserungsbedürftigen Täter sollen gebessert werden. Die nicht besserungsbedürftigen Verbrecher sollen abgeschreckt werden und die nicht besserungsfähigen sollen unschädlich gemacht werden.[77] 28

V. Strafrecht im Nationalsozialismus

Bereits während des **Kaiserreichs** und während der **Weimarer Republik** wurde eine **Gesamt**reform des Straf- und Strafverfahrensrechts angestrebt, die zwar in Gesetzesentwürfen mündete, zu deren Umsetzung es aber nicht kam.[78] 29

Auch während der Zeit des **Nationalsozialismus** gingen die (Gesamt-) Reformbestrebungen weiter, gelangten aber ebenfalls nicht zum Abschluss.[79] Dennoch wurde „spe-

72 Binding, Handbuch, S. 485.
73 Binding, Handbuch, S. 456 m. Fn. 7.
74 Vgl. zum Zusammenhang mit der Lehre Darwins, v. Liszt, ZStW 3 (1883), 1, 7 ff.
75 V. Liszt, Strafrechtliche Vorträge und Aufsätze, S. 289.
76 V. Liszt, ZStW 3 (1883), 1, 35.
77 V. Liszt, ZStW 3 (1883), 1, 36.
78 Vgl. zu den Reformentwürfen des RStGB die Sammlung von Vormbaum/Rentrop (Hrsg.), Bd. 1 und 2; vgl. zu Reformentwürfen der RStPO Goldschmidt, Reform. Es kam aber zu zahlreichen und auch bedeutenden, durch die Zeitverhältnisse bedingten Änderungen im Straf- und Strafverfahrensrechts, vgl. hierzu Rieß, StPO-Kommentar, Einl. Abschn. E, Rn. 34 m.w.N.; zur sog. Emminger-Reform vgl. Vormbaum, Lex-Emminger, S. 74 ff.
79 Vgl. zur den Reformentwürfen auch die Sammlung von Vormbaum/Rentrop (Hrsg.), Bd. 2.; Gürtner, Strafrechtskommission.

zifisches Nationalsozialistisches Strafrecht" durch Einzelgesetze und zahlreiche Verordnungen eingeführt. Dabei ist zu berücksichtigen, dass die Normen lediglich als ein „Transportmittel des Führerwillens" fungierten.[80] „Der Führergrundsatz des nationalsozialistischen Staates behält die gesamte Volksführung und damit die Gesetzgebung dem Führer vor."[81] Die Gewaltenteilung war damit aufgehoben (vgl. zum Verfassungsrecht im Nationalsozialismus § 6 Rn. 63ff.).[82] Die Gesetze dienten allein der Durchsetzung der nationalsozialistischen Strafpolitik. Es können hier nicht alle Normierungen angesprochen werden; vielmehr sollen im Folgenden exemplarisch einige Maßnahmen herausgegriffen werden. Sie zeigen deutlich, wie gerade mit Mitteln des Strafrechts eine bewusste Abkehr vom liberalen Rechtsstaat und von den Gedanken der Aufklärung hin zu einem totalitären Machtstaat vollzogen wurde.

30 Das **materielle Strafrecht** sollte dem natürlichen Schutz der Gesundheit und der Kraft des deutschen Volkes, vor allem seines Blutes dienen. Bei der Bestimmung der Strafgesetze kam es nicht auf deren genauen Wortlaut an, sondern diese sollten möglichst flexibel und anpassungsfähig an das jeweils bestehende Bedürfnis des Volkes sein, an das „Volksempfinden".[83] Entscheidend war für die Auslegung dieses „Empfindens" das, was der Nationalsozialismus als solches definierte. Mit dem Gesetz zur Änderung des Strafgesetzbuchs vom 28.6.1935 wurde der alte § 2 RStGB, der den Satz „nullum crimen, nulla poena sine lege" beinhaltete, ersetzt durch die Bestimmung des neuen § 2: „Bestraft wird, wer eine Tat begeht, die das Gesetz für strafbar erklärt, oder die nach dem Grundgedanken eines Strafgesetzes und nach gesundem Volksempfinden Bestrafung verdient."[84] Gekennzeichnet war das Strafrecht letztlich durch eine Willkür des Gesetzesanwenders. Es ließ sich jede Strafe als „gerechte Strafe" rechtfertigen, solange sie sich an den völkischen Werten des Nationalsozialismus orientierte.[85]

31 Diese Willkür im Rahmen des materiellen Strafrechts wurde ergänzt und damit in seinem Ausmaß unermesslich durch den Aufbau eines nationalsozialistischen **Strafverfahrensrechts.** Hier wurde insbesondere die Macht der Staatsanwaltschaft erweitert und einer gerichtlichen Kontrolle entzogen. Sie war alleinige „Herrin des Vorverfahrens". So wurde das Legalitätsprinzip noch weiter (bereits in der Weimarer Zeit war es gelockert worden) aufgeweicht, indem die Staatsanwaltschaft ohne Zustimmung des Gerichts von einer Anklage absehen konnte. Zudem hatte es die Staatsanwaltschaft in der Hand, im Einzelfall die normale Strafgerichtsbarkeit zu umgehen. Die Verordnung über die Erweiterung der Zuständigkeit von Sondergerichten vom 20.11.1938 bestimmte in Art. 1: „Bei Verbrechen, die zur Zuständigkeit des Schwurgerichts oder eines niedrigeren Gerichts gehören, kann die Anklagebehörde Anklage vor dem Sondergericht erheben, wenn sie der Auffassung ist, daß mit Rücksicht auf die Schwere oder die Verwerflichkeit der Tat oder die in der Öffentlichkeit hervorgerufene Erregung die sofortige Aburteilung durch das Sondergericht geboten ist." Für den Beschuldigten hatte die Zuständigkeit des Sondergerichts, das auf schnelle Aburteilung zielte, zur Folge, dass es keine mündliche Verhandlung über den Haftbefehl, keine gerichtliche

80 Werle, Justiz-Strafrecht, S. 683; Schorn, Gesetzgebung, S. 11.
81 Gürtner, Das neue Strafrecht, S. 25.
82 Vgl. zur Herrschaft des Führers auch Werle, Justiz-Strafrecht, S. 687 ff.
83 Moralität und Recht wurden so vereint, vgl. hierzu Freisler, ZStW 55, 510.
84 Vgl. zur Analogie auch Schinnerer, ZStW 53 (1936), 775 ff.; Werle, Justiz-Strafrecht, S. 160 ff.
85 Vgl. zudem zum sog. Willensstrafrecht Gürtner, Strafrecht, S. 25 ff.; Freisler, Das neue Strafrecht, S. 136 ff.

Voruntersuchung, keinen gerichtlichen Eröffnungsbeschluss, eine Abkürzung der Ladefrist und schließlich keine Rechtsmittel gab.[86]

32 Parallel zur Strafjustiz wurde ein **Polizeistrafrecht** entwickelt. Der Exekutive kam durch die „Verordnung des Reichspräsidenten zum Schutz von Volk und Staat" vom 28.2.1933 die Befugnis zu, strafbewehrte Anordnungen zu treffen. § 1 der genannten Verordnung ließ polizeiliche „Beschränkungen der persönlichen Freiheit, des Rechts der freien Meinungsäußerung" und weitere Grundrechtseingriffe zu.[87] Das Gesetz setzte damit die in der Weimarer Reichsverfassung normierten Grundfreiheiten außer Kraft und galt bis zum Ende des Dritten Reiches. Mit dieser Vorschrift konnte jeder nichtkonforme Staatsbürger „unschädlich" gemacht werden. Er war durch die polizeiliche Freiheitsentziehung dem Schutz der Justiz entzogen und konnte in sog. politische Schutzhaft genommen, d.h. vor allem in ein Konzentrationslager gebracht werden. Sie war „dasjenige Mittel, das als schärfste Waffe gegen den Staatsfeind zur Anwendung zu bringen" war.[88]

33 Deutschland wurde nach der Kapitulation der deutschen Wehrmacht am 8.5.1945 in Besatzungszonen aufgeteilt. Der **Alliierte Kontrollrat** und die **Militärregierungen** hoben mit Einzelgesetzen und allgemeinen Grundsätzen die Gesetze auf, die als rechtsstaatlich unhaltbar empfunden wurden. Abgeschafft wurden bspw. solche Regelungen, die der nationalsozialistischen Propaganda, der Verfolgung von sog. Volksschädlingen und der Unterdrückung von Polen und Juden gedient hatten. Ferner durften die in Kraft gebliebenen Normen nicht mehr nach den „nationalsozialistischen Lehren" ausgelegt werden. So wurde vor allem eine Bestrafung aufgrund von Analogie oder unter Berufung auf das „gesunde Volksempfinden" verboten.[89]

VI. Strafrecht in der Deutschen Demokratischen Republik

34 Das Strafrecht der Deutschen Demokratischen Republik war dadurch gekennzeichnet, dass es ein Instrument der Staatsführung darstellte, ihre politischen (sozialistischen) Interessen durchzusetzen und zu schützen. Das RStGB von 1871 blieb zwar bis zum Inkrafttreten des neuen sozialistischen StGB von 1968 grundsätzlich gültig, erfuhr jedoch seit 1945 einige Änderungen. So trat im Bereich des Besonderen Teils ein politisches Strafrecht in Kraft.[90] Eingeführt wurden bspw. die Tatbestände der „Staatsgefährdenden Propaganda und Hetze", die „Staatsverleumdung" sowie die „Verleitung zum Verlassen der DDR".

Nach der Präambel des **neuen StGB von 1968** hatte das Strafrecht die Aufgabe, „die sozialistische Staats- und Gesellschaftsordnung sowie die Rechte und Interessen der Bürger vor kriminellen Handlungen, insbesondere vor verbrecherischen Angriffen gegen den Frieden und die Deutsche Demokratische Republik, zu schützen". Bezugspunkt für die Frage der Zurechnungsfähigkeit war nicht das Tatunrecht, sondern es

86 Vgl. zum System der NS-Sondergerichtsbarkeiten Kalmbach, KJ 50 (22017), S. 226 ff.

87 Vgl. näher zu dieser Verordnung Schorn, Gesetzgebung, S. 25 ff.; Werle, Justiz-Strafrecht, S. 65 ff.

88 Tesmer, DtR 1936, 135, 136. Die politische Schutzhaft war jedoch nicht auf Staatsfeinde reduziert (auch wenn sie ursprünglich zur Abwehr kommunistischer Staatsfeinde ergangen war), sondern konnte gegen „alle Elemente, die in Staats- oder volksschädigender Weise die Wiederaufbauarbeit des Deutschen Volkes durch ihr Verhalten gefährden" angewendet werden. Vgl. dens. aaO.

89 Vgl. insg. zum Strafrecht in der Besatzungszeit Etzel, Die Aufhebung; eine Übersicht findet sich bei Vormbaum, Einführung, S. 218 ff. Auf die strafrechtliche Aufarbeitung der NS-Vergangenheit kann in diesem Beitrag nicht mehr eingegangen werden.

90 Vgl. dazu Schuller, Geschichte, S. 37 ff.

waren die „durch die Tat berührten Regeln des gesellschaftlichen Zusammenlebens" (§ 15).[91] Die Straftaten gegen die staatliche und öffentliche Ordnung enthielten u.a. den Tatbestand des „Ungesetzlichen Grenzübertritts" (§ 213) und des „Rowdytums" (§ 215).[92]

35 Bereits 1950 wurde die **Staatssicherheit** geschaffen, die neben der Justiz in politischen Strafverfahren die Kompetenz hatte, selbsttätig zu ermitteln. Zudem musste sie nicht erst über die Staatsanwaltschaft eine Gerichtsentscheidung herbeiführen, sondern konnte das Verfahrensergebnis gegebenenfalls selbst herbeiführen.[93]

Insbesondere das **politische Strafrecht der DDR** diente dazu, den Täter zum Sozialismus zu führen, da er mit seiner Straftat gezeigt hatte, dass er sich gegen das System gewendet hatte. Im Rahmen der Strafverhängung wurde dann unterschieden, ob es sich um die bloße Verfehlung eines Einsichtsfähigen handelte, auf dessen Bewusstsein einzuwirken ist und der zum Sozialismus erzogen werden muss, oder ob es sich um einen „Klassenfeind" handelte, der mit der Strafe unschädlich zu machen ist.[94]

VII. Strafrecht der Bundesrepublik Deutschland

36 Schon bald nach der Gründung der Bundesrepublik Deutschland wurde die Gesamtreform des **materiellen Strafrechts** wiederaufgenommen. Sie mündete (nach Zwischenentwürfen) im **Entwurf von 1962.**[95] Jedoch fand dieser keine Mehrheit. Parallel zu den offiziellen Entwürfen, erarbeiteten einige Strafrechtswissenschaftler gemeinsam einen Alternativ-Entwurf eines Strafgesetzes. Statt einer Gesamtreform folgten von 1969 bis 1974 fünf einzelne, kleinere Reformen. Das **Erste Gesetz zur Reform des Strafrechts vom 25.6.1969** brachte vor allem eine Grundreform des Sanktionenrechts, wie z.B. die Abschaffung der Zuchthausstrafe, des Arbeitshauses und des Verlusts der bürgerlichen Ehrenrechte. Im Rahmen des **Zweiten Gesetzes zur Reform des Strafrechts vom 4. 7.1969** wurden insbesondere einzelne Vorschriften des Allgemeinen Teils geändert, wie z.B. Tatbestands- und Verbotsirrtum sowie Täterschaft und Teilnahme. In den 80er Jahren spielte das **Präventionsstrafrecht** in der politischen Diskussion eine bedeutende Rolle, die in den 90er Jahren zu einer Vielzahl von Gesetzesänderungen führten, wie z.B. das Gesetz zur **Bekämpfung** des illegalen Rauschgifthandels und anderer Erscheinungsformen der Organisierten Kriminalität von 1992 und das Verbrechens**bekämpfungs**gesetz von 1994.[96] Umfassende Änderungen von Teilbereichen des Besonderen Teils sowie teilweise Neunummerierungen der Tatbestände brachte das **Sechste Strafrechtsreformgesetz von 1998.** Sein Ziel war vor allem, die Strafrahmen zu harmonisieren, den Strafschutz durch Änderungen und Ergänzungen zu verbessern und die Rechtsanwendung zu erleichtern. Dieses Gesetz ist mit seinen Änderungen in der Literatur z.T. auf heftige Kritik gestoßen, da es – vielleicht aufgrund der Eile, mit der es

91 Vormbaum, Einführung, S. 253 f.

92 Vormbaum, Einführung, S. 255 m. Fn. 460. Insg. erfuhr das StGB der DDR 5 Änderungsgesetze bis zur Öffnung der innerdeutschen Grenze. Im Rahmen des 3. Änderungsgesetzes vom 28.6.1979 wurde insbesondere das politische Strafrecht enorm verschärft.

93 Rüping/Jerouschek, Grundriss, S. 143.

94 Sagel-Grande, Entwicklung, S. 39 ff., 68 ff.

95 Näher Timm, Der Entwurf eines Strafgesetzbuches von 1962, 2016.

96 Dass das Strafrecht immer mehr zum Gefahrenabwehrrecht mutiert, zeigen z.B. die neu eingeführten Straftatbestände der §§ 89a, b, 91 StGB, die bereits die „Vorbereitung terroristischer Straftaten" ahnden sollen.

auf den Weg gebracht wurde – in Teilbereichen als unsystematisch und undogmatisch gilt und viele Fragen offen lässt. [97]

37 Die ersten Reformen im **Strafprozessrecht** waren zunächst darauf ausgerichtet, ein **rechtsstaatliches Strafverfahren** wieder herzustellen. So sollte insbesondere § 136a StPO (verbotene Vernehmungsmethoden) die Rechtsstellung des Beschuldigten sichern. Auch das Gesetz zur Änderung der StPO und des GVG von 1964 sollte das Strafverfahrensrecht liberalisieren und die Rechtsstellung des Beschuldigten sowie seines Verteidigers festigen. Demgegenüber zielten die Strafrechtsreformen seit 1974 in vielen Vorschriften eher auf **Schnelligkeit und Effektivität der Strafrechtspflege** ab. In dem Zusammenhang stehen auch die Vorschriften, die das Legalitätsprinzip einschränken. So wurde 1975 § 153a StPO eingeführt, der dem Staatsanwalt die Möglichkeit der Verfahrenseinstellung in Verbindung mit Geldauflagen ermöglicht.[98] Die Einführung der sog. Absprachen (vgl. v.a. § 257c StPO) durch das „Gesetz zur Regelung der Verständigung im Strafverfahren“[99] bildet ein weiteres Beispiel zur Einschränkung des Legalitätsgrundsatzes und der Ausweitung von Opportunitätsgesichtspunkten im Strafverfahren.

VIII. Zusammenfassung

38 Die Strafe ist das schärfste Mittel des Staates gegenüber seinen Bürgern. Die Darstellung seiner Geschichte hat gezeigt, wie sehr das Strafrecht von Herrschaftsstrukturen abhängig ist und so auch zu einer rein willkürlichen Maßnahme werden kann. Der Einzelne ist dann nicht mehr Subjekt, sondern bloßes Regierungsobjekt. Von einer **gerechten Strafe** oder einer **Rechts**strafe im wörtlichen Sinne kann dann nicht mehr die Rede sein. Die Strafrechtsgeschichte hat gerade in ihren grausamen Phasen anschaulich gemacht, dass ein auf bloße (politische oder gesellschaftliche) Zweckmäßigkeit ausgerichtetes Straf-„Recht“ verheerende Menschenrechtsverletzungen zur Folge hat. Die Legitimität einzelner staatlicher Strafmaßnahmen ist daher immer wieder – gerade in Zeiten politischer und gesellschaftlicher Wandlungen – neu zu untersuchen.

C. Die Europäisierung des Strafrechts

39 Seit einigen Jahren findet eine „Ökonomisierung und Globalisierung des Rechts“ statt, mit der seine „Politisierung“ verbunden ist.[100] Es wird immer weniger nach der Legitimität des Rechts und damit auch des Rechts zu strafen gefragt, sondern es werden – sei es national oder international – politische Kompromisse zu finden versucht. Der Staat bzw. eine ihm „übergeordnete“ Institution wie die Europäische Union und Strafe werden bereits vorausgesetzt (vgl. zur Staatslehre im Zeitalter der Europäisierung § 4 Rn. 27ff.; zur Frage einer europäischen Verfassung § 6 Rn. 75ff.). Ob und in welchem Zusammenhang sie stehen und welche Bedeutung sie für die materiellen Inhalte des Rechts haben, wird kaum untersucht. Damit hat das positivistische Rechtsdenken heute immer noch einen nicht zu unterschätzenden Einfluss auf unser Rechtsverständnis.

Die Notwendigkeit einer Europäisierung des Strafrechts rückte insbesondere durch den Vertrag von Lissabon verstärkt in den Fokus. Als Begründung wurde angeführt, dass

97 Vgl. die Übersicht bei Vormbaum, Einführung, S. 232 ff. m.w.N.
98 Vgl. die Übersicht zur StPO-Reform bei Rieß, StPO-Kommentar, Einl. Abschn. E, Rn. 106ff. m.w.N.
99 BT-Drucks. 16/12310; 16/13095.
100 Vgl. auch Stübinger, Das „idealisierte“ Strafrecht, S. 41 ff., 53 ff.

mit dem Wachsen der Europäischen Union neue Problemfelder auftauchen, wie eine vermehrte grenzüberschreitende, organisierte Kriminalität, die gemeinsam mit den anderen Mitgliedstaaten zu bewältigen sind. Art. 83 AEUV sieht daher bspw. die Möglichkeit vor, durch Richtlinien Mindestvorschriften von Straftaten und Strafen in Bereichen besonders schwerer Kriminalität festzulegen, die aufgrund der Art oder der Auswirkungen der Straftaten oder aufgrund einer besonderen Notwendigkeit, sie auf einer gemeinsamen Grundlage zu bekämpfen, eine grenzüberschreitende Dimension haben. Art. 325 Abs. 2 AEUV enthält zudem eine Verpflichtung der Mitgliedstaaten zur Sanktionierung und ihrer effektiven Durchsetzung von Handlungen zum Nachteil der finanziellen Interessen der Union.[101] Mit Art. 86 AEUV wurde für die EU die Kompetenz zur Errichtung einer Europäischen Staatsanwaltschaft geschaffen. Ende 2020 soll die Europäische Staatsanwaltschaft (EUStA) zunächst in 22 teilnehmenden EU-Mitgliedstaaten voraussichtlich ihre Arbeit aufnehmen. Sie ist insbesondere für die strafrechtliche Ermittlung und Verfolgung sowie die Anklageerhebung bei Straftaten zum Nachteil der finanziellen Interessen der Europäischen Union zuständig.[102]

Aufgrund des besonderen Zusammenhangs von Strafrecht und Staatsrecht ging aber auch die ursprüngliche Idee einer Europäischen Gemeinschaft nicht von der Zusammenfassung der Strafrechtssysteme aus. Im Gegenteil: Die Zusammenarbeit verschiedener Staaten in Strafsachen war innerhalb Europas auf die klassische internationale Rechtshilfe beschränkt. Auch v. Liszt, der bereits im Jahre 1889 mit einem Belgier und einem Holländer die „Internationale Kriminalistische Vereinigung“ gründete und damit eine internationale Reformbewegung angestoßen hat, hatte für den Zusammenhang der „nationale(n) Bedeutung des Strafrechts als besonders empfindliches Barometer für eigenständige nationale Kulturverhältnisse“ ein besonderes Verständnis.[103]

40 Der Zusammenhang zwischen dem einzelnen Subjekt, seiner Verfasstheit im Staat und dem Recht desselben zu strafen ist aber, wie auch die Entwicklung des Strafrechts von der bloßen Rache zu einer staatlichen Rechtsstrafe gezeigt hat, nicht zufällig, sondern für ein rechtsstaatliches Strafrecht notwendig. Der Staat stellt gerade das Bindeglied zwischen dem vernünftigen, freien Einzelnen, dem Recht und der Strafbefugnis dar. Geht dieser Zusammenhang verloren, läuft das Recht und damit auch gerade das Strafrecht Gefahr, zu einer bloßen Zwangsmacht der Herrschenden zu werden.[104]

41 Wiederholungs- und Vertiefungsfragen

1. Inwiefern unterscheidet sich die (Rechts-)Strafe von anderen Reaktionsformen auf begangenes Unrecht?
2. Welche Bedeutung kam dem sog. Kompositionenwesen zu?
3. Inwieweit zeigen sich bereits im frühen Mittelalter Ansätze eines „peinlichen Strafrechts“?
4. Wodurch zeichnet sich das „Akkusationsverfahren“ und wodurch das „Inquisitionsverfahren“ aus?

101 Hierzu näher Noltenius, Die Europäische Idee der Freiheit und die Etablierung eines Europäischen Strafrechts, 2017, S. 40 ff.

102 ABl. L 283 v. 31.7.2017, S. 1 – EUStA-VO; vgl. auch BT-Drucks. 19/17963.

103 Schmidt, Einführung, § 308.

104 Näher Noltenius, Die Europäische Idee der Freiheit und die Etablierung eines Europäischen Strafrechts, 2017.

5. Wodurch zeichnet sich das Strafrecht zur Zeit des Absolutismus aus?
6. Worin liegt die Bedeutung der Aufklärung?
7. Was ist mit Naturrecht gemeint und was versteht man unter Vernunftrecht?
8. Inwieweit unterscheiden sich diese beiden „Strömungen" hinsichtlich ihrer Strafrechtsbestimmung?
9. Worin liegt nach Johann Anselm v. Feuerbach die Notwendigkeit staatlichen Strafens?
10. Worin bestanden die Reformbestrebungen des Strafprozesses zur Zeit des Liberalismus im 19. Jahrhundert?
11. Wodurch zeichnet sich der sog. Positivismus aus?
12. Inwieweit ist das Strafrecht heute von europäischen Einflüssen geprägt?

Lektüreempfehlungen:

Merkel, Der Begriff der Strafe in seinen geschichtlichen Beziehungen, Antrittsvorlesung an der Wiener Universität 1872, in: ders., Gesammelte Abhandlungen aus dem Gebiet der allgemeinen Rechtslehre und des Strafrechts, 1899; Rüping/Jerouschek, Grundriss der Strafrechtsgeschichte, 6. Aufl., 2011; Sellert/Rüping, Studien- und Quellenbuch zur Geschichte der deutschen Strafrechtspflege Band 1 und Band 2, 1989/1994; Schmidt, Einführung in die Geschichte der deutschen Strafrechtspflege, 3. Aufl., 1964/1995; Trusen, Der Inquisitionsprozeß. Seine historischen Grundlagen und frühen Formen, in: Gelehrtes Recht im Mittelalter und in der frühen Neuzeit, 1997, S. 81ff.; Vormbaum, Einführung in die moderne Strafrechtsgeschichte, Berlin, Heidelberg 2009. 42

Literaturverzeichnis:

Achter, Geburt der Strafe, 1951; Bader, Zum Unrechtsausgleich und zur Strafe im Frühmittelalter, ZRG (GA) 112 (1995), 1 ff.; v. Bar, Geschichte des deutschen Strafrechts und der Strafrechtstheorien, 1882, 2. Neudruck, 1992; Bechtel, Die Constitutio Criminalis Carolina von 1532 – Wegbereiter einer eigenständigen deutschen Strafrechtsdogmatik, ZJS 2017, 641 ff.; 2018, 20 ff; Binding, Handbuch des Strafrechts, Band I (1885), Nachdruck, 1991; Brunner, Deutsche Rechtsgeschichte, Band II, 1892; Etzel, Die Aufhebung von nationalsozialistischen Gesetzen durch den Alliierten Kontrollrat (1945–1948), 1992; v. Feuerbach, Lehrbuch des gemeinen in Deutschland geltenden peinlichen Rechts (1801), Nachdruck, 1985; Freisler, Das neue Strafrecht, 1936, S. 33 ff.; ders., Gedanken zur Technik des werdenden Strafrechts und seiner Tatbestände, ZStW 55 (1936), 503 ff.; Goldschmidt, Zur Reform des Strafverfahrens, 1919; Goltdammer, Die Materialien zum Strafgesetzbuche für die Preußischen Staaten, Theil I. Das Einführungsgesetz und den Allgemeinen Theil enthaltend, 1851; Grotius, De iure belli ac pacis libris tres, 1625, dt. Übersetzung von Schätzel, in: Die Klassiker des Völkerrechts, Band I, 1950; Gürtner, Das neue Strafrecht, 1936, S. 19 ff.; ders., Das kommende deutsche Strafrecht. Bericht über die Arbeit der amtlichen Strafrechtskommission, 1938; Hassemer, Strafrecht in einem europäischen Verfassungsvertrag, ZStW 116 (2004), 304 ff.; Hattenhauer, Die geistesgeschichtlichen Grundlagen des deutschen Rechts, 4. Auflage 1996; Hecker, Europäisches Strafrecht, 4. Aufl., 2012; Hegel, Grundlinien der Philosophie des Rechts, Theorie Werkausgabe (hrsg. von Moldenhauer/Michel), Band VII, 1970; ders., Vorlesungen über die Philosophie der Geschichte, Theorie Werkausgabe, Band XII, 1970; Hippel, Deutsches Strafrecht, Band I, Allgemeine Grundlagen, 1925; Ignor, Geschichte des Strafprozesses in Deutschland 1532–1846, 2002; Jerouschek, Die Hexen und ihr Prozeß, 1992; Kalmbach, Das System der NS-Sondergerichtsbarkeiten, KJ 50 (2017), S. 226 ff.; Kant, Werkausgabe von Weischedel (Hrsg.), 14. Auflage 1998 u. ö., darin: Die Metaphysik der Sitten (Erste Auflage (A) 1797, Zweite Auflage (B) 1798), Band VIII; Idee zu einer allgemeinen Geschichte in weltbürgerlicher Absicht (1790), Band XI; Beantwortung der Frage: Was ist Aufklärung? (1784), Band XI; Koch, Binding vs. v. Liszt – Klassische und moderne Strafrechtsschule, in: Hilgendorf/Weitzel, Der Strafgedanke in seiner historischen Entwicklung, 2007, S. 127 ff.; Kroeschell, Deutsche Rechtsgeschichte, Band I, 13. Auflage 2008; v. Liszt, Der Zweckgedanke im Strafrecht, ZStW 3 43

(1883), 1 ff.; ders., Die Aufgaben und Methoden der Strafrechtswissenschaft, in: Strafrechtliche Vorträge und Aufsätze, Band II, 1905, S. 284 ff.; Naucke, Kant und die psychologische Zwangstheorie Feuerbachs, 1962; Noltenius, Die Europäische Idee der Freiheit und die Etablierung eines Europäischen Strafrechts, 2017; Pufendorf, De Officio hominis et civis juxta legem naturem libri duo, 1673, Über die Pflicht des Menschen und des Bürgers nach dem Gesetz der Natur, hrsg. und übersetzt von Klaus Luig, 1994; Rieß, in: Löwe-Rosenberg, Die Strafprozessordnung und das Gerichtsverfassungsgesetz, Bd. 1, 25. Auflage, Einl. Abschn. E; Rüping/Jerouschek, Grundriss der Strafrechtsgeschichte, 6. Auflage 2011; Sagel-Grande, Die Entwicklung der Sanktionen ohne Freiheitsentzug im Strafrecht der DDR, 1972; Satzger, Internationales und Europäisches Strafrecht, 5. Aufl., 2011; Schinnerer, Analogie und Rechtsschöpfung, ZStW 55 (1936), 768 ff.; Schlosser, Von der Klage zur Anklage, Spuren eines Wandels am Beispiel der Augsburger reichsstädtischen Strafpraxis, in: Willoweit (Hrsg.), Die Entstehung des öffentlichen Strafrechts, 1999; Schmidt, Einführung in die Geschichte der Deutschen Strafrechtspflege, 3. Aufl. 1964/1995; Schmoeckel, Humanität und Staatsraison, Die Abschaffung der Folter in Europa und die Entwicklung des gemeinen Strafprozeß- und Beweisrechts seit dem hohen Mittelalter, 2000; ders., Auf der Suche nach der verlorenen Ordnung, 2000 Jahre Recht in Europa, 2005; Schorn, Die Gesetzgebung des Nationalsozialismus als Mittel der Machtpolitik, 1963; Schuller, Geschichte und Struktur des politischen Strafrechts der DDR bis 1968, 1980; Stolleis, Geschichte des öffentlichen Rechts in Deutschland, Band II, Staatsrechtslehre und Verwaltungswissenschaft 1800–1914, 1992; Stübinger, Das „idealisierte" Strafrecht. Über Freiheit und Wahrheit in der Straftheorie und der Strafprozessrechtslehre, 2008; Schütz, Johann von Schwarzenberg und die Bambergensis, Jura 1998, 516 ff.; Tesmer, Die Schutzhaft und ihre rechtlichen Grundlagen, DtR 1936, 135 ff.; Timm, Der Entwurf eines Strafgesetzbuches von 1962, 2006; Trusen, Der Inquisitionsprozeß, Seine historischen Grundlagen und frühen Formen, in: Gelehrtes Recht im Mittelalter und in der frühen Neuzeit, 1997, S. 81 ff.; Vormbaum, Einführung in die moderne Strafrechtsgeschichte, 2009; ders., Die Lex-Emminger vom 4. Januar 1924. Vorgeschichte, Inhalt und Auswirkungen, ein Beitrag zur deutschen Strafrechtsgeschichte des 20. Jahrhunderts, 1988; ders./Rentrop (Hrsg.), Reform des Strafgesetzbuchs, Sammlung der Reformentwürfe, Band I-II, 2008; Wadle, Zur Delegitimierung der Fehde durch die mittelalterliche Friedensbewegung, in: Herrschaftliches Strafen seit dem Hochmittelalter, Hrsg.: Schlosser/Sprandel/Willoweit, 2002; Weitzel (Hrsg.), Hoheitliches Strafen in der Spätantike und im frühen Mittelalter, 2002; Werle, Justiz-Strafrecht und polizeiliche Verbrechensbekämpfung im Dritten Reich, 1989; Willoweit (Hrsg.), Die Entstehung des öffentlichen Strafrechts, 1999; Zaczyk, „Hat er aber gemordet, so muß er sterben". Kant und das Strafrecht, in: Kugelstadt (Hrsg.), Kant-Lektionen, 2008.

Teil 4 Methodische Grundlagenfächer

§ 10 Juristische Methodenlehre

*Heiko Sauer**

> *„Ein guter Jurist würde aufhören, ein guter Jurist zu sein, wenn ihm in jedem Augenblick seines Berufslebens zugleich mit der Notwendigkeit nicht auch die tiefe Fragwürdigkeit seines Berufes voll bewusst wäre."*
>
> Gustav Radbruch

A. Einführung

I. Wesen und Aufgabe der juristischen Methodenlehre

1 Jede Wissenschaft hat ihre eigene Methode. Den Charakter der Jurisprudenz als Wissenschaft[1] hat man immer wieder unter Hinweis darauf bestritten, dass die Rechtswissenschaft exakte Gewissheiten kaum zu liefern vermag. Ob zum Beispiel ein Gesetz wegen Verstoßes gegen das Demokratieprinzip verfassungswidrig ist oder ob ein Täter als Mörder zu bestrafen ist, weil er „aus niedrigen Beweggründen" getötet hat, lässt sich zwar beantworten; und in der Rechtspraxis werden solche Antworten täglich gegeben. Aber sie sind anders als Naturgesetze einem Beweis nicht zugänglich. Wie aber kann man dann bestimmte Antworten auf rechtliche Fragen für richtig oder jedenfalls gut vertretbar, andere dagegen für falsch oder zumindest für nicht überzeugend halten? Das ist nur möglich, wenn es für die Beurteilung der Richtigkeit rechtlicher Aussagen Kriterien gibt.[2]

2 Hier kommt die juristische Methodenlehre ins Spiel: Ihr Gegenstand ist der Prozess der Rechtsfindung. Sie markiert und leitet den Weg vom (abstrakten) Recht zur (konkreten) rechtlichen Entscheidung, etwa zur richterlichen Lösung eines Streitfalls.[3] Die Methodenlehre trifft Aussagen darüber, wie bei der Rechtsanwendung vorzugehen ist: Wie ist der Sinn eines Rechtssatzes zu ermitteln (Auslegung)? Und wie ist vorzugehen,

---

* Für wertvolle Anregungen und Kritik zur Entwurfsfassung dieses Beitrags bedanke ich mich bei Stefan Brink, Mathias Hong, Julian Krüper, Jana Leggen, Ralf Lesser, Martin Morlok, Kati Nothdurft, Maike Richterich, Valtentin Urban und Simon Weise. Für viele gute Anregungen zur Verbesserung des Texts für die 4. Auflage gilt mein herzlicher Dank Lana Asadi, Pola Brünger, Pina Meschenmoser und Sarah Völkel.

1 Hierzu näher Larenz/Canaris, Methodenlehre, S. 17 ff.; Rüthers/Fischer/Birk, Rechtstheorie, Rn. 280 ff.; Kaufmann, in: Einführung in die Rechtsphilosophie und Rechtstheorie der Gegenwart, S. 128; treffend Kriele, Theorie, S. 55: „Der Gewissheitssucher kann überhaupt nur mathematische und empirische Wissenschaften betreiben."; Lepsius, in: Rechtswissenschaftstheorie, S. 1 ff. Klassisch geworden ist die Polemik von Kirchmanns, Die Werthlosigkeit der Jurisprudenz als Wissenschaft, 1848, etwa mit der folgenden berühmten Sentenz: „Die Juristen sind ‚Würmer', die nur vom faulen Holz leben; von dem gesunden sich abwendend, ist es nur das Kranke, in dem sie nisten und weben. Indem die Wissenschaft das Zufällige zu ihrem Gegenstand macht, wird sie selbst zur Zufälligkeit; drei berichtigende Worte des Gesetzgebers, und ganze Bibliotheken werden zu Makulatur."

2 Anschaulich Pawlowski, Einführung, Rn. 4 f.; Kriele, Theorie, S. 21.

3 Zweifelnd an dieser Funktion der Methode und für einen Übergang zur „Entscheidungsbegründungs-Methode" Brink, Entscheidungsbegründung, S. 214 ff.

wenn die Rechtsordnung keine Regelung eines bestimmten Problems enthält (ergänzende Rechtsfortbildung) oder wenn eine solche Regelung vorhanden, aber nicht sachgerecht ist (Gesetzeskorrektur)? Diese Fragen beantwortet die Methodenlehre. Und damit liefert sie Kriterien, mit denen die Richtigkeit oder jedenfalls Überzeugungskraft rechtlicher Aussagen beurteilt werden kann. Auf dieser Grundlage kann beurteilt werden, ob ein bestimmtes Auslegungsergebnis methodengerecht hergeleitet wurde.

3 Aus diesem Grund ist die Beherrschung des methodischen Handwerkszeugs (unten C.) auch und gerade für die Bewältigung konkreter juristischer Probleme – und damit auch für Klausuren in der juristischen Ausbildung – unentbehrlich. Es lassen sich bestimmte methodenbezogene Standardargumente identifizieren, die bei der Diskussion klassischer Streitfragen immer wieder auftauchen[4]: Im Strafrecht wird oft mit Blick auf den Wortlaut der Norm und auf das Verbot der strafbegründenden Analogie zulasten des Täters (Art. 103 Abs. 2 GG) für eine enge Auslegung eingetreten, wohingegen andere im Gewand der teleologischen Auslegung auf kriminalpolitische Bedürfnisse zur Vermeidung von Strafbarkeitslücken hinweisen und damit für eine weitere Auslegung plädieren. Mit der sicheren Beherrschung solcher methodenbezogenen Argumente kann in der Klausur nicht selten ein klassischer Meinungsstreit „rekonstruiert" werden. Bei der Konfrontation mit unbekannten Problemen führt die korrekte Anwendung des methodischen Handwerkszeugs zu einer jedenfalls gut vertretbaren Lösung.

4 Angesichts dieser Funktion der Methodenlehre ist sie als „vor die Klammer gezogener allgemeiner Teil der Rechtswissenschaft"[5] bzw. als „juristische Meta-Disziplin"[6] bezeichnet worden. Diese Charakterisierungen sind nicht falsch. Sie können aber zu Missverständnissen führen, weil sie auf eine Unverbundenheit von Methodenlehre und positivem (von lat. ponere = setzen, also: gesetztem) Recht hindeuten. Es gibt aber keine universelle Methode der Rechtsanwendung an sich; vielmehr hat jede Rechtsordnung ihre eigenen methodischen Standards, wobei sich diese Standards in Rechtsordnungen mit gemeinsamen historischen Wurzeln ähneln. Oft ist das Verhältnis der Rechtsanwender*innen zur Rechtsnorm gesetzlich geregelt (unter dem Grundgesetz durch die Bindung der Richter*innen an Gesetz und Recht: Art. 20 Abs. 3, 97 Abs. 1 GG). Zwischen positivem Recht und Methodenlehre besteht damit ein nicht leicht zu erfassendes Verhältnis der Wechselbezüglichkeit (unten B.II.).

II. Standort und Stellenwert der juristischen Methodenlehre

5 Die Methodenlehre gehört zu den Grundlagenfächern der Rechtswissenschaft. Eine genauere Standortbestimmung wird dadurch erschwert, dass sie teilweise als selbstständige Disziplin aufgefasst, teilweise aber auch der Rechtsphilosophie oder der Rechtstheorie zugeordnet wird (§ 2 Rn. 2 ff.; § 1 Rn. 1 ff.). Die Abgrenzung von den rechtshistorischen Fächern und der Rechtssoziologie bereitet dagegen weniger Probleme. Viel spricht dafür, die juristische Methodenlehre als eigenständige Disziplin zu begreifen. Sie fragt nicht nach tieferen Geltungsgründen des Rechts und hält auch keine Kriterien zur inhaltlichen Bewertung von Rechtssätzen bereit; ihre Zielrichtung ist insoweit anders als die der Rechtsphilosophie. Ein engerer Zusammenhang besteht zwischen Me-

4 S. dazu als praktische Handreichung zur Entwicklung von Argumenten Meier/Jocham, JuS 2015, 490 ff.; und Stellhorn, ZJS 2014, 467 ff.
5 Michael, Gleichheitssatz, S. 26.
6 Kramer, Methodenlehre, S. 44 f.

thodenlehre und Rechtstheorie;[7] allerdings bezieht sich die Rechtstheorie ebenso wie die Rechtsphilosophie nicht auf eine bestimmte geltende Rechtsordnung.[8] Das ist bei der Methodenlehre anders – sie hat einen rechtstheoretischen Anspruch, steht aber sozusagen mit einem Bein im positiven Recht.[9]

Die Frage, welchen Stellenwert die Methodenlehre in der Rechtswissenschaft und -praxis einnimmt, hängt mit noch zu erörternden Fragen zusammen: mit dem Verhältnis zwischen Methode und Recht, mit der Steuerungsfähigkeit der Methode für die Rechtsanwendung und nicht zuletzt mit dem Problem des Methodenpluralismus. Vorab sei aber bereits gesagt: Potenzial und tatsächlicher Stellenwert der Methodenlehre fallen auseinander.[10] Der Beitrag will verständlich machen, warum das so ist, und aufzeigen, wie dem entgegengewirkt werden kann. Die Schwierigkeiten der praktischen Rechtsanwendung lassen sich zwar nicht allein durch die strikte Einhaltung methodischer Standards bewältigen. Aber das stellt die rechtsstaatliche Bedeutung der Methodenlehre nicht in Frage. Zur Veranschaulichung dieser Schwierigkeiten werden im Folgenden zunächst die theoretischen Grundlagen der juristischen Methodenlehre dargestellt (B.). Anschließend möchte der Beitrag die methodischen Standards vorstellen, die bei der Rechtsanwendung zu beachten sind – in der juristischen Praxis ebenso wie beim Anfertigen von Ausbildungsarbeiten (C.). Das Ziel besteht damit in einer komprimierten Vermittlung des oft sogenannten juristischen Handwerkszeugs. 6

B. Grundlagen

I. Was kann die juristische Methodenlehre leisten?

1. Der schwierige Weg zum Recht

Das Kerngeschäft von Jurist*innen ist die rechtliche Beurteilung von Sachverhalten. Geht es um die Frage, ob ein Schadensersatzanspruch besteht, ist die Rechtsordnung nach Normen zu durchforsten, die als Rechtsfolge die Pflicht zum Schadensersatz vorsehen. Hat man eine solche Norm ausgemacht (z.B. § 823 Abs. 1 BGB), stellt sich die Frage, ob der Sachverhalt die Merkmale des Tatbestands erfüllt. Ist das der Fall, besteht ein Schadensersatzanspruch, wenn keine Ausnahmeregelung eingreift. Nicht selten wird so getan, als sei die Methode der Rechtserkenntnis so simpel. Es gilt danach lediglich, unter eine bestimmte Rechtsnorm zu subsumieren, und zwar nach Maßgabe eines einfachen Syllogismus (von griech. syllogismos = logischer Schluss): Wenn aus einem gesetzlichen Tatbestand T eine Rechtsfolge R folgt (Obersatz) und ein bestimmter Sachverhalt S alle Merkmale von T erfüllt (Untersatz), dann folgt eben auch aus S die Rechtsfolge R (Schlusssatz).[11] Das ist zwar strukturell nicht falsch, aber doch ziemlich unterkomplex. Rechtserkenntnis ist nämlich nicht die bloße Rechenoperation eines „Subsumtionsautomaten" oder die nur nachvollziehende Verlautbarung des Geset- 7

7 Dazu näher Rüthers/Fischer/Birk, Rechtstheorie, Rn. 983 ff.

8 Kaufmann, in: Einführung in die Rechtsphilosophie und Rechtstheorie der Gegenwart, S. 9.

9 Zum Verhältnis zwischen Theorie, Dogmatik und Methode am Beispiel des Verfassungsrechts sehr lesenswert Jestaedt, Die Verfassung hinter der Verfassung, S. 67 ff.

10 Dass in der Praxis die Methode zuweilen gering geschätzt wird, ist oft genug beschrieben worden, s. etwa Esser, Vorverständnis, insbesondere S. 1 ff., 149 ff.; Kriele, Theorie, S. 37 ff.; lesenswert auch die Zitate bei Rüthers/Fischer/Birk, Rechtstheorie, Rn. 704.

11 S. etwa Larenz/Canaris, Methodenlehre, S. 91 ff.; Kriele, Theorie, S. 47 ff.; Pawlowski, Einführung, Rn. 104 ff.

zes im *Montesquieu'schen* Sinne, wie strenge Gesetzespositivisten im 19. Jahrhundert meinten.[12] Aber warum nicht?

8 Erstens: Gesetze sind abstrakt und häufig sprachlich unscharf abgefasst, denn es handelt sich um allgemein geltende Sollensanordnungen – aber die konkreten Lebensverhältnisse sind kompliziert und vielfältig. Gesetze sind statisch – aber die Lebensverhältnisse sind dynamisch, sie wandeln sich und bringen ständig neue Problemlagen hervor. Die Allgemeinheit des Gesetzes kann die Subsumtion deshalb auch nach dem Auffinden eines passenden Obersatzes zu einem schwierigen Geschäft machen.[13]

Zweitens: Rechtsfragen sind sehr häufig Wertungsfragen. Ob jemand aus niedrigen Beweggründen getötet hat, kann ohne eine Wertung der Umstände des konkreten Einzelfalles und der Motivlage des Täters nicht entschieden werden. Der wertende Anteil der Rechtsanwendung mag nicht immer so deutlich sein wie in diesem Beispiel. Wenn aber der Gesetzgeber die Regelung und die Lösung von Interessenkonflikten bezweckt – und das haben die Vertreter*innen der Interessenjurisprudenz um *Philipp Heck* (1858–1943) zutreffend erkannt[14] –, dann können auf diese Gesetze gestützte rechtliche Entscheidungen nur überzeugen, wenn sie die Konflikte und die jeweils involvierten Interessen herausarbeiten und dann eben auch bewerten. Ein Beispiel: Liegt eine Eigentumsverletzung vor, wenn ein Schiff durch den Einsturz einer Ufermauer in einem Fleet eingesperrt wird und dadurch nicht benutzt werden kann? Der Bundesgerichtshof bejahte die Frage, weil er von einer nicht unerheblichen Einschränkung des bestimmungsgemäßen Gebrauchs des Schiffs ausging[15] – die Eigentumsverletzung wird damit anhand normativer (also hier: wertender) Kriterien beurteilt.

9 Vor allem aber blendet das oben dargestellte syllogistische Subsumtionsmodell aus, dass das wesentliche Problem der Rechtsanwendung häufig nicht in der Subsumtion selbst, sondern in der Ermittlung eines subsumtionsfähigen Obersatzes liegt.[16] Zum einen treten durch die dynamische Entwicklung der Lebensverhältnisse Probleme auf, die sich mit den bestehenden Normen nicht bewältigen lassen; man denke nur an das gesetzlich nicht geregelte Leasing, das in der Praxis durch Richterrecht ausgeformt wurde. Zum anderen sind Gesetze in ihrer Allgemeinheit manchmal nicht nur abstrakt abgefasst, sondern überhaupt nicht unmittelbar subsumtionsfähig. Mit diesem Problem sind wir insbesondere im Verfassungsrecht konfrontiert:[17] Unter das Demokratieprinzip oder das Rechtsstaatsprinzip kann man nicht unmittelbar subsumieren, und das gilt für viele weitere Verfassungsnormen gleichermaßen. Zum Beispiel lässt sich mit der Aussage in Art. 3 Abs. 1 GG, dass alle Menschen vor dem Gesetz gleich sind, ohne konkretisierende Zwischenschritte nicht beurteilen, ob die Abschaffung der soge-

---

12 Zum Gesetzespositivismus Raisch, Methoden, S. 96 ff., 109 f.; Rüthers/Fischer/Birk, Rechtstheorie, Rn. 470 ff.; zur Vertiefung Ogorek, Richterkönig oder Subsumtionsautomat?, 2008.

13 Zum Umgang mit dem Gesetz aus studentischer Perspektive lesenswert Griebel, in: Von der juristischen Lehre, 2012, S. 129 ff.

14 Sie haben herausgearbeitet, dass das Recht vor allem der Lösung von Interessenkonflikten dient, und sich damit gegen die Vertreter*innen der Begriffsjurisprudenz gestellt, die es vor allem auf die „logische Behandlungsart" des Rechts abgesehen hatten; s. dazu Raisch, Methoden, S. 115 ff.; Pawlowski, Einführung, Rn. 148 ff.; Rüthers/Fischer/Birk, Rechtstheorie, Rn. 524 ff.

15 BGHZ 55, 153 (Fleet-Fall).

16 Hierzu insbesondere Kriele, Theorie, S. 50 ff.; s. auch Engisch, Einführung, S. 115 ff.

17 Zur Inadäquanz des Subsumtionsparadigmas gerade im Öffentlichen Recht eingehend Jestaedt, in: Das Proprium der Rechtswissenschaft, 2007, S. 250 ff.

nannten Pendlerpauschale verfassungsgemäß ist.[18] Die Ermittlung der passenden Obersätze unter Berücksichtigung des entscheidungserheblichen Lebenssachverhalts, von *Karl Engisch* (1899–1990) plastisch als „Hin- und Herwandern des Blickes" bezeichnet,[19] ist aber nicht nur ein Problem des Verfassungsrechts: Offene Tatbestände, unbestimmte Rechtsbegriffe, Generalklauseln oder Finalprogramme sind in allen Rechtsgebieten verbreitet.

Ob man unter Berücksichtigung dieser Schwierigkeiten der Rechtsanwendung nun von Rechtsgewinnung, von Rechtsfindung oder von Rechtserkenntnis spricht, ist nicht entscheidend, solange mit keinem der Begriffe impliziert wird, die Lösung einzelner Rechtsprobleme sei immer etwas nur Vorgefundenes, das einfach aus dem geltenden Recht ermittelt und dann ausgesprochen werden muss. In den Worten von *Ernst Kramer*: 10

> „Es gibt unbestreitbar und unvermeidbar neben ‚kognitiven' Elementen der Auslegungstätigkeit immer auch mehr oder weniger große Wertungsspielräume, bei denen pragmatische Überlegungen zur ‚gerechten' Lösung des Einzelfalls und damit auch die Richterpersönlichkeit eine nicht wegzudiskutierende Rolle spielen."[20]

2. Der schwierige Weg zur Methodik

Mit dieser Komplexität des Rechtsanwendungsprozesses geht ein weiteres Problem einher: der Methodenpluralismus. Die dargestellten Schwierigkeiten der Rechtsfindung haben zu einer Vielzahl unterschiedlicher Methodenkonzeptionen geführt. Es macht natürlich einen großen Unterschied, ob man davon ausgeht, dass Rechtsanwendung etwas Vorgefundenes feststellt oder schöpferische Elemente hat, ob man Vorverständnisse der Rechtsanwender*innen für wesensnotwendig hält oder zurückdrängen will, ob man Wortbedeutung als etwas Feststehendes oder als Ergebnis eines diskursiven Prozesses ansieht und ob man Gesetze auslegt oder rein logisch aus Begriffen deduziert (von lat. deducere = ableiten). Was nun richtig ist, darüber herrscht nach wie vor Streit – wesentliche Probleme der Rechtsanwendung sind bis heute ungeklärt.[21] Wenn das aber so ist – wie soll dann eine bestimmte juristische Methodik die Rechtspraxis anleiten? Darin liegt das Problem: Ein methodisches Vorgehen kann so lange nicht als falsch entlarvt werden, wie es an **anerkannten** methodischen Standards fehlt.[22] 11

3. Folgerungen für die Leistungsfähigkeit der juristischen Methodenlehre

Das alles ist für die Steuerungsfähigkeit der Methodenlehre prekär. Wie kann dennoch vermieden werden, dass die Konkretisierungsbedürftigkeit von Rechtsnormen zum Einfallstor subjektiver Wertvorstellungen und Vorverständnisse der Rechtsanwender*innen wird und diese sich damit letztlich an die Stelle des Gesetzgebers setzen? Und wie lässt sich verhindern, dass Rechtsanwendung so zur bloßen Dezision (von lat. decisio = Entscheidung)[23] wird? Man kann das als Gretchenfrage der juristischen Me- 12

18 Das Bundesverfassungsgericht hat das im Dezember 2008 für die streitgegenständliche Gesetzgebung verneint, BVerfGE 122, 210 ff.
19 Engisch, Studien, S. 15; s. dazu auch Vogel, Methodik, S. 19 ff.
20 Kramer, Methodenlehre, S. 57.
21 So Looschelders/Roth, Methodik, S. 1; s. auch Rüthers/Fischer/Birk, Rechtstheorie, Rn. 640.
22 Zur Vorverständnisabhängigkeit der Methode lesenswert Reimer, in: Festschrift für Schapp, S. 440 f.
23 Gemeint ist mit Dezision hier nicht die Entscheidung als solche, sondern – im Sinne des Dezisionsismus – die freie, ungebundene und damit letztlich willkürliche Entscheidung, die auf faktische Entscheidungsmacht und nicht auf rechtliche Entscheidungsgrundlagen zurückgeht.

thodenlehre bezeichnen, und um es vorauszuschicken: Ganz verhindern lässt es sich wohl nicht. Umso wichtiger ist es, den Spielraum für Subjektivität bei der Rechtsanwendung zu verringern. Das ist eine Kernaufgabe der Methodenlehre. Methodische Standards dienen dazu, den Prozess der Rechtsanwendung zu strukturieren, zu kanalisieren und zu rationalisieren und dadurch die Gesetzesbindung der Rechtsanwendung zu gewährleisten. Dadurch wird dieser Prozess so weit wie möglich vorhersehbar, jedenfalls aber nachvollziehbar gemacht.[24] Die Vorhersehbarkeit der Rechtsanwendung ist eine Forderung der Rechtssicherheit und auch der Rechtsgleichheit; und ihre Nachvollziehbarkeit führt nicht nur zur Selbstvergewisserung und -disziplinierung der Rechtsanwender*innen, sondern ermöglicht auch die Überprüfbarkeit der Entscheidung und den Anstoß eines rechtlichen Wandels. Durch all dies erhält und behält die juristische Methodenlehre ihre wichtige rechtsstaatliche Funktion (s. dazu noch unten 4.).[25]

13 Der Weg vom Gesetz zur Entscheidung im Einzelfall wird also von der Methodik eingerahmt und innerhalb dieses Rahmens angeleitet. Das bedeutet aber nicht, dass es für eine überzeugende Entscheidung lediglich der Heranziehung der richtigen Methoden bedürfte. Vielmehr stehen Recht und Methodik, Rechtsdogmatik und Methodenlehre in einem Verhältnis wechselseitiger Steuerung, Stützung und Abhängigkeit: Welche gesetzgeberische Wertentscheidung hinter einer bestimmten Rechtsnorm steht und wie diese mit Blick auf ein einzelnes Problem zu konkretisieren und möglicherweise mit widerstreitenden Belangen in Ausgleich zu bringen ist, sagt uns die Methode allein nicht; hier wird sie von der Rechtsdogmatik ergänzt, die durch Systembildung ebenfalls und oft erfolgreicher Stabilisierungsleistungen erbringt.[26] Was genau der im rechtswissenschaftlichen Studium ständig verwendete Begriff der Dogmatik bezeichnet, ist freilich ebenfalls schwer präzise zu benennen.[27] Bei Inkaufnahme von Vergröberungen wird man sagen können, dass Dogmatik einerseits ein bestimmtes methodisches Vorgehen, andererseits aber auch das Produkt dieses Vorgehens bezeichnet: Es geht methodisch vor allem darum, das positive Recht systematisch zu erfassen, die vielen einzelnen bereichsspezifischen Regelungen unserer Rechtsordnung immer wieder auf ihnen zu Grunde liegende gemeinsame Gedanken zurückzuführen, aus diesen Grundgedanken Institute und Prinzipien zu entwickeln, in deren Kontext einzelne Probleme sich verlässlicher lösen lassen. Dabei geht Dogmatik weder allein deduktiv (von lat. deducere = ableiten oder hinführen, gemeint ist immer vom Allgemeinen zum Besonderen) noch allein induktiv (von lat. inducere = folgern oder hineinführen, gemeint ist immer vom Besonderen zum Allgemeinen) vor, sondern kombiniert bei ihrem systematisierenden Zugriff deduktive und induktive Schlüsse. Was das Produkt dogmatischen Vorgehens angeht, so ist die Herausbildung von allgemeinen Grundsätzen und vor allem bestimmten Auslegungsergebnissen in einzelnen Fragen gemeint, die für die praktische Rechtsanwendung entlastend sind: Denn wenn sich, insbesondere durch die höchstrichterliche Rechtsprechung, aber auch durch rechtswissenschaftliche Beiträge, eine bestimmte Auffassung zu der Frage herausbildet, was beispielsweise eine Waffe oder ein

24 Zur Methodenlehre als Erkenntniskritik Reimer, in: Festschrift für Schapp, S. 443.
25 S. dazu Kramer, Methodenlehre, S. 57 f.; Rüthers/Fischer/Birk, Rechtstheorie, Rn. 654.
26 Weitergehend Hassemer, Rechtstheorie 39 (2008), 1, 15 ff., der von einer Ersetzung der Methode durch die Dogmatik ausgeht. Zu Wesen und Aufgabe der Rechtsdogmatik Waldhoff, in: Was weiß Dogmatik?, S. 17 ff.
27 S. zur Diskussion zu Begriff und Wesen der Rechtsdogmatik etwa Alexy, Theorie, S. 307 ff.; Brohm, in: Staat, Kirche, Verwaltung, S. 1079 ff.; Bumke, Rechtsdogmatik, S. 44 ff.; und die Beiträge in Kirchhof/Magen/Schneider, Was weiß Dogmatik?, 2012.

gefährliches Werkzeug im Sinne von § 250 Abs. 1 und 2 StGB (schwerer Raub) ist oder wann eine Gefahr im Sinne des Polizeirechts vorliegt, dann verringert die wachsende Konsentierung dieser Auffassung den Argumentationsaufwand. Das gilt allerdings nur für die Praxis, während in Klausuren im Jurastudium gerade nicht einfach auf die herrschende Meinung verwiesen werden darf, sondern dargelegt werden muss, warum dieser gefolgt wird. Für das Verständnis von Rechtsdogmatik ist aber wichtig, dass die Entwicklung herrschender Auffassungen letztlich Ergebnis und Ausdruck dogmatischen Vorgehens ist und dass solche Auffassungen und mit ihnen das dogmatische Vorgehen selbst die praktische Rechtsanwendung erheblich erleichtert und auch erleichtern soll. Im Unterscheid dazu will die juristische Methodik die Rechtsanwendung und damit auch die Dogmatik anleiten und letztlich Dogmatik hervorbringen:[28] Sie stellt zulässige und unzulässige Argumente bereit, markiert so Grenzen des Vertretbaren und erbringt dadurch eine wichtige Rationalisierungsleistung für den Entscheidungsprozess.[29] Sie kann zwar nur selten eindeutige Ergebnisse gewährleisten; aber sie steckt einen Korridor vertretbarer Entscheidungen ab und leitet die Argumentation innerhalb dieses Korridors an.[30]

II. Woher kommen die methodischen Standards?

14 Wenn die Methodenlehre Standards bereithält, die den Weg vom Recht zur rechtlichen Entscheidung anleiten, dann stellt sich die Frage, was das für Standards sind und wo sie ihre Grundlage haben. Geht es um sprachwissenschaftliche Erkenntnisse, um überlieferte Grundsätze der Rechtsanwendung, um Methodennormen oder doch nur um gutes Judiz (fachbezogenes Urteilsvermögen)?[31] Nichts davon ist allein richtig – und nichts ist ganz falsch. Die Erkenntnisse der juristischen Methodenlehre speisen sich aus unterschiedlichen Quellen:

1. Die Bedeutung von Hermeneutik und Sprachwissenschaft

15 Die Rechtswissenschaft hat es mit (Norm-)Texten zu tun, und damit steht sie wie andere Textwissenschaften vor dem Problem des Sinnverstehens. Die verfassungsrechtlich angeordnete Gesetzesbindung lässt sich nämlich nur einlösen, wenn die Rechtsanwender*innen verstehen, was das Gesetz ihnen sagen will (§ 13 Rn. 18 ff.). Mit dem Problem des Sinnverstehens befasst sich die Hermeneutik (von griech. hermēneuein = übersetzen), der auch die Rechtswissenschaft Erkenntnisgewinne verdankt.[32] Weil sich Textverständnis im Spannungsfeld unterschiedlicher Kontexte abspielt – der Entstehungskontext ist ein anderer als der Rezeptionskontext –, ist ein Text keine feststehende Größe, die allen zu jeder Zeit den gleichen Sinn vermittelt: Er ist kontextabhängig und wandelbar – man denke etwa an die auch rechtlichen Begriffe von Ehe und Familie. Zudem wird das Textverständnis von den Leser*innen subjektiv gefiltert. Man kann das Verstehen deshalb nicht angemessen als bloßen **Rezeptionsprozess** begreifen; es enthält auch Elemente eines **Kreationsprozesses.** Für Rechtstexte besonders instruktiv ist schließlich, was als „hermeneutischer Zirkel“ bezeichnet wird:[33] Damit ist ge-

28 Sehr klar Reimer, Methodenlehre, Rn. 14 ff.
29 S. auch Michael, Gleichheitssatz, S. 37; Kramer, Methodenlehre, S. 50; und BVerfGE 82, 30, 38 f.
30 Anschaulich Vogel, Methodik, S. 8.
31 Zum Judiz Gröschner, JZ 1987, 903 ff.
32 S. dazu Larenz/Canaris, Methodenlehre, S. 63 ff.; Looschelders/Roth, Methodik, S. 71 ff.; Rüthers/Fischer/Birk, Rechtstheorie, Rn. 156 ff.
33 S. etwa Larenz/Canaris, Methodenlehre, S. 27 ff.; Looschelders/Roth, Methodik, S. 73 ff.

meint, dass niemand etwas verstehen kann, wovon er kein Wissen und keine Vorstellungen hat. Der Verstehensprozess geht deshalb, wie insbesondere *Josef Esser* (1910–1999) dargelegt hat,[34] von bestimmten Ausgangshypothesen und Vorverständnissen der Interpret*innen aus. Nur ein Beispiel aus dem Zivilrecht:

> **§ 164 Abs. 2 BGB**
>
> Tritt der Wille, in fremdem Namen zu handeln, nicht erkennbar hervor, so kommt der Mangel des Willens, im eigenen Namen zu handeln, nicht in Betracht.

Kann das verstehen, wer mit der Stellvertretung nicht bereits vertraut ist?

16 Sprachwissenschaftlich orientierte Untersuchungen über das Problem der Rechtserkenntnis haben das Verstehensproblem teilweise auf die Spitze getrieben: So wird in Zweifel gezogen, ob Rechtssätzen überhaupt ein bestimmter Bedeutungsgehalt als Wortsinn entnommen werden kann. Nach *Ralph Christensen* etwa glauben nur noch Fundamentalisten an die wörtliche Bedeutung eines Textes.[35] Damit wäre die Gesetzesbindung eine bloße Fiktion. Der Bedeutungsgehalt von Worten, aus denen Rechtsnormen konstruiert sind, ist indes nicht immer so mehrdeutig, wie manchmal behauptet wird. Der Gesetzgeber will, dass seine Anordnungen befolgt werden. Er muss deshalb auf Worte zurückzugreifen, denen bereits außerhalb des Gesetzgebungsverfahrens Bedeutung zukommt; er knüpft also an ein in der Sprachgemeinschaft vorhandenes Begriffsverständnis an.[36] Dass sich solche Begriffsverständnisse in einer Sprachgemeinschaft auch durch Konvention herausbilden und wandeln können, ist von konventionalistischen Bedeutungstheorien dargestellt worden.[37] Für das Recht ist das interessant, weil damit erklärt werden kann, warum bestehende Rechtsmeinungen – insbesondere Präjudizien – im Rechtsalltag eine so hohe faktische Autorität haben, obwohl sie formal keine Rechtsquellen darstellen.[38] Aufgrund dieser Autorität schauen Jurist*innen in Kommentare; und diese Autorität verteilt die Argumentationslast in der Praxis zulasten deren, die von einem Präjudiz abweichen wollen.[39] Eine beliebige Wandelbarkeit von Norminhalten nach dem individuellen Verständnishorizont der Rechtsanwender*innen folgt daraus jedoch nicht. Darin liegt der kategoriale Unterschied zwischen Rechtsnormen auf der einen Seite und literarischen oder philosophischen Texten auf der anderen Seite:[40] Während letztere räsonieren, Theorien aufstellen oder Kunstwerke sind, haben Rechtsnormen **Geltung.** Sie ordnen etwas an, und zwar mit Verbindlichkeitsanspruch gegenüber den Rechtsunterworfenen und damit auch gegenüber den Rechtsanwender*innen.

34 Grundlegend Esser, Vorverständnis, S. 136 ff.

35 Christensen, in: An den Grenzen der Rechtsdogmatik, S. 136. Im Ergebnis ebenso für das Verfassungsrecht Depenheuer, Wortlaut, S. 38 ff.; gegen solche Einwände und für das Festhalten an der Wortlautgrenze Klatt, in: Recht verhandeln, S. 343 ff.

36 Looschelders/Roth, Methodik, S. 82.

37 S. nur Morlok, in: Präjudiz und Sprache, S. 70 ff.

38 S. dazu eingehend und instruktiv Payandeh, Rechtserzeugung, S. 148 ff.

39 Zur präsumtiven Verbindlichkeit von Präjudizien Kriele, Theorie, S. 243 ff.; zur Funktion von Präjudizien als Argumentationslastverteilung Alexy, Theorie, S. 334 ff.

40 Ebenso Neuner, Rechtsfindung, S. 89 f.; Looschelders/Roth, Methodik, S. 80 ff.; Larenz/Canaris, Methodenlehre, S. 34, 63 ff.; pointiert Rüthers/Fischer/Birk, Rechtstheorie, Rn. 160; s. auch Engel, in: Das Proprium der Rechtswissenschaft, S. 232 ff.

2. Der Savigny'sche Kanon der Auslegungsmethoden

17 Bis heute wegweisend für die juristische Methodenlehre ist *Friedrich Carl von Savigny* (1779–1861) mit seinem „System des heutigen römischen Rechts“ aus dem Jahr 1840, in dem er seine Konzeption der Gesetzesauslegung entwickelte (§ 8 Rn. 31). *Von Savigny* versteht darunter die „Rekonstruktion des dem Gesetz innewohnenden Gedankens“, indem sich die Rechtsanwender*innen „in Gedanken auf den Standpunkt des Gesetzgebers zu versetzen und dessen Tätigkeit in sich künstlich zu wiederholen“ haben.[41] Er führt hierzu vier Elemente der Gesetzesauslegung an, die noch heute die Grundlage des maßgeblichen Auslegungskanons (von lat. canon = Richtschnur) darstellen: das grammatische, das logische, das historische und das systematische Element. Unter dem grammatischen Element versteht *von Savigny* die Darlegung der vom Gesetzgeber angewendeten Sprachgesetze (heute: Wortlautauslegung). Das logische Element bezeichnet das Verhältnis, in dem die einzelnen Teile zueinander stehen (heute: systematische Auslegung). Das (bis heute sogenannte) historische Element verweist auf die Bezogenheit des Gesetzes auf den Rechtszustand zum Erlasszeitpunkt. Und das systematische Element bezieht sich auf den Gedanken der Einheit der Rechtsordnung. Wir finden also drei der vier heute anerkannten Auslegungselemente (unten C.I.) bereits bei *von Savigny*. Und auch die heute freilich anders verstandene teleologische Auslegung war ihm durchaus präsent. Zwar hielt er die Auslegung nach dem „Grund des Gesetzes“ nur unter Vorbehalten für zulässig, weil dessen Kenntnis nicht immer möglich sei.[42] Aber wenn Regelungsgegenstand und -ziel nicht klar zum Ausdruck gebracht sind, ist auch nach *von Savigny* der Rückgriff auf den „Zusammenhang des Gesetzes mit seinem Grund“ statthaft.[43] Damit sind die Gesichtspunkte beisammen, die noch heute zur Auslegung herangezogen werden.

Worauf nun die hohe Autorität dieser Konzeption der Gesetzesauslegung beruht und warum sie, wie *Bernd Rüthers* mit Recht sagt, „bis heute als gültig angesehen“[44] wird, ist nicht leicht zu sagen. Der Auslegungskanon *von Savignys* war, auch wenn sich die einzelnen Elemente in der Rechtsentwicklung bereits herausgebildet hatten, neu in seiner Geschlossenheit.[45] Tradition spielt also für die Wirkung des Kanons eine große Rolle, daneben wohl auch seine Plausibilität und Anschaulichkeit.[46] Und schließlich kommt in dem Modell *von Savignys* die zentrale Bedeutung für die Rechtsgewinnung nicht den Rechtsanwender*innen, sondern dem Gesetzgeber zu. Dadurch konnte dieser Auslegungskanon seine Steuerungskraft auch für ein Verfassungssystem behalten, das die Gewichte zwischen rechtsetzender Gewalt einerseits und vollziehender sowie rechtsprechender Gewalt andererseits durch Gesetzesbindung verteilt.

3. Die verfassungsrechtliche Relevanz des Savigny'schen Auslegungskanons

18 Die Verfassungsrechtsprechung hat dann zu einer mittelbaren Konstitutionalisierung des *von Savigny'schen* Auslegungskanons geführt: Nach dem Bundesverfassungsgericht ist es wegen der Verletzung der Gesetzesbindung verfassungswidrig, wenn Richter*innen zu einem Ergebnis auf einem methodischen Weg gelangen, der die Gren-

41 S. von Savigny, System, S. 213.
42 S. von Savigny, System, S. 220.
43 S. von Savigny, System, S. 223 ff.; dazu Rüthers/Fischer/Birk, Rechtstheorie, Rn. 701.
44 Rüthers/Fischer/Birk, Rechtstheorie, Rn. 700.
45 S. Raisch, Methoden, S. 104 f.
46 Ebenso Esser, Bemerkungen, S. 537.

zen der Rechtsfindung missachtet. Die Einhaltung methodischer Standards wird so zur verfassungsrechtlichen Notwendigkeit. So wurde beispielsweise eine Verurteilung zur Leistung von Elternunterhalt trotz fehlender, gesetzlich aber geforderter Leistungsfähigkeit mit der Begründung aufgehoben, die Rechtsauffassung des Landgerichts lasse sich mit keiner der anerkannten Auslegungsmethoden begründen: Die Auslegung widerspreche dem Wortlaut der einschlägigen Normen, ihrer systematischen Einbindung in den Normkontext, ihrer Zwecksetzung und der mit ihnen verbundenen gesetzgeberischen Intention.[47] Methodische Standards werden dadurch zum verfassungsrechtlichen Maßstab für die Frage, ob sich Rechtsanwender*innen von ihrer Gesetzesbindung lösen. Faktische Autorität und rechtliche Verbindlichkeit des tradierten Auslegungskanons gehen hier ineinander über.

4. Der rechtliche Rahmen der Methodenlehre: Methode und Verfassung

19 Das mündet allgemein in die Frage, ob von Methode oder von Methodenrecht gesprochen werden sollte: Werden methodische Standards beachtet, weil sie sich in der Rechtsentwicklung herausgebildet haben, oder **müssen** sie beachtet werden, weil sie rechtsverbindlich sind? Auch diese Frage lässt sich nicht ganz eindeutig beantworten. Zwar können nicht alle Methodenfragen im positiven Recht beantwortet werden; ausländische Rechtsordnungen zeigen aber mit Regelungen zur Gesetzesauslegung, dass positivierte Methodennormen grundsätzlich möglich sind. Ein Beispiel aus dem Zivilgesetzbuch der Schweiz:

> **Art. 1 ZGB**
>
> (1) Das Gesetz findet auf alle Rechtsfragen Anwendung, für die es nach Wortlaut oder Auslegung eine Bestimmung enthält.
>
> (2) Kann dem Gesetz keine Vorschrift entnommen werden, so soll das Gericht nach Gewohnheitsrecht und, wo auch ein solches fehlt, nach der Regel entscheiden, die es als Gesetzgeber aufstellen würde.
>
> (3) Es folgt dabei bewährter Lehre und Überlieferung.

Solche expliziten Methodennormen kennt die deutsche Rechtsordnung nicht. Und doch ist es richtig und wichtig, auch in Deutschland von Methodenrecht und von Methodennormen zu sprechen. Hierzu muss man sich den engen Zusammenhang zwischen Methode und Verfassung vergegenwärtigen: Methodenfragen sind im Kern Verfassungsfragen.[48] Das Grundgesetz enthält eine Reihe methodenbezogener Aussagen. Zentral ist die bereits angesprochene Gesetzesbindung (Art. 20 Abs. 3, 97 Abs. 1 GG). Diese Gesetzesbindung hat einen gewaltenteiligen und einen demokratischen Gehalt: Die Gewaltenteilung als rechtsstaatliches Kernelement verlangt eine Abgrenzung der Befugnisse zwischen rechtsetzender und rechtsprechender Gewalt. Und weil der Deutsche Bundestag nicht nur die Befugnis zur Gesetzgebung hat, sondern im deutschen Staatssystem auch das einzig unmittelbar demokratisch legitimierte Organ ist, muss sich seine Regelungsprärogative auch bei der Rechtsanwendung durchsetzen, damit auch bezogen auf die Rechtsanwendung wirklich alle Staatsgewalt vom Volke ausgeht

47 BVerfGE 113, 88, 104. Noch deutlicher BVerfGE 93, 37, 81.

48 Dezidiert Rüthers/Fischer/Birk, Rechtstheorie, Rn. 704 ff.; wie hier auch Vogel, Methodik, S. 4 ff.; Looschelders/Roth, Methodik, S. 1 ff.; Michael, Gleichheitssatz, S. 44; Kramer, Methodenlehre, S. 49 f.

(Art. 20 Abs. 2 S. 1 GG).[49] Das Grundgesetz verpflichtet die Rechtsanwender*innen also auf eine Methode, mit der sich die rechtliche Entscheidung so weit wie möglich aus dem Gesetz ableitet. Nach dem Bundesverfassungsgericht ist es Gerichten deshalb verwehrt, eigene rechtspolitische Vorstellungen im Widerspruch zum geltenden Recht durch Rechtsfortbildung durchzusetzen.[50]

Aber das ist natürlich leichter angeordnet als umgesetzt. Denn der Weg vom Gesetz zur rechtlichen Entscheidung ist komplex. Rechtsanwendung darf deshalb nicht zu simpel konstruiert werden, und die Rechtsanwendung muss die hierfür notwendigen Spielräume erhalten und behalten. Und doch bleibt es bei der maßgeblichen Autorität des Gesetzes. Deshalb ist es die zentrale verfassungsrechtliche Methodenvorgabe, dass dem Regelungsziel des Gesetzgebers bei der Auslegung eine maßgebliche Rolle zukommt (unten C.I.4.). Aus rechtsstaatlicher Perspektive spielen für die Rechtsunterworfenen, die sich an die Gesetze zu halten haben, überdies Rechtssicherheit und Rechtsklarheit eine wesentliche Rolle. Damit gerät in Konflikt, wer eine Norm so auslegt, wie es nach dem Normtext überhaupt nicht zu erwarten war. Das ist der verfassungsrechtliche Grund dafür, dass der Wortlaut eines Gesetzes die Grenze seiner Auslegung markiert (unten C.I.6.). Für das Strafrecht ist das speziell in Art. 103 Abs. 2 GG geregelt, der nicht nur eine Auslegungsgrenze fixiert, sondern darüber hinaus die strafbegründende Rechtsfortbildung verbietet. Trotzdem sollte man Methode und Methodenrecht nicht gleichsetzen: Die Methodenlehre wird durch Methodennormen in gewissem Umfang kanalisiert und angeleitet, aber nicht vollständig konstituiert.[51] 20

C. Vertiefung

Der folgende Teil soll als geraffte praktische Handreichung aufzeigen, welche methodischen Vorgaben bei der Rechtsanwendung zu beachten sind. Diese Vorgaben sollten ungeachtet der aufgezeigten Grundprobleme der juristischen Methodenlehre allen Jurist*innen als notwendiges „Handwerkszeug“ vertraut sein.[52] 21

I. Methodische Standards der Normauslegung

Auslegung meint die Ermittlung des Normsinns, also der Bedeutung eines konkreten Rechtssatzes. Zurückgehend auf die dargestellte Auslegungskonzeption *von Savignys* können heute vier Auslegungselemente unterschieden werden: 22

1. Rahmensetzung durch Wortsinn: die grammatische Auslegung

Ausgangspunkt jeder Normauslegung ist die Ermittlung des Wortsinns, die sogenannte grammatische Auslegung. Es wurde bereits dargestellt, dass das Verständnis der Wortbedeutung von Normtexten (§ 13 Rn. 23 ff.) grundsätzlich möglich ist (oben B.II.1.); doch handelt es sich um ein nicht immer einfaches und zweifelsfreies Geschäft. Denn Worte können mehrere Bedeutungen haben, so dass die Wortlautauslegung allein häu- 23

49 Zu diesem Zusammenhang Rüthers/Fischer/Birk, Rechtstheorie, Rn. 708 f.; Looschelders/Roth, Methodik, S. 50; Gern, Verwaltungs-Archiv 80 (1989), 415, 432 f.

50 S. BVerfGE 34, 269, 292; 49, 304, 322; 69, 315, 372; 82, 6, 12.

51 Ähnlich Michael, Gleichheitssatz, S. 29 ff.; Gern, Verwaltungs-Archiv 80 (1989), S. 415, 430 ff.; weitergehend Vogel, Methodik, S. 4 ff., der für eine „positivistische juristische Methodik“ eintritt.

52 Zu dieser Funktion der Methodenlehre nur Looschelders/Roth, Methodik, S. 2 f.; s. in diesem Zusammenhang auch den Appell von Lübbe-Wolff, in: Das Proprium der Rechtswissenschaft, S. 291 f. zur „Stärkung der alten Provinzen“.

fig nicht zu einem eindeutigen Ergebnis führt: Wann meint beispielsweise die Verwendung des Terminus „Gesetz“ im Grundgesetz ein formelles (also parlamentarisches) Gesetz, und wann legt das Grundgesetz ein materielles Verständnis des Gesetzes zu Grunde, meint also jede Rechtsnorm? Darüber hinaus verwendet der Gesetzgeber Begriffe, die Unschärfen aufweisen, wie das „wichtige Glied des Körpers“ i.S.d. § 226 Abs. 1 Nr. 2 StGB, oder die ausfüllungsbedürftig sind, wie der Begriff der „guten Sitten“ i.S.d. § 138 Abs. 1 BGB. Schließlich kann auch die Satzstellung zu Unklarheiten führen: So ist im Strafrecht umstritten, ob sich die Vermögensbetreuungspflicht im Untreuetatbestand (§ 266 Abs. 1 StGB) nur auf den Treubruchstatbestand oder auch auf den Missbrauchstatbestand bezieht. Die Ermittlung des Wortsinns muss deshalb neben der Wortbedeutung der einzelnen Begriffe auch die innere Verbindung zwischen den Merkmalen und die gesamte Normstruktur beachten. Unklarheiten führen dazu, dass der von der Wortlautauslegung gezogene Rahmen relativ weit bleibt und das Gewicht auf dem weiteren Auslegungsprozess liegt. Deshalb hat die grammatische Auslegung zum Beispiel bei Generalklauseln kaum Steuerungskraft. Insofern sollte die Exaktheit der grammatischen Auslegung allgemein nicht überschätzt werden: „Gerade Laieninterpretationen und Interpretationen schlechter Juristen sind auch heute noch durch naive Wortgläubigkeit gekennzeichnet.“[53]

24 Wortbedeutungen können sich im Laufe der Zeit wandeln. Zum Beispiel wird unter einer Familie (besonderer Schutz durch Art. 6 Abs. 1 GG) im allgemeinen Sprachgebrauch heute etwas anderes verstanden als noch im Jahr 1949. Nimmt nun das Gesetz diesen Wandel der Sprachkonvention automatisch als Rechtswandel in sich auf, wie vielfach vertreten wird?[54] Manche Begriffe sind bewusst für eine solche Anpassung offen:[55] So geht es bei den „guten Sitten“ um jeweils anerkannte Moralvorstellungen und nicht dauerhaft um die Vorstellungen aus dem Jahr 1900. Im Übrigen tritt nach hier vertretener Auffassung aber kein automatischer Bedeutungswandel der Norm ein.[56] Die Frage ist vielmehr, ob das Recht angesichts des tatsächlichen Wandels fortgebildet werden muss. Nur so behält die gesetzgeberische Zwecksetzung ihre verfassungsrechtlich gebotene Steuerungsfunktion (unten 4.). Ein anschauliches Beispiel für dieses Problem ist die Frage nach dem Wandel des verfassungsrechtlichen Ehebegriffs: Der einfache Gesetzgeber hat im Jahr 2017 durch Änderung von § 1353 Abs. 1 BGB die „Ehe für alle“ ermöglicht. Ob dies ohne eine Änderung des Grundgesetzes erfolgen durfte, wird unterschiedlich gesehen, weil traditionell davon ausgegangen wurde, dass die Ehe zwischen Mann und Frau geschlossen wird. Allerdings geht es hier nicht allein um die Frage eines Verfassungswandels in Bezug auf den Ehebegriff; es muss vielmehr auch danach gefragt werden, ob der besondere verfassungsrechtliche Schutz der Ehe einer Öffnung der Ehe im Privatrecht über ein etwaig engeres verfassungsrechtliches Verständnis hinaus überhaupt entgegensteht.[57]

53 Kramer, Methodenlehre, S. 93.

54 Dafür z.B. Kramer, Methodenlehre, S. 98 f.; Larenz/Canaris, Methodenlehre, S. 144 ff.

55 Dazu näher von Arnauld, Rechtstheorie 32 (2001), 465 ff.

56 Wie hier Rüthers/Fischer/Birk, Rechtstheorie, Rn. 742; Looschelders/Roth, Methodik, S. 139 f.; Neuner, Rechtsfindung, S. 121.

57 S. zum Problem beispielsweise Michael/Morlok, Grundrechte, Rn. 248 ff.; Kingreen/Poscher, Grundrechte, Rn. 748 ff.; und seine Behandlung in einer Klausur durch Ludwigs/Kuhn, JuS 2018, 629 ff.

2. Zwischen Kontextualisierung und Einheitspostulat: die systematische Auslegung

25 Während die norminterne Kontextbetrachtung noch zur Wortlautauslegung gehört, analysiert die systematische Auslegung die Stellung der jeweiligen Bestimmung innerhalb des Gesetzeswerks, des Rechtsgebiets und der Gesamtrechtsordnung. Einige Beispiele: Die Möglichkeit des redlichen Erwerbs vom Nichtberechtigten (§ 932 ff. BGB) wird eingeschränkt für den Fall des Abhandenkommens (§ 935 BGB), beide Regelungen sind also im Zusammenhang zu sehen. Bei der Abgrenzung des Raubs von der räuberischen Erpressung wird mit der systematischen Stellung des Raubtatbestands argumentiert: Weil § 249 StGB den Abschnitt „Raub und Erpressung" eröffne, könne er nicht Spezialfall der räuberischen Erpressung (§ 255 StGB) sein. Und zum Begriff der „Verteidigung" in Art. 87a Abs. 2 GG wird gesagt, es müsse etwas anderes gemeint sein als der in Art. 115a Abs. 1 GG legaldefinierte „Verteidigungsfall". Die systematische Auslegung zieht also aus dem Zusammenhang der Norm mit anderen Bestimmungen Rückschlüsse auf die Normbedeutung.

26 Umstritten ist, ob man darüber hinaus ein widerspruchsfreies System des Rechts zur Forderung erheben und daraus Rückschlüsse auf die Normbedeutung ziehen kann,[58] ob also die Einheit der Rechtsordnung ein feststehender Grundsatz oder eher eine angestrebte Idealvorstellung ist.[59] Wenn die Betrachtung des Normkontexts Widersprüche erweist, hat die Vermutung, dass der Gesetzgeber diese nicht gewollt habe, zwar eine gewisse Plausibilität. Aber die Auflösung solcher Widersprüche geht über die systematische Auslegung hinaus.[60] Sie ist darauf zu beschränken, aus dem Normkontext (passiv) Erkenntnisse für den Norminhalt zu ziehen. Eine (aktive) Einpassung der Norm in den Normkontext ist nur dann zulässig, wenn die Norm hierfür ersichtlich Spielräume bereit hält (etwa durch ausfüllungsbedürftige Rechtsbegriffe). Wenn das nicht der Fall ist, gehen Rechtsanwender*innen mit der Einpassung über den Bereich der Inhaltsermittlung hinaus, also in den Bereich der Gesetzeskorrektur über (unten II.2.).

3. Geschichte und Genese: die historische und die genetische Auslegung

27 Die historische Auslegung versucht, zur Ermittlung des Norminhalts geschichtliche Aspekte fruchtbar zu machen. Dabei kann man zwischen historischer Auslegung im weiteren Sinn und genetischer Auslegung unterscheiden. Aufschluss für die Bedeutung einer bestimmten Norm kann die Betrachtung ihrer Vorgeschichte geben: Gibt es Vorgängerbestimmungen, und wie wurden diese ausgelegt? Beispielsweise hat das Grundgesetz sich in einigen Teilen, etwa durch die zurückhaltende Ausstattung des Bundespräsidenten mit politischen Machtbefugnissen,[61] klar von der Weimarer Reichsverfassung abgesetzt. Wichtiger noch ist die Betrachtung der Entstehungsgeschichte einer Norm (genetische Auslegung): Welches konkrete Regelungsanliegen hat der Gesetzgeber verfolgt? Auf welches gesellschaftliche Problem wollte er reagieren, und welche Lösungen hatte er dafür im Blick? Welche alternativen Regelungsansätze konnten sich im Gesetzgebungsverfahren nicht durchsetzen? Hierfür müssen insbesondere die Mate-

58 So z.B. Zippelius, Methodenlehre, S. 42 ff.; Larenz/Canaris, Methodenlehre, S. 146 f.; Kramer, Methodenlehre, S. 99 ff.; eingehend zu dieser Frage Canaris, Systemdenken, S. 86 ff.
59 So die treffende Unterscheidung zwischen Axiom und Postulat bei Engisch, Einheit, S. 69.
60 Looschelders/Roth, Methodik, S. 150; ähnlich Rüthers/Fischer/Birk, Rechtstheorie, Rn. 763.
61 Wichtige Ausnahmen stellen die sogenannten Reservebefugnisse zur Auflösung des Deutschen Bundestages in politischen Krisensituationen dar (Art. 63 Abs. 4 Satz 3 und Art. 68 Abs. 1 Satz 1 GG).

rialien ausgewertet werden: Wie wurde etwa ein als Bundestagsdrucksache verfügbarer Regierungsentwurf begründet? Welche Schlussfolgerungen können aus parlamentarischen Aussprachen und späteren Modifikationen im Gesetzgebungsverfahren gezogen werden? Damit zeigt sich, dass die historische Auslegung, obwohl sie ganz überwiegend als eigenständiges Auslegungselement erscheint, der Sache nach eher ein Hilfskriterium zur Feststellung des gesetzgeberischen Regelungsanliegens ist (unten 4.b.).

4. Zwecksetzung des Gesetzgebers: die teleologische Auslegung

a) Die Grundsatzkontroverse: objektive oder subjektive Zweckbestimmung?

28 Die heute unstreitig überragend wichtige teleologische Auslegung (von griech. telos = Zweck) fragt nach dem Normzweck.[62] Was aber unter dem Normzweck zu verstehen ist, ist Gegenstand des klassischen Streits zwischen subjektiver und objektiver Auslegung.[63] Die subjektive Theorie fragt danach, was der Gesetzgeber gewollt hat, d.h. welche ursprüngliche Wertentscheidung hinter einer Bestimmung steht. Der Zweck eines Gesetzes kann danach nur ein Zweck sein, der ihm von seinem Urheber beigelegt worden ist: also die Zweck**setzung** des Gesetzgebers. Daher muss, so *Philipp Heck* (1858–1943), der Interpret „historische Interessenforschung“ betreiben.[64]

29 Dieser Wille des Gesetzgebers ist für die objektive Theorie eine bloße Fiktion. Nicht der Gesetzgeber selbst, sondern nur die einzelnen Beteiligten des Gesetzgebungsverfahrens verfolgten bestimmte, unter Umständen unterschiedliche Ziele; aber diese seien nicht Gesetzesinhalt geworden und könnten für diesen auch nicht maßgeblich sein. Zudem stehe ein Gesetz nach seinem Erlass in dynamischen sozialen Kontexten und wandle sich mit ihnen. Das Gesetz entfalte danach ein vom Willen des Gesetzgebers unabhängiges Eigenleben. Es könne, ja müsse „klüger sein als seine Verfasser“.[65] Darum müsse der objektive Wille des Gesetzes ermittelt werden. Dabei wird gefragt, welche Zwecke und Ziele das Gesetz zur Zeit der Rechtsanwendung unter Berücksichtigung der Gesamtrechtsordnung vernünftigerweise verfolgt; es geht also letztlich um Kriterien der Vernunft, des Rechtssystems, der Natur der Sache, der Gerechtigkeit usw.[66]

30 Zwecke können indes nur von Personen verfolgt werden. Deshalb ist die Frage nach subjektiver oder objektiver Zweckbetrachtung nichts anderes als die Unterscheidung zwischen der Zwecksetzung des Gesetzgebers und der Zwecksetzung der Rechtsanwender*innen.[67] Und diese Unterscheidung ist unter dem Grundgesetz leicht zu treffen: Die Zwecksetzungsprärogative gebührt aus den bereits dargestellten Gründen des Rechtsstaats- und des Demokratieprinzips (oben B.II.3.) dem Gesetzgeber – **er** hat die Auslegungsmaßstabskompetenz.[68] Gesetzesbindung kann nicht funktionieren, wenn sich Richter*innen im Gewande der objektiv-teleologischen Auslegung von eigenen Zweckvorstellungen leiten lassen. Ein solches Vorgehen wäre auch nicht von der ver-

62 Zum Siegeszug der teleologischen Auslegung und zu seinen Hintergründen instruktiv Lübbe-Wolff, in: Das Proprium der Rechtswissenschaft, S. 282 ff.

63 Darstellung und Bewertung des Streits bei Looschelders/Roth, Methodik, S. 29 ff.; Engisch, Einführung, S. 155 ff.; Kramer, Methodenlehre, S. 173 ff.; Larenz/Canaris, Methodenlehre, S. 137 ff.; s. auch Würdinger, JuS 2016, 1 ff.

64 Heck, Gesetzesauslegung, S. 8.

65 So das berühmt gewordene Diktum von Radbruch, Rechtsphilosophie, S. 207.

66 Puppe, Schule, S. 149 ff.; Deckert, JA 1994, 412, 416 f.; Larenz/Canaris, Methodenlehre, S. 137 ff.

67 S. nur Looschelders/Roth, Methodik, S. 38 ff.

68 So die Ausführungen bei Looschelders/Roth, Methodik, S. 45 ff.

fassungsrechtlich abgesicherten richterlichen Unabhängigkeit gedeckt: Art. 97 Abs. 1 GG meint vielmehr Gesetzesbindung und **im Übrigen** Unabhängigkeit. Deshalb ist die subjektive Theorie nach hier vertretener Auffassung von Verfassungs wegen vorgegeben.[69]

Zwar mag es nicht immer einfach sein, die gesetzgeberische Zwecksetzung festzustellen, wie die objektive Theorie zumeist einwendet. Es kann aber nicht in Abrede gestellt werden, dass eine solche Zwecksetzung grundsätzlich existiert. Natürlich liegen einer Gesetzgebung zunächst Zwecke zugrunde, die von den Beteiligten verfolgt werden. Diese Vorstellungen und Absichten sollen durch das Gesetzgebungsverfahren ja gerade in Gesetzesform gefasst werden. Deshalb werden diese Zwecksetzungen dem Gesetzgeber zugerechnet, was juristisch ein normaler Vorgang ist – „der Gesetzgeber" denkt, handelt und äußert seinen Willen über die einzelnen Verfahrensbeteiligten. 31

Soweit Vertreter*innen der objektiven Theorie vorwiegend auf Schwierigkeiten bei der Ermittlung des gesetzgeberischen Willens oder auf die mögliche Überholung dieses Willens durch die Entwicklung der Verhältnisse hinweisen, sind diese Einwände allerdings nicht unberechtigt. Die subjektive Theorie darf deshalb keineswegs verabsolutiert werden: Je älter die Norm und je dynamischer die Entwicklung der Verhältnisse ist, desto mehr kann die Steuerungskraft der gesetzgeberischen Zwecksetzung für die Auslegung abnehmen. Subjektiv-teleologische Auslegung bedeutet deshalb nicht **original intent** im Sinne eines statischen Verharrens beim Willen des historischen Gesetzgebers; die tatsächliche und rechtliche Entwicklung kann vielmehr zu einer Ablösung hiervon führen – diese muss dann aber offengelegt und begründet werden.[70] Ob dies im Rahmen der Auslegung oder nur im Wege der Gesetzeskorrektur möglich ist, hängt davon ab, ob die Wortlautgrenze überschritten wird (unten II.). Möglich ist auch, dass die teleologische Auslegung ergibt, dass der Gesetzgeber eine spezifische Wandelbarkeit des Rechtssatzes gerade gewollt hat. Soweit allerdings, und das betrifft viele Fälle, die Ermittlung der gesetzgeberischen Wertentscheidungen schwierig oder unmöglich ist und die subjektive Theorie dann danach fragt, was der Gesetzgeber wohl bezweckt haben wird (mutmaßlicher Wille des Gesetzgebers),[71] unterscheidet sich das von der Frage nach dem Willen des Gesetzes in der Sache nicht mehr entscheidend. Objektive und subjektive Theorie werden deshalb ungeachtet der grundlegend unterschiedlichen Prämissen häufig gar nicht zu unterschiedlichen Ergebnissen kommen.

b) Die Ermittlung der gesetzgeberischen Zwecksetzung

Damit kommt der gesetzgeberischen Zwecksetzung – in den vom Wortlaut gezogenen Grenzen – die maßgebliche Steuerungsfunktion für die Auslegung zu. Das hört sich in der Theorie aber leichter an, als es in der Praxis oft ist. Denn welches Regelungsanliegen der Gesetzgeber mit einer Norm verfolgt hat, welche Wertentscheidung er zum Ausgleich widerstreitender Interessen getroffen hat, ist nicht immer leicht festzustellen. Auf die Regelungsintention des Gesetzgebers können sehr unterschiedliche Gesichtspunkte hindeuten: Wichtig sind die Erkenntnisse aus der historischen und vor allem der genetischen Auslegung, die insoweit als Hilfskriterien zur Ermittlung des Normzwecks fungieren. Insbesondere bedarf es einer sorgfältigen Auswertung der heute on- 32

69 So vor allem auch Rüthers/Fischer/Birk, Rechtstheorie, Rn. 717 ff.; und Looschelders/Roth, Methodik, S. 29 ff.
70 Treffend Kramer, Methodenlehre, S. 162: „Die Materialien haben lediglich ‚persuasive authority'."; s. auch Looschelders/Roth, Methodik, S. 62 ff.
71 Zur Ermittlung des mutmaßlichen Willens eingehend Looschelders/Roth, Methodik, S. 160 ff.

line unproblematisch zugänglichen Gesetzgebungsmaterialien, die zwar für Einzelfragen nicht immer ergiebig sind, in der Praxis häufig aber gar nicht erst befragt werden. Dabei liegt es in der Natur eines gestaffelten und arbeitsteiligen Gesetzgebungsverfahrens davon auszugehen, dass unwidersprochen gebliebene Ausschussbegründungen oder Erläuterungen eines Regierungsentwurfs in den Willen des Gesetzgebers aufgenommen wurden.[72] Auch aus der Kontextualisierung einer Norm können sich Anhaltspunkte für die gesetzgeberische Zwecksetzung ergeben. Soweit diese nicht ermittelbar ist, stellt sich die Frage, was der Gesetzgeber mutmaßlich gewollt hat. Hierfür müssen die involvierten Interessen und alternativ mögliche Normzwecke sorgfältig herausgearbeitet und dann in Beziehung zu den Wertentscheidungen verwandter Normen gesetzt werden.

5. Höherrangiges Recht und Norminterpretation: die Konformauslegung

33 Die Konformauslegung (verfassungskonforme Auslegung und europa- bzw. völkerrechtskonforme Auslegung) ist ein Instrument, mit dem die Vereinbarkeit einer Rechtsnorm mit höherrangigem Recht hergestellt wird. So sollen, wenn mehrere Auslegungsvarianten denkbar sind, von denen manche gegen höherrangiges Recht verstoßen, nur diejenigen Auslegungsvarianten zulässig sein, die mit dem höherrangigen Recht in Einklang stehen. Es geht also darum, eine Rechtsnorm zu erhalten, obwohl ihre Vereinbarkeit mit höherrangigem Recht fraglich ist. Problematisch an der Konformauslegung ist, dass sie in diesem Bestreben häufig Auslegung und Rechtsfortbildung vermischt.[73] Ein klassisches Beispiel: Nach § 14 Abs. 1 VersG sind Versammlungen unter freiem Himmel mindestens 48 Stunden vor Beginn anzumelden, und bei fehlender Anmeldung kann die Versammlung nach § 15 Abs. 3 VersG aufgelöst werden. Das widerspricht Art. 8 Abs. 1 GG, der allen Deutschen das Recht einräumt, sich ohne Anmeldung oder Erlaubnis friedlich und ohne Waffen zu versammeln. Dieser Widerspruch wird in der Praxis so aufgelöst, dass die Anmeldepflicht bei Spontanversammlungen entfällt und bei Eilversammlungen verkürzt werden kann und dass eine Auflösung nicht allein auf die fehlende Anmeldung gestützt werden darf.[74] Diese sogenannte verfassungskonforme Auslegung des Versammlungsgesetzes hat mit Normauslegung aber eigentlich nichts mehr zu tun – denn die der Behörde nach dem Normwortlaut eingeräumte Auflösungsbefugnis wird ihr aus verfassungsrechtlichen Gründen genommen. Das ist verfassungsrechtlich richtig, aber sicher nicht Norminhalt von § 15 Abs. 3 VersG.[75] Das Konformitätsanliegen wird also nicht durch Auslegung, sondern durch Gesetzeskorrektur erreicht (unten II.2.); verfassungskonforme Auslegungsalternativen liegen nämlich gar nicht vor.

6. Zur Frage nach der Rangfolge der Auslegungsmittel

34 Da die einzelnen Auslegungsmittel in unterschiedliche Richtungen weisen können, ist die Frage, ob eine Rangfolge der Auslegungsmittel besteht, von großer Bedeutung. Oft wird gesagt, dass sich eine solche Rangfolge nicht etablieren lasse.[76] Die Methode

72 Ebenso Engisch, Einführung, S. 171 f.; Looschelders/Roth, Methodik, S. 155 ff.

73 Kritisch auch Larenz/Canaris, Methodenlehre, S. 160 ff.; Puppe, Schule, S. 171 ff.; Kramer, Methodenlehre, S. 118 f.; Neuner, Rechtsfindung, S. 128 ff.

74 S. nur Michael/Morlok, Grundrechte, Rn. 663; oder Kingreen/Poscher, Grundrechte, Rn. 833, jeweils m.N. zur Rechtsprechung des Bundesverfassungsgerichts.

75 Für ein weiteres bezeichnendes Beispiel s. BVerfGE 129, 124 (186); dazu Sauer, Staatsrecht III, § 9 Rn. 78.

76 Esser, Vorverständnis, S. 124 ff.; zumindest relativierend Puppe, Schule, S. 162 ff.

könnte aber ihre Funktion nicht erfüllen, wenn es für die Vorrangentscheidung der Rechtsanwender*innen gar keine Kriterien gäbe. Solche ergeben sich insbesondere aus der dargelegten verfassungsrechtlichen Fundierung der Methodenlehre:[77] Der Wortlaut hat aus den genannten Gründen die Funktion einer Auslegungsgrenze und damit einer Rahmensetzung für das weitere Vorgehen.[78] Über diesen oft weit gezogenen Rahmen darf die Auslegung auch dann nicht hinausgehen, wenn hierfür andere Auslegungsmittel sprechen – das ist eine erste wichtige Rangaussage. Dass der Wortlaut von Normen in der Rechtspraxis oft leichter Hand übergangen wird, spricht nicht gegen die Existenz dieser Methodenvorgabe, sondern zeigt, dass Rechtsanwender*innen sich zuweilen größere Freiheiten nehmen, als die Gesetzesbindung ihnen gewährt. Beim weiteren Vorgehen ist die Ermittlung der gesetzgeberischen Zwecksetzung von zentraler Bedeutung; hierfür können die systematische und die historische Auslegung Anhaltspunkte liefern. Dabei setzt sich aber – das ist die zweite wichtige Rangaussage – kein Auslegungsmittel gegen den Willen des Gesetzgebers durch. Hinweise auf den unweigerlichen Methodenpluralismus sind insofern nicht falsch, aber mit Vorsicht zu genießen: Der Rechtsanwendung steht nämlich kein „methodologischer Selbstbedienungsladen" nach eigenem Belieben zur freien Verfügung.[79]

II. Methodische Standards der Rechtsfortbildung

1. Problemstellung: Bedürfnis und Befugnis zur richterlichen Rechtsfortbildung

Ausführungen über die richterliche Rechtsfortbildung müssen sich hier auf die Grundlagen beschränken; die Thematik ist komplex und in allen Einzelheiten umstritten. 35
Rechtsfortbildung beginnt dort, wo die Auslegung endet, d.h. die Wortlautgrenze markiert den Übergang zwischen Auslegung und Rechtsfortbildung. Weil Gesetze in ihrer Allgemeinheit nicht für jedes Problem eine Lösung bereithalten oder Auslegungsergebnisse als nicht (mehr) sachgerecht erscheinen können, besteht für die Fortbildung von Gesetzen ein erhebliches praktisches Bedürfnis. Es wird heute auch kaum mehr bestritten, dass die Rechtsprechung jedenfalls im Grundsatz zur Rechtsfortbildung befugt ist. In verfassungsrechtlicher Hinsicht lässt sich dafür Art. 20 Abs. 3 GG anführen, wonach eine Bindung nicht nur an das Gesetz, sondern an Gesetz und Recht besteht.[80] Das Bundesverfassungsgericht hat dazu festgestellt:

> „Rechtsfortbildung war in der deutschen Rechtsgeschichte nicht nur seit jeher eine anerkannte Funktion der Rechtsprechung; sie ist im modernen Staat geradezu unentbehrlich."[81]

Allerdings besteht bei der Rechtsfortbildung eine besonders große Gefahr, dass die Rechtsanwender*innen letztlich eigene Vorstellungen davon, wie ein Rechtsproblem zu

77 Im Ergebnis ebenso mit teilweise ähnlichen Konzeptionen Kramer, Methodenlehre, S. 201 ff.; Looschelders/Roth, Methodik, S. 192 ff.; Neuner, Rechtsfindung, S. 111 ff.; Deckert, JA 1994, 412, 414; abweichend Larenz/Canaris, Methodenlehre, S. 163 ff.; recht starre Festlegungen bei Gern, Verwaltungs-Archiv 80 (1989), 415, 434.

78 Ebenso Looschelders/Roth, Methodik, S. 146; Larenz/Canaris, Methodenlehre, S. 143; Zippelius, Methodenlehre, S. 39.

79 So auch Kramer, Methodenlehre, S. 201 f.; drastisch aber anschaulich das Bild von Koziol, AcP 212 (2012), 1, 55: „Die juristische Methodenlehre hat sich damit von einer strengen Sittenwächterin über saubere, regelkonforme Interpretation zu einem lockeren, ungebundenen juristischen Callgirl, das alle Wünsche erfüllt, gewandelt."

80 BVerfGE 34, 269, 286 ff.; Neuner, Rechtsfindung, S. 67; Looschelders/Roth, Methodik, S. 287 f.

81 BVerfGE 65, 182, 190 f.; 69, 188, 203.

lösen sei, zum Entscheidungsmaßstab machen. Die eigenen Vorstellungen gegen die des Gesetzgebers durchzusetzen, ist ihnen aber aufgrund der Gesetzesbindung verfassungsrechtlich versagt. Die richterliche Rechtsfortbildung ist damit im Kern ein Gewaltenteilungsproblem.[82] Unter welchen Voraussetzungen eine Rechtsfortbildung zulässig ist und wo ihre verfassungsrechtlichen Grenzen liegen, ist nicht leicht zu bestimmen. Zwei Fallgruppen der Rechtsfortbildung sind dafür zu unterscheiden: die Korrektur eines Gesetzes und die Ergänzung des Gesetzesrechts um einen neuen Rechtssatz.

2. Gesetzeskorrekturen

36 Die Gesetzeskorrektur dient der Abänderung des Ergebnisses, das die Auslegung einer Rechtsnorm ergeben hat.[83] Für eine solche Korrektur kommen zwei Gründe in Betracht: Erstens kann die Auslegung ergeben, dass die Norm – gemessen an der Zwecksetzung des Gesetzgebers – zu eng oder zu weit geraten ist: Sie erfasst nach dem Wortlaut bestimmte Fälle nicht, die sie nach dem Normzweck erfassen sollte, oder sie erfasst Fälle, die sie nach dem Normzweck nicht erfassen sollte. Da der Wortlaut die Grenze der Auslegung darstellt, kann dem Willen des Gesetzgebers in diesen Fällen nur durch eine Gesetzeskorrektur Rechnung getragen werden. Methodisch handelt es sich um eine teleologische Reduktion, wenn die Norm auf einen vom Wortlaut klar erfassten Fall nicht angewendet wird. So wird das Verbot des Insichgeschäfts in § 181 BGB teleologisch reduziert für Rechtsgeschäfte, die dem oder der Vertretenen lediglich einen rechtlichen Vorteil bringen (wie z.B. die Schenkung der Eltern an das minderjährige Kind). Denn nach dem Normzweck soll das Verbot die Vertretenen nur vor einer Benachteiligung durch Insichgeschäfte schützen. Auch bei der sogenannten verfassungskonformen Auslegung von § 14 Abs. 1 und § 15 Abs. 3 VersG (oben C.I.5.) handelt es sich der Sache nach um eine teleologische Reduktion.[84] Geht es dagegen um die Ausdehnung des Anwendungsbereichs einer Norm auf einen nach dem Wortlaut tatbestandlich nicht erfassten Fall, liegt eine teleologische Extension vor. Von der im Ergebnis ähnlichen Analogie unterscheidet sie sich dadurch, dass sie einen Widerspruch zwischen Wortlaut und Normzweck ausräumt, während die Analogie als ergänzende Rechtsfortbildung dort zum Tragen kommt, wo es an einem konkreten Regelungswillen des Gesetzgebers gerade fehlt.[85]

37 Zweitens kann eine Gesetzeskorrektur geboten sein, wenn ein Auslegungsergebnis zwar mit der Zwecksetzung des historischen Gesetzgebers im Einklang steht, diese aber durch die Entwicklung der tatsächlichen und rechtlichen Verhältnisse überholt worden ist und greifbare Anhaltspunkte für einen Bewusstseinswandel des Gesetzgebers bestehen.[86] Ein prominentes Beispiel für einen solchen Fall ist die richterrechtliche Schaffung eines Anspruchs auf Geldersatz für den immateriellen Schaden bei Persönlichkeitsrechtsverletzungen. Nach dem Wortlaut von § 253 BGB besteht ein solcher Anspruch gerade nicht, und der Gesetzgeber hatte sich ausweislich der Materialien auch bewusst dagegen entschieden.[87] Der Bundesgerichtshof stellte jedoch im **Herren-**

82 In aller Deutlichkeit BVerfGE 122, 248, 282 ff. – Sondervotum Voßkuhle, Osterloh und Di Fabio; Looschelders/Roth, Methodik, S. 250 ff.; Wank, Auslegung, S. 84.

83 Zum Vorgehen in Klausuren Kuhn, JuS 2016, 104 ff.

84 Ob diese allerdings zulässig ist, darüber lässt sich streiten (s. dazu Looschelders/Roth, Methodik, S. 263 f.; BVerfGE 85, 69 mit Sondervotum Seibert und Henschel).

85 Ausführlich zu dieser Unterscheidung Looschelders/Roth, Methodik, S. 268 ff.

86 Vgl. BVerfGE 88, 145, 167.

87 Protokolle der Kommission für die zweite Lesung des Entwurfs des BGB, Bd. I, 1897, S. 622 f.

reiter-Fall einen Wandel der rechtlichen (Anerkennung des Persönlichkeitsrechts) und tatsächlichen (Kommerzialisierung ideeller Rechtsgüter) Verhältnisse fest und hielt die ursprüngliche Wertentscheidung des Gesetzgebers deshalb für überholt.[88]

Das bedeutet: Grundlage und Grenze für eine Gesetzeskorrektur kann immer nur der Wille des Gesetzgebers sein. In der ersten Konstellation ist ihm bei der Umsetzung seines Regelungsanliegens ein Fehler unterlaufen, der mit der Gesetzeskorrektur ausgeräumt wird. In der zweiten Konstellation trägt die Korrektur einem gewandelten (mutmaßlichen) Willen des Gesetzgebers Rechnung. Während der mögliche Wortsinn Grenze jeder Auslegung ist, ist damit der Wille des Gesetzgebers Grenze jeder Rechtsfortbildung.[89] Gegen diesen Willen darf keine Gesetzeskorrektur erfolgen, auch wenn die Norm den Rechtsanwender*innen noch so sachwidrig erscheinen mag. Sie müssen sie ohne Korrekturbefugnis anwenden, es sei denn, sie sind der Auffassung, dass die Norm ohne die ihnen verwehrte Korrektur verfassungswidrig ist. Dann haben sie nachkonstitutionelle Parlamentsgesetze nach Art. 100 Abs. 1 GG dem Bundesverfassungsgericht vorzulegen; bei anderen Rechtsnormen besteht eine eigene richterliche Verwerfungsbefugnis. 38

Die Grenzen der Rechtsfortbildung sind in jüngerer Zeit auch durch die Rechtsprechung des Bundesverfassungsgerichts stärker akzentuiert worden. Im Jahr 2007 hatte der Große Strafsenat des Bundesgerichtshofs mit einer Entscheidung zur Protokollberichtigung in Strafsachen (sog. „Rügeverkümmerung") seine Rechtsfortbildungsbefugnisse massiv zulasten des Gesetzgebers ausgedehnt.[90] Der Zweite Senat des Bundesverfassungsgerichts hat das im Jahr 2009 mit fünf zu drei Stimmen gebilligt.[91] Dennoch leitete diese Entscheidung durch die intensive Diskussion der verfassungsrechtlichen Grenzen der Rechtsfortbildung und durch ein viel beachtetes Sondervotum einen begrüßenswerten Stimmungswandel im höchsten deutschen Gericht ein: Zwei Jahre später beanstandete der Erste Senat des Bundesverfassungsgerichts (ebenfalls mit fünf zu drei Stimmen) eine Rechtsfortbildung der Zivilgerichte zur Berechnung des nachehelichen Unterhalts (§ 1578 Abs. 1 S. 1 BGB), weil sich die von den Zivilgerichten angewendete sog. Dreiteilungsmethode vom Konzept des Gesetzgebers zur Berechnung des Unterhalts gelöst und dieses durch ein eigenes Modell ersetzt habe.[92] Die Überschreitung der Grenzen der Rechtsfortbildung wurde dabei maßgeblich mit der Abweichung von der Intention des Gesetzgebers begründet.[93]

3. Gesetzesergänzungen

Richter*innen können nicht nur mit unbefriedigenden Auslegungsergebnissen konfrontiert sein. Möglich ist auch, dass das geltende Gesetzesrecht auf bestimmte Rechtsfragen keine Antworten bereithält, also eine Lücke im Gesetz besteht. Berühmte zivil- 39

88 BGHZ 26, 349, 354 ff. Das Bundesverfassungsgericht hat diese Rechtsfortbildung im Soraya-Beschluss gebilligt, s. BVerfGE 34, 269, 286 ff.

89 Eingehend Rüthers/Fischer/Birk, Rechtstheorie, Rn. 949 ff.; und Looschelders/Roth, Methodik, S. 226 ff., 288 ff.

90 BGHSt 51, 298; zum tatsächlichen und rechtlichen Hintergrund s. die Darstellung in BVerfGE 122, 248 ff.

91 BVerfGE 122, 248. Nach dem Sondervotum der Richter Voßkuhle, Osterloh und Di Fabio hat der Bundesgerichtshof dagegen die verfassungsrechtlichen Grenzen der Rechtsfortbildung überschritten, s. BVerfGE 122, 248 (282 ff.); zur Entscheidung näher Möllers, JZ 2009, 668 ff.; und Rüthers, NJW 2009, 1461. Lesenswert zum Problem außerdem Becker, in: Soziologische Jurisprudenz, S. 215 ff.

92 BVerfGE 128, 193, 211 ff.

93 BVerfGE 128, 193, 218 ff. Dieser Entscheidung zustimmend Rüthers, NJW 2011, 1856 ff.; kritisch Rieble, NJW 2011, 819 ff.

rechtliche Regelungslücken bestanden früher im Bereich der positiven Vertragsverletzung (heute § 280 Abs. 1 BGB) und der „culpa in contrahendo" (heute § 311 Abs. 2 BGB); beide Institute waren lange vor der Schuldrechtsreform des Jahres 2002 richterrechtlich entwickelt worden. Gesetzeslücken können durch ergänzende Rechtsfortbildung geschlossen werden. Natürlich kann die Rechtsanwendung nicht bei jeder Gesetzeslücke beliebig rechtsfortbildend tätig werden. Denn möglicherweise hat der Gesetzgeber die vermisste Regelung ganz bewusst nicht getroffen oder eine bestehende Regelung nicht auf andere Fälle ausgedehnt. Auch für die ergänzende Rechtsfortbildung ist deshalb der Maßstab der Wille des Gesetzgebers: Entscheidend ist, ob er eine nicht einschlägige Regelung als abschließend verstand oder ob er es versäumt hat, für ähnliche Fallkonstellationen ebenfalls Regelungen vorzusehen.

40 Freilich ist genau diese Frage manchmal schwer zu beantworten. Sie ist aber wichtig, vor allem für die Entscheidung zwischen Umkehrschluss oder Analogiebildung.[94] Ist ein bestimmter Fall A gesetzlich geregelt, ein ähnlicher Fall B dagegen nicht, stellt sich folgende Frage: Kann man wegen der Ähnlichkeit der Fälle die Regelung auf den Fall B erstrecken (Analogie), oder gilt die Regelung für den Fall B gerade deshalb nicht, weil der Gesetzgeber sie trotz der Ähnlichkeit der Fälle nicht auf diesen Fall erstreckt hat (Umkehrschluss)? Dafür kommt es darauf an, ob der Gesetzgeber den Fall B und seine Ähnlichkeit mit dem geregelten Fall A gesehen hat oder nicht. Deshalb ist Voraussetzung der Analogiebildung neben der Ähnlichkeit der Interessenlagen die Planwidrigkeit der Regelungslücke;[95] diese Planwidrigkeit entscheidet sich nach dem tatsächlichen, hilfsweise dem mutmaßlichen Willen des Gesetzgebers.[96] Die Analogiebildung ist deshalb kein logisches Verfahren im Sinne einer formalen Denkoperation, sondern ein auf Normzwecke zu stützendes Werturteil.[97] Die Unzulässigkeit einer Analogie kann sich auch aus speziellen Vorschriften ergeben, insbesondere aus dem strafrechtlichen Analogieverbot (Art. 103 Abs. 2 GG).[98]

III. Schlussbemerkung

41 Um die Grenzen von Auslegung und Rechtsfortbildung und damit um das Verhältnis zwischen Gesetzgebung und Rechtsprechung wird immer gerungen werden müssen. Im Jahr 2006 löste der damalige Präsident des Bundesgerichtshofs *Günter Hirsch* eine heftige Kontroverse aus, als er ausführte, das Verhältnis zwischen Gesetzgeber und Richter entspreche nicht mehr dem eines Herren zu seinem Diener. Er charakterisierte es stattdessen mit der Beziehung zwischen Komponisten und Pianisten, der die Vorgaben des Komponisten „mehr oder weniger virtuos" interpretiere.[99] Dieses Bild deutet auf eine gleichsam künstlerische Freiheit von Richter*innen hin und ist deshalb irreführ-

94 Wie hier Looschelders/Roth, Methodik, S. 309; Wank, Auslegung, S. 91.

95 Dazu anschaulich BVerfGE 116, 69, 83 f.

96 Larenz/Canaris, Methodenlehre, S. 194 f.; Hillgruber, JZ 1996, 118, 120; Vogel, Methodik, S. 133 f.; Looschelders/Roth, Methodik, S. 289.

97 Sehr klar Rüthers/Fischer/Birk, Rechtstheorie, Rn. 893. Ungeachtet der Zuspitzung wichtig auch bereits Kelsen, Rechtslehre, S. 350: „Dass die üblichen Interpretationsmittel des argumentum a contrario und der Analogie völlig wertlos sind, geht schon daraus zu Genüge hervor, dass beide zu entgegengesetzten Resultaten führen und es kein Kriterium dafür gibt, wann das eine oder das andere zur Anwendung kommen soll."

98 Die Analogiebildung ist der wichtigste Fall der ergänzenden Rechtsfortbildung. Neben der analogen Anwendung einzelner Vorschriften kommen auch die Gesamtanalogie oder die Deduktion neuer Rechtssätze aus allgemeinen Prinzipien in Betracht. Auf die damit verbundenen Probleme kann hier nicht eingegangen werden (zur Kritik Rüthers/Fischer/Birk, Rechtstheorie, Rn. 913 ff.; Looschelders/Roth, Methodik, S. 310 ff.).

99 Hirsch, ZRP 2006, 161.

rend, was *Hirsch* mit Recht Kritik eingetragen hat.[100] Freilich kann man auch darüber streiten, wie treffsicher das Bild vom Herren und seinen Dienern ist – Bilder sind anschaulich, aber selten exakt. Unter dem Grundgesetz haben die Richter*innen eine starke Stellung erhalten, mit der eine große Verantwortung einhergeht. Deshalb sollte immer wieder kritisch hinterfragt und diskutiert werden, ob Richter*innen nicht nur des Bundesverfassungsgerichts ihre Befugnisse einhalten oder sie zulasten des Gesetzgebers ausdehnen.[101] Dabei wird nicht übersehen, dass es häufig der Gesetzgeber selbst ist, der sich aus seiner Regelungsverantwortung stiehlt und damit Gesetzeskorrekturen oder -ergänzungen erst nötig macht. Hinzu kommt, dass die Qualität der Gesetzgebung tendenziell abnimmt, was der Rechtsanwendung weitere Spielräume eröffnet.[102] Der Gesetzgeber ist in seinem Aufgabenprofil und seiner Arbeitsweise ebenso notwendigerweise unvollkommen wie die heterogene, unabhängige und oft stark beanspruchte rechtsprechende Gewalt. Auch das macht Rechtsanwendung in der Praxis zu einem so schwierigen Geschäft, bei dem die Einhaltung der methodischen Standards zwar de iure erwartet werden muss, de facto aber nicht in jedem Einzelfall sichergestellt werden kann. Bei allen unbestreitbaren alltäglichen Schwierigkeiten müssen sich die Rechtsanwender*innen aber die Bereitschaft erhalten, die methodischen Grundlagen und Grenzen ihrer Tätigkeit immer wieder kritisch zu reflektieren. Dies zu ermöglichen, ist eine wesentliche Aufgabe des rechtswissenschaftlichen Studiums.

Wiederholungs- und Vertiefungsfragen 42

1. Erläutern Sie das Verhältnis zwischen Methodenlehre und positivem Recht.
2. Was ist das syllogistische Subsumtionsmodell? Warum wird der Prozess der Rechtsanwendung damit nicht angemessen erfasst?
3. Erläutern Sie die Funktion methodischer Standards bei der Rechtsanwendung.
4. Was hat von Savigny unter Gesetzesauslegung verstanden? Welchen Stellenwert hatte die teleologische Auslegung in seinem Modell? Warum ist dieses Modell bis heute so einflussreich?
5. Inwieweit lässt sich sagen, dass Methodenfragen im Kern Verfassungsfragen sind?
6. Warum ist der Wortlaut die Grenze der Auslegung?
7. Was ist unter systematischer, historischer und genetischer Auslegung zu verstehen?
8. Worin liegt der Unterschied zwischen subjektiver und objektiver Auslegung? Welche Argumente sprechen für die subjektive, welche für die objektive Theorie? Wann kommen beide Konzeptionen zum gleichen Ergebnis?
9. Was versteht man unter Konformauslegung? Warum ist die Konformauslegung in methodischer Hinsicht problematisch?
10. Was ist Grundlage und Grenze jeder Rechtsfortbildung?
11. Welche Formen der Rechtsfortbildung sind zu unterscheiden?
12. Wann ist eine Analogie zulässig? Worin unterscheidet sich diese von der teleologischen Extension? Und was bezeichnet man als teleologische Reduktion?

---

100 S. nur Möllers, FAZ vom 26.10.2006, 37; Rüthers, JZ 2008, 446 ff.; s. auch Hassemer, Rechtstheorie 39 (2008), 1 ff.

101 Zur Kritik aus jüngerer Zeit stellvertretend Rüthers, JZ 2006, 53 ff.; und JZ 2008, 446 ff. m.w.N.

102 Dazu sehr anschaulich Lübbe-Wolff, in: Das Proprium der Rechtswissenschaft, S. 287: „Je schlechter das Gesetz, desto größer der Spielraum für die Teleologie seiner Interpreten."

Literaturempfehlungen:

43 Griebel, Überlegungen zum gesetzeszentrierten Lehren und Lernen – ein Denkanstoß, in: ders./Gröblinghoff (Hrsg.), Von der juristischen Lehre. Erfahrungen und Denkanstöße, 2012, S. 127 ff.; Gröschner, Judiz – Was ist das und wie lässt es sich erlernen?, JZ 1987, 903 ff.; Jestaedt, Die Verfassung hinter der Verfassung, 2009; Looschelders/Roth, Juristische Methodik im Prozess der Rechtsanwendung, 1996; Möllers, Nachvollzug ohne Maßstabsbildung: Richterliche Rechtsfortbildung in der Rechtsprechung des Bundesverfassungsgerichts, JZ 2009, 668 ff.; Rüthers, Methodenrealismus in Jurisprudenz und Justiz, JZ 2006, 53 ff.; ders., Wozu auch noch Methodenlehre? Die Grundlagenlücken im Jurastudium, JuS 2011, 865 ff.

Literaturverzeichnis:

44 Alexy, Theorie der juristischen Argumentation, 2. Aufl. 1990; von Arnauld, Möglichkeiten und Grenzen dynamischer Interpretation von Rechtsnormen. Ein Beitrag zur Rekonstruktion autorsubjektiver Normauslegung, Rechtstheorie 32 (2001), 465 ff.; Becker, Paradoxie der Praxis: Klarheit im Klärwerk – Neues zum Hauptverhandlungsprotokoll in Strafsachen, in: Calliess u.a. (Hrsg.), Soziologische Jurisprudenz, Festschrift für Gunther Teubner, 2009, S. 215 ff.; Brink, Über die richterliche Entscheidungsbegründung, 1999; Brohm, Kurzlebigkeit und Langzeitwirkung der Rechtsdogmatik, in: Geis/Lorenz (Hrsg.), Staat, Kirche, Verwaltung, Festschrift für Hartmut Maurer, 2001, S. 1079 ff.; Bumke, Rechtsdogmatik, 2017; Canaris, Systemdenken und Systembegriff in der Jurisprudenz, 2. Aufl. 1983; Christensen, Sprache und Normativität oder wie man eine Fiktion wirklich macht, in: Krüper u.a. (Hrsg.), An den Grenzen der Rechtsdogmatik, 2010, 127 ff.; Deckert, Die Methodik der Gesetzesauslegung, JA 1994, 412 ff.; Depenheuer, Der Wortlaut als Grenze, 1988; Engel, Herrschaftsausübung bei offener Wirklichkeitsdefinition. Das Proprium des Rechts aus der Perspektive des öffentlichen Rechts, in: Ders./Schön (Hrsg.), Das Proprium der Rechtswissenschaft, 2007, S. 205 ff.; Engisch, Einheit der Rechtsordnung, 1935; Ders., Logische Studien zur Gesetzesanwendung, 3. Aufl. 1963; Ders., Einführung in das juristische Denken, 11. Aufl. 2010; Esser, Vorverständnis und Methodenwahl in der Rechtsfindung, 1970; Ders., Bemerkungen zur Unentbehrlichkeit des juristischen Handwerkszeugs, JZ 1975, 555 ff.; Heck, Gesetzesauslegung und Interessenjurisprudenz, 1914; Gern, Die Rangfolge der Auslegungsmethoden von Rechtsnormen, Verwaltungs-Archiv 80 (1989), 415 ff.; Griebel, Überlegungen zum gesetzeszentrierten Lehren und Lernen – ein Denkanstoß, in: ders./Gröblinghoff (Hrsg.), Von der juristischen Lehre. Erfahrungen und Denkanstöße, 2012, S. 127 ff.; Gröschner, Judiz – Was ist das und wie lässt es sich erlernen?, JZ 1987, 903 ff.; Hassemer, Juristische Methodenlehre und richterliche Pragmatik, Rechtstheorie 39 (2008), 1 ff.; Hillgruber, Richterliche Rechtsfortbildung als Verfassungsproblem, JZ 1996, 118 ff.; Hirsch, Zwischenruf: Der Richter wird's schon richten, ZRP 2006, 161 ff.; Jestaedt, „Öffentliches Recht“ als wissenschaftliche Disziplin, in: Engel/Schön (Hrsg.), Das Proprium der Rechtswissenschaft, 2007, S. 241 ff.; Ders., Die Verfassung hinter der Verfassung, 2009; Kaufmann, Problemgeschichte der Rechtsphilosophie, in: Ders. u.a. (Hrsg.), Einführung in die Rechtsphilosophie und Rechtstheorie der Gegenwart, 8. Aufl. 2011 (in der Neuauflage findet sich nicht mehr der Ursprungstext von Kaufmann); Kelsen, Reine Rechtslehre, 2. Aufl. 1960; Kingreen/Poscher, Grundrechte – Staatsrecht II, 35. Aufl. 2019; von Kirchmann, Die Werthlosigkeit der Jurisprudenz als Wissenschaft, 1848; Klatt, Die Wortlautgrenze, in: Lerch (Hrsg.), Recht verhandeln, Band II, 2005, S. 343 ff.; Koziol, Glanz und Elend der deutschen Zivilrechtsdogmatik, AcP 212 (2012), 1; Kramer, Juristische Methodenlehre, 6. Auflage 2019; Kriele, Theorie der Rechtsgewinnung, 2. Aufl. 1976; Kuhn, Argumentation bei Analogie und teleologischer Reduktion, JuS 2016, 104; Larenz/Canaris, Methodenlehre der Rechtswissenschaft, 3. Aufl. 1995; Lepsius, Themen einer Rechtswissenschaftstheorie, in: Jestaedt/Ders. (Hrsg.), Rechtswissenschaftstheorie, 2008, S. 1 ff.; Looschelders/Roth, Juristische Methodik im Prozess der Rechtsanwendung, 1996; Lübbe-Wolff, Expropriation der Jurisprudenz?, in: Engel/Schön (Hrsg.), Das Proprium der Rechtswissenschaft, 2007, S. 282 ff.; Meier/Jocham, Wie man Argumente gewinnnt: Die Kunst, dogmatisch und überzeugend zu begründen, JuS 2015, 490; Michael, Der allgemeine Gleichheitssatz als Methodennorm komparativer Systeme, 1997; Ders./Morlok, Grundrechte, 7. Aufl. 2020; Möllers, Der Mann am Klavier: Was spielt BGH-Präsident Hirsch?, FAZ vom

26.10.2006, 37; Möllers, Nachvollzug ohne Maßstabbildung: Richterliche Rechtsfortbildung in der Rechtsprechung des Bundesverfassungsgerichts, JZ 2009, 668 ff.; Morlok, Neue Erkenntnisse und Entwicklungen aus sprach- und rechtswissenschaftlicher Sicht, in: Ehrenzeller u.a. (Hrsg.), Präjudiz und Sprache, 2008, S. 27 ff.; Neuner, Die Rechtsfindung contra legem, 2. Aufl. 2005; Pawlowski, Einführung in die Juristische Methodenlehre, 2. Aufl. 2000; Ogorek, Richterkönig oder Subsumtionsautomat? Zur Justiztheorie im 19. Jahrhundert, 2. Aufl. 2008; Payandeh, Judikative Rechtserzeugung, 2017; Puppe, Kleine Schule des Juristischen Denkens, 4. Aufl. 2019; Radbruch, Rechtsphilosophie, 8. Aufl. 1973; Raisch, Juristische Methoden. Vom antiken Rom bis zur Gegenwart, 1995; Reimer, Vielfalt und Einheit juristischer Methoden, in: Gödicke u.a. (Hrsg.), Festschrift für Jan Schapp, 2010, S. 431 ff.; Reimer, Juristische Methodenlehre, 2. Aufl. 2020; Rieble, Richterliche Gesetzesbindung und BVerfG, NJW 2011, 819 ff.; Rüthers, Methodenrealismus in Jurisprudenz und Justiz, JZ 2006, 53 ff.; Ders., Fortgesetzter Blindflug oder Methodendämmerung der Justiz? Zur Auslegungspraxis der obersten Bundesgerichte, JZ 2008, 446 ff.; Ders., Trendwende im Bundesverfassungsgericht? – Über die Grenzen des „Richterstaats", NJW 2009, 1461 ff.; Ders., Klartext zu den Grenzen des Richterrechts, NJW 2011, 1856 ff.; Rüthers/Fischer/Birk, Rechtstheorie, 11. Aufl. 2020; Sauer, Staatsrecht III, 6. Aufl. 2020; von Savigny, System des heutigen römischen Rechts, Band I, 1840; Vogel, Juristische Methodik, 1998; Stellhorn, Das argumentum ad absurdum und seine Bedeutung in examensrelevanten Meinungsstreitigkeiten, ZJS 2014, 467; Waldhoff, Kritik und Lob der Dogmatik: Rechtsdogmatik im Spannungsfeld von Gesetzesbindung und Funktionsorientierung, in: Kirchhof u.a. (Hrsg.), Was weiß Dogmatik?, 2012, S. 17 ff.; Wank, Die Auslegung von Gesetzen, 6. Aufl. 2015; Würdinger, Das Ziel der Gesetzesauslegung – ein juristischer Klassiker und Kernstreit der Methodenlehre, JuS 2016, 1; Zippelius, Juristische Methodenlehre, 11. Aufl. 2012.

§ 11 Rechtsvergleichung

Susanne Augenhofer

„A comparative lawyer is a man who knows a little about the law of every country except his own"
Lord Bowen

„Comparativa est omnis investigatio"
Nicolaus von Cues

A. Einführung

I. Was ist Rechtsvergleichung

1 Nach *Ernst Rabel* (1874–1955), „dem Vater der modernen Rechtsvergleichung in Deutschland",[1] beschäftigt sich Rechtsvergleichung mit den Fragen der Ähnlichkeit, Verschiedenheit und der gegenseitigen Beeinflussung von Rechtsordnungen.[2] Diese **Definition** kann man um den Zusatz erweitern, dass sich Rechtsvergleichung nicht alleine mit dem Vergleich der Rechtsordnungen einzelner Staaten beschäftigt, sondern auch Rechtsordnungen mit verschiedenen Rechtsvereinheitlichungsprojekten in Beziehung setzt. Darauf ist weiter unten zurückzukommen.

2 Die Rechtswissenschaft ist auch im Zeitalter einer zunehmenden Globalisierung bzw. einer in den Mitgliedstaaten der EU zunehmenden Europäisierung des Rechts weiterhin, anders als etwa die Naturwissenschaften oder die Medizin, zunächst primär eine nationale Wissenschaft. Nur wenige Rechtsgebiete gehen **per se** über die durch geographische Grenzen gesetzten Beschränkungen des Rechts hinaus, so etwa das Völkerrecht, das Europarecht oder die Rechtsphilosophie (§ 1). Für die Rechtsvergleichung ist einerseits die grundsätzliche Verschiedenheit der Rechtsordnungen Existenzvoraussetzung, da sie sich mit den daraus resultierenden Unterschieden beschäftigt. Andererseits ist die Rechtsvergleichung **per definitionem** eben nicht auf das nationale Recht eines Staates begrenzt.[3]

3 Schon hier sei erwähnt, dass Rechtsvergleichung als sogenannte funktionale Rechtsvergleichung betrieben wird. Verglichen wird also nicht z.B. das Gewährleistungsrecht in Land A und B, sondern es wird die Frage gestellt, welche Rechte der Käufer in den Ländern A und B hat, der ein Produkt erwirbt, das nicht die im Vertrag zugrunde gelegten Eigenschaften aufweist.

1 Zimmermann, RabelsZ 65 (2001), 1 f.; zum Leben des in Wien geborenen Rabel vgl. Kegel, RabelsZ 54 (1990), 1 ff.
2 Rabel, RabelsZ 1 (1927), 5, 7.
3 Vgl. Mänhardt/Posch, Internationales Privatrecht, S. 95.

II. Abgrenzung zu anderen Rechtsgebieten[4]

In einem ersten Schritt der Darstellung des Gegenstandes der Rechtsvergleichung erscheint es sinnvoll klarzustellen, was Rechtsvergleichung nicht ist, sie also von verschiedenen Rechtsgebieten zu unterscheiden. Dabei zeigt sich, dass die Abgrenzung meist nicht vollkommen erfolgen kann, sondern sich die einzelnen Gebiete mit der Rechtsvergleichung teilweise überschneiden und ergänzen. 4

Rechtsvergleichung selbst stellt kein festgefügtes und abgegrenztes Rechtsgebiet, wie etwa das Familienrecht, das Sachenrecht oder das Schuldrecht, dar. Vielmehr ist die Rechtsvergleichung zunächst einerseits **wissenschaftliche Methode**, mit deren Hilfe die Unterschiede und Gemeinsamkeiten verschiedener Rechtsordnungen herausgearbeitet und die verglichenen Rechtsordnungen miteinander in Beziehung gesetzt werden können. Daneben ist die Rechtsvergleichung jedoch auch eine **Wissenschaft** (vgl. dazu auch Rn. 34): Rechtsvergleichung kann in allen Rechtsgebieten betrieben werden. 5

Zu den abzugrenzenden Rechtsgebieten gehört zunächst die sogenannte **Auslandsrechtskunde**. Unter Auslandsrechtskunde versteht man die Beschäftigung mit und das Studium von fremden Rechtsordnungen. Sie werden sich jetzt vielleicht fragen, wo dann der Unterschied zur Rechtsvergleichung liegen soll, wenn sich diese doch – entsprechend der soeben genannten Definition – mit Ähnlichkeiten, Verschiedenheiten und der gegenseitigen Beeinflussung von Rechtsordnungen beschäftigt. Rechtsvergleichung beinhaltet zwar notwendigerweise Auslandsrechtskunde, geht jedoch einen Schritt weiter: Sie begnügt sich nicht mit der Sammlung von Informationen über eine fremde Rechtsordnung, sondern setzt die gesammelten Informationen in Bezug zur eigenen oder einer weiteren fremden Rechtsordnung, vergleicht sie und arbeitet Ähnlichkeiten und Verschiedenheiten heraus. Rechtsvergleichung bleibt also nicht bei der bloßen Beschreibung einer fremden Rechtsordnung stehen. *Max Rheinstein* (1899–1977), ein weiterer bedeutender Rechtsvergleicher, hat diesen Unterschied wie folgt auf den Punkt gebracht: „Auslandsrechtskunde ist normbezogen-deskriptiv, Rechtsvergleichung dagegen problembezogen-funktional".[5] Reine Auslandsrechtskunde betreibt etwa der Richter, der durch das **Internationale Privatrecht (IPR)** seines eigenen Landes auf die Anwendung fremden Rechts verwiesen wird. 6

Damit wären wir bei dem zweiten Rechtsgebiet, von dem sich die Rechtsvergleichung unterscheidet, dem Internationalen Privatrecht (IPR).[6] Das IPR beschäftigt sich nicht mit dem materiellen Recht fremder Rechtsordnungen, sondern beantwortet die vorgelagerte Frage, welches materielle Recht bei einem Sachverhalt mit Auslandsbezug überhaupt zur Anwendung kommt.[7] Verursacht etwa der deutsche Staatsbürger D in Öster- 7

4 Neben den hier genannten Rechtsgebieten wird in den gängigen Lehrbüchern oft auch das Völkerrecht, die Rechtsphilosophie oder das Europarecht von der Rechtsvergleichung abgegrenzt. Da der Unterschied dieser Gebiete zur Rechtsvergleichung jedoch relativ offensichtlich ist, wird hier darauf verzichtet.

5 Rheinstein, Einführung, S. 28.

6 Zweigert/Kötz, Einführung, S. 6 ff.

7 Während auch das IPR bislang nationales Recht war, und jedes Land sein eigenes IPR-Gesetz hat, wurde in jüngerer Zeit das IPR der EU-Mitgliedstaaten für bestimmte Gebiete vereinheitlicht, vgl. z.B. Verordnung (EG) Nr. 593/2008 des Europäischen Parlaments und des Rates vom 17.6.2008 über das auf vertragliche Schuldverhältnisse anzuwendende Recht (Rom I-VO); Verordnung (EG) Nr. 864/2007 des Europäischen Parlaments und des Rates vom 11.7.2007 über das auf außervertragliche Schuldverhältnisse anzuwendende Recht (Rom II-VO); Verordnung (EU) Nr. 1259/2010 des Rates vom 20.12.2010 zur Durchführung einer verstärkten Zusammenarbeit im Bereich des auf die Ehescheidung und Trennung ohne Auflösung des Ehebandes anzuwendenden Rechts (Rom III-VO); Verordnung (EU) Nr. 650/2012 des Europäischen Parlaments und des Rates vom 4.7.2012 über die Zuständigkeit, das anzuwendende Recht, die Anerkennung und Vollstreckung von

reich einen Autounfall, in den auch die italienische Staatsbürgerin I verwickelt ist, so klärt das IPR die Frage, nach welchem Recht die sich stellenden Sachfragen zu klären sind. Hat der deutsche Richter ausländisches Recht anzuwenden, muss er dieses studieren, um eine Entscheidung treffen zu können – er betreibt daher Auslandsrechtskunde. Ist hingegen durch den konkreten Fall das Interesse des Richters an der Frage geweckt, ob bei einem Verkehrsunfall auch die Kosten für einen Leihwagen ersatzfähig sind, setzt er sich mit dieser Frage auseinander und vergleicht die in den verschiedenen Rechtsordnungen vorgesehenen Lösungen, so betreibt er Rechtsvergleichung. Allerdings hat der Richter durchaus schon bei der Ermittlung des anzuwendenden Rechts bzw. bei der Anwendung ausländischen Rechts rechtsvergleichend tätig zu werden. Nach Art. 6 EGBGB ist ausländisches Recht ausnahmsweise dann nicht anzuwenden, wenn es wesentlichen Grundsätzen des inländischen Rechts widerspricht (**ordre public**). Wann das der Fall ist, kann nur durch einen Vergleich des eigenen mit dem fremden Recht ermittelt werden.[8]

8 So wie Rechtsvergleichung notwendigerweise Auslandsrechtskunde beinhaltet, ist die Trennung zwischen **Rechtsgeschichte** (§ 7) und Rechtsvergleichung ebenso selten absolut. Vielmehr sollte Rechtsvergleichung im Idealfall auch die geschichtliche Entwicklung einer Rechtsordnung mitberücksichtigen,[9] also „die historischen Bedingungen bedenken, unter denen sich die verglichenen Rechtsinstitute und Verfahren entwickelt haben".[10]

9 Ähnliches gilt für die **Rechtssoziologie** (§ 3),[11] die sich mit den Wechselbeziehungen zwischen Recht und Gesellschaft beschäftigt: Wie beeinflusst das Recht die Gesellschaft und die in ihr vertretenen Wertungen? Wie beeinflussen umgekehrt die gesellschaftlichen Rahmenbedingungen in einem Land das dort geltende Recht? Begnügt sich Rechtsvergleichung nicht damit, nur die Unterschiede zwischen verschiedenen Rechtsordnungen herauszuarbeiten, sondern fragt sie auch nach den Gründen für diese Unterschiede, so ist sie auf rechtssoziologische Erkenntnisse angewiesen.[12]

Entsprechend der funktionalen Methode der Rechtsvergleichung – auf die unten (Rn. 17 ff.) genauer einzugehen ist – ist nicht alleine das „law in the books", also die reinen Gesetzesvorschriften, zu vergleichen. Vielmehr muss das Recht, wie es tatsächlich in der Praxis angewandt wird („law in action"), bei der Vergleichung mitberücksichtigt werden. Auch hier zeigt sich somit die Überschneidung zwischen Rechtsvergleichung und Rechtssoziologie.[13]

Entscheidungen und die Annahme und Vollstreckung öffentlicher Urkunden in Erbsachen sowie zur Einführung eines Europäischen Nachlasszeugnisses (Rom IV-VO); Verordnung (EU) 2016/1103 des Rates vom 24.6.2016 zur Durchführung einer Verstärkten Zusammenarbeit im Bereich der Zuständigkeit, des anzuwendenden Rechts und der Anerkennung und Vollstreckung von Entscheidungen in Fragen des ehelichen Güterstands; Verordnung (EU) 2016/1104) des Rates zur Durchführung der Verstärkten Zusammenarbeit im Bereich der Zuständigkeit, des anzuwendenden Rechts und der Anerkennung und Vollstreckung von Entscheidungen in Fragen güterrechtlicher Wirkungen eingetragener Partnerschaften. Manche spezielle Fragen sind zudem durch internationale Abkommen geregelt. Vgl. zum IPR Winkler v. Mohrenfels, in: IPR und Rechtsvergleichung, § 1 Rn. 1 ff.

8 Vgl. näher Zweigert/Kötz, Einführung, S. 6 f.; Brand, JuS 2003, 1082, 1083.

9 Zur Rechtsgeschichte und Romanistik bei Rabel vgl. Zimmermann, RabelsZ 65 (2001), 23 ff.

10 Zweigert/Kötz, Einführung, S. 8.

11 Zweigert/Kötz, Einführung, S. 10 ff.

12 Von der Rechtsvergleichung ist auch die Rechtsethnologie zu unterscheiden, wobei es jedoch auch hier zu einer Annäherung kommt, vgl. Zweigert/Kötz, Einführung, S. 8 ff.

13 Zur Beziehung zwischen Rechtsvergleichung und Rechtsgeschichte vgl. Zweigert/Kötz, Einführung, S. 8 ff.; Reimann, ZEuP 1999, 496 ff. sowie oben Rn. 8.

B. Grundbegriffe der Rechtsvergleichung

I. Geschichte[14]

Der Schwerpunkt der vorliegenden Darstellung liegt im **Privatrecht**. Das entspricht der dominierenden Rolle, die das Privatrecht in der Rechtsvergleichung spielt und ergibt sich auch aus dem Forschungsbereich der Verfasserin dieses Beitrages. Diese Schwerpunktsetzung bedeutet jedoch nicht, dass es im **öffentlichen Recht** – und im **Strafrecht** – keine Rechtsvergleichung gibt.[15] Das zeigt schon ein Blick auf die Geschichte: So stammen die wohl ersten rechtsvergleichenden Arbeiten von *Platon* (428/427–348/347 v. Chr.) und dessen Schüler *Aristoteles* (384–322 v. Chr.), die die verschiedenen Verfassungen der griechischen Stadtstaaten verglichen.[16] Ebenfalls aus Griechenland stammt die von *Theophrast* (um 371–287 v. Chr.) verfasste Gegenüberstellung des Kaufrechts verschiedener Stadtstaaten, die das einzige Beispiel privatrechtlicher Rechtsvergleichung dieser Zeit darstellt.[17] 10

Aus der römischen Zeit sind hingegen, mit Ausnahme des Zwölftafelgesetzes (5. Jh. v. Chr.), das durch griechisches Recht beeinflusst wurde, keine rechtsvergleichenden Arbeiten überliefert.[18] Das hängt wohl mit der Einstellung der römischen Gelehrten dem römischen Recht gegenüber zusammen: Sie waren von dessen Überlegenheit gegenüber anderen Rechtsordnungen überzeugt. Wer jedoch durch eine solche Geisteshaltung geprägt ist, ist für die Rechtsvergleichung nicht geeignet. Für ihn steht ja schon von vornherein fest, dass aus einem Vergleich mit anderen Rechtsordnungen für die eigene – weil ohnehin und jedenfalls „bessere“ Rechtsordnung – „nichts zu holen ist“. 11

Im Mittelalter wurde der Rechtsvergleichung, mit Ausnahme einiger Vergleiche zwischen weltlichem und kanonischem Recht, keine Aufmerksamkeit geschenkt. 1748 veröffentlichte *Montesquieu* (1689–1755) sein Werk „Vom Geist der Gesetze“, das sich dem Vergleich verschiedener Staatsformen widmete. Davor hatten schon *Francis Bacon* (1561–1626) und *Gottfried Wilhelm Leibniz* (1646–1716) die Bedeutung der Rechtsvergleichung betont, ohne jedoch selbst rechtsvergleichend zu arbeiten.[19] 12

In der Zeit von 1800–1900 erfuhr die Rechtsvergleichung in Deutschland in Praxis und Wissenschaft eine unterschiedliche Behandlung: Trotz einiger positiver Stellungnahmen in der Wissenschaft, u.a. von *(Paul Johann) Anselm von Feuerbach* (1775–1833), *Carl Mittermaier* (1787–1867) und *Rudolf von Jhering* (1818–1892), wurde Rechtsvergleichung von der dominierenden historischen Schule rund um *Friedrich Carl von Savigny* (1779–1861) abgelehnt.[20] Andererseits wurde bei der Verabschiedung der Gesetze dieser Zeit durchaus legistische Rechtsvergleichung (siehe dazu unten Rn. 26) 13

---

14 Vgl. dazu ausführlich Schwenzer, in: Handbook of Comparative Law, S. 55 ff. Hier kann nur ein grober Überblick geboten werden.

15 Gleichwohl mag die Rechtsvergleichung im öffentlichen Recht in Details von der hier dargestellten privatrechtlichen Rechtsvergleichung abweichen; vgl. hierzu etwa Tschentscher, JZ 2007, 807 ff.; Bell, in: Handbook of Comparative Law, S. 1252 ff.; Tushnet, in: Handbook of Comparative Law, S. 1193 ff.; Starck, JZ 1997, 1021 ff.; Blankenagel, in: FS 200 Jahre Juristische Fakultät, S. 1402 ff.; Baer, ZaöRV 2004, 735 ff.; Jackson, Penn State International Law Review, 2009, 319 ff; Rose-Ackerman/Lindseth (eds.), Comparative Administrative Law, 2010; zur Strafrechtsvergleichung siehe Jung, JuS 1998, 1 ff.

16 Zweigert/Kötz, Einführung, S. 47 f.

17 Rheinstein, Einführung, S. 41.

18 Zweigert/Kötz, Einführung, S. 43.

19 Zweigert/Kötz, Einführung, S. 48 f.

20 Vgl. ausführlich zu dieser Periode Zweigert/Kötz, Einführung, S. 51 ff.; Schwenzer, in: Handbook of Comparative Law, S. 56 f.; Ranieri, in: Vergleich und Transfer. Komparatistik in den Sozial-, Geschichts- und Kulturwissenschaften, S. 221 ff.

betrieben, d.h., es wurden bei der Ausarbeitung neuer Gesetze die Rechtsvorschriften fremder Länder berücksichtigt. Dies gilt insbesondere für die Arbeiten am Allgemeinen Handelsgesetzbuch und am Bürgerlichen Gesetzbuch.[21]

14 In der zweiten Hälfte des 19. Jahrhunderts begannen sich in England und Frankreich Gesellschaften für Rechtsvergleichung zu konstituieren. Auch dies primär mit der Intention, durch einen Blick auf fremde Rechte Vorteile für die eigene Gesetzgebungspraxis zu erlangen, und weniger aus „reinem" wissenschaftlichen Interesse am Erkenntnisgewinn. Als „Geburtsstunde" der internationalen Rechtsvergleichung gilt jedoch allgemein erst das Jahr 1900: In diesem Jahr fand der erste internationale Rechtsvergleichungskongress in Paris statt, zeitgleich mit der Weltausstellung. Er war getragen von der Idee der Industrialisierung, Modernisierung und Globalisierung. Der Veranstalter des Kongresses, *Edouard Lambert* (1866–1947) und der Generalberichterstatter *Raymond Saleilles* (1855–1912) waren überzeugt von der Notwendigkeit eines „Weltrechtes" (**droit commun de l'humanité**), um dieser Entwicklung auf rechtlicher Ebene zu entsprechen. Dieses „Weltrecht" – so der vertretene Standpunkt – konnte jedoch nur den Vergleich von Gesetzen gleich entwickelter Rechtsordnungen erfassen. Damit war eine Vielzahl von Rechtsordnungen von vornherein aus der angestrebten Entwicklung ausgenommen. Das Streben nach einem „Weltrecht" kam durch den 1. Weltkrieg zu einem Ende.[22]

15 Nach dem 1. Weltkrieg wurden in Deutschland mehrere Rechtsvergleichungsinstitute gegründet. Besondere Bedeutung für die weitere Entwicklung der (Privat-) Rechtsvergleichung kommt dabei der Gründung des Institutes für Rechtsvergleichung in München zu: Ernst Rabel hatte die Gründung dieses Institutes 1916, also bereits vor Beendigung des 1. Weltkrieges, zur Bedingung der Annahme eines Rufes an die dortige Universität gemacht. Dieses wiederaufkeimende Interesse an der Rechtsvergleichung in Deutschland hatte auch einen durchaus praktischen Hintergrund:[23] Der Versailler Friedensvertrag von 1919 sah die Einrichtung internationaler Schiedsgerichtshöfe vor. Diese waren für Vermögensstreitigkeiten aus der Vorkriegszeit zwischen Parteien aus den kriegsführenden Staaten zuständig. Die im Vertrag in Bezug auf die Schiedsgerichtshöfe verwendeten Bestimmungen konnten nicht alleine mithilfe der deutschen Rechtswissenschaft ausgelegt werden. Vielmehr war auch das Studium der Rechte der anderen beteiligten Staaten notwendig. 1926 übersiedelte Rabel, der im Übrigen selbst dem deutsch-italienischen Schiedsgerichtshof angehörte, mit seinen Mitarbeitern nach Berlin und wurde Direktor des dort neu gegründeten **Kaiser-Wilhelm Institutes für ausländisches und internationales Privatrecht** sowie Universitätsprofessor.[24] 1933 war Rabel gezwungen, seine Professur aufzugeben; 1937 musste er zudem als Direktor des Kaiser-Wilhelm Institutes zurücktreten. 1939 emigrierte er in die USA. Viele weitere bedeutende Rechtsvergleicher waren ebenfalls zur Emigration gezwungen.[25]

---

21 Zweigert/Kötz, Einführung, S. 49 f.; Schwenzer, in: Handbook of Comparative Law, S. 58 f.

22 Zweigert/Kötz, Einführung, S. 53 ff.; Rheinstein, Einführung, S. 45 ff.; Schwenzer, in: Handbook of Comparative Law, S. 59 f.

23 Allerdings kam es auch in anderen Ländern zu dieser Zeit zu einem vermehrten Interesse an der Rechtsvergleichung; vgl. Zweigert/Kötz, Einführung, S. 59.

24 1927 wurde von Rabel auch die „Zeitschrift für ausländisches und internationales Privatrecht" begründet, die vierteljährlich erscheint und seit 1961 den Namen „Rabels Zeitschrift für ausländisches und internationales Privatrecht" trägt. Für die Zeit nach dem 1. Weltkrieg vgl. ausführlich Zweigert/Kötz, Einführung, S. 58 ff.; Schwenzer, in: Handbook of Comparative Law, S. 62 ff.

25 Vgl. Schwenzer, in: Handbook of Comparative Law, S. 65 ff.; Lutter/Stiefel/Hoeflich, Einfluss; vgl. auch Beatson/Zimmermann, Jurists Uprooted.

Nachdem das Berliner Institut 1944 teilweise nach Tübingen evakuiert worden war, wurde es 1949 von der Max-Planck-Gesellschaft, der Nachfolgerin der Kaiser-Wilhelm-Gesellschaft, formal aufgelöst und als **Max-Planck-Institut (MPI) für ausländisches und internationales Privatrecht** neu gegründet. 1956 übersiedelte das Institut nach Hamburg.[26] 16

Seit dem 2. Weltkrieg kam es zu einem gesteigerten Interesse an der Rechtsvergleichung, insbesondere im Zusammenhang mit einer zunehmenden Europäisierung und Internationalisierung des Rechts (vgl. Rn. 30 ff.). Diese Phase der Rechtsvergleichung ist geprägt durch die funktionale Methode (vgl. Rn. 17 ff.) der Rechtsvergleichung,[27] die sich jedoch zunehmend Kritik ausgesetzt sieht (vgl. Rn. 47). Manche sprechen davon, dass sich die Rechtsvergleichung inzwischen in einer „postmodernen" Phase befinde.[28]

II. Funktionale Rechtsvergleichung

1. Definition

Wie schon erwähnt, ist in der Rechtsvergleichung die sogenannte funktionale Methode herrschend (zur Kritik daran vgl. Rn. 47). Diese auf Rabel zurückgehende und von *Konrad Zweigert* (1911–1996) weiterentwickelte Methode geht davon aus, dass nicht einzelne Rechtsinstitute miteinander verglichen werden können, sondern **immer nur die dahinter stehenden Probleme.**[29] 17

> „Gesetzesparagraphen zu vergleichen, ist ungenügend. (...) Ein Gesetz ist ohne die zugehörige Rechtsprechung nur wie ein Skelett ohne Muskel. Und die Nerven sind die herrschenden Lehrmeinungen." „Nicht minder unentbehrlich sind geschichtliche Herkunft und die Geburtsstunde der Gesetze."[30] Anzusetzen ist also nicht an einer Rechtsnorm oder an einem aus der eigenen Rechtsordnung bekannten Begriff, sondern „am sozialen Konflikt".[31]

Würde der Rechtsvergleicher von den Begrifflichkeiten seiner Heimatrechtsordnung ausgehen, so würde er sich im Regelfall mit zwei Problemen konfrontiert sehen: Entweder der Übersetzung des Begriffes kommt in der fremden Rechtsordnung eine **andere Bedeutung** zu, oder der Begriff kennt **keine Entsprechung** in der fremden Rechtsordnung. Das bedeutet jedoch nicht zwangsläufig, dass die fremde Rechtsordnung keine Regelung für das Rechtsinstitut der Heimatrechtsordnung kennt. Stellt man nur auf die aus der eigenen Rechtsordnung bekannten Begriffe ab, läuft man Gefahr, diese korrespondierenden Regelungen zu übersehen. Selbst bei Anwendung der funktionalen Methode ist Vorsicht geboten: Ein und dasselbe Problem wird in verschiedenen 18

26 Daneben gibt es im Bereich der Rechtswissenschaften auch ein MPI für ethnologische Forschung (Halle [Saale]), ein MPI zur Erforschung von Gemeinschaftsgütern (Bonn), ein MPI für ausländisches öffentliches Recht und Völkerrecht (Heidelberg), ein MPI für europäische Rechtsgeschichte (Frankfurt a.M.), ein MPI für ausländisches und internationales Strafrecht (Freiburg), ein MPI für ausländisches und internationales Sozialrecht (München), ein MPI für Steuerrecht und Öffentliche Finanzen (München), ein MPI für Innovation und Wettbewerb (München) sowie das MPI Luxembourg for International, European and Regulatory Procedural Law.

27 Vgl. Schwenzer, in: Handbook of Comparative Law, S. 72 f.

28 Vgl. z.B. Brand, JuS 2003, 1086.

29 Zweigert/Kötz, Einführung, S. 31 ff.; Rheinstein, Einführung, S. 25 ff.; Magnus, in: IPR und Rechtsvergleichung, § 13 Rn. 11 ff.

30 Rabel, abgedruckt in: Leser, Rabel, S. 1, 4.

31 Coester-Waltjen/Mäsch, Übungen, S. 45.

Rechtsordnungen nicht zwangsläufig in den gleichen Gebieten geregelt. So kann eine Rechtsordnung Regelungen für ein Problem im Privatrecht vorsehen, eine andere Rechtsordnung dieses Problem hingegen durch öffentlich-rechtliche Normen regeln. In einer Rechtsordnung mag ein Problem in einem Gesetz geregelt sein, in einer anderen, in der **self-regulation** eine größere Rolle spielt, durch **soft law**, also nicht per-se verbindlichem Recht wie etwa Leitlinien, Absichtserklärungen oder codes of conduct. Es müssen daher immer die Gesamtheit der rechtlichen Regelungen und sozialen Normen sowie optimalerweise auch die kulturellen und historischen Prägungen[32] mitberücksichtigt werden. Es ist nicht ausreichend, das „law in the books“ zu vergleichen, vielmehr hat auch das „law in action“ in den Vergleich mit einzufließen.

Dabei sind u.a. folgende Fragen zu klären:

- Wie wenden Gerichte (oder andere Entscheidungsorgane) die Normen an?
- Welche Hindernisse bei der Rechtsdurchsetzung stellen sich im betreffenden Land?
- Welche Besonderheiten gibt es im Prozessrecht oder Verjährungsrecht?

Rabel hat die Anforderung an die Rechtsvergleichung folgendermaßen formuliert:

> „Der Stoff des Nachdenkens über die Probleme des Rechts muß das Recht der gesamten Erde sein, vergangenes und heutiges, der Zusammenhang des Rechts mit Boden, Klima und Rasse, mit geschichtlichen Schicksalen der Völker – Krieg, Revolution, Staatengründung, Unterjochung –, mit religiösen und ethischen Vorstellungen; Ehrgeiz und schöpferischer Kraft von Einzelpersonen; Bedürfnis von Gütererzeugungen und Verbrauch; Interesse von Schichten, Parteien. (…) “[33]

Rechtsvergleichung ist somit ein überaus komplexer Prozess, der sich gewissen Hindernissen ausgesetzt sieht. Rabel hat dafür einmal das Bildnis gebraucht, dass die Rechtsvergleichung dem Eindringen in einen fremden Dschungel gleicht, in dem „vergiftete Pfeile“[34] auf einen warten.

2. Mikro- und Makrovergleichung

19 Man unterscheidet bei der Rechtsvergleichung zwischen Mikro- und Makrovergleichung.

Bei der **Mikrovergleichung** wird die Regelung eines konkreten Problems in einer Rechtsordnung mit der korrespondierenden Regelung in einer (oder mehreren) anderen Rechtsordnung(en) verglichen, z.B.:

- Unter welchen Voraussetzungen haftet der Hersteller einer Ware für den Schaden, den der Konsument durch ihre fehlerhafte Beschaffenheit erleidet?[35]
- Unter welchen Voraussetzungen kann sich eine Partei von ihren vertraglichen Bindungen lösen, wenn sie bei Vertragsabschluss von falschen Vorstellungen ausgegangen ist?
- Unter welchen Voraussetzungen kann ein Verbraucher, der durch ein wettbewerbsbeschränkendes Verhalten von Unternehmern einen Nachteil erleidet, diesen ersetzt verlangen?

32 Zum Begriff „Rechtskultur“ („legal culture“) vgl. etwa Mankowski, JZ 2009, 321 ff.
33 Rabel, abgedruckt in: Leser, Rabel, S. 5.
34 Rabel, RabelsZ 16 (1951), 340.
35 Beispiel übernommen von Zweigert/Kötz, Einführung, S. 5.

20 Bei der **Makrovergleichung** werden hingegen gesamte Rechtsordnungen zueinander in Bezug gesetzt, um Grundprinzipien herauszuarbeiten. Dabei wird etwa gefragt:

- Welche Auslegungsmethodik kennt eine Rechtsordnung?
- Welche Bedeutung kommt Gerichtsentscheidungen zu? Geht von ihnen eine Bindungswirkung aus oder nicht?
- Wie werden Gesetze und Urteile formuliert?
- Welche Rolle nimmt der Richter ein?

21 Allerdings ist die Trennung zwischen Mikro- und Makrovergleichung nicht absolut. Vielmehr muss, wie bereits erwähnt, auch bei der Mikrovergleichung das verglichene Regelungsproblem im Gesamtsystem der betreffenden Rechtsordnung verortet werden, d.h. auch hier sind die Grundleitlinien der betreffenden Rechtsordnung mit zu berücksichtigen.

III. Schwierigkeiten bei der Rechtsvergleichung[36]

22 Wie sehen nun die „vergifteten Pfeile" aus, die die rechtsvergleichende Arbeit erschweren? Wie eben ausgeführt, muss bei der Rechtsvergleichung sehr umfassend vorgegangen und ein Gesamtzusammenhang der Rechts- und Sozialordnung hergestellt werden. Dabei besteht zwangsläufig die **Gefahr**, z.B. ein bestimmtes Gesetz, dessen Änderung oder eine Besonderheit bei der Rechtsdurchsetzung **zu übersehen**. Diese Gefahr vergrößert sich aufgrund von **Sprachbarrieren**. Rechtsordnungen, deren Sprache man nicht spricht, können noch so interessant sein, ein Rechtsvergleich wird dennoch nicht oder nur sehr eingeschränkt möglich sein. **Sekundärrechtsquellen** erhöhen zwangsläufig die Fehlerquote. Die Gefahr des Übersehens wesentlicher Grundzüge des fremden Rechts besteht nicht nur bei Gesetzen, sondern auch bei Urteilen und außergerichtlichen Lösungen sowie soziologischen Charakteristika. Meist gibt es für das Bestehen einer Regelung nicht nur eine Erklärung. Ebenso besteht die Gefahr, dass man das ausländische Recht durch die Brille des eigenen Rechts betrachtet. Der Rechtsvergleicher ist in (s)einer Rechtsordnung ausgebildet, durch diese ist seine Betrachtung geprägt. Rechtsvergleichung erfordert jedoch, diese Brille abzulegen, um zu verhindern, dass man der fremden Rechtsordnung die Denkweise und Kategorien des eigenen Rechts überstülpt. Dies ist nicht immer einfach. Selbst bei der Formulierung von Fragen verbindet der Rechtsvergleicher mit den verwendeten Worten doch unbewusst Vorstellungen, die aus der Rechtsordnung stammen, in der er sozialisiert wurde:[37] Wenn wie oben (Rn. 19) gefragt wird, welche Ansprüche dem Verbraucher oder Konsumenten zustehen, wenn ein Produkt fehlerhaft ist oder er einen Schaden aufgrund wettbewerbsbeschränkenden Verhaltens eines Unternehmers erleidet, ist zu beachten, dass die Begriffe „Verbraucher / Konsument", „Unternehmer" und „Schaden" in verschiedenen Rechtsordnungen eine unterschiedliche Bedeutung haben können.

Daneben sieht sich der Rechtsvergleicher ganz praktischen Problemen ausgesetzt: Literatur zu fremden Rechtsordnungen ist im eigenen Land oft – selbst in Zeiten des Inter-

---

36 Zum Folgenden vgl. Magnus, in: IPR und Rechtsvergleichung, § 13 Rn. 15 ff. Diese Hindernisse sah auch Rabel [abgedruckt in: Leser, Rabel, S. 19] sehr deutlich und fasste sie folgendermaßen anschaulich zusammen: „Kennen wir das Ziel, so ist die Anstrengung wahrlich nicht gering zu erachten. Es macht schon unendliche Schwierigkeiten, den literarischen Apparat zu besorgen, die fremde Rechtssprache sich anzueignen, das fremde Milieu zu erkunden, in den Geist des fremden Rechts einzudringen. Immer verbleiben Fehlerquellen.".

37 Vgl. in diesem Zusammenhang auch Bachner, GesRZ 2007, 410 ff.

nets – nicht erhältlich. Um dazu Zugang zu erhalten, v.a. aber um das **law in action** zu ermitteln, sind Auslandsaufenthalte notwendig bzw. zumindest ratsam. Diese sind mit oft nicht unerheblichen Kosten verbunden.

IV. Praktische Herangehensweise[38]

1. Aufbau des Vergleichs

23 Um den genannten Hindernissen zu begegnen und um zu verhindern, nur an der Oberfläche der fremden Rechtsordnung „zu schrammen", ist es ratsam, die dem Vergleich zugrunde liegende Fragestellung einzugrenzen. Es ist im Regelfall sinnvoll, nicht mehr als zwei oder drei Rechtsordnungen zu behandeln. Als Aufbau für die Arbeit (sei es eine Promotion, Studienarbeit oder eine Themenklausur) empfiehlt es sich, an eine Einleitung, in der das untersuchte Thema kurz vorgestellt wird, **Länderberichte** anzuschließen. Erst dann folgt der Vergleich. Aus der Stellung des Vergleiches am Ende der Arbeit darf jedoch nicht gefolgert werden, dass diesem weniger Bedeutung als den Länderberichten zukommt. Im Gegenteil: Der Vergleich, also die **Analyse der Rechtsordnungen**, das Herausarbeiten von Gemeinsamkeiten und Besonderheiten und deren Systematisierung, stellt das Herzstück der Rechtsvergleichung dar. Länderberichte ohne Vergleich sind hingegen Auslandsrechtskunde. Bei größeren Arbeiten kann es sinnvoll sein, Länderberichte in Einzelfragen zu unterteilen und entsprechend dem genannten Aufbau zu behandeln.[39] Unterschiedlich beantwortet wird die Frage, ob die Analyse auch Wertungen beinhalten darf, oder ob eine solche Wertung bereits Rechtspolitik darstellt.[40] M.E. ist die Frage nach der Einordnung der vorgenommenen Wertung müßig. In rechtswissenschaftliche Arbeiten werden meist die Wertungen des Verfassers mit einfließen.

2. Wahl der zu vergleichenden Rechtsordnungen

24 Wie wählt man nun die „richtige" Rechtsordnung, also diejenige Rechtsordnung, mit der ein Vergleich sich als sinnvoll erweist? Nach Zweigert/Kötz kann man „Unvergleichbares" „nicht sinnvoll vergleichen, und vergleichbar ist im Recht nur, was dieselbe Aufgabe, dieselbe Funktion erfüllt".[41] Während der zweite Teil dieser Aussage auf die schon dargestellte funktionale Methode der Rechtsvergleichung anspielt, mahnt der erste Teil, eher Rechtsordnungen zu vergleichen, die einen gewissen gemeinsamen Entwicklungsgrad aufweisen. Dabei geben Zweigert/Kötz die Empfehlung, innerhalb eines Rechtskreises (zur Rechtskreislehre siehe unten Rn. 35 ff.) immer die sogenannte **Mutterrechtsordnung** auszuwählen, d.h. diejenige Rechtsordnung, die die anderen zum selben Rechtskreis zu zählenden Rechtsordnungen maßgeblich beeinflusst hat.[42] Für den deutschen Rechtskreis wäre das etwa das deutsche Recht, für den romanischen Rechtskreis das französische Recht. Nach dieser Empfehlung würde man bei einem

38 Magnus, in: IPR und Rechtsvergleichung, § 13 Rn. 46 ff.; Zweigert/Kötz, Einführung, S. 42 f.

39 Zweigert/Kötz, Einführung, S. 42.

40 Vgl. Zweigert/Kötz, Einführung, S. 46.

41 Zweigert/Kötz, Einführung, S. 33. Vgl. auch die von den beiden Autoren (Einführung, S. 39) aufgestellte „praesumptio similitudinis". Nach dieser Vermutung kommen die meisten Rechtsordnungen, trotz aller Verschiedenheiten, doch zu einer gleichen oder ähnlichen Lösung für ein und dasselbe Problem. Auch wenn diese Aussage oft zutreffen mag, darf man sich von ihr zu Beginn der rechtsvergleichenden Arbeit nicht zu sehr beeinflussen lassen. Anderenfalls besteht die Gefahr, dass man mit einem zu eingeschränkten Blickwinkel (weil ohnehin das gleiche Ergebnis vermutend) an den Vergleich herangeht.

42 Zweigert/Kötz, Einführung, S. 40 f.

Vergleich des deutschen mit dem romanischen Rechtskreis das deutsche Recht mit dem französischen Recht, nicht aber das österreichische mit dem italienischen Recht vergleichen. Für diese Vorgehensweise spricht auch die Annahme, dass in größeren Rechtsordnungen im Zweifel mehr Entscheidungen gefällt werden, daher mehr Stoff zum Vergleichen gegeben sein wird. Die Autoren gestehen jedoch selbst zu, dass es sich dabei nur um eine Arbeitshypothese handeln kann.[43] Die Beschränkung auf die Mutterrechtsordnung kann insbesondere dann nicht genügen, wenn sich die Tochterrechtsordnung von der Mutterrechtsordnung in entscheidenden Fragen abgekoppelt und unabhängig weiterentwickelt hat (wie etwa das US-amerikanische Recht vom englischen Recht, vgl. dazu unten Rn. 37) oder wo bekannt ist, dass eine Tochterrechtsordnung in einem Spezialgebiet besonders interessante Regelungen aufweist.

V. Bedeutung und Anwendungsbereiche der Rechtsvergleichung[44]

Warum wird Rechtsvergleichung betrieben?

1. Erkenntnisgewinn und Ausbildung

Zunächst kann Rechtsvergleichung – wie jede Wissenschaft – aus reinem Interesse am **Erkenntnisgewinn** betrieben werden.[45] Dieser Erkenntnisgewinn führt zu einer Belebung der wissenschaftlichen Diskussion und trägt zum besseren Verständnis des eigenen Rechts bei.[46] Daher ist die Bedeutung der Rechtsvergleichung für die **akademische Ausbildung** nicht zu unterschätzen. 25

Rechtsvergleichung kann den Studierenden helfen, die Besonderheiten der eigenen Rechtsordnung besser zu erfassen.[47] Durch eine rechtsvergleichende Ausbildung wird den Studierenden jedoch auch vermittelt, dass ihre Heimatrechtsordnung nicht die einzig wahre, sondern nur eine von mehreren möglichen Lösungen für ein bestimmtes Problem enthält.[48] Daher hat die Rechtsvergleichung nicht nur Bedeutung für die universitäre Ausbildung, sondern die rechtsvergleichende Ausbildung hat Auswirkung auf die Qualität der Rechtsvergleichung:[49]

Wer bereits im Studium mit fremden Rechtsordnungen sowie der Methode der Rechtsvergleichung in Berührung gekommen ist, wird später bei rechtsvergleichenden Arbei-

---

43 Zweigert/Kötz, Einführung, S. 41.

44 Nach v. Bar, in: Epistemology and Methodology of Comparative Law, S. 123 f., gibt es nicht „a universal concept of comparative law". „A comparative law based analysis normally serves a specific purpose, and as there are many different purposes of comparative research there are nearly as many possible methods. Furthermore, comparative law is not the same when applied by academics, by courts or by advisors to a parliamentary committee or by a ministry of justice involved in drafting a new statute".

45 Zweigert/Kötz, Einführung, S. 14; Rheinstein, Einführung, S. 27; Magnus, in: IPR und Rechtsvergleichung, § 13 Rn. 5 ff. (der seine Einteilung der Aufgaben der Rechtsvergleichung von der Einteilung etwa bei Zweigert/Kötz, a.a.O. differenziert; soweit ersichtlich unterscheiden sich die Einteilungen jedoch im Ergebnis nicht).

46 Manche Autoren nennen in diesem Zusammenhang auch die Völkerverständigung als Ergebnis von Rechtsvergleichung.

47 Vgl. zur Rechtsvergleichung in der Ausbildung Kötz, ZEuP 1993, 268 ff.; Zimmermann, in: Handbook of Comparative Law, S. 566 f.

48 Vgl. Gordley, 75 Tul L. Rev. (2000/01), 1003, 1008: „A student confronted with only one solution to a legal problem has a tendency to assume it is the right one. When he is confronted with two, he is encouraged to think.".

49 Zur Bedeutung der Ausbildung für die Rechtsvereinheitlichung vgl. etwa Flessner, RabelsZ 56 (1992), 241 ff., der von einer „Rechtsvereinheitlichung von unten und von innen heraus" spricht.

ten mit weniger Vorurteilen gegenüber anderen Rechtsordnungen, dafür mit größeren Vorkenntnissen ans Werk gehen.[50]

2. Gesetzgebung (legistische Rechtsvergleichung)[51]

26 Rechtsvergleichende Arbeiten können den **Gesetzgeber** inspirieren, indem sie ihm neue Regelungsansätze aufzeigen. Sie können jedoch auch eine „Kontrollfunktion" ausüben, indem sie einen Referenzrahmen für eigene Erwägungen bieten. Legistische Rechtsvergleichung wurde in Deutschland schon bei der Ausarbeitung des allgemeinen Handelsgesetzbuches sowie bei der Ausarbeitung des Bürgerlichen Gesetzbuches betrieben.[52] Heute gehört das Heranziehen rechtsvergleichender Erkenntnisse bei der Ausarbeitung neuer Gesetze oft „zum guten Ton". Beispiele aus jüngerer Zeit, bei welchen deutscher Gesetzgebung rechtsvergleichende Arbeiten zugrunde gelegt wurden, sind etwa der Entwurf eines Gesetzes über den Umfang der Personensorge bei einer Beschneidung des männlichen Kindes,[53] sowie der Referentenentwurf zur 10. GWB-Novelle[54]. Auch dem Schuldrechtsmodernisierungsgesetz[55], das das deutsche Schuldrecht im Jahr 2001 grundlegend neugestaltete, wurden rechtvergleichende Überlegungen zugrunde gelegt.[56] Bei der Ausarbeitung neuer Zivilgesetzbücher in den neueren Mitgliedstaaten der EU wurde ebenso rechtsvergleichend gearbeitet.

27 Bei der legistischen Rechtsvergleichung lauert jedoch ein weiterer „vergifteter Pfeil": Es kann sein, dass die rechtsvergleichende Analyse ergibt, dass in einem anderen Land das untersuchte Problem besonders effizient gelöst wird, man sich also dafür aussprechen möchte, diese fremde Regelung in das eigene Rechtssystem zu implementieren. Eine vorschnelle Befürwortung der Übernahme einer fremden Rechtsregel (**legal transplant**)[57] ist jedoch gefährlich:

Die fremde Lösung funktioniert vielleicht nur deshalb so gut, weil die fremde Rechtsordnung gewisse Voraussetzungen dafür bietet, die das eigene Recht nicht kennt. Schon v. Jhering hat treffend ausgeführt:

> „Die Frage von der Rezeption fremder Rechtsordnungen" ist „nicht eine Frage der Nationalität, sondern eine einfache Frage der Zweckmäßigkeit, des Bedürfnisses". „Niemand wird von der Ferne holen, was er daheim ebenso gut oder besser hat, aber nur ein

50 Dabei ist zu beachten, dass das Studium verschiedener Rechtsordnungen nacheinander nicht gleichbedeutend mit einer rechtsvergleichenden Ausbildung ist; vgl. Pound, 8 Tul. L. Rev. (1934) 161, 168: „Study of the common law followed by study of the civil law does not constitute study of comparative law.".

51 Zweigert/Kötz, Einführung, S. 16 ff.; Rheinstein, Einführung, S. 27; Magnus, in: IPR und Rechtsvergleichung, § 13 Rn. 7 ff.

52 Zweigert/Kötz, Einführung, S. 49 f.

53 Bundesministerium der Justiz, Entwurf eines Gesetzes über den Umfang der Personensorge bei einer Beschneidung des männlichen Kindes, 2012, S. 10 ff. Das Gesetz trat am 28.12.2012 in Kraft, BGBl. I 2012, 2749.

54 Referentenentwurf des Bundesministeriums für Wirtschaft und Energie, Entwurf eines Zehnten Gesetzes zur Änderung des Gesetzes gegen Wettbewerbsbeschränkungen für ein fokussiertes, proaktives und digitales Wettbewerbsrecht 4.0 (GWB-Digitalisierungsgesetz), Stand 24.1.2020, S. 88.

55 Gesetz zur Modernisierung des Schuldrechts vom 26.11.2001, BGBl. I 2001, 3138.

56 Bundesministerium der Justiz (Hrsg.), Gutachten und Vorschläge zur Überarbeitung des Schuldrechts, 1981–1983; Bundesministerium der Justiz, Abschlussbericht; Basedow, Reform des Kaufrechts.

57 Vgl. dazu Watson, Legal Transplants, der den Begriff geprägt hat; teilweise wird die Auffassung vertreten, dass eine Übertragung von Rechtsinstituten in andere Rechtsordnungen nie möglich sein soll; vgl. z.B. kritisch Siems, Legal Studies 38, 2018, Nr. 1, S. 103, 119.

> Narr wird die Chinarinde aus dem Grund zurückweisen, weil sie nicht auf seinem Krautacker gewachsen ist."[58]

Aber auch nur ein Narr würde die Chinarinde importieren, ohne davor zu prüfen, ob diese Pflanze auch auf dem heimischen Krautacker wachsen kann.[59]

3. Rechtsprechung (Auslegung und Lückenfüllung)[60]

Die Rechtsprechung kann sich ebenfalls der Rechtsvergleichung bedienen: Gerichte können aus fremden Rechtsordnungen Argumente entnehmen (**Inspirationsfunktion**) und zur Entwicklung sowie Überprüfung eigener Hypothesen (**Kontrollfunktion**)[61] verwenden. Dabei werden sie Gedanken heranziehen, die in besonders ähnlichen nationalen Rechten anzutreffen sind, die hinsichtlich der zu klärenden Rechtsfrage bereits weitergehende Regelungen in den Gesetzbüchern enthalten oder in denen solche Regelungen durch Gerichte entwickelt wurden. Dementsprechend scheint die Tendenz der Gerichte kleinerer Länder, wie etwa der Schweiz oder Österreich, Rechtsvergleichung zu betreiben, größer zu sein.[62] Der Blick ins Ausland, auch in die dort erschienenen literarischen Stellungnahmen, ergänzt gewissermaßen die nicht so umfangreiche eigene Rechtsprechung und Literatur. Ein Beispiel dafür war etwa die österreichische Rechtsprechung zum Lauterkeitsrecht, die sich immer am deutschen UWG (Gesetz gegen unlauteren Wettbewerb) und an den entsprechenden deutschen Kommentaren orientiert hat. Daran hat sich auch nach der Umsetzung der RL über unlautere Geschäftspraktiken[63] nichts geändert.[64] Die deutschen Gerichte stehen der Rechtsvergleichung hingegen eher zurückhaltend gegenüber.[65] Interessant ist das Bekenntnis des israelischen Supreme Courts zur Rechtsvergleichung: Israel ist eine sogenannte hybride Rechtsordnung (vgl. Rn. 38), die sowohl durch **civil law** als auch **common law** (vgl. Rn. 42) geprägt ist. Da Israel außerdem noch ein relativ junger Staat ist, kann der Supreme Court nicht auf eine besonders reichhaltige eigene Rechtsprechung zurückgreifen. Er berücksichtigt daher auch die europäische und anglo-amerikanische Rechtsprechung in seinen Entscheidungen – arbeitet also rechtsvergleichend. Um diese Rechtsvergleichung zu fördern, bietet der israelische Supreme Court jungen europäischen bzw. anglo-amerikanischen Juristen die Möglichkeit, am Gericht ein Praktikum zu absolvieren. Rechtsvergleichung in der Ausbildung und in der Rechtsprechung fließen hier also zusammen. 28

---

58 V. Jhering, Geist, S. 8 f.

59 Ähnlich Brand, JuS 2003, 1087.

60 Vgl. Drobnig/v. Erp, The Use; Örücü, in: Örücü/Nelken, Comparative Law. A Handbook, S. 411 ff.

61 Zweigert, RabelsZ 15 (1949/50), 5, 17 f.; Bydlinski, Juristische Methodenlehre, S. 461.

62 Für Österreich vgl. Koziol, in: FS 50 Jahre Bundesgerichtshof, S. 943 ff.; für die Schweiz vgl. Kramer, Methodenlehre, S. 252; Honsell, in: FS 50 Jahre Bundesgerichtshof, S. 928 ff.; vgl. auch Art. 1 Abs. 2 ZGB (Zivilgesetzbuch): „Kann dem Gesetz keine Vorschrift entnommen werden, so soll das Gericht nach Gewohnheitsrecht und, wo auch ein solches fehlt, nach der Regel entscheiden, die es als Gesetzgeber aufstellen würde.".

63 Richtlinie 2005/29/EG des Europäischen Parlaments und des Rates vom 11.5.2005 über unlautere Geschäftspraktiken im binnenmarktinternen Geschäftsverkehr zwischen Unternehmen und Verbrauchern und zur Änderung der Richtlinie 84/450/EWG des Rates, der Richtlinien 97/7/EG, 98/27/EG und 2002/65/EG des Europäischen Parlaments und des Rates sowie der Verordnung (EG) Nr. 2006/2004 des Europäischen Parlaments und des Rates, zuletzt geändert durch Art. 3 RL (EU) 2019/2161 vom 27.11.2019 (ABl. L 328 S. 7).

64 Vgl. etwa OGH, 5.6.2020, 4 Ob 27/20d (abrufbar unter www.ris.bka.gv.at).

65 Vgl. dazu Kötz, in: FS 50 Jahre Bundesgerichtshof, S. 825 ff. und den Deutschland Report von Drobnig, in: Drobnig/v. Erp, The Use, S. 127 ff.

29 Zu beachten sind jedoch die **Grenzen**, die der Rolle der Rechtsvergleichung bei der Rechtsprechung gesetzt sind. Diese liegen im Wortlaut. Schon Zweigert hat in seinem berühmten Aufsatz zur Rechtsvergleichung als „Universalinterpretationsmethode" festgehalten, dass es dem Richter eines Landes nicht erlaubt sei, sich durch die Anwendung einer als vorzugswürdig erkannten Regelung eines anderen Landes über das eigene Gesetz hinwegzusetzen.[66] Rechtsvergleichung kommt hingegen dort zur Anwendung und kann dort hilfreich sein, wo das eigene Recht schweigt (also eine Lücke vorliegt) oder auslegungsbedürftig ist. In diesen Fällen kann sie dem Richter mögliche Lösungen aufzeigen oder als Kontrollinstanz zur Überprüfung eigenständig entwickelter Thesen dienen.

Von der Rechtsvergleichung bei der Auslegung und Rechtsfortbildung nationalen Rechts muss die sogenannte richtlinienkonforme Auslegung[67] unterschieden werden, ebenso die Frage, welche (eingeschränkte) Rolle die Rechtsvergleichung bei der Auslegung angeglichenen Rechts (siehe Rn. 30 ff.) sowie von internationalen Verträgen spielen kann.[68]

4. Rechtsvereinheitlichung (Modellgesetze)[69]

30 Rechtsvergleichung dient überdies der Rechtsharmonisierung sowie Rechtsvereinheitlichung. Als Beispiel kann hier das sogenannte **UN-Kaufrecht** (United Nations Convention on Contracts for the International Sale of Goods, CISG) vom 11.4.1980 genannt werden. Das UN-Kaufrecht stellt ein „product of comparative law"[70] dar und geht v.a. auf rechtsvergleichende Vorarbeiten von Rabel zurück.[71] Gem. Art. 1 Abs. 1 ist es „auf Kaufverträge über Waren zwischen Parteien anzuwenden, die ihre Niederlassung in verschiedenen Staaten haben, a) wenn diese Staaten Vertragsstaaten sind oder b) wenn die Regeln des internationalen Privatrechts zur Anwendung des Rechts eines Vertragsstaats führen." Die Anwendbarkeit des Übereinkommens ist unabhängig von der Staatsangehörigkeit der Parteien und ihrer Qualifikation als Kaufleute. Dieser weite Anwendungsbereich wird jedoch durch die Artt. 2–3 wieder eingeschränkt. Insbesondere findet das UN-Kaufrecht keine Anwendung auf Waren, die primär für den persönlichen Gebrauch oder den Gebrauch im Haushalt oder in der Familie erworben werden (Art. 2 lit. a).

Zurzeit stellt das Paradebeispiel für die Rolle der Rechtsvergleichung für die Rechtsvereinheitlichung und Rechtsharmonisierung das Europäische Privatrecht dar.[72] Dabei sind zwei verschiedene Entwicklungen zu unterscheiden:

---

66 Zweigert, RabelsZ 15 (1949/50), 10.

67 Vgl. dazu Canaris, in: FS Bydlinski, S. 47 ff.

68 Vgl. dazu Lutter, JZ 1992, 593, 603 f.; Grundmann/Riesenhuber, JuS 2001, 529, 533 f. Angeglichenes Recht ist grundsätzlich autonom auszulegen, und zwar auch dann, wenn es auf die konkrete Bestimmung eines Landes zurückgeht. Rechtsvergleichende Betrachtungen sind daher nur insofern zulässig, als die Umsetzung und Auslegung vereinheitlichter oder harmonisierter Vorschriften (z.B. von Richtlinien) verglichen wird. Etwas anderes mag dort gelten, wo auf europäischer Ebene detaillierte Regelungen fehlen und der EuGH auf der Grundlage allgemeiner Prinzipien das Recht fortentwickelt, vgl. Grundmann/Riesenhuber, a.a.O., S. 533.

69 Zu der – mit verschiedenen Argumenten – vorgebrachten Kritik an der Rechtsvereinheitlichung vgl. die Nachweise bei Michaels, RabelsZ 66 (2002), 97, 108 f.

70 Huber, in: Handbook of Comparative Law, S. 934.

71 Rabel, Das Recht des Warenkaufs; vgl. zur Geschichte des UN-Kaufrechts Magnus, in: Wiener UN-Kaufrecht, Rn. 19 ff.; vgl. auch Rösler, RabelsZ 70 (2006), 793 ff.

72 Vgl. dazu etwa Magnus, in: IPR und Rechtsvergleichung, § 13 Rn. 34 ff.; Posch, in: Bürgerliches Recht, Rn. 18/1 ff.

Am Anfang der Beeinflussung des Privatrechts durch europäisches Sekundärrecht standen v.a. **Richtlinien**, die primär im Bereich des **Verbraucherrechts** ergingen.[73] Der persönliche Anwendungsbereich dieser Bestimmungen setzt also das Zusammentreffen eines Verbrauchers mit einem Unternehmer voraus. Durch diese Richtliniengesetzgebung kommt es daher aus zwei Gründen zu keinem vereinheitlichten Recht: 31

Zunächst sind von Verbraucherschutz-Richtlinien nur sowohl sachlich (z.B. Pauschalreisen, Geschäfte im Fernabsatz, Geschäfte außerhalb von Geschäftsräumen) als auch persönlich eng begrenzte Anwendungsbereiche erfasst.[74] Richtlinien schaffen daher nur „Inseln harmonisierten Rechts".[75] Unterschiede können auch bei diesen „harmonisierten Inseln" daraus resultieren, dass einige Mitgliedstaaten die Vorgaben „überschießend", d.h. über ihren eigentlichen Anwendungsbereich hinausgehend, umgesetzt haben, wohingegen sich andere strikt an den Anwendungsbereich gehalten haben. Ferner treffen die Richtlinien in den einzelnen Mitgliedstaaten auf unterschiedliche rechtliche Vorbedingungen – verbunden mit einer unterschiedlichen Rechtskultur. Trotz dieser Einschränkungen haben die Richtlinien, die die Mitgliedstaaten hinsichtlich ihres Zieles binden (Art. 288 AEUV), zu einer erheblichen Europäisierung der nationalen Rechte und zu ihrer Angleichung geführt (zu den Auswirkungen dieser Harmonisierung auf die Rechtskreislehre siehe unten Rn. 37).

Neben den bereits bestehenden Richtlinien und deren ursprünglich angedachten, aber bislang nur teilweise verwirklichten Überarbeitungen,[76] gab es noch eine zweite Entwicklung im europäischen Privatrecht: Die Arbeiten an einem Optionalen Instrument. Hierbei handelte es sich um den Entwurf für ein Gemeinsames Europäisches Kaufrecht (GEK), dem ein rechtsvergleichender Ansatz zugrunde liegt. Geplant war, das GEK als Verordnung auszugestalten. Allerdings sollte das GEK nicht das nationale Vertragsrecht vollständig ersetzen; vielmehr war das GEK als Option gedacht, die von den Vertragsparteien gewählt werden konnte (vgl. Art. 8 Abs. 1 S. 1 GEKR-VO).[77] Angesichts erheblicher rechtlicher und politischer Bedenken stimmte das Europäische Parlament zwar am 26.2.2014 in erster Lesung einem Entwurf zu; dieser war im Anwendungsbereich jedoch erheblich modifiziert.[78] Im Zuge des daraufhin von der Kommission angekündigten Arbeitsprogrammes für das Jahr 2015 fand eine Abkehr vom geplanten Optionalen Instrument hin zu einer umfassenden Harmonisierung spezifischer Regelungsbereiche statt. Gemäß der am 6.5.2015 angenommenen Strategie für einen digitalen 32

73 Alle Richtlinien sind unter www.europa.eu abrufbar und zum Großteil abgedruckt in Grundmann/Riesenhuber, Textsammlung Europäisches Privatrecht; Schulze/Zimmermann, Europäisches Privatrecht. Basistexte.

74 An dieser sachlichen und persönlichen Begrenzung ändert auch die Verbraucherrechte-RL (Richtlinie 2011/83/EU des Europäischen Parlaments und des Rates vom 25.10.2011 über die Rechte der Verbraucher, zur Abänderung der Richtlinie 93/13/EWG des Rates und der Richtlinie 1999/44/EG des Europäischen Parlaments und des Rates sowie zur Aufhebung der Richtlinie 85/577/EWG des Rates und der Richtlinie 97/7/EG des Europäischen Parlaments und des Rates) nichts. Die RL erfasst nämlich trotz ihres insofern irreführenden Titels nur Verträge, die außerhalb von Geschäftsräumen des Unternehmers oder im Fernabsatz geschlossen wurden. Eine Ausnahme stellen insofern nur Art. 5 der RL, der erstmals auch Informationspflichten für Ladengeschäfte vorschreibt, sowie die Vorschriften in den Artt. 18–22 dar.

75 Kötz, RabelsZ 50 (1986), 1, 12.

76 Vgl. das Grünbuch zur Überprüfung des gemeinschaftlichen Besitzstands im Verbraucherschutz, 8.2.2007, KOM (2006), 744 endgültig. Zudem sollten die Haustürgeschäfts-RL, die Verbrauchsgüterkauf-RL, die Fernabsatz-RL und die Klausel-RL in einer Verbraucherrechte-RL zusammengefasst werden. In der Verbraucherrechte-RL sind hingegen nur die Haustürgeschäfts-RL und die Fernabsatz-RL aufgegangen (vgl. auch oben, Fn. 72).

77 Storme, ERPL 2015, 217, 218; krit. zum Kriterium der Optionalität Twigg-Flesner, ERPL 2015, 231, 247f.

78 Vgl. Druschel, GRUR Int. 2015, 125; krit. zu den weiteren Beschränkungen Beale, ERPL 2015, 251, 253 ff.

Binnenmarkt wurde eine Gesetzgebungsinitiative von der Kommission angekündigt, die am 20.5.2019 in zwei vollharmonisierenden Richtlinien mündete.[79] Deren Ziel ist die Schaffung eines einheitlichen digitalen Binnenmarktes, wodurch einerseits die bestehenden, rechtlichen Hindernisse des grenzüberschreitenden Handels beseitigt und andererseits das Potenzial des elektronischen Handels ausgeschöpft werden soll. Die Digitale-Inhalte-Richtlinie regelt die Bereitstellung digitaler Inhalte und Dienstleistungen, wohingegen die Warenkaufrichtlinie im Grunde eine Modernisierung der Verbrauchsgüterkauf-Richtlinie darstellt. Anders als noch der erste Richtlinienentwurf ist die Warenkauf-Richtlinie sowohl auf stationäre Geschäfte als auch auf den Fernabsatz anzuwenden.[80]

Angesichts dieser neuesten Entwicklungen ist eine kommende Rechtsvereinheitlichung im Sinne eines europäischen Kaufrechts in der unmittelbaren Zukunft nur schwer vorstellbar. Nichtsdestotrotz sind aus der Perspektive der Rechtsvergleichung in besonderem Maße die Vorarbeiten interessant, die dem Entwurf des ursprünglich geplanten optionalen Instruments vorausgegangen sind. Der Entwurf basierte zum Teil auf der sogenannten Machbarkeitsstudie der expert group – einer Beratergruppe der Justizkommissarin Viviane Reding – vom Mai 2011, die wiederum als Ausschnitt vom sogenannten Draft Common Frame of Reference (DCFR) angesehen werden kann.[81] Dieser wurde ab 2005 im Auftrag der Kommission vom CoPECL Network of Excellence erarbeitet.

An dem CoPECL Netzwerk sind verschiedene Forschergruppen unter der Federführung der Study Group on a European Civil Group und der Acquis Group beteiligt gewesen. Die Ausarbeitung des DCFR erfolgte unter Heranziehung rechtsvergleichender Arbeiten, die dazu beitragen sollten, die besten Regelungen für die verschiedenen Sachfragen zu finden.[82] Er wurde Ende 2007 als interim outline edition und im Februar 2009 als outline edition veröffentlicht. Im Oktober 2009 folgte dann die um „full comments and notes“ – Anmerkungen mit rechtsvergleichenden Befunden – ergänzte full edition.[83] Da der DCFR teilweise Eingang in den Entwurf für ein GEK gefunden hat, haben die rechtsvergleichenden Vorarbeiten diesen entsprechend beeinflusst. Insbesondere im Themenbereich rund um ein Vertragsrecht auf unionsrechtlicher Ebene zeigt sich damit, wie wichtig der Rechtsvergleich auch für die Rechtsvereinheitlichung ist.

79 Richtlinie (EU) 2019/770 des Europäischen Parlaments und des Rates vom 20.5.2019 über bestimmte vertragsrechtliche Aspekte der Bereitstellung digitaler Inhalte und digitaler Dienstleistungen und Richtlinie (EU) 2019/771 des europäischen Parlaments und des Rates vom 20.5.2019 über bestimmte vertragsrechtliche Aspekte des Warenkaufs, zur Änderung der Verordnung (EU) 2017/2394 und der Richtlinie 2009/22/EG sowie zur Aufhebung der Richtlinie 1999/44/EG; BeckOGK Augenhofer § 474 BGB, Rn. 30 ff.

80 Zu den Richtlinienentwürfen sowie Nw. Zu den verabschiedeten Richtlinien vgl. BeckOGK Augenhofer § 474 BGB, Rn. 30 f.

81 Zur Entwicklung vgl. Schulte-Nölke, in: Der Entwurf für ein optionales europäisches Kaufrecht, S. 1 ff.; vgl. auch Dannemann, in: Practice and Theory in Comparative Law, S. 96 ff.

82 Vgl. zur Entwicklung des DCFR McGuire, ZfRV 2006, 163; kritisch zur Bedeutung der Rechtsvergleichung für die Rechtsangleichung jedoch v. Bar, in: Epistemology and Methodology of Comparative Law, S. 132; zur Bedeutung der Rechtsvergleichung für die Ausarbeitung des UN-Kaufrechts und der European principles of contract law vgl. Lando, 75 Tul. L. Rev. (2000/01), 1017 ff.

83 Study Group on a European Civil Code/Research Group on EC Private Law (Acquis Group) (ed.), Principles, Definitions and Model Rules of European Private Law. Draft Common Frame of Reference (DCFR). Full Edition, 2009.

5. Praxis

Daneben wird natürlich auch der Praktiker zum Rechtsvergleicher, sieht er sich mit grenzüberschreitenden Sachverhalten konfrontiert und muss er diese durch entsprechende Vertragsvereinbarungen – unter Anwendung des für seinen Mandanten vorteilhafteren Rechts – regeln. Dieses herauszufinden, setzt zunächst die Beschäftigung mit dem fremden Recht und dessen Analyse – und damit mehr als bloße Auslandsrechtskunde – voraus. 33

6. Hilfswissenschaft oder Wissenschaft?

Die Frage, ob die Rechtsvergleichung eine Hilfswissenschaft (bzw. Methode) oder eine Wissenschaft ist, ist entsprechend der vorangegangenen Darstellung mit „sowohl als auch" zu beantworten.[84] Sie ist Wissenschaft, soweit sie dem „reinen" Erkenntnisgewinn dient, zugleich aber Hilfswissenschaft, wenn sie zur Auslegung oder Rechtsvereinheitlichung herangezogen wird. Dementsprechend ist zwischen **Rechtsvergleichung als Methode** und der **Methode der Rechtsvergleichung**, die nach wohl noch immer herrschender Auffassung die funktionale Methode darstellt (vgl. zur Kritik unten Rn. 47 ff.), zu unterscheiden. 34

C. Vertiefung

I. Rechtskreislehre

1. Allgemeines

Die Rechtskreislehre wurde entwickelt, um die verschiedenen Rechtssysteme dieser Welt zu systematisieren. Auch wenn sich die Rechte der einzelnen Länder, wie eingangs erwähnt, unterscheiden, lassen sich doch Gemeinsamkeiten finden. Diese beruhen teilweise auf der Übernahme fremder Rechtsvorschriften – sei es einzelner Rechtsinstitute oder ganzer Gesetzbücher, sei es freiwillig oder gezwungenermaßen – durch andere Länder, teilweise auf gemeinsamen historischen Wurzeln. Rechtsordnungen, die viele Gemeinsamkeiten verbinden, werden dabei zu Rechtskreisen oder Rechtsfamilien zusammengefasst. 35

Dabei zeigen sich einige Schwierigkeiten: Zunächst gibt es nicht „die" Rechtskreislehre. Vielmehr wurden von verschiedenen Wissenschaftlern Einteilungen nach verschiedenen Parametern getroffen und dementsprechend unterschiedliche Rechtskreise entwickelt.[85] Dabei besteht soweit ersichtlich zumindest Einigkeit über die Existenz eines kontinentaleuropäischen[86] (civil law) Rechtskreises – der teilweise weiter unterteilt wird (deutscher, romanischer und skandinavischer Rechtskreis) – und eines anglo-amerikanischen (common law)[87] Rechtskreises, der insbesondere das englische und das US-amerikanische Recht umfasst. 36

84 Vgl. Reimann, ZEuP 1999, 502.

85 Vgl. die Nachweise bei Mänhardt/Posch, Privatrecht, S. 113 ff.; Zweigert/Kötz, Einführung, S. 62 ff.

86 Der Begriff kontinentaleuropäisch ist insofern nicht glücklich, als auch Rechtsordnungen außerhalb Europas vom französischen oder deutschen Recht beeinflusst sein können und daher dem civil law System zugeordnet werden müssen.

87 Der Begriff „common law" wird noch mit zwei weiteren Bedeutungen verwendet: Erstens zur Unterscheidung vom „statute law" (Gesetzesrecht), zweitens zur Unterscheidung von „equity" (stark vereinfacht: unter besonderen Billigkeitsgesichtspunkten in der Rechtsprechung entwickelte Regeln).

37 Das zweite Problem liegt in der **Relativität** der verschiedenen **Einteilungskriterien.** So wurde kritisiert, dass die Einteilung sich meist am Privatrecht orientiere, es aber durchaus sein könne, dass ein Rechtssystem im Privatrecht dem einen, im öffentlichen Recht aber einem anderen Rechtskreis zuzuordnen sei. Schließlich ist keine der getroffenen Einteilungen absolut, sondern kann durch den Lauf der Geschichte obsolet werden. So gibt es heute keinen „sozialistischen Rechtskreis" mehr, auch wenn noch einige Länder – wie Kuba oder Vietnam – sozialistisches Recht aufweisen.[88] Schließlich kommt es innerhalb der EU durch Richtlinien und Verordnungen im Privatrecht zu einer Harmonisierung (vgl. oben Rn. 31). Dadurch können Unterscheidungskriterien, die zu einer Zuordnung zu verschiedenen Rechtsordnungen führten, weniger bedeutsam werden. So kommt es durch die Richtliniengesetzgebung zu einer Angleichung zwischen dem romanischen, dem deutschen und dem skandinavischen Rechtskreis. Innerhalb eines Rechtskreises kann es zu Veränderungen kommen, wenn sich die „Tochterrechtsordnung" von ihrer "Mutterrechtsordnung" abkoppelt und selbstständig weiterentwickelt (wie das US-amerikanische vom englischen Recht; auch eine Auseinanderentwicklung des englischen, irischen und schottischen Rechts nach dem Brexit ist zu erwarten). Zwei in einem Rechtskreis zusammengefasste Rechtsordnungen können trotzdem einzelne Rechtsinstitute unterschiedlich regeln (z.B. deutsches und österreichisches Irrtumsrecht). Je nach Wahl und Anzahl der verschiedenen Zuordnungskriterien können sich auch mehr oder weniger Rechtskreise herausbilden oder die Zuordnung einer Rechtsordnung zu einem Rechtskreis variieren.

38 Auch versagt die Rechtskreislehre bei sogenannten **hybriden Rechtssystemen (mixed legal systems).**[89] Darunter versteht man Rechtssysteme, in denen sich das Recht aus verschiedenen Rechtskreisen (z.B. common law und civil law) zusammensetzt oder für einzelne Gruppen der Bevölkerung unterschiedliche, v.a. religiöse, Rechte kennt. Als Beispiele können etwa Indien, Israel (vgl. auch oben Rn. 28), Quebec, Louisiana oder Südafrika genannt werden. So gibt es in Quebec und Louisiana vom französischen Recht inspirierte Zivilgesetzbücher, die jedoch erheblich vom **common law** Kanadas bzw. der USA beeinflusst sind.

39 Auch die europäischen Rechtsordnungen des ehemaligen sozialistischen Rechtskreises stellen gewissermaßen hybride Rechtssysteme dar. Die nach dem Ende des Kommunismus notwendige Änderung der Zivilgesetzbücher erfolgte meist unter Heranziehung verschiedener anderer Rechtsordnungen, insbesondere des deutschen Rechts, des niederländischen Rechts, aber auch des UN-Kaufrechts. In wirtschaftsrechtlichen Fragen scheint hingegen oft das US-amerikanische Recht einen stärkeren Einfluss auf die neuen Kodifikationen gehabt zu haben.[90] Zudem hatten alle Länder, die der EU beigetreten sind, den **acquis communautaire**, d.h. den Gesamtbestand der Rechtsregeln der EU, zu übernehmen.

40 Die Einteilung in Rechtskreise bei der rechtsvergleichenden Arbeit ist trotz aller Einschränkungen insofern von Hilfe, als dass sie den ersten Einstieg erleichtert und eine Übersicht über die schier unüberschaubare Anzahl von Rechtssystemen bietet.

---

88 Magnus, in: IPR und Rechtsvergleichung, § 13 Rn. 31.

89 Magnus, in: IPR und Rechtsvergleichung, § 13 Rn. 29 f.; Mänhardt/Posch, Privatrecht, S. 123 f.

90 Generell hat das US-amerikanische Recht zurzeit großen Einfluss auf fremde Rechtsordnungen, auch auf das deutsche Recht; vgl. Doralt/Doralt, in: FS Koziol, S. 565 ff.

Wie eingangs erwähnt, gibt es verschiedene Rechtskreislehren. Hier kann nicht auf alle eingegangen werden. Genannt sei die von Zweigert/Kötz entwickelte Einteilung. Die Autoren unterscheiden, vereinfacht wiedergegeben:

- **einen deutschen Rechtskreis:**

  Deutschland, Österreich, Schweiz; das BGB hatte Ausstrahlwirkung auf das griechische ZGB von 1940; vor dem 2. Weltkrieg hatte das deutsche Recht auch Einfluss in Japan sowie China;[91] in der Türkei wurde das schweizerische ZGB und OR (Obligationenrecht) übernommen; der Einfluss des österreichischen ABGB ist hingegen vergleichsweise gering geblieben.
- **einen romanischen Rechtskreis:**

  Frankreich, Italien, Belgien, Luxemburg, Portugal, Spanien; vor der Verabschiedung der einzelnen Bücher des **Nieuw Burgerlijk Wetboek**, dem neuen Zivilgesetzbuch, von Anfang der 1970er Jahre bis 1992 auch die Niederlande[92]
- **einen common law Rechtskreis:**

  Großbritannien (wobei das schottische Recht stärker römisch-rechtlich geprägt ist), USA (ohne Louisiana), Kanada (ohne Quebec), Australien, Neuseeland, Irland[93]
- **einen nordischen Rechtskreis:**

  Schweden, Norwegen, Dänemark, Finnland und Island
- **chinesisches** und **japanisches Recht**
- **islamisches Recht**
- **Hindu-Recht**[94]

Zu dieser Einteilung gelangen Zweigert/Kötz durch verschiedene „Stile“, die die einzelnen Rechtsordnungen auszeichnen. Zu diesen stilgebenden Eigenschaften zählen sie:[95] 41

- historische Herkunft und Entwicklung (z.B. Einfluss des römischen Rechts auf eine Rechtsordnung)
- vorherrschende spezifische juristische Denkweise (abstrakte oder eher fallbezogene Vorgangsweise)
- besonders kennzeichnende Rechtsinstitute (darunter verstehen die Autoren Rechtsinstitute, die sich nur in gewissen Rechtskreisen, nicht aber in anderen finden lassen, wie etwa den **trust**[96] im anglo-amerikanischen Rechtskreis, das Grundbuch im deutschen Rechtskreis und die **action directe**[97] im französischen Rechtskreis)
- Art der Rechtsquellen und ihre Auslegung [Richterrecht versus Gesetzesrecht (diese Unterscheidung ist jedoch nicht absolut, vgl. unten Rn. 42); Stellung des Richters; Stil von Gerichtsurteilen usw.]

---

91 Danach hat der Einfluss des amerikanischen Rechts zugenommen; vgl. Magnus, in: IPR und Rechtsvergleichung, § 14 Rn. 6 ff.

92 Zum Einfluss des französischen Rechts, also der Mutterrechtsordnung des romanischen Rechts, auf außereuropäische Gebiete vgl. Zweigert/Kötz, Einführung, S. 108 ff.

93 Zur weiteren Ausbreitung des „common law“ vgl. Zweigert/Kötz, Einführung, S. 214 ff.

94 Allerdings kommt in keiner Rechtsordnung nur religiöses Recht zur Anwendung. Besonders Familien- und Erbrecht sind anfällig für eine religiöse Beeinflussung, vgl. Magnus, in: IPR und Rechtsvergleichung, § 13 Rn. 31.

95 Zweigert/Kötz, Einführung, S. 67 ff.

96 Der „trust“ ist ein gutes Beispiel für ein Rechtsinstitut, für das ein entsprechender Rechtsbegriff im deutschen Recht fehlt: Der „trust“ entspricht nämlich nicht der Stiftung (auch wenn das manchmal zu lesen ist). Vgl. zum „trust“ Parker, The modern law of trusts.

97 Vgl. dazu Cannarsa/Moreteau, in: European perspectives on producers' liability, S. 311 ff.

- ideologische Faktoren (dieses Kriterium spielt wohl v.a. bei religiösen Rechten eine Rolle, früher auch im sozialistischen Rechtskreis)

Hier können die verschiedenen Rechtskreise nicht näher dargestellt werden, nur auf einige Aspekte der Unterscheidung zwischen common law und civil law sei kurz eingegangen.

2. Common Law und civil law

42 Die Unterscheidung zwischen **common law** und **civil law** ist einer der wenigen Punkte, in dem sich alle Rechtskreislehren einig sind. Ihre Vergleichung erfreut sich auch großer Beliebtheit, während bei dem ersten internationalen Rechtsvergleicherkongress 1900 noch die Auffassung vertreten wurde, anglo-amerikanisches Recht wäre aufgrund des Mangels an Gesetzesrecht keinem Vergleich zugänglich.

Gerade an dem Charakteristikum „Gesetzesrecht versus Richterrecht" zeigt sich jedoch, dass die Unterschiede zwischen kontinentaleuropäischem und anglo-amerikanischem Recht oft weniger absolut sind, als man meinen möchte:[98] In England und den USA kann nicht mehr von reinem Richterrecht gesprochen werden, sondern auch in diesen Rechtsordnungen gibt es Gesetze (wenn auch nicht in Form einer zentralen Kodifikation).[99] Insbesondere in England hat die Verpflichtung zur Umsetzung verschiedener Richtlinien vermehrt zur Verabschiedung von Gesetzen und zu einer Angleichung zwischen englischem und kontinentaleuropäischem Recht geführt.[100] Das Vereinigte Königreich ist seit dem 1.2.2020 nicht mehr Mitglied der Europäischen Union.[101] Der European Union (Withdrawal) Act 2018[102], der noch durch den European Union (Withdrawal Agreement) Act 2020[103] geändert wurde, ist mit Wirksamwerden des Brexit in Kraft getreten und regelt die Austrittsfolgen. So wird der Geltung des europäischen Sekundärrechts die Grundlage entzogen. EU-Recht, sowohl „EU-derived domestic legislation" (EU-Richtlinien), als auch „direct EU-legislation" (EU-Verordnungen und Primärrecht), soll demnach als nationales Recht fortbestehen, bis es mit voller gesetzgeberischer Freiheit vom nationalen Gesetzgeber geändert wird.[104] In den verschiedenen, dem **civil law system** zuzurechnenden Rechtsordnungen, gewinnt hingegen das Richterrecht an Bedeutung, auch aufgrund der Rolle des EuGH bei der Auslegung von Sekundärrecht und der damit verbundenen Weiterentwicklung des europäischen Rechts. Richtern kommt die Aufgabe zu, Lücken zu schließen, die sich aus der ständigen Weiterentwicklung der Gesellschaft ergeben, da Kodifikationen mit dieser nicht immer Schritt halten können. Zudem gibt es Rechtsgebiete – wie etwa das Lauterkeitsrecht, oder das AGB-Recht – in denen die von der Rechtsprechung herausgebildeten Fallgruppen eine besondere Rolle spielen.

---

98 Vgl. etwa Zimmermann, JBl 1998, S. 282 f.

99 Magnus, in: IPR und Rechtsvergleichung, § 15 Rn. 7.

100 Vgl. etwa die Umsetzung der RL über unlautere Geschäftspraktiken durch die Consumer Protection from Unfair Trading Regulations 2008 (für das Verhältnis zwischen Verbraucher und Unternehmer) und Business Protection from Misleading Marketing Regulations 2008 (für das Verhältnis zwischen Unternehmern; insoweit wurde die RL über irreführende und vergleichende Werbung umgesetzt).

101 Abkommen über den Austritt des Vereinigten Königreichs Großbritannien und Nordirland aus der Europäischen Union und der Europäischen Atomgemeinschaft ABl. 2020 L 29, 7.

102 Abrufbar unter: https://www.legislation.gov.uk/ukpga/2018/16/contents/enacted.

103 Abrufbar unter: https://www.legislation.gov.uk/ukpga/2020/1/pdfs/ukpga_20200001_en.pdf.

104 Vgl. dazu etwa Augenhofer, 40 (2017) Fordham International Law Journal, S. 1483 f.; Teichmann/Knaier, EuZW-Sonderausgabe 1 2020, S. 14 f.

43 Ein weiterer, gerne vorgebrachter Unterschied zwischen civil law und common law hängt mit der Rechtsprechung zusammen, und zwar mit der Bindung des anglo-amerikanischen Richters an Präjudizien. Nach der sogenannten **stare-decisis**-Doktrin ist ein Gericht solange an die Entscheidung eines höheren Gerichtes und teilweise auch an eigene Entscheidungen gebunden, wie nicht das höhere Gericht von dieser Entscheidung abgewichen ist (oder der Gesetzgeber die Frage anders geregelt hat). Das ist wiederum nur dann möglich, wenn sich der neu zu entscheidende Fall von einem früheren Fall unterscheidet, was durch das sogenannte **distinguishing** ermittelt wird. Im Gegensatz dazu ist der Richter in den civil law Rechtskreisen grundsätzlich nicht an Vorentscheidungen gebunden. Faktisch geht jedoch von den Entscheidungen der obersten Gerichtshöfe sehr wohl eine gewisse Bindungswirkung aus.[105]

44 Obwohl sich somit zwei typischerweise referierte Unterscheidungsmerkmale bei näherer Betrachtung als weniger gravierend erweisen, als oft angenommen wird, gibt es doch teilweise erhebliche Unterschiede zwischen civil law und common law Systemen.[106] So kennt etwa das US-amerikanische Recht sogenannte **class actions.**[107] Unter class actions versteht man die Geltendmachung eines Schadens durch einen Kläger, mit Wirkung für und gegen mehrere gleichartig Geschädigte.[108] Class actions senken dadurch die Prozesskosten und dienen der Prozessökonomie, weil über ein und denselben Sachverhalt nicht mehrmals entschieden werden muss. Sie tragen daher insbesondere dort zur Effektivität des Rechts bei, wo Klagen ansonsten unterbleiben würden, weil sich der Schaden als „Streuschaden" manifestiert. Unter „Streuschäden" versteht man das Eintreten von Schäden bei einer großen Gruppe von Personen. Oft sind diese Schäden beim Einzelnen, insbesondere im Bereich des (Verbraucher-)Vertragsrechts, nur sehr klein („Bagatellschäden"). Es besteht daher ein „rationales Desinteresse"[109] des Geschädigten, eine Klage zu erheben, da insbesondere der erlittene Schaden in keinem Verhältnis zu den Kosten eines Gerichtsverfahrens und der Unsicherheit über dessen Ausgang steht. Der Schädiger kann so einen durch gesetzwidriges Verhalten erworbenen Gewinn behalten.

45 Auf europäischer Ebene wurde die Einführung eines Gruppenverfahrens einerseits im Zusammenhang mit Verletzungen von Verbraucherschutzvorschriften,[110] andererseits im Zusammenhang mit der privatrechtlichen Durchsetzung von Kartellrecht lange Zeit erörtert. Nach langem Ringen hat die EU-Kommission einen Vorschlag veröffentlicht, indem die Einführung von Verbandsklagen, die auch auf Leistung gerichtet sein können, angedacht wurde.[111] Die Richtlinie wurde schließlich 2020 mit erheblichen Ände-

105 Skeptisch hinsichtlich dieses Unterscheidungskriteriums daher schon Rabel, RabelsZ 16 (1951), 345.

106 Vgl. zu den Besonderheiten des englischen Rechtskreises Zweigert/Kötz, Einführung, S. 177; Magnus, IPR und Rechtsvergleichung, § 15 Rn. 1 ff.; zum US-amerikanischen Recht Zweigert/Kötz, Einführung, S. 233 ff.; Koch, in: IPR und Rechtsvergleichung, § 15 Rn. 35 ff.

107 „Class actions" werden teils mit Massenklagen, teils mit Gruppenklagen übersetzt. Da der Begriff Gruppenklage auch im Zusammenhang mit der Diskussion rund um die Einführung kollektiver Rechtsdurchsetzungsmöglichkeiten auf europäischer Ebene verwendet wird, sollte er nicht als Übersetzung für class action verwendet werden.

108 Vgl. Koch, in: IPR und Rechtsvergleichung, § 15 Rn. 58.

109 Vgl. z.B. Schäfer, in: Die Bündelung gleichgerichteter Interessen im Prozess, S. 67, 69; Basedow, in: Neueste Entwicklungen, S. 363.

110 So wurde schon 2008 ein Grünbuch über kollektive Rechtsdurchsetzungsverfahren für Verbraucher, 27. 11. 2008, KOM (2008), 794 endgültig veröffentlicht.

111 Vorschlag für eine Richtlinie des Europäischen Parlaments und des Rates über Verbandsklagen zum Schutz der Kollektivinteressen der Verbraucher und zur Aufhebung der Richtlinie 2009/22/EG.

rungen verabschiedet.[112] Diese neue Richtlinie ist zwar keinesfalls als „class action" im US-amerikanischen Sinne einzuordnen, allerdings stellt sie einen Schritt in die richtige Richtung dar. Ihr vorausgegangen ist die Einführung von Gruppenklagen in einzelnen Mitgliedstaaten. ~~auf europäischer Ebene.~~ Diese sind sehr unterschiedlich ausgestaltet, meist als, „opt-in"-Verfahren. Dies bedeutet, dass Klage von einem Repräsentanten für diejenigen erhoben wird, die sich der Klage anschließen wollen („opt-in") oder für alle, außer diejenigen, die sich explizit dagegen aussprechen („opt-out"). Auch in Deutschland gibt es mit der Musterfeststellungsklage[113] nunmehr ein Instrument kollektiven Rechtsschutzes im Verbraucherrecht, das allerdings wie der Name schon vorgibt, nur auf Feststellung gerichtet ist.[114]

In der Diskussion wurde und wird insbesondere von Vertretern aus der Wirtschaft angemahnt, das „US-amerikanische Schreckensgespenst **class action**" nicht in Europa einzuführen. Dabei wird übersehen, dass die in US-Amerika teilweise tatsächlich unerwünschten Entwicklungen in Zusammenhang mit **class actions** nicht ein Ergebnis dieser alleine sind, sondern aus dem Zusammenspiel mit dem **jury system** des amerikanischen Rechts sowie verschiedenen weiteren Besonderheiten des materiellen Rechts, aber auch der amerikanischen Gesellschaft, resultieren. Zu diesen materiellen Besonderheiten gehört etwa die Gewährung von **punitive damages**,[115] d.h. der Gewährung von Schadensersatz, der unter bestimmten Voraussetzungen über die Höhe des tatsächlich erlittenen Schadens hinausgeht. Durch punitive damages soll eine gewisse Verhaltenslenkung erzielt werden, d.h. **punitive damages** sollen explizit abschrecken und auch bestrafen („punishment and deterrence"). Auch wenn eine solche Verhaltenslenkung in einem Schadensersatzanspruch stets „mitenthalten" ist, steht in Kontinentaleuropa jedoch die Kompensation im Vordergrund. Dementsprechend hat sich auch die Kommission in der Kartellschadensersatzrichtlinie gegen die Einführung von Mehrfachschadensersatz und für das Kompensationsprinzip entschieden.[116] Wichtig für das Funktionieren (oder wie manchmal gemeint wird: das zu gute Funktionieren)[117] von **class actions** ist auch die Möglichkeit amerikanischer Anwälte, ein Erfolgshonorar zu vereinbaren (**contingency fees**). Schließlich trägt im amerikanischen Recht jede Prozesspartei ihre Kosten stets selbst, was in der Kombination mit contingency fees die Bereitschaft der amerikanischen Bevölkerung, Klagen einzubringen, sicherlich fördert.

46 Wir haben hier also ein Beispiel dafür, dass eine Vergleichung von Rechtsinstituten nicht sinnvoll ist: Betrachtet man eben nur die **class action**, übersieht man, dass allfällige, damit verbundene Nachteile nicht aus dieser als solcher resultieren, sondern aus dem Zusammenspiel verschiedener Komponenten. Selbst das Aufdecken dieses Zusammenspiels greift jedoch zu kurz, wenn man nicht noch weiterfragt, welche Ziele mit **class actions** oder **punitive damages** usw. verfolgt werden. Hier zeigt eine nähere Betrachtung, dass das Schadensersatzrecht in den USA auch dort eingreifen muss, wo in Europa Krankenversicherungen zum Tragen kommen. Eine besonders effektive

112 RL 2018/0089/EU; Pressemitteilung des Rates der EU vom 30.6.2020 (abrufbar unter: https://www.consilium.europa.eu/de/press/press-releases/2020/06/30/eu-consumers-obtain-access-to-collective-redress/).

113 Gesetz zur Einführung einer zivilprozessualen Musterfeststellungsklage vom 12.7.2018, BGBl. 2018 I, 1151.

114 Augenhofer, EuZW 2019, S. 10; BeckOK Augenhofer/Lutz §§ 606–614 ZPO; Stadler, VuR 2018, S. 83 ff.

115 Koch, in: IPR und Rechtsvergleichung, § 15 Rn. 54 ff.

116 RL 2014/104/EU; dazu etwa Heinze, ZEuP 2020, S. 281 ff. m.w.N.; zur Umsetzung in Deutschland vgl. Klumpe/Thiede, NZKart 2017, S. 332 ff.; zur Richtlinie vgl. Schweitzer, NZKart 2014, S 335 ff.

117 Insbesondere wird der Vorwurf erhoben, dass die Androhung einer „class action" zur Erpressung von Unternehmen verwendet wird.

Rechtsdurchsetzung ist daher in den USAessenziell. Zudem soll der Einzelne – als „private attorney general" – zur Klage motiviert werden, um eine private Rechtsdurchsetzung auch in den Fällen zu gewährleisten, wo z.B. in Deutschland das Straf- oder Verwaltungsrecht greifen würde; hier zeigt etwa auch die geschichtliche Entwicklung, dass in den USA die privatrechtliche Durchsetzung im Kartellrecht forciert wurde, um die schwache behördliche Durchsetzung auszugleichen.

II. Kritik an der funktionalen Methode[118]

Die funktionale Methode sieht sich zunehmend Kritik ausgesetzt.[119] Ohne hier auf Einzelheiten eingehen zu können, kann man diese Kritik wie folgt zusammenfassen: 47

Die traditionelle Rechtsvergleichung sei zunächst zu „eurozentriert"[120] und überdies insofern „snobistisch", als sie von einer „Vergleichbarkeit" nur „entwickelter" Rechte ausgehe. Ebenso wenig nehme der funktionale Ansatz auf **ökonomische Überlegungen**[121] (§ 11) sowie soziologische Begebenheiten Bezug – die **legal culture**, in der Recht „passiere", müsse jedoch, ebenso wie historische Entwicklungen, berücksichtigt werden. Die traditionelle Rechtsvergleichung gehe zu wenig auf die Globalisierung[122] des Rechts ein, transnationale Rechtsquellen fänden zu wenig Berücksichtigung,[123] auch die Lehrbücher seien verstaubt und wiesen noch immer die altbackene Einteilung in Rechtskreise auf. Schließlich sei die ganze Vorgehensweise furchtbar „undogmatisch".[124] Es werde dem Prozess der Informationsgewinnung sowie der Informationsverarbeitung nicht genug Aufmerksamkeit gewidmet.[125] Gerber formulierte diese Kritik in Bezug auf die funktionale Rechtsvergleichung bei Rabel etwa folgendermaßen:

> „Ironically, there is little method in his method."[126]

Wie ist diese Kritik zu bewerten? 48

Eines verbindet alle genannten Vorwürfe – sie finden keine Grundlage in der Idee der Rechtsvergleichung, der sich Rabel, gewissermaßen als „Vater der modernen Rechtsvergleichung" verpflichtet sah: Rabel war ursprünglich Rechtshistoriker, erkannte also durchaus die Bedeutung historischer Entwicklungen. Auch waren Rabels Vorarbeiten für das UN-Kaufrecht grundsätzlich gerade nicht nur auf Europa bezogen. Er betonte in seinen Ausführungen zu Aufgaben und Zweck der Rechtsvergleichung die Bedeutung kultureller Begebenheiten.

Der Vorwurf mangelnder Berücksichtigung trans- bzw. supranationaler Rechte erscheint nicht gerechtfertigt, zumindest nicht, was europäisches Recht betrifft. Die meisten rechtsvergleichenden Arbeiten im Privatrecht beschäftigen sich notwendigerweise auch mit den europäischen Vorgaben und Vorhaben. Die Fokussierung auf „entwickelte" Rechtsordnungen trifft hingegen zu. Doch erscheint sie (zumindest teilweise) gerechtfertigt: Zwar ist die Beschäftigung mit dem Recht anderer Gesellschaften sicher-

118 Vgl. etwa Markesinis, Comparative Law, S. 20 ff.; Michaels, RabelsZ 66 (2002), 97 ff.
119 Vgl. in diesem Zusammenhang auch Kötz, JZ 2002, 257 ff.
120 Vgl. Markesinis, Comparative Law, S. 50 ff.
121 Zum Verhältnis zwischen Rechtsvergleichung und ökonomischer Analyse vgl. van Aaken, in: Jahrbuch Junger Zivilrechtswissenschaftler, S. 127 ff.
122 Vgl. etwa Gerber, 75 Tul. L. Rev. (2000/01), 949 ff.
123 Reimann, 75 Tul. L. Rev. (2000/01), 1104 ff.
124 Vgl. dazu Dölle, RabelsZ 34 (1970), 403 ff.
125 Gerber, 75 Tul. L. Rev. (2000/01), 949 ff.
126 Gerber, in: Rethinking the Masters of Comparative Law, S. 190 ff.

lich interessant und lohnenswert, es erscheint jedoch zweifelhaft, ob dieses einen tauglichen Gegenstand für die Rechtsvergleichung darstellt, sofern der Vergleich zwischen diesem und einem „entwickelten" Rechtssystem stattfinden soll. Dort werden sich wohl zum Großteil andere Probleme stellen bzw. Probleme der eigenen Rechtsordnung teilweise fremd sein – was soll dann verglichen werden? Die Beschäftigung mit solchen Rechten sollte daher primär unter dem Blickwinkel der Auslandsrechtskunde und Rechtsethnologie betrieben werden. Grundsätzlich kann aber sicher festgehalten werden, dass aufgrund der Globalisierung die Anzahl der „entwickelten" und damit auch die Anzahl der vergleichbaren Rechtsordnungen zunimmt, wenn man nicht wie manche Kritiker der funktionalen Methode die Vergleichbarkeit von Rechtsordnungen generell verneint.

Die verstärkte Berücksichtigung geschichtlicher, kultureller, soziologischer und ökonomischer Faktoren ist uneingeschränkt zu begrüßen. Sie steht aber eben nicht im Gegensatz zur funktionalen Methode der Rechtsvergleichung. Die Energie sollte daher weniger auf Kritik als auf die Unschädlichmachung der „vergifteten Pfeile" (vgl. oben Rn. 22 ff.) gerichtet werden. Die Kritiker jedoch bleiben einen praktischen Nachweis, in dem sie ihre Thesen anwenden, bislang meist schuldig.[127]

49 Wiederholungs- und Vertiefungsfragen

1. Welche Rechtsgebiete sind von der Rechtsvergleichung zu unterscheiden (auch wenn die Grenzziehung oft schwierig ist) bzw. ergänzen sie?
2. Was wissen Sie über die Geschichte der Rechtsvergleichung zu berichten? Mit welchem Jahr wird nach h.M. die Geburtsstunde der internationalen Rechtsvergleichung angesetzt?
3. Was verstehen Sie unter der funktionalen Methode der Rechtsvergleichung?
4. Welchen Hindernissen begegnet man bei der rechtsvergleichenden Arbeit?
5. Welche Aufgaben können von der Rechtsvergleichung übernommen werden? Was können Sie über die einzelnen Aufgaben berichten? Was versteht man unter Kontrollfunktion, was unter Inspirationsfunktion?
6. Was versteht man unter Rechtskreislehre? Welche Rechtskreise kennen Sie?
7. Welche Kritik wird an der Rechtsvergleichung und der funktionalen Methode sowie an der Rechtskreislehre geübt?

Literaturverzeichnis und -empfehlungen:

50 Adams/Bomhoff (eds.), Practice and Theory in Comparative Law, 2012; Armour/Eidenmüller (eds.), Negotiating Brexit, 2017; Augenhofer, Brexit – Marriage 'With' Divorce? – The Legal Consequences for Consumer Law, Fordham International Law Journal 2017, S. 1171 ff., dies., Die Reform des Verbraucherrechts durch den „New Deal" – ein Schritt zu einer effektiven Rechtsdurchsetzung?, EuZW 2019, S. 5 ff.; dies., BeckOGK BGB, §§ 474 ff., dies/Lutz BeckOK ZPO, 37. Aufl. 2020, §§ 606 ff.; Bachner, Wrongful Trading und Konkursverschleppungshaftung: Überlegungen zu Recht, Sprache und Rechtsangleichung in der EU, GesRZ 2007, 410 ff.; Baer, Verfassungsvergleichung und reflexive Methode – Interkulturelle und intersubjektive Kompetenz, ZaöRV 2004, 735 ff.; von Bar, Comparative Law of Obligations: Methodology and Epistemology, in: van Hoecke (ed.), Epistemology and Methodology of Comparative Law, 2004, S. 123 ff.; Basedow, Die Durchsetzung des Kartellrechts im Zivilverfahren, in: Baudenbacher (Hrsg.), Neu-

127 Michaels, RabelsZ 66 (2002), 109.

este Entwicklungen im europäischen und internationalen Kartellrecht, 2006, S. 353 ff.; ders., Grundlagen des europäischen Privatrechts, JuS 2004, S. 89 ff.; ders., Die Reform des deutschen Kaufrechts, 1988; ders., Rechtskultur – zwischen nationalem Mythos und europäischem Ideal, ZEuP 1996, 379 ff.; Beale, Hopes for the CESL: A Brief Response to DiMatteo, Loos, Schulte-Nölke, Storme, and Twigg-Flesner, ERPL 2015, 251 ff.; Beatson/Zimmermann (eds.), Jurists Uprooted – German-speaking émigré lawyers in twentieth-century Britain, 2004; Bell, Comparative Administrative Law, in: Reimann/Zimmermann (eds.), Handbook, S. 1250 ff.; Blankenagel, Die Zukunft der Rechtsvergleichung im öffentlichen Recht – praktische und methodische Überlegungen, in: Grundmann/Kloepfer/Paulus/Schröder/Werle (Hrsg.), Festschrift 200 Jahre Juristische Fakultät der Humboldt-Universiät zu Berlin, 2010; Bogdan, On the value and method of rule-comparison in comparative law, in: FS Jayme, II, 2004, S. 1233 ff.; Brand, Grundfragen der Rechtsvergleichung – Ein Leitfaden für die Wahlfachprüfung, JuS 2003, 1082 ff.; Bussani/Mattei (eds.), The Cambridge companion to comparative law, 2012; Butler (ed.), Foundations of comparative law, 2011; Bundesministerium der Justiz (Hrsg.), Gutachten und Vorschläge zur Überarbeitung des Schuldrechts, 1981–1983; Bundesministerium der Justiz (Hrsg.), Abschlussbericht der Kommission zur Überarbeitung des Schuldrechts, 1992; Bydlinski, Juristische Methodenlehre und Rechtsbegriff, 2. Aufl. 1991; Canaris, Die richtlinienkonforme Auslegung und Rechtsfortbildung im System der juristischen Methodenlehre, in: FS Bydlinski, 2002, S. 47 ff.; Cannarsa/Moreteau, The French „Action Directe": The Justification for Going beyond Privity, in: Ebers/Janssen/Meyer (eds.), European perspectives on producers' liability, 2009, S. 311 ff.; Cashin-Ritaine (ed.), Comparative law and hybrid legal traditions, 2010; Clark (ed.), Comparative Law and Society, 2012; Coester-Waltjen/Mäsch, Übungen in Internationalem Privatrecht und Rechtsvergleichung, 5. Aufl. 2017; Coing, Aufgaben der Rechtsvergleichung in unserer Zeit, NJW 1991, 2601ff.; Constantinesco, Rechtsvergleichung, I-III, 1971–1983; David/Grasmann, Einführung in die großen Rechtssysteme der Gegenwart, 2. Aufl. 1988; Dannemann, In search of system neutrality: methodological issues in the drafting of European contract rules, in: Adams/Bomhoff (Eds.), Practice and Theory in Comparative Law, 2012, S. 96 ff; Dölle, Rechtsdogmatik und Rechtsvergleichung, RabelsZ 34 (1970), 403 ff.; Doralt/Doralt, Rechtsvergleichung und Rezeption in der Managerhaftung, FS Koziol, 2010, S. 565 ff.; Drobnig/v. Erp (eds.), The Use of Comparative Law by Courts, 1999; Ebers/Janssen/Meyer (eds.), European perspectives on producers' liability, 2009; Druschel, Die Regelung digitaler Inhalte im Gemeinsamen Europäischen Kaufrecht (GEKR), GRUR Int. 2015, 125 ff.; Eidenmüller/Jansen/Kieninger/Wagner, Der Vorschlag für eine Verordnung über ein Gemeinsames Europäisches Kaufrecht, JZ 2012, 269 ff.; Eidenmüller/Faust/Grigoleit/Wagner/Zimmermann, Der Gemeinsame Referenzrahmen, JZ 2008, 539 ff.; Europäische Kommission, Towards a Coherent European Approach to Collective Redress: Next Steps. Joint information note SEC (2010) 1192; Flessner, Rechtsvereinheitlichung durch Rechtswissenschaft und Juristenausbildung, RabelsZ 56 (1992), 241 ff.; Flessner, Juristische Methode und europäisches Privatrecht, JZ 2002, 14 ff.; Gerber, Globalization and Legal Knowledge: Implications for Comparative Law, 75 Tul. L. Rev. (2000/01), 949 ff.; ders., Sculpting the Agenda of Comparative Law: Ernst Rabel and the Facade of Language, in: Riles (ed.), Rethinking the Masters of Comparative Law, 2001, S. 190 ff.; Glendon/Gordon/Osakwe, Comparative Legal Traditions, 2. Aufl. 2002; Gordley, Comparative Law and Legal Education, 75 Tul L. Rev. (2000/01), 1003 ff.; Gordley/Taylor v. Mehren, An Introduction to the Comparative Study of Private Law. Readings, cases, materials, 2006; Gutteridge, Comparative Law, 2. Aufl. 1949; Großfeld, Sinn und Methode der Rechtsvergleichung, in: FS Sandrock, 2000, S. 329 ff.; Grundmann/Riesenhuber, Die Auslegung des Europäischen Privat- und Schuldvertragsrechts, JuS 2001, 529 ff.; dies., Textsammlung Europäisches Privatrecht, 3. Aufl. 2019; Heinze, Der kartelldeliktische Schadensersatzanspruch nach der Richtlinie 2014/104/EU – Baustein oder Fremdkörper im europäischen Haftungsrecht?, ZEuP 2020, S. 281 ff.; Henninger, Europäisches Privatrecht und Methode, 2009; Honsell, Rezeption der Rechtsprechung des Bundesgerichtshofs in der Schweiz, in: FS 50 Jahre Bundesgerichtshof, II, 2000, S. 928 ff.; Huber, Comparative Sales Law, in: Reimann/Zimmermann (eds.), Handbook, S. 933 ff.; Jackson, Methodological Challenges in Comparative Constitutional Law, Penn State International Law Review 2009, 319 ff.; Jansen/Zimmermann, Was ist und wozu der DCFR?, NJW

2009, 3401 ff.; Jung, Grundfragen der Strafrechtsvergleichung, JuS 1998, 1 ff.; v. Jhering, Geist des römischen Rechts, 1877; Kaelble/Schriewer (Hrsg.), Vergleich und Transfer. Komparatistik in den Sozial-, Geschichts- und Kulturwissenschaften, 2003; Koch/Magnus/Winkler v. Mohrenfels, IPR und Rechtsvergleichung, 4. Aufl. 2010; Kegel, Rabel. Werk und Person, RabelsZ 54 (1990), 1 ff.; Klumpe/Thiede, Keeping the Floodgates Shut – Kartellschadensersatz nach der 9. GWB-Novelle, NZKart 2017, S. 332 ff.; Koziol, Rezeption der Rechtsprechung des Bundesgerichtshofs in Österreich, in: FS 50 Jahre Bundesgerichtshof, II, 2000, S. 943 ff.; Koch, Anglo-amerikanischer Rechtskreis, in: ders./Magnus/Winkler v. Mohrenfels, IPR und Rechtsvergleichung, § 15; Kötz, Rechtsvereinheitlichung – Nutzen, Kosten, Methoden, Ziele, RabelsZ 50 (1986), 1 ff.; ders., Alte und neue Aufgaben der Rechtsvergleichung, JZ 2002, 257 ff.; ders., Der Bundesgerichtshof und die Rechtsvergleichung, in: FS 50 Jahre Bundesgerichtshof, II, 2000, S. 825 ff.; ders., Europäische Juristenausbildung, ZEuP 1993, 268 ff.; Kovač, Comparative Contract Law and Economics, 2011; Kramer, Juristische Methodenlehre, 2010; Lando, Comparative law and lawmaking, 75 Tul. L. Rev. (2000/01), 1017 ff.; Legrand, Comparative legal studies. Taditions and transitions, 2003; Leser (Hrsg.), Ernst Rabel. Gesammelte Aufsätze, III, 1967; Lutter, Die Auslegung angeglichenen Rechts, JZ 1992, 593 ff.; Lutter/Stiefel/Hoeflich (Hrsg.), Der Einfluss deutscher Emigranten auf die Rechtsentwicklung in den USA und in Deutschland, 1993; Magnus, Allgemeines zur Rechtsvergleichung, in: Koch/ders./Winkler v. Mohrenfels, IPR und Rechtsvergleichung, § 13; Mankowski, Rechtskultur, JZ 2009, 321 ff.; Markesinis, Comparative Law in the Courtroom and Classroom, 2004; ders./Fedtke, Judicial Recourse to Foreign Law. A new source of inspiration?, 2006; Mänhardt/Posch, Internationales Privatrecht. Privatrechtsvergleichung. Einheitsprivatrecht, 2. Aufl. 1999; McGuire, Ziel und Methode der Study Group on a European Civil Code, ZfRV 2006, 163 ff.; Merryman, Comparative law, 2010; Michaels, Rechtsvergleichung, in: Basedow/Hopt/Zimmermann, Handwörterbuch des Europäischen Privatrecht, II, 2009, S. 1265 ff.; ders., The Functional Method of Comparative Law, in: Reimann/Zimmermann (eds.), Handbook, S. 345 ff.; ders., Im Westen nichts Neues? RabelsZ 66 (2002), 97 ff.; Monateri (ed.), Methods of Comparative Law, 2012; Neergard, European legal method, 2011; Nelken (ed.), Comparing Legal Cultures, 1997; ders. (ed.), Adapting Legal Cultures, 2001; Örücü (ed.), Mixed legal systems at new frontiers, 2010; Örücü/Nelken, Comparative Law. A Handbook, 2007; Parker, The modern law of trusts, 9. Aufl. 2008; Posch, Bürgerliches Recht. VII. Internationales Privatrecht, 5. Aufl. 2010; Pound, The place of Comparative Law in the American Law School Curriculum, 8 Tul. L. Rev. (1934), 161 ff.; Rabel, Aufgabe und Notwendigkeit der Rechtsvergleichung, Rheinische Zeitschrift für Zivil- und Prozeßrecht 13 (1924), 279 ff., abgedruckt in Leser (Hrsg.), Ernst Rabel. Gesammelte Aufsätze. III, 1967, S. 1, 4; ders., Rechtsvergleichung und internationale Rechtsprechung, RabelsZ 1 (1927), 5 ff.; ders., Deutsches und amerikanisches Recht, RabelsZ 16 (1951), 340 ff.; ders., Das Recht des Warenkaufs, I (1936), II (1958); Ranieri, Europäische Rechtsgeschichte zwischen Rechtsvergleichung und Rechtsdogmatik, zugleich eine Reflexion über den Weg zu einem Europäischen Zivilrecht, ZEuP 2011, 564 ff.; ders., Europäisches Obligationenrecht, 3. Aufl. 2009; ders., Die Rechtsvergleichung und das deutsche Zivilrecht im 20. Jahrhundert: Eine wissenschaftshistorische Skizze, in: Kaelble/Schriewer (Hrsg.), Vergleich und Transfer. Komparatistik in den Sozial-, Geschichts- und Kulturwissenschaften, 2003, S. 221 ff., zugleich erschienen in: FS Nörr, 2002; Rehm, Rechtstransplantate als Instrumente der Rechtsreform und -transformation, RabelsZ 72 (2008) 1 ff.; Reimann/Zimmermann (eds.), The Oxford Handbook of Comparative Law, 2nd edition 2018; Reimann, Beyond National Systems: A Comparative Law for the International Age, 75 Tul. L. Rev. (2000/01), 1104 ff.; ders., Rechtsvergleichung und Rechtsgeschichte im Dialog, ZEuP 1999, 496 ff.; Rheinstein/v. Borries (Hrsg.), Einführung in die Rechtsvergleichung, 2. Aufl. 1987; Rösler, Rechtsvergleichung als Erkenntnisinstrument in Wissenschaft, Praxis und Ausbildung, JuS 1993, 1084 ff., 1186 ff.; Rösler, Siebzig Jahre Recht des Warenkaufs von Ernst Rabel -Werk- und Wirkgeschichte, RabelsZ 70 (2006), 793 ff.; Sacco, Einführung in die Rechtsvergleichung, 2. Aufl. 2011; ders., One Hundred Years of Comparative Law, 75 Tul. L. Rev. (2000/01), 1159 ff.; Sachsen Gessaphe, von, Rechtsvergleichung, 2012; Schäfer, Anreizwirkungen der Class Action und der Verbandsklage, in: Basedow/Hopt/Kötz/Baetge (Hrsg.), Die Bündelung gleichgerichteter Interessen im Prozeß, 1999, S. 67 ff.; Schulte-Nölke,

Vor- und Entstehungsgeschichte des Vorschlags für ein Gemeinsames Europäisches Kaufrecht, in: ders./Zoll/Jansen/Schulze (Hrsg.), Der Entwurf für ein optionales europäisches Kaufrecht, 2012, S. 1 ff.; ders., Arbeiten an einem europäischen Vertragsrecht – Fakten und populäre Irrtümer, NJW 2009, 2161 ff.; Schulze/Zimmermann, Europäisches Privatrecht. Basistexte, 4. Aufl. 2012; Schütze, Schiedsgerichtsbarkeit und Rechtsvergleichung, ZVglRWiss 2011, 89 ff.; Schwartze, Die Rechtsvergleichung, in Riesenhuber (Hrsg.): Europäische Methodenlehre, 3. Aufl. 2015, S. 112 ff.; Schweitzer, Die neue Richtlinie für wettbewerbsrechtliche Schadensersatzklagen, NZKart 2014, 335 ff.; Schwenzer, Development of Comparative Law in Germany, Switzerland and Austria, in: Reimann/Zimmermann (eds.), Handbook, S. 54 ff.; Schwenzer/Müller-Chen, Rechtsvergleichung. Fälle und Materialien, 1996; Schwintowski, Einführung in die Rechtsvergleichung, JA 1991, 241 ff.; Siems, Malicious legal transplants, Legal Studies 38, 2018, Nr. 1, S. 103 ff.; Smits (ed.), Elgar Encyclopedia of Comparative Law, 2. Aufl. 2012; Starck, Rechtsvergleichung im öffentlichen Recht, JZ 1997, 1021 ff.; Stadler, Musterfeststellungsklagen im deutschen Verbraucherrecht?, VuR 2018, S. 83 ff.; Staudinger/Magnus, Wiener UN-Kaufrecht, Neubearbeitung 2005; Stoll, Zur Legitimität und normativen Relevanz rechtvergleichender Argumente im Zivilrecht, in: FS Bydlinski, 2001, S. 429 ff.; Stolleis, Nationalität und Internationalität: Rechtsvergleichung im öffentlichen Recht des 19. Jahrhunderts, 1998; Storme, The Young and the Restless: CESL and the Rest of Member State Law, ERPL 2015, 217 ff.; Stürner, Das Zivilrecht der Moderne und die Bedeutung der Rechtsdogmatik, JZ 2012, 10 ff.; Teichmann/Knaier, Auswirkungen des Brexit auf das Gesellschaftsrecht, EuZW-Sonderausgabe 1 2020, 14 ff.; Thomas et al., Statement of the European Law Institute on the Proposal for a Regulation for a Common European Sales Law, COM (2011) 635 final, 2012, abrufbar unter: https://www.europeanlawinstitute.eu/fileadmin/user_upload/p_eli/Publications/S-2-2012_Statement_on_the_Proposal_for_a_Regulation_on__a_Common_European_Sales_Law.pdf; ders., Dialektische Rechtsvergleichung – Zur Methodik der Komparistik im öffentlichen Recht, JZ 2007, 807 ff.; Study Group on a European Civil Code/Research Group on EC Private Law (Acquis Group) (ed.), Principles, Definitions and Model Rules of European Private Law. Draft Common Frame of Reference (DCFR). Full Edition, 2009; Tushnet, Comparative Constitutional Law, in: Reimann/Zimmermann (eds.), Handbook, S. 1193 ff.; Twigg-Flesner, CESL, Cross-Border Transactions and Domestic Law: Why a Dual Approach Could Work (Although CESL Might Not), ERPL 2015, 231 ff.; Utermark, Rechtsgeschichte und Rechtsvergleichung bei Ernst Rabel, 2005; van Aaken, Vom Nutzen der ökonomischen Theorie des Rechts für die Rechtsvergleichung, in: Jahrbuch Junger Zivilrechtswissenschaftler 2000, S. 127 ff.; Watson, Legal Transplants: An Approach to Comparative Law, 2. ed. 1993; Wilhelmsson, Private Law and the Many Cultures of Europe, 2007; Winkler v. Mohrenfels, Einführung, in: Koch/Magnus/ders., IPR und Rechtsvergleichung, § 1; Zimmermann, In der Schule von Ludwig Mitteis. Ernst Rabels rechtshistorische Ursprünge, RabelsZ 65 (2001), 1 ff.; ders., Savignys Vermächtnis. Rechtsgeschichte, Rechtsvergleichung und die Begründung einer Europäischen Rechtswissenschaft, JBl 1998, 273 ff.; ders., Comparative Law and the Europeanization of Private Law, in: Reimann/ders. (eds.), Handbook, S. 557 ff.; ders., Textstufen in der modernen Entwicklung des europäischen Privatrechts, EuZW 2009, 319 ff.; Zweigert, Rechtsvergleichung, System und Dogmatik, in: FS Bötticher, 1969, S. 443 ff.; Zweigert, Rechtsvergleichung als universale Interpretationsmethode, RabelsZ 15 (1949/50), 17 ff.; Zweigert/Drobnig, International Encyclopedia of Comparative Law (es erscheinen noch laufend in größeren Abständen neue Bände); Zweigert/Kötz, Einführung in die Rechtsvergleichung, 3. Aufl. 1996.

§ 12 Ökonomische Analyse des Rechts

Giesela Rühl

A. Einführung

1 Rechtliche Regelungen zielen darauf ab, Folgen in der Wirklichkeit auszulösen. Sie sollen menschliches Verhalten in einer bestimmten Weise beeinflussen und gesellschaftliches Zusammenleben in einer bestimmten Weise ordnen. Mit der Frage, wie rechtliche Regelungen dies tun können und mit welchem Ziel sie dies tun sollten, beschäftigt sich die ökonomische Analyse des Rechts (**economic analysis of law**). Sie versucht, die Auswirkungen rechtlicher Regelungen auf menschliches Verhalten unter Rückgriff auf das analytische Instrumentarium der ökonomischen Theorie vorherzusagen, zu erklären und zu bewerten. Sie zeichnet sich deshalb insgesamt durch ihre Folgenorientierung aus.

2 Die Ursprünge der ökonomischen Analyse des Rechts, die im deutschen Sprachraum auch als ökonomische Theorie des Rechts oder Rechtsökonomik bezeichnet wird, reichen weit in die Vergangenheit zurück.[1] Erste Ansätze finden sich bereits bei *Adam Smith* (1723–1790). Die moderne Form der ökonomischen Analyse des Rechts, die die aktuelle Diskussion beherrscht, lässt sich allerdings in den USA der 1960er und 1970er Jahre und hier insbesondere in den Werken von *Gary S. Becker*, *Guido Calabresi*, *Ronald Coase* und *Richard Posner* verorten. Unter ihrem Einfluss hat sie sich zu einer Rechtstheorie entwickelt, die nicht nur im Hinblick auf originär wirtschaftlich relevante Rechtsgebiete, sondern im Hinblick auf die gesamte Rechtsordnung – und damit auch im Verfassungsrecht, Strafrecht oder Familienrecht – Anwendung beansprucht. Die Anerkennung und Verbreitung der ökonomischen Analyse des Rechts unterliegt dabei allerdings geographischen Schwankungen: Während sie in den USA bereits seit vielen Jahren fester Bestandteil sowohl der rechtswissenschaftlichen Diskussion als auch der rechtswissenschaftlichen Ausbildung ist, hat sie in Europa und insbesondere in Deutschland erst in den letzten Jahren an Bedeutung gewonnen.[2] Darüber hinaus ist sie hier im Hinblick auf ihre philosophischen Grundlagen, ihre theoretischen Konzepte und ihre rechtspolitischen Forderungen äußerst umstritten. Im Privat- und Wirtschaftsrecht wird sie allerdings im Anschluss an die Arbeiten von *Michael Adams*, *Peter Behrens*, *Horst Eidenmüller*, *Hein Kötz*, *Claus Ott* und *Hans-Bernd Schäfer* auch in Deutschland regelmäßig zur Analyse rechtlicher Regelungen herangezogen. Zumindest insoweit hat sie heute auch hier ihren festen Platz.

3 Im Folgenden wird die ökonomische Analyse des Rechts in ihren wesentlichen Grundzügen vorgestellt. Dazu wird zunächst ein Blick auf die wichtigsten theoretischen Konzepte sowie auf die institutionellen Anwendungsbedingungen der ökonomischen Theorie geworfen (B.). Danach wird ihr rechtspolitisches Programm und ihr analytisches Vorgehen im Bereich des Privatrechts skizziert und anhand von zwei Beispielen aus dem Vertrags- und Deliktsrecht verdeutlicht (C.)

1 Siehe zur geschichtlichen Entwicklung Mackaay, in: Encyclopedia of Law and Economics, S. 65 ff.

2 Siehe dazu Dau-Schmidt/Brun, Colum. J. Transnat'l L. 44 (2006), 602 ff.; Kirchner, Int'l Rev. L. & Econ. 11 (1991), 277 ff.; Kirstein, in: Encyclopedia of Law and Economics, S. 160 ff.

B. Grundlagen

Die ökonomische Theorie versteht sich in ihrer modernen Variante als Theorie menschlicher Entscheidungen unter Nebenbedingungen. Sie untersucht dementsprechend, wie Menschen aus einem durch verschiedene Faktoren näher bestimmten Handlungsfeld eine Handlungsmöglichkeit auswählen. Zu den Faktoren, die das Handlungsfeld näher bestimmen, gehören dabei – und dies ist für die ökonomische Analyse des Rechts von Bedeutung – rechtliche Regelungen.[3] Sie schränken das zur Verfügung stehende Handlungsfeld ein, wenn bestimmte Handlungsmöglichkeiten verboten sind oder an Bedingungen geknüpft werden. Und sie erweitern es, wenn bestimmte Handlungsmöglichkeiten gefördert oder besonders begünstigt werden. Da rechtliche Regelungen damit zu den Nebenbedingungen gehören, die Menschen bei ihren Entscheidungen berücksichtigen müssen, können ihre Auswirkungen auf menschliches Verhalten mithilfe ökonomischer Konzepte untersucht werden. 4

I. Theoretische Konzepte

Ökonomische Konzepte werden üblicherweise auf zwei verschiedenen Ebenen für die Untersuchung rechtlicher Regelungen fruchtbar gemacht.[4] Auf einer ersten – positiven – Ebene wird mithilfe ökonomischer Verhaltensmodelle **ex post** erklärt und – im Idealfall – **ex ante** vorhergesagt, welche Auswirkungen rechtliche Regelungen auf menschliches Verhalten haben. Auf einer zweiten – normativen – Ebene werden diese Auswirkungen unter Rückgriff auf ökonomische Bewertungskriterien mit bestimmten Zielvorgaben verglichen. Als Problem erweist sich dabei freilich, dass es nicht nur *ein* ökonomisches Verhaltensmodell und nicht nur *ein* ökonomisches Bewertungskriterium gibt, sondern gleich mehrere. 5

1. Ökonomische Verhaltensmodelle[5]

Die auf dem Spielfeld der ökonomischen Theorie anzutreffenden ökonomischen Verhaltensmodelle lassen sich in neo-klassische, neo-institutionelle und moderne Verhaltensmodelle unterteilen. Sie alle zeichnen sich dadurch aus, dass sie sich um die Vorhersage und Erklärung menschlicher Entscheidungen bemühen und davon ausgehen, dass menschliche Entscheidungen durch die Veränderung rechtlicher Regelungen in vorhersehbarer Weise beeinflusst werden können. Unterschiede ergeben sich allerdings im Hinblick auf die Annahme, die sie über menschliches Verhalten treffen. 6

a) Das Verhaltensmodell der neo-klassischen Ökonomik

Das Verhaltensmodell, das die ökonomische Theorie bis heute prägt, ist das sogenannte neo-klassische Verhaltensmodell. Es wird auch als **rational choice model** oder schlicht als **homo oeconomicus** bezeichnet und geht davon aus, dass Menschen zum einen rational handeln und zum anderen danach streben, ihren eigenen Nutzen zu ma- 7

3 Eidenmüller, Effizienz als Rechtsprinzip, S. 35; Kirchgässner, Homo Oeconomicus, S. 134–137; Kirchner, Ökonomische Theorie, S. 7–8.

4 Cooter/Ulen, Law and Economics, S. 3–5; Eidenmüller, Effizienz als Rechtsprinzip, S. 21; Kirchner, Ökonomische Theorie, S. 8–9; Ott/Schäfer, JZ 1988, 213, 217 ff.; Posner, Economic Analysis, S. 31–33; Trebilcock, Limits of Freedom of Contract, S. 3–8; van Aaken, Rational Choice, S. 35–38.

5 Die nachfolgenden Ausführungen beruhen auf Rühl, Statut und Effizienz, S. 93 ff.

ximieren.[6] In einer Situation, in der von Menschen Entscheidungen gefordert sind, werden sie deshalb die durch objektiv bestehende Restriktionen vorgegebenen Handlungsmöglichkeiten unter Bezug auf ihre subjektiv gegebenen Präferenzen in eine perfekte Rangfolge bringen und anschließend die Handlungsmöglichkeit wählen, die in der Rangfolge an erster Stelle steht. Anders formuliert: Sie werden die Vor- und Nachteile aller zur Verfügung stehenden Handlungsmöglichkeiten umfassend abwägen und sich für die Handlungsmöglichkeit entscheiden, die aus ihrer Sicht den größten Nutzen verspricht.

8 Um dies tun zu können, müssen Menschen natürlich eine ganze Menge wissen. Und sie müssen eine ganze Menge tun. Das neo-klassische Verhaltensmodell unterstellt deshalb, dass die handelnden Individuen über alle Informationen verfügen, die sie benötigen, um zwischen den verschiedenen Handlungsmöglichkeiten auszuwählen. Es unterstellt außerdem, dass sie über alle Fähigkeiten verfügen, um diese Informationen zu verarbeiten und im Hinblick auf ihre Präferenzen richtig zu bewerten. Und nicht zuletzt unterstellt das neo-klassische Verhaltensmodell, dass menschliche Präferenzen eine gewisse Robustheit und Beständigkeit aufweisen, insbesondere inhaltlich unabhängig von äußeren Einflüssen und zeitlich konsistent sind. Der Maßstab, an dem Menschen verschiedene Handlungsmöglichkeiten messen, ist deshalb zum einen fest vorgegeben und zum anderen heute der gleiche wie morgen.

b) Das Verhaltensmodell der Neuen Institutionenökonomik

9 Dem neo-klassischen Verhaltensmodell steht das neo-institutionelle Verhaltensmodell gegenüber. Es geht davon aus, dass das neo-klassische Verhaltensmodell menschliches Verhalten nur begrenzt vorhersagen und erklären kann, weil Menschen regelmäßig weder über die erforderlichen Informationen noch über die erforderlichen Fähigkeiten verfügen, um vollständig rational zu handeln. Zudem geht es davon aus, dass Menschen nicht immer nach der Maximierung ihres Nutzens streben, sondern sich häufig mit der bloßen Befriedigung ihrer Bedürfnisse zufrieden geben. Das neo-institutionelle Verhaltensmodell schränkt das Verhaltensmodell des **homo oeconomicus** deshalb ein, indem es annimmt, dass sich Menschen allenfalls eingeschränkt rational verhalten (bounded rationality) und allenfalls eingeschränkt ihren Nutzen maximieren.[7] Insbesondere nimmt es an, dass Menschen lediglich im Rahmen ihrer Möglichkeiten und auf Grundlage der ihnen zur Verfügung stehenden (begrenzten) Informationen einerseits und im Rahmen ihrer (begrenzten) Kapazität zur Verarbeitung dieser Informationen andererseits rational handeln. In einer Welt, in der Menschen nie über alle relevanten Informationen verfügen und in der die Gewinnung und Verarbeitung von Informationen Kosten verursacht, kann das neo-institutionelle Verhaltensmodell damit deutlich bessere Aussagen über menschliches Verhalten treffen als das neo-klassische Ver-

6 Cooter/Ulen, Law and Economics, S. 12–13, 18–26; Eidenmüller, Effizienz als Rechtsprinzip, S. 28–34; Kirchgässner, Homo Oeconomicus, S. 12–65; Kirchner, Ökonomische Theorie, S. 13–18; Mathis, Effizienz statt Gerechtigkeit?, S. 21–26; Posner, Economic Analysis, S. 3–14; Schäfer/Ott, Ökonomische Analyse, S. 95–103; van Aaken, Rational Choice, S. 73–82; Voigt, Institutionenökonomik, S. 19–21. Gute Darstellungen des neo-klassischen Verhaltensmodells finden sich auch bei Englerth, in: Recht und Verhalten, S. 60, 63 ff. und Lüdemann, in: Recht und Verhalten, S. 7, 9 ff.

7 Eidenmüller, Effizienz als Rechtsprinzip, S. 38–39; Kirchgässner, Homo Oeconomicus, S. 29–39; Kirchner, Ökonomische Theorie, S. 14–18; Schäfer/Ott, Ökonomische Analyse, S. 103–104; Voigt, Institutionenökonomik, S. 22–23.

haltensmodell. Es hat sich deshalb zu Recht in der ökonomischen Theorie und in der ökonomischen Analyse des Rechts durchgesetzt.

c) Das Verhaltensmodell der Verhaltensökonomik

Die weitgehende Anerkennung des neo-institutionellen Verhaltensmodells bedeutet nicht, dass die ökonomische Diskussion über das anzuwendende Verhaltensmodell beendet wäre. Im Gegenteil: Unter dem Schlagwort **behavioral law and economics** (Verhaltensökonomik*)* haben in den letzten Jahren kognitionspsychologische und verhaltenswissenschaftliche Experimente Aufmerksamkeit erregt, die zeigen, dass sich Menschen in vielen Situationen *systematisch* weder vollständig noch eingeschränkt rational verhalten.[8] Insbesondere machen sie deutlich, dass sich Menschen *systematisch* bestimmter, vereinfachender Techniken (Heuristiken) bedienen, die die Informationsverarbeitung zwar erleichtern, das Ergebnis der Informationsverarbeitung aber in vorhersehbarer Weise verzerren. Darüber hinaus weisen sie nach, dass menschliche Präferenzen nicht von äußeren Einflüssen unabhängig sind und sich im Laufe der Zeit ändern können. Zahlreiche Studien zeigen zudem, dass Menschen in vielen Situationen *systematisch* nicht danach streben, ihren eigenen Nutzen zu maximieren. 10

Die ökonomische Theorie ist vor diesem Hintergrund in den letzten Jahren dazu übergegangen, das neo-klassische und das neo-institutionelle Verhaltensmodell unter Rückgriff auf die Erkenntnisse der Kognitionspsychologie und der Verhaltenswissenschaft zu verfeinern und empirisch besser abzusichern.[9] Allerdings befindet sich die Wissenschaft insofern erst am Anfang. Viele Fragen sind noch offen. So ist beispielsweise unklar, wie belastbar die häufig unter Laborbedingungen gewonnenen kognitionspsychologischen und verhaltenswissenschaftlichen Erkenntnisse tatsächlich sind. Einschlägige Untersuchungen weisen bislang in unterschiedliche Richtungen:[10] Während einige Studien die Abweichungen vom neo-klassischen und neo-institutionellen Verhaltensmodell bestätigen,[11] zeigen andere Studien, dass viele Abweichungen in der Wirklichkeit nicht oder allenfalls in abgeschwächter Form auftreten.[12] Unklar und Gegenstand kontroverser Diskussion ist außerdem, welche normativen Implikationen die Erkenntnisse der Verhaltensökonomik nach sich ziehen.[13] Reden sie einem wie auch immer ausge- 11

8 Siehe zum Ganzen die ausführliche Darstellung bei Schäfer/Ott, Ökonomische Analyse, S. 104–110 sowie Rühl, Statut und Effizienz, S. 100 ff.

9 Siehe zum Beispiel Jolls/Sunstein, J. Leg. Stud. 35 (2006), 199 ff.; Jolls/Sunstein/Thaler, Stan. L. Rev. 50 (1998), 1471 ff.; Korobkin/Ulen, Cal. L. Rev. 88 (2000), 1051 ff.; Langevoort, Vand. L. Rev. 51 (1998), 1499 ff.; Sunstein, Am. L. & Econ. Rev. 1 (1999), 115 ff.; Sunstein, J. Leg. Stud. 29 (2000), 1059 ff.; Ulen, in: Handbook of Contemporary Behavioral Economics, S. 671 ff.; siehe aus der deutschsprachigen Literatur Engel, in: Recht und Verhalten, S. 363 ff.; Englerth, in: Recht und Verhalten, S. 60 ff.; Lüdemann, in: Recht und Verhalten, S. 7 ff.

10 Siehe dazu Arlen, Vand. L. Rev. 51 (1998), 1765, 1768–1769, 1777–1786; Engel, in: Recht und Verhalten, S. 363, 365–373; Posner, Stan. L. Rev. 50 (1998), 1551, 1570–1574.

11 Siehe zum Beispiel die Studien von Della Vigna/Malmendier, Quart. J. Econ. 119 (2004), 353 ff.; Gross/Souleles, Quart. J. Econ. 117 (2002), 149 ff.; Meier/Sprenger, Am. Econ. J. (Appl. Econ.) 2 (2010), 193 ff.

12 Siehe zum Beispiel die Studien von Brown/Plache, U. Chi. L. Rev. 73 (2006), 63 ff.; Klein/Wright, J. L. & Econ. 50 (2007), 421 ff.; List, Quart. J. Econ. 118 (2003), 41 ff.; List, Econometrica 72 (2004), 615 ff.; Miravete, Am. Econ. Rev. 93 (2003), 297 ff.; Wright, N.Y.U. J. Law & Lib. 2 (2007), 470 ff.

13 Siehe dazu Arlen, Vand. L. Rev. 51 (1998), 1765, 1769–1770, 1777; Engel, in: Recht und Verhalten, S. 363, 391–397; Englerth, in: Recht und Verhalten, S. 60, 101–102; Camerer/Issacharoff/Loewenstein/O'Donoghue/Rabin, U. Pa. L. Rev. 151 (2003), 1211 ff.; Epstein, U. Chi. L. Rev. 73 (2006), 111 ff.; Jolls/Sunstein, J. Leg. Stud. 35 (2006), 199 ff.; Rachlinski, Northwestern U. L. Rev. 97 (2003), 1165 ff.; Schäfer/Ott, Ökonomische Analyse, S. 116–141; Sunstein, Am. L. & Econ. Rev. 1 (1999), 115, 144–146; Sunstein/Thaler, U. Chi. L. Rev. 70 (2003), 1169 ff.; van Aaken, in: Paternalismus und Recht, S. 109 ff.

prägten Paternalismus das Wort? Legen sie dem Gesetzgeber nahe, Entscheidungen für die jeweiligen Individuen zu treffen und deren Entscheidungsfreiheit dementsprechend einzuschränken (**hard paternalism**)? Empfiehlt es dem Gesetzgeber, auf die Meinungsbildung von Individuen – beispielsweise durch Aufklärung, Information, Erziehung oder sonstige, auf Verhaltensänderung abzielende Maßnahmen (nudges)[14] – einzuwirken, um rationale Entscheidungen zu fördern (**soft oder libertarian paternalism**)? Die Diskussion der nächsten Jahre wird hier zeigen, welche Bedeutung der Verhaltensökonomik zukommen kann.[15]

2. Ökonomische Bewertungskriterien[16]

12 Ebenso wie die Anzahl der ökonomischen Verhaltensmodelle ist auch die Anzahl der Bewertungskriterien, die die ökonomische Theorie bereithält, groß. Das Bewertungskriterium, das den meisten ökonomischen Untersuchungen zugrunde gelegt wird, ist das Effizienzkriterium. Es geht auf die Wohlfahrtsökonomik zurück und zeichnet sich dadurch aus, dass es sich in erster Linie für die optimale Verteilung von Gütern und Rechten interessiert. Ein Zustand oder eine rechtliche Regelung ist deshalb aus der Sicht des Effizienzkriteriums wünschenswert und nicht weiter verbesserungswürdig, wenn Güter und Rechte in optimaler Weise verteilt sind.[17] Unter welchen Voraussetzungen eine Verteilung als optimal anzusehen ist, hängt davon ab, ob das Effizienzkriterium in der Form des Pareto-Kriteriums oder des Kaldor-Hicks-Kriteriums zugrunde gelegt wird.

a) Das Pareto-Kriterium

13 Das Kriterium der Pareto-Effizienz geht auf den italienischen Ökonomen *Vilifredo Pareto* (1848–1923) zurück. Es besagt, dass ein gesellschaftlicher Zustand einem anderen überlegen ist, wenn dieser Zustand von mindestens einem Individuum vorgezogen und von keinem anderen Individuum abgelehnt wird.[18] Ein Zustand ist deshalb Pareto-superior und damit vorzugswürdig, wenn er sich aus der Sicht mindestens eines Individuums als Verbesserung darstellt und aus der Sicht aller anderen Individuen nicht zu einer Verschlechterung führt. Ein Zustand ist Pareto-effizient oder Pareto-optimal, wenn es keinen anderen Zustand gibt, den mindestens ein Individuum als Verbesserung und kein Individuum als Verschlechterung ansehen würde. Übertragen auf die ökonomische Analyse des Rechts bedeutet dies: Eine rechtliche Regelung ist Pareto-superior, wenn sie von mindestens einem Individuum vorgezogen und von keinem anderen Individuum abgelehnt wird. Sie ist Pareto-effizient oder Pareto-optimal, wenn es keine andere rechtliche Regelung gibt, die mindestens ein Individuum besser und kein anderes Individuum schlechter stellt.

---

14 Siehe zu diesem in jüngster Zeit intensiv und kontrovers auch in der deutschen Öffentlichkeit diskutierten Konzept Thaler/Sunstein, Nudge: Improving Decisions about Health, Wealth, and Happiness.

15 Siehe dazu zum Beispiel die Beiträge in Zamir/Teichman (Hrsg.), The Oxford Handbook of Behavioural Economics and the Law, 2014.

16 Die nachfolgenden Ausführungen beruhen auf Rühl, Statut und Effizienz, S. 139 ff.

17 Cooter/Ulen, Law and Economics, S. 13–14; Eidenmüller, Effizienz als Rechtsprinzip, S. 41–57; Mathis, Effizienz statt Gerechtigkeit?, S. 53–54; Posner, Economic Analysis, S. 14–17; Schäfer/Ott, Ökonomische Analyse, S. 13–28; van Aaken, Rational Choice, S. 210–230; Voigt, Institutionenökonomik, S. 212–213.

18 Cooter/Ulen, Law and Economics, S. 13–14, 42–43; Eidenmüller, Effizienz als Rechtsprinzip, S. 48–50; Mathis, Effizienz statt Gerechtigkeit?, S. 54–57; Posner, Economic Analysis, S. 14–15; Schäfer/Ott, Ökonomische Analyse, S. 13–18; van Aaken, Rational Choice, S. 212–217.

14 Das Pareto-Kriterium zeichnet sich vor diesem Hintergrund dadurch aus, dass es das Individuum und seine Wünsche in den Mittelpunkt stellt. Dies ist aber auch gleichzeitig sein Problem. Denn jedes Individuum kann die Veränderung eines Zustands verhindern, wenn es der Ansicht ist, dass es sich dadurch schlechter stellt. Die Veränderung des **status quo**, namentlich die Veränderung rechtlicher Reglungen wird dadurch fast unmöglich gemacht.[19] Bereits seit einigen Jahren wird das Pareto-Kriterium deshalb durch das Kaldor-Hicks-Kriterium ergänzt.

b) Das Kaldor-Hicks-Kriterium

15 Das Kaldor-Hicks-Kriterium wurde von den beiden Engländern *Nicholas Kaldor* (1908–1986) und *John Hicks* (1904–1989) entwickelt[20] und beherrscht heute die ökonomische Theorie. Es unterscheidet sich vom Pareto-Kriterium dadurch, dass sich ein Zustand auf seiner Grundlage im Vergleich zu einem anderen Zustand auch dann als überlegen darstellen kann, wenn er von einigen Individuen abgelehnt wird. Voraussetzung dafür ist lediglich, dass die Individuen, die diesen Zustand vorziehen, die Individuen, die ihn ablehnen, entschädigen könnten.[21] Das Kaldor-Hicks-Kriterium orientiert sich damit nicht am einzelnen Individuum, sondern daran, ob ein Zustand oder eine rechtliche Regelung gesamtgesellschaftlich gesehen vorteilhaft ist. Ein Zustand ist deshalb Kaldor-Hicks-superior, wenn die Vorteile der Gewinner insgesamt größer sind als die Verluste der Verlierer. Er ist Kaldor-Hicks-effizient, wenn es keinen anderen Zustand gibt, in dem die Vorteile der Gewinner größer sind als die Verluste der Verlierer. Übertragen auf die ökonomische Analyse des Rechts folgt daraus, dass eine rechtliche Regelung Kaldor-Hicks-superior ist, wenn die Individuen, zu deren Vorteil sie gereicht, die Individuen, für die sie sich als nachteilig darstellt, entschädigen könnten. Sie ist Kaldor-Hicks-effizient, wenn es keine andere Regelung gibt, die für einige Individuen so viele Vorteile mit sich bringt, dass sie die Nachteile, die andere Individuen erleiden, auszugleichen vermögen.

16 Gegenüber dem Pareto-Kriterium erweist sich das Kaldor-Hicks-Kriterium vor diesem Hintergrund insofern als überlegen, als es eine Zementierung des status quo verhindert. Da es einen sozialen Zustand oder eine rechtliche Regelung unter der Voraussetzung der möglichen Kompensation auch dann für gut befindet, wenn sich einzelne Individuen dadurch schlechter gestellt sehen, kann es insbesondere verhindern, dass einzelne Individuen das auf der Grundlage des Pareto-Kriteriums bestehende Veto-Recht zulasten aller anderen ausüben. Trotzdem ist auch das Kaldor-Hicks-Kriteriums in der ökonomischen und der juristischen Literatur Gegenstand heftiger Kritik. Diese entzündet sich zunächst einmal daran, dass es keine Überlegungen zur Verteilungsgerechtigkeit anstellt.[22] Unter der Voraussetzung, dass die Gewinne ausreichend groß sind, besteht deshalb die Gefahr, dass die im status quo Bevorzugten noch besser gestellt werden. Hinzu kommt, dass das Kaldor-Hicks-Kriterium gegenüber der inhaltlichen Qua-

---

19 Eidenmüller, Effizienz als Rechtsprinzip, S. 49–50; Mathis, Effizienz statt Gerechtigkeit?, S. 58–59; Posner, Economic Analysis, S. 14.

20 Hicks, Econ. J. 49 (1939), 696 ff.; Kaldor, Econ. J. 49 (1939), 549 ff.

21 Cooter/Ulen, Law and Economics, S. 42–43; Eidenmüller, Effizienz als Rechtsprinzip, S. 51–54; Mathis, Effizienz statt Gerechtigkeit?, S. 62–66; Posner, Economic Analysis, S. 14–16; Schäfer/Ott, Ökonomische Analyse, S. 19–25; van Aaken, Rational Choice, S. 217–222.

22 Mathis, Effizienz statt Gerechtigkeit?, S. 66–68; Trebilcock, Limits of Freedom of Contract, S. 20–21; van Aaken, Rational Choice, S. 218, 221.

lität sozialer Zustände und rechtlicher Regelungen die Augen verschließt.[23] Es kennt keine Minimalstandards oder Grundrechte, die einer Abwägung nicht zugänglich wären. Entzieht eine Maßnahme einem Individuum oder einer Gruppe von Individuen sämtliche Rechte und führt diese Maßnahme bei einem anderen Individuum oder bei einer anderen Gruppe von Individuen zu einem Gewinn, der den Verlust der anderen übersteigt, dann gilt diese Maßnahme auf der Grundlage des Kaldor-Hicks-Kriteriums als gut. Das Kaldor-Hicks-Kriterium kann damit sogar Maßnahmen oder rechtliche Regelungen gut heißen, die mit grundlegenden Vorstellungen von Gerechtigkeit nichts zu tun haben. Durch die Verrechnung von Gewinnen und Verlusten ohne Kompensation garantiert es weder Mindeststandards noch Grundrechte.

17 Auch das Kaldor-Hicks-Kriterium erweist sich vor diesem Hintergrund nicht als Bewertungskriterium, an dem das Recht allein und ausschließlich gemessen werden könnte. Dies bedeutet allerdings nicht, dass es bei der Bewertung rechtlicher Regelungen überhaupt keine Rolle spielen sollte. Ausschlaggebend dafür sind zwei Gründe. Erstens bestehen keine vernünftigen Zweifel daran, dass das Kaldor-Hicks-Kriterium, Aussagen treffen kann, die für die Bewertung rechtlicher Regelungen von Interesse sind. Insbesondere können die – zugegebenermaßen schwierigen und mit Werturteilen behafteten – Überlegungen zu den mit rechtlichen Regelungen einhergehenden Gewinnen und Verlusten wertvolle Einblicke in die mit ihnen einhergehenden individuellen und gesamtgesellschaftlichen Folgen geben. Dies gilt insbesondere für die Bereiche des Rechts, in denen es – wie beispielsweise im Vertragsrecht – um den Austausch von Gütern und Rechten geht, die einen Marktwert haben. Zweitens werden viele der oben beschriebenen Probleme durch das rechtliche Umfeld, in dem sich das Recht heute in den westlichen Rechtsordnungen bewegt, abgefangen. Insbesondere innerhalb Europas wird die Einhaltung bestimmter rechtlicher Mindeststandards durch Grund- und Menschenrechte auf der Ebene der Mitgliedstaaten und auf der Ebene der Europäischen Union garantiert. Das Kaldor-Hicks-Kriterium kann in die Bewertung rechtlicher Regelungen deshalb zumindest ergänzend einfließen.

II. Institutionelle Anwendungsbedingungen

18 Aus den vorstehenden Überlegungen ergibt sich, dass die Untersuchung rechtlicher Regelungen mithilfe ökonomischer Konzepte grundsätzlich möglich ist und wertvolle Erkenntnisse verspricht. Dies bedeutet aber noch nicht, dass rechtliche Regelungen auch tatsächlich zum Gegenstand ökonomischer Überlegungen gemacht werden *dürfen*. Insbesondere darf aus der grundsätzlichen Nützlichkeit des Effizienzkriteriums nicht gefolgert werden, dass Gesetzgeber und Gerichte Überlegungen zur Effizienz einer rechtlichen Regelung ohne Weiteres zu berücksichtigen haben. Zu beachten sind vielmehr die institutionellen Anwendungsbedingungen des geltenden Rechts.

1. Ökonomische Verhaltensmodelle[24]

19 Verhältnismäßig geringe Probleme bereitet auf der Grundlage des deutschen und europäischen Rechts die Berücksichtigung ökonomischer Verhaltensmodelle. Dies ergibt sich für den – deutschen und europäischen – Gesetzgeber daraus, dass er sich bei der Verabschiedung rechtlicher Regelungen zwangsläufig mit deren möglichen Folgen

23 Siehe dazu ausführlich Eidenmüller, Effizienz als Rechtsprinzip, S. 207–226; Mathis, Effizienz statt Gerechtigkeit?, S. 69–71.
24 Die nachfolgenden Ausführungen beruhen auf Rühl, Statut und Effizienz, S. 129 ff.

und den zu erwartenden Reaktionen der betroffenen Menschen beschäftigen muss. Denn nur wenn ihm diese Reaktionen bekannt sind, kann er sich ein Bild davon machen, mit welchen Regelungen die von ihm angestrebten Ziele erreicht werden können. Darüber hinaus kann er dem im Grundgesetz und im Vertrag über die Arbeitsweise der Europäischen Union verankerten Verhältnismäßigkeitsgrundsatz nur dann gerecht werden, wenn er sich mit den Folgen seiner Regelungen auseinandersetzt. Der Verhältnismäßigkeitsgrundsatz verlangt nämlich auf der ersten Stufe, dass Maßnahmen des Gesetzgebers zur Erreichung des angestrebten Ziels geeignet sind. Dass sich die Verhaltensmodelle der ökonomischen Theorie vom Menschenbild des Grundgesetzes unterscheiden, steht ihrer Anwendung dabei nicht entgegen.[25] Das – sehr viel komplexere und vielschichtigere – Menschenbild des Grundgesetzes dient nämlich nicht der Vorhersage und Erklärung menschlichen Verhaltens, sondern – anders als die Verhaltensmodelle der ökonomischen Theorie – als normatives Leitbild.[26] Da es damit ein grundsätzlich anderes Ziel als die Verhaltensmodelle der ökonomischen Theorie verfolgt, stellt es sich im Hinblick auf die Bestimmung der Folgen rechtlicher Regelungen nicht als Alternative dar.

Die Berechtigung der Rechtsprechung zur Anwendung ökonomischer Verhaltensmodelle folgt aus im Wesentlichen denselben Überlegungen. Da der Gesetzgeber Folgen in der Wirklichkeit auslösen möchte, müssen sich Gerichte bei der Anwendung und Auslegung rechtlicher Regelungen damit beschäftigen, wie diese Folgen erreicht werden können. Im Rahmen der teleologischen Auslegung müssen sie deshalb ermitteln, welche Auslegungsmöglichkeit dem Sinn und Zweck des Gesetzes am besten zur Durchsetzung verhilft.[27] Einwände, die gegen die Folgenermittlung im Rahmen der Auslegung vorgebracht werden,[28] greifen im Ergebnis nicht durch. Insbesondere kann die gerichtliche Folgenermittlung nicht als Verletzung des Grundsatzes der Gewaltenteilung angesehen werden. Da die Folgen verschiedener Auslegungsmöglichkeiten ermittelt werden, um dem Sinn und Zweck des Gesetzes gerecht zu werden, verlässt die gerichtliche Folgenermittlung weder den traditionellen Raum der Rechtsprechung noch verstößt sie gegen die verfassungsrechtlich vorgeschriebene Bindung an das Gesetz.[29] 20

An dieser Einschätzung ändert sich auch nichts dadurch, dass die Rechtsprechung schon heute – und erst recht in absehbarer Zukunft – Vorschriften auszulegen hat, die europäischen Ursprungs sind. Bei der Auslegung europäischen Rechts sind nämlich ebenfalls Sinn und Zweck einer Regelung zu beachten.[30] Tatsächlich kommt der teleologischen Auslegung auf europäischer Ebene sogar eine besonders herausgehobene Bedeutung zu.[31] Ursächlich dafür ist, dass andere Auslegungsmethoden, namentlich die grammatikalische und die historische im europäischen Recht eine geringere Aussagekraft haben als im nationalen Recht. So weichen die verschiedenen – amtlichen – 21

25 A.A. Fezer, JZ 1986, 817, 822; Fezer, JZ 1988, 223, 224.

26 Die Verhaltensmodelle der ökonomischen Theorie treffen demgegenüber keine Aussagen darüber, wie sich Menschen verhalten sollen. Darüber hinaus erheben sie auch nicht den Anspruch, vollständig zu beschreiben, was den Menschen an sich ausmacht.

27 Deckert, Folgenorientierung, S. 87–88; Kirchner, in: Europäische Methodenlehre, S. 132, 139–140; Koch/Rüßmann, Begründungslehre, S. 227–236; van Aaken, Rational Choice, S. 142, 154–155.

28 Siehe zur Kritik an der Folgenorientierung ausführlich Deckert, Folgenorientierung, S. 13–21.

29 So im Ergebnis auch Deckert, Folgenorientierung, S. 21; Eidenmüller, JZ 1999, 53, 57–58.

30 EuGH, 6.10.1982, Rs. 283/81 – Srl C.I.L.F.I.T. und Lanificio di Gavardo S.P.A../. Ministero della Sanita, Slg. 1982, 3415, Rn. 20. Siehe dazu Grundmann/Riesenhuber, JuS 2001, 529, 531–532; Langenbucher, in: Europäisches Privat- und Wirtschaftsrecht, S. 32, Rn. 14; Riesenhuber, in: Europäische Methodenlehre, S. 199, 215–219; Stotz, in: Europäische Methodenlehre, S. 491, 497–499.

31 Riesenhuber, in: Europäische Methodenlehre, S. 199, 220–221.

Sprachfassungen europäischer Regelungen häufig voneinander ab, so dass es keinen eindeutigen Wortlaut gibt. Und wegen des komplizierten europäischen Gesetzgebungsverfahrens und des häufig strittigen Charakters europäischer Rechtsakte, geben die Umstände der Entstehung europäischer Regelungen selten den Ausschlag für eine bestimmte Auslegung.[32] Entscheidend ist deshalb in vielen Fällen der Sinn und Zweck einer bestimmten Vorschrift. Um diesem gerecht werden zu können, müssen Gerichte deshalb wie im deutschen Recht auch zur Ermittlung der Folgen ihrer Urteile berechtigt sein.[33] Dies gilt auch deswegen, weil bei der Auslegung des europäischen Rechts der sogenannte Effektivitätsgrundsatz zu berücksichtigen ist. Dieser verpflichtet alle Einrichtungen der Europäischen Union und der Mitgliedstaaten, den einschlägigen Regelungen praktische Wirksamkeit (**effet utile**) zu verschaffen.[34] Insbesondere verpflichtet er sie, die Durchsetzung des europäischen Rechts nicht praktisch unmöglich zu machen oder übermäßig zu erschweren.[35]

2. Ökonomische Bewertungskriterien[36]

22 Größere Schwierigkeiten als die Anwendung ökonomischer Verhaltensmodelle bereitet die Anwendung ökonomischer Bewertungskriterien, insbesondere des Effizienzkriteriums, auf Grundlage des geltenden Rechts. Tatsächlich steht die Frage, inwiefern sich der Gesetzgeber und die Rechtsprechung an Effizienzüberlegungen orientieren können, dürfen oder sogar müssen, im Mittelpunkt des Streits um die Bedeutung der ökonomischen Analyse des Rechts. Zumindest für das deutsche Recht scheint sich mittlerweile jedoch die Ansicht von *Horst Eidenmüller* durchgesetzt zu haben. Danach stellt sich das Effizienzziel als rechtspolitisches Ziel dar, über dessen Verfolgung allein der Gesetzgeber entscheidet.[37] Begründen lässt sich diese Auffassung damit, dass auf dem Boden des Grundgesetzes allein der Gesetzgeber befugt ist, aus der Vielzahl rechtspolitischer Ziele, das Ziel auszuwählen, das einer bestimmten rechtlichen Regelung oder einem gesamten Rechtsgebiet zugrunde gelegt wird. Allein der Gesetzgeber verfügt auch über die Kompetenz, die Verfahren und die Ressourcen, die für die Ausrichtung rechtlicher Regelungen am Effizienzkriterium nötig sind. Im Rahmen bestimmter verfassungsrechtlicher Grenzen – Willkürverbot, Verhältnismäßigkeitsgrundsatz, Grundrechte – kann er deshalb einzelne Regelungen oder auch ganze Rechtsgebiete am Ziel ökonomischer Effizienz ausrichten.[38] Eine verfassungsrechtliche Verpflichtung dies zu tun, besteht indes nicht. Insbesondere stellt sich die Verfolgung ökonomischer Effizienz weder als Staatszielbestimmung noch als Teil der in den Grundrechten verkörperten fundamentalen und unverzichtbaren Werteordnung dar. Letzteres ergibt sich bereits daraus, dass das Grundgesetz keine Aussage über die Wirtschaftsverfassung der Bundesrepublik Deutschland trifft. Da es den Gesetzgeber folglich nicht auf die freie

32 Grundmann/Riesenhuber, JuS 2001, 529–530; Höpfner/Rüthers, AcP 209 (2009), 1, 13–16; Langenbucher, in: Europäisches Privat- und Wirtschaftsrecht, S. 31–32, Rn. 13.

33 Ähnlich Kirchner, in: Europäische Methodenlehre, S. 132, 137–140.

34 So im Ergebnis auch Eidenmüller, JZ 1999, 53, 58.

35 Siehe zum Beispiel EuGH, 20.9.1990, Rs. C-5/89 – Kommission der Europäischen Gemeinschaft./. Bundesrepublik Deutschland, Slg. 1990, I-3437, Rn. 12.

36 Die nachfolgenden Ausführungen beruhen auf Rühl, Statut und Effizienz, S. 165 ff.

37 Eidenmüller, Effizienz als Rechtsprinzip, S. 414–442. Siehe auch Grundmann, RabelsZ 61 (1997), 423, 452–453; Lieht, Ökonomische Analyse, S. 96–101.

38 Eidenmüller, Effizienz als Rechtsprinzip, S. 443–449.

Marktwirtschaft verpflichtet, lässt sich dem Grundgesetz auch keine Verpflichtung auf das ökonomische Effizienzkriterium entnehmen.[39]

Für die Rechtsprechung, die nach Art. 20 Abs. 3 GG an die Vorgaben des Gesetzgebers gebunden ist, folgt aus diesen Überlegungen, dass eine am Effizienzprinzip orientierte Auslegung in Betracht kommt, wenn dies dem Willen des Gesetzgebers entspricht – etwa weil er eine bestimmte Regelung oder ein ganzes Rechtsgebiet ausdrücklich oder konkludent am Effizienzziel ausgerichtet hat. In diesem Fall ist die Berücksichtigung ökonomischer Effizienz Teil der teleologischen, am Sinn und Zweck des Gesetzes ausgerichteten Auslegung.[40] In Betracht kommt eine Orientierung am Effizienzkriterium aber auch dann, wenn sie sich als zulässige Konkretisierung gesetzlicher Bestimmungen, insbesondere von Generalklauseln und unbestimmten Rechtsbegriffen, darstellt. Denn in diesen Fällen überträgt der Gesetzgeber die Entscheidung auf die Rechtsprechung und ermächtigt sie zur Vornahme der erforderlichen Wertungen. Zu beachten ist allerdings, dass sich die Konkretisierung von Generalklauseln und unbestimmten Rechtsbegriffen mithilfe des Effizienzkriteriums weder gegen den erklärten Willen noch gegen den Wortlaut der in Rede stehenden Bestimmung richten darf. Zu beachten ist außerdem, dass sich das Effizienzkriterium bei der Konkretisierung von Generalklauseln und unbestimmten Rechtsbegriffen regelmäßig nicht als einziger, sondern lediglich als ein Maßstab von vielen darstellen dürfte.[41] 23

Eine ähnliche Rolle wie im deutschen Recht spielt das Effizienzkriterium im europäischen Recht. Da hier ebenfalls streng zwischen Rechtssetzung und Rechtsprechung getrennt werden muss,[42] ist auch hier grundsätzlich nur der Gesetzgeber zur Berücksichtigung des Effizienzkriteriums befugt. Eine Verpflichtung, dies zu tun, trifft ihn dabei aber ebenso wenig wie den deutschen Gesetzgeber. Allerdings ist der europäische Gesetzgeber in stärkerem Maße als der deutsche verpflichtet, Überlegungen zur Effizienz einer rechtlichen Regelung in seine Überlegungen mit einzubeziehen. Der Vertrag über die Europäische Union (EUV)[43] und der Vertrag über die Arbeitsweise der Europäischen Union (AEUV)[44] verhalten sich nämlich im Hinblick auf die Wirtschaftsverfassung der Union – anders als das Grundgesetz – nicht neutral. Vielmehr verpflichten beide Verträge die Europäische Union und damit auch den europäischen Gesetzgeber auf eine vom freien Wettbewerb geprägte Marktwirtschaft. Dies ergibt sich zunächst einmal aus Art. 3 Abs. 2 S. 1 und S. 2 EUV. Danach soll die Europäische Union einen Binnenmarkt errichten und auf eine in hohem Maße wettbewerbsfähige soziale Marktwirtschaft hinwirken. Ergänzend bestimmt Art. 119 Abs. 1 AEUV, dass die Tätigkeit der Europäischen Union im Sinne von Art. 3 Abs. 2 EUV die Einführung einer Wirtschaftspolitik umfasst, die dem Grundsatz einer offenen Marktwirtschaft mit freiem Wettbewerb verpflichtet ist. Und Art. 120 AEUV sieht vor, dass durch das Bekenntnis zur offenen Marktwirtschaft und zum freien Wettbewerb ein effizienter Einsatz von Ressourcen gefördert werden soll, was überwiegend als normativer Auftrag und als 24

39 Siehe dazu ausführlich Eidenmüller, Effizienz als Rechtsprinzip, S. 443–445.

40 Eidenmüller, Effizienz als Rechtsprinzip, S. 454–459. Siehe auch Grundmann, RabelsZ 61 (1997), 423, 452–453.; Grundmann/Riesenhuber, JuS 2001, 529, 532, 552–553.

41 Eidenmüller, Effizienz als Rechtsprinzip, S. 452–454. Siehe auch Grundmann, RabelsZ 61 (1997), 423, 450–452, 452–453; Grundmann/Riesenhuber, JuS 2001, 529, 532; Horn, AcP 176 (1976), 307, 333.

42 Riesenhuber, System und Prinzipien, S. 65–67.

43 Vertrag über die Europäische Union, Abl. EU 2008, C 115/13.

44 Vertrag über die Arbeitsweise der Europäischen Union, ABl. EU 2008, C 115/47.

konkrete Handlungsanweisung angesehen wird.[45] EUV und AEUV machen damit deutlich, dass die Europäische Union grundsätzlich ökonomisch ausgerichtet ist und ökonomische Ziele verfolgt.[46] Gleichzeitig machen beide Verträge deutlich, dass der europäische Gesetzgeber im Rahmen seiner Tätigkeit ökonomische Ziele und insbesondere das Effizienzkriterium berücksichtigen muss.[47]

25 Aus diesem Befund folgt nun allerdings nicht, dass sich der europäische Gesetzgeber ausschließlich an ökonomischen Zielen zu orientieren hat. Zwar ist die Geschichte der europäischen Integration im Wesentlichen eine Geschichte der ökonomischen Integration. Durch den Vertrag von Maastricht und insbesondere durch den Vertrag von Lissabon haben allerdings sozial-, umwelt- und kulturpolitische Ziele Eingang in das europäische Recht gefunden und damit die Gewichte der europäischen Integration verschoben.[48] Deutlich zum Ausdruck kommt dies zunächst einmal in Art. 3 Abs. 3 S. 2 EUV. Danach wird das Bekenntnis zur offenen Marktwirtschaft und zum freien Wettbewerb durch den Hinweis relativiert, dass sich die Europäische Union um eine *soziale* Marktwirtschaft bemühen muss, die unter anderem auf Vollbeschäftigung und sozialen Fortschritt abzielt. Hinzu tritt nach Art. 3 Abs. 3 S. 4, S. 5 und S. 6 EUV – unter anderem – die Förderung sozialer Gerechtigkeit, die Verwirklichung der Gleichstellung von Frauen und Männern, die Förderung des wirtschaftlichen, sozialen und territorialen Zusammenhalts der Mitgliedstaaten sowie die Bewahrung des Reichtums ihrer kulturellen und sprachlichen Vielfalt. Ökonomische Ziele stellen sich vor diesem Hintergrund lediglich als eines von mehreren Zielen dar, die der europäische Gesetzgeber im Rahmen seiner Tätigkeit zu beachten hat. Eine Verpflichtung, Rechtsakte allein und ausschließlich am Ziel ökonomischer Effizienz auszurichten, besteht deshalb nicht. Allerdings hat der europäische Gesetzgeber ökonomische Ziele in besonders starker Weise zu berücksichtigen.[49]

26 Für die Auslegung des europäischen Rechts durch die Rechtsprechung folgt daraus, dass eine Berücksichtigung von Effizienzüberlegungen im Rahmen der teleologischen Auslegung in Betracht kommt, wenn der europäische Gesetzgeber im Hinblick auf einen konkreten Rechtsakt oder eine konkrete Vorschrift – beispielsweise in der Präambel oder in den Erwägungsgründen – zum Ausdruck bringt, dass es ihm um die Förderung ökonomischer Effizienz geht.[50] Die Anforderungen an entsprechende Äußerungen des europäischen Gesetzgebers sind dabei allerdings nicht zu hoch zu stecken. Insbesondere sollte nicht verlangt werden, dass der europäische Gesetzgeber einen bestimmten Rechtsakt oder eine bestimmte Vorschrift ausdrücklich am Effizienzziel orientiert.[51] Ausreichend muss vielmehr sein, dass sich im konkreten Fall mit hinreichender Sicherheit feststellen lässt, dass es dem europäischen Gesetzgeber zumindest auch

45 Calliess/Ruffert/Häde Art. 120 AEUV Rn. 4; Streinz/Kempen Art. 120 AEUV Rn. 4; Geiger/Khan/Kotzur/Khan Art. 120 AEUV Rn. 3–4. Anderer Ansicht Grabitz/Hilf/Nettesheim/Bandilla, Art. 120 AEUV, Rn. 13.

46 Franck, in: Europäische Methodenlehre, S. 70, 77–80; Kirchner, in: Europäische Methodenlehre, S. 132, 137–138.

47 Franck, in: Europäische Methodenlehre, S. 70, 77–80; Kirchner, in: Europäische Methodenlehre, S. 132, 137–138.

48 Streinz/Pechstein Art. 3 EUV Rn. 1; Calliess/Ruffert/Ruffert Art. 3 EUV Rn. 6; Grabitz/Hilf/Nettesheim/Terhechte Art. 3 EUV Rn. 2. Siehe auch Franck, in: Europäische Methodenlehre, S. 70.

49 Calliess/Ruffert/Ruffert Art. 3 EUV Rn. 6 („Präponderanz des Ökonomischen"); Franck, in: Europäische Methodenlehre, S. 70, 77–80; Grundmann/Riesenhuber, JuS 2001, 529, 532–533. Anderer Ansicht wohl Geiger/Khan/Kotzur/Geiger Art. 3 EUV Rn. 2.

50 Franck, in: Europäische Methodenlehre, S. 70, 90–91; Grundmann, RabelsZ 61 (1997), 423, 434–437, 452–453; Grundmann/Riesenhuber, JuS 2001, 529, 532–533.

51 Grundmann, RabelsZ 61 (1997), 423, 452–453; Grundmann/Riesenhuber, JuS 2001, 529, 532–533.

um Effizienz geht. Dies ist beispielsweise der Fall, wenn er betont, dass ein bestimmter Rechtsakt oder eine bestimmte Vorschrift der Verwirklichung des Binnenmarkts, der Förderung des Wettbewerbs oder der Integration der mitgliedsstaatlichen Märkte dient. Denn damit soll stets der Austausch von Gütern und Rechten innerhalb der Europäischen Union gefördert werden, was gleichbedeutend ist mit der Förderung von Effizienz.

C. Vertiefung

Die gerade vorgestellten Konzepte der ökonomischen Theorie entbehren nicht einer gewissen Abstraktheit. Deshalb stellt sich die Frage, was sie für die Anwendung und Ausgestaltung konkreter rechtlicher Regelungen, insbesondere für die Anwendung und Ausgestaltung des Privatrechts bedeuten? Die Antwort findet sich im rechtspolitischen Programm der ökonomischen Analyse des Rechts, das in seinem analytischen Ausgangspunkt auf das – nach dem englischen Ökonomen *Ronald Coase* benannte – Coase-Theorem zurückgeht.[52] Es besagt, dass die anfänglich durch die Rechtsordnung vorgenommene Allokation von Rechtspositionen auf ihre langfristige Allokation keinen Einfluss hat, wenn ihre Übertragung keine Transaktionskosten verursacht.[53] Nach Auffassung der ökonomischen Theorie wissen rationale Parteien nämlich besser als Dritte – insbesondere Gesetzgeber oder Gerichte – was sie wollen und wie sie ihren Nutzen maximieren. Sie werden deshalb stets danach streben, Rechtspositionen in effizienter Weise zuzuordnen: Weist die Rechtsordnung eine bestimmte Rechtsposition beispielsweise der Partei A zu und schätzt die Partei B diese Rechtsposition mehr als A, dann werden sich A und B vertraglich darauf einigen, dass A die Rechtsposition auf B überträgt und B dafür entschädigt. Weist die Rechtsordnung demgegenüber die in Rede stehende Rechtsposition bereits von Anfang an B zu, werden die Parteien nichts weiter unternehmen. Da B in beiden Fällen in den Genuss der Rechtsposition kommt, hat ihre *ursprüngliche* Allokation keinen Einfluss auf ihre *langfristige* Allokation. 27

Für die Ausgestaltung des Rechts folgt aus dem Coase-Theorem zweierlei: Erstens, es sollte die Parteien grundsätzlich gewähren lassen und privatautonome Vereinbarungen ermöglichen.[54] Zweitens, es sollte nur dann lenkend eingreifen, wenn privatautonome Vereinbarungen unmöglich sind oder scheitern, weil die mit ihnen einhergehenden Transaktionskosten zu hoch sind, oder wenn parteiautonome Vereinbarungen keine effizienten Ergebnisse hervorbringen, weil der Markt versagt.[55] Im Folgenden wird das damit skizzierte rechtspolitische Programm der ökonomischen Analyse des Rechts anhand von zwei Beispielen aus dem Vertrags- und Deliktsrecht näher beleuchtet. Gleichzeitig wird dargelegt, wie ökonomische Verhaltensmodelle und Bewertungskriterien in rechtlichen Zusammenhängen fruchtbar gemacht werden können. Dabei darf allerdings nicht vergessen werden, dass die tatsächliche Berücksichtigung durch die oben beschriebenen institutionellen Anwendungsbedingungen begrenzt ist. 28

52 Grundlegend Coase, J. L. & Eco. 3 (1961), 1 ff.
53 Cooter/Ulen, Law and Economics, S. 81–86; Eidenmüller, Effizienz als Rechtsprinzip, S. 59–63; Kirchner, Ökonomische Theorie, S. 21–23; Posner, Economic Analysis, S. 50–55; Schäfer/Ott, Ökonomische Analyse, S. 72–75; Shavell, Foundations of Economic Analysis of Law, S 83–87; Veljanovski, Economic Principles, S. 41–53; Voigt, Institutionenökonomik, S. 55, 56–61.
54 Behrens, Ökonomische Grundlagen, S. 13–15; Eidenmüller, Effizienz als Rechtsprinzip, S. 63–64.
55 Cooter/Ulen, Law and Economics, S. 91–94; Eidenmüller, Effizienz als Rechtsprinzip, S. 64–68; Schäfer/Ott, Ökonomische Analyse, S. 78–85, 423–429.

I. Der Schutz des Verbrauchers im Vertragsrecht

29 Das Vertragsrecht geht vom Grundsatz der Vertragsfreiheit aus. In Übereinstimmung mit der Forderung des Coase-Theorems, privatautonome Vereinbarungen zu ermöglichen, dürfen die Parteien ihre Angelegenheiten deshalb grundsätzlich selbst regeln. Ausnahmen finden sich allerdings bei Verbraucherverträgen. Hier wird die Vertragsfreiheit zum Schutz des Verbrauchers eingeschränkt. Zur Rechtfertigung wird in der juristischen Literatur regelmäßig geltend gemacht, dass der Verbraucher die „schwächere" Partei sei. Er könne seine Interessen in Vertragsverhandlungen nicht durchsetzen, weil er seinem Vertragspartner, dem Unternehmer, strukturell unterlegen sei (**inequality of bargaining power**).[56] In der ökonomischen Theorie wird diese Begründung für den Schutz des Verbrauchers seit *George L. Priest* als „Ausbeutungstheorie" (**exploitation theory**) bezeichnet.[57] Durchgesetzt hat sie sich allerdings nicht. Soweit die ökonomische Theorie entgegen der grundsätzlichen Forderung des Coase-Theorems eine Einschränkung der Vertragsfreiheit befürwortet, wird im Anschluss an *George A. Akerlof* auf das Vorliegen eines Marktversagens in Form von Informationsasymmetrien verwiesen.[58]

1. Marktversagen und Informationsasymmetrien

30 Informationsasymmetrien liegen vor, wenn eine Vertragspartei besser über die Qualität des angebotenen Produkts informiert ist als die andere Partei und wenn sich die schlechter informierte Partei die fehlenden Informationen nicht – oder nur mit unverhältnismäßigem Aufwand – besorgen kann.[59] Sie finden sich insbesondere bei Verbraucherverträgen, da der Unternehmer typischerweise mehr über das von ihm angebotene Produkt weiß als der Verbraucher. Bei den angebotenen Produkten handelt es sich nämlich in der Regel nicht um Suchgüter (search goods) oder Inspektionsgüter (inspection goods), deren Qualität der Verbraucher durch eine einfache Untersuchung im Vorfeld feststellen kann. Vielmehr geht es bei Verbraucherverträgen regelmäßig um Erfahrungsgüter (experience goods) oder Vertrauensgüter (credence goods), die einer Qualitätsbewertung wenn überhaupt erst nach Vertragsschluss zugänglich sind.[60] Dieser Umstand wiederum begründet aus Sicht der ökonomischen Theorie die Gefahr einer negativen Produktauslese, die zu einer von Akerlof anschaulich beschriebenen Spirale

56 Siehe zum Ganzen Beale, Oxford J. Leg. Stud. 6 (1986), 123–136; Galbraith, New Industrial State, S. 213–220; Kessler, Colum. L. Rev. 43 (1943), 629, 632, 640–641; Thal, Oxford J. Leg. Stud. 8 (1988), 17–33; siehe außerdem die Darstellungen bei Dauner-Lieb, Verbraucherschutz, S. 109–145 und Drexl, Selbstbestimmung, S. 29–43.

57 Priest, Yale L. J. 90 (1981), 1297, 1299–1302.

58 Beales/Craswell/Salop, J. L. & Econ. 24 (1981), 491, 501–513; Cayne/Trebilcock, U. Toronto L. J. 23 (1973), 396, 405–407; Hadfield/Howse/Trebilcock, J. Consum. Pol. 21 (1998), 131, 140, 141–145; Schäfer/Ott, Ökonomische Analyse, S. 370–374; Shapiro, ZStWiss 139 (1983), 527–529; Wein, in: Party Autonomy and the Role of Information in the Internal Market, S. 80 ff.; siehe außerdem die ausführliche Darstellung bei Fleischer, Informationsasymmetrien, S. 203–208.

59 Cooter/Ulen, Law and Economics, S. 41–42; Hermalin/Katz/Craswell, in: Handbook of Law and Economics, S. 3, 34–39; Schäfer/Ott, Ökonomische Analyse, S. 80–81; Trebilcock, Limits of Freedom of Contract, S. 58; Wein, in: Party Autonomy and the Role of Information in the Internal Market, S. 80, 81–85; Veljanovski, Economic Principles, S. 40–41.

60 Wein, in: Party Autonomy and the Role of Information in the Internal Market, S. 80, 83–85; siehe zur Unterscheidung von Suchgütern, Erfahrungsgütern und Vertrauensgütern Darby/Karni, J. L. & Econ. 16 (1973), 67, 68–72 und Nelson, J. Pol. Econ. 78 (1970), 311, 312–318.

nach unten führen kann (adverse selection).[61] Ausschlaggebend dafür ist, dass die Anbieter hochwertiger Produkte im Falle von Informationsasymmetrien die gleichen Preise verlangen müssen wie die Anbieter geringwertiger Produkte. Kann der Verbraucher die Qualität und die Eigenschaften des angebotenen Produkts vor Vertragsschluss nicht einschätzen, kann er also hochwertige Produkte im Vorfeld nicht von geringwertigen Produkten unterscheiden, wird er nämlich nicht bereit sein, einen hohen Preis zu zahlen. Da er damit rechnen muss, für einen hohen Preis lediglich ein Produkt durchschnittlicher Qualität zu erwerben, wird er tatsächlich nur zur Zahlung eines Preises bereit sein, der dem Preis für ein durchschnittliches Produkt entspricht. Da dieser Preis allerdings unter dem Preis eines hochwertigen Produkts liegt, werden Anbieter hochwertiger Produkte gezwungen, ihre Preise zu senken, was sie nur können, wenn sie gleichzeitig die Qualität senken. Tun sie dies nicht, werden sie aus dem Markt gedrängt. In dem einen wie dem anderen Fall setzt demnach eine Spirale nach unten ein, die im schlimmsten Fall dazu führen kann, dass die in Rede stehenden Produkte nicht mehr am Markt angeboten werden. Verhindert werden kann eine entsprechende Entwicklung aus ökonomischer Sicht zum einen durch die Selbstheilungskräfte des Marktes und zum anderen durch die Einschränkung der Vertragsfreiheit.

2. Screening und Signaling

Der Markt kann mithilfe von zwei verschiedenen Regelungsmechanismen der von Akerlof beschriebenen Spirale nach unten entgegenwirken.[62] Zum einen kann der Verbraucher – beispielsweise durch eigene Recherchen im Internet oder durch die Befragung Dritter – versuchen, mehr Informationen über das angebotene Produkt zu erhalten (screening). Zum anderen kann der Unternehmer Qualitätssignale aussenden, die dem Verbraucher gestatten, von einem zu beobachtenden Signal auf die nicht zu erkennende Qualität des Produkts zu schließen (signaling). Wichtige Signale in diesem Sinne sind beispielsweise vertragliche Garantien, denn das Gewähren einer Garantie ist mit Kosten verbunden, die Anbieter geringwertiger Produkte nicht tragen können, da sie damit rechnen müssen, häufig aus der Garantie in Anspruch genommen zu werden. Wird ein Produkt mit einer vertraglichen Garantie angeboten, kann der Verbraucher folglich davon ausgehen, dass es sich um ein hochwertiges Produkt handelt. 31

3. Informationspflichten und zwingendes Recht

Soweit der Markt nicht in der Lage ist, Informationsasymmetrien auszugleichen, ist aus Sicht der ökonomischen Theorie ein lenkendes Eingreifen des Rechts durch Einschränkung der Vertragsfreiheit erforderlich. Auch hier stehen dem Grunde nach zwei Regelungsmechanismen zur Verfügung: erstens, die Etablierung von Informationspflichten und zweitens, die Beschränkung der inhaltlichen Gestaltungsfreiheit durch (halb-) zwingendes Recht. Favorisiert wird von ökonomischer Seite die Etablierung 32

61 Akerlof, Quart. J. Econ. 84 (1970), 488 ff.; siehe dazu ausführlich Carlton/Perloff, Industrial Organization, S. 467–470; Fleischer, Informationsasymmetrien, S. 121–123; Veljanovski, Economic Principles, S. 40–41, 117.

62 Fleischer, Informationsasymmetrien, S. 123–126; Grundmann, in: Vereinheitlichung und Diversität des Zivilrechts in transnationalen Wirtschaftsräumen, S. 283, 297; Wein, in: Party Autonomy and the Role of Information in the Internal Market, S. 80, 85–91; siehe außerdem Carlton/Perloff, Industrial Organization, S. 470–472.

von Informationspflichten.[63] Sie spielen insbesondere im europäischen Recht,[64] eine wichtige Rolle und streben die Beseitigung des informationellen Ungleichgewichts an, ohne die inhaltliche Gestaltungsfreiheit der Parteien einzuschränken. Deren Möglichkeiten zur autonomen Regelung ihrer Vertragsbeziehung bleiben vollständig erhalten, was wiederum die Wahrscheinlichkeit erhöht, dass Verträge geschlossen werden, die den Präferenzen der Parteien entsprechen und die deshalb im ökonomischen Sinne effizient sind. Die Einschränkung der inhaltlichen Gestaltungsfreiheit durch (halb-) zwingendes Recht stellt sich demgegenüber aus Sicht der ökonomischen Theorie nur als **ultima ratio** dar, wenn die Etablierung von Informationspflichten das angestrebte Ziel nicht erreichen kann.[65] Die Tatsache, dass insbesondere im Verbraucherschutzrecht europäischer Prägung die Etablierung von Aufklärungspflichten dominiert, ist vor diesem Hintergrund grundsätzlich zu begrüßen.[66]

II. Die Haftung für Schäden im Deliktsrecht

33 Anders als im Vertragsrecht sind privatautonome Vereinbarungen im Deliktsrecht eher selten. Sie scheitern aus ökonomischer Sicht an zu hohen Transaktionskosten, weil sich die Parteien vor Eintritt des schädigenden Ereignisses in der Regel nicht kennen. Da die Forderung des Coase-Theorems, privatautonome Vereinbarungen zu ermöglichen, daher nicht erfüllt werden kann, ist das Recht gefragt. Ihm kommt nach der im juristischen Schrifttum überwiegend vertretenen Ansicht eine doppelte Aufgabe zu: erstens, Vermeidung von Schäden und zweitens, Entschädigung des Opfers. Aus Sicht der ökonomischen Theorie stellt sich die Situation demgegenüber etwas anders dar. Ihr zufolge hat das Deliktsrecht vornehmlich die Aufgabe, durch die Setzung entsprechender Anreize das Verhalten der Parteien so zu beeinflussen, dass Schäden verhindert werden, deren Verhinderung effizient im Sinne des Kaldor-Hicks-Kriteriums ist.[67] Das Deliktsrecht dient der Vermeidung von Schäden folglich nur insoweit, als die zu diesem Zwecke aufzuwendenden Kosten insgesamt geringer sind als der erwartete Nutzen. Und es dient der Entschädigung des Opfers nur insoweit, als diese den Schädiger vermittelt über das Kosten-Nutzen-Kalkül dazu bringt, optimale Maßnahmen zur Vermeidung von Schäden zu ergreifen. Wann die Vermeidung von Schäden effizient im Sinne des Kaldor-Hicks-Kriteriums ist, hängt einerseits vom optimalen Sorgfaltsniveau und andererseits vom optimalen Aktivitätsniveau ab.

---

63 Beales/Craswell/Salop, J. L. & Econ. 24 (1981), 491, 513–514; Grundmann/Kerber/Weatherill, in: Party Autonomy and the Role of Information in the Internal Market, S. 3, 7, 10–12; Grundmann, in: Vereinheitlichung und Diversität des Zivilrechts in transnationalen Wirtschaftsräumen, S. 283, 297–298.

64 Siehe zum Beispiel Art. 6 der Verbraucherrechterichtlinie (RL 2011/83/EU, ABl. EU 2011, L 304/64, geändert durch RL 2019/2161/EU, ABl. EU 2019, L 328/7), Art. 3 der Finanzdienstleistungsrichtlinie (RL Nr. 65/2002, ABl. EG 2002, L 271/16, geändert durch RL 2015/2366/EU, ABl. EU 2015, L 337/35) und Art. 4 der Timesharingrichtlinie (RL 2008/122/EU, ABl. EU 2009, L 33/10); Art. 10 und 11 der Richtlinie über Wohnimmobilienkreditverträge für Verbraucher (RL 2014/17/EU, ABl. EU 2014, L 60/34); Art. 5 ff. der Verordnung über Basisinformationsblätter für verpackte Anlageprodukte für Kleinanleger und Versicherungsanlageprodukte (PRIIP) (VO 1286/2014, ABl. 2014, L 352/1).

65 Beales/Craswell/Salop, J. L. & Econ. 24 (1981), 491, 513–514; Grundmann/Kerber/Weatherill, in: Party Autonomy and the Role of Information in the Internal Market, S. 3, 7, 10–12; Grundmann, in: Vereinheitlichung und Diversität des Zivilrechts in transnationalen Wirtschaftsräumen, S. 283, 302–305.

66 Als problematisch kann sich allerdings aus ökonomischer Sicht die Flut der Informationen darstellen, über die der Unternehmer den Verbraucher aufklären muss. Siehe dazu ausführlich Rehberg, in: Ökonomische Analyse der europäischen Zivilrechtsentwicklung, S. 284 ff.

67 Cooter/Ulen, Law and Economics, S. 199–201; Kötz/Wagner, Deliktsrecht, S. 30–32; Schäfer/Ott, Ökonomische Analyse, S. 153–154.

1. Sorgfaltsniveau und Verschuldenshaftung

Das Konzept des Sorgfaltsniveaus gewinnt immer dann Bedeutung, wenn es um das „Wie" menschlichen Verhaltens geht. Es fragt danach, welche Vorsichtsmaßnahmen Menschen ergreifen und welche Sorgfalt sie walten lassen müssen, um Schäden zu vermeiden. Die ökonomische Theorie hat darauf im Grundsatz eine einfache Antwort parat: Menschen müssen das „optimale Sorgfaltsniveau" einhalten, indem sie die Vorsichtsmaßnahmen ergreifen, die die geringsten Gesamtkosten – bestehend aus den zu erwartenden Schäden (Schadenskosten) und den Kosten der Vorsichtsmaßnahme (Vermeidungskosten) – nach sich ziehen (**Learned-Hand-Formel**).[68] 34

Verdeutlichen lässt sich dies am besten anhand eines Beispiels:[69] Angenommen ein Unternehmer geht einer Tätigkeit nach, die mit Gefahren für einen Dritten verbunden sind. Verwirklichen sich diese Gefahren, erleidet der Dritte einen Schaden in Höhe von 1.000,00 EUR. Der Schaden lässt sich verringern, wenn der Unternehmer Vorsichtsmaßnahmen ergreift. Das Ausmaß der Verringerung hängt von der Art und dem Umfang der Vorsichtsmaßnahmen ab: Vorsichtsmaßnahme 1 kostet 100,00 EUR und verringert den Schaden auf 700,00 EUR. Vorsichtsmaßnahme 2 kostet 200,00 EUR und führt zu einem Schaden von 500,00 EUR. Vorsichtsmaßnahme 3 beläuft sich auf 300,00 EUR und zieht einen Schaden von 450,00 EUR nach sich. Angenommen der Schaden tritt in jedem Fall ein, so dass sich die Vorsichtsmaßnahmen lediglich auf die Höhe des Schadens auswirken, dann belaufen sich die Gesamtkosten bei Vorsichtsmaßnahme 1 auf 800,00 EUR, bei Vorsichtsmaßnahme 2 auf 700,00 EUR und bei Vorsichtsmaßnahme 3 auf 750,00 EUR. Die Gesamtkosten sind damit bei Vorsichtsmaßnahme 2 am niedrigsten. 35

Aus ökonomischer Sicht sollte das Recht deshalb so ausgestaltet werden, dass der Unternehmer Vorsichtsmaßnahme 2 ergreift. Erreichen lässt sich dies dadurch, dass das Recht die deliktische Haftung als Verschuldenshaftung ausgestaltet und vom Vorliegen schuldhaften Handelns ausgeht, wenn der Schädiger weniger als 200,00 EUR für Vorsichtsmaßnahmen ausgibt.[70] Als rational handelndes Individuum wird der Unternehmer dann genau 200,00 EUR investieren, um eine Schadensersatzpflicht zu vermeiden. Da die meisten Rechtsordnungen die deliktische Haftung in der einen oder anderen Form vom Verschulden des Schädigers abhängig machen, befinden sie sich vor diesem Hintergrund aus ökonomischer Sicht auf dem richtigen Weg. Defizite gibt es allerdings, wenn es um die Anwendung des Verschuldenskriteriums in der Praxis geht. Denn Gerichte stellen häufig keine Überlegungen zu den Kosten und zum Nutzen verschiedener Vorsichtsmaßnahmen an.[71] 36

2. Aktivitätsniveau und Gefährdungshaftung

Das Konzept des Sorgfaltsniveaus wird durch das Konzept des Aktivitätsniveaus ergänzt. Es beschäftigt sich mit der Frage, ob und in welchem Umfang einer potenziell 37

68 Die Bezeichnung geht auf den US-amerikanischen Richter Learned Hand zurück. Er setzte Gesamtkosten, Schadenskosten und Vermeidungskosten in der Entscheidung United States v. Carroll Towing Co., 159 F.2d 169, 173 (2d Cir. 1947) erstmals in der genannten Weise zu einander in Beziehung. Siehe dazu Cooter/Ulen, Law and Economics, S. 213–217.

69 Ähnliche Beispiele finden sich bei Kötz/Wagner, Deliktsrecht, S. 32–33, Rn. 65–68; Schäfer/Ott, Ökonomische Analyse, S. 212–214.

70 Cooter/Ulen, Law and Economics, S. 205–207; Kötz/Wagner, Deliktsrecht, S. 33–34, Rn. 69–70; Posner, J. Leg. Stud. 1 (1972), 29, 32–34; Schäfer/Ott, Ökonomische Analyse, S. 210–214.

71 So im Hinblick auf die Rechtsprechung des BGH Kötz/Schäfer, Judex oeconomicus, S. 3–16.

schädigenden Tätigkeit nachgegangen werden sollte, und gewinnt immer dann Bedeutung, wenn der zu erwartende Schaden auch von der Häufigkeit einer Tätigkeit abhängt. Um die Gesamtkosten aus Schadenskosten und Vermeidungskosten gering zu halten, reicht es dann nicht aus, den Schädiger zur Einhaltung der optimalen Sorgfalt im oben beschriebenen Sinne zu veranlassen. Vielmehr muss das Recht außerdem versuchen, den Schädiger – neben der Optimierung des Sorgfaltsniveaus – zur Optimierung seines Aktivitätsniveaus anzuhalten, und zwar indem es den Schädiger dazu bringt, seiner potenziell schädigenden Tätigkeit nur dann nachzugehen, wenn der daraus resultierende Nutzen die mit ihr einhergehenden Kosten übersteigt.[72]

38 Regelungstechnisch lässt sich auf ein optimales Aktivitätsniveau allerdings ungleich schwerer hinwirken als auf die Optimierung des Sorgfaltsniveaus. Wie soll der Gesetzgeber oder ein Gericht feststellen, ob ein Autofahrer, unter Kosten-Nutzen-Gesichtspunkten zu viele Kilometer gefahren ist? Die Verschuldenshaftung, die mithilfe der oben angestellten Überlegungen dafür sorgen kann, dass der potenzielle Schädiger das optimale Sorgfaltsniveau einhält, stößt hier an ihre Grenzen, da sie den Blick allein auf die (einzelne) schädigende Handlung richtet.[73] Angenommen in dem oben beschriebenen Beispiel kann sich der Unternehmer aussuchen, ob er der schädigenden Tätigkeit einmal, zweimal oder dreimal nachgeht. Und angenommen, dass der Unternehmer den bei jedem Mal zu erwartenden Schaden durch Vorsichtsmaßnahme 2 mit einem Einsatz von 200,00 EUR auf 500,00 EUR begrenzen kann, während sein Nutzen bei jeden Mal ein wenig abnimmt und bei einmaliger Tätigkeit (Aktivitätsniveau 1) insgesamt 1.000,00 EUR, bei zweimaliger Tätigkeit (Aktivitätsniveau 2) insgesamt 1.900,00 EUR und bei dreimaliger Tätigkeit (Aktivitätsniveau 3) insgesamt 2.500,00 EUR beträgt. Dann beläuft sich der Gesamtnutzen – bestehend aus dem Nutzen des Unternehmers abzüglich der anfallenden Kosten für Vorsichtsmaßnahmen und Schäden – bei Aktivitätsniveau 1 auf 300,00 EUR, bei Aktivitätsniveau 2 auf 500,00 EUR und bei Aktivitätsniveau 3 auf 400,00 EUR. Unter Effizienzgesichtspunkten, sollte der Unternehmer deshalb Aktivitätsniveau 2 wählen. Da er den bei jedem Handeln entstehenden Schaden in Höhe von 500,00 EUR allerdings nicht tragen muss, wenn er sorgfältig im oben beschriebenen Sinne handelt, indem er Vorsichtsmaßnahme 2 ergreift, macht er den größten Gewinn, wenn er der Tätigkeit dreimal nachgeht.

39 Will das Recht den Unternehmer dazu bewegen, Aktivitätsniveau 2 zu wählen, muss es ihn deshalb auch dann zum Schadensersatz verpflichten, wenn er sorgfältig gehandelt und Vorsichtsmaßnahme 2 ergriffen hat. Dies gelingt, indem die deliktische Haftung nicht als Verschuldenshaftung, sondern als Gefährdungshaftung ausgestaltet wird. Da der Unternehmer dann nicht nur die Kosten der Vorsichtsmaßnahme, sondern auch den zu erwartenden Schaden in sein Kalkül einbeziehen muss, wird er sich nämlich überlegen, ob der mit einer Tätigkeit einhergehende Nutzen die zu erwartenden Kosten übersteigt. In dem oben genannten Beispiel wird er sich dann von allein entscheiden, der schädigenden Tätigkeit lediglich zweimal nachzugehen und damit das aus ökonomischer Sicht wünschenswerte Verhalten an den Tag zu legen. Mithilfe ökonomischer Überlegungen lässt sich folglich rechtfertigen, dass meisten Rechtsordnungen im Hinblick auf besonders gefahrgeneigte Tätigkeiten – wie beispielsweise das Führen eines

72 Cooter/Ulen, Law and Economics, S. 211–213; Kötz/Wagner, Deliktsrecht, S. 34–37, Rn. 72–74 und 203–206, Rn. 498–508; Schäfer/Ott, Ökonomische Analyse, S. 155–157.

73 Cooter/Ulen, Law and Economics, S. 211–212; Kötz/Wagner, Deliktsrecht, S. 204–206, Rn. 503–508; Schäfer/Ott, Ökonomische Analyse, S. 202.

Kraftfahrzeugs, den Betrieb eines Kernkraftwerks oder die Unterhaltung einer Eisenbahn – vom Grundsatz der Verschuldenshaftung abweichen und den Schädiger allein aufgrund der Wahrnehmung der Tätigkeit haften lassen.

Wiederholungs- und Vertiefungsfragen 40

1. Was ist das Anliegen der ökonomischen Analyse des Rechts?
2. Wie können ökonomische Überlegungen für das Recht fruchtbar gemacht werden?
3. Wozu dienen die verschiedenen ökonomischen Verhaltensmodelle?
4. Welche Rolle spielt das Effizienzkriterium und wodurch zeichnet es sich aus?
5. Wer darf im geltenden Recht ökonomische Überlegungen heranziehen?
6. Welchen Grenzen unterliegt die Anwendung des Effizienzkriteriums im geltenden Recht?
7. Wie wird die Einschränkung der Vertragsfreiheit bei Verbraucherverträgen aus ökonomischer Sicht gerechtfertigt?
8. Wie ist der Verbraucher aus ökonomischer Sicht am besten zu schützen?
9. Wie bestimmt sich im Deliktsrecht aus ökonomischer Sicht der optimale Sorgfaltsstandard?
10. Warum bedarf es im Deliktsrecht aus ökonomischer Sicht einer Gefährdungshaftung?

Literaturempfehlungen:

Aufsätze: Eidenmüller, Rechtswissenschaft und Realwissenschaft, JZ 1999, 53 ff.; Kirchner, Ökonomische Theorie des Rechts, 1997; Müller, Ökonomische Theorie des Rechts, in: Buckel/Christensen/Fischer-Lescano (Hrsg.), Neue Theorien des Rechts, 3. Aufl. 2020, 351 ff.; Ott/Schäfer, Die ökonomische Analyse des Rechts – Irrweg oder Chance wissenschaftlicher Rechtserkenntnis?, JZ 1988, 213 ff.; Schwintowski, Ökonomische Theorie des Rechts, JZ 1998, 581 ff. **Lehrbücher:** Adams, Ökonomische Theorie des Rechts, 2. Aufl. 2004; Cooter/Ulen, Law and Economics, 6. Aufl. 2012; Polinsky, An Introduction to Law and Economics, 5. Aufl. 2018; Posner, Economic Analysis of Law, 9. Aufl. 2014; Schäfer/Ott, Lehrbuch der ökonomischen Analyse des Zivilrechts, 5. Aufl. 2012; Shavell, Foundations of Economic Analysis of Law, 2004; Towfigh/Petersen et al, Ökonomische Methoden im Recht, 2. Aufl. 2017; Towfigh/Petersen (Hrsg.), Economic Methods for Lawyers, 2015; Veljanovski, Economic Principles of Law, 2007. **Handbücher und Nachschlagewerke:** Newman (Hrsg.), The New Palgrave Dictionary of Economics and the Law, Band I-III, 1998; Bouckart/de Geest (Hrsg.), Encyclopedia of Law and Economics, Band I-V, 2000; Parisi (Hrsg.), The Oxford Handbook of Law and Economics, Band 1–3, 2017; Polinsky/Shavell (Hrsg.), Handbook of Law and Economics, Band I-II, 2007; Zamir/Teichman (Hrsg.), The Oxford Handbook of Behavioural Economics and the Law, 2014. 41

Literaturverzeichnis:

Akerlof, The Market for "Lemons": Quality Uncertainty and the Market Mechanism, Quart. J. Econ. 84 (1970), 488 ff.; Arlen, Comment: The Future of Behavioral Analysis of Law, Vand. L. Rev. 51 (1998), 1765 ff.; Bar-Gill, Seduction by Plastic, Northwestern U. L. Rev. 98 (2004), 1373 ff.; Beale, Inequality of Bargaining Power, Oxford J. Leg. Stud. 6 (1986), 123 ff.; Beales/Craswell/Salop, The Efficient Regulation of Consumer Information, J. L. & Econ. 24 (1981), 491 ff.; Behrens, Die ökonomischen Grundlagen des Rechts. Politische Ökonomie als rationale Jurisprudenz, 1986; Brown/Plache, Paying with Plastic: Maybe Not so Crazy?, U. Chi. L. Rev. 73 (2006), 63 ff.; Calabresi, Some Thoughts on Risk Distribution and the Law of Torts, Yale L. J. 70 (1961), 499 ff.; Calliess/Ruffert, EUV/AEUV. Das Verfassungsrecht der Europäischen Union mit Europäischer Grundrechtecharta, 5. Aufl. 2016; Camerer, Wanting, Liking and Learning: Neuroscience and Paternalism, U. Chi. L. Rev. 73 (2006), 87 ff.; ders./Issacharoff/Loewenstein/O'Dono- 42 ghue/Rabin, Regulation for Conservatives: Behavioral Economics and the Case for Asymmetric Paternalism, U. Pa. L. Rev. 151 (2003), 1211 ff.; Carlton/Perloff, Modern Industrial Organization, 4. Aufl. 2016; Cayne/Trebilcock, Market Considerations in the Formulation of Consumer Protection Policy, U. Toronto L. J. 23 (1973), 396 ff.; Coase, The Problem of Social Cost, J. L. & Econ. 3 (1960), 1 ff.; Cooter/Ulen, Law and Economics, 6. Aufl. 2012; Craswell, Contract Law: General Theories, in: Bouckaert/De Geest (Hrsg.), Encyclopedia of Law and Economics, Band III, 2000, S. 1 ff.; Darby/Karni, Free Competition and the Optimal Amount of Fraud, J. L. & Econ. 16 (1973), 67 ff.; Dau-Schmidt/Brun, Lost in Translation: The Economic Analysis of Law in the United States and Europe, Colum. J. Transnat'l L. 44 (2006), 602 ff.; Dauner-Lieb, Verbraucherschutz durch Ausbildung eines Sonderprivatrechts für Verbraucher. Systemkonforme Weiterentwicklung oder Schrittmacher der Systemveränderung?, 1983; Deckert, Folgenorientierung in der Rechtsanwendung, 1995; dies., Effizienz als Kriterium der Rechtsanwendung, Rechtstheorie 26 (1995), 117 ff.; Della Vigna/Malmendier, Contract Design and Self-Control: Theory and Evidence, Quart. J. Econ. 119 (2004), 353 ff.; Drexl, Die wirtschaftliche Selbstbestimmung des Verbrauchers, 1998; Eidenmüller, Rechtswissenschaft und Realwissenschaft, JZ 1999, 53 ff.; ders., Effizienz als Rechtsprinzip. Möglichkeiten und Grenzen der ökonomischen Theorie des Rechts, 4. Aufl. 2015; ders., Der homo oeconomicus und das Schuldrecht. Herausforderungen durch Behavioral Law and Economics, JZ 2005, 216 ff.; Engel, Verhaltenswissenschaftliche Analyse, in: ders./Englerth /Lüdemann/Spiecker genannt Döhmann (Hrsg.), Recht und Verhalten. Beiträge zu Behavioral Law and Economics, 2007, S. 363 ff.; Englerth, Behavioral Law and Economics – eine kritische Einführung, in: Engel/ders./Lüdemann/Spiecker genannt Döhmann (Hrsg.), Recht und Verhalten. Beiträge zu Behavioral Law and Economics, 2007, S. 60 ff.; Epstein, Behavioral Economics: Human Errors and Market Corrections, U. Chi. L. Rev. 73 (2006), 111 ff.; Fezer, Aspekte einer Rechtskritik an der economic analysis of law und am property rights approach, JZ 1986, 817 ff.; ders., Nochmals: Kritik an der ökonomischen Analyse des Rechts, JZ 1988, 223 ff.; Fleischer, Informationsasymmetrien im Vertragsrecht. Eine rechtsvergleichende und interdisziplinäre Abhandlung zu Reichweite und Grenzen vertragsschlussbezogener Aufklärungspflichten, 2001; Franck, Vom Wert ökonomischer Argumente bei Gesetzgebung und Rechtsfindung für den Binnenmarkt, in: Riesenhuber (Hrsg.), Europäische Methodenlehre. Handbuch für Ausbildung und Praxis, 3. Aufl. 2015, S. 70 ff.; Galbraith, The New Industrial State, 2. Aufl. 1971; Geiger/Khan/Kotzur, EUV/AEUV. Vertrag über die Europäische Union und Vertrag über die Arbeitsweise der Europäischen Union, 6. Aufl. 2017; Grabitz/Hilf/Nettesheim, Das Recht der Europäischen Union, 69. Ergänzungslieferung 2020; Gross/Souleles, Do Liquidity Constraints and Interest Rates Matter for Consumer Behavior? Evidence from Credit Card Data, Quart. J. Econ. 117 (2002), 149 ff.; Grundmann, Methodenpluralismus als Aufgabe. Zur Legalität von ökonomischen und rechtsethischen Argumenten in Auslegung und Rechtsanwendung, RabelsZ 61 (1997), 423 ff.; Grundmann, Europäisches Verbrauchervertragsrecht im Spiegel der ökonomischen Theorie – Vertragsinformationsrecht im Binnenmarkt, in: Schäfer/Ott (Hrsg.), Vereinheitlichung und Diversität des Zivilrechts in transnationalen Wirtschaftsräumen, 2003, S. 283 ff.; Grundmann/Riesenhuber, Die Auslegung des europäischen Privat- und Schuldvertragsrecht, JuS 2001, 529 ff.; Hadfield/Howse/Trebilcock, Information-Based Principles for Rethinking Consumer Protection Policy, J. Consum. Pol. 21 (1998), 131 ff.; Hermalin/Katz/Craswell, Contract Law, in: Polinsky/Shavell (Hrsg.), Handbook of Law and Economics, Band I, 2007, S. 3 ff.; Hicks, Foundations of Welfare Economics, Econ. J. 49 (1939), 696 ff.; Höpfner/Rüthers, Grundlagen einer europäischen Methodenlehre, AcP 209 (2009), 1 ff.; Horn, Zur ökonomischen Rationalität des Privatrechts – Die privatrechtstheoretische Verwertbarkeit der „Economic Analysis of Law", AcP 176 (1976), 307 ff.; Jolls/Sunstein/Thaler, A Behavioral Approach to Law and Economics, Stan. L. Rev. 50 (1998), 1471 ff.; Jolls/Sunstein, Debiasing through Law, J. Leg. Stud. 35 (2006), 199 ff.; Kaldor, Welfare Propositions of Economists and Interpersonal Comparisons of Utility, Econ. J. 49 (1939), 549 ff.; Kessler, Contracts of Adhesion: Some Thoughts About Freedom of Contract, Colum. L. Rev. 43 (1943), 629 ff.; Kirchgässner, Homo Oeconomicus. Das ökonomische Modell individuellen Verhaltens und seine Anwendung in den Wirtschafts- und Sozialwissenschaften, 4. Aufl. 2013; Kirchner, The Difficult Reception of Law and Economics in Germany,

Int'l Rev. L. & Econ. 11 (1991), 277 ff.; ders., Ökonomische Theorie des Rechts, 1997; ders., Die ökonomische Theorie, in: Riesenhuber (Hrsg.), Europäische Methodenlehre. Handbuch für Ausbildung und Praxis, 2. Aufl. 2010, S. 132 ff.; Kirstein, Law and Economics in Germany, in: Bouckaert/De Geest (Hrsg.), Encyclopedia of Law and Economics, Band I, 2000, S. 160 ff.; Klein/Wright, The Economics of Slotting Contracts, J. L. & Econ. 50 (2007), 421 ff.; Koch/Rüßmann, Juristische Begründungslehre – Eine Einführung in Grundprobleme der Rechtswissenschaft, 1982; Korobkin/Ulen, Law and Behavioral Science: Removing the Rationality Assumption from Law and Economics, Cal. L. Rev. 88 (2000), 1051 ff.; Kötz/Schäfer, Judex oeconomicus, 2003; Kötz/Wagner, Deliktsrecht, 13 Aufl. 2016; Langenbucher, Europarechtliche Methodenlehre, in: dies. (Hrsg.), Europäisches Privat- und Wirtschaftsrecht, 4. Aufl. 2017, S. 1 ff.; Langevoort, Behavioral Theories of Judgment and Decision Making in Legal Scholarship: A Literature Review, Vand. L. Rev. 51 (1998), 1499 ff.; Lieht, Die ökonomische Analyse des Rechts im Spiegelbild klassischer Argumentationsrestriktionen des Rechts und seiner Methodenlehre, 2006; List, Does the Market Experience Eliminate Market Anomalies?, Quart. J. Econ. 118 (2003), 41 ff.; ders., Neoclassical Theory Versus Prospect Theory: Evidence From the Marketplace, Econometrica 72 (2004), 615 ff.; Lüdemann, Die Grenzen des homo oeconomicus und die Rechtswissenschaft, in: Engel/Englerth/Lüdemann/Spiecker genannt Döhmann (Hrsg.), Recht und Verhalten. Beiträge zu Behavioral Law and Economics, 2007, S. 7 ff.; Mackaay, History of Law and Economics, in: Bouckaert/De Geest (Hrsg.), Encyclopedia of Law and Economics, Band I, 2000, S. 65 ff.; Mathis, Effizienz statt Gerechtigkeit? Auf der Suche nach den philosophischen Grundlagen der Ökonomischen Analyse des Rechts, 4 Aufl. 2019; Meier/Sprenger, Present-Biased Preferences and Credit Card Borrowing, Am. Econ. J. (Appl. Econ.) 2 (2010), 193 ff.; Miravete, Choosing the Wrong Calling Plan? Ignorance and Learning, Am. Econ. Rev. 93 (2003), 297 ff.; Nelson, Information and Consumer Behavior, J. Pol. Econ. 78 (1970), 311 ff.; Ott/Schäfer, Die ökonomische Analyse des Rechts – Irrweg oder Chance wissenschaftlicher Rechtserkenntnis?, JZ 1988, 213 ff.; Posner, Economic Analysis of Law, 9. Aufl. 2014; ders., Rational Choice, Behavioral Economics, and the Law, Stan. L. Rev. 50 (1998), 1551 ff.; ders., A Theory of Negligence, J. Leg. Stud. 1 (1972), 29 ff.; Priest, A Theory of the Consumer Product Warranty, Yale L. J. 90 (1981), 1297 ff.; Rabin, Psychology and Economics, J. Econ. Lit. 36 (1998), 11 ff.; Rachlinski, The Uncertain Psychological Case for Paternalism, Northwestern U. L. Rev. 97 (2003), 1165 ff.; Rehberg, Der staatliche Umgang mit Information. Das europäische Informationsmodell im Lichte von Behavioral Law and Economics, in: Eger/Schäfer (Hrsg.), Ökonomische Analyse der europäischen Zivilrechtsentwicklung, 2007, S. 284 ff.; Riesenhuber, System und Prinzipien des Europäischen Vertragsrecht, 2003; Riesenhuber, Die Auslegung, in: ders. (Hrsg.), Europäische Methodenlehre. Handbuch für Ausbildung und Praxis, 3. Aufl. 2015, S. 199 ff.; Rühl, Statut und Effizienz, 2011; Schäfer/Ott, Lehrbuch der ökonomischen Analyse des Zivilrechts, 5. Aufl. 2012; Shapiro, Consumer Protection Policy in the United States, ZStWiss 139 (1983), 527 ff.; Shavell, Foundations of Economic Analysis of Law, 2004; Shavell, Liability for Accidents, in: Polinsky/Shavell (Hrsg.), Handbook of Law and Economics, Band I, 2007, S. 139 ff.; Stotz, Die Rechtsprechung des EuGH, in: Riesenhuber (Hrsg.), Europäische Methodenlehre. Handbuch für Ausbildung und Praxis, 3. Aufl. 2015, S. 491 ff.; Streinz, EUV/AEUV. Vertrag über die Europäische Union und Vertrag über die Arbeitsweise der Europäischen Union, 2. Aufl. 2012; Sunstein, Behavioral Law and Economics: A Progress Report, Am. L. & Econ. Rev. 1 (1999), 115 ff.; ders., Cognition and Cost-Benefit Analysis, J. Leg. Stud. 29 (2000), 1059 ff.; ders./Thaler, Libertarian Paternalism Is Not an Oxymoron, U. Chi. L. Rev. 70 (2003), 1169 ff.; Thal, The Inequality of Bargaining Power Doctrine: The Problem of Defining Contractual Unfairness, Oxford J. Leg. Stud. 8 (1988), 17 ff.; Thaler/Sunstein, Nudge: Improving Decisions about Health, Wealth, and Happiness, 2008; Trebilcock, The Limits of Freedom of Contract, 1993; Ulen, Behavioral Law and Economics: An Introduction, in: Altman (Hrsg.), Handbook of Contemporary Behavioral Economics. Foundations and Developments, 2006, S. 671 ff.; van Aaken, „Rational Choice" in der Rechtswissenschaft, 2003; dies., Das deliberative Element juristischer Verfahren als Instrument zur Überwindung nachteiliger Verhaltensanomalien. Ein Plädoyer für die Einbeziehung diskursiver Elemente in die Verhaltensökonomik des Rechts, in: Engel/Englerth/Lüdemann/Spiecker genannt Döhmann (Hrsg.),

Recht und Verhalten. Beiträge zu Behavioral Law and Economics, 2007, S. 189 ff.; dies., Begrenzte Rationalität und Paternalismusgefahr: Das Prinzip des schonendsten Paternalismus, in: Anderheiden/Bürkli/Heinig/Kirste/Seelman (Hrsg.), Paternalismus und Recht. In Memoriam Angela Augustin (1968–2004), 2006, S. 109 ff.; Veljanovski, Economic Principles of Law, 2007; Voigt, Institutionenökonomik, 2. Aufl. 2009; Wein, Information Problems and Market Failure: The Perspective of Economics, in: Grundmann/Kerber/Weatherill (Hrsg.), Party Autonomy and the Role of Information in the Internal Market, 2001, S. 80 ff.; Wright, Behavioral Law and Economics, Paternalism and Consumer Contracts: An Empirical Perspective, N.Y.U. J. Law & Lib. 2 (2007), 470 ff.

Teil 5 Neuere Grundlagenfächer

§ 13 Recht und Sprache

Markus Thiel

"As everybody knows,
Western Law is spun on the loom of language,
not entirely, but to a considerable extent"
Bernhard Großfeld

A. Einführung – „Recht und Sprache" als Forschungsgebiet

I. Recht und Sprache als Kulturelemente

Recht und Sprache sind Kulturelemente und als solche eng miteinander verwoben. 1
Sprache dient als Zeichensystem, als „Code", den „Denk-, Erkenntnis- und sozialen Handlungsprozessen der Menschen".[1] Sie wird von Mitgliedern der jeweiligen Sprachgruppe im Wege von Kommunikationsvorgängen anderen Menschen vermittelt und stetig weiter entwickelt; häufig unter Modifikationen der „Standardsprache", etwa durch eine Mundart oder durch die Ausprägung von Gruppensprachen wie der jugendlichen Umgangssprache oder auch der Fachsprache der Juristen. Sprache ist selbst innerhalb solcher Gruppen etwas sehr Individuelles: In den Sprachwissenschaften ist anerkannt, dass die Sprachkompetenz zweier beliebiger Kommunikationsteilnehmer niemals völlig deckungsgleich sein kann. Auch deshalb sind alle historischen Versuche des Staates, Sprache zu reglementieren und in ein normatives Korsett zu zwängen, weitgehend erfolglos geblieben. Mit der Sprachvielfalt hat die Rechtsordnung als mit etwas Vorgegebenem „zu leben".

Sprachliche Differenzen bezüglich rechtlich relevanter Situationen manifestieren sich 2
dabei auf verschiedenen Ebenen: Im juristischen „Kleinraum", z.B. zwischen Vertragsparteien[2] oder in den komplexen Verhältnissen von Normgebern,[3] Rechtsanwendern[4] und Rechtsunterworfenen. „Wer die Geschichte erzählt, dem gehört sie" – dies gilt häufig auch in Rechtskonflikten im Verhältnis zwischen dem jeweils „Sprachkundigeren" zu seinem Gegenüber. Doch auch im über- und zwischenstaatlichen Bereich füh-

1 Oksaar, ZG 3 (1989), 210, 211. – Unterschiede im sprachwissenschaftlichen Verständnis der Sprache – „externalistisch" im Sinne einer Gesamtheit der Äußerungen, linguistischen Formen, sprachlichen Handlungen und Praktiken im sozialen Leben, „internalistisch" im Sinne einer „Kompetenz des menschlichen Geistes", die „wesentlich durch angeborene mentale Strukturen determiniert ist" – bleiben im Folgenden außer Betracht; vgl. dazu Mahlmann, in: Lerch (Hrsg.), Die Sprache des Rechts, Bd. 3, S. 209 ff., insb. S. 226 ff. mit Bezügen zur Rechtswissenschaft. – Instruktiv zum Verhältnis von Sprache und Recht Eppler, Kavalleriepferde beim Hornsignal; ferner die Beiträge in Bäcker/Klatt/Zucca-Soest (Hrsg.), Sprache – Recht – Gesellschaft; Ebke/Kirchhof/Mincke (Hrsg.), Sprache und Recht – Recht und Sprache.

2 Zur Problematik der Sprache in privatrechtlichen Rechtsbeziehungen s. auch Flessner, ZEuP 2018, 729 ff. – zum Europäischen Privatrecht; zur Klageerhebung in nichtdeutscher Sprache Schoenfeld, EFG 2017, 936 f.

3 Dazu Vogel, in: Felder/Vogel (Hrsg.), Handbuch Sprache im Recht, 2017, S. 349 ff. – zur Sprache im Gesetzgebungsverfahren und in der Normgenese.

4 Zur Pflicht zur Übersetzung von Sprachbefehlen an sprachunkundige Beschuldigte vgl. EuGH, NJW 2018, 142 ff.

ren Sprachunterschiede zu potenziellen (und von den Recht setzenden Organen zu antizipierenden) Konflikten, wie etwa die Diskussionen und Probleme im Zusammenhang mit den Amtssprachen der Europäischen Union veranschaulichen.[5]

3 Auch das Recht ist eine soziale bzw. kulturelle Erscheinung und Einrichtung (§ 15 Rn 8). Die grundlegenden Werte und Leitlinien unserer Gemeinwesen sind im (Verfassungs-)Gesetz und seinen Rechtstexten verkörpert. Normative Regelungen geben vor, wie gesellschaftliche Konflikte zu lösen sind, und statuieren zu diesem Zweck etwa Ge- oder Verbote, aber auch Vorgaben für das Verfahren zur Konfliktbewältigung (z.B. durch das Prozessrecht) oder lediglich Leitlinien, Zielvorgaben, Auslegungshilfen oder „soft law“. Sprachliche Differenzierungen ermöglichen hierbei ganz unterschiedliche Wirkungsmechanismen von Rechtsnormen.

II. Die Bedeutung der Sprache im Recht

4 Die „geistige Realität des Rechts“ lebt in der Sprache „als Rechtssatz und Rechtsspruch“ (*Erik Wolf*, 1902–1977).[6] Recht wird gesprochen und muss (aus-)gesprochen werden,[7] es ist die Rede von Rechts*sprechung*, von *Spruch*reife und *Spruch*körpern. Geschriebenes wie gesprochenes Recht richtet sich stets an Adressaten. Nur so können seine normativen Ge- und Verbote und sonstige Regelungen zugleich kundbar, verständlich und wirksam gemacht werden. Verfehlt wäre indes die Annahme, Recht könne (allein) in (Gesetzes-)Texten niedergelegt, kommuniziert und konserviert werden. Denn es „lebt“ auch durch die Rechtsanwendung im Einzelfall, die u.a. von der juristischen Expertise des jeweiligen Rechtsanwenders abhängig ist.[8] Nicht nur kodifiziertes Recht ist wirkendes Recht. Der Rechtstext ist umgekehrt nicht bloßer „Behälter der Rechtsnorm“, sondern „Durchzugsgebiet konkurrierender Interpretationen“.[9] Normen, die im Gesetzestext unklar formuliert sind, deren rechtlicher Gehalt aber fest in der juristischen Alltagspraxis verwurzelt ist, können ihre Wirkungen losgelöst von der textlichen Vorgabe,[10] ja sogar gegen den Wortlaut, also contra legem, entfalten. Freilich ist in der Gegenwart selbst das Gewohnheitsrecht in Judikaten schriftlich dokumentiert, so dass Recht heute ganz überwiegend ein sprachlich verfasstes und schriftlich niedergelegtes ist.

5 Recht wirkt durch Sprache, Recht reguliert mittels Sprache, Recht existiert nur mit der Sprache.[11] Worte sind Werkzeug und Werkstoff des Juristen zugleich. Die Rechtswissenschaft ist daher als eine „Wortwissenschaft“ bezeichnet worden.[12] Dies ist verkür-

5 Vgl. etwa Bruha/Seeler (Hrsg.), Die Europäische Union und ihre Sprachen; Baumann, in: Festschrift f. R. Zäch, S. 15 ff. – Die auch praktische Bedeutung dieses Gebietes zeigen etwa die inzwischen angebotenen Studiengänge der „Europäischen Rechtslinguistik“.

6 Wolf, Recht des Nächsten, 2. Aufl., S. 28 unter Bezug auf das „weisende Wort Gottes“.

7 De Giorgi, in: Die Sprache des Rechts, Bd. 1, S. 69, 71.

8 Zu weitgehend Somek, in: Die Sprache des Rechts, Bd. 1, S. 413 ff.: Recht „muss (...) von Experten gewusst werden. Andernfalls würde es nicht gewusst“; zur Kritik an „konventionalistischen“ Deutungsmodellen des Rechts s. § 10 Rn 17.

9 Müller/Christensen/Sokolowski, Rechtstext und Textarbeit.

10 Vgl. Hoffmann, in: Rechtskultur als Sprachkultur, S. 122.

11 Kirchhof, in: Jahrbuch der Akademie der Wissenschaften zu Göttingen 2009, S. 205: „Recht lebt in der Sprache“; zu einer juristischen „Sprachhandlungslehre“ vgl. Felder, in: Felder/Vogel (Hrsg.), Handbuch Sprache im Recht, 2017, S. 45 ff.

12 Diese Einordnung wird häufig Hermann Kantorowicz zugeschrieben; vgl. aber Kantorowicz, 43 The Yale Law Journal 8 (1934), 1240, 1245: „If I myself have rejected the old conception of legal science as that of a Wortwissenschaft, I have meant that the words of the Law must not be considered in the way the professional word scholar, the philologist, considers them.“.

zend, weil es dem Rechtsanwender regelmäßig nicht um das **Wort** des Rechtstextes als solches zu tun sein wird, sondern um die Freilegung des von diesem transportierten **normativen Gehalts**. Die Sprache ist das **Medium des Rechts** (und zugleich einer der Hauptschauplätze des juristischen Diskurses), der Rechtstext aber nicht sein originärer Geltungsgrund. Letzteres anzunehmen und damit zugleich die Norm für jeglichen Inhalt zu öffnen,[13] ist einer der Fehler des überwundenen (reinen) Rechtspositivismus (§ 2 Rn 27 ff.). Dies führt auf ein in der Rechtsphilosophie diskutiertes Grundproblem zurück: Ist „Recht" als Gegenstand der Rechtswissenschaften der Gehalt von Rechtstexten, wie er von Adressaten und Anwendern (verschieden) interpretiert wird, oder ein über die subjektive Erkenntnis einschließlich ihrer Schwierigkeiten hinaus reichender Kanon von Regeln, die „offenbart, verkündet oder erkannt" werden müssen?[14] Unabhängig von dieser Frage gilt: Das Recht „schwimmt wie ein Fisch im Element der Sprache".[15] Diese Erkenntnis ist freilich weder neu noch überraschend; insgesamt ist die „Einsicht in die Sprachlichkeit der Welt (...) kaum mehr geeignet, Erstaunen hervorzurufen".[16]

Ist damit Sprache gleichsam vorrechtliche tatsächliche Gegebenheit, zugleich aber Medium und Funktionsbedingung des Rechts, dieses aber seinerseits zur Ordnung des nicht allein kollidierender Interessen, sondern auch der sprachlichen Differenzen wegen konfliktreichen Gemeinwesens berufen (und nur in dieser Funktion zu legitimieren), so verwundert es nicht, dass das Verhältnis von Recht und Sprache seit jeher ein problematisches ist: Der Gesetzgeber soll normative Vorgaben erlassen, die für die Rechtsunterworfenen in sprachlicher Hinsicht zu verstehen und inhaltlich nachvollziehbar sind, so dass wenn schon nicht Zustimmung hervorgerufen,[17] so doch rechtstreues Verhalten veranlasst wird. Richterinnen und Richter haben Entscheidungen zu treffen, die sowohl auf allgemeingültigen gesetzlichen Vorgaben beruhen als auch von den Parteien verstanden werden können. Weil Unwissenheit nicht vor Strafe schützt, sind an die „Wissensvermittlung" durch Rechtsnormen besondere Anforderungen zu stellen. Bei der Anwendung und Kommunikation des Rechts durch das Medium der Sprache entstehen zwangsläufig „Reibungsverluste". Unzählige, wenn nicht die meisten Rechtsstreitigkeiten setzen bei der Frage an, auf welche Weise der Wortlaut einer bestimmten Rechtsnorm im konkreten Fall zu deuten ist. Alles in allem: „Wenn die Rechtswissenschaft auf die Sprachwissenschaft trifft, wird es ernst".[18] 6

III. „Recht und Sprache" als wissenschaftliche Disziplin

Die wissenschaftliche Befassung mit dem Themenkomplex „Recht und Sprache" hat – wie viele Forschungsgebiete im Schnittfeld verschiedener Disziplinen („law and ...") – ihren Ursprung im US-amerikanischen Rechtskreis.[19] Von sprachwissenschaftlicher Seite nähert sich die sog. Rechtslinguistik[20] (flankiert von der eher philosophisch aus- 7

13 Vgl. die „reine" Rechtslehre Hans Kelsens: „Es gibt kein menschliches Verhalten, das als solches, kraft seines Gehalts, ausgeschlossen wäre, Inhalt einer Rechtsnorm zu sein"; ders., Reine Rechtslehre, 2. Aufl., S. 201.

14 Vgl. Seibert, in: Semiotik, Teilbd. 3, S. 2847.

15 Colneric, in: Law and Language – Recht und Sprache, S. 15.

16 Lahusen, Rechtsgeschichte 2006, 189, 192.

17 Einen Sonderfall bildet die Vorstellung eines „Verfassungspatriotismus", s. dazu Müller, Constitutional Patriotism.

18 Krauth, in: Die Sprache des Rechts, Bd. 1, S. 205 ff.

19 Eingehend und insbesondere hinsichtlich der Einordnung als eigene Disziplin sehr kritisch Posner, Law and Literature, 3. Aufl.

20 Vgl. etwa Busse, Recht als Text.

gerichteten Semiotik und der Semantik des Rechts)[21] den Fragestellungen, teilweise unter Entwicklung einer „Sprachhandlungslehre“ des Rechts.[22] Aus rechtswissenschaftlicher Sicht sind vor allem die Methodenlehre, die Rechtstheorie und die Rechtsvergleichung beteiligt. Eine eigene „Disziplin“ hat sich dabei allen Bestrebungen einer interdisziplinären Vernetzung zum Trotz allerdings (noch immer) nicht ausgeprägt[23] – vielleicht, weil das Problemfeld jedenfalls mit Blick auf seine praktische Nutzanwendung doch eher überschaubar bleibt und im Kern Aspekte der sprachlichen Verständlichkeit und Komplexität von Rechtstexten einschließt. Soweit die Einordnung von Auslegungs- und Abwägungsvorgängen im Zusammenhang mit sprachlich unklaren oder mehrdeutigen juristischen Texten in Frage steht, dürfte dies außerdem dem „Krongut“ der Rechtswissenschaften zuzurechnen sein. Ferner gerät man bei linguistischer Annäherung an Rechtstexte in die Gefahr, die juristische Textarbeit als bloßen Erkenntnisvorgang zu betrachten und die Rechtsnorm als – etwa vom Richter – im Normtext lediglich zu „findenden“, „frei zu legenden“ Gehalt zu verstehen; die Funktion der Rechtsprechung, auch rechtsfortbildend und rechtsschöpferisch tätig zu werden, bliebe bei einer solchen Deutung jedenfalls „unterbelichtet“. Zahlreiche Probleme der Rechtslinguistik führen schließlich auf allgemeine rechtsphilosophische Fragen zurück, wie sich beispielsweise an der Kontroverse zwischen *Herbert L. A. Hart* (1907–1992) und *Ronald M. Dworkin* (1931–2013) zeigt, die – cum grano salis – um Harts rechtspositivistische Lehre entbrannt ist und damit zwangsläufig auch Aspekte der sprachlichen Fassung des Rechts einbezieht. Kritiker bezweifeln daher die Notwendigkeit und damit die Existenzberechtigung einer eigenen Forschungsdisziplin; um ein eigenes „Grundlagen**fach**“ zu bilden, fehlt es trotz eines unüberschaubaren Schrifttums zu Einzelfragen[24] nach wie vor an systembildenden Arbeiten, wenngleich das wissenschaftliche Interesse seit einigen Jahren erkennbar zunimmt. Eine gewisse praktische Bedeutung erlangt die Rechtslinguistik immerhin (dann mitunter als „forensische Linguistik“ bezeichnet) im Zusammenhang mit der sprachlichen Analyse von Zeugenaussagen, der Zuordnung juristischer Schriftstücke („Erpresserbriefe“) oder auch der Bestimmung der ethnischen Herkunft von Asylbewerbern.[25]

8 Ein weiterer Aspekt des Themenkomplexes „Recht und Sprache“ betrifft die Besonderheiten der Fachsprache im Rahmen der universitären rechtswissenschaftlichen Ausbildung. Die in der juristischen Fallbearbeitung verwendete Sprache ist nicht „schön“, wie auch lesenswerte „Gesetzesprosa“ selten ist und etwa in Gedichtform abgefasste

21 Semantik ist die Lehre von der Bedeutung der Zeichen; zur Semantik des Rechts Busse, Juristische Semantik. Unter Semiotik versteht man – allgemeiner und die Semantik insoweit als Teildisziplin einschließend – die Wissenschaft von den Zeichen; zur (hier nicht näher behandelten) Rechtssemiotik als Teildisziplin der Rechtsphilosophie und -soziologie eingehend Seibert, Zeichen. Prozesse. Grenzgänge zur Semiotik des Rechts; s. auch Seibert, in: Felder/Vogel (Hrsg.), Handbuch Sprache im Recht, 2017, S. 3 ff. – zur Semiotik im Recht; Busse, ebd., S. 22 ff. – zur Semantik im Recht.

22 Vgl. etwa Felder, in: Felder/Vogel (Hrsg.), Handbuch Sprache im Recht, 2017, S. 45 ff.

23 S. aber die sehr umfangreiche Bibliographie von Sprecher, Literatur und Recht. Eine Bibliographie für Leser.

24 Vgl. Sprecher, Literatur und Recht. Eine Bibliographie für Leser.

25 Instruktiv zu einigen dieser Aspekte die Beiträge in Grewendorf (Hrsg.), Rechtskultur als Sprachkultur.

Gerichtsurteile[26] oder Übungsfälle[27] zwar amüsant sind, mitunter aber belächelt oder als unangebracht oder gar ungültig bewertet werden.[28]

Das im englischsprachigen Raum als **law and literature** bezeichnete, teils als eigenständig, teils als Element von law and language verstandene Forschungsgebiet schließt (neben der Beschäftigung mit den verblüffend zahlreichen „Dichterjuristen", ihren Werken und den Ursachen und Umständen ihrer Schaffenskraft) einerseits die literarische Darstellung rechtlich relevanter Vorgänge ein, vor allem (spektakulärer) Gerichtsprozesse, und fragt andererseits nach der **literarischen Qualität juristischer Texte.** Ein rechtsdogmatischer Ertrag lässt sich aus derartigen Untersuchungen zwar schwerlich gewinnen; immerhin aber vermitteln literarische Schilderungen (historischer oder erdachter) Prozesse und Streitfälle wichtige Erkenntnisse über Rechtsordnung und Rechtspflege der jeweiligen Epoche und des jeweiligen Rechtskreises – insoweit können sie bedeutsame Quellen für die rechtsgeschichtlichen Disziplinen und die (historische) Rechtsvergleichung darstellen. 9

Dieser Beitrag greift nach einem knappen Überblick über die wenigen rechtlichen Regelungen bezüglich der Sprache (B. I.) die genannten drei Bereiche exemplarisch aus dem weiten, teils höchst „kultivierten", teils noch völlig unerschlossenen Feld „Recht und Sprache" heraus und beleuchtet zunächst die Problematik der juristischen Fachsprache, insbesondere der Verständlichkeit und Komplexität des Rechts (B. II.). Sodann wird auf die Bedeutung der Sprache in der juristischen Ausbildung hingewiesen (B. III.). Und schließlich sollen Beispiele für den Themenkreis law and literature präsentiert werden, die wegen der Fülle literarischer Werke mit juristischen Bezügen und der umfangsmäßigen Grenzen eines Grundlagenlesebuchs weniger als „Kanon" denn als Anregung für ein „Weiterlesen" zu verstehen sein sollen (C.). 10

B. Problemkreise von Recht und Sprache

I. Das Recht der Sprache

Die Rechtsordnung zeigt sich mit unmittelbar sprachbezogenen Bestimmungen recht sparsam.[29] Verbindliche Festlegungen auf eine „Amtssprache" finden sich in den Verfassungen des Bundes und der Länder nicht.[30] Auf einfachgesetzlicher Ebene erklärt § 184 S. 1 GVG die deutsche Sprache zur Gerichtssprache, § 23 I VwVfG zur Amts- 11

26 Beispielhaft genannt seien: der „Oldenburger Schweinemast-Fall" (AG Oldenburg, abgedr. bei Beaumont, NJW 1989, 372); der „Kuhfall" (AG Northeim, NJW 1996, 1144 f.); ferner ArbG Detmold, NJW 2008, 782 f. (sexuelle Handlungen in einer Glücksspielbar); AG Höxter, NJW 1996, 1162 f. (Trunkenheitsfahrt); LG Frankfurt, NJW 1982, 650 f. (über eine Mahnung in Versform); lesenswert auch das in „Anlehnung" an das Frühhochdeutsche verfasste Urteil des AG Schöneberg, NJW 1990, 1972 f., sowie einer der „Klassiker" der humorvollen Urteilsfindung (allerdings nicht im Versmaß), der „Brauereipferd"-Fall des AG Köln, NJW 1986, 1266 ff. – Zahlreiche weitere Nachw. bei Günther (Hrsg.), BGB in Reimen.

27 Etwa bei Braun, JuS 1994, 221 ff.

28 Vgl. auch Beaumont, NJW 1990, 1969 ff. – Das OLG Karlsruhe (NJW 1990, 2009 ff.) hat entschieden, dass die Abfassung eines Urteils in Knittelversen, die sich sachlich mit den der Urteilsfindung zugrundeliegenden Tatsachen und Erwägungen auseinandersetzen, nicht gegen Grundprinzipien der verfassungsmäßigen Ordnung verstößt. Das LArbG Hamm (Urt. v. 21.2.2008, 8 Sa 1736/07) hält die Abfassung eines Urteils in Reimform jedenfalls dann für einen Verstoß gegen Verfahrensvorschriften, wenn hierdurch eine der Parteien in ihrer Würde verletzt und das Ansehen der staatlichen Gerichte beeinträchtigt wird.

29 Texte können Straftatbestände erfüllen, vgl. Ehrhardt, in: Felder/Vogel (Hrsg.), Handbuch Sprache im Recht, 2017, S. 547 ff.

30 Gelegentlich gibt es auf Bundes- und Landesebene politische Vorstöße zu einer verfassungsrechtlichen Verankerung. – In Frankreich zielt das bekannte Loi Toubon („Loi relative à l'emploi de la langue française" v. 4.8.1994) durch Anordnung der Verwendung der französischen Sprache in verschiedenen Bereichen, etwa

sprache.[31] Im Rahmen von Gerichtsverfahren besteht eine Pflicht zur Hinzuziehung eines Dolmetschers, wenn unter Beteiligung von Personen verhandelt wird, die der deutschen Sprache nicht mächtig sind.[32]

12 Art. 3 III GG untersagt eine **Benachteiligung oder Bevorzugung „wegen" der Sprache.** Verschiedene Verfassungen in Bundesländern mit größeren ethnischen Minderheiten enthalten Vorschriften, die deren kulturelle Identität gewährleisten bzw. ihren Schutz anordnen; den Gruppen wird etwa ein Recht auf Bewahrung und Förderung der eigenen Sprache im öffentlichen Leben und ihre Vermittlung in Schulen und Kindergärten zugebilligt (Art. 25 III LVerf Bbg, Art. 6 I 2 LVerf Sachsen: Sorben; vgl. auch Art. 5 II 2 LVerf S-H: nationale dänische Minderheit, friesische Volksgruppe). Um Aspekte der Diskriminierung „durch" die Sprache drehen sich der Themenkomplex der gendergerechten Sprache mit den zu ihr geführten heftigen Kontroversen ebenso wie die aktuelle Diskussion der allgemein aus diskrimierender Sprache erwachsenden Probleme.[33]

II. „Verständlichkeit" des Rechts

1. Die juristische Fachsprache

13 Für den Juristen ist es wegen der zuvor skizzierten Relevanz der Sprache im und für das Recht von besonderer Bedeutung, gewandt, sorgfältig und sicher mit ihr umzugehen – dies gilt für die Fachsprache, deren Finessen beherrscht werden müssen, ebenso wie für die Alltagssprache.

14 Die **juristische Fachsprache** schafft – im Verbund mit Auslegung und dogmatischen Modifikationen – Differenzierungen, die nicht Fachkundigen nur selten geläufig sind: Z.B. wird der Ausdruck „eine Sache kaufen" vom Laien in der Alltagssprache zur Bezeichnung eines Gesamtvorgangs verwendet, der bei detaillierter juristischer Betrachtung meist aus drei Rechtsgeschäften besteht (Verpflichtungsgeschäft – der eigentliche „Kauf", Übereignung der Ware und Übereignung des Geldes). Dass „Eigentum" im Sinne von Art. 14 I GG verfassungsrechtlich etwa auch das Besitzrecht des Mieters schützt, wird man demjenigen Laien, dem man soeben den sachenrechtlichen Unterschied zwischen Eigentum und Besitz dargelegt hat, nur schwerlich verständlich machen können. Ähnliches gilt für den Begriff der „Wohnung" gemäß Art. 13 GG, der nach h.M. auch Betriebs- und Geschäftsräume einschließt.

15 Den Ursachen dieser Verständnisschwierigkeiten nachzugehen und Lösungsansätze zu entwickeln, ist eine der Aufgaben der **(Rechts-)Linguistik.**[34] Sie beschreibt verschiedene, als negativ bewertete Eigenschaften der Gesetzes- bzw. Rechtssprache, neben der Inkongruenz mit der Alltagssprache etwa die Komplexität des Satzbaus und der Darstellungsweise sowie eine übermäßige Verwendung passiver Verbformen und Haupt-

---

der Produktwerbung, auf den Schutz der Verbraucher ab. Der ursprüngliche Entwurf schrieb sogar eine Verwendung staatlicherseits verordneter Wortschöpfungen für Lehnwörter (etwa im Technikbereich) vor.

31 Zur deutschen Sprache als „Kommunikationssprache" gegenüber einem ausländischen Unternehmen (hier: Facebook) OLG Düsseldorf, CR 2020, 262 f.

32 Etwa § 185 I 1 GVG. – Zur Problematik einer „Herrschaft des Dolmetschers" v. Münch, NJW 2002, 1995, 1998; s. auch Aden, ZRP 2011, 120.

33 Vorstöße zur Behebung solcher Diskriminierungen setzen z.B. an Produkt- und Straßennamen an, machen aber auch vor literarischen Figuren (etwa in Kinderbüchern) nicht halt.

34 S. die Beiträge in Müller/Wimmer (Hrsg.), Neue Studien zur Rechtslinguistik; Müller, Untersuchungen zur Rechtslinguistik.

wörter („Nominalstil",[35] „Agensschwund"[36]).[37] „Die Rechtssprache ist kalt: sie verzichtet auf jeden Gefühlston; sie ist barsch: sie verzichtet auf jede Begründung; sie ist knapp (…)".[38] Gerade das „textuell überlieferte Recht gewinnt ein Eigenleben und gerät in Distanz zu Entstehungssituation und ursprünglicher Anwendung, es wird ‚extrakommunikativ' und spezialistisch".[39] Aufgrund des hohen Formalitätsgrades kommt es in der Rechtspraxis denn auch häufiger zu „Stilblüten"[40]. Den meisten Juristen und Politikern ist dies durchaus bewusst: Der US-amerikanische Präsident *John Quincy Adams* (1767–1848) hielt „law logic" für ein künstliches System der Gedankenführung, ausschließlich in Gerichtssälen verwendet, aber überall sonst zu nichts zu gebrauchen. Doch selbst wenn man davon ausgeht, dass eine hochentwickelte Fachsprache allein geeignet ist, eine Einheitlichkeit und Gleichmäßigkeit von Ergebnissen und Entscheidungen und eine „Berechenbarkeit" der Justiz zu gewährleisten, lassen sich zwei Einwände erheben: (1.) Rechtsnormen müssen nicht nur ausschließlich dem Experten, sondern auch dem Rechtsunterworfenen jedenfalls in ihren Grundstrukturen verständlich sein, und (2.) die juristische Fachsprache ist auch aus Sicht der Experten häufig unpräzise.

2. Bedeutung der „Verständlichkeit" des Rechts

Dass sich die Juristen einer Fachsprache bedienen, ist nichts Ungewöhnliches; solche 16
Fachsprachen sind auch in zahlreichen anderen Bereichen der arbeitsteiligen Gesellschaft festzustellen. Ein bedeutsamer Unterschied etwa zur medizinischen Terminologie liegt jedoch darin, dass das Recht in seiner ordnenden Funktion von den Rechtsanwendern und -unterworfenen verstanden werden muss, um zu funktionieren. Die Verfassungsordnung kann zwar keine innere Identifikation etwa mit einem dem Grundgesetz inne wohnenden Wertekanon verlangen, aber immerhin Rechtsgehorsam:[41] Das Recht soll in der Rechtsgemeinschaft wirken; Verständlichkeit des Rechts fördert im Regelfall auch seine Akzeptanz, ist aber jedenfalls unverzichtbare Bedingung für seine Befolgung. Die Anwendung für den Laien (gänzlich) unverständlicher Rechtsnormen käme einer Anwendung nicht öffentlich zugänglicher oder verborgener Vorschriften gleich; sie wäre willkürlich und damit verfassungswidrig. Zugleich verhindern oder erschweren unverständliche Regelungen den Prozess der demokratischen Willensbildung und Kontrolle: Die Wählerinnen und Wähler müssen darüber informiert sein, welche Regelungen die von ihnen gewählten Repräsentanten geschaffen haben – die Gebote der Öffentlichkeit und Transparenz staatlichen Handelns werden missachtet, wenn die Bürgerinnen und Bürger Gesetze nicht verstehen.[42]

35 Dazu Schnapp, Jura 2003, 173 ff.
36 Dies bezeichnet die Aussparung des Handelnden, etwa § 762 BGB: „Durch Spiel oder durch Wette wird eine Verbindlichkeit nicht begründet.".
37 Hansen-Schirra/Neumann, in: Die Sprache des Rechts, Bd. 1, S. 167, 169 ff.; Schendera, ebd., S. 321, 356 ff.; zur Kritik bereits Dölle, Vom Stil der Rechtssprache, S. 5 ff.
38 Radbruch, Rechtsphilosophie, S. 206.
39 Hoffmann, in: Rechtskultur als Sprachkultur, S. 122.
40 S. exemplarisch etwa Ahrens, Der Angeklagte erschien in Bekleidung seiner Frau. Die neuesten juristischen Stilblüten.
41 Instruktiv Dreier, Rechtswissenschaft 2010, 11 ff.
42 Vgl. Klein, in: Die Sprache des Rechts, Bd. 1, S. 197 ff.; kritisch gegenüber der „Kopplung von Demokratie und Allgemeinverständlichkeit von Gesetzen" Krauth, in: Die Sprache des Rechts, Bd. 1, S. 205, 206 f.; s. auch Schnapp, SGb 2017, 72 ff. – Zur Verständlichkeit als „Bürgerrecht" etwa Eichhoff-Cyrus/Antos (Hrsg.), Verständlichkeit als Bürgerrecht?; s. schon Seneca, Briefe an Lucilius, Brief Nr. 94, 38: Das Gesetz müsse kurz sein, damit es von Unerfahrenen leichter behalten werden könne.

17 Das Bundesverfassungsgericht hat in zahlreichen Entscheidungen mit unterschiedlicher Intensität die im Rechtsstaatsprinzip fundierten Grundsätze der Normenklarheit und Normenbestimmtheit in den Rang von Verfassungsprinzipien erhoben. In sprachlicher Hinsicht bedarf es daher eines Mindestmaßes an Verständlichkeit[43] der Normtexte. Insbesondere Gesetze sollen schon „vor der Anwendungssituation und unabhängig von den Absichten der Sprecher vollkommen für sich selbst hinreichend bestimmt sein".[44] Sie haben begrifflich präzise zu sein sowie möglichst klar, widerspruchsfrei und übersichtlich. Den Bürgerinnen und Bürgern muss es etwa möglich sein, anhand von Befugnisnormen Eingriffsmöglichkeiten des Staates in ihre Freiheitssphäre abschätzen und das eigene Verhalten daran ausrichten zu können. Gleichwohl gibt es keine feste Grenze für eine aus verfassungsrechtlicher Sicht hinreichende Normenbestimmtheit und Normenklarheit; es handelt sich um „gradierfähige Richtungsbegriffe".[45]

3. „Verständlichkeit" als Problem von Mehrdeutigkeit und Komplexität?

18 Diese Erwägungen führen sämtlich zu der zentralen Frage: Was ist „verständliches Recht", was bedeutet „verständlich"? Die Sprachwissenschaften halten dies für ein empirisches Problem:[46] Verständlich ist ein Text, wenn er verstanden, also seine Aussage erfasst wird. Diese Definition ist wenig hilfreich: Zum einen verdeckt sie die notwendige Unterscheidung zwischen der Verständlichkeit des bloßen Textes und der etwa in einer gesetzlichen Vorschrift vermittelten Norm (z.B. ein Ge- oder Verbot). Zum anderen muss zwischen Unverständlichkeit und Mehrdeutigkeit differenziert werden. Ein unverständlich erscheinendes Tatbestandsmerkmal einer Rechtsnorm kann z.B. tatsächlich bloß sprachlich unverständlich sein (was zudem jeweils nur vom konkreten Adressaten her beurteilt werden kann – Verstehen ist „ein individuelles, oft unvermeidliches Adressatenproblem");[47] ist es unpräzise im Sinne einer inhaltlichen Mehrdeutigkeit, wird es der Auslegung bedürfen – ob der zu entscheidende Lebenssachverhalt unter dieses Merkmal subsumiert werden kann, ist dann aber eine Rechtsfrage und kein Problem der Verständlichkeit. (Auch verfassungsrechtlich der Grundsätze der Normenklarheit und Normenbestimmtheit wegen problematische) Unverständlichkeit und (für den Juristen unter Rückgriff auf das gängige Instrumentarium der Rechtsanwendung handhabbare) Mehrdeutigkeit (oder, positiver formuliert: tatbestandliche Offenheit) dürfen – wenngleich die Grenzen fließend sein können – also keineswegs gleichgesetzt werden: Der Begriff „Kunst" in Art. 5 III GG etwa ist mehrdeutig und bedarf der Interpretation, ist aber nicht per se unverständlich. Hier setzt auch das Erfordernis der hinreichenden Bestimmtheit von Rechtsnormen an.

19 Tatsächlich unverständliche Rechtsnormen sind selten; die meisten können mit entsprechendem Aufwand verstanden werden. Das Paradebeispiel der Kritiker, das Steuerrecht, ist dem Laien nur deshalb so schwer zugänglich, weil es normsystematisch hochkomplex und abstrakt ist. Insoweit muss das lebhaft diskutierte Problemfeld der „Verständlichkeit" von Gesetzen präzisiert werden: Sinnvoller wäre es, aus Sicht der

43 Eingehend dazu die Beiträge in Lerch (Hrsg.), Die Sprache des Rechts, Bd. 1.

44 Christensen, in: Die Sprache des Rechts, Bd. 1, S. 20 f.

45 Denninger, in: Vom Rechtsstaat zum Präventionsstaat, S. 85, 101.

46 Vgl. Lerch, in: Die Sprache des Rechts, Bd. 1, S. 239, 274 m.w.N.; Dietrich/Kühn, in: Sprache des Rechts, S. 67 ff.; s. auch Antos/Missal, in: Felder/Vogel (Hrsg.), Handbuch Sprache im Recht, 2017, S. 329 ff.; Thieme/Raff, ebd., S. 391 ff.

47 Seibert, in: Die Sprache des Rechts, Bd. 1, S. 387.

Rechtsunterworfenen über die Folgen der „Komplexität“ der normativen Zusammenhänge[48] und der juristischen Dogmatik sowie über die Optimierung der „Transparenz“ gerichtlicher Entscheidungsfindung zu diskutieren und Geltung, Bedeutung und Rechtfertigung von Rechtsnormen klar voneinander zu unterscheiden.

Nun ließen sich Rechtsnormen auf breiter Front vereinfachen und damit optimieren, unter eine jeweilige Abstraktions- und Komplexitätsschwelle kann Recht jedoch nicht abgesenkt werden. Rechtsnormen initiieren – so oder so – einen „professionellen, aber nicht nur von der Profession selbst gesteuerten Deutungsprozess“; was „auf der Sprachebene als verbesserungsbedürftig und verbesserungsfähig entdeckt und bereinigt wird, ist für das Rechtssystem eher marginal“; nach „linguistischer Bearbeitung“ wird die „rechtliche Botschaft nicht, auch nicht teilweise, besser verstanden, sondern nur flotter gelesen“.[49] (Sprachlich) einfaches Recht ist damit nicht zwingend „besseres“ Recht, und auch nicht ohne Weiteres „verständlicher“. Eine bessere Verständlichkeit des Rechts kann nicht allein durch eine (sprachliche) Verbesserung der Rechtstexte herbeigeführt werden. Das einfachste, kürzeste Wort innerhalb eines Normtextes kann einer Bibliothek an Erläuterungen bedürfen. Manche Gesetzesbestimmungen sind (zu) „kompakt“; dem Laien wird damit eine Verständlichkeit lediglich vorgegaukelt. Auch deshalb wird gelegentlich angeregt, die Kommunikationsformen des Rechts durch die Verwendung von Bildern zu erweitern.[50] 20

4. Sprachliche „Offenheit“ als Funktionsbedingung des Rechts

Das Ziel, die in Rechtstexten enthaltenen Normen durch eine klare und eindeutige Sprache problemlos handhabbar zu machen, ist utopisch. Es ist angesichts der Ungenauigkeit der Sprache oftmals gar nicht möglich, etwa die Lösung für einen konkreten Sachverhalt allein im Wege logischer „Operationen“ aus dem Gesetzestext herzuleiten. Forderungen nach einer Ausprägung einer juristischen Sprache, die präzise und logisch reibungslos „funktioniert“ und gleichsam mathematisch valide Schlussfolgerungen ermöglicht, haben sich bislang nicht durchsetzen können. Diese Problematik dürfte auch den Einsatzmöglichkeiten des „Megatrends“ „Legal Tech“ – bei allen Vorzügen, die er im Bereich der Rechtsdienstleistung besitzen mag – jedenfalls hinsichtlich einer automatisierten eigenständigen Entscheidungsfindung und -begründung jenseits der gänzlich simplen Konstellationen Grenzen setzen.[51] 21

Juristische Texte wie Rechtsnormen und gerichtliche Entscheidungen zielen zudem häufig nicht primär oder jedenfalls nicht nur auf die Rechtsunterworfenen, sondern auch auf die Fachöffentlichkeit – sie zeichnen sich durch eine „Adressatenvielfalt“ aus: Gerichtliche Entscheidungen richten sich an die Parteien bzw. sonstige Adressaten einerseits, an die juristischen Fachkollegen andererseits, Gesetzestexte an Rechtsanwender und Rechtsunterworfene – bei seit längerer Zeit in Kraft befindlichen Normen auch mehrerer Generationen. Die Kernfrage lautet: Kann es eine sprachliche Formulierung leisten, „die Einheitlichkeit von Rechtsentscheidungen in einer Vielzahl von zeit-

48 Zu den Unterschieden zwischen dem Verstehen von Alltagssprache und von Normtexten Lerch, Die Sprache des Rechts, Bd. 3, S. 169, 171 f.; zum Verhältnis von Verständlichkeit und Bestimmtheit vgl. Beaucamp, Rechtstheorie 2011, 21 ff.

49 Ogorek, in: Die Sprache des Rechts, Bd. 1, S. 296, 299 f.

50 Vgl. etwa Baumann, in: Die Sprache des Rechts, Bd. 3, S. 1 ff.; anschaulich zur Bebilderung gedruckter Rechtsbücher Röhl, ebd., S. 267 ff.; ferner Steinhauer, ebd., S. 439 ff.

51 Dazu etwa Gless/Wohlers, Subsumtionsautomat 2.0. Künstliche Intelligenz statt menschlicher Richter?, in: Böse/Schumann/Toepel (Hrsg.), Festschrift f. U. Kindhäuser zum 70. Geburtstag, 2019, S. 147 ff.

lich zum Teil weit auseinander liegenden Entscheidungssituationen mit divergierenden lebensweltlichen Detailmerkmalen zu garantieren"?[52] Diese Frage kann nur im Einzelfall für die jeweils einschlägige Norm beantwortet werden.

Wer die juristische Fachsprache insgesamt verurteilt,[53] in ihr das verschleierte und verschleiernde Geheimwissen einer Herrscherklasse wittert[54] und unter Berufung auf Rechtsstaat und Demokratieprinzip die Rückkehr zur Kompatibilität der Rechts- mit der Alltagssprache fordert, übersieht, dass sich zahlreiche juristische Regelungen eben nicht einfach und in Alltagssprache ausdrücken lassen, sollen sie nicht ihre Funktionen einbüßen. Es gibt „keine Sprachstrategie zur Unterdrückung" der „nicht-juristischen Öffentlichkeit",[55] auch wenn die juristischen Experten die „Interpretationsherrschaft" über die Rechtstexte innehaben.

22 Eine absolute Verständlichkeit und Klarheit von Rechtstexten ist nicht zu erreichen.[56] Bei allen Anforderungen an Bestimmtheit und Nachvollziehbarkeit muss betont werden, dass Recht zwar „Konfliktentscheidung garantieren", nicht aber „sicher prognostizieren" kann, „wie entschieden wird".[57] Das Recht muss etwa in gewissem Umfang für den besonders gelagerten Einzelfall „offen" sein und anpassungsfähig bleiben. Akzeptiert man vor diesem Hintergrund die Vieldeutigkeit, die mangelnde Präzision und die Unregelmäßigkeiten von Text und Sprache, muss man die aufgrund dieser Eigenschaften auftretenden Schwierigkeiten bei der Rechtsanwendung im Wege der Auslegung lösen.

5. Auslegung

23 Da das Recht zwingend auf den sprachlichen Ausdruck angewiesen ist, ja die Sprache die „Quelle seiner Normativität" bildet, weil eine Norm – etwa im Sinne einer Regel oder Handlungsanweisung – ohne ihre sprachliche Vermittlung buchstäblich „ungehört" bleiben muss, bedarf es einer Klärung sprachlich diffuser, unpräziser, mehrdeutiger oder schlichtweg fehlerhafter Textbausteine als Normelemente, aber auch schriftlicher oder mündlich erlassener behördlicher Verfügungen, Gerichtsentscheidungen oder Verträge im Wege der Auslegung, des „täglichen Brotes" des Juristen. Diese Auslegungsbedürftigkeit teilen Rechtstexte mit anderen Texten, die nur auf Grundlage einer bestimmten Wissensgrundlage mit Inhalt und Sinn gefüllt werden können. Die Auslegung nimmt dabei der Rechtsanwender vor; der rechtlich nicht Vorgebildete kann lediglich die „Sachkunde der lebensweltlichen Perspektive" einbringen.[58]

Unzählige tatbestandliche Voraussetzungen und Rechtsfolgenanordnungen gesetzlicher Normen erfordern einen komplexen Auslegungsvorgang, der üblicherweise an den (oftmals eng miteinander verbundenen) Kriterien des Wortlauts, der Entstehungsgeschichte, der Systematik und des Normzwecks orientiert ist und an anderer Stelle in

52 Busse, in: Die Sprache des Rechts, Bd. 1, S. 7, 10.
53 Zur Einordnung der Annahme der schweren Verständlichkeit von Recht als „Stereotyp" Warnke, in: Die Sprache des Rechts, Bd. 1, S. 441 ff.
54 Vgl. Krauth, in: Die Sprache des Rechts, Bd. 1, S. 205: „Priestertrugtheorie"; allgemein Fritsch-Oppermann (Hrsg.), Die Rechtssprache: Fachjargon und Herrschaftsinstrument.
55 Deutlich Ogorek, in: Die Sprache des Rechts, Bd. 1, S. 296, 301.
56 Pointiert Kiesow, in: Die Sprache des Rechts, Bd. 1, S. 193, 195: „Recht muss unverständlich sein, damit immer wieder neu entschieden werden kann".
57 Ogorek, in: Die Sprache des Rechts, Bd. 1, S. 296, 305.
58 Hoffmann, in: Rechtskultur als Sprachkultur, S. 122, 145.

diesem Band (§ 10 Rn 22 ff.) eingehend behandelt wird. Einzig das **sprachliche Kriterium der Wortlautauslegung** (s. auch § 10 Rn 23 f.) bedarf eines eingehenderen Blicks.

24 Der begriffliche Zugang, etwa zu einem normativen Ge- oder Verbot, kann leicht fallen. Ebenso eindeutig kann eine Norm schlichtweg sprachlich-grammatikalisch fehlerhaft oder jedenfalls unpräzise sein; so sind etwa Generationen von Studierenden in den Erstsemesterveranstaltungen auf die zum Schmunzeln verleitende Bestimmung des § 919 I BGB hingewiesen worden:

> „Der Eigentümer eines Grundstücks kann von dem Eigentümer eines Nachbargrundstücks verlangen, dass dieser zur Errichtung fester Grenzzeichen und, wenn ein Grenzzeichen verrückt oder unkenntlich geworden ist, zur Wiederherstellung mitwirkt."

25 Es ist ohne Weiteres einsichtig, dass es hier nicht um den geistig pathologischen Zustand einer Grenzmarkierung gehen kann und die Vorschrift im Sinne von „verrückt worden oder unkenntlich geworden ist" gelesen und angewandt werden muss.

26 In vielen Fällen ist die begriffliche Konturierung textlicher Normelemente – häufig mit dem eigentlich aus dem Strafrecht entlehnten Terminus der „Tatbestandsmerkmale" bezeichnet – deutlich komplexer. Oftmals ist nur mit Mühe nachzuvollziehen, was der Normgeber oder sonstige Urheber anordnen bzw. vermitteln möchte. Der Auslegung bedürfen häufig auch unfreiwillig komische Bestimmungen, z.B. § 4 der „Verordnung zur Bekämpfung der San-Jose-Schildlaus" aus dem Jahre 1972, dessen Absatz 1 die Vernichtung von mit Schildläusen dieser Art befallenen Pflanzen anordnet und in Absatz 4 definiert:

> „Eine Pflanze gilt als befallen, wenn sich an ihr mindestens eine San-Jose-Schildlaus befindet, die nicht nachweislich tot ist".

Was bedeutet in diesem Fall wohl „nachweislich tot", und wie wäre ein solcher Nachweis zu erbringen? An dieser Stelle setzt juristische Auslegungsarbeit ein, und diese Arbeit ist in sämtlichen Rechtsgebieten und auf jeder „Stufe" des modernen Mehrebenensystems von Staatlichkeit (und damit auch von Normen) gefordert.

27 Unter Juristen ist dabei umstritten, ob die Auslegung juristischer Texte einer „**Wortlautgrenze**" unterliegt.[59] Einer Auffassung zufolge ist „Auslegung" jede Anwendung einer Rechtsnorm innerhalb ihres Wortlauts, „Rechtsfortbildung" jede Anwendung, die über diesen hinaus reicht. Die Gegenposition beruft sich darauf, dass die Annahme einer Wortlautgrenze die sprachlichen Ausdrucksmöglichkeiten in Gesetzestexten überschätze, ein unzutreffendes und unzeitgemäßes Bild der Richter als „Subsumtionsautomaten" zeichne oder (aus sprachphilosophischem Blickwinkel) verkenne, dass die Bedeutung einer Norm vor der Rechtsanwendung (noch) nicht feststehe und – wegen der Verwendung von Sprache – auch nicht durch feste Grenzen limitiert sei. Die Instrumente der (Wortlaut-)Auslegung der klassischen juristischen Methodenlehre ließen außer acht, dass sich die Bedeutung eines Textes aus sprachwissenschaftlicher Sicht (erst) aus dem aktiven Tun des jeweiligen Interpreten ergebe; die allein am Wortlaut (bzw. der Entstehungsgeschichte und der Systematik) orientierte Auslegung bleibe damit angesichts der „Aufgabe einer Entscheidung sozialer Probleme unterkomplex".[60]

59 Für eine solche semantische Grenze etwa Klatt, Die Sprache des Rechts, Bd. 2, S. 343 ff. m.w.N. in Fn. 1.
60 Christensen, in: Die Sprache des Rechts, Bd. 1, S. 20, 25.

III. Recht und Sprache in der juristischen Ausbildung

28 In der universitären juristischen Ausbildung spielt die Vermittlung sprachlicher Kompetenzen eine leider nach wie vor untergeordnete Rolle.[61] Mitunter wird der (freilich bedeutsamen) fachspezifischen Fremdsprachenausbildung größeres Gewicht beigemessen als der Verbesserung der Muttersprache im rechtswissenschaftlichen Kontext. Immerhin gehören Debattierübungen, Rhetorikkurse und Lehrgänge zur Anfertigung von Seminar- und Abschlussarbeiten häufig zum Lehrangebot juristischer Fakultäten; sie können mit Gewinn besucht werden. Unerlässlich ist es jedoch, sich (daneben) die grundlegenden sprachlichen Kenntnisse und Fertigkeiten für die juristische Arbeit, das „Handwerkszeug", anzueignen. Zu Recht gilt Jura als „Lesestudium", so dass neben die Fähigkeit zu differenziertem eigenem sprachlichen Ausdruck die Fertigkeit des tatsächlich wie fachlich sinnentnehmenden Lesens treten muss.

29 Die dargestellten Unzulänglichkeiten der Sprache als Medium des Rechts darf den Juristen, vor allem in der Ausbildung, nicht zur Resignation verleiten. Die Sprachgeprägtheit der Welt, deren Erkenntnis den sog. **linguistic turn** (§ 15 Rn 9 ff.) der Geisteswissenschaften darstellt, ist auch in anderen Lebensbereichen zu bewältigen und zu lösen. Studierende sollten auf den korrekten Gebrauch der Grammatik,[62] auf Rechtschreibung und korrekte Zeichensetzung achten und sich um eine möglichst präzise und unmissverständliche Formulierung[63] bemühen, jedenfalls aber exakt entlang des Wortlauts der jeweils angewendeten Rechtsnorm einerseits, des vorgegebenen Sachverhalts andererseits arbeiten. Wer hier einwendet, all diese Forderungen seien platte Selbstverständlichkeiten, geht an der Realität nicht nur vereinzelter, in sprachlich-stilistischer Hinsicht unzulänglicher studentischer (und leider auch anwaltlicher[64]) Darstellungen in der universitären wie beruflichen Praxis vorbei. Defizite in der sprachlichen Klarheit schlagen denn auch nicht selten auf die Qualität des Argumentationsganges und der Begründung in der Sache durch.

30 Juristische **Fachbegriffe** sollten angebracht werden, sofern sie passen, und unter Berücksichtigung dogmatischer Feindifferenzierungen; mit Fremdwörtern ist indes sparsam umzugehen – nicht zuletzt wegen der besonderen Gefahr einer fehlerhaften Verwendung. Von Vorteil ist zudem eine klare und bündige Sprache. „Füllwörter" (wie „letztlich", „wohl" usw.) sollten weggelassen, sprachliche „Altertümer" („schlussendlich", „nichtsdestotrotz") vermieden werden.[65] Verben sollten Vorrang haben vor Hauptwörtern, Aktivformen vor passiven, positive Formulierungen vor Verneinungen. Diese Vorgaben sind nicht lediglich nebensächliche Formalien; ein nachlässiger Umgang mit der Sprache kann auch den Verdacht auf Ungenauigkeiten bei der eigentlichen rechtlichen Bewertung wecken (jedenfalls solche nicht verschleiern!) und daher nachteiligen Einfluss auf die Bewertung nehmen. Das in Examensklausuren nicht selten zu findende lapidare „ohne Zweifel" und seine sprachlichen Komplizen ersetzen weder Subsumtion noch Begründung und können einen erfahrenen Korrektor nicht täuschen. Wer sich hier zur Sorgfalt zwingt, wird durch die Disziplinierung häufig

61 S. aber Brockmann/Pilniok, Recht sprechen lernen. Sprache im juristischen Studium; Kudlich, in: Felder/Vogel (Hrsg.), Handbuch Sprache im Recht, 2017, S. 155 ff.

62 Instruktiv die Beiträge von Schnapp, Jura 2002, 32 ff., 212 ff., 599 ff.; 2003, 173 ff., 602 ff.; 2004, 22 ff., 526 ff., sowie noch heute lesenswert Wustmann, Allerhand Sprachdummheiten, 4. Aufl. 1908.

63 Negative Beispiele: „Der schwere Räuber gemäß § 250 StGB (...)"; „der vierköpfige Familienvater".

64 Vgl. die Handreichung von Cramer-Scharnagl, AK 2020, 089 ff.

65 Zur juristischen Stilkunde empfehlenswert Schnapp, Stilfibel für Juristen, 2004; Walter, Kleine Stilkunde für Juristen, 3. Aufl. 2017; Jura 2006, 344 ff.

auch auf eigene Fehler im juristischen Gedankengang aufmerksam werden[66] – und umgekehrt gilt oftmals: Denkfehler zeigen sich in Stilfehlern.

31 Neben dem Erlernen der Fachterminologie muss sich der Jurist in der Ausbildung die sprachlichen Besonderheiten der juristischen Fallbearbeitungstechnik aneignen, namentlich den sog. „**Gutachtenstil**" mit seinem konjunktivischen Duktus („Der A könnte einen Anspruch gegen den B auf Zahlung des Kaufpreises in Höhe von ... gemäß § 433 II BGB haben. Dazu müsste ..."), die Bildung von Ober- und Ergebnissätzen, die sprachliche Präzision juristischer Definitionen. Der um eine abwechslungsreiche, kreative Sprache bemühte Studierende sieht sich freilich schnell in die beengenden Vorgaben des Gutachtenstils gezwängt. Doch der damit vermeintlich verbundene „Rückbau" eigener sprachlicher Fertigkeiten dient nicht allein der Erfüllung „formalistischer", teilweise kaum nachvollziehbarer Direktiven: Der Gutachtenstil nötigt zu einem exakten Arbeiten am und mit dem Gesetzestext und dem Sachverhalt, zu einem stringenten Prüfungsaufbau und zu strukturierten argumentativen Gedankengängen. In der juristischen Praxis bildet das jedenfalls gedanklich angefertigte Gutachten die Grundlage für anwaltliche Schriftsätze, behördliche Entscheidungen und richterliche Begründungen. Die Beherrschung der Gutachtentechnik ist, wenngleich ihr Erlernen und ihre Anwendung mitunter recht „sperrig" wirken, daher als Teil des rechtswissenschaftlichen Handwerkszeugs unerlässlich.

C. Vertiefung: Recht in der Literatur – Recht als Literatur

32 Wissenschaftliche Untersuchungen auf dem Gebiet von **law and literature** zielen einerseits auf die (in ihrer Güte höchst heterogene) literarische Behandlung von Recht – namentlich von bekannten Prozessen, von populären „Rechtsirrtümern"[67] oder von bemerkenswerten Vorschriften („law **in** literature"),[68] andererseits auf die (hier nicht näher diskutierte) Geltung juristischer Texte als literarisch („law **as** literature").[69] So soll z.B. der französische Dichter *Stendhal* (1783–1842) den Stil des französischen Code Napoléon gerühmt und geäußert haben, er lese jeden Morgen darin, „pour prendre le ton".[70]

33 Hier können nur wenige Beispiele für die zahllosen Sachverhalte, Prozesse und Entscheidungen benannt werden, die in der Literatur über Jahrhunderte hinweg verarbeitet worden sind. Beliebt sind Sammlungen juristischer Fälle wie etwa die des *François Gayot de Pitaval* (1673–1743), der im 18. Jahrhundert „Causes célèbres et interessantes" in zahlreichen Bänden publizierte und dessen Namen, „**Pitaval**", heute ein ganzes

66 Überdeutlich, aber anschaulich diesbezüglich Horn, Jura 1984, 499 ff.; Kusch, NStZ 1990, 478 ff.
67 S. etwa die Reihe von Höcker, Lexikon der Rechtsirrtümer (und Folgebände).
68 Großer Popularität erfreuen sich dabei (strengeren wissenschaftlichen Ansprüchen selten genügende) Anthologien antiquierter, erheiternder oder schlicht widersinniger Bestimmungen vor allem aus dem US-amerikanischen Raum; s. z.B. Leuthner, Nackt duschen streng verboten.
69 Sehr lesenswert ist dabei die zweibändige englischsprachige Ausgabe von London (Hrsg.), The World of Law, Bd. I: The Law *in* Literature, Bd. II: The Law *as* Literature. Die nachfolgend dargestellten Beispiele sind überwiegend diesem Werk entnommen. Im Folgenden ist bei literarischen Werken jeweils das Erscheinungsjahr angegeben. – Vgl. Greiner/Thums/Graf Vitzthum (Hrsg.), Recht und Literatur. Interdisziplinäre Bezüge; zum Forschungsfeld v. a. Greiner, ebd., S. 7 ff.; s. ferner Pieroth, Recht und Literatur. Von Friedrich Schiller bis Martin Walser; ders., Recht und amerikanische Literatur. Von James Fenimore Cooper bis Susan Glaspell.
70 Etwa: „um den Stil anzunehmen".

Genre trägt.[71] Häufig sind **reale Geschehnisse** in mehr oder weniger veränderter Gestalt zum Gegenstand literarischer Bearbeitungen geworden (z.B. in *Georg Büchners* (1813–1837) „Woyzeck“ (1879)[72]).

34 In unzähligen literarischen Werken gewinnt die (fiktionale) Handlung ihre Spannung gerade (auch) aus rechtlichen Bezügen und Fragestellungen. Hierzu zählt natürlich das weite Feld der **Kriminalliteratur**, bei der es meist eher um die Tat und ihre Aufklärung als um die rechtliche Behandlung des Täters geht.[73] Das Spektrum reicht von der klassischen Tätersuche („whodunit“) bis hin zu mit politisch-gesellschaftlicher Kritik versehenen Thrillern. Verbrechen und Strafe gehören ganz allgemein zu den beliebten Sujets fiktionaler Werke, wie sich etwa an *Nathaniel Hawthornes* (1804–1864) Roman „Der scharlachrote Buchstabe“ (1850) zeigt, in dem eine Ehebrecherin mit einem „A“ (wohl für „adultery“, Ehebruch) auf der Schulter gebrandmarkt wird.

35 Rechtliche Gegebenheiten können auch auf andere Weise eine Rolle spielen. So bilden z.B. Mängel des Gerichtssystems und die Besonderheiten juristischer Berufsstände den Gegenstand literarischer Werke. Schon *Heinrich von Kleist* (1777–1811) hat in seinem Drama „Der zerbrochne Krug“ (1806) mit dem Dorfrichter Adam die Figur eines Richters geschaffen, der unerkannt sein eigenes Vergehen aufzuklären hat. Eine unterhaltsame Variante ist der Roman „Der Maulkorb“ (1936) von *Heinrich Spoerl* (1887–1955), in dem ein Staatsanwalt wegen Majestätsbeleidigung zu ermitteln hat, weil Unbekannte das Standbild des Landesherrn mit einem Maulkorb verunziert haben. Das wohl bekannteste Beispiel für die Darstellung gerichtlicher oder administrativer Unzulänglichkeiten und Skurrilitäten, die letztlich zum Scheitern des Protagonisten führen, sind die alptraumhaften, fragmentarisch gebliebenen Romane *Franz Kafkas* (1883–1924) „Der Process“ und „Das Schloss“.

36 Seit jeher haben Schriftsteller ihre eigenen Erfahrungen mit der jeweiligen Rechtsordnung und der Justiz zum Gegenstand ihrer Schöpfungen gemacht. Ein prominentes Beispiel ist die Dichtung „The Ballad of Reading Gaol“ von *Oscar Wilde* (1854–1900),[74] 1898 unter dem Pseudonym „C.3.3.“ (der Bezeichnung seiner Zelle) veröffentlicht. Die Eindrücke seiner zweijährigen Inhaftierung mit Zwangsarbeit wegen damals strafbarer homosexueller Vergehen und einer Hinrichtung im Gefängnis von Reading hat Wilde in seinem Gedicht eindrucksvoll verarbeitet.

37 Oftmals sind Schriftsteller – wie auch andere Kunstschaffende – in gerichtliche Auseinandersetzungen verwickelt worden.[75] Sprache kann im Meinungskampf als Waffe die-

71 S. etwa Hitzig/Häring (Hrsg.), Der neue Pitaval. Eine Sammlung der interessantesten Criminalgeschichten aller Länder aus älterer und neuerer Zeit, 1842 ff.

72 Vgl. Schiemann, Der Kriminalfall Woyzeck. Der historische Fall und Büchners Drama.

73 Beispielhaft genannt seien nur einige Autoren mit ihren unverwechselbaren Hauptfiguren – Polizeiermittlern, Strafverteidigern oder Privatdetektiven: Raymond Chandler (Philip Marlowe), Gilbert Keith Chesterton (Pater Brown), Agatha Christie (Miss Jane Marple, Hercule Poirot), Arthur Conan Doyle (Sherlock Holmes), Francis Durbridge (Paul Temple), Erle Stanley Gardner (Perry Mason), Dashiell Hammett (Sam Spade), Donna Leon (Guido Brunetti), Ross Macdonald (Lew Archer), Henning Mankell (Kurt Wallander), Edgar Allan Poe (Auguste Dupin), Ellery Queen, Dorothy L. Sayers (Lord Peter Wimsey), Georges Simenon (Jules Maigret), Mickey Spillane (Mike Hammer), Rex Stout (Nero Wolfe), Maj Sjöwall/Per Wahlöö (Martin Beck) und S. S. van Dine (Philo Vance). Aus der deutschsprachigen Literatur wären auf anspruchsvollem Niveau etwa Friedrich Dürrenmatt (Hans Bärlach), Bernhard Schlink (Gerhard Selb) und Heinrich Steinfest (Markus Cheng) zu erwähnen; s. auch Grube, NJW 2011, 708. – S. ferner Rybska, Deutsche Kriminalgeschichten von 1780 bis 1820 als Anfänge der Kriminalliteratur.

74 Zu den Prozessen gegen Oscar Wilde eingehend Thiel, in: Vormbaum (Hrsg.), Jahrbuch der Juristischen Zeitgeschichte, Bd. 5, S. 676 ff. m.w.N.

75 Einen guten Überblick bieten die Essays in Kogel (Hrsg.), Schriftsteller vor Gericht.

nen; entsprechend repressiv reagierten die Machthaber daher, wenn literarische Werke mehr oder weniger verhohlen die politischen und gesellschaftlichen Umstände anprangerten. Doch auch aus anderen Gründen wurden Schriftsteller juristisch verfolgt: Zu ihnen gehören aus dem deutschen Sprachraum etwa *Maxim Biller* (geb. 1960), *Günter Grass* (1927–2015), *Paul Heyse* (1830–1914), *Klaus Mann* (1906–1949), *Karl May* (1842–1912), *Carl von Ossietzky* (1889–1938), *Arno Schmidt* (1914–1979), *Arthur Schnitzler* (1862–1931), *Kurt Tucholsky* (1890–1935) und *Frank Wedekind* (1864–1918), die (oder deren Werke) unter diversen Regimen, aus den unterschiedlichsten Gründen und mit verschiedenen Folgen mit dem Gesetz in Konflikt geraten sind. Das Spektrum reicht von Verstößen gegen die öffentliche Ordnung über Anschuldigungen wegen Landesverrats bis hin zu Plagiatsvorwürfen und Verboten von Romanen wegen Persönlichkeitsrechtsverletzungen[76] (K. Mann, M. Biller). Für einige von ihnen hat der Rummel um ihre Werke zu Popularitätsschüben und erheblichen wirtschaftlichen Vorteilen geführt (P. Heyse), andere haben die Prozesse gesundheitlich, gesellschaftlich und finanziell regelrecht ruiniert (O. Wilde). Namentlich der Themenkreis (literarischer) Plagiate und die Reichweite des Urheberrechts haben neuerdings wieder in der öffentlichen und wissenschaftlichen Diskussion größeres Interesse gefunden.[77]

Auffallend ist, dass sehr viele Schriftsteller juristische Berufe erlernt und ausgeübt, je- 38
denfalls aber eine (auch) rechtswissenschaftliche Ausbildung genossen haben (z.B. *Joseph von Eichendorff* (1788–1857), *Johann Wolfgang von Goethe* (1749–1832), *Heinrich Heine* (1797–1856), *E. T. A. Hoffmann* (1776–1822), *Theodor Storm* (1817–1888), *Kurt Tucholsky* (1890–1935) und *Ludwig Uhland* (1787–1862), aus jüngerer Zeit etwa *Herbert Rosendorfer* (1934–2012), *Bernhard Schlink* (geb. 1944), *Ferdinand von Schirach* (geb. 1964) und *Juli Zeh* (geb. 1974)).[78] Die Gründe für die große Zahl solcher „Dichterjuristen" sind vielfältig: Die berufliche Nähe zu spannenden, auch menschlich anrührenden Ereignissen und Schicksalen mag eine Rolle spielen. Und auch die enge Verbindung von Recht und Sprache wird dazu beigetragen haben, dass Juristen, die sich bei ihrer Arbeit – um präzisen sprachlichen Ausdruck bemüht – intensiv mit Sprache beschäftigt haben, sich dieser auch in kreativer Weise – als Ausgleich oder Ergänzung – bedienen wollten.

Wiederholungs- und Vertiefungsfragen 39

1. Welche Bedeutung hat die Sprache für die Rechtsordnung?
2. Warum ist eine „Verständlichkeit" des Rechts zu fordern? In welchem Verhältnis steht die Verständlichkeit zur Komplexität von Rechtsnormen?
3. Weshalb können völlig klare und eindeutige Rechtsnormen nur selten geschaffen werden?
4. Aus welchen Gründen sind sprachliche Kenntnisse und Fertigkeiten auch für die rechtswissenschaftliche Ausbildung und das juristische Berufsleben von besonderer Relevanz?

76 S. dazu etwa die Beiträge von Schiemann, Obergfell und (allgemein zur Praxis von Zensur-„Lücken" und -einschwärzungen) Plachta, in: Conter (Hrsg.), Justitiabilität und Rechtmäßigkeit, S. 27 ff., 65 ff., 129 ff.

77 Vgl. zum Beispiel die (teilweise auch die Abgrenzung zur „Intertextualität" behandelnden) Beiträge von Gillett, Köhler und Packard, in: Conter (Hrsg.), Justitiabilität und Rechtmäßigkeit, S. 85 ff., 97 ff., 109 ff., sowie von Theisohn, in: Greiner/Thums/von Vitzthum (Hrsg.), Recht und Literatur, S. 193 ff.

78 S. eingehend Wohlhaupter, Dichterjuristen, Bd. 1–3; Weber (Hrsg.), Juristen als Dichter; Dichter als Juristen.

Lektüreempfehlungen:

40 Ahrens, Der Angeklagte erschien in Bekleidung seiner Frau. Die neuesten juristischen Stilblüten, 3. Aufl. 2020; Dietrich/Klein (Hrsg.), Sprache des Rechts. Themenheft der Zeitschrift für Literaturwissenschaft und Linguistik, Heft 118, 2000; Dölle, Vom Stil der Rechtssprache, 1949; Felder, Juristische Textarbeit im Spiegel der Öffentlichkeit, 2003; Häberle, Das Verständnis des Rechts als Problem des Verfassungsstaats, in: Lerch (Hrsg.), Die Sprache des Rechts, Band I, 2004, S. 155 ff.; Kogel (Hrsg.), Schriftsteller vor Gericht, 1996; London (Hrsg.), The World of Law. Vol. I: The Law in Literature, 1960; Vol. II: The Law as Literature, 1960; Müller (Hrsg.), Untersuchungen zur Rechtslinguistik. Interdisziplinäre Studien zu Praktischer Semantik und Strukturierender Rechtslehre in Grundfragen der juristischen Methodik, 1989; ders./Wimmer (Hrsg.), Neue Studien zur Rechtslinguistik, 2001; Seibert, Zeichen. Prozesse. Grenzgänge zur Semiotik des Rechts, 1996; Somek, Der Gegenstand der Rechtslinguistik. Epitaph eines juristischen Problems, 1996; Wimmer, Zur juristischen Fachsprache aus linguistischer Sicht, Sprache und Literatur in Wissenschaft und Unterricht, Heft 81/1998, 8 ff.

Literaturverzeichnis:

41 Aden, Zwischenruf: Die Sprache in Deutschland ist klares Deutsch, ZRP 2011, 120 ff.; Bäcker/Klatt/Zucca-Soest (Hrsg.), Sprache – Recht – Gesellschaft, 2012; Baumann, Europäische Sprachenvielfalt und das Recht oder Der Vormarsch des Englischen und der Bilder, in: Forstmoser (Hrsg.), Der Einfluss des europäischen Rechts auf die Schweiz. Festschrift für Professor Roger Zäch zum 60. Geburtstag, 2000, S. 15 ff.; Beaucamp, Verständlichkeit und Bestimmtheit – Zwei Welten?, Rechtstheorie Bd. 42 (2011), S. 21 ff.; Beaumont, Vom Amtsschimmel zum Pegasus – die Sprache des Rechts in Vers und Reim, NJW 1990, 1969 ff.; Braun, Der praktische Fall – Bürgerliches Recht – Der Taucher, JuS 1994, 221 ff.; Brockmann/Pilniok, Recht sprechen lernen. Sprache im juristischen Studium, 2016; Bruha/Seeler (Hrsg.), Die Europäische Union und ihre Sprachen. Interdisziplinäres Symposium zur Vielsprachigkeit als Herausforderung und Problematik des europäischen Einigungsprozesses, 1998; Busse, Recht als Text. Linguistische Untersuchungen zur Arbeit mit Sprache in einer gesellschaftlichen Institution, 1992; ders., Juristische Semantik. Grundfragen der juristischen Interpretationstheorie in sprachwissenschaftlicher Sicht, 1993; Conter (Hrsg.), Justitiabilität und Rechtmäßigkeit. Verrechtlichungsprozesse von Literatur und Kunst in der Moderne, 2010; Denninger, Prävention und Freiheit – Die Ordnung der Freiheit, in: Huster/Rudolph (Hrsg.), Vom Rechtsstaat zum Präventionsstaat, 2008, S. 85 ff.; Dietrich/Kühn, Transparent oder verständlich oder wie was verstanden wird – Eine empirische Untersuchung zum Verstehen eines juristischen Textes, in: Dietrich/Klein (Hrsg.), Sprache des Rechts, 2000, S. 67 ff.; Dreier, Der freiheitliche Verfassungsstaat als riskante Ordnung, Rechtswissenschaft 2010, S. 11 ff.; Ebke/Kirchhof/Mincke (Hrsg.), Sprache und Recht – Recht und Sprache, 2009; Eppler, Kavalleriepferde beim Hornsignal. Die Krise der Politik im Spiegel der Sprache, 1992; Felder/Vogel, Sprache im Recht, in: dies. (Hrsg), Handbuch Sprache im Recht, 2017, S. 358 ff.; Fritsch-Oppermann (Hrsg.), Die Rechtssprache: Fachjargon und Herrschaftsinstrument, 1998; Greiner/Thums/Graf Vitzthum (Hrsg.), Recht und Literatur. Interdisziplinäre Bezüge, 2010; Froese, Sprache und Inklusion. Risiken, Chancen und Nebenwirkungen der Sprache als Mittel und Objekt der Inklusion, RdJB 2017, 192 ff.; Grewendorf (Hrsg.), Rechtskultur als Sprachkultur. Zur forensischen Funktion der Sprachanalyse, 1992; Großfeld, Language, Poetry, and Law, in: Lundmark/Wallow (Hrsg.), Law and Language – Recht und Sprache, 2006, S. 25 ff.; Grube, „Genies des Verbrechens" – Professor Moriarty, Fantômas, Doktor Mabuse, NJW 2011, 708; Günther (Hrsg.), BGB in Reimen. Richter als Dichter und Advokaten als Literaten, 1994; Herber, Recht und Sprache – Sprache und Recht, BayVBl. 2018, 361 ff.; Höcker, Lexikon der Rechtsirrtümer [mit Folgebänden], 2004–2009; Hoffmann, Wie verständlich können Gesetze sein?, in: Grewendorf (Hrsg.), Rechtskultur als Sprachkultur. Zur forensischen Funktion der Sprachanalyse, 1992, S. 122 ff.; Horn, Sprachfehler, Formfehler, Denkfehler, Jura 1984, 499 ff.; Kantorowicz, Some Rationalism about Realism, The Yale Law Journal 43 (1934), 1240 ff.; Kelsen, Reine Rechtslehre, 2. Aufl. 1960; Kusch, Strafrecht und Sprache, NStZ 1990, 478 ff.; Kilcher/Mahlmann/Müller-Nielaba (Hrsg.), „Fechtschulen und phantastische Gärten": Recht und Literatur, 2013;

Kirchhof, Welche Sprache spricht das Recht? Rechtssprache zwischen Bestimmtheit, Offenheit und geplanter Fehldeutung, in: Jahrbuch der Akademie der Wissenschaft zu Göttingen 2009, 2010, 205 ff.; Kogel (Hrsg.), Schriftsteller vor Gericht. Verfolgte Literatur in vier Jahrhunderten, 1996; Lahusen, Justitia in Babylon. Neues von Sprache und Recht, Rechtsgeschichte 2006, S. 189 ff.; Lerch (Hrsg.), Die Sprache des Rechts. Band I: Recht verstehen. Verständlichkeit, Missverständlichkeit und Unverständlichkeit von Recht, 2004; Band II: Recht verhandeln. Argumentieren, Begründen und Entscheiden im Diskurs des Rechts, 2005; Band III: Recht vermitteln. Strukturen, Formen und Medien der Kommunikation im Recht, 2005; Leuthner, Nackt duschen streng verboten – Die verrücktesten Gesetze der Welt, 2009; London (Hrsg.), The World of Law. Vol. I: The Law in Literature, 1960; Vol. II: The Law as Literature, 1960; Lundmark/Wallow (Hrsg.), Law and Language – Recht und Sprache, 2006; Müller, Constitutional Patriotism, 2007; Müller/Wimmer (Hrsg.), Neue Studien zur Rechtslinguistik, 2001; Müller/Christensen/Sokolowski, Rechtstext und Textarbeit, 1997; Müller (Hrsg.), Untersuchungen zur Rechtslinguistik. Interdisziplinäre Studien zu Praktischer Semantik und Strukturierender Rechtslehre in Grundfragen der juristischen Methodik, 1989; v. Münch, Sprechen und Schweigen im Recht, NJW 2002, 1995 ff.; Oksaar, Alltagssprache, Fachsprache, Rechtssprache, ZG 3 (1989), 210 ff.; Pieroth, Recht und Literatur. Von Friedrich Schiller bis Martin Walser, 2015; ders., Recht und amerikanische Literatur. Von James Fenimore Cooper bis Susan Glaspell, 2017; Posner, Law and Literature, 3. Aufl. 2009; ders./Robering/Sebeok (Hrsg.), Semiotik. Ein Handbuch zu den zeichentheoretischen Grundlagen von Natur und Kultur, Teilband III, 2003; Radbruch, Rechtsphilosophie, 1970; Rather, Sprache und Recht, 2006; Redaktion der Österreichischen Juristen-Zeitung (Hrsg.), Sprache und Recht, 2014; Rybska, Deutsche Kriminalgeschichten von 1780 bis 1820 als Anfänge der Kriminalliteratur, 2011; Schiemann, Der Kriminalfall Woyzeck. Der historische Fall und Büchners Drama, 2017; Schnapp, Recht verständlich – endlich!, SGb 2017, 72 ff.; ders., Stilfibel für Juristen, 2004; ders., Das Kreuz mit dem Konjunktiv, Jura 2002, 32 ff.; ders., Augen zu und „durch“? Von der Schwierigkeit im Umgang mit Präpositionen, Jura 2002, 312 ff.; ders., Das vertrackte „Verbindungs“-Wesen. Zum richtigen Gebrauch von Konjunktionen, Jura 2002, 599 ff.; ders., Krebsübel Substantivitis?, Jura 2003, 173 ff.; ders., Wie entspricht man dem Gebot der Knappheit?, Jura 2003, 602 ff.; ders., Da habe ich einen Satz gemacht! Über Bildung und Missbildung von Sätzen, Jura 2004, 22 ff.; ders., Aktiv oder Passiv? Das Leiden an der Leideform, Jura 2004, 526 ff.; Seibert, Zeichen. Prozesse. Grenzgänge zur Semiotik des Rechts, 1996; Seneca, Philosophische Schriften. Briefe an Lucilius, Bd. 4, 1868; Sprecher, Literatur und Recht. Eine Bibliographie für Leser, 2011; Thiel, Oscar Wilde vor Gericht. Der Verleumdungsprozeß gegen den Marquess of Queensberry und die beiden Prozesse gegen Oscar Wilde wegen schwerer Unzucht (1895), in: Vormbaum (Hrsg.), Jahrbuch der Juristischen Zeitgeschichte, Bd. 5, 2004, S. 676 ff.; Walter, Kleine Stilkunde für Juristen, 3. Aufl. 2017; ders., Über den juristischen Stil, Jura 2006, 344 ff.; Weber (Hrsg.), Juristen als Dichter, 2002; ders. (Hrsg.), Dichter als Juristen, 2004; Wohlhaupter, Dichterjuristen. Band I, 1953; Band II, 1955; Band III, 1957; Wolf, Recht des Nächsten. Ein rechtstheologischer Entwurf, 2. Aufl. 1966; Wustmann, Allerhand Sprachdummheiten. Kleine deutsche Grammatik des Zweifelhaften, des Falschen und des Häßlichen, 4. Aufl. 1908.

§ 14 Recht und Neurowissenschaften

Michael Lindemann

A. Einleitung

1 Wir tun „nicht, was wir wollen (und schon gar nicht, weil wir es wollen), sondern wir wollen, was wir tun" – mit dieser einprägsamen Zusammenfassung des Forschungsstandes der neueren Hirnforschung durch *Wolfgang Prinz*,[1] der sich ähnlich pointierte Äußerungen anderer Vertreter des Faches hinzugesellen ließen, ist zugleich eine Herausforderung an das Recht formuliert, die eine äußerst vielstimmige und kontroverse, bis in die Feuilletons der deutschen Tagespresse hinein reichende Debatte ausgelöst hat.[2] Indem die Neurowissenschaftler das Freiheitsempfinden des Menschen – d.h. das Bewusstsein, sich in einer konkreten Situation so, aber auch anders entscheiden zu können – unter Bezugnahme auf experimentell gewonnene Einsichten in die Handlungsvorbereitung und -steuerung[3] zur Illusion erklären und stattdessen komplexe, der bewussten Beeinflussung entzogene neuronale Prozesse am Werk sehen, treffen sie nicht nur unsere Selbstwahrnehmung, sondern auch unsere Rechtsordnung in ihrem Kern; basieren doch zumindest nach gängiger Vorstellung so grundlegende Konzepte wie der strafrechtliche Schuldvorwurf, die Privatautonomie oder die Partizipation an demokratischen Entscheidungsprozessen auf dem skizzierten, nunmehr infrage gestellten Freiheitspostulat. Müssen wir also unter dem Eindruck der uns präsentierten Forschungsergebnisse tatsächlich „aufhören, von Freiheit zu sprechen" (so die Forderung des Neurophysiologen *Wolf Singer*),[4] und wenn dem so wäre, was folgte daraus für unser überkommenes Verständnis vom Recht als einer Freiheitsordnung, welche die Rechte und Pflichten der einzelnen Bürger in ein ausgewogenes Verhältnis zueinander setzt?

2 Wir Juristen kommen nicht umhin, zu diesen Fragen aus der Perspektive unserer Disziplin Stellung zu nehmen; dahin stehen lassen können wir sie nicht.[5] Eine genauere Betrachtung ist jedoch, wie die folgenden Ausführungen zeigen werden, durchaus geeignet, ihnen ihren Schrecken zu nehmen.[6] Dazu bedarf es zunächst der Auseinandersetzung mit den Erkenntnissen der Neurowissenschaften und den aus ihnen gezogenen Schlussfolgerungen (B I), bevor im Anschluss einige aus der Sphäre des Rechts – genauer: des Strafrechts – entwickelte Ideen für einen konstruktiven Umgang mit der (gar nicht einmal so neuen) Vermutung vollständiger Vorherbestimmtheit menschlichen Entscheidungsverhaltens diskutiert werden sollen (B II). Den Schluss werden einige eigene Überlegungen zu der in Rede stehenden Problematik bilden (C).[7]

---

1 Prinz, in: Freiheit des Entscheidens und Handelns, S. 86, 98.

2 Vgl. die bei Geyer, Hirnforschung und Willensfreiheit dokumentierten Beiträge aus der Frankfurter Allgemeinen Zeitung. Eine nach wie vor empfehlenswerte Einführung in die Diskussion bietet auch der Sammelband von Lampe/Pauen/Roth, Willensfreiheit und rechtliche Ordnung.

3 Eine kurze Einführung in Funktionsweise, Vor- und Nachteile der in diesem Zusammenhang zur Anwendung gelangenden bildgebenden Verfahren findet sich bei Kruse, NJW 2020, 137, 138.

4 Singer, in: Hirnforschung und Willensfreiheit, S. 30 ff.

5 In diesem Sinne auch Heun, in: Willensfreiheit und rechtliche Ordnung, S. 276, 282.

6 Vgl. hierzu bereits Lindemann, in: "...weil er für die Allgemeinheit gefährlich ist!", S. 343 ff.; ders., in: Wieviel Sicherheit braucht die Freiheit?, S. 81 ff.

7 Die Darstellung wurde bewusst auf die Erörterung der besonders kontrovers diskutierten Frage beschränkt, welche Folgerungen sich aus den Forschungsergebnissen der Neurowissenschaften für die Zuschreibung von Verantwortung ergeben, um den Umfang dieses Beitrages überschaubar zu halten und dennoch die we-

B. Die Herausforderung des Rechts durch die Neurowissenschaften

I. Empirische Erkenntnisse der Hirnforschung und ihre Deutung

Eine bedeutende Rolle für die Argumentation der Hirnforscher kommt den Ergebnissen der Experimente zu, welche der amerikanische Neurobiologe *Benjamin Libet* (1916–2007) Anfang der 80er Jahre des letzten Jahrhunderts durchgeführt hat.[8] Libet forderte die Probanden auf, zu einem von ihnen zu bestimmenden Zeitpunkt eine Bewegung mit einem Finger oder der ganzen Hand auszuführen und sich anhand der Zeigerstellung einer Präzisionsuhr zu merken, wann sie jeweils den Entschluss hierzu gefällt zu haben glaubten. Messungen der Hirnströme der Probanden ergaben, dass der (unbewusste) Aufbau sog. Bereitschaftspotentiale, welcher der Handlungsausführung jeweils vorausging, durchschnittlich etwa 350 Millisekunden vor dem berichteten Willensentschluss erfolgte. Während Libet selbst diese Ergebnisse, die durch spätere Experimente bestätigt wurden,[9] dahin gehend interpretierte, dass die Initiative für eine Willenshandlung zwar vom Unbewussten ausgehen mag, ihre Exekution jedoch dem Veto des bewussten Willens unterliegt,[10] werden sie in der Diskussion um die Bedeutung neurowissenschaftlicher Forschungsergebnisse für das Recht verbreitet als Nachweis für die Bestimmtheit menschlichen Entscheidens und Handelns durch neuronale Vorgänge im Gehirn angeführt.[11] In der philosophischen Diskussion wird diese Position traditionell als deterministisch bezeichnet, weil sie – anders als ihr indeterministischer Widerpart – davon ausgeht, dass sich die Entscheidungen des Menschen ebenso wie alle anderen Ereignisse in unserer Welt auf eine lückenlose Ursachenkette zurückführen lassen.[12] Weitere Begründungsstränge für die deterministische These der Hirnforscher bilden Erkenntnisse der Neuropsychologie zur irrtümlichen Selbstzuschreibung von Willensakten[13] sowie Einsichten der modernen Neurobiologie in die Bedeutung unbewusst arbeitender Hirnregionen für die Erzeugung und Kontrolle von Willkürhandlungen.[14] 3

---

sentlichen Aspekte der Thematik in der gebotenen Ausführlichkeit erörtern zu können. Ausgespart bleiben mussten aus diesem Grunde weitere interessante Fragestellungen, die sich aus dem Erkenntnisfortschritt der Neurowissenschaften für das Recht ergeben. Genannt seien hier nur die Überlegungen, inwieweit die Messung von Hirnaktivität mittels bildgebender Verfahren als Lügendetektor in Gerichtsverfahren Einsatz finden kann bzw. sollte, oder wie zu verfahren ist, wenn beim Einsatz derartiger Verfahren zu Forschungszwecken sog. Zufallsfunde auftreten, d.h. Befunde gewonnen werden, die auf eine ernsthafte klinische Erkrankung des Probanden hindeuten können. Für einen Überblick vgl. die Beiträge zum Sammelband von Schleim/Spranger/Walter, Von der Neuroethik zum Neurorecht?; speziell zur Lügendetektion Avery, Albany Law Review 2018, 941, 961 ff.; Bigenwald/Chambon, Frontiers in Psychology 2019 (10:1406); Greely/Illes, American Journal of Law and Medicine 2007, 377.

8 Libet, The Behavioral and Brain Sciences 1985, 529; Libet et al., Brain 1983, 623. Eine gut verständliche Zusammenfassung findet sich bei Libet, Mind time, S. 159 ff.

9 Vgl. vor allem Haggard/Eimer, Experimental Brain Research 1999, 128; Haggard et al., Nature Neuroscience 2002, 382; weiterführend Siong Soon et al., Nature Neuroscience 2008, 543.

10 Siehe Libet, Mind time, S. 177 ff. Nach neueren Forschungen von Schultze-Kraft et al., PNAS 2016, 1080 ff. besteht tatsächlich auch nach der Entstehung des Bereitschaftspotentials noch die Möglichkeit, die Handlungsausführung im Sinne eines „Vetos" abzuwenden, allerdings nur bis zum Erreichen eines (dem Handlungsbeginn etwa 200 ms vorgelagerten) „point of no return".

11 Vgl. etwa Prinz, in: Hirnforschung und Willensfreiheit, S. 20 ff.; Roth, Fühlen, S. 494 ff., 536 ff.; Singer, Ein neues Menschenbild?, S. 9 ff., 24 ff., 65.

12 Zu den verschiedenen Spielarten deterministischer und indeterministischer Positionen in der Philosophie Beckermann, in: "...weil er für die Allgemeinheit gefährlich ist!", S. 293 ff.

13 Grundlegend Wegner, The illusion, 2002.

14 Hierzu Roth, in: FS Lampe, S. 43, 50 ff.; Pauen/Roth, Freiheit, S. 80 ff.

4 Sieht man vor dem Hintergrund der vorstehend referierten Befunde das Bewusstsein des freien Willens im Sinne der faktischen Möglichkeit, stets auch anders entscheiden und danach handeln zu können, als bloße Illusion desavouiert, so liegt es nahe, in einem nächsten Schritt die – immerhin auch in der Rechtsprechung des BVerfG anerkannte[15] – fundamentale Bedeutung des Schuldgrundsatzes für die Begründung und Bemessung staatlicher Strafe anzuzweifeln.[16] Tatsächlich haben wortmächtigste Vertreter der Neurowissenschaften vor allem die Forderung des klassisch-indeterministischen Schuldverständnisses nach einem „Andershandelnkönnen" des Täters in der konkreten Tatsituation, die in der Formulierung des § 20 StGB anklingt und auch in einer grundlegenden Entscheidung des BGH aus dem Jahre 1952[17] zum Ausdruck kommt, für verfehlt erklärt.[18] Was daraus allerdings für den Umgang mit abweichendem Verhalten folgen soll, bleibt merkwürdig unklar; so wird etwa die Hoffnung auf einen verständnisvolleren und humaneren Umgang mit Straftätern geäußert, wenig später jedoch formuliert, wir sollten in der Praxis des Strafens – wenn auch aus einer geläuterten Perspektive heraus – „hübsch das Gleiche tun wie jetzt auch schon".[19] Andernorts findet sich die Feststellung, der (angesichts der gewonnenen Einsichten in die Struktur menschlicher Entscheidungsprozesse angezeigte) Verzicht auf den Begriff der persönlichen Schuld bedeute keineswegs den Verzicht auf die Bestrafung einer Tat als Verletzung gesellschaftlicher Normen. Allerdings würden die Täter eben nicht mehr deshalb bestraft, weil sie mutwillig schuldig geworden seien, sondern weil sie gebessert werden sollten, falls das möglich sei; anderenfalls müsse die Gesellschaft vor ihnen geschützt werden.[20] In denselben Kontext fügen sich schließlich neuere Arbeiten ein, welche die Bedeutung hervorheben, die hirnanatomischen und -physiologischen Störungen im Zusammenwirken mit ungünstigen psychosozialen Faktoren wie Vernachlässigung und sexuellem Missbrauch für die Genese gewalttätigen Verhaltens zukommt;[21] diese Ansätze lassen sich mit wenig Phantasie als Rechtfertigung für ein nach Möglichkeit be-

15 Vgl. BVerfGE 20, 323, 331; 41, 121, 125; 45, 187, 259; 50, 125, 133; 95, 96, 131; 96, 245, 249; zuletzt BVerfG NJW 2016, 1149, 1152 f., wo ausdrücklich auch von der „Eigenverantwortung des Menschen" die Rede ist, „der sein Handeln selbst bestimmt und sich *kraft seiner Willensfreiheit* zwischen Recht und Unrecht entscheiden kann" (Hervorhebung M.L.).

16 Zu den verschiedenen Funktionen des Schuldbegriffes im Strafrecht vgl. Lackner/Kühl-Heger, Vor § 13 Rn. 22; Lenckner/Eisele, in: Schönke/Schröder, Vorbem. §§ 13 ff Rn. 107 ff.

17 BGHSt 2, 194, 200: „Strafe setzt Schuld voraus. Schuld ist Vorwerfbarkeit. Mit dem Unwerturteil der Schuld wird dem Täter vorgeworfen, dass er sich nicht rechtmäßig verhalten, dass er sich für das Unrecht entschieden hat, obwohl er sich rechtmäßig verhalten, sich für das Recht hätte entscheiden können. Der innere Grund des Schuldvorwurfes liegt darin, dass der Mensch auf freie, verantwortliche, sittliche Selbstbestimmung angelegt und deshalb befähigt ist, sich für das Recht und gegen das Unrecht zu entscheiden, sein Verhalten nach den Normen des rechtlichen Sollens einzurichten und das rechtlich Verbotene zu vermeiden, sobald er die sittliche Reife erlangt hat und solange die Anlage zur freien sittlichen Selbstbestimmung nicht durch die in § 51 StGB (heute: § 20 StGB, M.L.) genannten krankhaften Vorgänge vorübergehend gelähmt oder auf Dauer zerstört ist." Vgl. zur Einordnung dieser Aussage in den Kontext der Entscheidung Weißer, GA 2013, 26, 30 f.

18 Exemplarisch Roth, in: Das Gehirn und seine Freiheit, S. 9, 14 f. Ebenso aus strafrechtlicher Sicht Schiemann, NJW 2004, 2056, 2059.

19 Vgl. Singer, Ein neues Menschenbild?, S. 33 f.

20 Roth, Fühlen, S. 541.

21 Überblick bei Urbaniok et al., in: Von der Neuroethik zum Neurorecht?, S. 164, 166 ff.; siehe auch Lück/Strüber/Roth, Psychobiologische Grundlagen; Piefke/Markowitsch, in: Entmoralisierung des Rechts, S. 96 ff.; Dreßing/Dreßing, MSchrKrim 2014, 345 ff.; sowie die Beiträge zu dem Sammelband Müller, Neurobiologie forensisch-relevanter Störungen, die biologische und bio-soziale Korrelate antisozialen und (gewalt-)delinquenten Verhaltens beleuchten.

reits in den ersten Lebensjahren entsprechend vorbelasteter Kinder ansetzendes Interventionsrecht lesen.[22]

Ein konsequent zu Ende gedachter Verzicht auf den Gedanken individueller Verantwortlichkeit würde allerdings nicht an den Grenzen des Strafrechts halt machen, er beträfe – wie bereits angedeutet – auch die anderen Teildisziplinen des Rechts. Auf dem Gebiet des öffentlichen Rechts wäre neben einer Erosion der legitimatorischen Grundlagen unserer freiheitlich-demokratischen Verfassungsordnung vor allem ein Bedeutungsverlust des Freiheits- bei gleichzeitiger Aufwertung des Schutzaspektes der Grundrechte zu gewärtigen, der sich in verstärkten „therapeutischen" Bemühungen des Staates um seine Bürger niederschlagen und Auswirkungen etwa auf das Jugendhilfe-, Unterbringungs-, Sozial-, Familien- und Polizeirecht zeitigen dürfte.[23] Im Zivilrecht stünde neben der Vertragsfreiheit wohl auch das Haftungssystem zur Disposition, dessen Schuldprinzip – entgegen der Annahme des Biologen und Hirnforschers *Gerhard Roth*[24] – durchaus darauf gegründet ist, dass dem Schädiger hinsichtlich der schädigenden Handlung ein persönlicher Vorwurf gemacht werden kann.[25] 5

Die Thesen der Neurowissenschaftler sind nicht unwidersprochen geblieben. So wird zunächst die Beweiskraft der Libet-Experimente im Streit um die Willensfreiheit mit dem Hinweis auf messtechnische Ungenauigkeiten[26] und auf die Tatsache infrage gestellt, dass es sich bei den von Libet untersuchten Finger- und Handbewegungen um automatisierte Zufallsentscheidungen gehandelt habe, aus deren Zustandekommen sich keine Schlussfolgerungen für die Beurteilung komplexen menschlichen Entscheidungsverhaltens ableiten ließen.[27] Überdies stehe die neurowissenschaftliche Erforschung der Gesetzmäßigkeiten und Zusammenhänge menschlicher Entscheidungen erst am Anfang und vermöge Aussagen von größerer Tragweite noch nicht zu stützen.[28] Zweifelhaft sei, dass man im Rahmen einer nach neuronalen Korrelaten und Verknüpfungen Ausschau haltenden Forschung, die **Ursachen** suche und **Gründe** für menschliches Verhalten ausblende, auf ein Phänomen wie den freien Willen überhaupt stoßen könne. Stattdessen spreche manches dafür, dass sich auf diese Weise zwar die Verknüpfung von Entscheidungen mit neuronalen Prozessen belegen lasse, nicht aber, dass letztere die ersteren bestimmten.[29] In den Berichten der Hirnforscher komme es zu einer unberechtigten Vermengung von psychologischer und neurobiologischer Beschreibungsebene: Da es Entscheidungen im eigentlichen Sinne nur dort gebe, wo von Gründen und Überlegungen die Rede sein könne, sei es ein Fehler, in der Rede über das Gehirn einen Begriff wie „Entscheiden" aus der Sprache des Geistes zu verwenden.[30] Schließlich bleibe die Evolution der energieintensiven Prozesse bewusster Rationalität 6

22 Dezidiert kritisch Strasser, in: Jahrbuch für Rechts- und Kriminalsoziologie 2005, S. 51 ff.
23 Vgl. dazu Wolff, JZ 2006, 925, 929 f.
24 Roth, Fühlen, S. 536; ders., in: Jahrbuch für Wissenschaft und Ethik 2014, S. 65, 68 ff.
25 Siehe Schreiber, in: Jahrbuch junger Zivilrechtswissenschaftler 2006, S. 33, 35. Vgl. zum Vorstehenden auch Laufs, MedR 2011, 1, 4 ff.; Schur, in: Willensfreiheit und rechtliche Ordnung, S. 226 ff.
26 Ausführlich Rösler, in: Willensfreiheit und rechtliche Ordnung, S. 140, 145 ff.
27 In diesem Sinne Gehring, Philosophische Rundschau 2004, 273, 286 f.; Habermas, DZPhil 2004, 871, 873; Helmrich, in: Hirnforschung und Willensfreiheit, S. 92 ff.
28 Vgl. Grothe, in: Neue Hirnforschung – Neues Strafrecht?, S. 35 ff.
29 Hillenkamp, JZ 2005, 313, 319.
30 Bieri, in: Freier oder unfreier Wille?, S. 20, 28. Zu diesem sog. „Kategorienfehler" auch Schockenhoff, in: Hirnforschung und Willensfreiheit, S. 166 ff.; Walter, in: Von der Neuroethik zum Neurorecht?, S. 67, 85; Gegenkritik bei Merkel, Willensfreiheit, S. 43 ff.

unverständlich, wenn ihnen keinerlei funktionale Rolle in unserem Leben und für unser Überleben zukäme.[31]

7 Nun sollte sich der Jurist vor allem bei der Bewertung der naturwissenschaftlichen Schlussfolgerungen der Neurowissenschaftler Zurückhaltung auferlegen; verfügt er doch auf diesem Gebiet in der Regel nicht über die erforderliche Sachkunde.[32] Umso größere Bedeutung kommt der Überlegung zu, ob denn die vorgetragenen Befunde – ihre Richtigkeit einmal unterstellt – tatsächlich den skizzierten Verfall der Legitimationsgrundlagen unseres Rechts nach sich ziehen müssten. Hier bietet es sich an, den Blick zunächst auf das Strafrecht zu richten, das ja zumindest von der expliziten Infragestellung durch die Hirnforscher am stärksten betroffen ist. Eine eingehende Analyse der bisherigen Bemühungen des strafrechtlichen Schrifttums um eine inhaltliche Ausfüllung des Schuldbegriffes macht deutlich, dass der Gedanke, das Beharren auf der Forderung nach einem „Andershandelnkönnen“ des Täters in der konkreten Tatsituation könne das Strafrecht vor Probleme stellen, keineswegs neu ist.

II. Die Schuldtheorien des Strafrechts

8 Zu der Einsicht in die Problematik des klassisch-indeterministischen Schuldverständnisses haben dem Strafrecht nicht zuletzt forensische Psychiater verholfen, die im Hinblick auf die Begutachtung der Schuldfähigkeit darauf hingewiesen haben, eine Aussage darüber, ob der Täter bei vorhandener Einsicht in das Unrecht der Tat fähig gewesen sei, nach dieser Einsicht zu handeln (§ 20 StGB), sei ihnen als empirischen Wissenschaftlern nicht möglich.[33] Im Anschluss hieran findet sich im strafrechtlichen Schrifttum verbreitet die Formulierung, die Willensfreiheit entziehe sich einer Feststellung mit den Mitteln des Strafverfahrens.[34] Richtigerweise lassen sich bereits erkenntnistheoretische Gründe gegen die Vorstellung anführen, der Täter müsse die Fähigkeit besessen haben, sich anders als geschehen gegen das Unrecht und für ein rechtmäßiges Verhalten zu entscheiden.[35] *Immanuel Kant* (1724–1804) hat in der „Kritik der reinen Vernunft“ gezeigt, dass jede Analyse einer menschlichen Willensentscheidung diese als Reaktion einer bestimmten Person auf eine bestimmte Entscheidungssituation versteht und damit davon ausgeht, dass die getroffene Entscheidung aus den (allerdings im Nachhinein kaum je vollständig zu ermittelnden) Eigenarten der Person und der Entscheidungssituation resultiert.[36] Kant selbst glaubte, dennoch die Freiheit des Menschen voraussetzen zu können, indem er die Geltung des Kausalgesetzes auf die Erfahrungswelt beschränkte und hiervon die intelligible Welt unterschied, in welcher dem Menschen die Fähigkeit zu freier, verstandesgeleiteter Entscheidung zukomme.[37] Wie allerdings menschliche Handlungen als Erscheinungen kausal determiniert und zugleich aus der intelligiblen Welt heraus beeinflussbar sein sollen, bleibt dabei unklar (zur Rechtslehre Kants § 1 Rn. 22 ff.; zur Strafrechtslehre § 9 Rn. 18 f.).[38]

---

31 Siehe Searle, Freiheit, S. 50.

32 Ebenso Wolff, JZ 2006, 925.

33 Vgl. zu dieser Position Langelüddeke/Bresser, Gerichtliche Psychiatrie, S. 268 ff.

34 Vgl. Hassemer, Einführung, S. 232; Rönnau, in: LK[13], Vor § 32 Rn. 320; Stratenwerth/Kuhlen, Strafrecht AT, § 10 Rn. 4; Streng, in: MünchKomm-StGB, § 20 Rn. 53.

35 Vgl. Frister, Struktur, S. 18; ders., Strafrecht AT, Rn. 3/7.

36 Kant, Kritik der reinen Vernunft, S. 372. Dazu auch Jakobs, ZStW 117 (2005), 247, 248; Mosbacher, JR 2005, 61.

37 Zu dieser Freiheitskonzeption Kants vgl. ders., Grundlegung zur Metaphysik der Sitten, S. 446 ff.; ders., Kritik der praktischen Vernunft, S. 93 ff.

38 Vgl. Schreiber, in: Jahrbuch junger Zivilrechtswissenschaftler 2006, S. 33, 45.

1. Der pragmatisch-soziale Schuldbegriff

9 Die herrschende strafrechtliche Lehre versucht, die problematische Frage nach den Entscheidungs- und Handlungsalternativen des Täters durch ein analogisches Verfahren zu umgehen. Zum Teil wird angenommen, die Feststellung eines individuellen Freiheitsraumes erübrige sich, wenn man zur Begründung des Schuldvorwurfs einen Vergleich mit einem „maßgerechten Menschen" in der Situation des Täters ziehe und schuldhaftes Handeln annehme, wenn dieser erdachte Durchschnitts- oder Normalmensch bei Anspannung derjenigen Willenskraft, die dem Täter eventuell gefehlt habe, unter den konkreten Umständen anders gehandelt hätte.[39] Verwandt ist die Auffassung, nach welcher strafrechtliche Verantwortlichkeit in der „normativen Ansprechbarkeit" des Normalbürgers im Sinne einer Motivierbarkeit durch Normen[40] gründet: Der Täter habe rechtswidrig gehandelt, obwohl er die (generelle) Fähigkeit besessen habe, sich von der Rechtspflicht zu normgemäßem Verhalten bestimmen zu lassen. Bei dieser Annahme handele es sich nicht etwa – wie bei der herkömmlichen Vorstellung von einem „Andershandelnkönnen" – um eine unbeweisbare Hypothese, sondern um einen erfahrungswissenschaftlichen Befund; statt des indeterministisch begründeten Vorwurfs individueller sittlicher Verfehlung beinhalte die Strafe einen sozialen Tadel wegen des Zurückbleibens hinter denjenigen Verhaltensanforderungen, die der freiheitlich verfasste Staat an seine Bürger mit normaler Motivierbarkeit durch soziale Normen als Grundbedingung friedlichen Zusammenlebens stellen müsse.[41]

10 Die Abstraktion von der konkreten Tatsituation und die Bezugnahme auf generalisierende Kategorien haben der vorherrschenden Lehrmeinung die Attribute „pragmatisch" und „sozial-vergleichend" eingetragen.[42] In der analogischen Vorgehensweise, mit welcher der pragmatisch-soziale Schuldbegriff versucht, dem Dilemma des klassisch-indeterministischen Ansatzes auszuweichen, liegt jedoch zugleich eine wesentliche Schwäche: So ließe sich aus der Perspektive des Angeklagten die Frage aufwerfen, welcher Umstand eigentlich dazu berechtigt, **ihn** dafür verantwortlich zu machen und zu bestrafen, dass **andere** in seiner Lage rechtstreu gehandelt hätten. Man mag dieser Kritik mit dem (in der Sache sicherlich zutreffenden) Hinweis begegnen, bei der Zuschreibung von Verantwortung handele es sich nicht um eine Erfindung des Strafrechts, sondern um eine „soziale Spielregel", die mit dem subjektiven Freiheitserleben des Menschen übereinstimme und unser alltägliches Miteinander ganz selbstverständlich präge;[43] dies ändert allerdings nichts daran, dass mit einem lediglich analogisch begründeten Schuldurteil die legitimatorische Grundlage für einen individualethischen,

39 Hierzu Jescheck/Weigend, Strafrecht AT, S. 411; Kaufmann, Jura 1986, 225, 227; Otto, Grundkurs Strafrecht AT, § 12 Rn. 24.

40 Auf Franz von Liszt (Die strafrechtliche Zurechnungsfähigkeit, in: Aufsätze und kleinere Monographien, S. 214, 219) geht die Formulierung zurück, das Wesen der Zurechnungsfähigkeit liege in der „normalen Bestimmbarkeit durch Motive"; vgl. dazu auch Streng, in: MünchKomm-StGB, § 20 Rn. 20; zur Bedeutung von Liszts für die Strafrechtslehre vgl. § 8 Rn. 28.

41 In diesem Sinne Lackner/Kühl-Heger, Vor § 13 Rn. 23; Roxin/Greco, Strafrecht AT I, § 19 Rn. 36 ff.; für eine Ersetzung des „Nichtandershandelnkönnens" in § 20 StGB durch das Merkmal der „normativen Ansprechbarkeit" Merkel, in: FS Claus Roxin II, S. 737, 759 f.

42 So bei Jescheck/Weigend, Strafrecht AT, S. 427; Lackner/Kühl-Heger, Vor § 13 Rn. 23; Schreiber/Rosenau, in: Psychiatrische Begutachtung, S. 92 ff.; Streng, in: MünchKomm-StGB, § 20 Rn. 20.

43 Exemplarisch für die verbreitete Bezugnahme auf das Freiheitsempfinden Hirsch, ZStW 106 (1994), 746, 763.

auf dem Missbrauch von Freiheit gestützten Vorwurf gegen den Täter entfällt.[44] Abgesehen davon ist nicht ersichtlich, was der Schritt auf eine höhere Abstraktionsebene an der prinzipiellen erkenntnistheoretischen Unmöglichkeit einer von der individuellen und sozialen Bedingtheit menschlichen Entscheidungsverhaltens gelösten Betrachtungsweise zu ändern vermöchte. Übertragen auf die Herausforderung des Strafrechts durch die Neurowissenschaften bedeutet dies: Wenn man mit den Hirnforschern die Entscheidungsfreiheit des Menschen negiert, erscheint fraglich, wie man befugt sein sollte, eine solche dem als Vergleichsperson konstruierten Normalbürger zu unterstellen.[45] Wer Schuldfähigkeit mit „normativer Ansprechbarkeit" gleichsetzt, müsste darüber hinaus Kriterien für die Differenzierung den Täter entlastender und diesen nicht entlastender Determinanten der Willensbildung benennen; denn auch dieser Ansatz müsste selbstverständlich eine präzise Beschreibung und Identifikation derjenigen Fälle ermöglichen, in denen die Zuschreibung strafrechtlicher Verantwortung ausnahmsweise unterbleiben soll. Der Rückgriff auf die überkommene Vorstellung eines Widerstreits zwischen Vernunft und Trieben kommt hierfür jedenfalls nicht in Betracht, da mit der dann zu beantwortenden Frage, ob der Täter nicht durch die Norm motiviert werden konnte (weil übermächtige Triebe ihn daran hinderten), oder ob er sich schlicht nicht normgemäß motivieren lassen wollte, im Kern nur wieder auf die als unhaltbar erkannte Idee der Willensfreiheit rekurriert würde.[46]

11 Das sozial-pragmatische Schuldurteil erweist sich nach alldem als bloße Scheinlösung, die von dem (im Ergebnis erfolglosen) Bemühen getragen ist, Anklänge an den Begriff der Willensfreiheit zu vermeiden, obwohl im Hintergrund die Vorstellung eines „Andershandelnkönnens" latent fortwirkt.[47] Auf der Suche nach tragfähigen Kriterien, mit deren Hilfe entschieden werden könnte, ob ein Täter schuldfähig ist oder nicht, führt die Konzeption der herrschenden Lehre nicht weiter.

2. Das funktionale Schuldverständnis der positiv-generalpräventiv begründeten Straftheorie

12 Zu einer ganz anderen Ausdeutung des Schuldbegriffes gelangen Vertreter der Theorie der positiven Generalprävention, der die Annahme zugrunde liegt, dass durch die Straftat die auf rechtstreues Verhalten gerichteten Erwartungen der Rechtsgemeinschaft enttäuscht werden. Der daraus erwachsenden Gefahr, dass die Bürger ihr Erleben und Handeln künftig nicht mehr am Vertrauen in die (Fort-)Geltung der verletzten Norm, sondern an dem in der Straftat liegenden Normwiderspruch orientierten, müsse durch eine Neutralisierung dieses Widerspruches begegnet werden, die wiederum nur dadurch zu erreichen sei, dass dem Täter für die Normverletzung ein in Ausmaß und

44 Vgl. dazu Lenckner/Eisele, in: Schönke/Schröder, Vorbem. §§ 13 ff Rn. 109a; Merkel, Willensfreiheit, S. 114; Schiemann, ZJS 2012, 774, 775; Streng, in: MünchKomm-StGB, § 20 Rn. 57. Nach Hassemer, Einführung, S. 239 resultiert aus der Beschränkung auf die Feststellung, der Täter habe die Maßstäbe des „generellen Könnens" verfehlt und stehe in Differenz zum „maßgerechten Menschen", für den strafrechtlichen Vorwurf eine systematische Schmälerung der „Basis an Wissen und Einfühlung, auf die er sich zu seiner Rechtfertigung stützen kann". Dies erkennen auch Roxin/Greco als Vertreter des Ansatzes, der auf die „normative Ansprechbarkeit" abstellt; zu den daraus gezogenen Konsequenzen vgl. sogleich unter B II 3.

45 So zutreffend Hillenkamp, in: Neue Hirnforschung – Neues Strafrecht?, S. 85, 104.

46 Dazu Frister, Struktur, S. 118 ff.; ders., MSchrKrim 1994, 316, 317 f.

47 Wie hier Frister, Struktur, S. 118 Fn. 60; ders., MSchrKrim 1994, 316, 318. Aus philosophischer Sicht kritisiert Pauen, Illusion, S. 232 die Unentschlossenheit der Rechtslehre im Umgang mit dem Freiheitsbegriff.

Bedeutung der verletzten Norm entsprechendes Übel zugefügt werde.[48] Anders als nach der sog. absoluten Straftheorie, nach der die Strafe allein der Verwirklichung der Gerechtigkeit dient und der Täter bestraft wird, weil er Strafe verdient hat, wird nach der Theorie positiver Generalprävention somit zur Erhaltung des durch die Straftat gestörten Normvertrauens, zur Einübung in Normanerkennung bestraft. Da sie die Strafe auf einen Zweck außerhalb ihrer selbst bezieht, wird die Theorie positiver Generalprävention den relativen Straftheorien zugeordnet.[49]

Nach dieser Theorie soll auch die Schuld des Täters davon abhängen, ob seine Bestrafung zur Stabilisierung des gesellschaftlichen Ordnungsvertrauens erforderlich ist, nicht hingegen davon, ob er hätte anders handeln können als geschehen. Zu fragen sei nicht, ob der Täter in der konkreten Tatsituation eine Verhaltensalternative besessen habe, sondern allein danach, ob eine Alternative zur Verarbeitung des Normwiderspruches durch die Verhängung von Strafe bestehe. Existiere eine solche Möglichkeit der alternativen Konfliktbeilegung, könne der Täter für schuldunfähig erklärt werden; bestehe sie nicht, werde ihm Autonomie als Fähigkeit zugeschrieben und deren Nichtausübung angelastet. Verdeutlicht wird das Gemeinte am Beispiel der Annahme der Schuldunfähigkeit von Triebtätern: Diese sei erst in Betracht gekommen, nachdem die Psychiatrie Rezepte zur Behandlung entsprechender psychischer Störungen vorgelegt und damit eine Alternative zur Bestrafung (nach heutigem Recht die Unterbringung in einem psychiatrischen Krankenhaus gemäß § 63 StGB) eröffnet habe.[50] 13

Die Verknüpfung des Schuldbegriffes mit dem Zweck der Strafe ist im Schrifttum verbreitet auf Ablehnung gestoßen. Ihr wird vor allem vorgeworfen, durch die Normativierung der Schuld und deren weitgehende Lösung von psycho-physischen Fähigkeiten werde der Einzelne dem beliebigen und unbegrenzten Zugriff des Gesetzgebers zu Zwecken der Normbestätigung ausgeliefert. Mit der ausschließlichen Orientierung an dem zur Stabilisierung des Normvertrauens Notwendigen – für dessen Bestimmung ein konkreter Maßstab nicht benannt werde – drohe die Entwicklung einer fast beliebig anpassbaren, auch in Unrechtsregimen verwendbaren Struktur. Die strafbarkeitseinschränkende Funktion des Schuldprinzips werde aufgegeben und das Strafrecht so „für die Kriminalpolitik passierbar gemacht".[51] In der Instrumentalisierung des Einzelnen für Zwecke der Allgemeinheit, für die ja gerade nicht an ein individuell vorwerfbares Fehlverhalten angeknüpft werden solle, liege ein Eingriff in die von Art. 1 Abs. 1 GG für unantastbar erklärte Menschenwürde, gegen den sich schon Immanuel Kant ausgesprochen habe.[52] Darüber hinaus laufe die funktionale Schuldkonzeption Gefahr, ihr erklärtes Strafziel zu verfehlen, wenn sich in der Bevölkerung herumspreche, dass das Ob und Wie der Strafe nicht mehr davon abhänge, was man mit welcher Einstellung 14

48 Grundlegend zum Vorstehenden Jakobs, Strafrecht AT, Abschn. 1 Rn. 4 ff., 11: „Aufgabe der Strafe ist die Erhaltung der Norm als Orientierungsmuster für sozialen Kontakt. Inhalt der Strafe ist ein auf Kosten des Normbrechers erfolgender Widerspruch gegen die Desavouierung der Norm.".

49 Für einen Überblick über die Straftheorien vgl. Frister, Strafrecht AT, Rn. 2/1 ff.

50 Dazu Jakobs, Schuld und Prävention; ders., Strafrecht AT, Abschn. 17 Rn. 18 ff.; zusammenfassend Roxin/Greco, Strafrecht AT I, § 19 Rn. 33; Streng, in: MünchKomm-StGB, § 20 Rn. 21; sowie Rönnau, in: LK[13], Vor § 32 Rn. 324 (dort auch zu der in jüngerer Zeit erfolgten Weiterentwicklung der straftheoretischen Position durch Jakobs).

51 Formulierung von Hassemer, Einführung, S. 236.

52 Vgl. die viel zitierte Formulierung von Kant, Die Metaphysik der Sitten, S. 331: „...der Mensch kann nie bloß als Mittel zu den Absichten eines anderen gehandhabt und unter die Gegenstände des Sachenrechts gemengt werden, wowider ihn seine angeborne Persönlichkeit schützt".

getan habe, sondern davon, was dem Richter zur Wiederherstellung des Ordnungsvertrauens notwendig erscheine.[53]

15 Dem Vorwurf, es fehle ihr an Bestimmungsmerkmalen zur inhaltlichen Konkretisierung des Schuldurteils, vermag die funktionale Schuldlehre nur ihre Bezugnahme auf die Erwartungshaltung des Durchschnittsbürgers entgegenzuhalten. Danach gehört zur Beschuldigung (oder zum Verzicht darauf) eine „sozialpsychologische Plausibilität" im Sinne einer allgemeinen Bereitschaft, in einer Situation, in der sich der Täter befindet, Verantwortung zu akzeptieren (oder auf sie zu verzichten).[54] Mit einer solchen Akzeptanz wird aber nur dann zu rechnen sein, wenn der strafrechtliche Schuldspruch den in der Gesellschaft vorherrschenden Intuitionen in Bezug auf eine gerechte Strafe entspricht, was wiederum voraussetzt, dass das Verhalten des Täters als moralischer Fehler thematisiert wird.[55] Erkennbar wird jedoch auf diesem Wege das dem klassisch-indeterministischen Schuldverständnis zuzuordnende Denken gleichsam „durch die Hintertür"[56] wieder eingeführt. Auch ein funktional konzipierter Schuldbegriff führt damit letzten Endes zurück auf die Kriterien der traditionellen Sichtweise und fügt ihnen nichts hinzu.[57] Das am Strafzweck der positiven Generalprävention ausgerichtete Schuldverständnis vermag damit zwar die ihm gegenüber erhobenen Vorwürfe teilweise zu entkräften; dies allerdings nur um den Preis, zur Lösung des hier erörterten Determinismusproblems keinen eigenständigen Beitrag erbringen zu können.

3. Der Schuldbegriff der Vereinigungslehre

16 Aus der Diskussion der Strafzwecke ist ein Ansatz bekannt, der versucht, die bei der Einzelbetrachtung der absoluten und relativen Straftheorien feststellbaren Begründungsdefizite durch die Integration in eine sog. Vereinigungslösung auszuräumen.[58] Diese Konzeption findet ihre Entsprechung im vorliegenden Zusammenhang in der von *Roxin* entwickelten (und von *Greco* in der Neubearbeitung seines Lehrbuches im Grundsatz fortgeführten) Idee einer wechselseitigen Beschränkung von Schuld und Prävention. Danach soll die Systemkategorie der Schuld zusammen mit dem Element der präventiven Sanktionsnotwendigkeit in der übergeordneten Kategorie der Verantwortlichkeit aufgehen. Der Täter soll nur dann für das von ihm begangene Unrecht verantwortlich gemacht werden können, wenn er erstens schuldhaft gehandelt hat und zweitens eine präventive Notwendigkeit zur Ahndung mit den Mitteln des Strafrechts besteht. Auf diese Weise werde das präventiv Zulässige durch das Schuldprinzip begrenzt und die Möglichkeit einer Bestrafung schuldhaften Verhaltens durch das Erfordernis präventiver Unerlässlichkeit eingeschränkt. Der Schuld, die Roxin und Greco als „unrechtes Handeln trotz normativer Ansprechbarkeit" im oben erläuterten Sinn verstehen,[59] wird konsequent die Eignung abgesprochen, Vergeltung und sittliche Vorwürfe zulasten des Täters zu legitimieren; sie sei notwendige, aber nicht hinreichende

53 Vgl. zum Vorstehenden Hirsch, ZStW 106 (1994), 746, 753; Pauen, Illusion, S. 236 ff.; Rönnau, in: LK[13], Vor § 32 Rn. 325; Roxin/Greco, Strafrecht AT I, § 19 Rn. 34 ff.; Streng, in: MünchKomm-StGB, § 20 Rn. 22.

54 Vgl. dazu Jakobs, Strafrecht AT, Abschn. 17 Rn. 23.

55 In diesem Sinne Frister, Struktur, S. 97.

56 Hirsch, ZStW 106 (1994), 746, 753.

57 Dazu Frister, Struktur, S. 22 ff.; ders., Strafrecht AT, Rn. 3/4; zustimmend Freund/Rostalski, Strafrecht AT, Rn. 4/4 mit Fn. 6; Stratenwerth/Kuhlen, Strafrecht AT, § 10 Rn. 7. Zu diesem Zusammenhang aus philosophischer Sicht Pauen, in: Willensfreiheit und rechtliche Ordnung, S. 41, 62.

58 Vgl. dazu Jescheck, in: LK[11], Einleitung Rn. 31 ff.; Wessels/Beulke/Satzger, Strafrecht AT, Rn. 26; zur Kritik Hassemer/Neumann, in: NK, Vor § 1 Rn. 286 f.

59 Roxin/Greco, Strafrecht AT I, § 19 Rn. 36.

Grundlage strafrechtlicher Verantwortlichkeit und bedürfe stets der Ergänzung um das Erfordernis präventiver Bestrafungsnotwendigkeit.[60]

17 Gegen den Vorschlag der Vereinigungslösung lassen sich auf der Grundlage des in den vorangegangenen Abschnitten Ausgeführten im Wesentlichen zwei Argumente vorbringen: Zum einen löst sich der beabsichtigte Effekt einer wechselseitigen Beschränkung von Schuld und Prävention auf, wenn man – wie hier – von einem Gleichlauf der Zurechnungsperspektiven von Vergeltungsstrafe und (positiv) generalpräventiv begründeter Strafe ausgeht: Die zur Stabilisierung des Normvertrauens notwendige Strafe **entspricht** der als gerecht empfundenen; eine limitierende Wirkung vermögen beide Perspektiven im Verhältnis zueinander nicht zu entfalten. Zum anderen sieht sich die reduktive Deutung der Schulddimension im Sinne der Verwirklichung von Unrecht trotz genereller „normativer Ansprechbarkeit" dem bereits erörterten Einwand ausgesetzt, zur Lösung des Freiheitsproblems einen bloßen Formelkompromiss anzubieten und auf diese Weise das Fortwirken klassisch-indeterministischer Vorstellungen lediglich zu verschleiern. Im Ergebnis erweist sich demnach auch die Vereinigungslösung als ungeeignet, den Schuldbegriff mit einem belastbaren Fundament zu versehen.[61]

4. Zwischenergebnis

18 Die bisherigen Überlegungen haben zwar keine tragfähige Konzeption des strafrechtlichen Schuldvorwurfes, aber wichtige Einsichten in das Verhältnis von Schuld und Prävention erbracht. Mit einer Anleihe bei der Philosophie könnte man dieses Verhältnis so beschreiben, dass beide sich zueinander verhalten wie unsere alltägliche Praxis moralischen Urteilens und die Ansätze zu deren metaethischer Rechtfertigung.[62] Die Beschreibung der Strafe als gerechte Vergeltung für schuldhaft verwirklichtes Unrecht, die der absoluten Straftheorie zugrunde liegt, vollzieht die Innenperspektive des konkreten Schuldspruches nach und findet insoweit eine Entsprechung in unserer alltagsmoralischen Bewertung (nicht strafbarer) Normverletzungen (etwa eines Ehebruches oder der Lüge gegenüber einem Freund). Demgegenüber tritt die Theorie positiver Generalprävention gleichsam einen Schritt zurück, nimmt (ebenso wie die Metaethik im Hinblick auf unser moralisches Urteilen) eine Außenperspektive ein und zeigt auf, wie sich die Praxis staatlichen Strafens den ihr unterworfenen Bürgern gegenüber rechtfertigen lässt.[63] Das Maß der Innenperspektive ist die Gerechtigkeit der konkreten Entscheidung, das der Außenperspektive die Zweckmäßigkeit der allgemeinen Praxis.[64] Beide Perspektiven sind strikt voneinander zu trennen und lassen einen Wechsel der Beschreibungsebene innerhalb des jeweiligen Begründungszusammenhanges nicht zu: Genauso wenig, wie die (alleinige) Bezugnahme auf Vergeltungsgesichtspunkte die Ver-

60 Siehe Roxin/Greco, Strafrecht AT I, § 19 Rn. 1 ff.; § 3 Rn. 37 ff.; zusammenfassend Hoyer, in: FS Claus Roxin II, S. 723, 724 ff.; Rönnau, in: LK[13], Vor § 32 Rn. 323; Wessels/Beulke/Satzger, Strafrecht AT, Rn. 630.

61 Eine kritische Auseinandersetzung mit dem von Roxin in Fortentwicklung früherer Arbeiten (vgl. dazu Roxin, in: FS Bockelmann, S. 279 ff.; ders., ZStW 96 [1984], 641 ff.) konzipierten Modell findet sich bei Hirsch, ZStW 106 (1994), 746, 755 ff.; Hirsch, in: LK[11], Vor § 32 Rn. 182a ff.; Hoyer, in: FS Claus Roxin II, S. 723, 726 ff.; Kaufmann, Jura 1986, 225, 228 f.; Lenckner/Eisele, in: Schönke/Schröder, Vorbem. § 13 ff Rn. 109a; Otto, Grundkurs Strafrecht AT, § 12 Rn. 29 ff.; Gegenkritik etwa bei Roxin, in: FS Günther Kaiser, S. 885, 893 ff.

62 Instruktiv dazu von Grundherr, Moral.

63 Ähnlich Frister, Struktur, S. 95: „Während ... die traditionelle Schuldkonzeption sich mit unserer moralischen Praxis identifiziert, d.h. die moralische Beurteilung von Subjekten als richtig ansieht, geht die generalpräventive Schuldkonzeption zu dieser Praxis auf Distanz, sieht die moralische Beurteilung nicht als richtig, sondern nur als notwendig an, um unsere moralischen Überzeugungen zu erhalten.".

64 Grundlegend zu der hier eingeführten Unterscheidung zwischen Innen- und Außenperspektive bereits Rawls, Philosophical Review 1955, 3, 4 ff. Zu Rawls Theorie der Gerechtigkeit vgl. § 1 Rn. 39 ff.

hängung der Strafe in einer freiheitlich-demokratisch verfassten Gesellschaft zu rechtfertigen vermag,[65] kann der Richter die Bestrafung des konkreten Täters plausibel mit der Erwägung begründen, diesem könne sein Verhalten zwar nicht zum Vorwurf gemacht werden, die Verhängung von Strafe sei jedoch zur Erhaltung der Normanerkennung erforderlich.[66]

C. Warum wir nicht aufhören müssen (und können), von Freiheit und Verantwortung zu sprechen

19 Die Einsicht in die vorstehend skizzierten Zusammenhänge eröffnet nunmehr auch die Möglichkeit, eine Antwort auf die Herausforderung des Rechts durch die Neurowissenschaften zu formulieren.

20 Diese hat ihren Ausgangspunkt bei der Feststellung zu nehmen, dass wir einander die Fähigkeit zur Selbstbestimmung im alltäglichen Leben trotz der bereits dargestellten Problematik des klassisch-indeterministischen Schuldverhältnisses ganz selbstverständlich wechselseitig zuschreiben, wenn nicht besondere Anhaltspunkte in der Person des Gegenüber eine andere Beurteilung angezeigt erscheinen lassen. Hieran knüpft das Recht an, indem es für den Vertragsschluss die uneingeschränkte Geschäftsfähigkeit des Volljährigen und an der Wahlurne dessen Fähigkeit zur Ausübung des Wahlrechts annimmt, solange das Entscheidungsverhalten des Betreffenden bestimmten formalen Mindestanforderungen genügt (vgl. §§ 104 ff. BGB, §§ 12, 13 BWahlG). Wer über die Fähigkeit verfügt, sich auf eine Art und Weise zu entscheiden, deren Rationalität nicht signifikant hinter dem Niveau zurückbleibt, das für einen erwachsenen Menschen unserer Gesellschaft bei der in Frage stehenden Entscheidung im Allgemeinen erreichbar ist, wird als frei (und damit als geschäfts- bzw. wahlfähig) angesehen.[67] Im Anschluss an *Frister*[68] ist dieser Maßstab auch auf die Bewertung negativ konnotierter Entscheidungen und mithin auch auf das Schuldurteil des Strafrechts zu übertragen. Als Schuldfähigkeit ist danach die Fähigkeit einer Person zu verstehen, sich in einer für den Entwicklungsstand unserer Gesellschaft (noch) hinreichend strukturierten Art und Weise für oder gegen die Beachtung einer moralischen Norm zu entscheiden. Anders als die Beantwortung der Frage nach dem „Andershandelnkönnen" des Täters in der konkreten Tatsituation ist die Analyse der formalen Willensbildungsfähigkeit eine Aufgabe, die der Tatrichter – gegebenenfalls mit der Hilfe eines psychowissenschaftlichen Sachverständigen – durchaus zu bewältigen vermag. Da er auf der Grundlage des hier vertretenen Ansatzes für das Schuldurteil nicht am Entscheidungsinhalt, sondern an der Rationalität der Entscheidungsfindung[69] ansetzt, muss er sich auch durch die Annahme der Hirnforscher, ein bestimmtes Entscheidungs**ergebnis** sei neuronal vorherbestimmt, nicht irritieren lassen.

65 Vgl. Frister, Strafrecht AT, Rn. 2/7.

66 Hierzu Frister, Struktur, S. 80 f.

67 In der Feststellung, dass die Zuerkennung von Selbstbestimmungsfähigkeit nicht erst für die Einschränkung von Entscheidungsspielräumen durch moralische Normen, sondern auch und zuallererst für die Begründung der einzuschränkenden Entscheidungsspielräume konstitutiv ist (Frister, Struktur, S. 119 f.), ergeben sich Berührungspunkte zur Argumentation anderer Autoren in der aktuellen Debatte um die Ergebnisse der Neurowissenschaften; vgl. insoweit Jakobs, ZStW 117 (2005), 259 ff.; Mosbacher, JR 2005, 61 f.

68 Ausführlich Frister, Struktur, S. 126 ff.; ders., MSchrKrim 1994, 316, 320. Kurze Beschreibung des Ansatzes bei Schild, in: NK, § 20 Rn. 48 f.; kritisch Roxin, Strafrecht AT I, § 19 Rn. 38; Schiemann ZJS 2012, 774, 775.

69 Ein an der Rationalität der Entscheidungsfindung anknüpfender Ansatz wird für das US-amerikanische Recht formuliert von Morse, Southern California Law Review 2000, 251 ff.

Der Weg zur Lösung des Determinismusdilemmas führt nach alldem zurück auf unsere alltägliche Praxis der Zurechnung positiver und negativer Entscheidungsfolgen. Er lässt sich sowohl aus der Innen- als auch aus der Außenperspektive überzeugend begründen; denn eine unter richtiger Anwendung der in unserer Gesellschaft geltenden Regeln vorgenommene Zuschreibung strafrechtlicher Verantwortung ermöglicht gerechte Urteile und ist als allgemeine Praxis durch die Notwendigkeit zu rechtfertigen, den in der Straftat liegenden Normwiderspruch zu neutralisieren und erschüttertes Normvertrauen zu stabilisieren.[70] Hinzu kommt, dass der Leistungsausweis der Ausrichtung an der formalen Qualität des Entscheidungsverhaltens unserer Mitmenschen als Orientierungsmuster in der sozialen Interaktion so überzeugend ausfällt, dass vor einer Infragestellung durch die Erkenntnisse der Neurowissenschaften zunächst zu erörtern wäre, welches Ordnungsschema im alltäglichen Leben und in den Gerichtssälen adäquaten Ersatz bieten könnte. Ein solches Konzept ist jedoch nicht ansatzweise erkennbar. 21

Als problematisch erweist sich für einen Ansatz, der zur Bestimmung der Schuldfähigkeit an der Art und Weise der Entscheidungsfindung und nicht am Entscheidungsinhalt anknüpft, allerdings der Wortlaut des § 20 StGB. Danach handelt ohne Schuld, wer wegen einer psychischen Störung bei Begehung der Tat unfähig ist, das Unrecht der Tat einzusehen und nach dieser Einsicht zu handeln. Obwohl die Gesetzesmaterialien erkennen lassen, dass der Gesetzgeber in der Frage der Willensfreiheit um Neutralität bemüht war,[71] bleibt das Gesetz mit der Bezugnahme auf die sog. Einsichts- und Steuerungsfähigkeit des Täters doch dem klassisch-indeterministischen Schuldverständnis verhaftet. Man mag dieses Problem mit dem Hinweis zu entkräften versuchen, der Gesetzeswortlaut ermögliche angesichts der erkenntnistheoretischen Unmöglichkeit, eine Entscheidung unabhängig von den ihr vorausgehenden individuellen und sozialen Bedingungen zu erklären, keine sinnvolle Bestimmung der Schuldfähigkeit;[72] eine wirklich zufriedenstellende Lösung würde aber letztlich wohl nur eine Revision der Schuldfähigkeitsbestimmungen – die im Übrigen auch in ihren sog. biologisch-psychologischen Eingangsmerkmalen teilweise stigmatisierend formuliert sind (vgl. „Schwachsinn“, „schwere andere seelische Abartigkeit“) und auf einem veralteten Krankheitsbegriff basieren[73] – mit sich bringen. 22

Der Erörterung bedarf schließlich, inwieweit sich die Erkenntnisse der Hirnforschung über den Einfluss unbewusst arbeitender, emotionaler Prozesse für das Entscheidungsverhalten des Menschen in ein Konzept der Schuldfähigkeit integrieren lassen, das – wie das hier vertretene – der Rationalität der Entscheidungsfindung ausschlaggebende Bedeutung beimisst. So hat etwa der Neurowissenschaftler *Antonio Damasio* anhand von Fallschilderungen und Experimenten überzeugend dargelegt, dass rationale Entscheidungen maßgeblich durch die Beiträge der emotionalen Verarbeitungsebene beeinflusst werden.[74] Diese auch dem Alltagsverständnis plausible Annahme vermag allerdings den vorgestellten Ansatz schon deshalb nicht zu widerlegen, weil die Fähigkeit 23

70 Ähnlich Frister, Struktur, S. 26: „Eine unter richtiger Anwendung der in unserer Gesellschaft geltenden Regeln vorgenommene Zurechnung ist gerecht für uns, gerecht für unsere Gesellschaft, und mehr können wir – da wir über die uns prägende Gesellschaft nicht hinauskönnen – nicht verlangen.“.

71 Dazu Jähnke, in: LK[11], § 20 Rn. 11 m.w.N.

72 In diesem Sinne Frister, Struktur, S. 166 ff.

73 Dazu Schneider/Frister/Olzen, Begutachtung, S. 155.

74 Zu der von Damasio entwickelten Theorie der emotionalen Marker vgl. Damasio, Descartes´ Irrtum, S. 227 ff. Eine gute Einführung in die Psychologie der Entscheidung bietet Kuhl, in: Willensfreiheit und rechtliche Ordnung, S. 99 ff.; als spiralförmig fortschreitender Prozess, in dem bewusste – explizit verbali-

zur Emotionsverarbeitung gerade Voraussetzung für ein vernünftiges Abwägen von Gründen und Gegengründen bzw. dessen Teil ist.[75] Führt man sich jedoch vor Augen, dass die bisherige Rechtsprechung gerade in der schuldmindernden Berücksichtigung struktureller Defizite bei der Verarbeitung emotionaler Stimuli, wie sie etwa charakteristisch für bestimmte Formen der Persönlichkeitsstörung sind, eher zurückhaltend verfährt,[76] könnten Fortschritte der naturwissenschaftlichen Forschung in diesem Bereich über kurz oder lang Anlass zu einem Umdenken geben.[77] Schon heute ist im Übrigen zu konstatieren, dass – ungeachtet der vielfältigen methodischen Bedenken, denen eine Ableitung konkreter, auf den forensischen Einzelfall bezogener Schlussfolgerungen aus Befunden begegnet, die mithilfe neurowissenschaftlicher Methoden generiert wurden[78] – insbesondere aus den USA,[79] aber auch aus anderen Rechtsordnungen[80] ein zunehmender Rekurs auf neurowissenschaftliche Beweisthemen in Strafverfahren berichtet wird.[81] Es bleibt abzuwarten, ob diese Tendenz auch im deutschen Strafverfahren erkennbar werden wird.

24 Bei alldem wird allerdings stets mit zu bedenken sein, dass die Kehrseite einer vermehrten Zuschreibung von Schuldunfähigkeit oder verminderter Schuldfähigkeit i.S.d. §§ 20, 21 StGB auf der Grundlage neurowissenschaftlicher Erkenntnisse für die Betroffenen wahrscheinlich darin läge, dass ihnen in gleichem Umfang die Fähigkeit zur selbstbestimmten Teilhabe am sozialen Leben aberkannt würde – sie liefen Gefahr, weniger ernst genommen und zum Objekt paternalistischer Interventionen des Staates gemacht zu werden, als deren gravierendste die nicht an der Schuld, sondern an der Gefährlichkeit des Täters anknüpfenden Maßregeln der Unterbringung in einem psychiatrischen Krankenhaus (§ 63 StGB) und der Sicherungsverwahrung (§§ 66 ff. StGB) zu nennen sind.[82] Im internationalen Schrifttum wird diese Gefahr unter dem Begriff des „double edged sword" diskutiert,[83] und tatsächlich bildet der mögliche Einsatz neurowissenschaftlicher Methoden im Rahmen der Kriminalprognose den Gegenstand einer

sierte – und unbewusste – implizite, intuitive – Komponenten einander wechselseitig beeinflussen und vorantreiben, wird das „Reifen" einer Entscheidung treffend beschrieben von Fuchs, in: Über das anthropologische Kreuz der Entscheidung, S. 230, 232.

75 Vgl. auch die Ausführungen von Heun, in: Willensfreiheit und rechtliche Ordnung, S. 276, 286 f.

76 Dazu etwa Streng, in: MünchKomm-StGB, § 20 Rn. 95.

77 So auch Birnbacher, in: Von der Neuroethik zum Neurorecht?, S. 22, 35 f. Zur Rezeption neurowissenschaftlicher Erkenntnisse durch die forensische Psychiatrie vgl. Dreßing et al., FPPK 2007, 241 ff.; Müller, Nervenarzt 2009, 241 ff.; zu „neurokriminologischen" Implikationen der Forschungsergebnisse zur sog. Psychopathie vgl. Lösel/Schmucker, MSchrKrim 2014, 487 ff.

78 Zusammenfassend Bigenwald/Chambon, Frontiers in Psychology 2019 (10:1406).

79 Vgl. Avery, Albany Law Review 2018, 941, 943 ff.; Farahany, Journal of Law and the Biosciences 2015, 485; Greely/Farahany, Annual Review of Criminology 2019, 451, 453 ff.

80 Vgl. für England und Wales Catley/Claydon, Journal of Law and the Biosciences Online 2015, 510; für Kanada Chandler, Journal of Law and the Biosciences 2015, 550; für die Niederlande de Kogel/Westgeest, Journal of Law and the Biosciences 2015, 580.

81 Zum potenziellen Einfluss der Präsentation neurowissenschaftlich fundierter Beweismittel auf die Entscheidungen von (Laien- und Berufs-)Richtern vgl. die Übersichtsarbeit von Aono/Yaffe/Kober, Cognitive Research: Principles and Implications 2019 (4:40).

82 Entsprechend sieht auch Morse, der auf der Grundlage des oben Fn. 68 erwähnten Ansatzes eine Exkulpation persönlichkeitsgestörter Straftäter wegen des auf deren strukturell angelegter Empathieunfähigkeit beruhenden Rationalitätsdefizits in Betracht zieht, zwar keine Strafen, aber Maßnahmen der Gefahrenabwehr vor (Morse, Southern California Law Review 2000, 251, 264).

83 Vgl. Aspinwall, Science 2012, 846 ff.; Denno, Boston College Law Review 2015, 493 ff. Willms, BewHi 2013, 71 ff. sieht in diesem Zusammenhang die „Gefahr einer kriminalpolitischen Enthumanisierung" heraufziehen.

rasch anwachsenden Zahl von Forschungsarbeiten.[84] Auch wenn diese Entwicklung noch ganz am Anfang steht und von Teilen des Schrifttums äußerst skeptisch beurteilt wird,[85] sind die Gefahren doch ernst zu nehmen, die von einem praktizierten „Neurodeterminismus“[86] für die Freiheitsrechte der betroffenen Beschuldigten ausgehen könnten. Dies gilt umso mehr, als man auch bei der Entwicklung neurowissenschaftlich fundierter Therapieangebote, deren Nutzung den aufgrund ihrer Gefährlichkeit im Maßregelvollzug Untergebrachten eine Entlassungsperspektive eröffnen könnte, bislang noch kaum über das Stadium der Grundlagenforschung hinausgekommen ist.[87] Zu befürchten ist daher einstweilen eine bloße Verstärkung der in der deutschen Kriminalpolitik ohnehin seit längerem dominanten Tendenz, das präventive Reaktionsrepertoire des Staates (unter Hintanstellung bislang für unverbrüchlich gehaltener rechtsstaatlicher Sicherungsmechanismen) schrittweise auszubauen.[88] Hinzu kommt, dass der Verbreitungsgrad der hier in Rede stehenden Störungsbilder in der Gruppe der Gewalttäter ausweislich empirischer Forschungsergebnisse[89] so hoch zu sein scheint, dass eine Vielzahl gerade derjenigen Delikte der Anwendung der §§ 20, 21 StGB unterfielen, in denen in der Bevölkerung zumindest bislang ein besonders hohes Bestrafungsbedürfnis besteht.[90]

Wiederholungs- und Vertiefungsfragen 25

1. Welche Einwände lassen sich der These der Neurowissenschaftler, unser Freiheitsempfinden sei eine Illusion, entgegenhalten?
2. Skizzieren Sie den Inhalt des klassisch-indeterministischen Schuldverständnisses.
3. Beschreiben Sie die Alternativen, die im strafrechtlichen Schrifttum hierzu entwickelt wurden und diskutieren Sie deren Stärken und Schwächen.
4. Welche Konsequenzen wären mit einem Verzicht auf den Gedanken individueller Verantwortlichkeit für unsere Rechtsordnung verbunden?

Lektüreempfehlungen:

Aono/Yaffe/Kober, Neuroscientific Evidence in the Courtroom: A Review, Cognitive Research: Principles and Implications 2019 (4:40); Bieri, Das Handwerk der Freiheit, Über die Entdeckung des eigenen Willens, 2001; Damasio, Descartes´ Irrtum, Fühlen, Denken und das menschliche Gehirn, 1994; Greely/Farahany, Neuroscience and the Criminal Justice System, Annual Review of 26

84 Exemplarisch Gaudet et al., Fordham Law Review 2016, 503; Kiehl et al., NeuroImage: Clinical 2018, 813; für einen Überblick über den Forschungsstand vgl. Greely/Farahany, Annual Review of Criminology 2019, 451, 460 ff.

85 Vgl. Poldrack et al., Trends in Cognitive Sciences 2018, 111 m.w.N.

86 Begriff bei Crespo, GA 2013, 15, 16.

87 Beispielhaft seien hier die Arbeiten von Choy/Raine/Hamilton, The Journal of Neuroscience 2018, 6505 und Ling/Raine/Choy/Hamilton, Journal of Experimental Criminology 2020, 367 genannt; zusammenfassend Greely/Farahany, Annual Review of Criminology 2019, 451, 464 ff.

88 Exemplarisch für diese Entwicklung stehen die (z.T. rückwirkenden) Verschärfungen des Rechts der Sicherungsverwahrung (Überblick bei Kinzig, FPPK 2010, 48, 49 ff.), denen das Bundesverfassungsgericht erst spät und nur unter dem Eindruck einschlägiger Entscheidungen des Europäischen Gerichtshofs für Menschenrechte entgegengetreten ist (vgl. BVerfGE 128, 326 ff.), sowie die Schließung vermeintlicher Schutzlücken durch das Therapieunterbringungsgesetz (ThUG; zur berechtigten Kritik an dessen unklaren Anwendungsvoraussetzungen Morgenstern et al., FPPK 2011, 197 ff.). Parallelen der durch die Hirnforscher unterbreiteten Schlussfolgerungen zu jüngeren kriminalpolitischen Entwicklungen beleuchtet auch Günther, in: Von der Neuroethik zum Neurorecht?, S. 214, 236 ff.

89 Vgl. die Nachweise in Fn. 20; allgemein zur Prävalenz psychischer Störungen im Strafvollzug Kopp u.a., Nervenarzt 2011, 880 ff.; Fazel/Seewald, The British Journal of Psychiatry 2012, 364 ff.

90 Vgl. dazu auch Pauen, in: Willensfreiheit und rechtliche Ordnung, S. 41, 67 f.

Criminology 2019, 451; Libet, Mind time, Wie das Gehirn Bewusstsein produziert, 2005; Pauen/Roth, Freiheit, Schuld und Verantwortung, Grundzüge einer naturalistischen Theorie der Willensfreiheit, 2008

Literaturverzeichnis:

27 Aono/Yaffe/Kober, Neuroscientific Evidence in the Courtroom: A Review, Cognitive Research: Principles and Implications 2019 (4:40); Aspinwall/Brown/Tabery, The Double-edged Sword: Does Biomechanism Increase or Decrease Judges' Sentencing of Psychopaths?, Science 2012, 846 ff.; Avery, Picking and Choosing: Inconsistent Use of Neuroscientific Legal Evidence, Albany Law Review 2018, 941; Beckermann, Freier Wille – Alles Illusion?, in: Barton (Hrsg.), „... weil er für die Allgemeinheit gefährlich ist!" Prognosegutachten, Neurobiologie, Sicherungsverwahrung, 2006, S. 293 ff.; Bieri, Untergräbt die Regie des Gehirns die Freiheit des Willens?, in: Gestrich/Wabel (Hrsg.), Freier oder unfreier Wille? Handlungsfreiheit und Schuldfähigkeit im Dialog der Wissenschaften, 2005, S. 20 ff.; Bigenwald/Chambon, Criminal Responsibility and Neuroscience: No Revolution Yet, Frontiers in Psychology 2019 (10:1406); Birnbacher, Was ist neu am Menschenbild der Neurowissenschaften?, in: Schleim/Spranger/Walter (Hrsg.), Von der Neuroethik zum Neurorecht?, 2009, S. 22 ff.; Catley/Claydon, The Use of Neuroscientific Evidence in the Courtroom by Those Accused of Criminal Offenses in England and Wales, Journal of Law and the Biosciences 2015, 510; Chandler, The Use of Neuroscientific Evidence in Canadian Criminal Proceedings, Journal of Law and the Biosciences 2015, 550; Choy/Raine/Hamilton, Stimulation of the Prefrontal Cortex Reduces Intentions to Commit Aggression: A Randomized, Double-Blind, Placebo-Controlled, Stratified, Parallel-Group Trial, The Journal of Neuroscience 2018, 6505; Crespo, „Humanistischer Kompatibilismus". Ein Versöhnungsvorschlag zwischen Neurowissenschaften und Strafrecht, GA 2013, 15; Damasio, Descartes´ Irrtum, Fühlen, Denken und das menschliche Gehirn, 1994; Denno, The Myth of the Double-Edged Sword: An Empirical Study of Neuroscience Evidence in Criminal Cases, Boston College Law Review 2015, 493 ff.; Dreßing/Dreßing, Möglichkeiten und Grenzen neurowissenschaftlicher Untersuchungsmethoden bei der Beurteilung von Delinquenz, MSchrKrim 2014, 345 ff.; Dreßing/Sartorius/Meyer-Lindenberg, Welche Bedeutung hat die neurobiologische Forschung für die forensische Psychiatrie?, FPPK 2007, 241 ff.; Farahany, Neuroscience and Behavioral Genetics in US Criminal Law: An Empirical Analysis, Journal of Law and the Biosciences 2015, 485; Fazel/Seewald, Severe Mental Illness in 33 588 Prisoners Worldwide: Systematic Review and Meta-Regression Analysis, The British Journal of Psychiatry 2012, 364 ff.; Freund/Rostalski, Strafrecht Allgemeiner Teil, 3. Aufl. 2019; Frister, Die Struktur des „voluntativen Schuldelements", 1993; ders., Der Begriff der Schuldfähigkeit, MSchrKrim 1994, 316 ff.; ders., Strafrecht Allgemeiner Teil, 9. Aufl. 2020; Fuchs, Was heißt „sich entscheiden"? Die Phänomenologie von Entscheidungsprozessen und die Debatte um die Willensfreiheit, in: Joas/Jung (Hrsg.), Über das anthropologische Kreuz der Entscheidung, 2008, S. 230 ff.; Gaudet et al., Can Neuroscience Help Predict Future Antisocial Behavior?, Fordham Law Review 2016, 503; Gehring, Es blinkt, es denkt, Philosophische Rundschau 2004, 273 ff.; Geyer (Hrsg.), Hirnforschung und Willensfreiheit, 2004; Greely/Farahany, Neuroscience and the Criminal Justice System, Annual Review of Criminology 2019, 451; Greely/Illes, Neuroscience-Based Lie Detection: The Urgent Need for Regulation, American Journal of Law and Medicine, 33, 377; Grothe, Nimmt uns die moderne Neurowissenschaft den freien Willen?, in: Hillenkamp (Hrsg.), Neue Hirnforschung – Neues Strafrecht?, 2006, S. 35 ff.; von Grundherr, Moral aus Interesse, Metaethik der Vertragstheorie, 2007; Günther, Die naturalistische Herausforderung des Schuldstrafrechts, in: Schleim/Spranger/Walter (Hrsg.), Von der Neuroethik zum Neurorecht?, 2009, S. 214 ff.; Habermas, Freiheit und Determinismus, DZPhil 2004, 871 ff.; Haggard/Eimer, On the Relation Between Brain Potentials and the Awareness of Voluntary Movements, Experimental Brain Research 1999, 128 ff.; Haggard et al., Voluntary Action and Conscious Awareness, Nature Neuroscience 2002, 382 ff.; Hassemer, Einführung in die Grundlagen des Strafrechts, 2. Aufl. 1990; Helmrich, Wir können auch anders: Kritik der Libet-Experimente, in: Geyer (Hrsg.), Hirnforschung und Willensfreiheit, Zur Deutung der neuesten Experimente, 2004, S. 92 ff.; Heun, Die grundgesetzliche Autonomie des Einzelnen im Lichte der Neuro-

wissenschaften, in: Lampe/Pauen/Roth (Hrsg.), Willensfreiheit und rechtliche Ordnung, 2008, S. 276 ff.; Hillenkamp, Strafrecht ohne Willensfreiheit? Eine Antwort auf die Hirnforschung, JZ 2005, 313 ff.; ders., Das limbische System: Der Täter hinter dem Täter?, in: ders. (Hrsg.), Neue Hirnforschung – Neues Strafrecht?, 2006, S. 85 ff.; Hirsch, Das Schuldprinzip und seine Funktion im Strafrecht, ZStW 106 (1994), 746 ff.; Hoyer, Normative Ansprechbarkeit als Schuldelement, in: Strafrecht als Scientia Universalis, Festschrift für Claus Roxin II, 2011, S. 723 ff.; Jakobs, Schuld und Prävention, 1976; ders., Strafrecht Allgemeiner Teil, 2. Aufl. 1991; ders., Individuum und Person, ZStW 117 (2005), 247 ff.; Jescheck/Weigend, Strafrecht Allgemeiner Teil, 5. Aufl. 1996; Kant, Kritik der reinen Vernunft, 2. Aufl. 1787, Akademie-Textausgabe Band III, Nachdruck 1968; ders., Grundlegung zur Metaphysik der Sitten, 1785, Akademie-Textausgabe Band IV, Nachdruck 1968; ders., Kritik der praktischen Vernunft, 1788, Akademie-Textausgabe Band V, Nachdruck 1968; ders., Die Metaphysik der Sitten, 1797, Akademie-Textausgabe Band VI, Nachdruck 1968; Arthur Kaufmann, Unzeitgemäße Betrachtungen zum Schuldgrundsatz im Strafrecht, Jura 1986, 225, 227; Kiehl et al., Age of Gray Matters: Neuroprediction of Recidivism, NeuroImage: Clinical 2018, 813; Kinzig, Die Entwicklung der Gesetzgebung zur Sicherungsverwahrung und die damit verbundenen Auswirkungen auf ihre Klientel, FPPK 2010, 48 ff.; de Kogel/Westgeest, Neuroscientific and Behavioral Genetic Information in Criminal Cases in the Netherlands, Journal of Law and the Biosciences 2015, 580; Kopp et al., Psychische Symptombelastung bei Kurz- und Langzeitgefangenen in Deutschland, Nervenarzt 2011, 880 ff.; Kruse, Neurojurisprudenz – Potenziale und Perspektiven, NJW 2020, 137; Kuhl, Der Wille ist frei und determiniert: Funktionsanalyse und Diagnostik von Selbstbestimmung und Verantwortung, in: Lampe/Pauen/Roth (Hrsg.), Willensfreiheit und rechtliche Ordnung, 2008, S. 99 ff.; Lackner/Kühl, Strafgesetzbuch, Kommentar, 29. Aufl. 2018; Lampe/Pauen/Roth (Hrsg.), Willensfreiheit und rechtliche Ordnung, 2008; Langelüddeke/Bresser, Gerichtliche Psychiatrie, 4. Aufl. 1976; Laufs, Der aktuelle Streit um das alte Problem der Willensfreiheit. Eine kritische Bestandsaufnahme aus juristischer Sicht, MedR 2011, 1 ff.; Leipziger Kommentar zum Strafgesetzbuch, Band 1 und 2, 11. Aufl. 2003; Leipziger Kommentar zum Strafgesetzbuch, Band 3, 13. Aufl. 2019; Libet, Unconscious Cerebral Initiative and the Role of Conscious Will in Voluntary Action, The Behavioral and Brain Sciences 1985, 529 ff.; ders., Mind time, Wie das Gehirn Bewusstsein produziert, 2005; Libet et al., Time of Conscious Intention to Act in Relation to Cerebral Potential, Brain 1983, 623 ff.; Lindemann, Wir müssen (und können) nicht aufhören, von Freiheit zu sprechen – Die Erkenntnisse der modernen Neurowissenschaften und das Schuldstrafrecht; in: Barton (Hrsg.): "... weil er für die Allgemeinheit gefährlich ist!", Prognosegutachten, Neurobiologie, Sicherungsverwahrung, 2006, S. 343 ff.; ders., Straftheoretische Anmerkungen zur Debatte um Hirnforschung und Verantwortung, in: Organisationsbüro der Strafverteidigervereinigungen (Hrsg.): Wieviel Sicherheit braucht die Freiheit? Ergebnisband zum 30. Strafverteidigertag 2006, 2007, S. 81 ff.; Ling/Raine/Choy/Hamilton, Effects of Prefrontal Cortical Stimulation on Aggressive and Antisocial Behavior: A Double-Blind, Stratified, Randomized, Sham-Controlled, Parallel-Group Trial, Journal of Experimental Criminology 2020, 367; von Liszt, Die strafrechtliche Zurechnungsfähigkeit, in: Aufsätze und kleinere Monographien Band 2, Berlin 1905, S. 214 ff.; Lösel/Schmucker, Psychopathie: Ein zentrales Thema der „Neurokriminologie“, MSchrKrim 2014, 487 ff.; Lück/Strüber/Roth, Psychobiologische Grundlagen aggressiven und gewalttätigen Verhaltens, 2005; Merkel, Willensfreiheit und rechtliche Schuld, Eine strafrechtsphilosophische Untersuchung, 2008; ders., Schuld, Charakter und normative Ansprechbarkeit. Zu den Grundlagen der Schuldlehre Claus Roxins, in: Strafrecht als Scientia Universalis, Festschrift für Claus Roxin II, 2011, S. 737 ff.; Morgenstern/Morgenstern/Drenkhahn, Eine Quadratur des Kreises. Das Therapieunterbringungsgesetz, FPPK 2011, 197 ff.; Morse, Rationality and Responsibility, Southern California Law Review 2000, 251 ff.; Mosbacher, Naturwissenschaftliche Scheingefechte um die Willensfreiheit, JR 2005, 61 f.; Müller, Forensische Psychiatrie im Zeitalter der „neuroscience“. Stand und Perspektive neurobiologischer Forschung, Nervenarzt 2009, 241 ff.; ders. (Hrsg.), Neurobiologie forensisch-relevanter Störungen, 2010; Münchener Kommentar zum Strafgesetzbuch, Band 1, 3. Aufl. 2017; Nomos-Kommentar zum Strafgesetzbuch, 5. Aufl. 2017; Otto, Grundkurs Strafrecht Allgemeiner Teil, 7. Aufl. 2004; Pauen, Illusion Freiheit?, Mögliche und unmögliche Konsequenzen der Hirnforschung, 2004; ders., Freiheit, Schuld und Strafe, in: Lampe/Pauen/Roth (Hrsg.), Willensfreiheit und rechtliche Ordnung, 2008, S. 41 ff.; Pauen/Roth, Freiheit, Schuld und Verantwortung, Grundzüge einer naturalistischen Theorie der Willensfreiheit, 2008; Piefke/Markowitsch, Neuroanatomische und neurofunktionelle Grundlagen gestörter kognitiv-emotionaler Verarbeitungsprozesse bei Straftätern, in: Grün/Friedmann/Roth (Hrsg.), Entmoralisierung des Rechts, Maßstäbe der Hirnforschung für das Strafrecht, 2008, S. 96 ff.; Poldrack et al., Predicting Violent Behavior: What Can Neuroscience Add?; Trends in Cognitive Sciences 2018, 111; Prinz, Freiheit oder Wissenschaft?, in: von Cranach/Foppa (Hrsg.), Freiheit des Entscheidens und Handelns, Ein Problem der nomologischen Psychologie, 1996, S. 86 ff.; ders., Der Mensch ist nicht frei, Ein Gespräch, in: Geyer (Hrsg.), Hirnforschung und Willensfreiheit, Zur Deutung der neuesten Experimente, 2004, S. 20 ff.; Rawls, Two Concepts of Rules, Philosophical Review 1955, 3 ff.; Rösler, Was verraten die Libet-Experimente über den „freien Willen"? – Leider nicht sehr viel!, in: Lampe/Pauen/Roth (Hrsg.), Willensfreiheit und rechtliche Ordnung, 2008, S. 140 ff.; Roth, Fühlen, Denken, Handeln, Wie das Gehirn unser Verhalten steuert, 2003; ders., Willensfreiheit, Verantwortlichkeit und Verhaltensfreiheit des Menschen aus Sicht der Hirnforschung, in: FS für Ernst-Joachim Lampe, 2003, S. 43 ff.; ders., Willensfreiheit und Schuldfähigkeit aus Sicht der Hirnforschung, in: Roth/Grün (Hrsg.), Das Gehirn und seine Freiheit, Beiträge zur neurowissenschaftlichen Grundlegung der Philosophie, 2006, S. 9 ff.; ders., Strafrechtliche Willensfreiheit und zivilrechtliche Freiheit der Willensbestimmung aus Sicht der Hirnforschung, in: Jahrbuch für Wissenschaft und Ethik 2014, S. 65 ff.; Roxin, Zur jüngsten Diskussion um Schuld, Prävention und Verantwortlichkeit im Strafrecht, in: Festschrift für Paul Bockelmann, 1979, S. 279 ff.; ders., Zur Problematik des Schuldstrafrechts, ZStW 96 (1984), 641 ff.; ders., Zur kriminalpolitischen Fundierung des Strafrechtssystems, in: Festschrift für Günther Kaiser, 1998, S. 885 ff.; Roxin/Greco, Strafrecht Allgemeiner Teil, Band 1, 5. Aufl. 2020; Schiemann, Kann es einen freien Willen geben? Risiken und Nebenwirkungen der Hirnforschung für das deutsche Strafrecht, NJW 2004, 2056 ff.; dies., Die Willensfreiheit und das Schuldstrafrecht – eine überflüssige Debatte?, ZJS 2012, 774 ff.; Schleim/Spranger/Walter (Hrsg.), Von der Neuroethik zum Neurorecht?, 2009; Schneider/Frister/Olzen, Begutachtung psychischer Störungen, 4. Aufl. 2020; Schockenhoff, Wir Phantomwesen, Über zerebrale Kategorienfehler, in: Geyer (Hrsg.), Hirnforschung und Willensfreiheit, Zur Deutung der neuesten Experimente, 2004, S. 166 ff.; Schönke/Schröder, Strafgesetzbuch, 30. Aufl. 2019; Schreiber, Freier Wille als Voraussetzung von Haftung und Verantwortung, Jahrbuch junger Zivilrechtswissenschaftler 2006, S. 33 ff.; Schreiber/Rosenau, Rechtliche Grundlagen der psychiatrischen Begutachtung, in: Venzlaff/Foerster/Dreßing/Habermeyer (Hrsg.), Psychiatrische Begutachtung, 6. Aufl. 2015; Schultze-Kraft et al., The Point of No Return in Vetoing Self-Initiated Movements, PNAS 2016, 1080 ff.; Schur, Die Bedeutung der Willensfreiheit für das heutige deutsche Privatrecht, in: Lampe/Pauen/Roth (Hrsg.), Willensfreiheit und rechtliche Ordnung, 2008, S. 226 ff.; Searle, Freiheit und Neurobiologie, 2004; Singer, Ein neues Menschenbild?, Gespräche über Hirnforschung, 2003; ders., Verschaltungen legen uns fest: Wir sollten aufhören, von Freiheit zu sprechen, in: Geyer (Hrsg.), Hirnforschung und Willensfreiheit, Zur Deutung der neuesten Experimente, 2004, S. 30 ff.; Siong Soon et al., Unconscious determinants of free decisions in the human brain, Nature Neuroscience 2008, 543 ff.; Strasser, Die Rückkehr der Biowissenschaften in die Kriminologie, in: Pilgram/Prittwitz, Kriminologie, Akteurin und Kritikerin gesellschaftlicher Entwicklung, Jahrbuch für Rechts- und Kriminalsoziologie 2005, S. 51 ff.; Stratenwerth/Kuhlen, Strafrecht Allgemeiner Teil, 6. Aufl. 2011; Urbaniok et al., Neurobiologischer Determinismus. Fragwürdige Schlussfolgerungen über menschliche Entscheidungsmöglichkeiten und forensische Schuldfähigkeit, in: Schleim/Spranger/Walter (Hrsg.), Von der Neuroethik zum Neurorecht?, 2009, S. 164 ff.; Walter, Was können wir messen? Neuroimaging – eine Einführung in methodische Grundlagen, häufige Fehlschlüsse und ihre mögliche Bedeutung für Strafrecht und Menschenbild, in: Schleim/Spranger/Walter, Von der Neuroethik zum Neurorecht?, 2009, S. 67 ff.; Wegner, The illusion of conscious will, 2002; Weißer, Ist das Konzept strafrechtlicher Schuld nach § 20 StGB durch die Erkenntnis der Neurowissenschaften widerlegt?, GA 2013, 26 ff.; Wessels/Beulke/Satzger, Strafrecht Allgemeiner Teil, 49. Aufl. 2019; Willms, Neurowissenschaften und Kriminalität. Über die Gefahr einer kriminalpolitischen Enthumanisierung, BewHi 2013, 71 ff.; Wolff, Die Willensfreiheit und die Grundrechte, JZ 2006, 925 ff.

§ 15 Kulturwissenschaftliche Analyse des Rechts

Julian Krüper

„Das Recht ist also
die ritualisierte Form des Krieges"
Michel Foucault

A. Einführung: Die kulturelle (Un-)Abhängigkeit des Rechts

1 Oft pflegen mit dem Recht befasste Menschen die Vorstellung, seine Strukturen, Mechanismen und Funktionsprinzipien seien von äußeren Einflüssen unabhängig, das Recht sei also gewissermaßen ‚vom Himmel gefallen'. Die richtige Anwendung von Legaldefinitionen, Subsumtions- und Relationstechnik, so hofft man, bestimmten allein und eindeutig das Ergebnis der Rechtsanwendung. Auch rechtlich geprägte Verfahrensabläufe bei Gericht, in der Verwaltung oder im Parlament werden oft als voraussetzungslos angesehen, als allein vernünftig und im Recht bloß festgelegt. Eine solche Sicht der Dinge hat viel für sich, denn sie garantiert eine Stabilität der Rechtsanwendung und verschließt sie vor allzu viel störenden Einflüssen. Sie dient damit der Funktionsfähigkeit der rechtlichen Ordnung. Und in der Tat kann man sich das Recht in dieser Weise als autonom vorstellen. Eine solche Autonomie des Rechts besteht aber in Wirklichkeit nicht, sondern ist eine bloße Fiktion. Denn das Recht, seine Einrichtungen und Verfahren, sind von Menschen gemacht und deswegen von den Umständen geprägt, in denen Menschen leben, arbeiten und streiten. Diese Umstände in all ihrer Vielfältigkeit kann man, etwas pauschal, als Kultur bezeichnen. Weil die Vorstellung einer – kulturellen – Autonomie des Rechts eine Fiktion ist, wird seit je darüber nachgedacht und geforscht, in welcher Weise das Recht und seine Ordnung von kulturellen Voraussetzungen abhängig und durch deren Einflüsse geprägt sind und welche Rolle diese Prägungen für unser Verständnis des Rechts spielen.[1] Dabei geht es nicht um die Lösung eines konkreten Falls, sondern um allgemeinere Fragen nach der Beschaffenheit, der Funktion und dem Stellenwert von Recht im Zusammenleben der Menschen und auch darum, wovon es abhängt, dass das Recht wirkt, wie es wirkt – und manchmal eben auch wirkungslos bleibt.

2 Neben dem Verhältnis des Rechts beispielsweise zu bestimmten naturwissenschaftlich ermittelten und ohne Probleme ‚subsumierbaren' Tatsachen geht es dabei auch um eine Verarbeitung und Deutung **wertender (normativer) Modelle und Interpretationen** der Wirklichkeit, die in Konkurrenz zum Regelungsanspruch des Rechts treten (§ 3 Rn. 34 ff.):[2] Die Berücksichtigung des Sachverstands eines medizinischen Gutachters im gerichtlichen Verfahren ist also naturgemäß einfacher als die Verarbeitung soziologischer oder philosophischer Erkenntnisse und Theorien,[3] denen eigene Wertungen und Vernünftigkeitsvorstellungen zugrunde liegen. Einfacher ist der Umgang mit rechtswissenschaftsfremden Erkenntnissen dort, wo es um die beschreibende Analyse des Rechts und der rechtlichen Institutionen geht, die dem Personal des Rechts ‚den Spiegel vorhält' und es über die Bedingungen seiner Arbeit aufklärt.

1 Vesting, in: Ungewissheit als Chance, S. 39.
2 Lüdemann, in: Netzwerke, S. 266, 271 f.; Lepsius, JZ 2005, 1 ff.
3 Schulze-Fielitz, in: Rechtssoziologie am Ende des 20. Jahrhunderts, S. 179.; Lepsius, JZ 2005, 1, 11.

3 Grob zu unterscheiden sind also zwei Arten fachfremder Impulse: solche, die vor allem **intern** wirken, also unmittelbar den Vorgang der Rechtsanwendung, die Arbeit mit dem Recht betreffen und solche, die über die äußeren Bedingungen juristischer Arbeit und des Rechtssystems, also über deren Abhängigkeit von kulturellen Einflüssen aufklären. Erkenntnisse über Funktionsbedingungen der Sprache bei der Rechtsanwendung sind danach intern wirkende Erkenntnisse, Erkenntnisse über die äußere ritualhafte Struktur juristischer Verfahren eher externer Art. Erkenntnisse beider Spielarten ergeben sich aus den Forschungen der **Kulturwissenschaften**. Viele der in diesem Buch versammelten Grundlagenfächer sind in diesem Sinne Kulturwissenschaften. Wenn der Begriff der Kulturwissenschaft in diesem Beitrag also etwas Spezifisches aussagen soll, das andernorts nicht in gleicher Weise zur Sprache kommt, muss er verfeinert werden. Diese Verfeinerung ist vor allem der Versuch, den Begriff der Kultur handhabbarer zu machen, was nach Auffassung vieler ein fast aussichtsloses Unterfangen ist, weil der Kulturbegriff äußerst schwer zu fassen ist. Die Erwartungen, die man an eine solche Verfeinerung stellen darf, müssen daher bescheiden sein. Außerdem muss die Verfeinerung im Hinblick auf den Zusammenhang erfolgen, in dem sie Bedeutung erlangen soll: Man muss sich also danach fragen, was der Kulturbegriff im Zusammenhang mit dem Recht und seinen Institutionen aussagen kann. Verfeinerung ist hier also vor allem Spezialisierung.

B. Grundlagen: Recht als Gegenstand der Kulturwissenschaften

I. Kulturwissenschaft als Wissenschaftsdisziplin

4 Eine Schwierigkeit des Erstkontakts mit ‚Kulturwissenschaft' liegt darin, zu verstehen, was sie ‚will', worum es ihr geht. Dabei hilft es, sich den Gegenstand (Was?), die verwendeten Methoden (Wie?) oder das besondere Interesse, aus dem heraus sie betrieben wird (Warum?), genauer anzusehen. Während die Beschreibung einer Wissenschaft über ihren Gegenstand und oft auch über ihre Methoden häufig noch recht gut gelingen kann, ist die genaue Bestimmung des konkreten Erkenntnisinteresses regelmäßig schwierig. Für ‚die' Kulturwissenschaft sind freilich alle drei Merkmale von hoher Ungewissheit gekennzeichnet. Denn es handelt sich bei den modernen Kulturwissenschaften nicht um *eine* traditionelle Wissenschaftsdisziplin, die durch einen präzise bestimmten Forschungsgegenstand oder eindeutig festgelegte Forschungsmethoden charakterisiert würde, sondern um ein Forschungsfeld, das eine Vielzahl von Gegenständen und Methoden kennt. Daher bestimmen verschiedene kulturwissenschaftlich orientierte Disziplinen den Begriff jeweils für sich.

„Als disziplinbegründender Begriff", so schreibt etwa der Jurist *Christoph Möllers* aus der Perspektive eines kulturwissenschaftlich interessierten Rechtswissenschaftlers, ist Kultur „noch eine recht junge Erscheinung".[4] Der Begriff ‚Kulturwissenschaft' bezeichnet ein „differenziertes Forschungsprogramm",[5] das von verschiedenen Fächern geteilt wird und sich ihrer Methoden und Erkenntnisinteressen gezielt bedient. Salopp könnte man kulturwissenschaftliche Forschung auch als eine Art von disziplinärem ‚melting-pot' beschreiben, was ihr regelmäßig auch Kritik einbringt. Das hat damit zu tun, dass Wissenschaftlerinnen und Wissenschaftler von den Eigenarten und den Gren-

4 Möllers, Leviathan, S. 121; zweifelnd an der disziplinbegründenden Kraft des Kulturbegriffs Korioth, AöR 134 (2009), 461.
5 Reckwitz, in: Handbuch der Kulturwissenschaften, S. 1.

zen ihres jeweiligen ‚Heimatfaches' geprägt sind und fremde disziplinäre Erkenntnisse über den gleichen Gegenstand ihnen fremd, provokant und nicht selten irrelevant erscheinen mögen. Dies gilt für kulturwissenschaftliche Forschung in besonderer Weise. Ihr Kennzeichen ist es, wissenschaftliche „Grenzerweiterungen und Grenzüberschreitungen"[6] zu fördern.[7] Diese dienen der **„Rückgewinnung wissenschaftlicher Wahrnehmungsfähigkeiten"**[8] für den eigenen Forschungsgegenstand – für die Rechtswissenschaft ist dies ‚das Recht', das Rechtssystem und seine Institutionen, Organe und Verfahren. Der kulturwissenschaftliche Ansatz zeichnet sich dabei also durch die Konzentration auf Erkenntnisgegenstände aus, die zwischen den Grenzen der Fächer liegen beziehungsweise quer zu ihnen stehen.[9] Es geht dabei um eine Aufklärung darüber, wo scheinbar vernünftige, nach eigener innerer Rationalität funktionierende Systeme auf Überzeugungen und Strukturen aufbauen oder mit Mitteln arbeiten, die dem Rationalitätsanspruch des jeweiligen Systems (also zum Beispiel des Rechts) nicht entsprechen. Ein Beispiel dafür wäre eine Untersuchung, die in den Strukturen des rechtsstaatlichen gerichtlichen Verfahrens, das wir uns als rational und verfassungsrechtlich zwingend vorstellen, Spuren und Bestandteile von bestimmten Riten entdeckt, die aus Zeiten stammen, die der Erfindung rechtsstaatlicher Ideen vorausliegen (dazu auch sogleich).

5 Gegenüber diesem Ansatz sind Recht und Rechtswissenschaft konservative Systeme im Zustand „kultureller Verspätung",[10] die traditionell an der Herstellung und Begründung von Gewissheiten interessiert sind und allergisch reagieren auf Unschärfen, Ungewissheiten und Infragestellungen lang tradierter Annahmen. Deswegen greifen sie neue gesellschaftliche und wissenschaftliche Entwicklungen auch nur zögerlich auf, um sicherzustellen, dass es sich dabei nicht bloß um flüchtige Trends und Moden handelt.[11] Das ist grundsätzlich auch sinnvoll, weil das Recht als allgemeinverbindliche Ordnung nicht jeden Trend mitmachen kann, denn es ist wichtig für seine Wirksamkeit, auf möglichst hohe Akzeptanz der Bürger zu stoßen. Daher wirkt kulturwissenschaftliche Forschung auf Juristinnen und Juristen oft höchst unkonventionell, wenn nicht sogar provozierend. Dazu trägt die große **Vielfalt der kulturwissenschaftlichen Forschungs- und Theorieansätze** ebenso bei wie deren oftmals hochabstrakte und fremd wirkende Sprache. Nicht selten hat man den Eindruck, Texte dieser Wissenschaftsgattung wollten gar nicht erst verstanden werden. Das berüchtigte ‚Juristendeutsch' nimmt sich demgegenüber oft geradezu simpel aus. Zugleich wendet sich die kulturwissenschaftliche Forschung auf der Suche nach versteckten Mustern und Strukturen unseres Lebens oft überaus alltäglichen und banal wirkenden Gegenständen und Prozessen zu, die vielen Menschen nicht erforschungsbedürftig scheinen. Gerade das Nichthinterfragen, das Akzeptieren solcher Dinge führt dazu, dass unser Alltag funktioniert, weil wir nicht mit allen Menschen in allen Situationen über die Bedeutung von Handlungen, Gegenständen oder Symbolen immer wieder neu verhandeln können. Das gilt natürlich für rechtliche Verfahren im Parlament, in der Verwaltung oder vor Gericht in besonderer Weise. Die Perspektive auf das Gelingen des menschlichen Zusammenlebens deutet übrigens bereits an, dass kulturwissenschaftliche Forschung sehr oft soziologische Forschung ist, die gerade die Gesellschaft und ihr Funktionieren in den Blick nimmt.

6 Nünning/Nünning, in: Konzepte der Kulturwissenschaften, S. 3 f.
7 Kritisch Hofmann, JZ 2009, 1, 9.
8 Mittelstraß, in: Interdisziplinarität, S. 152 ff., 155.
9 Nünning/Nünning, in: Konzepte der Kulturwissenschaften, S. 3.
10 Ogburn, in: On culture and social change, S. 86.
11 Möllers, in: Jahrbuch Wissenschaftskolleg Berlin, S. 260.

Wiewohl man dies abstrakt gut verstehen kann, bleibt die Relevanz mancher kulturwissenschaftlicher Fragestellungen den Juristinnen und Juristen bisweilen verborgen, anderes scheint unangemessen theoretisch überhöht. Begründet liegt dies darin, dass Kulturwissenschaften aus rechtswissenschaftlicher Perspektive scheinbar an der ‚Oberfläche' menschlicher Handlungen forschen, die Juristinnen und Juristen nicht hinterfragen, sondern als gegeben annehmen, während Kulturwissenschaftlerinnen und Kulturwissenschaftler sie stärker ausdeuten und in einen theoretischen Zusammenhang einordnen, was Juristinnen und Juristen eher wesensfremd ist. Sie sehen vor allem die Oberfläche – die sie im gerichtlichen Verfahren ‚beweisen' – und fragen nur, ob und wie sie sich zu einer bestimmten Rechtsnorm und ihren Merkmalen verhält. Von Ausnahmen vor allem im Strafrecht einmal abgesehen, wird dies besonders daran deutlich, dass das Recht sich zum Beispiel kaum für die persönlichen Motive und schon gar nicht für die sozio-kulturellen Hintergründe menschlichen Handelns interessiert, sondern dieses Handeln ‚nimmt, wie es ist'.

Schließlich ist auch der Stil kulturwissenschaftlicher Darstellungen ein anderer: Geistige Konzepte verbinden sich viel stärker mit bestimmten Personen und Denkschulen, große Namen und Konzepte spielen viel stärker eine Rolle, als es in der Rechtswissenschaft der Fall ist, die wiederum im Interesse funktionierenden Rechts um – wenn auch nur scheinbare – Objektivität bemüht ist.

Darin drücken sich insgesamt wesensmäßige Unterschiede von Rechtswissenschaft und 6
Kulturwissenschaften aus. Während das Recht, die Rechtspraxis und auch Teile der Rechtswissenschaft an der Lösung praktischer Probleme und der Verhaltenssteuerung interessiert sind, geht es den Kulturwissenschaften um eine theoretische Beschreibung und Erkenntnis menschlicher Praktiken. Sie sind in ihrer Anlage eher ‚Metawissenschaften' mit enormem Theorieanspruch. Es ist daher kein Zufall, dass die Philosophie und eben auch Teile der Soziologie wichtige Grundlagen zur kulturwissenschaftlichen Forschung beisteuern. Kurzum: Der Weg zur kulturwissenschaftlichen Erkenntnis ist steinig und nicht mit Rosen bedeckt, jedenfalls für Juristinnen und Juristen. Diesen Weg zu beschreiten lohnt sich allerdings. Es ist gerade die methodische und sachliche Vielfalt der Kulturwissenschaften, die Juristinnen und Juristen manche Erkenntnis über ihr Tun offenbart. Kulturwissenschaftliche Fragestellungen im Hinblick auf das Recht und die Rechtswissenschaft können dabei vor allem Antworten auf die Frage geben, was die **kulturellen Geltungsbedingungen** und **Geltungsmechanismen** des Rechts sind – wie ‚macht' das Recht es, dass es gilt, wie stellt es also seine normative Kraft her? Von welchen Voraussetzungen persönlicher und institutioneller, tatsächlicher und normativer Art hängen die Geltung des Rechts und das Funktionieren einer Rechtsordnung und ihrer Verfahren ab? In den Blick rückt damit nicht allein die Summe aller geltenden Rechtssätze an sich, die ideelle Dimension des Rechts, sondern auch die Bedingungen ihrer Verwirklichung vor Gericht oder in der Verwaltung, also die institutionelle Dimension.[12]

II. Der Kulturbegriff

1. Dimensionen des Kulturbegriffs

Für das Verständnis der Kulturwissenschaften ist also der Begriff der Kultur selbst zen- 7
tral. Eine endgültige Definition des Kulturbegriffs bieten die Kulturwissenschaften

12 Morlok, Zwei Dimensionen des Rechts (unveröff.).

nicht, es lassen sich nur für bestimmte Bereiche Konturen dessen beschreiben, was unter Kultur verstanden werden kann. Dabei konkurrieren zahlreiche Kulturbegriffe miteinander um wissenschaftliche Hegemonie, andere wieder leben in friedlicher Koexistenz.

Bezeichneten die Römer mit Kultur die natur- und religionsbezogenen Praktiken des Menschen, wuchsen dem Begriff in der Renaissance abstraktere Bedeutungsebenen zu. Man verstand darunter die „als unabschließbar gedachte, sittliche, soziale und technische Verbesserungsbedürftigkeit des Menschen".[13] So gedeutet wird der Kulturbegriff zu einem der „Zentralbegriffe der europäischen Aufklärung".[14] Er liegt in der Nachbarschaft des Begriffs der Zivilisation[15] und beinhaltet daher Appelle an das Verhalten des Menschen (idealistischer Kulturbegriff). Dem stellt die moderne Kultursoziologie einen nicht-elitären und hoch abstrakten Kulturbegriff gegenüber, der sich auf ein Verständnis von **Kultur als Summe von Lebensweisen** bezieht. Ihm geht es um die Untersuchung dieser Lebensweisen selbst, aber auch um ihre Voraussetzungen in ideeller und normativer Hinsicht sowie die daraus resultierenden Artefakte,[16] also menschlich erzeugten ‚Produkte'. Diese extreme Weite der Begriffsbildung wird dadurch beschränkt, dass es regelmäßig um die Beobachtung von **Prozessen der kommunikativen Sinnstiftung** zwischen Menschen geht: Wie verstehen Menschen einander? Wie und mit welchen Mitteln kommunizieren sie und stellen Gemeinschaft her? So betrachtet sind Kulturen „als Zeichen- und Symbolsysteme" zu verstehen, „deren symbolische Ordnungen, kulturelle Codes und Werthierarchien sich in kulturspezifischen Praktiken und Sinnstiftungsprozessen manifestieren"[17] (semiotischer oder bedeutungsorientierter Kulturbegriff, s. dazu auch unter III. 1.).

2. Recht als Kultur

8 Recht ist ein Kulturprodukt.[18] Es ergibt sich aus der Einsicht, dass alle Formen menschlicher Vergemeinschaftung ohne ein Regelwerk nicht funktionieren, das die Interaktionen in der Gemeinschaft reguliert.[19] Recht ist deswegen eine Verkörperung menschlicher Erfahrungen und Gebräuche, die sich vor einem bestimmten kulturellen Hintergrund als vernünftige Regelungsmodelle des Zusammenlebens erwiesen haben. Dass der moderne Verfassungsstaat die Produktion von Recht an demokratische Institutionen delegiert, steht dieser Annahme nicht entgegen. In dieser Spezialisierung liegt vielmehr die Erkenntnis verborgen, dass ein kultureller Grundkonsens über die **Regulierungsbedürftigkeit** bestimmter Lebensbereiche besteht (z.B. das Rechtsfahrgebot im Straßenverkehr, die Zulassung von Stammzellforschung, die Rettung insolvenzbedrohter Banken, die Beschränkung des Zuzugs von Flüchtlingen oder den Erlass von Umgangsregeln unter den Bedingungen einer Pandemie), deren konkrete Ausgestaltung legitimierten und kompetenten Institutionen überlassen bleibt.

Recht übernimmt also die Aufgabe, auf der Grundlage einer bestimmten kulturellen Ordnung Formen der Kommunikation sinnhaft zu regeln, was von Land zu Land und

13 Ort, in: Konzepte der Kulturwissenschaften, S. 19.
14 Ort, in: Konzepte der Kulturwissenschaften, S. 20.
15 Reckwitz, in: Handbuch der Kulturwissenschaften, S. 4.
16 Reckwitz, Transformation, S. 74 f.; s. auch Ort, in: Konzepte der Kulturwissenschaften, S. 22.
17 Sommer, in: Lexikon Literatur- und Kulturtheorie, S. 396.
18 Haltern, in: Kulturelle Identität und Internationales Privatrecht, S. 15 ff.
19 Vesting, in: Ungewissheit als Chance, S. 51 f.

von Kulturraum zu Kulturraum durchaus verschieden sein kann.[20] Es ist aber nicht diese Funktion des Rechts allein, die es zu einem Kulturgut macht, sondern es ist schon die **Ordnung des Rechts selbst**, seine methodische und dogmatische Ausdifferenzierung, seine Institutionen und Verfahren, die es unabhängig von seinen Inhalten zu einem Bestandteil der menschlichen Kultur machen.[21]

III. Felder der kulturwissenschaftlichen Analyse – des Rechts

1. Der linguistic turn

Zentral für das Verständnis der modernen Kulturwissenschaften und ihres Forschungsansatzes ist der sogenannte **linguistic turn.** Der Begriff kennzeichnet die wissenschaftliche Verbreitung von Analysemustern der Sprachphilosophie sowie der Linguistik als Mittel zur Analyse von gesellschaftlichen Prozessen der Sinnvermittlung. Dass menschliche Erkenntnis nur durch und in Gestalt von Sprache möglich ist, hat der sogenannte Strukturalismus zu einer Leitvorstellung von **Sprache als einem System von Zeichen** geformt. Sie findet immer dort Verwendung, wo sich ein kulturelles Phänomen ähnlich wie ein Sprachsystem oder wie ein System von Zeichen darstellen lässt.[22] Zugespitzt findet sich dieser Ansatz in einem Verständnis von „Kultur als Text",[23] wonach kulturelle Praktiken (Feste, Gebräuche, ungeschriebene Regeln des Zusammenlebens bis hin zur gemeinsamen Kaffeekasse im Büro) entsprechend der interpretierenden Lektüre eines Texts zu analysieren seien, was regelmäßige ihre „dichte" sprachliche Beschreibung erst voraussetzt.[24] 9

Im Zentrum dieses Denkens stehen unter anderem die theoretischen Modelle des Schweizer Sprachgelehrten *Ferdinand de Saussure* (1857–1913) über die Strukturen der (sprachlichen) Sinnvermittlung des Menschen. Diese ist stets aus zwei Elementen gebildet: Dem **Signifikat** als dem inhaltlich Bezeichneten (gemeint ist die geistige Vorstellung, beispielsweise von einem Auto) und dem **Signifikanten** als dem Bezeichnenden (also das Wort und das **Lautbild** ‚Auto' und eben nicht ‚Fahrrad'). Ein konkret bezeichneter Gegenstand (also ein bestimmtes Auto, z.B. das der Strafrechtsprofessorin) bezeichnet man als **Referent.** 10

Durch eine zweite Unterscheidung, nämlich zwischen **langue** und **parole** wird dieses Modell auch für Erklärungen einsetzbar, die nicht unmittelbar etwas mit Sprache zu tun haben: langue ist der Bestand an sprachlichen Regeln und Zeichen (über die Bedeutung von Signifikanten) und parole bezeichnet ihre tatsächliche Verwendung. Sprachwandel beginnt auf der Ebene der parole und wirkt auf die langue zurück. Übertragen auf kulturelle Prozesse bedeutet das: Was man unter bestimmten Signifikanten versteht – wie man ein Wort, eine Handlung, eine Geste oder ein ganzes Ritual auffasst –, wird dadurch bestimmt, wie sie in welchen Kontexten verwendet werden. Signifikanten können – darin liegt nun der wissenschaftliche Kniff – also nicht nur sprachliche Zeichen oder Wörter sein, sondern auch menschliche Handlungen oder gar

20 Dies wird schon bei v. Savigny deutlich, der die Rezeption des „Volksgeistes" in Gestalt des juristischen Erbes und der Tradition zum Gegenstand der Rechtswissenschaft erhebt, s. dazu ders., Vom Beruf unserer Zeit für Gesetzgebung und Rechtswissenschaft.

21 S. dazu auch Häberle, Europäische Rechtskultur, S. 17; Mankowski, JZ 2009, 321 ff.

22 Stierstorfer, in: Lexikon Literatur- und Kulturtheorie, S. 424.

23 Bachmann-Medick, Kultur als Text; s. weiter Sommer, in: Lexikon Literatur- und Kulturtheorie, S. 393 ff.

24 Grundlegend die Arbeiten des Ethnologen Geertz, insbesondere seine Monographie Dichte Beschreibung, 1991.

abstrakte kulturelle Konzepte und Wertvorstellungen: Was meinen Menschen, wenn sie einander zunicken? Begrüßen sie sich oder signalisieren sie Zustimmung zu einer Frage? Was ist gemeint und bezweckt mit Verhaltensweisen im Gericht oder im Parlament? Ähnlich, so die strukturalistisch-linguistische These, wie wir Sprache verstehen, weil wir uns über ihre Bedeutung jedenfalls vorübergehend geeinigt haben, verstehen wir auch andere Formen der Kommunikation und der Erzeugung von Sinn. Mit diesem Modell wird das Verstehen standardisierter menschlicher Verhaltensweisen oder fester Rituale dadurch möglich, dass man das sprachwissenschaftliche Modell abstrahiert: Durch diese Abstraktion wird aus dem Modell ein semiotisches, also ein zeichen- bzw. symboltheoretisches, und es lässt sich sagen: Kultur als Vorgang der Sinnvermittlung durch Sprache und Symbole ist ein **Arrangement gesellschaftlicher Konventionalregeln** – man macht das eben so! Für Recht und Rechtssystem, die im Kern die wichtigsten allgemeinverbindlichen Regeln des ‚das macht man so' enthalten, ist dieser Ansatz daher interessant.

11 Die enorme Abstraktionsleistung, die dem semiotischen Modell des linguistic turn zugrunde liegt, begründet den großen Erfolg dieses Modells. Gleichzeitig lösen sich unter seinem Eindruck Disziplingrenzen, Fachterminologien und disziplinäre Forschungsansätze auf, ‚alles wird Sprache', was eine wissenschaftliche Gegenbewegung ausgelöst hat. Durch sie rücken andere, nichtsprachliche Leitbegriffe auf die kulturwissenschaftliche Agenda. Dabei werden die Bedeutung von Bildhaftigkeit (iconic turn),[25] die Bedeutung des Raums (spatial turn)[26] oder der durch Handlungen oder Inszenierungen generierte Sinn (Performativität/Performanz) untersucht. Dass die zeichentheoretische Dimension des linguistic turn freilich auch in diesen Forschungsbereichen Anwendung findet, mag für seine besondere wissenschaftliche Bedeutung sprechen.

2. Beispiele zur Anschlussfähigkeit kulturwissenschaftlicher Ansätze in der Rechtswissenschaft

12 Aus der Vielzahl kulturwissenschaftlicher Forschungsansätze eine repräsentative Auswahl im Hinblick auf rechtswissenschaftliche Anschlussfähigkeit zu treffen, ist nicht möglich. Es bietet sich aber an, die Unterscheidung von rechtsintern und rechtsextern wirkenden Ansätzen, wie sie unter A. dargestellt wurde, hier aufzugreifen.

13 Auf der rechtsinternen Ebene sind beispielsweise diejenigen Ansätze angesiedelt, die um das Thema Sprache und sprachliche Konstituierung von Sinn kreisen. Dabei geht es in Variationen zumeist um das Problem, das sich aus der juristischen Vorstellung ergibt, sprachliche Begriffe seien inhaltlich klar bestimmt und die in der methodologischen These zum Ausdruck kommt, der Wortlaut sei Ausgangs- und Endpunkt aller Auslegung: Das kann nur dann stimmen, wenn es so etwas wie einen objektiven Wortlautsinn gibt. Das mag häufig der Fall sein, nicht jede sprachliche Bedeutung kann bestritten werden, zwingend aber ist es nicht. Deswegen gehen die Forschungen der Sprachphilosophie und der Linguistik auch gerade davon aus, dass es objektivierbare Bedeutung von sprachlichen Zeichen **nicht gebe**, sondern sich stets nur aus gesellschaftlichen Konventionen **ergebe**. Rechtstheorie, Methodenlehre und Forschungen zu Recht und Sprache (§§ 2, 10, 13) thematisieren diese Fragen und rezipieren dabei kulturwissenschaftliche Erkenntnisse vor allem des linguistic turn. Eine Zuspitzung dieses

25 Dazu Röhl, in: Bildwissenschaft, S. 247 ff.; Steinhauer, in: Die Sprache des Rechts, S. 439 ff.
26 S. für die rechtswissenschaftlichen Perspektive Dreier/Wittreck, in: Raumwissenschaft, S. 338 ff.; Haltern, in: Der europäische Raum, S. 209 ff.

Problemkreises findet sich bei *Ino Augsberg*, wenn er nach der „Lesbarkeit des Rechts“ an sich fragt.[27]

Ein geschichts-, kunst- und literaturwissenschaftlich inspirierter Ansatz liegt im Bereich des Forschungsfeldes „Kollektives Gedächtnis und Erinnerungskulturen“.[28] Prägend sind hier die Arbeiten von *Aleida* und *Jan Assmann*. Sie entwickeln eine Theorie des kulturellen Gedächtnisses und beziehen diese auf die Entstehung politisch-kollektiver Identität[29] und bieten damit Ansatzpunkte für eine juristische Staats- und vor allem eine Verfassungslehre. 14

Sie unterscheiden das **kommunikative Gedächtnis** als Speicher der Erfahrungen, der sich aus der Alltagsinteraktion, beispielsweise des Kindes mit Eltern und Großeltern ergibt und der die historischen Erfahrungen der Zeitgenossen umfasst. Es bezieht sich zeitlich auf einen Horizont von 80 bis 100 Jahren.[30] Das **kulturelle Gedächtnis** hingegen richtet sich auf Fixpunkte in der Vergangenheit, die zu symbolischen Figuren gerinnen[31] – es handelt sich dabei um „hochgradig gestiftete und zeremonialisierte“[32] Formen der Erinnerung, die nicht selten auf einen Gründungsmythos einer Gemeinschaft rekurrieren und ihn durch Rituale und Feste als identitätsstiftendes Element in der Gegenwart immer neu ‚aktivieren‘.[33] Der Bezug zum Recht liegt hier offen auf der Hand, weil es zum Speicher eines solchen kulturellen Gedächtnisses werden kann, in dem es bestimmte Erinnerungen oder Ereignisse als relevant setzt und immer wieder aktualisiert. Das kann in Form von Vorschriften über Nationalfeiertage oder Nationalsymbole geschehen, aber auch dadurch, dass bestimmte historische Erfahrungen in Normen des Rechts verarbeitet und so vermittelt aktuell gehalten werden: Die Menschenwürdegarantie des Art. 1 Abs. 1 GG zählt dazu, aber etwa auch das oft unbeachtet bleibende Petitionsrecht, in dem sich die historische Erfahrung eines Ausgeliefertseins gegenüber einer feindlichen staatlichen Gewalt überliefert hat. Die Bedeutung des Rechts als Speicher des kulturellen Gedächtnisses einer Gemeinschaft wird dabei umso größer, je mehr sich diese Gemeinschaft von den großen Gründungsmythen, etwa einer Revolution oder eines religiösen Stiftungsaktes, abwendet und eine rationale Werteordnung als integrative Basis beschwört,[34] wie es säkulare Rechtsstaaten tun. Dabei kommt schriftlichen Dokumenten seit jeher eine besondere Bedeutung zu: Gerade an der Rechtsordnung, die auf dauerhafte Gültigkeit angelegt ist, wird die These Jan Assmanns von der **textuellen Kohärenz** schriftbasierter (im Gegensatz zu oralen) Kulturen besonders deutlich. Schriftbasierte (skripturale) Kulturen bedürfen immer wieder der kunst- und situationsgerechten Aneignung ihrer zentralen Texte. Arbeit am und mit dem Recht, die eine Arbeit an Texten ist, ist also in diesem Sinne kulturelle Arbeit. Vor diesem Hintergrund wächst den Auslegungsregeln der Rechtswissenschaft, ihrer Theorie und Dogmatik nicht nur eine rechtswissenschaftliche Funktion zu, sondern ihre Bedeutung als Mittel zur Herstellung einer textuellen Kohärenz einer Kultur des Rechts wird deutlich. Dieser enge Zusammenhang wird in einem Satz *Astrid Erlls* angesprochen, in dem das Wesen rechtswissenschaftlicher Arbeit geradezu prototypisch be-

27 Augsberg, Die Lesbarkeit des Rechts, mit fundiertem kulturwissenschaftlichem Hintergrund.
28 S. dazu den gleichnamigen Beitrag von Erll, in: Konzepte der Kulturwissenschaften, S. 156 ff.
29 S. z.B. A. Assmann, Erinnerungsräume; dies., Zeit und Tradition; Assmann, Kulturelles Gedächtnis.
30 Assmann, Kulturelles Gedächtnis, S. 50.
31 Assmann, Kulturelles Gedächtnis, S. 52.
32 Erll, in: Konzepte der Kulturwissenschaften, S. 171 f.
33 Assmann, Kulturelles Gedächtnis, S. 52 f.
34 Volkmann, in: Mythos als Schicksal, S. 153 ff.; s. dazu auch Dreier, RW 2010, 11 ff.

schrieben ist, ohne dass diese damit aber von der Autorin unmittelbar gemeint wäre: „Textuelle Kohärenz geht mit den kulturellen Verfahren des Kommentars, der Imitation oder der Kritik einher".[35]

15 Dass textuelle Kohärenz zum Beispiel im deutschen (Verfassungs-) Recht trotz der zahlreichen verfassungsrechtlichen Zäsuren der jüngeren Geschichte nachweisbar ist (und also das kulturelle Gedächtnis des geltenden Verfassungsrechts über das kommunikative hinausreicht), wird an der Bestandskraft verfassungsrechtlicher Formulierungen und Gehalte deutlich: Beispielhaft sind sie im Grundgesetzkommentar von *Horst Dreier* für jede Vorschrift des Grundgesetzes nachgewiesen.

Aber auch das Urheberrecht, das Archiv- oder Denkmalschutzrecht oder die rechtlichen Vorschriften im Umgang mit den Unterlagen der DDR-Staatssicherheit (sog. Stasi-Unterlagengesetz) haben eine Bedeutung für das kulturelle Gedächtnis einer politischen Gemeinschaft. *Cornelia Vismann* (1961–2010) hat in diesem Bereich mit einer Untersuchung über die Bedeutung von Akten für das Recht eine Arbeit vorgelegt, in der sich juristische, historische, medientheoretische und kulturwissenschaftliche Aspekte auf fesselnde Weise miteinander verbinden und die als Musterbeispiel einer kulturwissenschaftlichen Auseinandersetzung mit juristischen Themen gelten kann.[36]

3. Verfassungslehre als Kulturwissenschaft

16 Schon früh hat *Peter Häberle* einen wesentlichen Beitrag zur kulturwissenschaftlichen Analyse des Rechts geleistet.[37] In einer Vielzahl von Werken, darunter die „Verfassungslehre als Kulturwissenschaft"[38] und die „Europäische Rechtskultur"[39], steuert er verschiedene Ansätze zur kulturwissenschaftlichen Debatte bei. Aufbauend auf der geisteswissenschaftlich grundierten Integrationslehre des Weimarer Verfassungsrechtlers *Rudolf Smend*[40] (1882–1975) untersucht *Häberle* die Bedeutung von Nationalhymnen[41], Nationalflaggen[42] und Feiertagsgarantien[43] für die symbolische Konstituierung eines politischen Gemeinwesens.[44] Über diese symboltheoretischen Arbeiten hinaus hat *Häberle* für den Bereich des Verfassungsrechts und der Verfassungslehre rechtswissenschaftliche Erkenntnis vor allem aus der vergleichenden Untersuchung internationaler Verfassungstexte gewonnen (Rechtsvergleichung als Kulturvergleichung).[45] Eine praktisch wichtige Zuspitzung hat er diesem Ansatz in seinen Überlegungen zur Rechtsvergleichung als fünfter Auslegungsmethode gegeben.[46]

Gespeist ist sein Forschungsansatz von der Überzeugung, dass sich Rechtsbildungsprozesse verstehen lassen auf Grundlage einer Analyse internationaler Rechtstexte und ihrer Entstehung (sog. Textstufenparadigma).[47] In das Panorama eines modernen Kulturwissenschaftsbegriffs fügt sich dieser Ansatz ein, weil er mit der Frage nach rechts-

35 Erll, in: Konzepte der Kulturwissenschaften, S. 173.
36 Vismann, Akten.
37 Dazu Krüper, in: Konjunkturen öffentlich-rechtlicher Grundlagenforschung, S. 133 f.
38 Häberle, Verfassungslehre, S. 3.
39 Häberle, Europäische Rechtskultur.
40 Smend, in: Staatsrechtliche Abhandlungen, S. 119 ff.
41 Häberle, Nationalhymnen.
42 Häberle, Nationalflaggen.
43 Häberle, Feiertagsgarantien.
44 S. zur Bedeutung solcher Symbole schon Smend, in: Staatsrechtliche Abhandlungen, S. 228.
45 S. dazu jetzt auch Hotz, ARSP Beiheft 115 (2007), 201 ff.
46 Häberle, Verfassungslehre, S. 166, 228 et passim.
47 Häberle, Verfassungslehre, S. 342 ff.

kulturellen Gemeinsamkeiten verschiedener Rechtsordnungen den Blick hinter die Kulisse der Gesetzeskraft wagt – und damit den Versuch unternimmt, den „mystischen Grund der Autorität" des Rechts auszuleuchten.[48]

C. Vertiefung: Recht zwischen Rationalität und Archaik

Zur Veranschaulichung des Potentials einer kulturwissenschaftlichen Analyse des Rechts sollen zwei Aspekte hier weiter vertieft werden. Mit den Überlegungen zum Recht als Forschungsfeld der Kultursemiotik werden Anschlussmöglichkeiten an die **linguistisch-zeichentheoretische** Dimension der Kulturwissenschaft aufgezeigt. Sodann werden Aspekte der Ritualität gerichtlicher Verfahren untersucht, weil an ihnen ein grundlegendes Kennzeichen der Rechtsordnung anschaulich wird, nämlich ihr aufklärerischer Anspruch auf Rationalität einerseits bei gleichzeitiger Angewiesenheit auf vorrationale Elemente ritueller Praxis andererseits. 17

I. Recht als Forschungsfeld der Kultursemiotik

Die juristische Methodenlehre beschäftigt sich mit der Frage, wie rechtliche Entscheidungen sachgemäß begründet werden können (§ 10). Sie bemüht sich durch die Entwicklung eines Methodenbestands um eine Rationalisierung und Disziplinierung des jeder juristischen Entscheidung eigenen Wertungsvorgangs. Anders formuliert geht es ihr darum, die ‚Unschärferelation' zwischen Rechtsnorm und Lebenssachverhalt methodisch ‚scharf zu stellen', um eine rechtliche Entscheidung treffen zu können, die tragfähig ist. Ein anderer Blick lässt sich auf diesen Vorgang juristischer Arbeit vom Standpunkt der Kultursemiotik werfen, indem man das Recht als eine **Ordnung von Symbolen** im Sinne einer ‚kulturellen Kurzschrift' versteht.[49] Der konkrete Rechtssatz und seine Elemente sind sprachlich gebildete Symbole, die sich auf Rechtsvorstellungen bzw. Regulierungsbedürfnisse beziehen, die hinter ihnen liegen und deren konkrete Bedeutung in Ansehung des einzelnen Falles entschlüsselt werden muss[50]. 18

Dem Verständnis von Recht als symbolischer Ordnung liegen bestimmte kommunikationstheoretische Annahmen zugrunde. Kommunikation ist zu verstehen als Prototyp „sinnorientierten sozialen Handelns", das mit Kommunikationsinstrumenten oder -medien erfolgt.[51] Was bestimmte Begriffe, Zeichen und Symbole bedeuten, steht dabei nicht unabänderlich fest, sondern wird auch im Recht durch einen bestimmten sozialen Gebrauch dieser Zeichen bestimmt – *Martin Morlok* spricht daher von der „konsensualistischen Bedeutungstheorie des Rechts".[52] Kommunikation funktioniert optimal daher nur, wenn „alle Beteiligten (...) vergleichbare kulturelle Sinnbildungsprozesse anwenden".[53] Um Kommunikation auch unter suboptimalen Voraussetzungen zu ermöglichen, haben sich symbolische Ordnungen entwickelt, die die Möglichkeit zwischenmenschlicher Interaktion steuern und im Falle des Rechts bei Misslingen auch sanktionieren. Recht ist als Mentefakt (ein geistiges Werk) eine solche symbolische 19

48 Nach Derrida, Gesetzeskraft.
49 Saurer, ARSP 2009, 490 ff.; Kirste, ARSP Beiheft 115 (2007), 177 ff.; Coskun, Law as Symbolic Form; Vesting, in: Ungewissheit als Chance, S. 51 ff.
50 S. am Beispiel der Verfassung dazu Volkmann, VVDStRL 67 (2008), 57, 67 unter Rückgriff auf die Symbolphilosophie Ernst Cassirers.
51 Schmidt, in: Lexikon Literatur- und Kulturtheorie, S. 370.
52 Morlok, in: Präjudiz und Sprache, S. 28, 70.
53 Schmidt, in: Lexikon Literatur- und Kulturtheorie, S. 339.

Ordnung; es wird durch seine Verschriftlichung mitteilbar und kann auf Dauer Geltung beanspruchen. Hier zeigt sich der Zusammenhang zum Themenfeld ‚Recht und Sprache', denn die symbolische Ordnung des Rechts ist die der Sprache. Sprache ist eine sog. **diskursive Symbolordnung.** Die deutsch-amerikanische Philosophin *Susanne K. Langer* (1895–1985) formuliert: „Nun ist aber die Form aller Sprachen so, daß wir unsere Ideen nacheinander aufreihen müssen, obgleich Gegenstände ineinanderliegen; so wie Kleidungsstücke, die übereinander getragen werden, auf der Wäscheleine nebeneinander hängen. Diese Eigenschaft des verbalen Symbolismus heißt Diskursivität; ihretwegen können überhaupt nur solche Gedanken zur Sprache gebracht werden, die sich dieser besonderen Ordnung fügen; jede Idee, die sich zu dieser ‚Projektion' nicht eignet, ist unaussprechbar, mithilfe von Worten nicht mitteilbar".[54] Deswegen muss das Recht als ein auf zwischenmenschliche Geltung angelegtes System notwendig sprachlich sein. Im Gegensatz zu solchen diskursiven Symbolordnungen bringen **präsentative symbolische Ordnungen** nichtdiskursive, sinnliche Geistesinhalte zum Ausdruck, also vor allem Gefühle. Beispiele für präsentative Symbolordnungen sind die bildende Kunst und besonders auch die Musik.

20 Im Recht begegnen sich trotz seines sprachlichen Charakters Elemente diskursiver und präsentativer Symbolik. Dort, wo Vorstellungen von Gerechtigkeit sprachlich einigermaßen eindeutig artikulierbar sind, nehmen sie die Gestalt mehr oder weniger präziser Rechtssätze an („Du sollst nicht töten"). Je mehr aber Gerechtigkeitsvorstellungen oder Regulierungsbedürfnisse nur diffus oder in Gestalt von hochabstrakten Konzepten (Demokratie, Rechtsstaat, Privatautonomie) artikulierbar sind, desto mehr gewinnen die Rechtsbegriffe das Wesen einer präsentativen Symbolordnung. Rechtsanwendung wird dann mehr und mehr zu einem Vorgang der Entschlüsselung des präsentativen Symbolgehalts eines Rechtssatzes und die Akzeptanz des Rechtssatzes und seiner Auslegung bis zu einem gewissen Grad auch zu einer Sache des Gefühls. Dies macht zum Beispiel plausibel, warum Gerichtsurteile im Neuland der Rechtsanwendung auch jenseits persönlicher Betroffenheit oft starke emotionale Reaktionen provozieren. Je besser eine solche Entschlüsselung gelingt, desto eher wird sie eine akzeptierte rechtliche Konvention. In der rechtswissenschaftlichen Prinzipientheorie findet sich eine Bestätigung dieses kulturwissenschaftlichen Deutungsmodells, wenn dort Grundrechte – die nach *Robert Alexy* als konkretisierungsbedürftige Rechtsprinzipien im Gegensatz zu unmittelbar anwendbaren Rechtsregeln zu verstehen sind[55] – ausdrücklich als moralische Normen, also quasi als Einfallstore abstrakter Gerechtigkeitsvorstellungen verstanden werden[56]. Gleiches gilt auch für die Generalklauseln des Bürgerlichen Rechts oder die Grundbegriffe des Organisationsverfassungsrechts, allen voran der Begriff der Demokratie und der des Rechtsstaats.

21 Dieser Entwurf der Rechtsordnung als einer diskursiv-präsentativen Symbolordnung wird auch durch Überlegungen zur Rolle des Judiz' für die Rechtsanwendung bestätigt. Ist das Judiz in Anlehnung an ein Wort *Joseph Conrads* (1857–1924) „Gabe, nicht Errungenschaft", stellt sich die Frage, ob die Jurisprudenz **techne**[57] oder **ars**, ein

54 Langer, Philosophie, S. 88.

55 Grundlegend ders., Theorie, S. 71 ff.; zur Unterscheidung von Regeln und Prinzipien s. auch Dworkin, Bürgerrechte, S. 54 ff.

56 Borowski, Grundrechte, S. 157 ff.; s. in diese Richtung auch Häberle, Rechtskultur, S. 18.

57 ‚techne' bezeichnet im Altgriechischen eine erworbene Fähigkeit, ein Handwerk; der Gegenbegriff ist ‚episteme', der Wissen, Wissenschaft und wahre Erkenntnis bezeichnet.

Handwerk oder eine Kunst ist[58]? Unter dem Begriff des Judiz wird die Fähigkeit verstanden, einen Sachverhalt neben der äußeren handwerklichen juristischen Bearbeitung in Form der Subsumtion rechtlich richtig erfassen und bewerten zu können: Was also ist an einem Fall warum und wie rechtlich relevant und was nicht und zu welchem Ergebnis führt das? Judiz lässt sich danach als die Fähigkeit verstehen, den präsentativ-symbolischen Gehalt eines Rechtssatzes kunstgerecht auf einen gegebenen Sachverhalt anzuwenden, also seinen „utopischen Überschuss“[59] *lege artis* zu konkretisieren. Darin ähnelt die Rechtsanwendung im Übrigen verblüffend der Arbeit von Musikerinnen und Musikern, deren Fähigkeit, eine strenge symbolische Ordnung angemessen zu entschlüsseln, als Musikalität bezeichnet wird.[60]

II. Ritualität und Performativität im gerichtlichen Verfahren

Moderne Gesellschaften sehen sich selbst gewöhnlich als durch und durch rational an. 22
Sie errichten ihre Rechtsordnungen und Institutionen auf Grundlage gemeinsamer Gerechtigkeits- und Vernunftvorstellungen und bemühen sich darum, transzendente Bezüge aus ihrem rechtlichen und institutionellen Handeln ganz überwiegend zu entfernen.[61] Nicht mehr von Gottes Gnaden sind der Staat und seine Organe, sondern Ausdruck demokratischer Einsetzung, von Wahl und rechtsstaatlicher Ernennung. Objektivität, Sachlichkeit, Säkularität, Rechtsgebundenheit und sachangemessene Verfahrensabläufe sind die Grundsätze, aus denen staatliches Handeln seine Legitimität bezieht.[62]

Inbegriff eines Verfahrens, das diesen Maßstäben genügen soll, ist das Gerichtsverfahren. Rechtlich ist es durch die Prozessordnungen vorgeformt. Ihre Rationalität wird kaum bestritten. Wirft man aber einen kulturwissenschaftlichen Blick auf gerichtliche Verfahren, so zeigt sich, dass diese in einem ganz erstaunlichen Maße von traditionellen Ritualkonzepten geprägt sind.[63]

1. Die ‚Stimme' der Rechtsprechung

Der Ablauf des idealtypischen gerichtlichen Verfahrens ist bestimmt durch eine Zwei- 23
teilung in Elemente der Mündlichkeit und der Schriftlichkeit (**Oralität** und **Literalität**), also des gesprochenen und geschriebenen Wortes. Diese Zweiteilung, so lässt sich eine kulturwissenschaftlich motivierte These formulieren, ist nicht zufällig, sondern durch in der Natur von Ritualen liegende Gründe bestimmt.

Gemeinhin wird der soziale Übergang von einer oral zu einer schriftlich basierten Kultur als Fortschritt bewertet, weil damit ein Komplexitätsgewinn verbunden ist.[64] Die schriftliche Fixierbarkeit von Überzeugungen, Grundsätzen und Prozeduren erlaubt es, diese hochgradig zu differenzieren und zu spezifizieren. Auch hier sei zur Verdeutlichung nochmals die Analogie zur Musik bemüht: Erst eine ausgereifte Notationstechnik ermöglichte die Entwicklung und Weitergabe mehrstimmiger und metrisch wie rhythmisch komplexer Musik. So kommt auch ein modernes Rechtssystem nicht ohne Schriftsprache und schriftlich geprägte Verfahrensabläufe aus. Gesprochene Sprache,

58 Gröschner, JZ 1983, 944 ff.; ders., JZ 1987, 903 ff.; s. weiter auch Kilian, Jurisprudenz, 1987.
59 Nach Müller, Freiheit, S. 87 f.
60 Furer, Musikalität; s. schon Billroth/Hanslick, Wer ist musikalisch?.
61 S. aber Depenheuer, Mythos als Schicksal?; weiter auch Manow, Schatten.
62 Depenheuer, in: Mythos als Schicksal?, S. 13 f.
63 S. dazu auch Vismann, Medien.
64 Ong, Orality, z.B. S. 49 ff.

oder prägnanter: Stimme[65] als flüchtiges Ereignis scheint also in einem rechtlich geordneten Verfahren bestenfalls Lautsprecher des Textes zu sein. Schrift und Schriftlichkeit gelten als tiefsinnig-dauerhaft, Mündlichkeit und Stimme aber als oberflächlich-flüchtig.[66] Zwingend ist dieses Verständnis allerdings nicht. Begreift man Stimmlichkeit nämlich nicht allein als Medium der Wortsprache und untersucht ihren spezifischen Eigenwert, werden ihre Dimensionen „jenseits der Oralität“[67] deutlich. Im Einzelnen:

24 Richterinnen und Richter verkünden ihr Urteil nicht allein „im Namen des Volkes“, sie **sprechen** es; so sehen es die Prozessordnungen vor, die im Grundsatz einen mündlichen Verkündungstermin verlangen. Warum ist das so?

Erklären lässt sich das mit dem Konzept der pathischen, also emotional geprägten Kommunikation. Dahinter steht die Vorstellung, dass der Stimme zwei Wirkungsebenen zukommen, eine diskursive und eine mimetische.[68] Auf der diskursiven Ebene ist die Stimme vor allem Medium der Schriftsprache, sie **sagt etwas aus**. Auf der mimetischen Ebene (von gr. mimesis, Nachahmung, die Fähigkeit, mittels einer körperlichen Geste Wirkung zu erzielen), die wegen ihres körperlichen Ursprungs auch als physiognomische Funktion der Stimme bezeichnet wird,[69] erzielt das gesprochene Wort eine appellative und affektive Wirkung zwischen dem Sprechenden und dem Empfänger. Sprichwörtlich versinnbildlicht wird dies in der Bemerkung *Friedrich Nietzsches* (1844–1900) vom Ton, der die Musik mache: „Das Verständliche an der Sprache ist nicht das Wort selber, sondern Ton, Stärke, Modulation, Tempo (...), kurz: die Musik hinter den Worten“.[70] Dieser Ton schafft eine affektive Grundlage der Kommunikation, die auf den Empfänger Bezug nimmt und „Gemeinschaftlichkeit stiftet oder unterläuft, bevor überhaupt die (...) argumentierende Rede (...) zu greifen vermag“.[71] Wie wichtig diese im Alltag oft nicht wahrgenommene Dimension in der direkten menschlichen Kommunikation ist, zeigt sich in Foren digitaler schriftsprachlicher Kommunikation (Chats, SMS, sozialen Medien), in denen sich schon früh sogenannte ‚emoticons‘ etabliert haben, die der schriftlichen Aussage einen emotionalen Beiklang, eben einen ‚Ton‘ geben, den die Schriftsprache allein nicht oder nicht unmissverständlich vermitteln kann.

25 Vor diesem Hintergrund gewinnt die Mündlichkeit von gerichtlicher Verhandlung und Urteilsverkündung eine eigene Bedeutung. Der Geltungsanspruch des Rechts hängt wesentlich von der Akzeptanz durch die Rechtsgemeinschaft ab. Diese Akzeptanz ist mutmaßlich umso größer, je effektiver – nämlich **diskursiv und pathisch** – dieser Anspruch kommuniziert wird, auch und vor allem in Konfliktsituationen, deren Lösung gerade ein gerichtliches Verfahren erstrebt. Im Richterspruch kommt dabei nicht allein die Normativität des Rechts zum Ausdruck. Stimme und Stimmlichkeit sind nämlich die „Spur des Körpers in der Sprache“, und zwar nicht nur des Körpers des Sprechers,

65 Kolesch/Krämer, Stimme; insb. dies., Stimme im Konzert der Disziplinen, S. 7 ff. sowie Krämer, Die ‚Rehabilitierung‘ der Stimme, S. 269 ff. zur Bedeutung der Literalität/Oralität-Debatte; weiter: Dolar, His Master's Voice.

66 Krämer, in: Stimme, S. 269 f.; grundlegend zum Logozentrismus abendländischen Denkens Derrida, Grammatologie.

67 Krämer, in: Stimme, S. 271.

68 Sample, in: Incorporated Self, S. 113 ff.

69 Krämer, in: Stimme, S. 275.

70 Nietzsche, in: Der Nachlaß, S. 190, Fragment 508.

71 Krämer, in: Stimme, S. 274; zur Mittlerfunktion juristischen Rhetorik s. Schlieffen, in: Die Sprache des Rechts, S. 411.

sondern auch eines sozialen Körpers[72] einer interessierten (und kontrollierenden!) Öffentlichkeit. Die menschliche Stimme dokumentiert nämlich die Präsenz eines Dritten und appelliert an den Hörer, sich auf dessen Existenz und mit ihr verbundene Ansprüche einzulassen.[73] Diese Bedeutung des stimmlichen Ereignisses verbinden manche Autoren mit der Idee der Zeugenschaft:[74] Wer eine Stimme gehört hat, ist ‚dabei gewesen',[75] war Ohrenzeuge, und ist in einem sozialen Sinne zur Aussage und Rechenschaft gegenüber anderen verpflichtet und an das bezeugte Ereignis gebunden, z.B. die Verkündung des Urteils. Die Richterpersönlichkeit verkörpert also in der Urteilsverkündung den sozialen Körper der Rechtsgemeinschaft und ihre Autorität. Damit diese nicht im Abstrakten verbleibt, bedarf es der **sprechenden** Person, in der die Rechtsgemeinschaft sinnlich greifbar und persönlich erfahrbar wird. Es geht dabei unter der Überschrift des Begriffs der Performativität um „How to do things with words"[76] – also um die Erzeugung von verbindlichem Sinn durch ‚sprachliche Handlungen', wie z.B. das mündliche Eheversprechen „Ja, ich will".

Die Abkehr vom rein schriftlichen gerichtlichen Verfahren und die Hinwendung zu einem Verfahren aus Elementen der Mündlichkeit und Schriftlichkeit wird gemeinhin als aufklärerische und dezidiert rationale Entwicklung verstanden. Sie wird unter dem Aspekt der Öffentlichkeit des Verfahrens behandelt,[77] die, wie sich gezeigt hat, im Kern eine ‚Stimmhaftigkeit' des Verfahrens ist. Dieser enge Zusammenhang zwischen Öffentlichkeit und Mündlichkeit des gerichtlichen Verfahrens kommt beispielhaft in § 178 der Verfassung des Deutschen Reiches von 1849 zum Ausdruck: „Das Gerichtsverfahren soll öffentlich und mündlich sein". Unter kulturwissenschaftlichen Gesichtspunkten knüpft dieses (rationalitätsorientierte) Öffentlichkeitsgebot aber offenbar an anthropologische Dispositionen des Einzelnen an, die gerade vorrational (nicht: irrational!), nichtdiskursiv und eben pathisch begründet sind. 26

2. Ritualität und Liminalität des gerichtlichen Verfahrens

Eine wichtige kulturwissenschaftliche Säule bilden die **Ritualforschungen**, die in der Ethnologie, aber auch in der Theaterwissenschaft angesiedelt sind.[78] „Das Ritual", so schreibt *Burckhard Dücker*, ist „Leitbegriff eines interdisziplinären wissenschaftstheoretischen und -praktischen Forschungskonzepts"[79] geworden. Für eine kulturwissenschaftliche Analyse des Rechts sind Ritualforschungen deswegen interessant, weil Rituale im Spannungsfeld von abstrakt-kategorischer Normativität und alltäglicher Normalität, also zwischen Norm und ‚Fall' angesiedelt sind. Sie spielen also eine bedeutende Rolle bei der Vermittlung von Normativität (z.B. der Religion) im Alltag der Menschen, weil sie die abstrakte Normativität religiöser, rechtlicher oder sonstiger kultureller Gebote und Grundsätze wahrnehmbar und erfahrbar machen.[80] Wesentliche Quelle von Normativität ist in einem Rechtsstaat das Recht selbst, womit sich die Frage aufdrängt, welche Rolle Rituale in der rechtsstaatlichen Vermittlung von Normativität 27

72 Krämer, in: Stimme, S. 275.
73 Krämer, in: Stimme, S. 284.
74 Mersch, in: Dialektik, S. 79 ff.; Schreiber, in: Klang und Bewegung, S. 144 ff.
75 Krämer, in: Stimme, S. 285: „Ist eine Stimme zu hören, macht uns das zu einem Ohrenzeugen, ob wir wollen oder nicht".
76 Nach Austin, How to do things with words.
77 S. dazu Wegener, Der geheime Staat, S. 206.
78 Turner, Vom Ritual.
79 Dücker, in: Lexikon Literatur- und Kulturtheorie, S. 629.
80 Dücker, in: Lexikon Literatur- und Kulturtheorie, S. 630.

spielen. Unter dem Begriff Rituale sind dabei solche Handlungen zu verstehen, die nach einem bestimmten Programm ablaufen und mit denen ein bestimmter Sinn erzeugt und zwischen Menschen etabliert werden soll. Das gerichtliche Verfahren stellt einen solchen spezifischen „Interaktionstypus" (*Hans-Georg Soeffner*) dar. Das Ritualhafte gerichtlicher Verfahren kommt sprachlich übrigens schon in ihrer Bezeichnung als Prozess zum Tragen (im Sinne einer Prozedur), wenngleich diese metaphorische Dimension in der alltäglichen Verwendung des Begriffs nicht mehr ‚mitklingt'. Er ist zu einer ‚leeren Metapher' geworden.

28 Unmittelbar einleuchtend sind die inszenatorisch-rituellen Gehalte des gerichtlichen Verfahrens, die in der Tradition des Robe-, in England auch des Perücketragens deutlich werden. Die am gerichtlichen Verfahren Beteiligten treten nicht vorrangig als natürliche Person, sondern als alleinige Dienerinnen und Diener des Rechts auf, als Amtspersonen, in prozessrechtlicher Terminologie als „Organe der Rechtspflege". Die Unterordnung der stets subjektiv handelnden Menschen unter die objektive Herrschaft des Rechts wird darin symbolisch sinnfällig und zum Teil auch fingiert. Zivilpersonen vor Gericht dokumentieren dies dadurch, dass sie sich bei Eintritt der Richterinnen und Richter und bei der Urteilsverkündung erheben und so dem Gericht als Institution des Rechts, nicht aber der konkreten Richterpersönlichkeit die Ehre erweisen. Auch die Zuweisung bestimmter Orte im Gerichtssaal, von denen die Richterbank traditionell der höchste ist, kennzeichnet die ritualisierte Struktur eines gerichtlichen Verfahrens. Alternative Formen der Streitbeilegung wie beispielsweise die Mediation, die funktional die gleichen Aufgaben hat wie die staatliche Rechtsprechung, verzichten auf solche Elemente.

29 Ritualstrukturen lassen sich im gerichtlichen Verfahren aber auch auf einer analytisch höheren, prozesshaften Ebene ausmachen. Eine Schlüsselstellung in der Ritualforschung nimmt der Begriff der **Liminalität** (von lat. limen: Schwelle) ein, der die mittlere Phase eines Modells darstellt, mit dem *Arnold van Gennep* (1873–1957) schon 1909 die Struktur sog. Übergangsriten (im berühmten Original: Les rites de passage)[81] beschrieben hat. Übergangsrituale zeichnen sich dadurch aus, dass sie „Veränderungsprozesse und sozialen Wandel (…) als räumlichen Grenzübertritt"[82] konzipieren. Sie zerfallen nach *van Gennep* erstens in die Phase der Trennung vom früheren Ort oder Zustand, zweitens die Phase des Übergangs und drittens die Phase der Wiedereingliederung in den neuen Zustand.[83]

Dieses 3-Phasen-Schema lässt sich auf ein gerichtliches Verfahren durchaus übertragen. Dem Prozess vorgelagert ist stets der soziale Konflikt, dessen Beilegung nach einer ritualisierten Klärung verlangt. Mit dem Anhängigmachen einer Klage eröffnet die klagende Partei das Ritual, indem der Rechtsstreit aus der Sphäre der Parteien herausgelöst wird und vor Gericht, also buchstäblich an einen anderen Ort und aus dem Bereich reiner menschlicher Interessen in eine andere Sphäre, nämlich die des Rechts gebracht wird.

30 Entscheidend für den liminalen Charakter des gerichtlichen Verfahrens ist dabei die Phase der gerichtlichen Urteilsfindung. Sie ist seit jeher[84] in das Arkanum des richterli-

81 Gennep, Übergangsriten; s. auch Turner, Das Ritual.

82 Dücker, in: Lexikon Literatur- und Kulturtheorie, S. 629.

83 Gennep, passim.

84 Ausnahme davon bei Hölscher, Öffentlichkeit, S. 163 sowie zum Ganzen Wegener, Der geheime Staat, S. 216 ff.

chen Beratungsgeheimnisses verlagert,[85] §§ 43, 45 DRiG, § 193 Abs. 1 GVG. Die Parteien werden erst nach Abschluss der Beratung wieder einbezogen und dann mit dem Ergebnis der gerichtlichen Entscheidung konfrontiert. In der Zwischenphase ‚schweben' sie zwischen zwei Welten und stehen an der Schwelle endgültiger Entscheidung ihres Streits, ohne zu wissen, wie diese Entscheidung ausfällt. Im Sprichwort „Vor Gericht und auf hoher See ist man in Gottes Hand" kommt diese für die liminale Phase des Rituals typische Erfahrung anschaulich zum Ausdruck. Die Phase der Wiedereingliederung in die neue Situation folgt auf die Rechtskraft des Urteilsspruchs, der gestaltend auf die Rechtsordnung einwirkt und nicht selten durch seine Vollstreckbarkeit den Parteien einen Rechtstitel zur Gestaltung der tatsächlichen Lebenswirklichkeit gibt.

Diese Konzeption des gerichtlichen Verfahrens, die in ihrem liminalen Kern intransparent und anti-diskursiv ist, überrascht. Angesichts der verbreiteten Vermutung der rationalen und diskursiven Natur staatlicher Verfahren und ihrer legitimierenden Wirkung[86] ist die Frage aufgeworfen, aus welchen Gründen sich eine solche Struktur des gerichtlichen Verfahrens hat etablieren und erhalten können. Verständlich wird das, wenn man sich die soziale Funktion des Gerichtsverfahrens vor Augen führt: Es dient der Klärung einer streitigen Rechtsfrage zwischen den Parteien einerseits und bestätigt andererseits den Geltungsanspruch des Rechts für alle Mitglieder der Rechtsgemeinschaft. Die Durchsetzung dieses Geltungsanspruchs des Rechts hängt maßgeblich davon ab, dass sie von der Rechtsgemeinschaft auch akzeptiert wird. Diese Akzeptanz ist umso größer, je mehr die Rechtsordnung als eine verlässliche, hinreichend bestimmte, also als **rechtssichere Ordnung** wahrgenommen wird. Die Wirklichkeit der Urteilsfindung steht zu diesem theoretischen Anspruch aber in einem Spannungsverhältnis, denn die Subsumtion eines Sachverhalts unter einen Rechtssatz produziert keineswegs zwingend immer nur ein Ergebnis. Das müssen angehende Juristinnen und Juristen oft mühevoll lernen, bis es ihnen sodann völlig selbstverständlich ist, dass unterschiedliche Auffassungen ‚vertretbar' sind. Um die soziale Akzeptanz richterlicher Entscheidungen trotz oftmals großer Entscheidungsspielräume zu gewährleisten, hat das Rechtssystem die Konsequenz gezogen, die **Herstellung und Darstellung** juristischer Entscheidungen durchgängig zu trennen.[87] Die Herstellung, also die gerichtliche Beratung, ist von der Darstellung im verkündeten Urteil scharf getrennt. Die Parteien kennen nur das Ergebnis des Entscheidungsprozesses, nicht aber den Prozess selbst. Dieses Prinzip wird nur durch die Möglichkeit von Sondervoten zu verfassungsgerichtlichen Entscheidungen durchbrochen.[88] Die Auslagerung der Entscheidungsfindung in eine Geheimsphäre dient der Stilisierung des Rechtssystems, da das Entscheidungsergebnis als **definitiv rechtlich bestimmt** präsentiert werden kann. Auslegungen und Wertungen des Gerichts, durch die die vielfältigen Entscheidungsmöglichkeiten auf ein Ergebnis zugespitzt werden, werden so zwar nicht verdeckt, sie sollten in der Begründung ersichtlich sein, aber sie werden weniger greifbar. Dadurch wächst der Entscheidung selbst eine auratische Qualität zu, eine Art geheimnisvoller Wirkungsmacht, die ihre Autorität untermauert. Schließlich lassen sich für das Beratungsgeheimnis natürlich auch rechtsstaatliche Interessen namhaft machen, denn die Unabhängigkeit des Gerichts und seine 31

85 Zur Arkantradition Wegener, passim.
86 Luhmann, Legitimation.
87 Krischer/Stollberg-Rilinger, Herstellung; Jestaedt, Der Staat 48 (2009), 497 ff., 515.
88 Wegener, Der geheime Staat, S. 218; Morlok, in: FS Häberle, S. 106 ff.

Bindung an das Recht werden gestärkt, wenn es ohne äußere Einflüsse beraten und entscheiden kann.

32 Zusammenfassend bleibt bemerkenswert: Ein rechtsstaatliches Verfahren wie der Gerichtsprozess, das für sich in Anspruch nimmt, hohen Rationalitätsmaßstäben zu genügen und eine nichttranszendente Rechtsordnung ins Leben zu setzen, scheint offenbar nicht ohne Elemente des Rituals zur Bekräftigung des eigenen Geltungsanspruches auszukommen. Dies verdeutlicht die eminente Bedeutung von Ritualstrukturen für die Etablierung sozialer Ordnung. Das Ritual vergegenwärtigt die Form und die Normativität einer sozialen Gemeinschaft, es führt ihre „fundierende Legitimationsinstanz“ vor Augen und trägt so zur Stabilisierung dieser Gemeinschaft bei. Dabei ist es gleich, ob es sich um eine Gemeinschaft des Rechts, des Glaubens oder die Gemeinschaft in einer Nation handelt.[89]

An diesem Beispiel erweist sich auch anschaulich der Wert kulturwissenschaftlicher Forschung. Sie vermittelt die „Einsicht in die häufig nicht bewusst gemachte Abhängigkeit verschiedenster moderner Praktiken (...) von alles anderen als natürlichen, universalen oder rational entscheidbaren Codes“, und trägt so „zu einem modifizierten Verständnis von Moderne und Nicht-Moderne“[90] bei.

33 WIEDERHOLUNGS- UND VERTIEFUNGSFRAGEN

1. Erklären Sie, in welchen Dimensionen kulturwissenschaftliche Erkenntnisse im Recht und in der Rechtswissenschaft verarbeitet werden können.
2. Welche Bedeutung hat „Sinn“ für das Verständnis eines modernen Kulturbegriffs?
3. Erläutern Sie, inwiefern Recht als kulturelles Produkt angesehen werden kann.
4. Inwiefern lässt sich Rechtsvergleichung als kulturwissenschaftlicher Forschungsansatz verstehen?
5. Geben Sie Beispiele, inwiefern das Recht und das Rechtssystem mit seinen Institutionen und Verfahren auf Elemente bauen, die nicht-diskursiv und vorrational sind.

Lektüreempfehlungen:

34 Assmann, Das kulturelle Gedächtnis, 1992; Smend, Verfassung und Verfassungsrecht, in: ders., Staatsrechtliche Abhandlungen, 3. Aufl. 1994, S. 119 ff.; Häberle, Verfassungslehre als Kulturwissenschaft, 2. Aufl. 1998.; Reckwitz, Die Kontingenzperspektive der Kultur, in: Jaeger/Liebsch (Hrsg.), Handbuch der Kulturwissenschaften, Band III, 2004, S. 1 ff; Haltern, Recht als kulturelle Existenz, in: Jayme (Hrsg.), Kulturelle Identität und Internationales Privatrecht, 2003, S. 15 ff.; Röhl, Rechtswissenschaft, in: Sachs-Hombach (Hrsg.), Bildwissenschaft, 2005, S. 247 ff.; Saurer, Das Recht als symbolische Form und Gegenstand der praktischen Philosophie: Zur Rechts- und Staatsphilosophie Ernst Cassirers, ARSP 2009, S490 ff.; Vesting, Die innere Seite des Gesetzes, in: Augsberg (Hrsg.), Ungewissheit als Chance, 2009, S. 39 ff.

Literaturverzeichnis:

35 Alexy, Theorie der Grundrechte, 1994; A. Assmann, Erinnerungsräume, 5. Aufl. 2011; Dies., Zeit und Tradition, 1999; J. Assmann, Das kulturelle Gedächtnis, 1992; Augsberg, Die Lesbarkeit des Rechts, 2009; Austin, How to do things with words, 1986; Bachmann-Medick (Hrsg.), Kultur als Text, 2004; Billroth/Hanslick, Wer ist musikalisch?, 1896; Borowski, Grundrechte als Prinzipien, 2. Aufl. 2007; Coskun, Law as Symbolic Form, 2007; Depenheuer, Die Kraft des Mythos und die

89 Dücker, in: Lexikon Literatur- und Kulturtheorie, S. 630.
90 Reckwitz, in: Handbuch der Kulturwissenschaften, S. 3.

Rationalität des Rechts, in: ders. (Hrsg.), Mythos als Schicksal, 2009, S. 7 ff.; Derrida, Grammatologie, 6. Aufl. 1996; Ders., Gesetzeskraft – Der mythische Grund der Autorität, 1991; Dolar, His Master's Voice: Eine Theorie der Stimme, 2007; Dreier, Der freiheitliche Verfassungsstaat als riskante Ordnung, Rechtswissenschaft 2009, S. 3 ff.; Ders./Wittreck, Rechtswissenschaft, in: Günzel (Hrsg.), Raumwissenschaft, 1. Aufl. 2009, S. 338 ff.; Dücker, Art. Ritual, in: Nünning (Hrsg.), Metzler Lexikon Literatur- und Kulturtheorie, 5. Aufl. 2013, S. 629 ff.; Dworkin, Bürgerrechte ernstgenommen, 1990; Erll, Kollektives Gedächtnis und Erinnerungskulturen, in: Nünning/Nünning (Hrsg.), Konzepte der Kulturwissenschaften, 2003, S. 156 ff.; Geertz, Dichte Beschreibung, 1991; Gennep, Übergangsriten, 3. Aufl. 2005; Furer, Musikalität – natürlich oder künstlich?, 1949; Gröschner, Die richterliche Rechtsfindung – „Kunst“ oder „Methode“, JZ 1983, 944 ff.; Ders.; Judiz – was ist das und wie läßt es sich erlernen, JZ 1987, 903 ff.; Haltern, Recht als kulturelle Existenz, in: Jayme (Hrsg.), Kulturelle Identität und Internationales Privatrecht, 2003, S. 15 ff.; Ders., Raum-Recht-Integration, in: Deger/Hettlage (Hrsg.), Der europäische Raum, 2007, S. 209 ff.; Häberle, Nationalflaggen. Bürgerdemokratische Identitätselemente und internationale Erkennungssymbole, 2008; Ders., Nationalhymnen als kulturelle Identitätselemente, 2007; Ders., Verfassungslehre als Kulturwissenschaft, 2. Aufl. 1998; Ders.; Europäische Rechtskultur, 1994/1997; Ders., Feiertagsgarantien als kulturelle Identitätselemente des Verfassungsstaats, 1987; Hölscher, Öffentlichkeit und Geheimnis, 1979; Hofmann, In Europa kann's keine Salomos geben – Zur Geschichte des Begriffspaars Recht und Kultur, JZ 2009, 1 ff.; Hotz, Gedanken zur Rechtsvergleichung als einer Kulturwissenschaft und über Europa hinaus, in: Senn/Puskás (Hrsg.), Rechtswissenschaft als Kulturwissenschaft?, ARSP Beiheft 115 (2007), 201 ff.; Jestaedt, Warum in die Ferne schweifen, wenn der Maßstab liegt so nah?, Der Staat 48 (2009), 497 ff.; Kilian (Hrsg.), Jurisprudenz zwischen techne und Kunst, 1987; Kirste, Ernst Cassirers Ansätze zu einer Theorie des Rechts als symbolische Form, in: Senn/Puskás (Hrsg.), Rechtswissenschaft als Kulturwissenschaft?, ARSP Beiheft 115 (2007), 177 ff.; Kolesch/Krämer, (Hrsg.,) Stimme, 2006; Dies., Stimmen im Konzert der Disziplinen, in: dies. (Hrsg.), Stimme, 2006; S. 7 ff.; Krämer, Die „Rehabilitierung der Stimme“. Über die Oralität hinaus, in: Kolesch/dies. (Hrsg.) Stimme, 2006, S. 296 ff.; Krischer/Stollberg-Rilinger (Hrsg.), Herstellung und Darstellung verbindlicher Entscheidungen, 2010; Krüper, Konjunktur kulturwissenschaftlicher Forschung in der Wissenschaft vom öffentlichen Recht, in: Funke/ders./Lüdemann (Hrsg.), Konjunkturen in der öffentlich-rechtlichen Grundlagenforschung, 2015, S. 125 ff.;Langer, Philosophie auf neuem Wege, 1965; Lepsius, Sozialwissenschaften im Verfassungsrecht – Amerika als Vorbild?, JZ 2005, 1 ff.; Lüdemann, Netzwerke, Öffentliches Recht und Rezeptionstheorie, in: Boysen/Bühring u.a. (Hrsg.), Netzwerke, 2007, S. 266 ff.; Luhmann, Legitimation durch Verfahren, 6. Aufl. 2001; Korioth, Buchanzeige, AöR 134 (2009), 461 ff.; Mankowski, Rechtskultur, JZ 2009, 321 ff.; Manow, Im Schatten des Königs: Zur politischen Anatomie demokratischer Repräsentation, 2008; Mersch, Jenseits von Schrift: Die Performativität der Stimme. Dialektik, 2000, S. 79 ff.; Mittelstraß, Die Stunde der Interdisziplinarität?, in: Kocka (Hrsg.), Interdisziplinarität, 1987, S. 152 ff.; Möllers, Der vermisste Leviathan, 2008; Ders., Normen kultivieren, in: Wissenschaftskolleg Berlin (Hrsg.), Jahrbuch 2006/07, 2008, S. 259 ff.; Müller, Freiheit der Kunst als Problem der Grundrechtsdogmatik, 1969; Morlok, Der Text hinter dem Text, in: FS Häberle, 2004, S. 106 ff.; Ders., Zwei Dimensionen des Rechts, unveröff. Vortragsmanuskript, 2008; Ders., Neue Erkenntnisse aus sprach- und rechtswissenschaftlicher Sicht, in: Ehrenzeller/Gomez (Hrsg.), Präjudiz und Sprache, 2008, S. 28 ff.; Nietzsche, Die Unschuld des Werdens, in: Baeumler (Hrsg.), Der Nachlaß, Band 1, 1956; Nünning/Nünning, Kulturwissenschaften, in: dies. (Hrsg.), Konzepte der Kulturwissenschaften, 2003, S. 3 ff.; Ogburn, Cultural lag as theory, in: Ders. (Hrsg.), On culture and social change, 1964, S. 86 ff.; Ong, Orality and literacy: The technologizing of the world, 1987; Ort, Kulturbegriffe und Kulturtheorien, in: Nünning/Nünning (Hrsg.), Konzepte der Kulturwissenschaften, 2003, S. 19 ff.; Reckwitz, Die Kontingenzperspektive der Kultur, in: Jaeger/Liebsch (Hrsg.), Handbuch der Kulturwissenschaften, Band III, 2004, S. 1 ff.; Ders., Die Transformation der Kulturtheorien, 2000; Röhl, Rechtswissenschaft, in: Sachs-Hombach (Hrsg.), Bildwissenschaft, 2005, S. 247 ff.; Sample, Living Words, in: O'Donovan-Anderson (Hrsg.), Incorporated Self, 1996, S. 113 ff.; Saurer, Das Recht als symbolische Form und Gegenstand der praktischen

Philosophie: Zur Rechts- und Staatsphilosophie Ernst Cassirers, ARSP 2009, 490 ff.; v. Savigny, Vom Beruf unserer Zeit für Gesetzgebung und Rechtswissenschaft, 3. Aufl 1840.; Schlieffen, Zur topisch-pathetischen Ordnung juristischen Denkens, in: Lerch (Hrsg.), Die Sprache des Rechts, Band II, 2005, S. 411 ff.; Schmidt, Art. Kommunikationstheorie, in: Nünning (Hrsg.), Metzler Lexikon Literatur- und Kulturtheorie, 5. Aufl. 2013, S. 369 ff.; Schreiber, Zeuge sein – Von den ethischen Echos der Stimme, in: Brüstle/Riethmüller (Hrsg.), Klang und Bewegung, 2004, S. 144 ff.; Schulze-Fielitz, Gesetzgebungslehre als Soziologie der Gesetzgebung, in: Dreier (Hrsg.), Rechtssoziologie am Ende des 20. Jahrhunderts, 2000, S. 156 ff.; Smend, Verfassung und Verfassungsrecht, in: Ders., Staatsrechtliche Abhandlungen, 3. Aufl. 1994, S. 119 ff.; Sommer, Art. Kulturbegriff, in: Nünning (Hrsg.), Metzler Lexikon Literatur- und Kulturtheorie, 5. Aufl. 2013, S. 395 ff.; Ders., Art. Kultur als Text, in: Nünning (Hrsg.), Metzler Lexikon Literatur- und Kulturtheorie, 5. Aufl. 2013, S. 393 ff.; Steinhauer, Die Rückkehr des Bilderstreits ins Recht, in: Lerch (Hrsg.), Die Sprache des Rechts, Band III, 2005, S. 439 ff.; Stierstorfer, Art. Linguistic turn, in: Nünning (Hrsg.), Metzler Lexikon Literatur- und Kulturtheorie, 5. Aufl. 2013, S. 424 ff.; Turner, Vom Ritual zum Theater, Neuausg. 2009; Vesting, Die innere Seite des Gesetzes in: Augsberg (Hrsg.), Ungewissheit als Chance, 2009, S. 39 ff.; Vismann, Akten – Medientechnik und Recht, 2. Aufl. 2001; Dies., Medien der Rechtsprechung, 2011; Volkmann, Verfassungsrecht zwischen normativem Anspruch und politischer Wirklichkeit, VVDStRL 67 (2008), 57 ff.; Ders.; Abschied vom Irrationalen, in: Depenheuer (Hrsg.), Mythos als Schicksal, 2009, S. 153 ff.; Wegener, Der geheime Staat, 2006.

Stichwortverzeichnis

Die **fetten Zahlen** verweisen auf die **Paragrafen**, die mageren Zahlen auf die Randnummern.